आधुनिकतावाद, साहित्य और मीडिया

जगदीश्वर चतुर्वेदी

अनामिका पब्लिशर्स एंड डिस्ट्रीब्यूटर्स (प्रा.) लि.
4697/3, 21ए, अंसारी रोड, दरियागंज, नई दिल्ली 110002
दूरभाष : 23281655, 43708938
E-mail : anamikapublishers@yahoo.co.in

संस्करण : 2025

आई.एस.बी.एन. 978-81-7975-955-4

भारत में मुद्रित

अनामिका पब्लिशर्स एंड डिस्ट्रीब्यूटर्स (प्रा.) लि., 4697/3, 21ए, अंसारी रोड, दरियागंज, नई दिल्ली 110002 द्वारा प्रकाशित। आदिल प्रिंटोग्राफिक्स, दिल्ली 110092 द्वारा शब्दांकित, नागरी प्रिंटर्स, शाहदरा, दिल्ली में मुद्रित।

अनुक्रम

भूमिका

प्रस्तुत पुस्तक आधुनिकता और आधुनिकतावाद के विविध आयामों के परिप्रेक्ष्य की तलाश का एक छोटा सा प्रयास है। पुस्तक में तीन खंड हैं पहले खंड में आधुनिकता की सैद्धांतिकी से जुड़ी विचारधारात्मक बहस के सवालों और आधुनिकता की संरचनाओं का विश्लेषण है। दूसरे खंड में आधुनिकता के परिप्रेक्ष्य में रचे गए साहित्य और उसके विभिन्न क्षेत्रों जैसे जाति, स्त्री, आदिवासी, बाल साहित्य, भाषा के प्रसंग में उर्दू के सवाल आदि के सवालों पर विचार किया है। तीसरे खंड में आधुनिकता और मीडिया के बीच चल रही अंतर्क्रियाओं और विभिन्न प्रवृत्तियों का मूल्यांकन किया गया है। इस किताब के विभिन्न अध्याय विगत 25 साल के दौरान अलग-अलग प्रसंग के दौरान लिखे गए हैं। आशा है आधुनिकता और आधुनिकतावाद के अध्येताओं को यह पुस्तक पसंद आएगी।

जगदीश्वर चतुर्वेदी

प्रथम खंड

आधुनिकता की सैद्धांतिकी

1. जनसमाज

आज हमारा समाज तेजी से जनसमाज की शक्ल ले रहा है। यह रूपांतरण विगत 20-25 वर्षों में तेजी से हुआ और आर्थिक उदारीकरण, सूचना एवं प्रसारण की नई प्रविधि, उत्पादन-पुनरुत्पादन की अत्याधुनिक तकनीकी, सूचना समाज के विकार और राष्ट्रीय विज्ञापन के उदय ने इसे संभव बनाया।

जनसमाज के रूपांतरण के कारण प्राचीन आस्थाओं, मूल्यों, संस्कारों और आदतों को तेजी से झटके लगे। महानगरीय संस्कृति और पश्चिमीकरण एवं अमेरिकीकरण ने नए-नए सांस्कृतिक मूल्यों, अभिरुचियों, सूचना एवं शिक्षा के प्रति नए दृष्टिकोण ने 'जनता' की अवधारणा पर सवालिया निशान लगाया। जनसमाज की इस प्रक्रिया की त्रासदी यह है कि इसकी कोई देशज विशेषताएं अभी तक पैदा नहीं हुईं। अभी तक जो 'फिनोमिना' दिखाई दे रहे हैं वे आयातित और आरोपित हैं। उनका स्वाभाविक ढंग से विकास नहीं हुआ। मसलन 'जनता' की धारणा को ही लें। आज 'जनता' तेजी से 'जनसमूह' में बदल रही है, बहुत सारे क्षेत्रों में बदल चुकी है। 'जनता' और शोषित-उत्पीड़ित वर्गों के संघर्षों के कारण हमें औपनिवेशिक मुक्ति मिली, लोकतंत्र एवं सार्वभौम राष्ट्र का उदय हुआ, आजादी के बाद के आरंभिक दो दशकों तक जनता की राजनीतिक शिरकत एवं सक्रियता भी रही, कालांतर में 'जनता' का छोटे-छोटे ग्रुपों में सीमित लक्ष्यों एवं मार्गों पर विभाजन होने लगा। यह प्रक्रिया मूलतः 'जनता' के विखंडन की ओर ध्यान खींचती है। 'जनता' के 'विखंडन' के तत्व, विचार और ऊर्जा पूर्व संचित कोश से ली गई है। परिणामतः एक नए सगूए या समूहों का उदय हुआ है। ये जनसमूह हैं जो टुकड़ों में, विभिन्न मुद्दों पर अलग-अलग रंगत के होने के बावजूद मूलतः 'जनसमूह' हैं। उल्लेखनीय है कि 'जनसमूह' हमेशा अंधलोकवादी रुझान से ग्रस्त होते हैं, उनकी कोई निजी पहचान

नहीं होती और उनके पास सकारात्मक कार्यक्रम, परिप्रेक्ष्य के आधार पर सामाजिक परिवर्तन पैदा करने की क्षमता नहीं होती। 'जनता' में आत्मत्याग, उदारता, सामाजिक अपनापन, भावात्मक एकता एवं वृहत्तर लक्ष्यों की प्राप्ति की आकांक्षा होती है; न्यूनतम सामाजिक-राजनीतिक मानदंडों को बनाए रखने की इच्छाशक्ति होती है। संस्थानों की अपनी स्वच्छ पहचान होती है। पुराने सामूहिक और सामुदायिक जीवन-मूल्यों को संरक्षित करने का आग्रह होता है। ईमानदारी का सार्वजनिक महत्व एवं सम्मान करना 'जनता' की खूबी होती है। इसके विपरीत 'जनसमूह' के पास संकुचित दृष्टिकोण एवं स्थानीय हित ही प्रमुख होते हैं। 'राष्ट्र' और 'राज्य' की चिंताएं उसके 'विजन' में आती ही नहीं। परिणामतः संकुचित दायरे एवं छोटे समूहों की समस्याएं उग्र हो उठती हैं। हमारे देश में 1961-62 के बाद से यह प्रवृत्ति उभरी और आज समूचे समाज पर छाई हुई है। परिणामतः सामाजिक विखंडन, धंधेबाजी, जोड़-तोड़, मूल्यहीनता, आदर्शहीनता का उदय हुआ। गंभीर राजनीतिक सरोकारों की जगह कामकाजी, राजनीतिक संबंधों ने ले ली, राजनीति की जगह गैर-जरूरी राजनीतिक समस्याओं, मांगों के लिए संघर्ष ने ले ली। अब 'तर्क' के बजाय 'दबाव' का सहारा प्रमुख औजार हो गया। 'जनसमूह' का सृजन वस्तुतः नए शासक वर्गों को अपनी 'जनता' का सृजन है। शासक वर्गों एवं प्रभुत्वशाली तबकों की यह खूबी होती है कि वे अपनी दृष्टि-विचार एवं मूल्य प्रसारित करने के साथ-साथ अपनी जनता का निर्माण करते हैं। स्वातंत्र्योत्तर दौर के शासक वर्गों की यह उपलब्धि मानी जा सकती है कि उन्होंने 'जनता' को जनसमूहों में रूपांतरित कर दिया। 'जनता' का 'जनसमूह' में रूपांतरण करने के कारण ही यह प्रवृत्ति पैदा हुई कि जनसमूह की राय बनाई जाए। पहले 'जनता' की राय मानी जाती थी। अब 'जनसमूह' की राय बनाई जाती है। 'जनसमूह' की राय बनाने में जनसंचार माध्यमों, विज्ञापन, जनमत-संग्रह आदि का व्यापक रूप में प्रयोग किया जाने लगा। यह समूची प्रक्रिया जटिल, संश्लिष्ट एवं बहुआयामी है। इसके आधार पर प्रभुत्वशील वर्ग सत्ता पर इजारेदारी बनाए रखने में सफल रहे हैं। इसके लिए जनसमूहों को राजनीतिक लोकप्रियतावाद, संकीर्णतावाद, अवसरवाद और संघ लोकवादी सांस्कृतिक रूपों के आधार पर संगठित किया गया।

पहले जनता के द्वारा बृहत्तर लोकतांत्रिक मुद्दों पर संघर्ष होते थे; बाद में जनसमूहों के उदय के बाद से संकीर्ण मुद्दों पर संघर्ष प्रायोजित होने लगे। प्रायोजित संघर्षों में भी प्रभुत्वशाली वर्गों के लोगों का नेतृत्व और संगठन हावी रहे हैं। इसे

प्रभुत्वशाली वर्गों का छद्म संघर्ष भी कह सकते हैं। वृहत्तर लोकतांत्रिक मुद्दों पर आजाद भारत में जनता और मजदूर वर्ग की सबसे बड़ी आखिरी लड़ाई रेल-हड़ताल थी। 1972 में हुई यह हड़ताल प्रभुत्वशाली वर्ग की सत्ता को दी गई सबसे बड़ी चुनौती थी। इसके बाद जो आंदोलन प्रभुत्वशाली वर्गों के खिलाफ उठे वे अल्पजीवी और विलक्षण ढंग से चलाए गए, उनमें निरंतरता और राष्ट्रीय चेतना का अभाव था। आंदोलन की प्राचीन रूढ़ियों को आदर्श मानकर चलाए गए इन आंदोलनों में सृजनात्मकता और 'जनसमूह' की चेतना के जवाब में वर्गीय चेतना पैदा करने की क्षमता नहीं थी। प्रभुत्वशाली वर्गों की विरोधी शक्तियों के अंदर अपनी वर्गीय चेतना के विकास के अभाव ने एक ऐसा माहौल पैदा किया जिसमें मजदूर-किसान वर्ग भी 'जनसमूह' में तब्दील होने के लिए असहाय थे। यह भी कह सकते हैं कि वर्गीय संगठनों में 'जनसमूह' चेतना हावी थी। अब वे भी एक तरह दबाव की राजनीति मानने लगे। आर्थिक संघर्ष को वर्ग संघर्ष मानने लगे। कहने का तात्पर्य यह है कि 'संकुचन' एवं 'अवधारणात्मक और सैद्धांतिक विचलन' एक तरह आम संवृत्ति बन गए। चुनी हुई संस्थाओं, संसद, विधानसभा आदि का राजनीतिक क्षय हुआ। राजनीतिक संगठनों में ताकत, जोड़-तोड़ एवं राजनीतिक विचलन एवं भ्रष्टीकरण आम रूप से उभरा। इस समूची प्रक्रिया को जनमाध्यमों ने सहज, स्वाभाविक एवं बोधगम्य बनाया। प्रसिद्ध समाजशास्त्री सी. ब्राइट मिल्स के शब्दों को उधार लें तो यह 'मनोवैज्ञानिक अशिक्षा' है। इसके अनेक आयाम हैं, जिन पर ध्यान देना बेहद जरूरी है।

माध्यम निर्मित 'मनोवैज्ञानिक अशिक्षा' का परिणाम यह निकला है कि अगर सामाजिक यथार्थ माध्यमों के द्वारा प्रस्तुत न किया जाए तो वह यथार्थ नहीं माना जाता। सामाजिक यथार्थ के बारे में हम तब तक विश्वास नहीं करते जब तक हम अखबारों में पढ़ न लें या टेलीविजन पर देख न लें। नए संचार माध्यम सिर्फ सूचनाएं ही नहीं देते, अपितु हमारे अनुभवों को निर्देशित भी करते हैं। खंडित अनुभव यथार्थ बन गया और प्रामाणिकता का स्रोत जनमाध्यम हो गए यानी नई स्थितियों में व्यक्ति के कान, आंख एवं विवेक को जनमाध्यमों ने अपदस्थ कर दिया। अब समाज पर स्टीरियोटाइप यथार्थ, दृष्टि एवं हाव-भाव हावी हो गए। स्टीरियोटाइप प्रतिमानों के लिए दीर्घकालिक अभ्यास और कौशल की जरूरत होती है। जिसके कारण ये प्रस्तुतियां ताजा और गैर-स्टीरियोटाइप रूप में महसूस होती हैं। स्टीरियोटाइप प्रस्तुतियों को लोग तब स्वीकार करते हैं जब व्यक्ति की निजी आस्थाएं एवं विश्वास

यथावत रहें। यही इनकी वैचारिक वफादारी का सबूत हैं। स्टीरियोटाइप प्रस्तुतियों में अभिव्यक्ति को प्रभावशाली बनाने के लिए पूर्वसंचित बिंबों, प्रतीकों, मिथों, रूढ़ियों और प्रतिमानों का इस्तेमाल किया जाता है। इसी के आधार पर किसी विशेष दृष्टिकोण को खारिज या स्वीकृत कराने की कोशिश की जाती है। स्टीरियोटाइप (रूढ़िगत) रूपों एवं चरित्रों के माध्यम से व्यक्ति अपना विश्व दृष्टिकोण बनाता है। यह कार्य वह अबूझे ढंग से करता है। इस प्रक्रिया में वह अपने एटीट्यूड एवं भावनाओं का पुनर्संगठन एवं पुनर्संयोजन करता है। यही मूल कारण है कि व्यक्ति और संगठन युगीन यथार्थ को परिभाषित नहीं कर पाते है। हम 'यथार्थ' के बजाय 'खंडित यथार्थ' को देखते हैं। 'समग्रता' के बजाय 'विखंडन', 'दृढ़ता' के बजाय 'विचलन' और 'परिप्रेक्ष्य' के बजाय 'शार्टकट' पर जोर देने लगते हैं। अब यथार्थ को पूर्वग्रहग्रस्त होकर देखा जाता है। ये जनसमाज की खूबियां हैं।

इसके अलावा सामान्यबोध से भी निचले धरातल पर व्यक्ति की चेतना चली जाती है। जब भी कोई घटना होती है तब 'सामान्य' पर जोर होता है, 'बोध' को छोड़ दिया जाता है। 'बोध' या 'सेंस' का लोप जनसमाज की अन्य विशेषता है।

जनसमाज के विकास के साथ अखबार-पत्रिकाएं पढ़ने, टी.वी. देखने या रेडियो सुनने या फिल्म देखने की प्रवृत्ति तेजी से बढ़ती है। जनमाध्यमों का तेजी से विस्तार और उनके दायरे में जनसमूहों का तेजी से गोलबंद होना धीरे-धीरे मूलतः प्रतिवादी दृष्टिकोण को जानने की जरूरत खत्म कर देता है। अमूमन व्यक्ति उसी माध्यम का चयन करते हैं जिससे वे पहले से सहमत हों। यह एक तरह पुरानी राय के आधार पर नई राय का चयन है। व्यक्ति जिस माध्यम को पढ़ता, देखता या सुनता है उसकी अन्य माध्यमों की रिपोर्टों से तुलना नहीं करता। एक माध्यम की अंतर्वस्तु की अन्य माध्यम की अंतर्वस्तु से तुलना नहीं करता। जनसमाज के जनमाध्यमों की विशेषता है कि वे किसी घटना या मुद्दे पर वैकल्पिक दृष्टिकोण पेश नहीं करते। इनमें वैभिन्नय मिलेगा, प्रतिस्पर्धा या टकराव नहीं मिलेगा। यहां विषय के स्टैंडर्ड रूप को लेकर टकराहट मिलेगी। यह बुनियादी रूप से स्टीरियोटाइप रूपों, तर्कों, और अंतर्वस्तु की टकराहट है। इसमें 'मौलिकता' का अभाव है। इस परिप्रेक्ष्य में देखें तो पाएंगे कि जनमाध्यमों से जो यथार्थ प्रक्षेपित होता है वह यथार्थ न होकर, निजी अनुभव होता है। इसी अर्थ में माध्यम हमें निजी अनुभवों का गुलाम बनाते हैं। इसके आधार पर हम अस्मिता और इच्छाओं को निर्मित करते हैं। जनमाध्यम हमेशा जनसमूहों को संबोधित करते हैं। 'माध्यम निर्मित' अस्मिता कैसे प्राप्त करें अथवा

उससे किस तरह पलायन करें, यही इनका लक्ष्य होता है। ये मानव-विकास के प्रश्नों की उपेक्षा करते हैं, उनके साथ संवाद नहीं बनाते।

मसलन, टेलीविजन सीमित दायरे में संवाद करता है। सीमित दायरे के संवादों को देखते-देखते दर्शक वृहत्तर दायरे के संवादों के दायरे से बाहर चले जाते हैं। परिणामतः मानवीय संवाद की सीमा पर भी प्रभाव पड़ता है। वृहत्तर लक्ष्यों से जुड़े प्रश्नों के संवाद की सीमाएं सिकुड़ती चली जाती हैं। अब चीजों या घटनाओं के प्रति समग्रता में देखने के बजाय खंडित परिप्रेक्ष्य और खंडित यथार्थ प्रमुखता हासिल कर लेता है। इस समूची प्रक्रिया में व्यक्ति ज्यादा आत्मकेंद्रित और एकाकी हो जाता है। साथ ही, उनकी प्राइवेसी खत्म हो जाती है। इस परिप्रेक्ष्य में देखें तो पाएंगे कि जनमाध्यम शिक्षा या विकास का माध्यम बनने के बजाय विखंडन, सामाजिक विभाजन, विचलन, दोषारोपण और भ्रष्टीकरण के माध्यम के रूप में उभरकर सामने आते हैं। वे सामाजिक जीवन को कुंठित, अर्द्ध-अभिव्यक्त, अर्द्ध-इच्छित बनाते हैं। तात्पर्य यह है कि जनसमाज में जनसंचार माध्यमों के द्वारा व्यक्ति को संकीर्णता और सामाजिक विभाजन की प्रक्रिया के बाहर ले जाने या उसके खिलाफ खड़ा करने के सभी प्रयास असफल हुए हैं। यह भी कह सकते हैं कि जनमाध्यमों के द्वारा व्यक्ति की क्षमताओं एवं रचनात्मक संभावनाओं को विकसित करने के सभी प्रयत्न असफल साबित होंगे। ये बातें समाजवादी एवं पूंजीवादी दोनों ही व्यवस्थाओं पर लागू होती हैं। जनमाध्यमों की भूमिका जनसमूह की चेतना बनाने की ओर उन्मुख है। उसे रोका नहीं जा सकता और उससे बचना भी मुश्किल है। जनमाध्यमों के सबसे सशक्त नेटवर्क के बावजूद सोवियत समाज में घट रहे परिवर्तनों को साम्यवादी दल और समाजवादी व्यवस्था रोक नहीं पाई। तात्पर्य यह है कि जनमाध्यम निर्मित संस्कार, दृष्टिकोण बहुत प्रबल एवं प्रभावी होते हैं।

विश्व में क्या हो रहा है, इसकी विस्तृत रिपोर्ट एवं खबरें जनमाध्यमों द्वारा प्रसारित होती रहती हैं। किंतु दैनंदिन जीवन से, व्यक्ति की जिंदगी से, श्रोता की जिंदगी से, इन्हें जोड़कर पेश नहीं किया जाता यानी व्यापक यथार्थ से सूचनाओं को जोड़ नहीं पाते। सूचनाओं एवं खबरों का यह विच्छिन्न प्रभाव व्यक्ति को निजी जीवन से दूर ले जाता है, निज को और दुनिया को समझने से वंचित कर देता है। कृत्रिम उन्मादों की ओर ले जाता है। जनसमाज में जनमाध्यम मूलतः शक्ति और संपत्ति वृद्धि के महत्वपूर्ण उपकरण रहे हैं। जनमाध्यमों की खूबी है कि वे आभिजात्यों या उनके नौकरों में महत्वपूर्ण होते हैं।

जनसमाज के निर्माण की प्रक्रिया में व्यक्ति अपने उत्पाद और उपकरण से पृथक हो जाता है, साथ ही, व्यवस्था और उत्पादन की प्रक्रिया की किसी भी तरह की समझ से अलगाव महसूस करने लगता है। अलगाव के कारण ही वह मूल सामाजिक-आर्थिक प्रश्नों को देख नहीं पाता। उसमें व्यवस्था के प्रति निश्चित दृष्टिकोण का अभाव होता है। इसके अलावा समुदाय और सामुदायिक जीवन में संवाद एवं संपर्क का लोप हो जाता है। अब व्यक्ति का संपर्क परिवार तक सीमित हो जाता है। टेलीविजन के उदय के बाद अब परिवारजनों से संवाद की अवस्था का भी लोप हो चुका है। कहने का तात्पर्य यह है कि जनसमाज में आम लोगों की जनमाध्यमों पर निर्भरता बढ़ जाती है। स्टीरियोटाइप अनुभव और रूटीन जिंदगी आम प्रवृत्ति के रूप में उभरकर आते हैं। अब 'जनता' की जगह 'जनसमूह' होते हैं। 'सहभागिता' की जगह 'तटस्थता', 'आलोचनात्मक दृष्टिकोण' के बजाय 'अनालोचक ग्रहण', 'मूल्यांकन' की जगह 'भेड़चाल और किंकर्तव्यविमिढ़ता।' जनसमूह की प्रवृत्ति ऐसी है कि उनके पास जीवतंता और सृजनशीलता का अभाव है। निजी जीवन की प्रधानता और वृहत्तर जीवन से अलगाव उसकी विशेषता है। सिर्फ अपनी इच्छाओं की पूर्ति करना, अस्पष्टता, अनियोजन, अनालोचनात्मक आकांक्षाएं जनसमूह की सामान्य विशेषताएं हैं। असल में ये गुण जनसमूह के अपने नहीं हैं अपितु प्रभुत्वशाली वर्गों के हैं। ये वर्ग ही अपने गुणों का जनसमूह में संप्रसारण एवं विस्तार करते हैं।

जनसमूह का सदस्य एक ऐसा व्यक्ति होता है जो अपनी स्वतंत्रता खो चुका है। यहां तक कि स्वतंत्र रहने की आकांक्षा भी खो चुका है। स्वतंत्रता का अर्थ अब वस्तुओं की प्राप्ति की स्वतंत्रता हो गया। बाजार की स्वतंत्रता को ही जीवन की स्वतंत्रता मान लिया गया। स्वतंत्रता का विचार अब जीवन-मूल्य नहीं रह जाता अपितु वस्तु-मूल्य में बदल जाता है। व्यक्ति अपने मन से सोचने और तदनुरूप जीवन-शैली की दिशा तय करने की दृष्टि भूल चुका है। अब सब कुछ अनुकरण पर निर्भर है। पसंद, जीवन-शैली और विवेक, सब कुछ दूसरों के प्रयोग और लोकप्रियता पर निर्भर हो गया है।

परिस्थितियों, घटनाओं या मुद्दों पर क्या राय है अथवा व्यक्ति की क्या राय होनी चाहिए, इस पर वह गंभीरता एवं स्पष्टता के साथ सोचता ही नहीं है। जनसमाज में जो राय निर्मित की जाती है, वह मौजूदा नहीं होती। व्यक्ति या समाज की ही नहीं बल्कि राय बनाने वालों द्वारा निर्मित राय होती है, जिसे हम 'जनमत

सर्वेक्षण' के रूप में आए दिन देखते हैं। आमतौर पर इस तरह के सर्वेक्षणों को सही राय के रूप में पेश किया जाता है। ये सर्वेक्षण ज्यादातर चुनाव के समय आते हैं।

'जनमत सर्वेक्षण' का अर्थ निकलता है कि प्रत्येक व्यक्ति की राय होती है। प्रश्न उठता है कि क्या हकीकत में प्रत्येक व्यक्ति की राय होती है? क्या जनमत की राय या व्यक्ति की राय व्यक्त करने की परिस्थितियां एक जैसी होती हैं? क्या चेतना, सूचना और सांस्कृतिक पृष्ठभूमि एक जैसी होती है? क्या सभी के प्रश्न एक होते हैं?

'जनमत' में पहले से ही तय कर लिया जाता है कि सभी की राय का समान महत्व है, समान मूल्य है। हकीकत में सभी की राय का मूल्य समान नहीं होता और न ही उस रूप में उसे विश्लेषित किया जाता है। राय में विविधता होती है, जिसे 'जनमत' में संग्रह कर लिया जाता है। इससे राय का महत्व उभरकर नहीं आता। इसके परिणाम विकृत होते हैं।

एक अन्य बात यह है कि प्रत्येक व्यक्ति से एक जैसे प्रश्न पूछने के पीछे यह धारणा सक्रिय रहती है कि समस्या पर आम राय है यानी प्रश्न पर आम सहमति है। आमतौर पर जनमत सर्वेक्षणों की आलोचना तकनीकी या 'सैंपिल' से जुड़े प्रश्नों पर होती है। मेरा मानना है कि इन आधारों से जनमत सर्वेक्षण को सही चुनौती नहीं दी जा सकती। यह प्रामाणिक आधार नहीं है। इन आधारों से प्रश्नों में निहित पूर्वग्रहों की बात उठाई जाती है और पूर्वग्रहों को जनमत के निर्माण में मददगार घोषित किया जाता है। आलोचक यह भी कहते हैं कि प्रश्न कैसे पूछा जाता है, उत्तर उस पर निर्भर करता है, प्रश्नावली की समूची संरचना ऐसी होती है कि संभावित उत्तर निकल आए। संभावित उत्तर के प्रश्नावली में निहित रूप को कभी-कभी छिपा लिया जाता है।

चुनाव 'जनमत सर्वेक्षणों' में पूछे गए प्रश्नों को गौर से देखें तो पाएंगे कि अधिकतर प्रश्न सीधे-सीधे प्रभुत्वशाली राजनीतिक शक्तियों से जुड़े होते हैं। जनमत संग्रहों में जो समस्याएं उठाई जाती हैं वह आमतौर पर 'विशिष्ट' या 'खास' हितों से जुड़ी होती हैं। इस आधार पर सोचें तो जनमत के प्रश्नोत्तर का निहितार्थ समझ में आ जाएगा। साथ ही, इनके प्रकाशन का महत्व भी समझ में आ जाएगा। मौजूदा दौर में 'जनमत संग्रह' को राजनीतिक कार्रवाई के अंग के रूप में प्रयोग में लाया जाता है। इसकी सबसे बड़ी भूमिका यह है कि वह 'जनमत की राय मौजूद' है, इसका भ्रम पैदा होता है। हकीकत में 'जनमत संग्रह' में चंद लोगों की राय का

समावेश होता है। सर्वेक्षण यह दृष्टिकोण आरोपित करते हैं कि जिन लोगों की राय एकत्र की गई है उसे 'जनमत' की राय माना जाए, इसे सभी की औसत राय माना जाए।

असल में, 'जनमत संग्रह' सामयिक दौर में व्यवस्था के प्रभुत्वशाली तबकों की राय छिपाने का कार्य करते हैं। मेरा मानना है कि 'जनमत संग्रह' में कुछ व्यक्तियों की राय होती है, उसे समस्त जनमत के रूप में तब्दील नहीं किया जा सकता। जब 'कुछ व्यक्तियों की राय' को 'जनमत की राय' के रूप में पेश किया जाता है तब सत्ताधारी वर्गों की राय की वैधता प्रदान को जाती है।

'जनमत की राय' का विश्लेषण करें तो पाएंगे कि इसमें उन लोगों की राय की उपेक्षा होती है जिनकी कोई राय नहीं होती। दूसरी बात यह है कि 'जिनकी कोई राय नही' होती, उनमें पुरुषों के बजाय महिलाओं का प्रतिशत ज्यादा होता है। इसके अलावा शिक्षित एवं अशिक्षितों के बीच भी ज्यादा अंतर होता है। 'कोई राय नहीं' की राय से हमें प्रश्न की वर्गीय प्रकृति का अनुमान होता है। साथ ही, किस तरह के लोगों से प्रश्न पूछे गए, उनका भी पता चलता है।

असल में, इस श्रेणी का निर्धारण इस अनुमान पर आधारित है कि उत्तर पक्ष या विपक्ष में है। राय है या नहीं। वैज्ञानिक जनमत सर्वेक्षण तो यही हो सकता है कि विभिन्न वर्गों या सांस्कृतिक समूहों में अलग-अलग किस्म के हितों से जुड़े प्रश्न किए जाएं। जिस वर्ग या समूह के व्यक्ति से प्रशन किए जाएं। वे प्रशन उसके हित से जुड़े हों। आमतौर पर जिस व्यक्ति से प्रश्न किए जाते हैं उसका प्रश्नों से कोई संबंध ही नहीं होता, उस पर प्रश्न आरोपित किए जाते हैं। ऐसी स्थिति में समस्या पैदा होती है।

जनमत सर्वेक्षण के दौरान प्रश्न पूछते हुए उन्हें ऐसी अवस्था में रख देते हैं जबकि उन्हें प्रश्न का हर हालत में जवाब देना होता है, चाहे उन्होंने उस पर कभी सोचा भी न हो। किसी भी जनमत सर्वेक्षण के लिए उसका ज्ञानमीमांसात्मक विश्लेषण जरूरी है। साथ ही, उत्तरों का समग्रता में मूल्यांकन किया जाना चाहिए। तब ही हम जान पाएंगे कि लोग किन प्रश्नों पर सोच रहे हैं। जिन प्रश्नों पर सोच रहे हैं उन पर उत्तर भी दे रहे हैं।

प्रसिद्ध फ्रांसीसी माध्यम विशेषज्ञ एवं समाजशास्त्री पियरे बोर्दियो ने जनमत सर्वेक्षण के दो सिद्धांतों की व्याख्या की है :

1. राजनीतिक क्षमता का सिद्धांत : इसमें राजनीतिक परिभाषाओं का ज्ञान,

दृष्टिकोण की स्पष्टता और सौंदर्यबोधीय दृष्टि अनिवार्य है।

राजनीतिक तौर पर प्रश्न को स्थापित करने की क्षमता एवं कोशिश, साथ ही, प्रश्न को राजनीतिक तौर पर वर्गीकृत करने की क्षमता हो। किस समय जनमत की राय जानी जाए इसका सही ज्ञान होना चाहिए जिससे सही समय पर जनमत सर्वेक्षण प्रस्तुत किया जाए।

2. जनता के विभिन्न वर्गों की विरासत का ज्ञान : बोर्दियो ने लिखा है कि जब राजनीतिक उत्तर दिया जाता है, तब वर्गीय विरासत का दुरुपयोग हो सकता है। वर्गीय विरासत की भिन्न व्याख्या भी संभव है।

कुछ लोग यह जिज्ञासा व्यक्त करते रहे हैं कि सभी प्रश्नों के उत्तर समान कैसे आते हैं? असल में प्रश्न वस्तुगत ढंग से पूछे जाते हैं। स्वाभाविक ढंग से पूछे जाने के कारण ही सभी प्रश्नों के उत्तर समान आते हैं। इसके विपरीत यदि किसी व्यक्ति से प्रश्न के पक्ष-विपक्ष में व्यक्त की गई राय बता दी जाए और उसके बाद उत्तर देने के लिए कहा जाए तब भिन्न किस्म की राय उभरेगी। ऐसी अवस्था में व्यक्ति की राय विभिन्न ग्रुपों के द्वारा व्यक्त राय के आधार पर निर्मित होगी। तात्पर्य यह है कि व्यक्ति प्रश्न के अनुसार राय नहीं देगा, अपितु सामाजिक समूहों के अनुसार राय तय करेगा। यह भी कह सकते हैं कि यहां पर वस्तुगतता के नियम भंग की आशंका रहती है। लोग जिस परिस्थिति में रह रहे होते हैं उसी में से तैयार राय को चुन लेते हैं। इसी परिप्रेक्ष्य में बोर्दियो ने लिखा है कि प्रत्येक राय अथवा अवस्था पूर्व या ज्ञात अवस्था या राय के संबंध में ही स्थित होती है।

यहीं पर यह प्रश्न उठता है कि 'जनता' की धारणा क्या है? क्या इसे लोगों का झुंड कहा जाए? इसी तरह जनता की राय को मात्र व्यक्तियों की राय भी नहीं मानना चाहिए। अपितु यह एक निरंतर प्रवाहमान प्रक्रिया है जो तुलना और विपरीत चीजों के सहमेल से बनती है। इसमें व्यापक पैमाने का ज्ञान एवं अनुभव समाहित होता है। जनता और जनता की राय ये दोनों जटिल विषय हैं। ये दोनों पदबंध आमतौर पर एक अधूरे फॉर्मूले के रूप में इस्तेमाल होते हैं। जनता को व्यक्तियों का गणितीय समूह या आंकड़ा माना जाता है। इसका अर्थ है सामूहिकता। सामूहिकता इसलिए मौजूद रहती है कि कुछ खास अनुभवों, यादों, परंपराओं और जीवन की परिस्थितियों की मौजदूगी रहती है। किंतु यह सामूहिकता एकसार, समग्र नहीं है बल्कि यह एक छोटा समूह है। इसमें विभिन्न स्तर के अंतर हैं जिनकी विशिष्ट पहचान है। जनता में सामाजिक वर्गों, आर्थिक हितों, धार्मिक विश्वासों,

राजनीतिक एवं वैचारिक लगाव आदि के आधार पर अंतर मिलेंगे।

ऐतिहासिक दृष्टिकोण से देखें तो पाएंगे कि 'पब्लिक ओपीनियन' या 'जनमत संग्रह' कोई अस्थायी, अपरिवर्तनीय संवृत्ति नहीं है और न ही भौगोलिक तौर पर मोनोलेथिक चीज है।

अठारहवीं सदी के पूर्व मध्य वर्ग के परिपक्व होने के पहले, यह संवृत्ति थोड़ी-बहुत दिखाई देती है। आरंभ में यह धारणा मनुष्य की सामाजिक प्रकृति से जुड़ी हुई थी। मसलन, हेगेल की राय थी कि 'पब्लिक ओपीनियन' का अर्थ है जनता या समाज की दृष्टि, जो दृश्यमान का मूल्यांकन करते हुए निर्मित होती है। बाल्टेयर ने जनता की राय को अतिरंजित रूप से उभारा। ऐतिहासिक तौर पर यह अवधारणा इस विचार से बनी है कि सरकार की शक्ति का आधार जिन पर वह टिकी हो। परिणामतः लोकतंत्र का विचार आया। धीरे-धीरे 'पब्लिक ओपीनियन' के नाम पर 19वीं सदी में गली के आदमी की राय में रुचि बढ़ती गई। अगर इतिहास पर नजर डालें तो अनेक महत्वपूर्ण ऐतिहासिक क्षणों पर जनमत की राय की निर्णायक भूमिका रही है। जनता की राय की साम्राज्यवाद, उपनिवेशवाद और फासीवाद विरोधी संघर्ष में महती भूमिका रही है। इसके अलावा अनेक देशों में लोकतांत्रिक एवं क्रांतिकारी चेतना की अभिव्यक्ति में भी भूमिका रही है। जनता की राय हमेशा सामाजिक एवं सांस्कृतिक संरचना की जड़ों से जुड़ी होती है। यह लोगों की इच्छाशक्ति मात्र की अभिव्यक्ति नहीं है। यह जनता से निकट से जुड़ी है। किंतु यह जनता का प्रतिरूप नहीं है। क्योंकि इसे किसी स्वीकृत समूह या गुट की राय के तौर पर आरोपित नहीं किया जा सकता और न ही इसे मात्र विचारधारा कहा जा सकता है। इसे ज्ञान के संसार के समान मानना चाहिए। इसकी अवस्थिति भी उदय, अनुभवों एवं आंकड़ों के बगैर संभव नहीं है। इन आंकड़ों का हम इसलिए प्रयोग करते हैं कि हम जान सकें कि जनता कुछ खास विषयों, परिस्थितियों को अस्वीकार करती है या खारिज करती है, क्योंकि राय का अंततः मनुष्य के मन एवं हृदय से रिश्ता होता है। उनकी मांग पर ही इसका जन्म होता है। अतः 'पब्लिक ओपीनियन' को सिर्फ आम बातचीत या आम रुचि का विषय भी नहीं मानना चाहिए। अनेक देशों में अधिनायकवादी सरकारों के द्वारा 'पब्लिक ओपीनियन' को सूचना के स्रोत के बजाय उपकरण की तरह इस्तेमाल किया गया। 'देशों में लगातार इन पब्लिक ओपीनियन' को कृत्रिम रूप से एवं जोड़-तोड़ के आधार पर तैयार किया जाता है। अब हम भविष्यवाणी मूल्य पर विचार करें। बोर्दियो ने लिखा कि कुछ दुर्घटनाओं को छोड़ दें

तो आमतौर पर चुनाव भविष्यवाणियां ज्यादातर सही होती हैं। किंतु चुनाव परिणाम की भविष्यवाणी के पहले और बाद किए गए सर्वेक्षणों में अमूमन अंतर पाया जाता है। इसी तरह जनमत सर्वेक्षण में ऐसे लोगों की राय का संग्रह किया जाता है जो एक-दूसरे से पृथक्कृत हैं। यह मूलतः व्यक्ति की अलग-थलग राय है। अतः जनमत सर्वेक्षणकर्ताओं का यह दावा सही नहीं है कि समस्त राय समान है। राय से मेरा तात्पर्य सुसंगत संवाद से है। संवाद को तयशुदा फॉर्मूलों से समझना मुश्किल है बल्कि संवाद को सुसंगत होना जरूरी है। वर्तमान दौर में जनमत सर्वेक्षण के अनेक रूप प्रचलित हैं। चुनाव-पूर्व जनमत सर्वेक्षण उनमें से एक है। मूल बात यह है कि जनमत सर्वेक्षण हमेशा से जनसमाज का अंग रहा है।

जनसमाज की यह खूबी है कि जनसमूहों या व्यक्ति में जीवन की स्पष्ट समझ का अभाव होता है, विचारों में अव्यवस्था होती है। अव्यवस्था और अस्पष्टता का कारण क्या है, इसे वह नहीं जानता। यही वजह है कि व्यक्ति अपनी आकांक्षाओं एवं इच्छाओं को सही ढंग से सही दिशा में व्यक्त नहीं कर पाता। उसमें आत्मविश्वास का अभाव होता है। असुरक्षा, किंकर्तव्यविमूढ़ता, आत्मविश्वास का अभाव एवं नपुंसकता उसकी खूबी है। वह इन तत्वों को अपरिहार्य एवं अनिवार्य मानता है। असहजता एवं व्यग्रता उसके व्यक्तित्व के गुण हैं। जनसमूह के सदस्य की खूबी होती है कि वह अपने समाज में अकेला और लक्ष्यहीन होता है। साथ ही जनसमाज का विचार आभिजात्य का विचार है। इसे जनता का विचार मानने की भूल नहीं करनी चाहिए। यह मूलतः सर्वसत्तावादी एवं अलोकतांत्रिक व्यवस्था का विचार है। यह केंद्रीकृत सत्ता का विचार है जो लोकतांत्रिक राज्य के लोप की ओर ले जाता है। यह ऐसे समाज का विचार है जहां राजनीति के बजाय नौकरशाही का वर्चस्व होता है।

जनसमाज के उदय के साथ एक अन्य परिवर्तन घटित हुआ है जिसे समझने की जरूरत है। आधुनिक युग की शुरुआत के साथ मध्य वर्ग पैदा हुआ किंतु जनसमाज के उदय के साथ मध्य वर्ग की स्वतंत्र पहचान का लोप हो जाता है। अब यह जनसमूह का अंग हो गया। अब वह जनसमूह हो गया। जनसंचार माध्यमों के द्वारा विकासमूलक संचार की संभावनाएं खत्म हो जाती हैं और उनकी जगह व्यावसायिक प्रसारणों ने ले ली है। राजनीतिक दलों का महत्व घट जाता है। तार्किकता एवं धैर्य के प्रति विरक्त भाव पैदा हो जाता है। संसद एवं न्यायपालिकाएं विवाद के घेरे में आ जाती हैं। आम लोगों के प्रेरक और आदर्श अब आदर्श पुरुष

या महापुरुष न होकर हीरो, हीरोइन, लोकप्रियतावादी नेता हो जाते हैं। जनसमाज का दर्शन है एकरसांनद, यह अकेलों की भीड़ का दर्शन है। यूरोपीय और अमेरिकी समाजों के संदर्भ में जनसमाज के ऊपर हुए विभिन्न शोधकार्यों से कुछ प्रवृत्तियां उजागर होती हैं :

1. परिवार का क्षय, एकल परिवार का उदय, संयुक्त या विस्तारित परिवार का लोप, परिवारजनों का आपस में कम से कम संवाद, संपर्क, बृहत्तर संस्थानों में कार्य करते समय पृथक्कृत माहौल की तीव्र अनुभूति, सहकर्मी एवं कार्य के स्थान का कम महत्वपूर्ण हो जाना और कार्य-स्थान के साथ अलगाव इसकी पहली विशेषता है।
2. स्थानीय संवाद के केंद्रों, बगीची-अखाड़ों, बाजारों में, नुक्कड़ों में चर्चा-विवाद आदि का लोप, उपनगरीय हिस्सों का शहर से अलगाव, जातीयबोध, जातीय संबंधों एवं जातीय पहचान का लोप, इनका शहरी जनसमूहों में रूपांतरण दूसरी महत्वपूर्ण विशेषता है।
3. राजनीतिक दलों का नीतिगत एवं नैतिक रूप से पतन, लोकतांत्रिक मुद्दों का राजनीतिक क्षितिज से लोप और अराजनीतीकरण।

जनसमाज के साथ सर्वसत्तावादी ताकतें मजबूत हो सकती हैं। ए. हन्नाह ने *सर्वसत्तावाद का उदय* (1951) कृति में इस पहलू की ओर ध्यान खींचा है। हन्नाह ने लिखा है कि 'अति-स्वचालित समाज में जनसमूहों का विखंडन होने के बावजूद विकास होता है। अकेले व्यक्ति की प्रतिस्पर्धा और दुःख भरे जीवन को वर्ग की सदस्यता के द्वारा ही रोका जा सकता है। जनसमूह के मनुष्य की विशेषताएं प्रतिगामिता और हिंसा नहीं हैं अपितु सामाजिक अलगाव और सामान्य मानवीय संबंधों का अभाव है। असहाय अवस्था के कारण वह हिंसक राष्ट्रवाद की ओर जाता है। हिंसक राष्ट्रवाद के नेतागण भाषणबाजी के द्वारा दोहन करते हैं।'

ए. हन्नाह के दृष्टिकोण की दिशा में विलियम कोर्नहोजर ने विचार करते हुए *दि पॉलिटिक्स ऑफ मास सोसाइटी* (1959) पुस्तक लिखी। इस पुस्तक में उन्होंने 1920 के जर्मन समाज में नाजी आंदोलन का गंभीर विश्लेषण किया है। वे लिखते हैं कि नाजी आंदोलन ऐसे ही पृथक्कृत एवं व्यग्र युवाओं का आंदोलन था। इन युवाओं की प्रेरणा एवं दिशा हिटलर से आती थी। इसके प्रचार अभियान में महान अंतराल पर स्थित अमूर्त प्रतीकों को उभारा गया, दैनिक जीवन के प्रश्नों के बजाय

अति दूरस्थ युग के प्रश्नों को उठाया गया।

भारतीय समाज में हिंदुत्ववादियों द्वारा उठाए गए प्रश्नों की नाजी आंदोलन की विशेषताओं से सहज ही तुलना की जा सकती है। नाजी चिंतकों की तरह हिंदू सांप्रदायिक चिंतकों ने 'छद्म समाज' का विचार प्रसारित किया। इस छद्म समाज को उन्होंने हिंदू समाज की संज्ञा दी है। इसी के परिप्रेक्ष्य में हिंदू मन, हिंदू सत्ता, हिंदू अर्थशास्त्र का विचार भी दिया है। हिंदुत्ववादी आंदोलन और नाजी आंदोलन में दो अन्य समानताएं भी हैं : 1. तर्कसंगत न होना, 2. दमनात्मक होना। इन दोनों के बारे में थियोडोर एडोर्नो ने *दि कल्चर इंडस्ट्री* (1991) में जो टिप्पणी की है वह हमारे लिए भी प्रासंगिक है। उसने लिखा : 'तानाशाही प्रचार मनोवैज्ञानिक होता है क्योंकि वह तर्कहीन एकाधिकारवादी लक्ष्यों को तर्कसंगत मान्यताओं द्वारा प्राप्त नहीं कर सकता बल्कि आदिम प्रवृत्तियों से संबद्ध विषयों को चतुराई से जाग्रत करके ही उन लक्ष्यों को प्राप्त कर सकता है....तानाशाही के लक्ष्य इस हद तक विवेकशून्य होते हैं कि वे जिन लोगों का इस्तेमाल करना चाहते हैं, उन्हीं में से अधिकांश के भौतिक हितों के विरोध में जाते हैं....तानाशाही लोगों को विवेकशील तर्कों द्वारा अपने पक्ष में नहीं ला सकती, इसलिए स्वाभाविक है कि उसका प्रचार विवेचनात्मक चिंतन से दूर हो; वह मनोवैज्ञानिक रूप से छूने वाला हो और विवेकशून्य, अचेतन तथा प्रतिगामी सोच का इस्तेमाल करे।'

1. अंत में जनसमाज में मेरे लेखे वर्गों की मौजूदगी रहेगी। समाज को उनके संदर्भ के बगैर समझना मुश्किल होगा। किंतु एक अंतर होगा कि वर्गों की सामाजिक हैसियत एवं व्यक्तिगत परिस्थितियों में अंतर्संबंध सहज ही देखा जा सकता है। किंतु सभी परिस्थितियों में यह संबंध धीरे-धीरे लोकवादी संस्कृति के प्रभाववश धूमिल हो रहा है। परिणामतः वर्गीय पहचान के प्रति समझ बदल रही है।
2. अधिकार के परंपरागत केंद्र के तौर पर परिवार की व्यक्ति पर सत्ता का क्षय, अधिकतर लोग अपनी स्वतंत्रता की खोज के चक्कर में पारिवारिक जिम्मेदारियों को त्यागते चले जा रहे हैं। किंतु वे जम नहीं पा रहे हैं, सामाजिक एवं धार्मिक ग्रुप के तौर पर उनकी वैधता पर सवालिया निशान लग जाने की आशंका है।
3. जो परंपरागत संस्कार एवं समारोह व्यक्ति के मानवीय जीवन में रूपातंरण की घड़ी के द्योतक थे, उनकी उपेक्षा होने लगती है, अब वे मात्र

आम प्रदर्शन की चीज होकर रह गए हैं।

4. 'निष्क्रियता' समाज में बृहतर पैमाने पर व्याप्त एटीट्यूड हो गया है। आज जीवन की भावनाएं ऐसी हो गई हैं जिन पर व्यक्ति का बहुत कम नियंत्रण है। आज व्यक्ति स्वायत्त राय को शेयर करता है, वह उससे बाहर आकर सामान्य की तरह भूमिका अदा नहीं कर पाता।
5. आज राय का वैज्ञानिक और योजनाबद्ध ढंग से निर्णय किया जा रहा है। राय का स्वतः ही ऊपर से नीचे की ओर प्रक्षेपण हो रहा है। आज वह बाजार का माल हो गई है।
6. असहमति, विवाद, बहस आदि घटिया स्तर के हो गए हैं, मुद्दे पकाए जाते हैं और जनता में उतार दिए जाते हैं। सामाजिक की प्रकृति को इसकी मैकेनिक की दृष्टि द्वारा अपदस्थ कर दिया गया है।
7. 'कारण' के युग का अंत हो चुका है, चाहे वे बुरे हों या अच्छे। मजबूत विश्वास काल-दोषयुक्त हो गए हैं। यंत्रणा को अतीतमोह की कठोर आस्था के रूप में देखा जा रहा है।
8. प्रत्यक्ष अनुभवों ने मनुष्य का विध्वंस कर दिया है। घटनाओं के तेजी से घटने और बढ़ने के कारण विध्वंस की गति तेज हुई है।
9. भौतिक आवश्यकताओं का देखने में दबाव घटा है, किंतु इससे सामाजिक संतोष या व्यक्तिगत तौर पर आनंद की अनुभूति बढ़ी नहीं है अपितु सामाजिक निर्भरता और शक्तिहीनता बढ़ी है।

2. उत्तर-औद्योगिक समाज

उत्तर-आधुनिक चिंतन पर डेनियल बेल की कृति *दि कमिंग ऑफ पोस्ट इंडस्ट्रियल सोसाइटी* (1973) का गहरा प्रभाव माना जाता है। बेल ने 'उत्तर-औद्योगिक समाज' को 'ज्ञान समाज' कहा था। भारत को उदारीकरण की प्रक्रिया के कारण जो उत्तर-औद्योगिक समाज के रूप में व्याख्यायित कर रहे हैं वे सोचें कि क्या हम 'ज्ञान समाज' (नॉलेज सोसाइटी) की ओर बढ़ रहे हैं या अज्ञान समाज की ओर? क्या सामाजिक वर्गीकरण की वैज्ञानिक पद्धति के आधार पर 'उत्तर-औद्योगिक समाज' का पदबंध तार्किक दृष्टिकोण को व्यक्त करता है? मेरा मानना है कि मौजूदा दौर औद्योगिक क्रांति का ही विस्तार है। यह औद्योगिक समाज की समाप्ति नहीं है और न ही पूंजीवादी व्यवस्था के अवसान की घोषणा है। यह पूंजीवादी संकट का दौर है, साथ ही, औद्योगिक मंदी का दौर है।

डेनियल बेल ने 'ज्ञान समाज' की जो व्याख्या प्रस्तुत की है उसमें वह संपत्ति के स्वामित्व को महज कानूनी अर्थ में विवेचित करते हैं।[1] इस कृति पर टायनबी की धारणाओं का गहरा प्रभाव है। वह मानता है कि नई प्रौद्योगिकीय खोजों और बड़े पैमाने पर ज्ञान के संबंधित गतिविधियों के विस्तार के कारण श्रमजीवियों की खपत बढ़ी है। बड़े-बड़े कारखानों की सीधे खरीद या कारखानों का छापेमार ढंग से स्वामित्व हरण करने की प्रवृत्ति भी सामने आई है। बाजार में सट्टेबाजी और शेयरबाजी का दखल बढ़ा है। विश्व मैन्यूफैक्चरिंग व्यवस्था का उदय हुआ है। परिणामतः 'नॉलेज वर्कर' की भूमिका का महत्व बढ़ गया है।[2]

यह ऐसा समाज है जब अमेरिका भयानक मंदी के दौर से गुजर रहा था। भारी उद्योगों—ऑटो, टायर, स्टील के क्षेत्र में 1979-80 और 1981-83 के मध्य राज्य के उद्योग तबाह हो गए। रोजगार के नए अवसर अब सस्ती तकनीकी और कम

उत्पादन के क्षेत्रों में केंद्रित हो गए।

डेनियल बेल का मानना है कि आधुनिकता के दौर में विज्ञान सिलसिलेवार ढंग से प्राकृतिक और सामाजिक परिवेश पर नियंत्रण हासिल करने की कोशिश करता है। औद्योगिक और उत्तर-औद्योगिक समाजों में मूल अंतर नई खोजों को लेकर है। उत्पादन के संबंधों में मूलगामी तौर पर इससे कोई अंतर नहीं आता। वस्तुतः यह अधिरचना के परिवर्तनों तक ही अपनी समझ को सीमित रखता है जबकि किसी युग की अवस्था के परिवर्तन पर विचार करते समय आधार में घटित परिवर्तनों को भी ग्रहण करना चाहिए।

डेनियल बेल और उनके भारतीय अनुयायी सिर्फ अधिरचना के प्रौद्योगिकीय परिवर्तनों को ही सामाजिक अवस्था के परिवर्तन का पर्याय बनाकर पेश करते हैं। यह एक तरह समाज को देखने का एकाकी एवं अवैज्ञानिक दृष्टिकोण है। बेल मानता है कि सिद्धांतमूलक खोजों को टुकड़ों में आया मौजूदा चिंतन या खोजें अपदस्थ कर देती हैं। वह सामाजिक संरचना को प्रौद्योगिकीय सृजन के रूप में देखता है। हमारी पहली आपत्ति तो इस तरह समाज को देखने की पद्धति पर है। तर्क के लिए मान भी लें कि भारतीय समाज उत्तर-औद्योगिक समाज हो गया है तो हम जानें कि प्रौद्योगिकीय सृजन के तौर पर हमारे यहां क्या कोई व्यापक खोजें हो रही हैं? अथवा बहुराष्ट्रीय कंपनियों की अनुपयोगी एवं पुरानी प्रौद्योगिकीय मालों एवं तकनीकों का स्थानांतरण हो रहा है? हमारे यहां बहुराष्ट्रीय कंपनियां भूमंडलीकरण के चक्कर में जो तकनीकी ला रही हैं उसे पूंजीवादी विश्व खारिज कर चुका है। तब हम कैसे यह मान लें कि भारत उत्तर-औद्योगिक समाज हो गया है।

उत्तर-औद्योगिक समाज में कंप्यूटर, डाटा बैंक, कंप्यूटरीकृत प्रशासनिक संरचना के द्वारा मास सोसाइटी के नियंत्रण की कोशिश की गई। परिणामतः ज्ञान के चरित्र में परिवर्तन आया।[3] इस तरह के दृष्टिकोण की कमजोरी यह है कि इसमें व्यवस्था के वर्गीय स्वरूप की उपेक्षा की गई है। प्रौद्योगिकी को व्यवस्था का विकल्प बना दिया गया है। सामाजिक संरचना को राजनीति और राजनीतिक वर्गों से पृथक करके देखने की कोशिश की गई है। इससे पहले *विचारधारा का अंत* शीर्षक कृति में डेनियल बेल ने विचारधारा की निष्क्रियता की वकालत की थी। सभी किस्म की राजनीतिक विचारधाराओं, संस्थाओं और विवेकपरकता आदि को अस्वीकार किया था।

भारत में जो लोग उत्तर-आधुनिकतावाद एवं उत्तर-औद्योगिक समाज की धारणाएं पेश कर रहे हैं वे साथ ही साथ 'यूटोपिया के अंत' की घोषणा भी कर रहे

हैं। ऐसे चिंतक यह भूल जाते हैं कि डेनियल बेल की धारणा प्रौद्योगिकीय यूटोपिया पेश करती है। इस तरह के यूटोपिया को ज्बिगन्यू ब्रजेजिंस्की तथा जॉन कैनेथ ग्रॉलब्रेथ की रचनाओं में भी देखा जा सकता है।

इसके अलावा अनेक भविष्यशास्त्रियों की रचनाओं में भी यह दृष्टिकोण मिल जाएगा। मसलन, हर्मन काह्न, नॉबर्ट वीनर, बी. ब्रूस—बिग्स तथा बी. स्किनर की कृतियों में यह नजरिया मिलेगा।

डेनियल बेल ने न्यायिक दृष्टि से संपत्ति के स्वामित्व की व्याख्या पेश की है। ध्यान रहे, अमेरिकी समाज में यूटोपिया है वहां न्याय का सिद्धांत दार्शनिक तौर पर राजा की शक्ति को वैध करार देता है। उसी तर्ज पर आधुनिक प्रौद्योगिकीय यूटोपिया सत्ता पर वैज्ञानिकों एवं अभियंताओं के दावों को उचित ठहराने की कोशिश करता है। इसके लिए योग्यता-तंत्र के सिद्धांत का सहारा लेता है। डेनियल बेन ने *उत्तर-औद्योगिक समाज का आगमन* शीर्षक कृति में इस योग्यता-तंत्र के सिद्धांत की विस्तृत व्याख्या पेश की है। वह मानता है कि 'उत्तर-औद्योगिक समाज' में उन्हें वह स्थान ग्रहण करना चाहिए जो औद्योगिक समाज में व्यापारी तथा औद्योगिक मैनेजर रखते थे।

'वैज्ञानिक तौर पर संचालित' यूटोपिया में संघटन का मनुष्य पर उसके कार्यकलाप के सभी प्रमुख क्षेत्रों के निर्धारण में प्रभुत्व होगा। व्यक्तिगत स्वतंत्रताओं पर कठोर रूप से क्रियात्मक सीमाएं लगा दी जाएंगी। स्वतंत्रता कोई साध्य नहीं रह जाएगी, न ही सामंजस्यपूर्ण व्यक्तित्व के अस्तित्व या उसके विकास की परिस्थिति ही होंगी। अपितु विज्ञान समाज की विवेकपूर्ण प्रभावी कार्यात्मकता तथा स्थायित्व को बनाए रखने का केवल एक साधन है। इस तरह के यूटोपिया का लक्ष्य प्रत्यक्षतः सत्ता की मौजूदा संस्थाओं को समाप्त करना नहीं है अपितु वह उन पर नियंत्रण को राजनीतिज्ञों तथा व्यापारियों से विशेषज्ञों को हस्तांतरित कर देना चाहेगा जो कि विज्ञान और प्रौद्योगिकी की आवश्यकताओं को पूरा करने के लिए संभवतः उन्हें अधिक कठोर तथा केंद्रीकृत करके उनकी पुनर्संरचना करेंगे।

डेनियल बेल ने अपने एक लेख 'अमेरिकी अनन्यता का अंत' (1975) में रेखांकित किया कि जो धारणा देश की राजनीतिक मानसिकता में गहरे बैठी हुई थी उसका अवमूल्यन हुआ। वह लिखता है, 'साम्राज्य की समाप्ति, शक्ति के ह्रास तथा राष्ट्र के भविष्य में विश्वास की कमी के साथ ही अमेरिकी अनन्यतावाद में विश्वास लुप्त हो गया है।'[4]

आज कोई भी अमेरिकी लेखक नहीं मिलेगा जो मौजूदा समाज के मूलगामी रूपातंरण की बात करता हो। डेनियल बेल ने लिखा, 'यूटोपिया को सदैव मनुष्यों के बीच संबंधों में सामंजस्य तथा पूर्णता के डिजाइन के रूप में माना गया है। पूर्वजों की बुद्धिमत्ता में, यूटोपिया एक लाभप्रद असंभवता, इच्छित की धारणा है जिसे प्राप्त करने को मनुष्य को सदैव कठिन प्रयास करना चाहिए लेकिन जिसे असलियत में कभी प्राप्त नहीं किया जा सकता था। फिर भी अपने विचार से ही यूटोपिया, मनुष्यों के बारे में फैसला करने के प्रतिमान का काम करेगा। एक ऐसा आदर्श जिसके द्वारा यथार्थ को नापा जाएगा। आधुनिक हेकड़ी (अक्खड़पन) ने इस खाई को 'पार करना' तथा यथार्थ में आदर्श को स्थापित करना चाहा है तथा इस प्रयास में आदर्श का परिदृश्य धुंधला पड़ गया है और यूटोपिया के विचार पर दाग लग गया है।'[5]

अपनी एक अन्य पुस्तक *पूंजीवाद के सांस्कृतिक अंतर्विरोध* (1976) में डेनियल बेल एक तरफ यूटोपिया की दुर्बोध प्रकृति की क्षति तथा दूसरी ओर सामाजिक यथार्थ के प्रति धर्म एवं प्रत्यक्षवादी दृष्टिकोण में कमजोरी के बीच संबंध स्थापित करना चाहते हैं। उन्होंने लिखा है कि 'आधुनिक समाजों ने धर्म का स्थान यूटोपिया को दिया है। यूटोपिया एक दुर्बोध आदर्श के रूप में नहीं बल्कि एक ऐसे आदर्श रूप में जिसको इतिहास के माध्यम से (प्रगति, तर्कसम्मतता, विज्ञान) प्रविधि के पौष्टिक तत्वों के साथ तथा क्रांति की देखभाल में प्राप्त किया जाना है।'[6]

यूटोपियाई आदर्श की धरती की ओर अधिक उन्मुख होने (अब जो निरपेक्ष नहीं रही) की प्रवृत्ति एक साथ कई कारणों से उत्पन्न हुई। एडुवर्ड वातालोव ने *अमेरिकी यूटोपिया* कृति में बताया कि इनमें प्रत्यक्षवादी दर्शन का प्रभाव तथा यह भय कि तत्वमीमांसावादी मूल्यों की तरफ अभिमुखीकरण 'विचार के आततायी तंत्र' का वास्तविक खतरा उत्पन्न करते हैं। कंप्यूटर तर्क के साथ यूटोपियाई विचार को क्रियान्वित करने की अदम्य इच्छा तथा महान धर्मपरीक्षक के प्रति आस्था—इससे कोई फर्क नहीं पड़ता कि प्रयास के मार्ग में वस्तुगत स्थितियां क्या बाधाएं डालती हैं। लेकिन मेरे विचार में आधुनिक अमेरिकी यूटोपिया के आदर्श को अब पूर्ण न बनाने की प्रवृत्ति के पीछे प्रमुख कारण यह है कि इसके निर्माताओं में अधिकतम आदर्श की कमी है। इसका लक्ष्य मौजूदा सभ्यता के ढांचे के भीतर जो भी सर्वोतम संभव है उसे प्राप्त करना है।

बेल जिस बात पर बल देते हैं उसके विपरीत अधिकांश आधुनिक अमेरिकी इच्छित यूटोपियाई आदर्शों की व्यावहारिक प्राप्ति के साधन के तौर पर सामाजिक

क्रांति को अस्वीकार कर देते हैं।[7]

डेनियल बेल, ज्बिगन्यू ब्रजेजिंस्की तथा जॉन गॉलब्रेथ द्वारा 1960 तथा 1970 के दशकों में निर्मित (औद्योगिक समाज, उत्तर-औद्योगिक राज्य, प्रौद्योगतंत्रीय समाज) सामाजिक सिद्धांतों में यूटोपियाई तत्व देखे जा सकते हैं। आधुनिक यूटोपिया प्रतिपादकों में एक बात समान है कि वे विकल्प के द्वारा खुले रखते हैं। जबकि अतीत के यूटोपियाओं में वैकल्पिक समाधान को पूर्णतः अस्वीकार किया था। यूटोपियाई परियोजना दोषरहित समाज में जीवन के प्रत्येक पहलू का शब्दशः वर्णन करती थी, जो बतौर एक नियम के, सतत नियंत्रण के अधीन हुआ करता था। वे तत्व मीमांसा की पुष्टि करना अपना कर्तव्य समझते थे। इसके विपरीत आधुनिक यूटोपिया—स्वभावतः सब नहीं—आंशिक निबंध जैसे लगते हैं क्योंकि वे केवल सामान्य रूपरेखा तथा मानवीय कार्यकलाप के सामान्य सिद्धांत प्रस्तुत करते हैं तथा उनमें विस्तृत नियमन, कठोर व्यवस्था या श्रेणियां नहीं होतीं। दूसरे शब्दों में, 'आधुनिक यूटोपिया अपने नागरिकों को अधिक मात्रा में स्वतंत्र इच्छा तथा उनकी व्यक्तिगत पहलकदमी के अवसर प्रदान करते हैं।'[8]

काह्न और ब्रूस-ब्रिग्स ने 'उत्तर-औद्योगिक समाज' की धारणा में यह दावा किया था कि 1970 के दशक में सब व्यक्ति उच्च-आय समूहों जैसे कि 'प्रबंधकों तथा पेशेवर विशेषज्ञों' जैसा जीवन व्यतीत कर सकेंगे।[9] किंतु यह सपना 'उत्तर-औद्योगिक समाज' पूरा न कर सका। असल में भविष्यशास्त्रियों की यह कमजोरी है कि वे अपनी इच्छाओं की वास्तविकता पर आरोपण करते हैं। वास्तव विकास के आधार पर क्या घटित होगा, इसकी उपेक्षा कर देते हैं।

उत्तर-औद्योगिक समाज की धारणाओं के विकास की परंपरा में जनवादी यूटोपिया के सिद्धांतकार एल्विन टॉफलर का प्रमुख स्थान है। उन्होंने *तीसरी लहर* (1980) में रेखांकित किया कि संयुक्त राज्य अमेरिका तथा अन्य औद्योगिक देशों में मौजूदा राजनीतिक संस्थाएं अतिरिक्त कार्यभार से ग्रस्त हैं, बुरी तरह सड़ गई हैं तथा अब क्रियाशील नहीं रही हैं। इसलिए 'औद्योगिक समाज' से संक्रमण के दौरान या 'दूसरी लहर' से 'तीसरी लहर' में संक्रमण के दौरान राजनीतिक संरचना में मूलभूत परिवर्तन होंगे। 'भावी आघात' यानी *फ्यूचर शॉक* में उन्होंने यूटोपिया के बजाय 'प्रेक्टापिया' (व्यावहारिक यूटोपिया) पर बल दिया है।

टॉफलर की धारणाओं का सारत्व यह है कि वह संयुक्त राज्य अमेरिकी में जनवादी समाज के प्रतिष्ठान को संपत्ति संबंधों के आमूल रूपांतरण पर, सामाजिक

क्रांति पर निर्भर नहीं मानते। वे सुधार के माध्यम से परिवर्तन का समर्थन करते हैं; सुधार लोगों की प्रत्यक्ष भागीदारी से तथा उनके निर्देशन में होंगे। स्वभावतः वह अपनी परियोजना को पूंजीवाद विरोधी विकल्प के रूप में प्रस्तुत नहीं करते। तथापि, चाहे उन्हें इसकी जानकारी हो या न हो, आधुनिक पूंजीवादी विकास के तर्क से या सहकारी तथा पूंजीवादी राज्य सचेत रूप से, जिस लक्ष्य को प्राप्त करने का कठिन प्रयास करते हैं उस तर्क से जो मॉडल वह प्रस्तुत करते हैं, वह असंगत है । वह संकट के समाधान पेश करने में असफल होता है। टॉफलर अपने विचारों में पूंजीवादी विचारों की ही अंततः प्रस्तुति करते हैं। *तीसरी लहर* में सूचना समाज की विस्तृत व्याख्या पेश करते हुए जिस तरह के दृष्टिकोण का प्रतिपादन किया गया है वह अनेक कमजोरियों को व्यक्त करता है। उनके विश्लेषण की कमजोरी यह है कि इसमें विभिन्न प्रकार के उत्पादन-संबंधों के बीच मूल, गुणगत भेद दिखाई नहीं देता। वे पूंजीवाद और समाजवाद दोनों को ही औद्योगिक समाज में शामिल कर देते हैं, जबकि ये दो विरोधी सार्वजनिक परिघटनाएं हैं। इनमें मूलगामी अंतर है। *तीसरी लहर* में इस बात पर बल दिया गया है कि तकनीक सामाजिक पुनर्निर्माण का मुख्य उपाय नहीं है। किंतु उनके विश्लेषण को गंभीरता से पढ़ें तो पाएंगे कि तकनीकी पुनर्गठन की सामाजिक परिवर्तनों में निर्णायक भूमिका है। वह मानते हैं कि तकनीक को परिस्थितियों और सामाजिक कारकों के अनुकूल होना चाहिए किंतु उनके विश्लेषण में सामाजिक संरचनाएं वस्तुतः ऐतिहासिक प्रक्रिया की उपज नहीं हैं। न वे वर्गों के कार्यकलाप का परिणाम हैं बल्कि उन्हें निरूपित करके मनोवैज्ञानिक-तकनीकी प्रगति के आधुनिक रूझानों के 'अनुरूप' बताया जाता है। हिंदी आलोचना में 'यूटोपिया', 'यूटोपिया का अंत' आदि पदबंधों का मनमाना प्रयोग होता रहा है। इस क्रम में यूटोपिया और मिथक के बीच के अंतर को भुला दिया गया। ए.एन. मॉर्टन के शब्दों में कहें तो 'यूटोपियावाद की एक पुल से तुलना की जा सकती है, जो नदी पार करने का साधन है, लेकिन एक बार पार कर लेने के बाद केवल पीछे की ओर ले जाता है।'[10]

मिथक अपने चित्रों में, समग्रता में, भावनात्मक, मनोवैज्ञानिक संघटन के अविभाज्य ब्रह्मांड के विचार को अभिव्यक्त करता है। अपने आप में समग्र तथा अविभाज्य होता है। वह इस अंतःप्रेरित भावना से प्रस्फुटित होता है कि मनुष्य, मनुष्य तथा समाज, मनुष्य तथा प्रकृति के बीच एकता तथा अविच्छेद्य अंतस्संबंध होता है।

इसके अतिरिक्त पौराणिक चेतना मानती है कि इस एकता को किसी सर्वोच्च या अति मानवीय ताकत का आशीर्वाद प्राप्त है। जबकि यूटोपिया का जन्म पौराणिक चेतना की समाप्ति के द्वारा, ब्रह्मांड को अविभाज्य मानने वाले विचार के विखंडन के द्वारा होता है। फ्रेड पोलक के शब्दों में कहें तो 'यूटोपिया को निःपौराणिकीकरण का प्राचीनतम तथा शुद्धतम उदाहरण माना जा सकता है।[11]

यूटोपियाई सोच चेतना का वह प्रकार है जिसने समाज को अंतर्विरोधी प्रकृति, लोगों का एक-दूसरे से तथा प्रकृति से अलगाव, मनुष्य के आंतरिक संघर्ष को समझ लिया है। यह वह चेतना है जो इस दूरी को पाटने का तथा कल्पना में विखंडित हो जाने वाले ब्रह्मांड को पुनः जोड़ देती है। मिथक कठोर निर्धारणवाद का साकार रूप तथा उत्पत्ति है, जो चीजों को पूर्व निर्धारित व्यवस्था के संबंध में किसी स्वेच्छाचारी या उग्र कार्य को अस्वीकार करती है। इसके विपरीत यूटोपिया निर्धारणवाद को तोड़ देने की इच्छा से उत्पन्न होता है। सामाजिक नियमों की ओर निर्दिष्ट स्वेच्छाचारी तथा उग्र कार्य का समर्थन करता है।

पौराणिक चेतना प्राक्-विवेचनात्मक तथा अविवेकपूर्ण है। एक अविरक्त पात्र की चेतना के मूर्त रूप के तौर पर सामाजिक ब्रह्मांड के (व्यक्ति नहीं, जाति के रूप में क्योंकि यह व्यक्ति को कार्यकलाप के स्वायत्त पात्र के रूप में मान्यता देती है) सहयोगवादी (भाग्यवादी नहीं) रुख को दर्ज करने वाला आलोचनात्मक आयाम इसमें नहीं होता। यह पूर्णतः जन 'सामूहिक' चेतना है। इसके विपरीत यूटोपियाई चेतना मनुष्य की अपनी क्षमताओं तथा बुद्धि में विश्वास की अभिव्यक्ति है जो उनकी इन क्षमताओं के व्यावहारिक रूपांतरण के कार्यभार पर लागू करने की इच्छा से द्विगुणित होती है। कोई भी यूटोपिया मूलतः एक अस्वीकृति, एक विद्रोह, एक अपधर्म है—चाहे वह आत्म-आरोपित निर्वासन में चेतना का अपधर्म मात्र ही क्यों न हो।

ध्यान रहे कि सामाजिक-ऐतिहासिक प्रक्रिया में, राजनीतिक प्रयास में एवं कलाओं में यूटोपिया तथा मिथक एक साथ घनिष्ठ रूप से गुंथे हुए हैं। वे एक-दूसरे से अंतर्क्रिया करते हैं तथा एक-दूसरे के पूरक हैं, वे एक-दूसरे से पृथक नहीं होते। इन दोनों की समान लोकप्रिय जड़ें हैं। वे सामूहिक रचनात्मक प्रयास की उत्पत्ति हैं। वे विचारकों तथा व्यावसायिक मिथक निर्माताओं के द्वारा संयोजित रचनाओं के आधार हैं। इन दोनों की अंतर्क्रिया पर ऐतिहासिक परिप्रेक्ष्य में विचार करें तो पाएंगे कि उन्नीसवीं सदी और बीसवीं सदी के पूर्वार्द्ध में यूटोपिया के विखंडनकारी प्रभाव

के अधीन हो जाने के कारण मिथक ने स्वयं में यूटोपिया के कुछ तत्व जोड़ लिए तथा कम-से-कम अंशतः यूटोपिया का रूप भी धारण कर लिया। बदले में, यूटोपिया ने कुछ पौराणिक विशेषताएं ग्रहण कर लीं और स्वयं को मिथक में रूपांतरित कर लिया। आज भी कोई इस बात से सहमत नहीं हो सकता कि जहां मिथक प्रभुत्व बनाए हो वहां यूटोपिया को कोई अवसर नहीं होगा।

इसी प्रकार 'सपने' को 'यूटोपिया' का पर्याय नहीं मानना चाहिए। मिथक की तरह 'सपना' भी 'यूटोपिया' में पूरी तरह समाहित नहीं होता। यह यूटोपिया में अंशतः ही समाहित होता है। क्योंकि 'सपने' में यूटोपियाई विषय-वस्तु से एकदम अलग मूल्य, अभिमुखीकरण और रुख सन्निहित होते हैं।

डेनियल बेल ने *विचारधारा का अंत* पुस्तक के नए संस्करण की भूमिका में 1962 में लिखा था, 'अब यूटोपिया की आवश्यकता पहले से कहीं ज्यादा है; इस अर्थ में कि मनुष्य को आवश्यकता है—जैसी कि उसे हमेशा आवश्यकता रही है—अपनी सामर्थ्य के बारे में दृष्टि की, आवेग की बुद्धिमत्ता से समाप्त करने की कुछ तमीज की।'

इसके विपरीत हरबर्ट मार्कस ने लिखा, 'आज विश्व का, मानव-जीवन का कोई भी रूप प्रौद्योगिक तथा प्राकृतिक वातावरण का कोई रूपांतरण एक संभावना हैः तथा इस संभावना की संस्थिति ऐतिहासिक है। आज हममें विश्व को नरक में बदल देने की भी क्षमता है। इसका अर्थ होगा यूटोपिया की समाप्ति; अर्थात उन आदर्शों तथा सिद्धांतों का निक्षेप जो यूटोपिया की अवधारणा का इस्तेमाल कुछ सामाजिक-ऐतिहासिक संभावनाओं की समाप्ति की घोषणा के लिए करते हैं।'[12]

ऐसे ही परिवेश में एल्विब टॉफलर ने 'यूटोपियाइयों की फैक्टरी' संघटित करने का विचार पेश किया। वह मानता है कि परंपरागत यूटोपिया ने सरल, स्थिर समाजों का चित्रण किया था जो कभी-कभी अतीत अभिमुखी थे लेकिन अमेरिका को भविष्योन्मुखी, उत्कृष्ट औद्योगिकवाद पर अभिमुखी या 'तीसरी लहर' पर अभिमुखी यूटोपियाओं की आवश्यकता थी जिसे उन्होंने बाद में भविष्य कहा।

सुधीश पचौरी ने *कविता का अंत* पुस्तक में एक तरफ तो 'उत्तर-औद्योगिक समाज' के रूप में भारत की मौजूदा अवस्था को रेखांकित किया है, वहीं दूसरी ओर अगले अध्यायों में 'यूटोपिया का अंत' की कविता के तौर पर मंगलेश डबराल, असद जैदी, इब्बार रब्बी आदि की कविताओं का जिक्र किया है।

ऐसा करते हुए सुधीश पचौरी ने वस्तुतः प्रति-यूटोपिया की धारणाओं को ही

कविताओं में खोजा है। 'उत्तर-औद्योगिक समाज' एवं 'प्रति-यूटोपिया' के साथ मौजदूगी के अंतर्विरोध बनाते हैं। अंत में भक्तिकालीन कविता से आधुनिक कविता की तुलना एक अन्य अंतर्विरोध पैदा करती है। भक्तिकालीन कविता क्या प्रति-यूटोपिया की कविता है, जो उनकी सामयिक कविता से तुलना की जाए? सुधीश पचौरी ने सिर्फ 'संरचना' के संदर्भ में तुलना का काम किया है। परंतु प्रश्न यह है कि क्या आलोचना को मनमाने ढंग से करने का हक है कि कभी वह यूटोपिया, कभी सिर्फ-यूटोपिया, कभी पूर्व प्रति यूटोपिया का एक ही साथ प्रयोग करें। आलोचना में इस तरह का एक साथ वैविध्य वस्तुतः उत्तर-आधुनिकतावाद ही है जिसमें केंद्रित ढंग से सुसंगति का अभाव है। परिणामतः *कविता का अंत* पुस्तक अचानक ही खत्म हो जाती है।

प्रति-यूटोपिया ऐतिहासिक आशा के संकट को अभिव्यक्त करता है। वह ऐसा यूटोपिया है जिसका मोहभंग हो चुका है। यह विश्वास नहीं करता कि एक स्वतंत्र, सुखी तथा समृद्ध समाज का निर्माण करना संभव है। वह न केवल मोहभंग की प्रक्रिया से गुजरा हुआ बल्कि निराश करने वाला यूटोपियाई होता है। वह मानता है कि यूटोपिया को व्यवहृत करने का कोई भी प्रयास प्रत्यक्षतः विपरीत परिणामों की ओर ले जाएगा। यह दृष्टिकोण मूलतः मानवीय सिद्धांतों का विरोधी है। वह विकल्पों में विश्वास नहीं करता। वह लिखने के पहले ही हार स्वीकार कर लेता है। इसी के गर्भ से निराशावाद और नास्तिकतावाद दोनों का जन्म हुआ है, साथ ही, संशयवाद को भी गहरा बनाता है। वह समाज की सभी बुराइयों का दोष विज्ञान एवं प्रौद्योगिकी के सिर मढ़ देता है। परिणामस्वरूप वे उन्हीं ताकतों को पूजा-वस्तु बना लेते हैं जिनमें वे संघर्ष करना चाहते हैं। वे उसके कारणों की व्याख्या नहीं करते। साहित्य हो या समाज किसी भी क्षेत्र में यूटोपिया की मार्क्सवादी व्याख्या ज्यादा सार्थक एवं तर्कसंगत है। जैसा कि मार्क्स ने बार-बार कहा था कि विश्व को वास्तव में रूपांतरित करने का प्रयास करने वाले लोग जिस सामाजिक आदर्श की ओर देख रहे हैं उसे अपनी पृष्ठभूमि में सांसारिक होना चाहिए। दूसरे शब्दों में, यह आदर्श केवल सोचा हुआ नहीं—चाहे अच्छे विचारक द्वारा सोचा हुआ क्यों न हो, बल्कि समाज के वास्तविक ऐतिहासिक विकास से निगमित होना चाहिए। इसके अतिरिक्त आदर्श को कुछ समूहों या वर्गों द्वारा अनुभूत समाज की वास्तविक आवश्यकताओं को ही अभिव्यक्त नहीं करना चाहिए बल्कि सामाजिक ऐतिहासिक विकास की उभरती हुई प्रवृत्तियों, जो कि एक निश्चित अवस्था में आवश्यक बन गई हैं, से भी सहयोग

करना चाहिए।

दूसरे शब्दों में, मार्क्स सामाजिक आदर्श को समाज की इच्छित स्थिति के चित्र के रूप में नहीं बल्कि उसकी आवश्यक स्थिति के रूप में (जो कि, निश्चय ही, इच्छित जैसा हो सकता है), वर्तमान अंतर्विरोधों के समाधान से तथा एक सामाजिक स्थिति से दूसरी सामाजिक स्थिति में प्राकृतिक रूपांतरण से उभरते हुए देखते हैं।

सभी यूटोपियाओं की यह केंद्रीय विशेषता है, वे 'आलोचनात्मक' कार्य करते हैं। तब हमें सोचना होगा कि 'यूटोपिया का अंत' के तहत जो कवि चुने गए हैं वे 'आलोचनात्मक' रुख अख्तियार करते हैं या नहीं? मेरा मानना है कि मंगलेश डबराल, इब्बार रब्बी, विष्णु नागर, असद जैदी के यहां कविता 'आलोचनात्मक' भूमिका का परित्याग नहीं करती, इसी अर्थ में यह कविता 'यूटोपिया का अंत' की कविता नहीं है, अपितु पूंजीवादी समाज की आठवें या नौवें दशक की स्थितियों की रचनात्मक अभिव्यक्ति है। बच्चे और औरतें, विभिन्न मानवीय संबंधों के साथ अभिव्यक्ति पाते हैं और ये अभिव्यक्तियां स्थिति-सापेक्ष हैं। स्थितियों एवं 'चरित्रों' के बीच में संगति है। साथ ही जो बात वे कहना चाहते हैं वह भी संगतिपूर्ण क्रम में ही आती हैं। ऐसी स्थिति में ये कविताएं अपनी संपूर्ण संरचना में उत्तर-आधुनिक काव्य पद्धति एवं संरचना का निषेध करती हैं।

हिंदी में सातवें दशक में जो रूमानी क्रांतिकारी यूटोपिया पैदा हुआ था उससे ये कविताएं ज्यादा वास्तविक, संगतिपूर्ण, जनतांत्रिक एवं मानवीय-बोध से भरी हैं। कविता में आए चरित्रों में 'प्रतिनिधिमूलकता' के तत्व उभरकर आए हैं। परिणामतः, आधुनिकतावादी स्थितियों की भी ये कविताएं विरोध करती हैं। 'निजता' का आभास जिन कविताओं में व्यक्त हुआ है वहां पर भी रचनाकार ने साधारणीकरण से काम लिया है। इसके लिए ये कविताएं एक व्यक्ति के भावबोध की कविताएं ही नहीं रह गई हैं बल्कि स्वातंत्र्योतर दौर के मध्य वर्ग की यथार्थ स्थितियों का बयान हैं।

इसी अर्थ में ये कविताएं, 'यूटोपिया का अंत' नहीं करती बल्कि मध्यवर्गीय असमंजस, दुविधा और दिशाहीनता की स्थिति में घर की ओर लौटने की कविताएं हैं। घर की ओर लौटना वस्तुतः पूंजीवादी विध्वंस की अस्वीकृति है और विकल्प की खोज है।[13]

संदर्भ और टिप्पणियां

1. बेल डेनियल, *दि कमिंग ऑफ पोस्टइंडस्ट्रियल सोसाइटी*, 1974, हेनीमैन लंदन, पृ. 212, 294,
2. उपरोक्त, पृ. 343
3. बेल, डेनियल, अमेरिकी अनन्यता का अंत, *पब्लिक इंटरेस्ट*, नं. 41 फॉल, 1975, पृ. 197
5. बेल, डेनियल, 1974, पृ. 488-89
6. बेल, डेनियल, *कल्चरल कंट्राडिक्शन ऑफ कैपिटालिज्म*, 1974, बेसिक बुक्स, न्यूयॉर्क, पृ. 28
7. वातालोव, एडुअर्ड, *अमेरिकी यूटोपिया*, 1988, राजस्थान पी.पी.एच. जयपुर, पृ. 126-127
8. उपरोक्त, पृ. 127
9. हर्मन काह्न, ब्रूस-ब्रिग्स, *आने वाली चीजें, सत्तर तथा अस्सी के दशक के बारे में विचार*, मैकमिलन, न्यूयॉर्क 1972, पृ. 229-30, एडुअर्ड वातालोव की पुस्तक से।
10. मार्टिन, ए.एन., *दि मैटर ऑफ ब्रिटेन, एसेज इन ए लिविंग कल्चर*, 1960 देखें।
11. पोलक, एफ.एल., *भविष्य का चित्र*, खंड 1, ओसिएना प्रकाशन, न्यूयॉर्क, 1961, पृ. 419
12. मार्कस, हरबर्ट, *पांच भाषाण विश्लेषण, राजनीति तथा यूटोपिया*, 1970, पृ. 62
13. इस अध्याय में एडुअर्ड वातालोव के मूल्यांकन का व्यापक प्रयोग किया गया है, लेखक आभारी है।

3. संस्कृति उद्योग

फ्रैंकफुर्ट समुदाय के चिंतकों ने जनमाध्यमों को 'संस्कृति उद्योग' की संज्ञा दी है। संस्कृति उद्योग की अवधारणा क्या है? इसके सिद्धांतकारों का मूल परिप्रेक्ष्य क्या है? जनमाध्यमों को समझने में इस दृष्टिकोण की क्या भूमिका हो सकती है? इत्यादि प्रश्नों को यहां विश्लेषित किया जाएगा।

संस्कृति उद्योग के प्रमुख सिद्धांतकारों में थियोडोर एडोर्नो, मैक्स होर्खिमेयर, हरबर्ट मार्कस, एरिक फ्रॉम, हेबरमास, ए. शिमड्ट, ओ नेग्ट, ए. वेल्मेर आदि का नाम प्रमुखता से लिया जाता है।

थियोडोर एडोर्नो (1903-1969) को कला और माध्यमों के समाजशास्त्रीय, वामपंथी रुझान वाले, आमूलवादी चिंतक के रूप में जाना जाता है। इनके विचारों ने नव-हेगेलपंथी तथा 'पुरानी' संस्कृति की सर्वखंडनवादी समीक्षा के संधिकाल में मूर्त रूप ग्रहण किया था। एडोर्नो का मानना था कि पश्चिमी यूरोपीय संस्कृति का होमर के समय से प्रारंभ होने वाला इतिहास 'निष्फल सभ्यता' का इतिहास है। यह मनुष्य के गहन होते हुए समरूप 'व्यक्तिकरण' का इतिहास है। इनकी प्रमुख कृतियों में *ज्ञान-प्रसारण की द्वंद्वात्मकता* (1947) (इसके सहयोगी लेखक हैं मैक्स होर्खिमेयर), *नए संगीत का दर्शन* (1949), *ज्ञान के सिद्धांत की अधिसमीक्षा के बारे में* (1956), *निषेधात्मक द्वंद्ववाद* (1966) आदि हैं।

इनके दृष्टिकोण में निषेधवादी-निराशावादी दर्शन को सार्विक निषेध के रूप में अभिव्यक्त किया गया है। 'द्वंद्ववाद की परिभाषा' समस्त 'प्रदत्त' के विघटन, विनाश की विधि मात्र के रूप में की गई है। फ्रैंकफुर्ट समुदाय के चिंतकों ने 'सच्चे प्रत्ययों' की 'नए सिरे से खोज करने' का दावा किया। इस क्रम में मार्क्सवाद से विचलन भी दिखाई देता है। इसी समुदाय के एक अन्य प्रमुख चिंतक मैक्स होर्खिमेयर

(1895-1973) वामपंथी आमूलगामी नव हेगेलपंथी थे। इन पर जर्मन संशोधनवादी के. कोर्श और फ्रायड के चिंतन का गहरा प्रभाव था। हरबर्ट मार्कस (1898-1979) ने समाज को अधिकतम तकनीकीकृत और नौकरशाही कृत समुदाय के रूप में चित्रित किया, जो मजदूर वर्ग को 'मिथ्या' आवश्यकताओं के क्षेत्र में खींचकर उसे एकीकृत करता है। इन परिस्थितियों में, उनके विचार में, आमूलगामी बुद्धिजीवी, छात्र, बेरोजगार, लंपट को अभिप्रेरक शक्ति माना। ये परिवर्तन सामाजिक जीवन में 'बहुत बड़े अस्वीकरण के रूप में' प्रकट होते हैं। आठवें दशक के आरंभ में उन्होंने संस्कृति तथा कला संबंधी सर्वाधिक नास्तिवादी विचारों का परित्याग कर दिया।

फ्रैंकफुर्ट समुदाय के चिंतकों की 'संस्कृति उद्योग' की धारणा की जटिलता को समझने की जरूरत है। ये लोग मार्क्सीय दृष्टिकोण का जनमाध्यमों के विकास को समझने के लिए विकास करना चाहते थे। मार्क्स-एंगेल्स ने माध्यमों पर समग्रता में नहीं लिखा है। प्रकारांतर से इस क्षेत्र की कई समस्याओं पर प्रकाश जरूर डाला है। इस अभाव के कारण इन चिंतकों ने माध्यमों के मार्क्सीय दृष्टिकोण के विकास की जो कोशिश की है उसमें 'मास सोसाइटी' का दृष्टिकोण हावी है। ऐसा करते समय उनकी आलोचना का वामपंथी रुझान बना रहा है। वामपंथी आलोचना का केंद्रीय रुझान माध्यमों के प्रभाव के अध्ययन की ओर था। खासकर, मजदूर वर्ग की चेतना पर क्या प्रभाव होगा यही मुख्य चिंता थी। एडोर्नो, मार्कस और होर्खिमेयर जर्मनी के फ्रैंकफुर्ट स्थित सामाजिक अनुसंधान संस्थान में 1923 से जुड़े हुए थे। इस संस्थान में युवा वामपंथी और भू. पू. कम्युनिस्टों का वर्चस्व था। इस संस्थान के सदस्यों की यहूदी पृष्ठभूमि थी अतः उन्हें हिटलर के फासिस्ट चरित्र के उत्पीड़न का भी सामना करना पड़ा। बाद में इन लोगों को नौकरी छोड़कर न्यूयॉर्क जाना पड़ा और 1942 तक वहीं रहे। यहां पर ये लोग कोलंबिया विश्वविद्यालय के समाजशास्त्र विभाग से जुड़े रहे। हिटलर के पतन के बाद 1949 में होर्खिमेयर ने फ्रैंकफुर्ट संस्थान को अपने नेतृत्व में पुनर्गठित किया। जबकि मार्कस ने कैलिफोर्निया में ही रहना पसंद किया। होर्खिमेयर के बाद एडोर्नो को फ्रैंकफुर्ट संस्थान का मुखिया बनाया गया।

एडोर्नो और होर्खिमेयर ने 'संस्कृति उद्योग' पदबंध का प्रयोग 'पॉपुलर कल्चर' और 'मासकल्चर' का विरोध करने के लिए किया। वे इस धारणा का विरोध करते हैं कि 'मासकल्चर' के उत्पादों का जन्म जनता से होता है। उन्होंने देखा कि इसे संस्कृति उद्योग संचालित कर रहा है। ऊपर से आरोपित कर रहा है। वह मतारोपण

और सामाजिक नियंत्रण का उपकरण हो गया है। 'संस्कृति उद्योग' पदबंध आलोचनात्मक सिद्धांत के विशिष्ट रूप 'द्वंद्वात्मक आयरनी' को पेश करता है। संस्कृति को इन लोगों ने परंपरागत अर्थ में लिया जो कि इस उद्योग का विरोध करे और लेखकीय रचनात्मकता को व्यक्त करे।

इन विचारकों ने अपने अमेरिकी प्रवास के दौरान ही इस धारणा का मूल रूप से विकास किया। जनसंचार माध्यमों और उपभोक्ता समाज की समस्याओं का गंभीरता से अध्ययन किया। पत्र-पत्रिकाओं की लोकप्रियता, बाजारू उपन्यासों, कार्टून आदि का राजनीतिक उद्देश्य के लिए इस्तेमाल देखा।

इन चिंतकों ने 'संस्कृति उद्योग' को नई पूंजीवादी आधुनिकता के निर्माता के रूप में विश्लेषित किया। इसके लिए संस्कृति, विज्ञापन, जनसंचार और सामाजिक नियंत्रण के नए रूपों के अध्ययन पर बल दिया जिससे पूंजीवादी समाज के नए रूपों की समझ पैदा की जा सके।

फ्रैंकफुर्ट समुदाय के चिंतकों के परिप्रेक्ष्य के निर्माण में तीन महत्वपूर्ण कारक रहे हैं। पहला, 1917 की अक्टूबर क्रांति पश्चिमी यूरोप में विस्तार नहीं कर पाई। इसे लेकर उनमें बेहद असंतोष था। साथ ही, स्टालिनवाद के वर्चस्व से दुखी थे। दूसरा महत्वपूर्ण कारक था—फासिज्म के आतंक और उत्पीड़न की गहरी अनुभूति। यह अनुभूति विश्वयुद्ध के बाद भी जारी रही। ये लोग ऐतिहासिक विजन पर बल देते हैं। वे इतिहास के द्वंद्ववाद पर जोर देते हैं। 'सब्जेक्ट' और ऑब्जेक्ट' के परस्पर संबंध पर बल देते हैं। इस संबंध में विखंडन का विश्लेषण किया। इसमें भी मुख्य जोर 'सब्जेक्ट' पर था। उसी से जुड़े प्रश्नों पर विस्तार से विचार किया। इनका मानना था कि सामाजिक परिवर्तन की चेतना की आवश्यकता खत्म हो गई है।

मार्कस ने *वन डायमेशनल मैन* (1968) में उत्पादन की तार्किकता की व्याख्या करते हुए लिखा कि पूंजीवाद के उच्च स्तरीय विकास ने सामाजिक व्यवस्था के ऐसे रूपों का विकास किया है जो समूची व्यवस्था पर आरोपित हैं या हावी हैं। इस व्यवस्था में अपने अंतर्विरोधों को नियंत्रित करने की क्षमता है। इसने ऐसे रूपों का निर्माण किया है जो आलोचना के अभ्यस्त हैं। यह व्यवस्था अपनी सफलताओं के कारण वस्तुओं को बेचने में सफल हुई है। इस व्यवस्था के उत्पादन की संरचना ऐसी वस्तुओं और सेवाओं को प्रस्तुत करने में सफल रही है जो समूची व्यवस्था पर हावी है। अमेरिकी पॉपुलर प्रेस में लोकप्रिय व्यक्तित्वों की प्रस्तुति अधिनायकवादी पहचान और भूमिका को उभारती है। प्रस्तुतियों में इमेजों का आरोप किया जाता है।

इसमें व्यक्तित्व के विकास और अभिव्यक्ति की धारणाओं का विकास दर्शाया नहीं जाता। तात्कालिकता और स्पष्टवादिता को कुछ इस तरह पेश किया जाता है जिससे आम नागरिक से अंतर करने में असुविधा होती है। मार्कस ने माध्यमों को 'सोचने वाले संसार' के बजाय 'नहीं सोचने वाले संसार' के रूप में देखने की कोशिश की।

'संस्कृति उद्योग' के चिंतकों का मानना है कि माध्यमों द्वारा परंपरागत श्रेष्ठ संस्कृति को नष्ट किया जा रहा है। वे यह भी मानते हैं कि 19वीं शताब्दी में बुर्जुआ संस्कृति विरोध की संस्कृति थी। उसकी दैनंदिन व्यापारिक और वित्तीय हितों के द्वारा सुरक्षा की गई। यह उन आकांक्षाओं की अभिव्यक्ति का काम करती थी जिसे रोजमर्रा के कार्यों में दमन से गुजरना होता था। इस परिप्रेक्ष्य में संस्कृति दूसरे आयाम पर थी जिसमें वैकल्पिक सामाजिक व्यवस्था की परिकल्पना व्यक्त होती थी। इजारेदाराना पूंजीवाद के युग में वह प्रतिरोध मूल्य से वंचित हो गई। उसे सत्ता का अंग बना लिया गया। यह दृष्टिकोण संस्कृति को वस्तु विनिमय का 'बाई-प्रोडक्ट' मानता है। इसमें सिर्फ विनिमय मूल्य का महत्व है।

फ्रैंकफुर्ट समुदाय के चिंतकों का मानना था कि मौजूदा समाज में कलाएं तब विरोध की भूमिका अदा करती हैं जबकि वे यथार्थ से समझौता न करें। साथ ही जो लोग कला और यथार्थ में सह-संबंध देखते हैं उनके ऊपर इनका बहुत कम प्रभाव पड़ता है। इसी अर्थ में विरोध मूल्य खत्म हो जाता है।

एडोर्नो ने लिखा है कि जो कृतियां जड़पूजावाद को बढ़ाती हैं वे सांस्कृतिक माल बन जाती हैं। परिणामतः मानसिक परिवर्तनों को पैदा करती हैं, मस्तिष्क को विकृत करती हैं तथा अप्रासंगिक खपत उन्हें नष्ट कर देती हैं। वे चंद चीजों को बार-बार दोहराते हैं। जैसे सिसनी मैडोना का बिस्तर का दृश्य, इसके रैइफिकेशन का प्रभाव आंतरिक संरचना पर होता है। दर्शकों द्वारा इसका ग्रहण चरमोत्कर्ष और पुनरावृत्ति के समय होता है। इसमें चौतरफा अंतर्वेधन की प्रक्रिया शुरू हो जाती है। इसका संगठन कैसा भी हो इससे कोई फर्क नहीं पड़ता। ऐसी परिस्थिति में संगीत का श्रवण प्रतिगामी भूमिका अदा करता है। चिर-परिचित और स्टैंडर्ड फॉर्मूलाबद्ध रचनाओं तक सीमित होता है। इससे सामाजिक स्वीकृति और प्रभुत्व को विस्तार मिलता है। श्रोता का पश्चगमन जुड़ा है विभिन्न और विरोधी संगीतों की संभावनाओं से। इस प्रतिगामी भूमिका को सामाजिक 'मास' संगीत मनोवैज्ञानिक प्रभाव पैदा करके आंतरिक नियंत्रण प्राप्त कर लेता है। इस क्रम में श्रोता श्रेष्ठ महत्वपूर्ण संगीत से

परे चले जाते हैं, साथ ही, पागलपन भरी मूर्खताओं को सामाजिक स्वीकारोक्ति कराने में भी सफल हो जाते हैं।

किसी प्रसिद्ध गाने का सारत्व और सांस्कृतिक काल की शक्ल में दोनों उस जटिल प्रकृति को दर्शाते हैं जिसमें यह तय करना मुश्किल होता है कि दर्शकों को सिनेमा यथार्थ से काट रहा है या यथार्थ से अलगाव उसे सिनेमा से पृथक ले जा रहा है।

एडोर्नो ने लिखा है कि खेल और सिनेमा, मास म्यूजिक और सुनने की नई आदत अपने समूचे प्रभाव में पलायन को असंभव बना देती हैं। बीमार बनाना और इसे सुरक्षित रखना यही इसकी भूमिका है।

एडोर्नो ने जॉज संगीत की तीखी आलोचना की। उसे सांगीतिक जड़पूजा और प्रतिगमन के परिप्रेक्ष्य में विश्लेषित किया। उन्होंने लिखा कि जॉज संगीत को बार-बार सुनना जड़पूजावाद, रैइफिकेशन और प्रतिगामिता को दर्शाता है। यही चीज पॉपुलर संगीत के अन्य रूपों पर भी लागू होती है। पॉपुलर संगीत की तरह ही जॉज संगीत व्यावसायिक, फॉर्मूलाबद्ध और स्तरीकृत होता है। वह प्रभुत्वशाली मॉडल और अभिरुचियों की सांस्कृतिक स्वीकृति को बढ़ावा देता है। इसके चाहने वालों की संख्या उतनी ही होती है जितनी मासकल्चर के चाहने वालों की होती है। इसमें स्वतःस्फूर्तता और परिवर्तनों की सुचिंतित दिशा में आगे बढ़ने की प्रवृत्ति होती है। इसमें कौन सी चीज अनुमति प्राप्त है इसे वस्त्र इत्यादि फैशन रूपों के साथ दर्शाया जाता है।

असल में, एडोर्नों और होर्खिमेयर दोनों ही वॉल्टर बेंजामिन के नजरिये का विरोध कर रहे थे जो हॉलीवुड सिनेमा की आलोचना के माध्यम से उसके प्रगतिशील तत्वों को उभारना चाहते थे।

एडोर्नो और होर्खिमेयर का मानना था कि संस्कृति उद्योग में सिनेमा का संगठन औद्योगिक उत्पादन की तरह होता है। इसमें स्टैंडर्ड फॉर्मूला और परंपरागत उत्पादन तकनीकी का इस्तेमाल होता है। बाजार के लिए तैयार फिल्म सांस्कृतिक उद्देश्य के बजाय व्यावसायिक उद्देश्य से तैयार की जाती है। फिल्म में यथार्थ जैसा है वैसा ही पेश किया जाता है जिससे व्यक्ति को औद्योगिक और मास सोसाइटी की नई परिस्थितियों के साथ सामंजस्य बिठाने में मदद मिले। वह प्रत्येक दिमाग पर हमला करते हैं। यही पुरानी कहानियों का सबक भी है। इस समाज में जीवन की परिस्थितियां ही कुछ ऐसी होती हैं जो व्यक्तिगत प्रतिरोध को खत्म कर देती हैं?[2]

उन्होंने लिखा कि सिनेमा की तीव्रता, देखने की क्षमता और अनुभव कुछ ऐसे होते हैं जो उसे रोकते हैं। दर्शक तेजी से आंखों के सामने से गुजर रहे फिल्मांकन से वंचित नहीं होना चाहता। अतः ऐसे में सुस्थिर चिंतन-मनन का तो प्रश्न ही नहीं उठता। इसके लिए उसे अर्द्ध-स्वचालित प्रयत्नों की जरूरत होती है। इसमें कल्पनाशीलता के लिए अवकाश नहीं मिलता। जो लोग सिनेमा की दुनिया देखते रहते हैं—उसकी इमेजों, भाव-भंगिमाओं, और शब्दों—वे भी यह बताने में असमर्थ होते हैं कि आखिरकार कैसी दुनिया बनाई जा रही है। मनोरंजन के क्षेत्र के अन्य उत्पाद भी स्वतः प्रतिक्रिया जाहिर करते हैं।[3]

एडोर्नो और होर्खिमेयर[4] का मानना है कि द्वितीय विश्वयुद्ध के बाद यूरोप की अमेरिका पर बढ़ती निर्भरता का संस्कृति उद्योग के निर्माण में महत्वपूर्ण योगदान है। संस्कृति उद्योग की बर्बरता के पीछे 'सांस्कृतिक अभाव' भी एक कारण है। हकीकत में अमेरिका में तकनीकी का जितनी तेजी से विकास हुआ उसी गति से चेतना का विकास नहीं हुआ, इस तर्क को उन्होंने स्वीकार नहीं किया।

जर्मनी में 'संस्कृति उद्योग' के विकास के कारणों पर प्रकाश डालते हुए उन्होंने लिखा कि जर्मनी में लोकतांत्रिक नियंत्रण की विफलता के कारण दुविधापूर्ण स्थिति का उदय हुआ। बहुत सारी चीजों पर से बाजार में प्रवेश को लेकर लगे प्रतिबंधों को उठा लिया गया। परिणामतः पश्चिम की बहुत सारी वस्तुओं का बाजार में तेजी से प्रवेश हुआ। राजनीति ताकतों ने सभी संस्थानों को बाजार के रहमोकरम पर छोड़ दिया। परिणामतः संस्कृति उद्योग का तेजी से विकास हुआ। भारत में भी अगर हम देखें तो '80 के बाद से तेजी से आर्थिक उदारीकरण, प्रतिबंधों के खात्मे की प्रक्रिया ने संस्कृति उद्योग को फलने-फूलने के विशेष अवसर प्रदान किए हैं।

पूंजीवादी विकास के कारण उपभोक्ता को 'आम' और 'खास' की छद्म पहचान से परिचय कराया गया। इजारेदारना युग में मासकल्चर इकसार होती है। इसकी कृत्रिम संरचना अपनी क्षमता का प्रदर्शन करने लगती है। शिखर पर बैठे लोग इजारेदारी को छिपाने की कोशिश नहीं करते। हिंसा प्रत्यक्षतः बढ़ जाती है। इसकी बढ़ती हुई ताकत को देखा जा सकता है। सिनेमा और रेडियो अब कला रूप नहीं रह जाते बल्कि घटिया चीज की सुचिंतित प्रस्तुति करने वाले उपकरण बन जाते हैं। राजनीति में क्या हो रहा है संस्कृति उद्योग का उससे सीधा संबंध होता है। जो व्यक्ति मनोरंजन चाहता है उसके पास संस्कृति के उत्पादक जो दें उसे स्वीकार करने के अलावा और कोई विकल्प नहीं होता। यह ऐसा उद्योग है जो एकाकी व्यक्ति की

भूमिका को स्वीकार करता है। भोक्ता की योजनाबद्ध ढंग से सेवा करना यही इसकी प्रधान भूमिका है। यह ऐसा उद्योग है जिसमें अतार्किकता को तार्किक रूप में स्वीकार करने के अलावा भोक्ता के पास कोई और विकल्प नहीं होता। वह भोक्ता को कृत्रिम अभिव्यक्ति के अवसर प्रदान करता है जिससे उन्हें नियंत्रण में रख सके। इस प्रक्रिया में भोक्ता के पास कुछ भी नहीं बचता। प्रस्तुतकर्ता उसी के लिए निर्माण करता है। 'मासेज' के लिए निर्मित कला सपनों का ध्वंस करती है। साथ ही, आदर्शवाद का महिमामंडन करती है। अब प्रत्येक चीज चेतना से आती है। यह चेतना मूलतः प्रोडक्शन टीम की चेतना है। संस्कृति उद्योग का सबसे गंभीर असर 'प्रभाव-क्षमता' पर हुआ है। 'प्रभाव' को महत्व देते हुए सभी विवरणों को तैयार किया जाता है। जब विवरणों की प्रस्तुति में जीत शुरू होती है तो विचारों की विदाई हो जाती है। यह संगठन के प्रति विरोध का उपकरण बनकर आता है। संस्कृति उद्योग में स्टीरियोटाइप प्रस्तुति यथार्थ प्रस्तुति को अपदस्थ कर देती है। इसमें 'स्टाइल' या 'स्टाइलगत बर्बरता' प्रमुख रूप से उभरकर आती है। 'स्टाइल' पर बल देने के कारण उसकी प्रामाणिकता और निरंतरता को निषेध होता है। इस क्रम में सहिष्णुता के तत्व पर बल दिया जाता है। 'आम' और 'खास' रूप में सामंजस्य किसी विशेष चीज से जुड़ी वस्तु की मांग के कारण ही 'स्टाइल' को अर्थपूर्ण कथ्य प्रदान किया जाता है। किंतु वह बेकार होता है क्योंकि दो विरोधी ध्रुवों में तनाव होते ही निष्क्रिय हो जाता है। कभी सामान्य के द्वारा विशेष को कभी विशेष के द्वारा सामान्य को अपदस्थ करके पेश किया जाता है।

एडोर्नो और होर्खिमेयर ने बल दिया कि कला के प्रत्येक क्षेत्र में 'स्टाइल' की प्रस्तुति होने लगती है और उसी का वायदा भी किया जाता है। यहां 'स्टाइल' प्रभुत्वशाली आम रूप को आत्मसात करते हुए आती है। इस प्रक्रिया में सामाजिक रूपों की परंपरा का उदय होता है।

संस्कृति उद्योग में अनुकरण अंततः 'एब्सोल्यूट' होता है। उसमें स्टाइल के अलावा कुछ भी नहीं बचता। यह सामाजिक 'हायरार्की' का अनुयायी होता है। आज सौंदर्यपरक बर्बरता के इस रूप से रचनात्मकता के लिए सबसे बड़ा खतरा है। इसमें संस्कृति और तटस्थता की एक साथ प्रस्तुति होती है। इस तरह की अभिव्यक्त संस्कृति हमेशा संस्कृति का विरोध करती है। इस तरह के उदारीकरण के लक्ष्य को मजबूत करने वाली संस्कृति उद्योग की 'स्टाइल' पूरी तरह जड़ है। इसमें 'स्टाइल' का अभाव अखरता है। संस्कृति उद्योग का श्रीगणेश उदार राष्ट्रों में पहले हुआ। अतः

इसका मूलाधार है पूंजी का आम नियम। एडोर्नो-होर्खिमेयर ने लिखा है कि संस्कृति उद्योग इस बात पर गर्व कर सकता है कि उसने पहले की इधर-उधर बिखरी कलाओं को उपयोग की दुनिया में तेजी से पहुंचा दिया और यह सिद्धांत भी बनाया कि इन कलाओं की मनोरंजन क्षमता और माल के रूप में इनमें संशोधन किए जाएं। इसमें जितनी संपूर्ण कला है वह उतनी कठोर भी है। यह पराए को दरिद्र बनाती है या सिंडीकेट के हवाले कर देती है। सस्ती कलाएं जिंदगी के भ्रमों की अभिव्यक्ति का माध्यम हो गई हैं। ये स्वचालित कलाओं का पर्याय बन गई हैं। यह सामाजिक कला चेतना की बुरी सामाजिक चेतना है। इनमें सत्य का अभाव होता है। क्योंकि इनमें व्यक्त सामाजिक आधार किसी अन्य को वैधता प्रदान करता है इनमें व्यक्त सत्य नकारात्मक संस्कृति की अभिव्यक्ति करता है जो विभिन्न क्षेत्रों में फैली हुई है।

संस्कृति उद्योग गंभीर कला रूप को सतही बनाता है तो सतही कला रूपों को कभी-कभी गंभीर रूप में पेश करता है। इस उद्योग ने अतीत की घटिया कलाओं को अपने परिष्कृत रूप के कारण खारिज कर दिया है। नए लोगों को उभारा है। उनकी गलतियां होने देता है। इसी के कारण स्टाइल का विकास भी होता है। इस क्रम में संस्कृति की असहिष्णुता भी दिखाई देती है। कला और विध्वंस को एक ही फॉर्मूले के तहत पेश किया जाता है। यह प्रस्तुति संस्कृति उद्योग की समग्रता में होती है। यह पूरी तरह पुनरावृत्ति पर निर्भर है। इसमें 'मास प्रोडक्शन' के सुधार पर बल दिया जाता है। उपभोक्ता को तकनीकी उन्मुख बनाया जाता है और कथ्य की उपेक्षा होने लगती है। कथ्य की पुनरावृत्ति होती रहती है। यह स्वयं ही अधूरे रूप में प्रामाणिकता को नष्ट कर देता है। इसमें दर्शक की क्षमताओं की उपेक्षा की जाती है। वस्तुतः उसकी क्षमताएं ज्यादा ताकतवर होती हैं।

संस्कृति उद्योग मनोरंजन का व्यवसाय करता है। उपभोक्ता पर इसका प्रभाव मनोरंजन के माध्यम से होता है। इस प्रभाव की समाप्ति मनोरंजन में निहित कारणों से होती है। इस उद्योग की सभी प्रवृत्तियां सामाजिक युक्तियों का अंग होकर आती हैं। इसकी जिंदगी और विकास पूरी तरह बाजार पर निर्भर करता है।

एडोर्नो और होर्खिमेयर ने लिखा कि मांग को मात्र 'ऑडिएंस' के बहाने अपदस्थ नहीं किया जा सकता। यह सच है कि संस्कृति उद्योग उत्पादक की आवश्यकताओं के साथ अपनी पहचान बनाता है। वह उससे विरोध दर्शाते हुए अपनी अस्मिता को स्थापित नहीं करता। किंतु विरोध देखना हो तो इसे शक्तिहीन और शक्तिशाली रूप में दिखाई देता है। पूंजीवाद के तहत मनोविनोद दीर्घकालिक

प्रक्रिया है। इसे यांत्रिक ढंग से कार्य की प्रक्रियाओं से पलायन करके अर्जित किया जाता है। इस क्रम में वह ऊर्जा अर्जित करके यांत्रिक किस्म के कार्य के साथ पुनः संबंध बनाता है। इस तरह वह मनोरंजन की यांत्रिक वस्तुओं पर आश्रित होता चला जाता है। इस प्रक्रिया में 'ऑडिएंस' से किसी भी तरह के स्वतंत्र चिंतन की उम्मीद नहीं की जानी चाहिए। प्रत्येक किस्म की प्रतिक्रिया के लिए वस्तुएं बाजार में उपलब्ध होती हैं। ये वस्तुएं प्रतीकों के रूप में उपलब्ध होती हैं। मस्तिष्क को प्रभावित करने वाला तर्क किसी भी रूप में स्वीकार्य नहीं होता। यह प्रभाव तुरंत घटित होता है। सुनिश्चित तर्ज पर तैयार कार्यक्रम खतरनाक होते हैं। यहां पर सिर्फ अर्थहीन को ही स्वीकार किया जाता है।

इस तरह की कहानियां चुनी जाती हैं जिनमें चरित्रों और विषयवस्तु को पुराने की तर्ज से वंचित करने की मांग होती है। इस तरह की कहानी में अर्थहीनता के तत्व के माध्यम से व्यवधान पैदा होता रहता है। अर्थहीनता से व्यवधान आज की 'पॉपुलर' कला का वैध अंग है। यह स्थिति गानों और उसके साथ चलने वाली परिस्थितियों में साफ तौर पर दिखाई देती है।

संस्कृति उद्योग सभी उपलब्ध तकनीकी संसाधनों का सौंदर्यपरक आम खपत के लिए दोहन करता है। यह पूंजीवादी अर्थव्यवस्था का अंग है। यही व्यवस्था भुखमरी को दूर करने के लिए समस्त संसाधनों का दोहन नहीं करती बल्कि इसका विरोध करती है। फ्रैंकफुर्ट समुदाय के चिंतकों का मानना है कि संस्कृति उद्योग अपने उपभोक्ताओं को लगातर ठगता है। जो वायदा करता है उसे कभी नहीं निभाता। अंतहीन मनोरंजन का वायदा करता है और उसके यथार्थ बिंदु तक कभी भी नहीं पहुंचता। इसकी कोशिश यही होती है कि वह भीड़ को संतुष्ट करे। बड़े-बड़े सितारों और व्यक्तियों की इमेजों को संप्रेषित करते हुए हतोत्साहित करने वाले रोजमर्रा के जीवन से पलायन करता है।

संस्कृति उद्योग की कलाएं साधु-सुलभ और निर्लज्ज होती हैं। प्रेम का दर्जा रोमांस से नीचे होता है। सिने अभिनेता स्वयं की प्रतिकृति से बाहर प्रेम करने लगता है। प्रत्येक लड़की हीरोइन की तरह दिखने की कोशिश करने लगती है और यांत्रिक रूप से सुंदरता का उत्पादन होने लगता है। संस्कृति उद्योग से उत्पन्न हंसी आत्मीयतापरक होती है या भयानक होती है। यह तभी पैदा होती है जब भय का दौर गुजरता है। इस तरह की हंसी या तो शारीरिक खतरे से मुक्त करने का कार्य करती है या तर्क की पकड़ से बाहर ले जाने का कार्य करती है। ताकतवर से पलायन

के समय आत्मीयतापरक हंसी आती है। गलत बातों के भय से मुक्ति उन शक्तियों के द्वारा होती है जिनसे भयभीत होना चाहिए। एडोर्नो और होर्खिमेयर का मानना है कि 'फन' चिकित्सकीय स्नान होता है। मनोरंजन उद्योग कभी भी उस चक्कर में नहीं पड़ता जिसका प्रस्ताव करता है। वह छद्म के कार्य-व्यापार के मध्यम से प्रसन्नता पैदा करता है। खुशी यहां पर बिना हंसी के आती है। छद्म समाज में हंसी भी एक बीमारी है। यह प्रसन्नता पर प्रहार करती है और इसे निरर्थकता की ओर ले जाती है। इस उद्योग का बुनियादी नियम यह है कि वह किसी भी कीमत पर आकांक्षाओं को संतुष्ट नहीं करता। अब पवित्रतावाद किसी भी तरह संभव नहीं है। इस व्यवस्था की खूबी है कि वह कभी एकांत में नहीं छोड़ता। वह उसे किसी भी अवस्था में यह महसूस नहीं करने देता कि प्रतिरोध संभव है। वह सिद्धांततः निर्देशित करता है कि उसकी जरूरतें पूरी हो सकती हैं। ये जरूरतें तभी पूरी हो सकती हैं जबकि वह पहले तय कर ले कि वह उपभोक्ता है। यही संस्कृति उद्योग का लक्ष्य है। वह जो मनोरंजन देता है वह 'भूलो और खारिज करो' की धारणा पर टिका है।

फ्रैंकफुर्ट समुदाय के चिंतकों का मानना है कि प्रमोद अगर प्रत्येक तनाव से राहत देने का काम करता है तो यह कला की अतिवादी 'एंटीथीसिस' है। जीवन के लिए ज्यादा गंभीर प्रयत्नों की जरूरत होती है। जीवन की औपचारिक निरंतरता के लिए ज्यादा ऊर्जा और बुद्धिमत्तापूर्ण प्रयत्नों की जरूरत होती है जिससे तनाव के बोझ को कम कर सकें। शुद्ध मनोविनोद तनावरहित होने के लिए सभी किस्म के संपर्कों और प्रसन्नतादायक अर्थहीनता के प्रति स्व-समर्पण का परिणाम होता है। मनोविनोद आज आदर्श हो गया है। उसका सर्वोपरि स्थान है जिससे जनता पूरी तरह वंचित है। वह उसकी 'स्टीरियोटाइप' रूप में पुनरावृत्ति करता है। इस तरह की प्रस्तुति की आत्मगतता सत्य की अभिव्यक्ति को बाधित करती है। सोचे हुए से ज्यादा ताकतवर की दया पर निर्भर होती है। इस तरह संस्कृति उद्योग प्रत्यक्ष झूठ का रूप ले लेता है। और 'स्टाइल' की 'कैथार्सिस' को व्यक्त करता है।

संस्कृति उद्योग के मनोविनोद की यह केंद्रीय प्रवृत्ति है कि किसी के बारे में मत सोचो, यहां तक कि जो दुःख उसे दिखाया जाता है वह भी भूल जाता है। उसके बारे में भी नहीं सोचता। बुनियादी रूप में असहायावस्था पर बल देता है। यथार्थ से पलायन कराता है। साथ ही, प्रतिरोध से पलायन पर बल देता है। जिस मुक्ति का मनोविनोद वायदा करता है। वह मूलतः चिंतन और नकारात्मकता से पलायन है।

संस्कृति उद्योग के चरित्र में 'चांस' और 'योजना' पर मुख्यतः जोर दिया जाता है। यही इसकी विचारधारा के दो प्रमुख तत्व हैं। बिक्री के प्रचार-अभियान के लिए अमूर्त अवधारणाओं का प्रयोग किया जाता है। इसकी भाषा सत्य पर टिकी होती है जिससे व्यापारिक लेन-देन के लिए एडवांस में उत्तेजना पैदा की जा सके। शब्द यहां अर्थहीन रूप में व्यक्त नहीं होते बल्कि कहानी की तरह लगते हैं या असत्य जैसे प्रतीत होते हैं। इसका मूल्य निर्णय विज्ञापन पर निर्भर करता है अथवा खोखली बातों पर निर्भर करता है। इसकी विचारधारा अस्पष्ट और प्रतिक्रियाहीन होती है। वह न तो स्पष्ट होती है और न कमजोर होती है। वह ऐसी चीजों के प्रति वचनबद्ध है जिनकी पुष्टि कभी भी नहीं हो सकती। अभिनय में प्रभुत्व की अभिव्यक्ति होती है। यह यथास्थिति का पूर्व नियोजित रूप होता है।

संस्कृति उद्योग प्रामाणिक घोषणाओं के नाम पर बेशुमार मुनाफा कमाता है। इसकी प्रस्तुतियों में यथार्थ को हमेशा 'सिनिकल' रूप में पेश किया जाता है। संस्कृति उद्योग की यह खूबी है कि इसकी सदस्यता ग्रहण करो अथवा इसके पीछे चलो। इस उद्योग की प्रस्तुतियों में सकारात्मक और नकारात्मक दोनों ही तत्वों की अभिव्यक्ति होती है। वह प्रत्यक्षतः सक्षम लोगों के बीच में मानवीय एकता को प्रदर्शित करता है। वह किसी को भी भूलता नहीं है। प्रत्येक उसका पड़ोसी और कल्याणकर्ता है।

संस्कृति उद्योग में अकेले व्यक्ति के भ्रमों का सृजन मात्र उत्पादन के साधनों के स्तरीकरण के कारण नहीं होता अपितु वह उसे लंबे समय तक सहन करता है। परिणामतः उसकी अस्मिता के साथ उसका एकीकरण हो जाता है। अतः उसके प्रति प्रश्न ही नहीं उठते। इस क्रम में छद्म व्यक्तिवादिता को उभारा जाता है। निज की जटिलता ओर उसकी माल के रूप में इजारेदारी पूरी तरह समाज पर निर्भर है। वह छद्म को यथार्थ रूप में पेश करने की कोशिश करता है। यहां व्यक्तिवादिता पूरी तरह अंतर्विरोधों से भरी होती है। इसमें व्यक्तिवादिता को कभी भी अर्जित नहीं किया जा सकता। प्रत्येक बुर्जुआ चरित्र किसी न किसी रूप में प्रतिस्पर्धी समाज की कठोरता को व्यक्त करता है। यह व्यक्ति समाज समर्थित है पर उसका व्यक्तितत्त बिगड़ चुका है। वह देखने में स्वतंत्र लगता है जबकि वह सामाजिक-आर्थिक संरचना का उत्पाद होता है। बुर्जुआ समाज में व्यक्तित्व का विकास व्यक्तिवादिता की कीमत पर होता है।

संस्कृति उद्योग में कलाओं की प्रस्तुति राजनीतिक नारों की तरह होती है जो

जनता को नियंत्रित करते हैं और सस्ते दामों पर मुहैया कराते हैं। इन वस्तुओं के वास्तविक चरित्रों के लोप का अर्थ नहीं लगाना चाहिए कि मुक्त समाज में ये चरित्र गायब हो गए हैं बल्कि उनके लोप का कारण यही प्रतीत होता है कि उनका सांस्कृतिक माल के रूप में संकुचीकरण हो गया है।

एडोर्नो और होर्खिमेयर ने लिखा है कि संस्कृति एक 'पेराडॉक्सीकल कमोडिटी' है जो पूरी तरह विनिमय पर निर्भर है, किंतु अब उसका विनिमय संभव नहीं रह गया है। उसका अब अंध उपयोग हो रहा है। क्योंकि अब उसका उपयोग ही नहीं हो पाएगा। इसे विज्ञापनों के सहारे उतारा जाता है। इजारेदारी के कारण अर्थहीनता का तत्व प्रमुख होकर उभरता है। संस्कृति उद्योग की कोशिश है कि ज्यादा से ज्यादा आलस्य और निष्क्रियता पैदा की जाए। यह कार्य चंद संसाधनों के माध्यम से किया जा सकता है। विज्ञापन उसकी जिंदगी की ऊर्जा है। इसका माल मात्र मनोरंजन का वायदा पूरा नहीं करता अपितु माल के रूप में वायदा करता है।

फ्रैंकफुर्ट समुदाय के चिंतकों का मानना है कि विज्ञापन और संस्कृति उद्योग का चोली-दामन का संबंध है। यह संबंध आर्थिक रूप में भी नाभिनालबद्ध है। यांत्रिक तौर पर सांस्कृतिक माल की प्रस्तुति होती है। तकनीकी की प्रभावी भूमिका के कारण ही मानदंडों को आकर्षक और चिर-परिचित रूप में बनाए रखा जाता है। खरीदार की ताकत पर बल दिया जाता है और उसकी छवि विवेकहीन और संकुचित तत्व से निर्मित की जाती है।

संस्कृति उद्योग की भाषा ऐसी होती है जो अपनी उद्घोषणा का अर्थ ही खो चुकी होती है। इस दौर में भाषा के गैर-मिथकीय रूपों का विकास हो जाता है। 'शब्द' और उनकी 'अंतर्वस्तु' में अंतर आ जाता है। शब्द यहां बिना किसी अर्थ के संकेत के रूप में तब्दील हो जाते हैं। वे वस्तुओं से इस तरह जुड़ जाते हैं कि तत्काल ही कोई भी फॉर्मूला बना लिया जा सके। इससे भाषा और वस्तु दोनों ही प्रभावित होते हैं। वस्तु को प्रायोगिक बनाने के बजाय शब्द इससे अमूर्त रूप में व्यवहार करते हैं। अब प्रत्येक किस्म का यथार्थ धुंधला दिखाई देता है।

एडोर्नो और होर्खिमेयर का मानना है कि ब्रांड का नाम प्रत्येक की जुबान पर पहुंचने मात्र से बिक्री बढ़ जाती है। इसकी बार-बार पुनरावृत्ति को खास तरह की पदवियों के साथ पेश किया जाता है। अनुभव के इतने धरातल पैदा कर दिए जाते हैं कि इसमें वक्ता का लोप हो जाता है।

शब्द अब ट्रेडमार्क हो जाते हैं। अब वे वस्तुओं के साथ जुड़ जाते हैं। उनका

वास्तविक भाषायी अर्थ बहुत कम ग्रहण किया जाता है अथवा समझ में नहीं आता। संस्कृति उद्योग ने दर्शक की भाषा और हाव-भाव को इतना रंगीन बना दिया है कि ऐसा पहले कभी नहीं हुआ था। संस्कृति उद्योग आज समूची सभ्यता को विरासत का व्यवसायीकरण करते हुए लोकतंत्र की अग्रिम चौकी के रूप में उभरा है। विज्ञापन के दबाव के कारण ही संस्कृति उद्योग उपभोक्ता पर दबाव पैदा करता है कि यह उसके माल को खरीदे और प्रयोग में लाए, यहां तक कि वह उसी के माध्यम से देखे।

हरबर्ट मार्कस ने 'ऑन एफर्मेटिव कल्चर' शीर्षक निबंध में बुर्जुआजी की श्रेष्ठ कला का द्वंद्वात्मक पद्धति से विश्लेषण किया। इसमें उन्होंने यह दर्शाने की कोशिश की है कि किस तरह कला मौजूदा सामाजिक यथार्थ से मुक्ति और रहस्यीकरण के उपकरण की भूमिका अदा करती है। उनका मानना है कि दैनिक जिंदगी से पलायन करने या ध्यान हटाने में संस्कृति सहायता प्रदान करती है।

फ्रैंकफुर्ट समुदाय के चिंतकों ने संस्कृति उद्योग को एक ऐतिहासिक प्रक्रिया की उपज माना जिसमें तकनीकी और वैज्ञानिक संगठनों और प्रशासनों के चिंतन और अनुभव का वर्चस्व है। इस क्रम में मार्क्सवाद के ऊपर सवालिया निशान भी लगाए गए और इतिहास के वैकल्पिक दर्शन और समाज सिद्धांत को *ज्ञान-प्रसारण की द्वंद्वात्मकता* में व्यक्त किया गया। इस कृति को नव्य-मार्क्सवाद का दस्तावेज भी माना जाता है।

नव्य-मार्क्सवाद के दृष्टिकोण में मासमीडिया, मासकल्चर और संस्कृति उद्योग की धारणाओं पर विचार किया गया है। क्यों समाजवादी क्रांति इस तरह के समाजों में असफल हुई इस पर विचार किया है। इस क्रम में एडोर्नो और होर्खिमेयर ने ब्रेख्त, लुकाच, बेंजामिन की धारणाओं का विरोध किया। फ्रैंकफुर्ट समुदाय के सिद्धांतकारों ने 'कल्चर इंडस्ट्री एज मास डिसेप्शन' के सिद्धांत में लुकाच की क्रांति और वर्ग चेतना का सिद्धांत का खंडन किया। ब्रेख्त और बेंजामिन की जनसंचार माध्यमों के वैकल्पिक उपयोग खासकर रेडियो और सिनेमा को तकनीकी प्रगति और सामाजिक नवजागरण के उपकरण के रूप में प्रयोग करने की धारणा का खंडन किया। ब्रेख्त-बेंजामिन यह भी मानते थे कि इन उपकरणों को पूंजीवादी उत्पादन संबंधों के खिलाफ राजनीतिक लामबंदी और संघर्ष के लिए इस्तेमाल किया जा सकता है।

इसके विपरीत होर्खिमेयर और एर्डोनो ने नई तकनीकी को वैचारिक रहस्यपरकता और वर्गीय वर्चस्व का उपकरण माना। जबकि लुकाच यह मानते थे कि पूंजीवादी समाज मूलगामी तौर पर मजदूर वर्ग में परिवर्तन करेगा जिससे वर्गीय चेतना का

विकास होगा। इसके विपरीत होर्खिमेयर और एडोर्नो का मानना था कि संस्कृति उद्योग अप्रत्यक्ष तौर पर वर्गीय चेतना का विकास करता है। ऐसा करके वह सत्तारूढ़ राजनीतिक-आर्थिक शक्तियों के सामाजिक नियंत्रण के शक्तिशाली उपकरण की भूमिका अदा करता है। संस्कृति उद्योग तकनीकी कौशल के बल पर विकसित पूंजीवादी समाज के संस्थानों, व्यवहारों और मूल्यों के लिए नीचे से समर्थन जुटाता है। वह वर्गीय चेतना की अनुभूति को और भी जटिल बना देता है।

अंतोनियो ग्राम्शी के शब्दों में कहें तो संस्कृति उद्योग पूंजीवादी वर्चस्व को पुनरुत्पादित करता है। मौजूदा समाज के प्रति सहमति को तैयार करने वाले उपकरण की भूमिका अदा करता है। इसी सामाजिक-मनोवैज्ञानिक आधार पर सामाजिक एकता का निर्माण करता है। संस्कृति उद्योग माध्यमों की घटनाओं के उपभोक्ता पैदा करता है तथा पलायनवादी मनोरंजन देता है। अप्रत्यक्ष रूप में उन्हें प्रभुत्वकारी विचारधारा के मातहत ले जाता है। मेरा मानना है कि फ्रैंकफुर्ट समुदाय के चिंतकों का संस्कृति उद्योग का विश्लेषण मार्क्सवाद के प्रति दुविधापूर्ण स्थिति पैदा करता है। एक तरफ ये चिंतक राजनीतिक अर्थशास्त्र की आलोचना को अपदस्थ करने की कोशिश करते हैं जो कि समाज विज्ञान के मार्क्सवादी सिद्धांत का आधार है। इसीलिए इन चिंतकों की सर्वहारा की क्रांतिकारी भूमिका में कोई आस्था नहीं है। दूसरी तरफ संस्कृति उद्योग के तर्कों में मार्क्सवाद का प्रयोग करते हुए संस्कृति के पूंजीवादी नियंत्रण की व्याख्या की गई है। वस्तुकरण और संस्कृति के रैफिकेशन और इसकी विचारधारा का विश्लेषण किया गया है कि वह कैसे पूंजीवादी समाज में व्यक्तियों को एकता के सूत्रों में बांधता है। उल्लेखनीय है कि उत्तर-आधुनिक चिंतन भी राजनीतिक अर्थशास्त्र और क्रांति को अस्वीकार करता है। संस्कृति उद्योग के संदर्भ में 'मास डिसेप्शन' को आमतौर पर 'डिसेप्शन' (छल ओर वंचना) के पर्याय के रूपों में ही विश्लेषित किया है। आर्थिक, राजनीतिक और सामाजिक क्षेत्र के छद्म वाक्यों को मेनीपुलेशन के अर्थ में व्याख्यायित किया है। इस अवधारणा को ध्यान में रखें तो पाएंगे कि सामयिक पूंजीवादी समाजों में विज्ञापन, संस्कृति, सूचना, राजनीति और मेनीपुलेशन ये संस्कृति उद्योग के मूल स्तंभ हैं। इनका ही संस्कृति उद्योग रूपायन करता है। इस मूल्यांकन में पद्धतिगत तौर पर जो बात उभरकर आती है वह यह कि संस्कृति उद्योग के उत्पादों में फॉर्मूलों, परंपराओं और स्टीरियोटाइप इमेजों का अंतस्संबंध होता है। इनका व्यापक तौर पर प्रयोग किया जाता है।

होर्खिमेयर ने लिखा कि उसकी विचारधारा अमूर्त और प्रतिक्रियाहीन होती है।[5] वह न तो स्पष्ट होती है और न कमजोर होती है। इसकी अमूर्तता कुल मिलाकर वैज्ञानिकता से भटकाव है क्योंकि वह ऐसी बात पर प्रतिक्रिया व्यक्त करता है जिसकी प्रामाणिकता को पुष्ट नहीं किया जा सकता। इसकी भूमिका प्रभुत्व जमाने वाले उपकरण की होती है। यह यथास्थितिवाद का पूर्व नियोजित जटिल रूप है। वर्तमान व्यवस्था का ऐसा उपदेशक बनकर उभरता है जिसका खंडन करना मुश्किल होता है। तथ्यों को देवता की तरह पूजा जाता है। ऐसा करते समय असहमति वाले तथ्यों की उपस्थिति को अस्वीकार कर दिया जाता है।

संस्कृति उद्योग में व्यक्ति की पहचान को मॉडलों के माध्यम से स्थापित करने की कोशिश की जाती है। छद्म व्यक्तिवादिता इसकी धुरी है। एरिक फ्रॉम ने *स्केप फ्रॉम फ्रीडम* (1941) में विज्ञापन, मासकल्चर और राजनीतिक मेनीपुलेशन को विश्लेषित करते हुए संस्कृति उद्योग की धारणाओं का विकास किया।[6] एरिक फ्रॉम ने आधुनिक विज्ञापनों की विभिन्न पद्धतियों और तकनीकों का विश्लेषण करते हुए लिखा ये सब पद्धतियां मूलतः अविवेकवादी हैं। इनका व्यापार की गुणवत्ता से कोई संबंध नहीं है। ये सहज भाव से खरीदार की आलोचनात्मक क्षमता को नष्ट कर देती हैं। वह या तो सीधे नशा पैदा करते हैं या जादुई प्रभाव पैदा करते हैं। दिवास्वप्न दिखाकर कुछ हद तक संतोष प्रदान करते हैं। साथ ही, लघुता और शक्तिहीनता का अहसास पैदा करते हैं।

फ्रॉम ने लिखा है 'मास कम्युनिकेशन' दुतरफा मार करता है। एक तरफ आलोचनात्मक चिंतन पर हमला करता है जो दूसरी तरफ व्यक्ति का क्षय करता है। शब्दों की व्यापकता में व्यक्ति गुम हो जाता है। इमारतें इतनी ऊंची होती हैं जैसे पहाड़। रेडियो से लगातार बमवारी होती रहती है। वह किसी को भी यह मौका नहीं देती कि वह तय करे कि क्या महत्वपूर्ण है।[7]

फ्रॉम ने यह भी लिखा है कि समाचारों की समाजीकरण में भूमिका होती है। समाजीकरण की प्रक्रिया व्यक्ति के ह्रास में भूमिका अदा करती है।

फ्रैंकफुर्ट समुदाय के चिंतन के परिप्रेक्ष्य में ही सी. ब्राइट मिल्स ने *व्हाइट कॉलर* (1951) पुस्तक लिखी। इसमें माध्यमों को सामाजिक नियंत्रण और मेनीपुलेशन का एजेंट बताया। उन्होंने व्यक्ति के व्यवहार के निर्माण में माध्यमों की भूमिका को महत्वपूर्ण माना। माध्यम लगातार व्यक्ति की आकांक्षाओं और व्यवहार को शक्ल प्रदान करते हैं। वह 'व्यक्ति की सफलता' का मूल्य प्रसारित करते हैं। मिल्स ने

रेखांकित किया कि मनोरंजन माध्यम सामाजिक नियंत्रण के शक्तिशाली उपकरण हैं।

'पॉपुलर कल्चर' को प्रचार नहीं माना जाता बल्कि मनोरंजन माना जाता है। यही वजह है कि शारीरिक थकान दूर करने और मानसिक आराम के लिए इससे बार-बार आनंद प्राप्त करते हैं। इसके लिए सहज चरित्र चुने जाते हैं जिससे पहचान स्थापित करने में सुविधा होती है। स्टीरियोटाइप चरित्र व्यक्तिगत समस्याओं के सहज उत्तर देते हैं।[8]

मिल्स का मानना था कि जनमाध्यमों में सत्ताधारी राजनीति के प्रतीकों और व्यक्तित्वों को उभारा जाता है। इनकी तुलना बाजार में माल की बिक्री और राजनीतिक नेता की बिक्री से की जा सकती है। उन्होंने राजनीति के वस्तुकरण का भी विश्लेषण किया। एक अन्य कृति *दि पावर एलिट* में जनमाध्यमों की 'मेनीपुलेटिव' भूमिका की चर्चा की है। उनका मानना है कि जनमाध्यमों का कार्य है जनता की राय बनाना और सत्ताधारी आभिजात्य को मजबूती प्रदान करना। उनकी राय में 'मास सोसाइटी' का अर्थ है 'जनता' का 'मास' में रूपांतरण।[9] इस रूपांतरण में जनमाध्यमों की केंद्रीय भूमिका होती है।

संस्कृति उद्योग के प्रमुख सिद्धांतकार हरबर्ट मार्कस ने *इरोज एंड सिविलाइजेशन* (1955) में मार्क्सवादी और फ्रायडवादी दृष्टि को मिलाकर संस्कृति उद्योग की व्याख्या पेश की। उन्होंने लिखा कि माध्यमों में कामुक और आक्रामक सहजात वृत्तियां सरल रूप में सामाजिक अनिवार्यता में रूपांतरित हो जाती हैं। मार्कस का मानना था कि समाजीकरण के प्रमुख एजेंट के तौर पर परिवार का ह्रास हुआ है और उसकी जगह जनमाध्यमों ने ले ली है। इस धारणा का परिणाम यह निकला है कि व्यक्ति की स्वायत्तता खत्म हो गई है। उसके मस्तिष्क और सहजवृत्ति का जनसंचार के जरिये 'मेनीपुलेशन' किया गया।

'मेनीपुलेशन' सिद्धांत का प्रयोग उसने *वन डायमेंशनल मैन* में भी किया है। वह लिखते हैं कि व्यक्ति का पतन हुआ है। प्रामाणिक संस्कृति और प्रतिरोधी चिंतन का विकसित औद्योगिक राष्ट्रों में ह्रास हुआ है। माध्यम छद्म जरूरतों का सृजन करते हैं। साथ ही, 'एकायामी' चिंतन और व्यवहार को पैदा करते हैं। जो विकसित पूंजीवाद के सहज पुनरुत्पादन के लिए अनिवार्य है। मार्कस ने माध्यमों को सामाजिक नियंत्रण के नए रूपों के तौर पर विश्लेषित किया। फ्रैंकफुर्ट समुदाय के चिंतकों ने संस्कृति की प्रगतिशील भूमिका पर बल दिया है। मैक्स होर्खिमेयर ने

लिखा कि कला गुणात्मक रूप में मासकल्चर का विरोध करती है। *दि क्रिटिकल थ्योरी* (1972) में होर्खिमेयर ने लिखा कि बुर्जुआ-कला प्रामाणिक कला है जिसका उद्योगीकरण और मास सोसाइटी के कारण विकास हुआ है। होर्खिमेयर का मानना है कि गुमनाम कलाओं में आंतरिक प्रतिरोध की क्षमता होती है। समाज के प्रतिबंधों के खिलाफ प्रतिरोध होता है। आज और आगे भी ये राजनीतिक क्रांति में नदी में आई बाढ़ के उफान की तरह भूमिका अदा करेंगी और सुस्थिर ढंग से वैयक्तिक जीवन में फलेंगी-फूलेगी। साथ ही, सीमाओं की आलोचना करने वाले आदर्शों और स्तर को प्राप्त करेंगी।

होर्खिमेयर ने व्यक्ति केंद्रित मौजूदा समाज में सौंदर्यानुभवों का विश्लेषण करते हुए लिखा कि 'निजी विषय' मौजूदा सामाजिक परिस्थितियों में से जन्म लेते हैं और इसी में अपने स्तर का विकास करते हैं। अपने सौंदर्यबोधीय व्यवहार में मनुष्य स्वयं से ही बात करता है। यह कार्य वह समाज के सदस्य की हैसियत से करता है और अपनी प्रतिक्रिया एकाकी व्यक्ति के नाते व्यक्त करता है। व्यक्ति का वही एकाकीपन कलात्मक निर्णय और सृजन का सही कारण है।[10]

परिवार का क्रमशः विघटन निजी जीवन का 'लेजर' और 'लेजर' का बंधे-बंधाए ढर्रे में आना, जिसमें छोटे-छोटे विवरणों को नियोजित कर दिया जाता है। इन विवरणों का 'प्लेजर' में रूपांतरण आंतरिक जीवन के लोप को दर्शाता है।

होर्खिमेयर ने लिखा कि बहुत पहले संस्कृति को इस 'मेनीपुलेट' 'प्लेजर' ने अपदस्थ कर दिया। यह मान लिया गया कि इसका पलायनवादी चरित्र है। इस तरह मनुष्य निजी अवधारणा के लोक में लौट गया और उसने अपने चिंतन को पुनर्गठित किया यह कार्य उसने तब किया जब यथार्थ को पुनर्गठित करने का समय था।

आंतरिक जीवन और आदर्श संकीर्ण कारण बनकर उभरे। किंतु इस क्रम में उसने अपनी क्षमताओं को खो दिया। परिणामतः वह जिस दुनिया में जी रहा था उससे भिन्न किस्म की दुनिया को अपनी चेतना में धारण किया। यही भिन्न दुनिया उसकी कला में व्यक्त हुई।[11]

संचार की अवधारणा के बारे में होर्खिमेयर का विचार था कि पूंजीवादी परिस्थितियों में संचार और माध्यमों की अंतर्वस्तु ही नहीं अपितु संचार की गतिशील अंतर्निहित अवधारणा यथार्थ को उजागर करने में अब भी सफल नहीं हो पाई है। अनुभव और संचार के सभी अंतस्संबंधों की समाप्ति हो चुकी है। वे मानते थे कि

किसी भी प्रामाणिक अनुभव के जनसंचार के माध्यम से अभिव्यक्ति की संभावनाएं खत्म हो चुकी हैं। आज यूरोप विकास की इस अवस्था में पहुंच गया है कि संचार के सभी उपकरण सभी सीमाएं लांघ गए हैं। वह मनुष्यों को एक-दूसरे से अलग कर रहा है। आज लोग जिस तरह जी रहे हैं उसमें वे एक-दूसरे को ज्यादा बेहतर ढंग से समझ रहे हैं। अगर वे एक-दूसरे के संप्रेषण पर संदेह करने लगें, स्वाभाविक को अस्वाभाविक महसूस करने लगें तो कोई भयानक कदम ही उन्हें रोक सकता है। आज जो कुछ भी संप्रेषण उपलब्ध कला रूपों में उनके बीच में है वह मौजूदा संचार रूपों को अस्वीकार करता है। वह उसे क्षय और दुर्भाव का प्रतीक मानता है।

डॉ. मैनेजर पांडेय[12] ने फ्रैंकफुर्ट समुदाय के चिंतकों के बारे में लिखा कि पूंजीवादी युग में कला अंतर्दृष्टि ही नहीं देती, वह छद्म चेतना भी पैदा करती है। एडोर्नों और हरबर्ट मार्कस ने कला के स्वदर्शी प्रयोजन को महत्व दिया। वे सौंदर्यबोधीय कल्पना को मुक्तिधर्मी मानवीय शक्ति मानते हैं। उन्होंने भ्रमवश जनकला और बाजारू कला को एक मान लिया। लोकप्रियता को कला की सार्थकता का दुश्मन घोषित कर दिया। ये दोनों ही समाज में क्रांति से निराश होकर समाज में क्रांति की मांग करने लगे। ये लोग मानते हैं कि पूंजीवादी समाज भीड़ का समाज है। उसकी संस्कृति भीड़ की संस्कृति है और कला भी भीड़ की कला है। इस समाज में मनुष्य एकायामी जीवन जी रहा है। संस्कृति सर्जना नहीं, एक उद्योग बन गई है जो बर्बरता, अर्थहीनता, असहमति, ऊब, उदासी, और यथार्थ से पलायन को बढ़ावा देती है। ऐसा समाज संस्कृति, कला और व्यक्ति की स्वायत्तता को नष्ट करता है। भीड़ की संस्कृति में कला की स्वायत्तता के साथ-साथ कल्पनाशीलता और आलोचनात्मक चेतना का भी नाश हो गया है। कला बाजार की वस्तु बन गई है। ऐसे समाज में सच्ची कला केवल अवांगार्द कला हो सकती है, जो भीड़ के समाज, संस्कृति, कला और भाषा को अंगूठा दिखाती हुई अपनी स्वतंत्रता की रक्षा करती है। फ्रैंकफुर्ट समुदाय के चिंतकों में लियो लावेंथल के यहां भीड़ और लोक, जन और सर्वहारा का भेद दर्शाया नहीं गया है। उसी तरह भीड़ की संस्कृति और जनसंस्कृति में कोई अंतर नहीं है।

बाजारू साहित्य और सच्चे लोकप्रिय साहित्य में कोई अंतर नहीं है। एलन रिंवगवुड ने *मिथ ऑफ मासकल्चर* में लिखा कि फ्रैंकफुर्ट समुदाय के समाजशास्त्रियों ने भीड़ को एक सर्वव्यापी मिथक बना दिया और उसके आधार पर समाज, संस्कृति, कला और मनुष्य की दशा की व्याख्या कर दी। कार्ल पॉपर ने एक रेडियो कार्यक्रम

में टिप्पणी की थी कि एडोर्नो के पास कहने के लिए कुछ भी नहीं है और ज्यादा से ज्यादा वे हेगेलियन दृष्टिकोण को व्यक्त करते हैं। जॉर्ज लुकाच ने एडोर्नो को रसातल के भव्य राजमहल का वासी कहा। तो पॉल एफ. लेजरफील्ड का मानना था कि आलोचनात्मक माध्यम सिद्धांत की धुरी माध्यम नहीं है।

डॉ. मैनेजर पांडेय ने वाल्टर बेंजामिन के माध्यम से लिखा कि आधुनिक समाज में पूंजीवाद के दुष्प्रभाव से संस्कृति की रक्षा और उसके विकास की समस्या को पुराने अभिजनवादी दृष्टिकोण, भीड़ के मिथक और सांस्कृतिक अनेकांतवाद के सहारे हल करना संभव नहीं है। इसलिए आर्नल्ड हाउजर ने *दि सोशल हिस्ट्री ऑफ आर्ट* में लिखा कि आज समस्या कला को जनता की वर्तमान चेतना के लायक बनाने की नहीं है बल्कि जनता की चेतना को अधिक से अधिक उन्नत और व्यापक बनाने की है। कला की सच्ची पहचान की शिक्षा जरूरी है। कला को मुट्ठी भर लोगों के एकाधिकार से मुक्त करने के नाम पर उसका सरलीकरण जरूरी नहीं है। जरूरत है जनचेतना की सौंदर्यबोधीय क्षमता को विकसित करने की।

तात्पर्य यह है कि संस्कृति और जनमाध्यमों की रक्षा और विकास के लिए जनतंत्रीकरण जरूरी है और इसके लिए आर्थिक स्तर पर परिवर्तन आवश्यक है, केवल बौद्धिक बहस ही काफी नहीं है। फ्रैंकफुर्ट समुदाय के चिंतकों ने लेनिन के सिद्धांत और व्यवहार की एकता के सिद्धांत का विरोध किया।

एडोर्नो ने लिखा कि सिद्धांत को विश्व को रूपांतरित करके व्यवहार में बदल देने के लक्ष्य को छोड़ देना चाहिए। परिणामतः सिद्धांत को निष्क्रिय होना चाहिए। यानी सिद्धांत की नकारात्मक भूमिका होनी चाहिए। सिद्धांत का लक्ष्य दुनिया को बदलना नहीं है बल्कि विश्व की नकारात्मक शक्ति का निषेध करना है। इनके पास यथार्थ की निंदा का नजरिया है, साथ ही, यथार्थ को बदलने का कोई सकारात्मक सुझाव नहीं है। यथार्थ कैसा है और उसे कैसे बदला जाए इसका कोई उपकरण फ्रैंकफुर्ट समुदाय के चिंतकों के पास नहीं है। परिणामतः यथार्थ की आलोचना यथा-स्थिति बनाए रखती है। वे सामाजिक यथार्थ को बुरा या घृणित कहकर रूपायित करते हैं जो कि अपरिवर्तनीय है।

फ्रैंकफुर्ट समुदाय के चिंतकों की तमाम सीमाओं के बावजूद कुछ उपलब्धियां हैं। इन चिंतकों ने संस्कृति और संचार को समाज का अंग माना। सामाजिक-राजनीतिक आधार इनकी प्रकृति के निर्माण में मदद करते हैं। संचार और संस्कृति को महत्वपूर्ण सामाजिक शक्ति माना और उसकी सामाजिक-आर्थिक प्रक्रियाओं की

सामाजिक शक्ति के अंग के तौर पर व्याख्या पेश की।

वे सभी सामाजिक प्रवृत्तियों के प्रति आलोचनात्मक रवैया अपनाते हैं इसलिए वे संस्कृति उद्योग को सामाजिक नियंत्रण के उपकरण के रूप में देखने में समर्थ हुए। उन्होंने संचार अनुसंधान को मासकल्चर के अध्ययन से पृथक किया इसलिए वे संयुक्त रूप में सांस्कृतिक उत्पादन, वितरण और ग्रहण का विवरण देने में असमर्थ रहे।

एडोर्नो का चिंतन आमतौर पर विचारधारा और रेडियो, पॉपुलर संगीत, फिल्म, टी.वी. आदि के प्रतिगामी प्रभावों की आलोचना करता है। यह दृष्टिकोण सांस्कृतिक विश्लेषण तो करता है परंतु विचारधारा को अस्वीकार करता है। एडोर्नो ने एकायामी दृष्टिकोण से पॉपुलर कल्चर की निंदा की है और वे माध्यम 'मेनीपुलेशन' द्वारा 'ऑडिएंस' के प्रतिरोध की संभावना व्यक्त करते हैं।

एडोर्नो ने लिखा कि कुछ सिनेमा ऐसे भी होते हैं जिनमें सामाजिक आलोचना की क्षमता होती है और मासकल्चर स्वयं के ही अंतर्विरोधों और मतभेदों को पुनरुत्पादित करती है। वे लिखते हैं कि 'जनता को मेनीपुलेट करने की कोशिशों में संस्कृति उद्योग की विचारधारा स्वयं में ही अंतर्विरोधपूर्ण होती है। इसका लक्ष्य उसी समाज को नियंत्रित करना है। संस्कृति उद्योग की विचारधारा अपने ही झूठ का प्रतिरोधी तत्व भी लिए होती है।'[13] एक अन्य लेख 'मनोरंजन' में एडोर्नो ने लिखा कि दर्शक की चेतना को मेनीपुलेट करने की संस्कृति उद्योग की क्षमता होती है। एडोर्नो ने संगीत और टेलीविजन कार्यक्रमों की व्याख्या के क्रम में चेतना पर पड़ने वाले उसके प्रभावों को रेखांकित किया। किंतु उसके अंतर्विरोधों की उपेक्षा की। उनके आलोचनात्मक और प्रतिपक्षी रूपों की उपेक्षा की। साथ ही इन कार्यक्रमों की क्षमताओं अथवा सामाजिक परिस्थितियों के आंतरिक मर्म की प्रतिक्रियाओं और आलोचनात्मक प्रतिक्रिया की भी अनदेखी की। मेरा मानना है कि एडोर्नो का मास-कल्चर संबंधी लेखन नकारात्मक दृष्टिकोण को व्यक्त करता है। उनके लेखन को वैकल्पिक नजरिये से भी पढ़ा जा सकता है। इससे सही अर्थों का उद्घाटन होगा।

एडोर्नो की पॉपुलर संगीत संबंधी आलोचना का सारतत्व यह है कि इस संगीत की प्रवृत्तियों के वस्तुकरण, रैफिकेशन और स्तरीकरण का प्रतिगामी प्रभाव होता है। इस विश्लेषण के क्रम में उन्होंने लिखा कि कुछ खास तरह का संगीत पीड़ितों में लोकप्रिय होता है, उसे वे गाते हैं। ज्यादातर पॉपुलर संगीत अपने प्रतिरोधी भाव को व्यक्त करता है। यह प्रतिरोध स्तरीकरण, संगति और उत्पीड़न के खिलाफ व्यक्त

होता है। संगीत वस्तुकरण की तरह प्रतिरोध का भी कार्य कर सकता है जिससे आम लोगों में सद्‌भाव पैदा हो। एडोर्नो का संस्कृति उद्योग का मॉडल पॉपुलर कल्चर की इकसारता और अंतर्विरोधी प्रभावों का अध्ययन नहीं करता।

इस दृष्टिकोण की खूबी यह है कि इसका मार्क्सवाद के प्रति आलोचनात्मक दृष्टिकोण रखते हुए विकास हुआ। यह आर्थिक आधार को ही अंततः निर्णायक घोषित करने वाले मार्क्सवादी दृष्टिकोण को अस्वीकार करता है।

साथ ही अमेरिकी परंपरा के जनसंचार केंद्रित सकारात्मकतावादी इंपीरिकल अध्ययनों को भी अस्वीकार करता है।

संस्कृति उद्योग के संदर्भ में एडोर्नो और होर्खिमेयर का मुख्य सरोकार सांस्कृतिक आलोचना से है। एडोर्नो का मासकल्चर के बारे में दृष्टिकोण मूलतः निष्क्रियतावादी है और आभिजात्य दृष्टिकोण को सामने लाता है। इस दृष्टिकोण का परिणाम यह है कि कुछ खास तरह की कलाएं ही बच जाती हैं जो यथार्थवादी और प्रामाणिक हैं।

इजारेदारना पूंजीवादी समाज में मासकल्चर में भ्रम पैदा करने की क्षमता नहीं होती। पूंजीवादी आंतरिक स्वतंत्रता अंततः एकाधिकारवादी राज्य को मौका देती है जिससे वह उत्पीड़क के रूप में मासकल्चर को पैदा करता है। संस्कृति उद्योग के संदर्भ में कलाओं के प्रति उनका नजरिया निष्क्रिय है।[14]

फ्रैंकफुर्ट समुदाय के माध्यम दृष्टिकोण की परंपरा के विकास में जे. हेबरमास का योगदान भी महत्वपूर्ण माना जाता है। संप्रेषण सिद्धांतों की परंपरा के संदर्भ में उनके द्वारा रचित 'आदर्श भाषण की परिस्थिति' का सिद्धांत महत्वपूर्ण है। किंतु इस धारणा में राजनीतिक दृष्टिकोण का अभाव है। संप्रेषण के इस सिद्धांत का व्यवहार पर ज्यादा प्रभाव हो सकता है। साथ ही, यह सिद्धांत अंतर्विरोधपूर्ण भी है।

आदर्श वक्तृता की परिस्थितियों के लिए चार तत्वों को हेबरमास ने महत्वपूर्ण माना है—1. हिंसारहित माहौल, 2. जनता और निजी जीवन की भाषण कला में अंतर, 3. परंपरागत प्रतीकों और बहस के तरीकों से उत्पन्न समस्याएं, 4. भाषण की समान सुविधाओं पर जोर। इन चारों तत्वों को सी. मौलियर की कृति *दि पॉलिटिक्स ऑफ कम्युनिकेशंस* (1973) में विस्तृत व्याख्या दी गई है।

यह सच है कि हिंसा के माहौल में या हिंसा की उपस्थिति में व्यक्ति का सच बातें स्पष्टता के साथ बोलना असंभव होता है। आमतौर पर हिंसा संप्रेषण को खंडित करती है। वह संप्रेषण को द्विधापूर्ण अर्थ प्रदान करती है। इस क्रम में विवेक का दायरा सिकुड़ जाता है। वह इसी सीमित दायरे में बहस के लिए मजबूर करती है।

हिंसा व्यक्ति के अंदर उपेक्षाभाव की बाजार उत्प्रेरक की भूमिका अदा करती है। पियरे बोर्दियो ने शारीरिक हिंसा के समानांतर ही 'सिंबोलिक' (प्रतीकात्मक) हिंसा की धारणा दी है। प्रतीकात्मक हिंसा ही जनमाध्यमों के द्वारा सृजित हिंसा है जो हिंसा के वास्तविक परिवेश के साथ क्रिया-प्रतिक्रिया करते हुए हिंसा को विस्तार देती है और हिंसा की सामाजिक स्वीकृति का भावबोध भी पैदा करती है। प्रतीकात्मक हिंसा दूसरों को प्रताड़ित करती है और उसकी कीमत किसी अन्य को चुकानी पड़ती है।

प्रतीकात्मक हिंसा भाषण के द्वारा व्यक्त होती है और दूसरों की भावनाओं को तकलीफ पहुंचाती है। आत्मसम्मान कां आत्मसुरक्षा के कवच के रूप में इस्तेमाल करती है अथवा यों भी कह सकते हैं कि भाषणकर्ता जानता है कि उसकी बातों का श्रोताओं पर क्या असर होगा।

प्रतीकात्मक हिंसा किसी भी अर्थ में शारीरिक हिंसा से कम नहीं है। इससे भी संप्रेषण विखंडित होता है। यह विवेकपूर्ण माहौल की बुनियाद को ही नष्ट करती है अथवा यों कहें कि आदर्श परिस्थितियों को यह चीज गंभीरता से नष्ट करती है। ऐसी स्थिति में हमें क्या प्रतीकात्मक हिंसा को भूल जाना चाहिए अथवा और ज्यादा आत्मसजग भाव से इसका सामना करना चाहिए और लोगों को यह बताएं कि प्रतीकात्मक हिंसा फैलाने वाले अविवेकपूर्ण ढंग से व्यवहार कर रहे हैं। साथ ही, क्या यह संभव है कि वे अपनी विवेकहीनता को समझें और विवेकपरकता की बढ़ती हुई क्षमता को स्वीकार करें।

दूसरी बात यह है कि सार्वजनिक और निजी जीवन में विवेकपूर्ण संवाद के लिए अनिवार्य, संकुचित और अनुभव रहित सीमाएं खोजना संभव नहीं है। जो इसकी सभी सीमाएं खत्म करने की मांग करते हैं या सीमाओं पर संदेह प्रकट करते हैं उन्हें सीमाओं का सम्मान करना चाहिए। जब तक सीमाएं तय न हों तब तक मानवीय संवाद भी संभव नहीं है। सीमा के बिना तार्किकता और सुनिश्चित दिशा तय नहीं की जा सकती।

जे. हेबरमास का मानना था कि 'आदर्श भाषण' के लिए समानता बेहद जरूरी है। समानता मूल्यपरक धारणा है। प्रभुत्वशाली वर्ग की दबा-कुचला वर्ग आलोचना करता है। प्रभुत्व को चुनौती देता है। सी. मौलियर ने लिखा है कि हेबरमास के संप्रेषण सिद्धांत को विकसित करने के लिए यह जरूरी है कि जिन व्यक्तियों में संवाद हो रहा है वे एक समान भाषागत क्षमता रखते हों। एक जैसी भाषिक संरचना और रूपों का प्रयोग करते हों। साथ ही ज्ञान का समान स्तर हो।

हेबरमास की इस धारणा की धुरी है स्वतंत्रता, सत्य और न्याय की धारणा। उल्लेखनीय है कि आदर्श भाषण परिस्थिति के द्वारा ही स्तरीकरण होता है। वह स्तरों की भिन्नता को खत्म नहीं करती। वे लोग 'न्याय' की धारणा के मुकाबले 'समानता' की धारणा पर बल देते हैं अथवा न्याय को समानता के मातहत रूप में देखते हैं।

प्रश्न उठता है कि भाषण के क्षेत्र में समानता क्या असमानता की तुलना में महत्व प्राप्त कर सकती है अथवा समानता की तुलना में असमानता को ज्यादा क्षमतावान माना जा सकता है। क्या इसे भाषायी समानता के संदर्भ में देखा जा सकता है। हेबरमास की मौलियर द्वारा दी गई व्याख्या की मानें तो बच्चों को सिर्फ बच्चों से बातें करनी चाहिए, उन्हें वयस्कों से कभी भी बात नहीं करनी चाहिए। यह एक काल्पनिक दुनिया ही होगी जिसमें सभी समुदायों को उनके अभिभावकों द्वारा पृथक कर दिया जाए जिससे आदर्श लोकतंत्र की स्थापना की जा सके।

इसके अलावा हेबरमास ने 'संप्रेषण क्षमता' का सिद्धांत भी बनाया। इसका आंतरिक अर्थ है 'भाषायी क्षमता।' इसमें भाषा को दो व्यक्तियों के बीच में समानता के आधार पर विश्लेषित किया। इस धारणा में असुविधा तब आती है जब दो असमान व्यक्तियों में संवाद हो। एक भाषा में समर्थ हो दूसरा असमर्थ हो तब कैसे संवाद होगा? असमर्थ हमेशा समर्थ से सीखता है और विकास करता है। व्यवहार में भाषागत समानता जैसी स्थिति संभव नहीं होती।

भाषागत प्रयोगों के दौरान लोग एक-दूसरे से सीखते हैं। समानता की स्थिति में सीखने की प्रक्रिया क्या रूप लेगी यह विचारणीय प्रश्न है। अगर एक व्यक्ति जल्दी सीखता है तो संवाद में समानता की स्थिति ज्यादा देर तक नहीं रहेगी। आदर्श भाषण की परिस्थितियां एक ही वर्ग और एक ही स्तर के लोगों में संभव हैं जो आंतरिक तौर पर समान हों तथा अन्य समूहों या ग्रुपों की तुलना में असमान हों। हेबरमास का 'संप्रेषण क्षमता' का सिद्धांत राजनीतिक प्रयोग के दौरान राजनीतिकहीनता की बात करता है। इस सिद्धांत को व्यावहारिक अनुभवों की रोशनी में समृद्ध नहीं किया गया। यह इसकी कमजोरी है। भाषागत राजनीतिक प्रयोगों के आधार पर घटित भाषायी परिवर्तनों के प्रश्नों को फ्रैंकफुर्ट समुदाय के चिंतकों ने उठाया है। इन सिद्धांतकारों ने इस तथ्य की उपेक्षा की है कि भाषागत प्रयोगों को राज्य की संरचना बड़े पैमाने पर प्रभावित करती है। आधुनिक राज्य भाषा को स्कूलों के माध्यम से प्रभावित करता है। इसी के साथ सरकार माध्यमों के द्वारा भी भाषा को प्रभावित करती है। इसी प्रसंग में इन चिंतकों ने राज्य और भाषा, स्कूल और भाषा के

अंतस्संबंधों पर विचार किया है।

फ्रैंकफुर्ट समुदाय के चिंतक यह मानते हैं कि प्रभुत्वशाली वर्ग अपने मुनाफों के लिए प्रतिक्रांति की संस्कृति की उपेक्षा करता है। उसके मुनाफे के गर्भ से अंतर्विरोधों का उदय होता है। इससे माध्यमों की विवेकवादी परंपरा का विकास होता है। प्रभुत्वशाली वर्ग की मुनाफा केंद्रित व्यवस्था की यह केंद्रीय प्रवृत्ति है कि वह मुनाफे के लिए निजी व्यवस्था की वैधता पर प्रश्नचिह्न लगाती है, साथ ही, मुनाफे के कारण ही अपनी वैधता बनाए रखती है। इनके समाधान की संभावनाएं नहीं होतीं। इसका अर्थ यह भी है कि माध्यमों में सामाजिक यथार्थ को 'प्रामाणिक' प्रस्तुति और यथार्थ के बीच में दरार और चौड़ी हो जाती है।

आज के दौर में जनता के विवेक को समृद्ध बनाने का अर्थ है अंतर्विरोधों को समृद्ध बनाना और जिस व्यवस्था से अंतर्विरोध उभरे हैं उसके आंतरिक आधार यानी निजी मालिकाना संबंधों को समृद्ध बनाना। यह दृष्टिकोण जेंटिल विश्वविद्यालय से जुड़े चिंतकों का है। ये लोग भी फ्रैंकफुर्ट समुदाय के चिंतन से प्रभावित रहे हैं।

इस परिप्रेक्ष्य को ध्यान में रखें तो पाएंगे कि माध्यम संप्रेषित सूचनाओं और अधिकारियों के द्वारा संप्रेषित सामाजिक यथार्थ का मिश्रित प्रसार जबर्दस्त खतरा पैदा कर सकता है। इस तरह के खतरों और अंतर्विरोधों के समाधान के नाम पर माध्यमों के केंद्रीकरण और सेंसरशिप की भूमिका बढ़ जाती है।

आधुनिक युग के उदय के साथ जनता और जनमाध्यमों का विकास होता है। इसे रचनात्मक विकास माना जाता है अतः इसकी समग्र समझ प्रदान करने में संस्कृति उद्योग असमर्थ है। इसके पास माध्यमों के विकल्प की दृष्टि का अभाव है। वे जनसंचार माध्यमों के किसी भी तरह के वैकल्पिक प्रयोगों को स्वीकार ही नहीं करते। जनसंचार माध्यमों के द्वारा फैलाए जा रहे सांस्कृतिक मूल्यों की आलोचनाइन चिंतकों द्वारा सार्थक और माध्यम दृष्टिकोण के लिए प्रासंगिक है।

संस्कृति उद्योग के चिंतकों के चिंतन की सबसे बड़ी कमजोरी यह है कि वे माध्यमों के साथ सर्वहारा जनता के सकारात्मक अंतस्संबंध को एक सिरे से अस्वीकार करते हैं। वे मानते थे कि सर्वहारा की चेतना का पतन निश्चित है। उनके नजरिये से माध्यम समग्र संस्थान के रूप में फासिज्म के प्रचारतंत्र के रूप में कार्य करते हैं या फिर बड़े व्यापारिक कार्यक्रमों को लागू करते हैं। वे यह भी मानते हैं कि माध्यम सार्वभौम माल उत्पादन से निर्धारित होते हैं। इस प्रक्रिया में समूची सांस्कृतिक परंपरा को पूंजीवाद के उपयोग एवं प्रभुत्व के करीब ले आया जाता है।

माध्यमों की आक्रामकता से मनुष्य के व्यावहारिक रूपों का निर्धारण होता है। बुर्जुआ यह भ्रम पैदा करता है कि उसे निश्चित रूप से नष्ट होना है। जो व्यक्ति परिवर्तन चाहते हैं या नवजागरण लाभ चाहते हैं वे माध्यमों के द्वारा सृजित सामाजिक-मनोवैज्ञानिक परिस्थितियों के आगे असहाय होते हैं।

होर्खिमेयर का दावा है कि संचार और प्रामाणिक अनुभवों को पृथक कर दिया जाए तो माध्यम न तो उसे पेश कर सकता है और न ही अनुभवों के साथ सेतु बना सकते हैं। ऐसे में जनता के परिवेश की समस्याएं एक नया आयाम ग्रहण कर लेंगी।

संदर्भ और टिप्पणियां

1. एडोर्नो, 'आन दि फेटिस इन करेक्टर म्यूजिक एंड दि रिग्रेशन इन लिसनिंग' 1938 शीर्षक लेख, ए. एराती और इ. गेब्रेल सं., *दि फ्रैंकफुर्ट स्कूल रीडर*, 1982 में संकलित।
2. एडोर्नो, एम. होर्खिमेयर, *डायलेक्टिक ऑफ इनलाइटेनमेंट*, पृ. 138।
3. उपरोक्त, पृ. 126-127।
4. 'दि कल्चर इंडस्ट्री, इनलाइटेनमेंट ऐज मास डिसेप्शन,' जे. कुरान इत्यादि द्वारा संपादित, 1987, *मास कम्युनिकेशन एंड सोसाइटी*, में संकलित लेख को विस्तार से देखें।
5. एडोर्नो टी. एवं एम. होर्खिमेयर, *दि डायलेक्टिक ऑफ इनलाइटेनमेंट*, 1972, न्यूयॉर्क, पृ. 147-48।
6. *एरिक फ्रॉम, स्केप फ्रॉम फ्रीडम*, 1941, पृ. 128।
7. उपरोक्त, पृ. 131।
8. सी. ब्राइट मिल्स, *व्हाइट कॉलर*, 1951, पृ. 336।
9. सी. ब्राइट मिल्स, *दि पावर एलिट*, पृ. 29।
10. एम. होर्खिमेयर, *क्रिटिकल थ्योरी*, पृ. 27।
11. उपरोक्त, पृ. 277-278।
12. मैनेजर पांडेय, *साहित्य के समाजशास्त्र की भूमिका*, में विस्तार से देखें।
13. एडोर्नो टी., *मिनिया मोरालिया*, पृ. 202।
14. जे. कुरान इत्यादि, सं., *मास कम्युनिकेशन एंड सोसाइटी*, पृ. 312-13।

4. आधुनिकतावादी सैद्धांतिकी के विविध आयाम

हिंदी में आधुनिकतावाद का सामाजिक स्रोत

हिंदी साहित्य में आधुनिक युग का प्रारंभ उन्नीसवीं शताब्दी से होता है। मुद्रण तकनीकी के व्यापक प्रयोग ने विचारों की दुनिया में अनेक मूलगामी परिवर्तनों को जन्म दिया। साहित्य, कला, संस्कृति, राजनीति, अर्थनीति आदि सभी क्षेत्रों में नए और पुराने अधिरचना रूपों का संघर्ष उग्रतम रूप में अभिव्यक्त हुआ। साहित्य, ज्ञान, विज्ञान एवं समाज विज्ञान की नई-नई अवधारणाओं का सृजन हुआ। रचनाकार के व्यक्तित्व, खड़ी बोली गद्य, सुसंगत भाषा-रूपों एवं विचारधारात्मक संघर्षों के आधुनिक आयामों एवं अंतर्विरोधों को सामाजिक पृष्ठभूमि में रखकर विश्लेषण करने की पद्धति ने जन्म लिया। परंपरा के मूर्त रूपों को एक ही झटके में छोड़ देने की गंभीर कोशिशें एवं नए को आत्मसात करने का भावबोध इस युग की महत्वपूर्ण विशेषताएं हैं।

मध्ययुगीन सामंती चेतना एवं मूल्यों के प्रति गंभीर आलोचनात्मक दृष्टिकोण के कारण ही समाज सुधार आंदोलनों ने परिवर्तनकामी चेतना का निर्माण किया, साथ ही, सांस्कृतिक परिवर्तन की प्रक्रिया को गति प्रदान की। इस समूचे संघर्ष की कमजोरी यह है कि इसमें सामंती उत्पादन-संबंधों में परिवर्तन एवं संघर्ष की प्रक्रिया बहुत धीमी है। मध्ययुगीन रूढ़ियों से लड़ने वाले विचारकों के पास कृषि-दासता से मुक्ति का सपना नहीं है। वे विचारधारात्मक तौर पर मध्ययुगीन मूल्यों एवं कृषि-दासता के प्रति समग्र परिप्रेक्ष्य में सोचने में असमर्थ हैं। परिणामतः विचारों का संघर्ष तो है, जमीन का संघर्ष नहीं है। सामंती रूढ़ियों एवं बंधनों से मुक्ति की कामना तो है पर सामंती कृषि संबंधों से मुक्ति का प्रयत्न नदारद है। इसके अलावा जातिवाद

से लड़ने का भारतीय स्वप्न भी नहीं है। मध्ययुगीन चेतना एवं कृषि-दासता का महत्वपूर्ण आधार जातिवाद और जातिप्रथा रही है। इस तत्व के विरुद्ध संघर्ष की उपेक्षा करके आधुनिक भावबोध का निर्माण संभव नहीं है। मध्ययुगीन भावबोध से लड़ाई जातिप्रथा के खिलाफ संघर्ष से अभिन्न रूप से जुड़ी है। आधुनिक चेतना अर्जित करने के केंद्रीय आधारों में यह एक है। इस युग में साहित्य में सामंतवाद, साम्राज्यवाद एवं पूंजीवाद के प्रति घृणा का भाव है। यह बड़ी उपलब्धि है। यह आधुनिक चेतना का आधार भी है। इसी परिप्रेक्ष्य में हमें आधुनिकतावाद एवं आधुनिक चेतना को देखना चाहिए।

आधुनिकतावाद का प्रारंभ छायावादी दौर में होता है। छायावादी रचनाकारों के यहां आधुनिकतावादी काव्य एवं साहित्य चेतना के प्रभाव भी मिलते है। किंतु यह प्रभाव मात्र ही है। छायावाद की मूल आत्मा नहीं हैं। इस युग के लेखक की सामाजिक चेतना पूंजीवादी उदारपंथ की अभिव्यक्ति है। यह उदारपंथ एक ओर देश की वंदना करता है; दूसरी ओर जॉर्ज पंचम की स्तुति करता है, पौराणिक देवी-देवताओं के प्रति आस्थावान है। वह जाति-पांति का विरोधी है किंतु आदर्श रूप में वर्ण व्यवस्था का समर्थन भी है। वह राष्ट्रीय एकता में विश्वास करता है। किंतु हिंदू सभ्यता, मुसलिम संस्कृति, उसके लिए दो अलग इकाइयां हैं। भावबोध की दृष्टि से यह उपयोगितावाद का कायल है; साहित्य से स्पष्ट शिक्षा मिले, उसमें आदर्श चरित्र हों, नैतिक उपदेश हों, भाषा सरल और सुबोध हो; यह उसकी मांग है।[1]

दूसरी तरफ धार्मिक रूढ़ियों, पौराणिक देवी-देवताओं के प्रति अंधश्रद्धा; मूर्तिपूजा, सांप्रदायिक भेदभाव, शूद्रों पर द्विजों के अत्याचार का विरोध करने वाले साहित्य का सृजन हुआ, मनुष्य की समानता की घोषणा की। पुरानी संकीर्ण रूढ़ियों को तोड़ने का आह्वान किया गया, साथ ही, नए भावों, विचारों के आयात के लिए मार्ग प्रशस्त हुआ।

हिंदी में चलने वाले 'आधुनिक चेतना' एवं 'आधुनिकतावाद' के वैचारिक संघर्ष के रूपों को आरंभिक दौर में मिली-जुली अभिव्यक्ति मिलती है। परंपरा, संस्कृति के रूपों, साहित्य की परंपरा, भाषा, राजनीति, विज्ञान और आध्यात्मिकता के क्षेत्रों में यह संघर्ष चला।

'आधुनिक चेतना' के प्रचार-प्रसार की वैचारिक लड़ाई वाले चिंतकों ने इस संघर्ष को जनता से और बाद में किसान एवं मजदूर आंदोलन से जोड़ा। इसी क्रम

में ये लेखक और रचनाकार साहित्य में यथार्थवाद का रूपायन करने में सफल भी हुए। वे राजनीतिक-सामाजिक-साहित्यिक आंदोलनों को एक ही संबद्ध इकाई के विभिन्न पक्षों के रूप में देखते हैं। इस तरह की चेतना के आदर्श प्रतिनिधि प्रेमचंद और निराला हैं। निराला के यहां आधुनिकतावाद के एक तत्व के रूप में 'अतिमानव' की छाया लिए 'बादल राग' भी है। अतिमानव की जो झलक प्रारंभिक रचनाओं में है; वह क्रमशः क्षीण होती चली जाती है।[2] उसी दौर में अनेक ऐसे क्रांतिकारी कवि थे जो अतिमानव का चित्रण कर रहे थे। निराला ने 'अतिमानव' से लड़ते हुए आधुनिक चेतना को क्रमशः अर्जित किया।

'आधुनिक चेतना' के प्रसारकों ने मानव जीवन के वैविध्यपूर्ण रूपों को सामान्य समस्याओं की रोशनी में चित्रित किया। वहीं पर आधुनिकतावादी रचनाकारों की एक ऐसी पीढ़ी भी सामने आई जिसकी रचना का केंद्रीय वर्ग मध्य वर्ग था और मध्य वर्ग की भी चंद समस्याओं मसल—सेक्स, कुंठा, व्यक्तिगत प्रतिस्पर्धा और परंपरा का पूरी तरह अस्वीकार इनकी रचनाओं में मुख्य तत्व था, तो वहीं पर औपनिवेशिक समाज के कारण, आधुनिक युग के लेखक जो आधुनिकतावादी चिंताधारा के तहत आते थे, अतीतपूजा के भावबोध को व्यक्त करते थे। अतीत का पूर्णतः अस्वीकार, साथ ही, अतीत की जड़पूजा का भावबोध अंततः परंपरा के प्रति अविवेचक दृष्टिकोण को स्थापित करता है। यही वजह है कि इस युग के साहित्य एवं समाज में मध्य वर्ग के अंदर दो तरह का रूपायन मिलता है।

इस युग में मध्य वर्ग की विलासिता, अहंकार, आत्ममोह, निर्बंध उच्छृंखलता, व्यक्तिवादी साहस, व्यक्तिवादी निराशा, पाखंड और आत्मग्रस्तता, साथ ही जीवन की पराजय को पलायन से ढंकने की कोशिश। और इन सबसे बचने का एकमात्र रास्ता अच्छे दोस्तों की खोज। यह व्यक्तिवाद आधुनिक पूंजीवाद के गर्भ से नहीं उपजा है अपितु सामंती व्यक्तिवाद की पैदाइश है। इसने पूंजीवादी व्यक्तिवाद को अपना लिया है। यह सामंती परंपरा से पूरी तरह विच्छिन्न होकर भी उसकी प्रवृत्तियों के अवशेषों से ग्रस्त है। चूंकि उसका पुराना वर्ग ध्वस्त है, इसलिए वह हताश, एकाकी और निराशाग्रस्त है।[3] इस मध्य वर्ग का दार्शनिक आधार है अद्वैतवादी दर्शन। यह दर्शन मूलतः असामाजिक दर्शन है। अतः इस व्यक्तिवाद का प्रस्फुटन भी असामाजिक प्रणाली पर हुआ है।[4] यह ऐसा वर्ग है जो सामाजिक द्वंद्वों का वायवीय एवं काल्पनिक प्रत्याहार करता रहता है। यह ऐसा मध्य वर्ग है जो सच्चे हृदय से मानवतावादी भावबोध को व्यक्त नहीं कर सकता। इसमें स्नेह का पूर्णतः अभाव है। साथ ही,

यथार्थग्राही दृष्टिकोण से भी वंचित है। यह बुनियादी रूप से भाववादी व्यक्तिवादी अंतर्मुख दृष्टि से सोचने वाला वर्ग है। भीतरी मनुष्यता के अभाव के कारण इस वर्ग में वैज्ञानिक दृष्टिकोण भी पैदा नहीं हो पाया है। वह जीवन के झगड़ों के वायवीय समाधान सुझाता है। यह ऐसा वर्ग था जो उत्तर प्रदेश के सामंती ध्वंसावशेषों की घनीभूत सांस्कृतिक-सामाजिक छायाओं से ग्रस्त तथा उन्हीं अभिजात धनी सामंती वर्गों से उद्‌गत था। इसे नई हवाएं तो लग रही थी, लेकिन सामाजिक-पारिवारिक क्षेत्र, जो अभी सांस्कृतिक-धार्मिक परंपराओं तथा जातीय रीति-रिवाजों से ग्रस्त था के लिए एकदम जीवन के सभी क्षेत्रों में व्यक्तिवादी जनतंत्रीय मूल्यों का विस्तार करना तथा उनकी स्थापना के लिए संघर्ष करना और उसी प्रकार उस संघर्ष को आगे बढ़ाते हुए उन मूल्यों को वास्तविक मानवतावादी मूल्यों में विकसित करना असंभव-सा ही था।[5] इस वर्ग को अभेदानुभूतिशील अद्वैतवाद ने नवीन व्यक्तिवाद को आध्यात्मिक औचित्य प्रदान किया; दूसरी ओर सामंती सांस्कृतिक प्रभाव-छायाओं से, जीवन के सभी क्षेत्रों में, व्यापक संघर्ष का रास्ता नहीं बताया। यह उत्तर प्रदेश के मध्य वर्ग की सांस्कृतिक चेतना के अनुकूल ही था। पूंजीवाद ने कुशलतापूर्वक इस विचारधारा का अपने लिए उपयोग कर लिया और स्वयं आगे बढ़ता गया।[6] यही वर्ग हिंदी साहित्य में आधुनिकतावाद का सामाजिक स्रोत है। इसका अर्थ यह नहीं है कि इस वर्ग ने व्यक्तिवादी धरातल पर कुछ दिया ही नहीं। इसका अर्थ यह भी नहीं है कि यह वर्ग नवीन मुक्तिकामी सामाजिक आंदोलनों का विरोध करता रहा। इसका अर्थ केवल यह है कि उसके सृजनशील व्यक्तिवाद की सीमा-रेखाएं सामंती संस्कारों के नए संस्करणों द्वारा निश्चित की जा चुकी थीं। इस तरह के व्यक्तिवाद की अभिव्यक्ति *कामायनी* के मनु चरित्र की विशेषता है तो दूसरी ओर वेदांत के प्रभाववश निराला के यहां भी राजनीति, इतिहास और भौतिकविज्ञान के विरोध की प्रवृत्तियां देखने को मिल जाती हैं।[7] निराला ने जिस वेदांत को अपना आधार बनाया वह मूलतः अध्यात्मवादी है।

'आधुनिकतावाद' मूलतः यथार्थवाद विरोधी प्रवृत्ति है और छायावाद में यथार्थोन्मुख और यथार्थ-विमुख दोनों तरह की धाराएं मौजूद हैं। वे भावबोध, विचारधारा और कला तीनों जगह अपना प्रभाव दिखाती हैं। तीनों ही स्तरों पर संघर्ष भी होता है। उनकी जड़ें सामाजिक और सांस्कृतिक परिवेश में हैं।[8] डॉ. रामविलास शर्मा ने इसे परंपरा और आधुनिकता के द्वंद्व के रूप में देखा है।[9] जैसा कि समूची दुनिया का आधुनिकतावादी चिंतन को लेकर अनुभव है कि वह बुद्धिवाद का विरोध करता है।

प्रसाद ने भी मायावाद, दुःखवाद और बुद्धिवाद का खंडन किया है। बुद्धिवाद को वे विवेकवाद कहते है और उसे आनंदवाद का विरोधी मानते हैं। आनंद और बुद्धि का द्वंद्व *कामायनी* का मूल सूत्र है। आधुनिकतावादी चिंतन की यह खूबी है कि वह परंपरा को पूरी तरह खारिज करता है। प्रसाद ने भक्ति साहित्य को 'बुद्धिवाद का विकास' माना।[10] राम को 'विवेकवाद' का सबसे बड़ा प्रतीक माना।[11] प्रसाद की आनंद-साधना बुनियादी रूप से हिंदी के आधुनिकतावाद का विशिष्ट रूप है जो सामाजिक निष्क्रियता से जुड़ी है (उल्लेखनीय है कि प्रसाद के यहां इस तरह के दृष्टिकोण का विरोधी भावबोध और दृष्टिकोण भी मिल जाएगा। आरंभ में आधुनिक चेतना, अतीतबोध एवं आधुनिकतावादी प्रभाव एक-दूसरे में अंतर्ग्रंथित रूप से मिलते हैं। स्पष्ट तौर पर नई कविता एवं प्रयोगवादी रचनाओं में आधुनिकतावाद एक सुसंगत चिंतन के रूप में अभिव्यक्ति पाता है। नई कविता और प्रयोगवाद का स्रोत छायावादी रचनाओं में ही है।)

यह माना जाता है कि जटिल सामाजिक समस्याओं और अंतर्विरोधों को हल करने में मनुष्य की असमर्थता के गर्भ से 19वीं सदी के अंत में आधुनिकतावाद की शुरुआत हुई। यह सामाजिक जागरूकता से पलायन करने वाले भावबोध को व्यक्त करने वाली प्रवृत्ति के रूप में सामने आया। परिणामतः मनुष्य की आत्मा को प्रभावित करने में भी असमर्थ रहा। वह व्यक्ति के तत्वों को परम तत्व मानकर पेश करता है और परंपरागत दृष्टि से उसका संबंध-विच्छेद करता है। व्यक्ति की परंपरागत इमेज को ध्वस्त करने के लिए वह प्रकृतवाद और प्रभाववाद का सहारा लेता है। आधुनिकतावादी कलाकार का मानना है कि सामाजिक शक्तियां अनियंत्रित हो गई हैं और मनुष्य का मन उन्हें समझ नहीं सकता। वह वास्तविक सामाजिक प्रगति के स्रोत को समझने में असमर्थ है। आधुनिकतावाद का प्रमुख तत्व है विखंडन। परम वस्तुगतता (प्रकृतवाद) और परम व्यक्तिनिष्ठा (अति यथार्थवाद, अमूर्त कला आदि) के, स्वच्छंदतावाद के, सद्भाव पूर्व विश्व को खंडित और बाधित करता है। बीसवीं सदी के आधुनिकतावादी चिंतकों ने चिंतन को केवल वर्तमान तक सीमित कर दिया। ऐतिहासिक चेतना और इतिहास की उपेक्षा की। ऐतिहासिक कालातीतता पर जोर दिया। आधुनिकतावाद की विशेषता है ऐतिहासिक चेतना से पलायन, विचार और द्वंद्वात्मकता का बहिष्कार। ये लोग परंपरा के बोध और अस्तित्व को भी अस्वीकार करते हैं। यही वजह है कि उनके यहां ऐतिहासिक चेतना का ह्रास भी दिखाई देता है। आज के दौर में आधुनिकतावादी चिंतन व्यक्ति के हित वर्तमान

और वर्तमान केंद्रित व्यक्ति के अस्तित्व की समस्याओं और संकटों से संबद्ध चिंतन बन गया है। वर्तमान के सीमित संदर्भ में व्यक्ति की अस्मिता और उसके अस्तित्व के संकटों पर विचार करना ही आधुनिकतावाद का लक्ष्य है। मनुष्य के अलगाव पर चर्चा करते हुए इसे गहराते हैं। साहित्य में इस तरह के चिंतन के कारण कला, कलाकार, आलोचक और पाठक इतिहास से बाहर हो जाते हैं। आधुनिकतावादी चिंतकों ने चेतना और भौतिक जगत के बीच के संबंध को अस्वीकार किया। वे सामाजिक परिवर्तन के बजाय यथास्थितिवाद पर बल देते थे।

मैनेजर पांडेय ने आधुनिकतावाद के बारे में *साहित्य और इतिहास-दृष्टि* में लिखा है कि 'आधुनिकतावादी चिंतन के कुछ पक्षधर जब साहित्य चिंतन को केवल वर्तमान या समकालीन कला संवेदना की मीमांसा तक ही सीमित करते हैं तब ऐतिहासिक चेतना और इतिहास दोनों की आवश्यकता समाप्त हो जाती है। ऐतिहासिक चेतना और इतिहास से मुक्ति के प्रयत्न के परिणामस्वरूप वर्तमान की ऐतिहासिक वास्तविकता के बोध की भी जरूरत नहीं होती। इसके बाद क्षण की अनुभूति तक मनुष्य सीमित हो जाता है और अंततः काल चेतना का आयाम चिंतन से गायब हो जाता है। ऐतिहासिक चेतना के ह्रास, ऐतिहासिक यथार्थ की उपेक्षा, अनैतिहासिक कालातीतता में जीने की कामना और लोकोत्तर ज्ञान की साधना की आधुनिकतावादी प्रवृत्ति की परिणति हिप्पीवाद में देखी जा सकती है।'[12]

विलियम रॉबर्ट ने आधुनिकतावादी चिंतन की विशेषताओं की व्याख्या करते हुए लिखा, 'आजकल ऐतिहासिक चेतना से पलायन की आकांक्षा बहुत प्रबल और लोकप्रिय है और इसे पूरा करने के साधन अनंत हैं। मादक पदार्थों का सेवन, पढ़ने से बचना, ऐसा कुछ भी न पढ़ना जो बेचैन करने वाला हो या बौद्धिक श्रम की मांग करता हो और तीव्र अनुभूतिमय जीवन जीना; इन सबकी मदद से विचार के बहिष्कार और द्वंद्वात्मकता को नकारने की प्रवृत्ति आजकल खूब प्रचलित है। यह कहा जा सकता है कि अगर उन्नीसवीं शताब्दी में ईश्वर मर गया तो बीसवीं सदी के उत्तरार्द्ध में आलोचना बुद्धि बीमार और मरणोन्मुख है।'[13]

आधुनिकतावादी चिंतकों की यह विशेषता है कि वे समग्रता में सुसंगत ढंग से आधुनिकतावाद को परिभाषित करने में असमर्थ रहे हैं। मसलन, पॉप आर्ट को ही लें। इस कला रूप के सृजेता अपने सौंदर्यात्मक रूप की अतियथार्थवाद के साथ संगति को जानते तक नहीं थे। आधुनिकतावादी विश्व संस्कृति की ऐतिहासिक निरंतरता को अस्वीकार करते हैं। आधुनिक विज्ञान पर सतही निर्भरता को दर्शाते

हैं। हमेशा यांत्रिक तौर पर नव्य विधेयवादी दृष्टि से गणितीय एवं भौतिक विज्ञान के फॉर्मूलों को कला में उतारते रहते हैं।

आधुनिकतावाद का उदय 19वीं सदी के अंत में सामाजिक द्वंद्वों एवं समस्याओं के समाधान में मनुष्य की विफलता के गर्भ से हुआ। यही वजह है कि आरंभ से सामाजिक अंतर्विरोधों का रूपायन भी हुआ। वे यह मानकर चलते हैं कि समाज की वास्तविक शक्तियों पर नियंत्रण करना मनुष्य के लिए संभव नहीं है और मनुष्य उन्हें समझ भी नहीं सकता। वह सामाजिक स्रोत की प्रक्रियाओं को जानने में असमर्थ है।

अभिव्यंजनावाद

अभिव्यंजनावादी आंदोलन जर्मनी में बीसवीं सदी के आरंभ में किरचनर, ब्लेल, हेकेल, स्मिड-रोडलॉफ एवं अन्य लोगों ने 'दि ब्रिज' (सेतु) नामक ग्रुप की ड्रेसडेन (जर्मनी) में 1905 में स्थापना की।

इस ग्रुप के किसी भी सदस्य को चित्रकला का अनुभव नहीं था। वे मानते थे कि उनकी कला में 'इच्छा' एवं 'आस्था' का विस्फोट हुआ है। यह बुनियादी रूप में भ्रमित मनुष्य की गाथा है। समाज की आततायी छवि उनके मन में थी। सामयिक सामाजिक संकट के अंतर्विरोधों के कारण जो अलगाव पैदा हुआ उस अलगाव के खिलाफ व्यक्ति की अभिव्यक्ति है। प्रौद्योगिकीय तरक्की को ये लोग सामाजिक विकास के लिए बुरा मानते थे। कुछ चिंतक यह भी मानते थे कि यह प्रवृत्ति मानव सभ्यता के विध्वंस के खिलाफ प्रतिक्रिया है। साहित्य में फ्रेंच काफ्का प्रमुख अभिव्यंजनावादी लेखक के तौर पर जाने जाते हैं। फ्रेंज काफ्का के चरित्रों में सुसंबद्धता का अभाव था, साथ ही, विचारों में भी संगति नहीं मिलती। अभिव्यंजनावादी चिंतकों का मानना था कि विश्व आंतरिक रूप में अराजक है। स्थान और काल में अंतस्संबंध नहीं होता। काफ्का की अनेक रचनाओं में यह चिंतन व्यक्त हुआ है। मसलन उनकी 'कायाकल्प' (मेटामार्फोसिस) कहानी को लें। इसमें एक घुमंतू जर्मन विक्रेता का विस्तार से वर्णन किया गया है कि वह कैसे एक दिन सुबह उठने पर पाता है कि वह एक कॉक्रोच में बदल जाता है। कुछ लोग मानते हैं कि इस कहानी में रचनाकार व्यंग्यात्मक अभिप्राय व्यक्त करता है। प्रसिद्ध मार्क्सीय चिंतक हावर्ड फास्ट के शब्दों में कहें कि काफ्का का जो भी मकसद रहा हो लेकिन उसकी कहानी व्यंग्य नहीं है। व्यंग्य में तो आतंक, जुल्म, पाप और मूर्खता का उद्घाटन करने के

लिए विडंबना, उपहास और व्यंग्योक्ति का प्रयोग किया जाता है। इस प्रकार व्यंग्य यथार्थ तक पहुंचने का सबसे छोटा रास्ता बन गया है लेकिन इस कहानी में काफ्का का मकसद इस तरह का उद्घाटन करना नहीं है, वह तो यह सिद्ध करना चाहते हैं कि कुछ मनुष्य कॉक्रोच से इतने मिलते-जुलते हैं कि उनके लिए यह संभव है कि एक दिन सुबह उठने पर वह पाएं कि एक दिन प्राकृतिक कायाकल्प हो गया। हावर्ड फास्ट ने इस तरह की प्रवृत्ति को 'शासक वर्ग द्वारा रचे गए' वस्तुगत यथार्थ के प्रकृति संबंधी भ्रम और 'भ्रष्टीकरण' की संज्ञा दी। यह 'अवांगार्द' का दर्शन है। मिल्टन हावर्ड के शब्दों में यह ऐसा दर्शन है जो पूंजीवादी समाज की अमानवता का सामना करने वाले समकालीन अमेरिका के 'शिक्षित वर्गों' को यह सिखाता है कि उनका एकमात्र आश्रय यह महान 'आधुनिक' साहित्य है जो आशाहीनता, विरक्ति, आत्म-भर्त्सना, रहस्यवादिता और सामाजिक कार्रवाई के प्रति घृणा पर आधारित है।[14]

अभिव्यंजनावादी यह मानते हैं कि मनुष्य विद्वेषपूर्ण जगत में रहता है जिसमें समस्याओं के समाधान का कोई रास्ता नहीं है। साथ ही, आशा की कोई किरण भी नहीं है। सामाजिक संस्थानों से व्यक्ति के अलगाव में ही उसकी शक्ति निहित है। अभिव्यंजनावादी मनुष्य यह कहना चाहता है कि मैं मनुष्य बनना चाहता हूं किंतु यह असंभव है, क्योंकि व्यक्ति के प्रति विश्व द्वेषभाव रखता है।

आधुनिकतावाद, लुकाच और रेमंड विलियम्स

जॉर्ज लुकाच ने आधुनिकतावाद की विचारधारा पर विचार करते समय रेखांकित किया कि उसमें परिप्रेक्ष्यहीनता होती है। साहित्य को परिप्रेक्ष्यरहित बनाना इसका केंद्रीय तत्व है। परिप्रेक्ष्य के आधार पर रचनाकार गौण एवं महत्वपूर्ण का अंतर कर पाता है। किस दिशा में चरित्रों का निर्माण हो यह तथ्य परिप्रेक्ष्य से ही तय होता है। चरित्रों के उन्हीं रूपों का रूपायन किया जाता है जिनको भौतिक तौर पर विकसित करना संभव है।[15]

आधुनिकतावादी रचनाकार 'चयन' के तत्व की उपेक्षा करते हैं। परिणामतः रचना में प्रकृतिवादी शैली का आना अवश्यंभावी है। वे कथ्य को शैली से पृथक करके, शैली पर अतिरिक्त बल देते हैं। विषय की सामाजिक प्रासंगिकता के प्रश्न को गैर-जरूरी समझते हैं।

परिप्रेक्ष्य के आधार पर ही विकास और परिवर्तन की प्रक्रिया को संपन्न करना

संभव होता है। परिप्रेक्ष्यहीन साहित्य कभी भी विकास एवं परिवर्तन की प्रक्रिया का अंग नहीं बन पाता। यथार्थ, संवेदना एवं भाषा के बीच में संगति नहीं बन पाती। कला का अपने सामयिक यथार्थ से संबंध-विच्छेद हो जाता है। काल का बाह्य जगत के वस्तुगत यथार्थ से अलगाव हो जाता है। व्यक्ति के आंतरिक जगत के प्रति संदेह और अनिश्चितता बोध को आमतौर पर आधुनिकतावादी चिंतक देखते हैं।

जॉर्ज लुकाच ने आधुनिकतावादी साहित्य में एक अन्य महत्वपूर्ण तत्व की ओर इशारा किया है, वह है 'एलीगरी' (प्रतीक कथा)। रूपक कथा की यह खूबी होती है कि विधागत तौर पर वह रचना के सौंदर्यात्मक तत्व को नष्ट कर देती है। 'टिपिकल' चरित्र का निषेध करती है। जगत की संगति को नष्ट करती है। विवरणों को मात्र 'विशिष्ट' और 'निश्चित' से जोड़ती है। 'एलीगरी' में रूपांतरित होकर जब विषय आता है तो अतींद्रिय का लोक से विरोधाभास व्यक्त होता है।

ठोस प्रतिनिधि पात्र के बजाय अमूर्त विशिष्टता की अभिव्यक्ति होती है। आधुनिकतावादी एलीगरी रिक्तता का आभास कराती है। वह रिक्त या खोखली होती है।

लुकाच ने लिखा है कि आधुनिकतावाद हमें पुराने साहित्य रूपों के विध्वंस तक ही नहीं ले जाता अपितु वह साहित्य मात्र के विध्वंस तक ले जाता है। आधुनिकतावादी दर्शन की विशेषता है कि वह परंपरागत रूपों को खारिज कर देता है।

आधुनिकतावाद पर विचार करते समय 'साहित्य' और 'गैर-साहित्य' विधा रूपों पर समग्रता में विचार किया जाना चाहिए। लुकाच ने 'गैर-साहित्य' रूपों में अस्वाभाविक, विकृत, डरावने कॉमिक्स, जासूसी कहानियों एवं उपन्यासों को रखा है।

लुकाच के आधुनिकतावादी दृष्टिकोण की आलोचना से यह बात उभरती है कि आधुनिकतावादी यथार्थ का चित्रमय चित्रण करता है। वह चयन नहीं करता। समकालिकता पर जोर देता है। इसका चरित्रगत वैशिष्ट्य यही है कि इसमें बिचौलिया या मध्यस्थ नहीं होता जो घटना, तथ्य को जोड़कर समग्रता में निरूपण कर सके। उसकी शैलीगत पद्धति 'डिस्क्रिप्टिव' होगी, उसमें 'नेरेशन' नहीं होगा। वह ऐतिहासिक यथार्थ के वर्तमान को पकड़ने में असमर्थ होगा।

कहानी का समग्रता से संबंध होता है। वह समग्रता की निर्मिति है जबकि विवरण परिप्रेक्ष्यवाद से बंधा होता है। परिणामतः आधुनिकतावादी में सौंदर्यात्मक एवं सामाजिक समग्रता का अभाव होता है। अवांगार्द 'स्टाइल' के रूप में अति-यथार्थवाद और अभिव्यंजनावाद वस्तुगत यथार्थ के अनुभवों से व्यक्ति को काटते हैं।

लुकाच के अनुसार आधुनिकतावादी लेखक आवयविक तौर पर घटना और चरित्र को सामाजिक-ऐतिहासिक संदर्भ के साथ पेश करने में असमर्थ होता है। समसामयिकता पर बल देते हुए ऐतिहासिक निरंतरता को अस्वीकार करता है। उसके यहां 'निरेटिव' पर 'डिस्क्रिप्टिव' का वर्चस्व होता है। विचारधारा के अभाव के कारण सुसंगत सृजन का उसके यहां अभाव होता है। लुकाच के यहां 'नेरेशन' काव्यात्मक सृजन का केंद्रीय सिद्धांत है। किंतु उसे एक ही विचारधारा के परिप्रेक्ष्य तक सीमित कर देना समीचीन नहीं होगा। लुकाच ने स्टाइल को विचारधारा में सीमित कर दिया है। स्टाइल मात्र विचारधारा ही नहीं है अपितु संरचना भी है। वह सामग्री को संयोजित करने में महत्वपूर्ण भूमिका अदा करती है। एलान स्विंगवुड का मानना है कि जॉर्ज लुकाच की आधुनिकतावाद को लेकर जो समझ है वह उसकी जटिलताओं का उद्‌घाटन नहीं करती। लुकाच ने 'निरेटिव' और 'डिस्क्रिप्शन' का जो अंतर किया है उसका आधार विचारधारा को बनाया है। साहित्य के पाठ से उसका विकास नहीं किया। लुकाच ने लिखा कि आधुनिकतावाद रूपांतरण की पद्धति के रूप में मनुष्य की भूमिका के विशिष्ट सामाजिक और ऐतिहासिक रूप को अमूर्त और कालातीत सार्वभौम अवस्था में ले जाता है। लुकाच ने आधुनिकतावाद को जब पूरी तरह खारिज किया तब काफ्का को पूरी तरह इसके तहत नहीं रखा अपितु उसे संक्रमणकालीन लेखक के रूप में विश्लेषित किया। किंतु, एलीगिरी के विश्लेषण के क्रम में काफ्का को खारिज कर देते हैं। विधा के तौर पर 'एलीगरी' अलगाव की विधा है। यह समाज के सामाजिक-ऐतिहासिक अर्थ को खारिज करती है। समस्त किस्म की वस्तुगत एवं सुसंगत विश्व की समझ को नष्ट कर देती है। काफ्का की 'एलीगरी' की यह विशेषता है कि वह धार्मिक न होकर भौतिकवादी है। काफ्का की कहानी विखंडित एवं एलीनेटेड मनुष्य की गाथा है। यह यथार्थ की एंटीथीसिस है।

लुकाच के नजरिये पर विचार करें तो पाएंगे कि वह यथार्थवाद और आधुनिकतावाद के सिद्धांत पर विचार करते समय 'स्टायलिस्टिक' तत्वों को विचारधारा में अंतर्भुक्त कर देते हैं। अंतवर्स्तु को अनुकरणात्मक ढंग से 'यथार्थ' मान लेते हैं जो गैर-समस्यामूलक निरेटिव के जरिये बिचौलिए की भूमिका अदा करती है।

काफ्का का मूल्यांकन करते हुए फ्रैंकफुर्ट समुदाय के चिंतक थियोदोर एडोर्नो ने लुकाच की कई कमजोरियों की तरफ ध्यान खींचा है। एडोर्नो ने लिखा कि लुकाच के अनुकरणात्मक मॉडल में साहित्यिक तकनीक को बाह्य के यथार्थवादी उत्पादन

में बदल दिया गया है। काफ्का की स्टाइल विशिष्ट अंतर्वस्तु का विशिष्ट फॉर्म नहीं है बल्कि वह व्यक्तिनिष्ठिता का सृजन है। यह सामाजिक यथार्थ के प्रति समझौते का प्रतिरोध है। काफ्का की निरेटिव तकनीकी पाठक को उत्तेजित एवं परेशान करती है और परंपरागत संप्रेषण के नियमों को नजरंदाज करती है। काफ्का की स्टाइल में परंपरागत निरेटिव प्रयोग है जो पाठक और पाठ के बीच में मौजूदा एकाग्र संबंध का संहार करता है।'[16]

एडोर्नो का विश्लेषण इस अर्थ में महत्व रखता है कि वह कथा में कलात्मक तकनीक की अवस्थिति पर जोर देता है। कलात्मक तकनीक अपने संदर्भ में किस तरह स्वायत्तता बनाती है, इस बात को एडोर्नो ने काफ्का के मूल्यांकन के द्वारा रेखांकित किया है। यह एक तरह वाल्टर बेन्यामिन के दृष्टिकोण का ही अनुकरण है। बैन्यामिन ने कहा था कि पूंजीवाद में ही कलाएं स्वायत्तता ग्रहण करती हैं। यहां पर पूर्व-पूंजीवादी आवयविक संबंध की कोई चर्चा नहीं है जबकि जॉर्ज लुकाच ने कला एवं मानवता के बीच में आदर्श संबंध की व्याख्या करते हुए पूर्व-पूंजीवादी संबंध की चर्चा की है। आधुनिकतावाद के संदर्भ में एडोर्नो ने किसी भी किस्म की सीमारेखा नहीं मानी। यह एडोर्नो की कमजोरी है।

उल्लेखनीय है कि संरचनावाद, उत्तर-संरचनावाद और विनिर्माणवाद का सिद्धांत यथार्थवाद की स्टाइलिस्टिक तत्व की धारणा को खारिज करते हैं। संरचनावाद पर विचार करते समय यह भी ध्यान रखें कि रचना के सामूहिक ग्रहण की प्रक्रिया को यह सिद्धांत अस्वीकार करता है। अंबेर्तो इको ने *दि रोल ऑफ दि रीडर* (1981) में 'पाठ' को सामाजिक-सांस्कृतिक निर्मित माना है जबकि संरचनावादी 'पाठ' को स्वायत्त रूप में पढ़ते हैं। अंबेर्तो इको ने इस बात पर बल दिया है कि पाठक जब पाठ पढ़ता है तब वह पढ़ता तो व्यक्तिगत रूप में है किंतु उससे संवाद बनाता है और संदेश ग्रहण करता है। तब वह सामाजिक रूप में निर्मित पाठ के अभ्यास को तहत करता है जो खुले या बंद, सूचित या असूचित, चालाक या धूर्त के रूप में हो सकता है।

ब्रिटिश मार्क्सवादी रेमंड विलियम्स ने व्यापक संदर्भों में आधुनिकतावाद का विश्लेषण किया है।[17] विलियम्स का विचार है कि आधुनिकतावाद ऐतिहासिक संवृत्ति (फिनॉमेना) है, इसे मात्र सा।हित्य-सिद्धांत के तौर पर नहीं जाना जा सकता। यह अपनी प्रक्रिया और रणनीति के गर्भ की पैदाइश है। 1983 में रेमंड विलियम्स ने रेखांकित किया कि सचेत आधुनिकतावाद का अंत हो रहा है। तब प्रश्न उठता

है कि इसका प्रारंभ कब हुआ? इसमें किसे शामिल करें? क्या यह अवांगार्द का पर्यायवाची है? अथवा अवांगार्द को आधुनिकतावाद का उपविभाग माना जाए? अथवा विकल्प माना जाए? सचेत आधुनिकतावाद क्या है? क्या कोई अचेत आधुनिकतावाद भी होता है? आधुनिकतावाद की शुरुआत कब हुई? ये कुछ प्रश्न उठते हैं, जिन पर विचार करना चाहिए।

रेमंड विलियम्स के मुताबिक आधुनिकतावाद की शुरुआत तब होती है जब स्थिर, मिथकीय और आवयविक समुदाय की चक्राकार (गैर) तात्कालिकता का अंत होता है। त्रासदीपरक, पृथक्कृत क्षण की शुरुआत होती है। पुरानी तकनीकी और रूपों की मौजूदगी और चुनिंदा ढंग से नए के विकास का प्रयास किया जाता है। अल्पसंख्यक कलाओं, महानगरीय सुविधाओं और विशेषाधिकारों के बीच में विशिष्ट संबंधों का उदय होता है। लगातार महानगरीय बौद्धिक प्रभुत्व बना रहता है। प्रकाशन-गृहों, समाचारपत्रों का प्रकाशन, बौद्धिक संस्थाओं पर औपचारिक एवं अनौपचारिक तौर पर महानगरीय बौद्धिक प्रभुत्व का जन्म होता है। पुराने युग के उत्पादकों को नए ढंग से सार्वभौम, सौंदर्यशास्त्रीय, बौद्धिक एवं मनोवैज्ञानिक स्तर पर उद्घाटन किया जाता है। साथ ही, प्राचीन सार्वभौम संस्कृति, सार्वभौम विशिष्ट रूपों, आस्थाओं एवं युगों का प्रतिरोध भी आधुनिकतावाद की विशेषता है। ऐतिहासिक परिवर्तनों, सांस्कृतिक-सामाजिक वैविध्य के प्रति भी प्रतिरोध व्यक्त करता है। आधुनिक शहर अनजान लोगों से भरे होते हैं। इसके प्रति लोगों की देखने की दृष्टि रहस्यात्मक होती है।

इसमें अन्य लोगों को देखने की पद्धति का लोप हो जाता है। परिणामतः, सामान्य संबंध और कानून का भी लोप हो जाता है। आधुनिक शहर ऐसा शहर है जिसमें व्यक्ति निपट अकेला है और गलियां भीड़ से भरी हैं जो दर्शक के लिए अपरिचित है। ऐसी स्थिति में हम भूल चुके हैं कि विलक्षण अनुभव क्या होता है। भीड़ में रहते हुए व्यक्ति अकेलापन महसूस करता है। आधुनिकतावाद की एक अन्य प्रवृत्ति है शहरी जासूसी, अपराध, रोमांचक साहित्य का विस्तृत लेखन। रेमंड विलियम्स ने आधुनिकतावाद को पूंजीवादी कला आंदोलन के तौर पर व्याख्यातित किया है। आधुनिकतावाद सुचिंतित ढंग से परंपरागत रूपों एवं विचारों से दूरी रखते हुए चुनौती देता है। इसमें आंतरिक वैविध्य है। स्थितिगत वैविध्यमूलक पद्धति का भी महत्व है। आधुनिकतावाद माध्यम पर विशेष जोर देता है। कालांतर में माध्यम ही प्रभुत्व जमाने लगता है। भाषा को विभिन्न रूपों में देखता है। प्राचीन रूप में भाषा

का अर्थ नहीं रह जाता। भाषा अब एक माध्यम के रूप में उभरती है।

रेमंड विलियम्स ने यह भी लिखा कि अवांगार्द एवं आधुनिकतावाद दोनों ने उग्र ढंग से परंपरा को खारिज किया, अतीत से संबंध तोड़ा। रेमंड विलियम्स ने लिखा कि आधुनिक बुर्जुआ आंदोलनों की यह खूबी है कि वहां 'अस्पष्टता' का बोलबाला है। यह अस्पष्टता बुर्जुआजी की ऐतिहासिक अस्पष्टता है, यह बुर्जुआ वर्ग की वर्गीय अस्पष्टता है, यह भविष्य एवं वर्तमान की दिशा को लेकर अस्पष्टता है। इसका उदय अतीत एवं वर्तमान के प्रति स्पष्टबोध के अभाव एवं बुर्जुआ वर्गाधार से हुआ है।

अवांगार्द एवं आधुनिकतावाद की सबसे महत्वपूर्ण बात है बुर्जुआ परिवार का उदय, व्यक्तिगत भावों एवं संवेदनाओं को प्राथमिकता।

हमारे यहां छायावादी काव्य में ये प्रवृत्तियां हैं किंतु इनकी विशिष्टता है औपनिवेशिक शोषण से मुक्ति की कामना। इसी अर्थ में यूरोपीय आधुनिकता से भारतीय, विशेषकर हिंदीभाषी, चेतना का भिन्न वैशिष्ट्य है। अवांगार्द की भाषा पर विचार करते समय रेमंड विलियम्स ने उसे 'फोनेटिक पोयम' कहा तो नामवर सिंह को छायावादी काव्य में 'ध्वनिबोध' का सबसे अधिक प्रयोग मिलता है। नामवर सिंह ले निराला के शब्दों को उद्धृत करते हुए लिखा, 'एक-एक शब्द बंधा ध्वनिमय साकार' रहे। 'शब्द-रचना संबंधी संगति का जहां तक संबंध है, छायावादी कवियों ने अलग-अलग एक-एक शब्द के संगति पर ध्यान रखने के साथ ही संपूर्ण शब्द संगति अथवा शब्द-गुंफन के संगति पर भी ध्यान रखा।' 'छायावादी कवियों के शब्द-चयन का मुख्य सिद्धांत श्रुति माधुर्य था। साथ ही सुंदर-सुंदर स्मृति चित्र जगाना।'[18]

रेमंड विलियम्स ने *आधुनिकतावाद की राजनीति* शीर्षक कृति में लिखा है कि अवांगार्द एवं आधुनिकतावाद दोनों ने ही एक साथ भाषा का संगीत निर्मित करने की कोशिश की। उसका विकास किया। चित्रात्मक दृश्य रूपायित करना लक्ष्य था। चित्र एवं गति की गतिशीलता पर जोर दिया। शब्द की आंतरिक क्षमता को परिभाषित किया। छायावाद में चित्रात्मकता पर जोर है। इसका आधार वैयक्तिकता है। नामवर सिंह के शब्दों में चित्र विशेष का होता है, किसी एक का होता है। लुकाच को स्मरण करें। वह कहते हैं कि आधुनिकतावाद 'टाइप' का निषेध करता है और विशेष पर बल देता है। रेमंड विलियम्स ने अवांगार्द कविता की भाषा का मूल्यांकन करते हुए शब्द की रचनात्मक क्षमता की तरफ ध्यान खींचा है तो हमारे

यहां नामवर सिंह ने *छायावाद* शीर्षक कृति में छायावादी कविता में शब्द की रचनात्मक क्षमता की तरफ संकेत किया है। यह कार्य पद-विन्यास के विश्लेषण के संदर्भ में किया है। रेमंड विलियम्स ने आधुनिकतावादी पाठ के विश्लेषण की परंपरागत पद्धति से बचने की बात कही है। डेविड हर्वे ने *दि कंडीशन ऑफ पोस्ट मॉडर्निटी* कृति में लिखा है कि रेमंड विलियम्स ने आधुनिकतावाद को प्रामाणिक वर्गीकरण के रूप में अस्वीकार किया, साथ ही पूंजीवादी युग में संस्कृति के रूपांतरण के लिए उत्तर-आधुनिकतावाद को स्वीकार करते हैं।

'आधुनिकतावाद' के इतिहास पर नजर डालें तो पाएंगे कि इसका पहला संदर्भ मैक्सिको के रचनाकार रिकार्डो कोंट्रास के यहां 1890 में मिलता है। यह प्रयोग लैटिन अमेरिका से स्पेन की सांस्कृतिक मुक्ति के प्रसंग में हुआ है। स्पेनिश स्वच्छंदतावाद में जो प्रवृत्तियां उभरकर आई थीं, कालांतर में वे ही 19वीं सदी के फ्रांसीसी साहित्यांदोलनों एवं सांस्कृतिक आंदोलनों में सक्रिय देखी गईं। पश्चिम में आधुनिकतावाद को आंदोलन के बजाय 'मूड' के रूप में विश्लेषित किया गया। इस प्रसंग में फ़ेद्रिको ओनिस की आलोचना कृतियों का महत्वपूर्ण स्थान है। उनकी रचनाओं का एम. क्लीनिस्क्यू की कृति *फेसेज ऑफ मॉडर्निटी* (1977) में व्यापक प्रयोग किया गया है।

ओनिस की धारणा है कि आधुनिकतावाद और आधुनिकता में अटूट रिश्ता है। कालांतर में इस संबंध में विपरीत स्थिति एवं विघटन के तत्व के कारण परंपरा से अलगाव नजर आता है। परिणामतः आधुनिकतावाद 'परंपरा विरोधी परंपरा' के रूप में सामने आता है। ओनिस ने लिखा कि 'स्पेनिश आधुनिकतावाद सार्वभौम शिक्षा और बौद्धिक संकट को सामने लाता है जिसकी कला, विज्ञान, धर्म, राजनीति एवं जीवन के अन्यान्य क्षेत्रों में अभिव्यक्ति होती है।'[19] ओनिस ने आधुनिकतावाद की व्याख्या विस्तृत परिवेश को ध्यान में रखकर की है। आधुनिकतावाद में उसने 19वीं सदी के अंत में रोमांटिसिज्म से आधुनिकतावाद की ओर संक्रमण के दौर में उभरे आधुनिकतावाद, उत्तर-आधुनिक प्रतिक्रिया और अंत में 'अल्ट्रा' आधुनिकतावाद तक का दायरा समेटा है।

इन सबके केंद्र में 'आधुनिकता' को रखा है। आधुनिकता उत्तेजित एवं परेशान करने वाला तत्व था। यह मूलतः बुर्जुआ विद्रोही स्वर था जो रोजमर्रा की चीज बन गया। मुख्यधारा का स्वर बन गया। इसी के गर्भ से कालांतर में प्रयोगमूलक रूपों के तौर पर 'सिंटेक्स' एवं 'सीमियोटिक्स' के तत्वों को लेकर विज्ञापन का आगमन

हुआ।[20] बौद्रिलार्द ने इस प्रक्रिया पर टिप्पणी करते हुए लिखा कि इससे समानांतर उपभोग का विस्तार हुआ। वस्तु का प्रतीक के रूप में, प्रतीक का वस्तु के रूप में सामयिक पूंजीवादी उत्पादन पद्धति के रूप में विस्तार हुआ।

डेनियल बेल ने आधुनिकतावाद और उत्तर-आधुनिकतावाद पर विचार करते हुए इन दोनों में अंतर किया। परंपरागत आधुनिकतावाद को उसने कलाक्षेत्र में स्थान दिया जबकि उत्तर-आधुनिकतावाद को कला के विपरीत क्षेत्रों में स्थान दिया।[21]

बेल की मान्यता है कि बुर्जुआ संगठन, विवेकवाद एवं भद्रता का ह्रास और नियमन का अभाव पूंजीवादी व्यवस्था के संकट के कारण हैं। परिणामतः असहिष्णुता पैदा हुई। 'हीरोइज्म' का आर्थिक क्षेत्र में और आधुनिकतावाद का सांस्कृतिक क्षेत्र में विस्तार हुआ।

आधुनिकतावाद और अति-यथार्थवाद

आधुनिकतावादी आंदोलन की एक प्रमुख प्रवृत्ति के रूप में अति-यथार्थवाद को जाना जाता है। इस प्रवृत्ति में ऐसे व्यक्ति का चित्रण मिलता है जो यह नहीं जानता कि उसके 'मैं' का कहां से प्रारंभ होता है और अंत कहां होगा। यह एकाकी मनुष्य की गाथा है। इसे ठंडे और रहस्यात्मक लोक से चुनौती मिलती है। अति-यथार्थवादी का मानना है कि समाज में अव्यवस्था है और वह अपने कलात्मक उपकरणों के माध्यम से वस्तुओं और व्यक्ति के बीच टूटे हुए संबंधों को जोड़ने की कोशिश करता है। यह दावा करता है कि रचनात्मक कल्पना के लिए असीमित स्वतंत्रता है। किसी भी तार्किक सीमा से मुक्ति का दावा करता है।

अति-यथार्थवादी प्रवृत्ति में अविवेकपूर्ण बौद्धिकतावाद और ठंडी छद्म भावनात्मकता की अभिव्यक्ति होती है। अति-यथार्थवादी रचनाकार कलात्मक प्रक्रियाओं और व्यक्ति के नैतिक नियमों पर नियंत्रण को अस्वीकार करता है। काव्य में अति-यथार्थवाद 'सुपर मेटाफर' के रूप में अभिव्यक्त होता है। अनैतिहासिकता को सिद्धांततः स्वीकार करता है। परिणामतः यथार्थ का लोप हो जाता है। समय एवं स्थान को 'डिफ्यूज' (विसारित) करता है। इसके कारण इतिहास का लोप हो जाता है। अति-यथार्थवादी मानते हैं कि ऐतिहासिक-प्रक्रिया मौजूद नहीं रहती। अतः समय अनैतिहासिक होता है। इतिहास से अलगाव के नाम पर 'सोल' (आत्मा) ही इतिहास बन जाता है।

इनकी रचनाओं में प्रत्येक वस्तु के प्रति उदासीनता का भाव है। कलाकार भ्रमों,

फैंटेसी, स्वप्नों, चमत्कारों के द्वारा अपनी स्वतंत्रता के दायरा निर्धारित करता है। कांट के दर्शन का इस पर गहरा प्रभाव है।

इसी तरह आधुनिकतावादी आंदोलन में अस्तित्ववादी दर्शन का भी गहरा प्रभाव देखा जाता है। यह अकेलेपन का दर्शन है। जीव की अर्थहीनता की इसमें वकालत की गई है। हिंदी साहित्य में कविता एवं कथा साहित्य में यह प्रवृत्ति एक जमाने में बड़ी लोकप्रिय रही है। विशेषकर नई कविता एवं अकविता के अनेक कवियों में यह प्रवृत्ति दिखाई देती है। अर्थहीनता, अमूर्तन, बौद्धिकतावाद का आग्रह इसकी खूबियां हैं।

पॉप आर्ट

आधुनिकतावादी आंदोलन के रूप में अमूर्तनवाद एवं पॉप आर्ट को भी जाना जाता है। पॉपुलर आर्ट के सिद्धांतकारों की राय थी कि रचनाकार का काम कला वस्तु का निर्माण करना नहीं है। अपितु कलात्मक गुणवता इसमें है कि सामान्य वस्तुओं को खास संदर्भों में नियोजित करे। पॉप आर्ट का विज्ञापन के क्षेत्र में प्रभाव देखें तो पाएंगे कि व्यक्ति की उपभोक्ता समाज में क्या स्थिति है वह उसको विस्तार देता है। वहां शब्दों को मालों के जरिये अपदस्थ कर दिया जाता है। भौतिक उपयोग के द्वारा आध्यात्मिक आवश्यकता को अपदस्थ कर दिया जाता है। परिणामतः 'जन' गैर-रचनात्मक रूप में सामने आता है। वह एक खरीदार, एक उपभोक्ता के रूप में सामने आता है। वह व्यक्ति की गैर-वैचारिक चेतना का निर्माण करता है। यह वस्तुतः विचारहीनता की विचारधारा लेकर आता है। परिणामतः व्यक्ति सामाजिक मुद्‌दों की उपेक्षा करता है। यह कला-रूप मास सोसाइटी और जनोपभोग पर बल देता है। परिणामतः उपभोग का विस्तार होता है। इसी कारण उपभोक्तावाद का जन्म होता है। पॉप आर्ट वस्तुतः विज्ञापन के माध्यम से उपभोक्ता का महिमामंडन करती है। यह मूलतः उपयोगितावादी सौंदर्यशास्त्र पर बल देती है। कभी-कभी 'निहिलिस्टिक' और कभी-कभी वस्तुओं के प्रति जड़पूजावाद को अभिव्यक्ति देती है। जनोपयोग एवं व्यापक स्तर पर 'मास' से अलगाव, अराजक विद्रोह एवं भौतिकवाद का अस्वीकार इसकी प्रमुख प्रवृत्तियां हैं। ये उपभोक्तावादी मानसिकता के नकारात्मक तत्व हैं, जब व्यक्ति अपने भावों को वस्तुओं के माध्यम से व्यक्त करता है। इससे उपभोक्तावाद का विस्तार होता है।

हिंदी में आधुनिकतावाद का वैचारिक स्वरूप

आधुनिकतावादी चिंतकों के दृष्टिकोण पर 'पाठ' के विश्लेषण के संदर्भ में विचार करें तो पाएंगे कि वे अनावश्यक रूप में पाठ के मूल प्रयोगों का अवमूल्यन नहीं करते। वे समाज-स्वीकृत सौंदर्य प्रतिमानों के मूल्यगत प्रश्नों को नहीं उठाते। आधुनिकतावादी 'पाठ' को प्रधानता देते हुए बाजार, उद्योगिकीकरण, राजनीति, अज्ञानता आदि विषयों पर जब भी लिखता है कि तब वह अकेलापन महसूस करता है। पाठ को संरचनाओं, अंतर्दृष्टि और अनुसंधानपरक पुनर्संगठन से न जोड़ पाने के कारण असंतुलन का शिकार हो जाता है।

हिंदी आलोचना में आधुनिकतावाद के आधार व्यक्तिवाद की तीव्रतम आलोचना आचार्य रामचंद्र शुक्ल ने की है। अमृत राय, मुक्तिबोध, नामवर सिंह, रामविलास शर्मा, रघुवंश, मैनेजर पांडेय आदि ने इसकी विभिन्न प्रवृत्तियों का विश्लेषण किया है। इनके अतिरिक्त आचार्य हजारीप्रसाद द्विवेदी ने 'आधुनिकता' की धारणा का विस्तार से विवेचन किया है।

हजारीप्रसाद द्विवेदी ने आधुनिकतावाद से आधुनिकता को अलगाया है। आधुनिकता की प्रक्रिया को सामाजिक विकास से जोड़कर देखा है। उनकी राय में आधुनिकता का जन्म समाज के आधुनिकीकरण से उत्पन्न चिंतन और भावनाओं से होता है। यह समाज के विकास की विशेष अवस्था से निर्मित मानव-चेतना की विशेषता है। परिवेश के प्रति जागरूकता, वस्तुनिष्ठ दृष्टि, बौद्धिकता, यथार्थवाद और सामूहिक मुक्ति की भावना, ये आधुनिकता की विशेषताएं हैं। जीवन के क्षेत्र में ऐतिहासिक दृष्टि की प्रतिष्ठा आधुनिकता की एक अन्य मुख्य विशेषता है।[22] इस तरह के आधुनिक दृष्टिकोण के विपरीत नई कविता के कवियों में आधुनिकतावादी दृष्टिकोण की अभिव्यक्ति हुई जिसकी मुक्तिबोध ने आलोचना करते हुए लिखा, 'इस आधुनिक भावबोध में उन उत्पीड़नकारी शक्तियों का बोध शामिल नहीं है, जिन्हें हम शोषक कहते हैं; पूंजीवाद कहते हैं; साम्राज्यवाद कहते हैं तथा उन संघर्षकारी शक्तियों का बोध भी शामिल नहीं है, जिन्हें हम जनता कहते हैं; शोषित वर्ग कहते हैं।'[23]

मुक्तिबोध ने आधुनिकतावाद के दृष्टिकोण को पूंजीवाद का दृष्टिकोण माना। साथ ही, आधुनिकता की लड़ाई को शोषण से मुक्ति के संघर्ष से जोड़ा। इस अर्थ में हिंदी में मार्क्सवादी समीक्षा ने आधुनिकता की बुर्जुआ सीमा पर अतिक्रमण ही नहीं किया अपितु एक नई अंतर्वस्तु भी प्रस्तावित की। यह आधुनिकता की बुर्जुआ

व्याख्याओं का विकल्प भी है। नई कविता में व्यक्त आधुनिकतावाद की मैनेजर पांडेय ने आलोचना करते हुए लिखा है कि 'यह आधुनिकतावाद समकालीन जीवन और समाज की वास्तविकताओं से पूरी तरह कटा हुआ जनविरोधी, प्रगति विरोधी और यथार्थ विरोधी जीवन-दृष्टि और कला-दृष्टि है।[24] इसके अलावा इनका आधुनिकताबोध आत्मबोध का पर्याय हो गया। यह खंडित आत्म था। साथ ही, कुंठित भी था। इस आधुनिकता ने यथार्थ के विरुद्ध स्वप्न को, परंपराबोध के विरुद्ध क्षणबोध को, समाज के विरुद्ध व्यक्ति को, इतिहास के विरुद्ध मिथक को साहित्य में प्रचारित किया। आधुनिकतावादी आस्था-अनास्था, कुंठा, घुटन, निराशा, आत्मरति, आत्मपरायण और अजनबीपन को उलझे बिंबों, जटिल प्रतीकों और अमूर्तन के सहारे व्यक्त करते थे। नई कहानी में धर्मवीर भारती, मोहन राकेश, उषा प्रियवंदा, निर्मल वर्मा आदि व्यक्तिवादी, रूमानी और आधुनिकतावादी चेतना का रूपायन कर रहे थे।[25] डॉ. रघुवंश ने आधुनिकतावाद के नाम पर मध्ययुगीनता की वकालत की।[26] रघुवंश ने गांधीवाद को आधुनिकीकरण को गतिशील बनाने वाले तत्व के रूप में विवेचित किया। उनका मानना है कि उन्नीसवीं सदी में इतिहास की प्रक्रिया को समझने की चेष्टा की गई, ईश्वर के स्थान पर मानव को मूल्यों के स्रोत के रूप में माना गया, सर्वत्र वैज्ञानिक पद्धति का प्रयोग स्वीकार किया गया। साथ ही, यथार्थोन्मुखता की प्रवृत्ति भी परिलक्षित हुई। इन मूल्यों के आधार पर पश्चिम में खास प्रकार की जीवन पद्धतियां विकसित हुईं। राजनीतिक, सामाजिक और धार्मिक ढांचे तैयार हुए। धर्म और नैतिकता के प्रति खास प्रकार की मनोवृत्ति बनी। परंतु इन सबको आधुनिकता मानना और उनका अनुकरण करना भ्रामक है।'[27]

डॉ. रघुवंश के अनुसार, 'आधुनिक होने का मतलब है कि हम गतिशील, मौलिक और सर्जनशील हों।'[28] यानी मूल्यों से दूरी बनाए रखें। गतिशील, मौलिक एवं सर्जनशीलता का भौतिक आधार क्या है? इस पर डॉ. रघुवंश चुप हैं। भौतिक आधार के बगैर सृजनशीलता एवं मौलिकता खोखली होगी और मूल्यहीन होगी। रघुवंश की आधुनिकता की दो विशेषताएं हैं—पहली है बौद्धिकता, और दूसरी है निजी व्यक्तित्व की खोज। वे इसे 'प्रक्रियामात्र' मानते हैं। ऐसे आधुनिकतावाद की वकालत करते हैं जो स्वतंत्र एवं सामाजिक दायित्व से मुक्त हो। वे वस्तुतः मूल्य निरपेक्ष आधुनिकता की वकालत करते हैं और इसकी आड़ में वैज्ञानिक चिंतन पद्धति का निषेध करते हैं। साथ ही, संरचनावादी आलोचना का समर्थन करते हैं।[29] प्रयोगवाद और नई कविता को ही आधुनिक मानते हैं।[30]

इस दौर में 'आस्था', 'विवेक', 'व्यक्ति-स्वातंत्र्य' आदि के नारों की परिणति सामाजिक अलगाव से हुई।[31] नामवर सिंह ने इसी दौर में आस्था इत्यादि प्रश्नों पर टिप्पणी करते हुए बुर्जुआजी की पंचवर्षीय योजनाओं के प्रति आस्था के भाव को अभिव्यक्त किया। जहां एक ओर आधुनिकतावादी सब कुछ अस्वीकार कर रहे थे वहीं प्रगतिशीलों में एक प्रवृत्ति बुर्जुआजी के साथ वर्ग-सहयोग का मार्ग ग्रहण कर चुकी थी। नामवर सिंह ने लिखा कि 'पहले आकांक्षाएं थी अब योजनाएं भी हैं। जो इस इतिहास के निर्माण में भाग ले रहे हैं उन्हें इस शक्ति का पूरा अहसास है; अहसास नहीं है तो उन्हें जो इससे अलग हैं।[32] आजादी के बाद पंचवर्षीय योजनाओं के माध्यम से आकांक्षाएं साकार करने और इतिहास निर्माण करने का सपना भारतीय बुर्जुआजी ने पैदा किया था। नेहरू उसके प्रवक्ता थे। परिणामतः हिंदी में नेहरूवादी थे, नकारवादी आधुनिकतावादी थे और बहस का दायरा इनके बीच में सीमित था। 'समाजवादी नमूने का समाज' का नामवर सिंह की धारणा पर गहरा असर था।[33] पंचवर्षीय योजनाओं से आकांक्षाओं के साकार होने का सपना सिर्फ वही देख सकता था जिसके पास वैज्ञानिक विजन न हो। प्रश्न यह होना चाहिए किस सामाजिक वर्ग की आस्था और किसमें आस्था। किस सामाजिक वर्ग की अनास्था और किसमें अनास्था। किस वर्ग की आकांक्षाएं और किस वर्ग की योजनाएं? किस वर्ग के लिए इतिहास का निर्माण? वर्गीय दृष्टिकोण एवं विचारधारा का परित्याग करके सामाजिक-साहित्यिक-राजनीतिक एवं आर्थिक प्रश्नों पर गोल-गोल ढंग से बहस चलाने से, सही क्या है और लेखक को क्या करना चाहिए, इसकी पहचान मुश्किल हो जाती है। योजनाएं थीं पर पूंजीवादी विकास की योजनाएं थीं, इनका सामाजिक मुक्ति से संबंध न था बल्कि पूंजीपति वर्ग की पूंजी एवं मुनाफा विस्तार की योजनाएं थीं।

डॉ. रामविलास शर्मा ने आधुनिकतावादी आधुनिक भावबोध की जड़ों को टी.एस. इलियट ने यहां खोजा। आधुनिकतावादी लेखकगण इलियट के प्रभाववश ही छायावाद को अस्वीकार करते हैं।[34] छायावाद की पूर्ण अस्वीकृति का मतलब है भारतीय साहित्य की समूची विकासशील परंपरा की अस्वीकृति। इसलिए आधुनिकता-बोध को छायावाद-विरोध का पर्याय बना देना गलत है। किंतु यह भी ठीक नहीं है कि छायावाद में आधुनिकतवाद का कोई रूप नहीं है। आधुनिकतावादी कविता के सामाजिक स्रोत को रामविलास शर्मा ने 'पूंजीवादी परिस्थितियों' में खोजा। उनकी राय है कि इन परिस्थितियों से निकलने का रास्ता समाजवाद के पास है।

हिंदी में आधुनिकता की अनेक व्याख्याएं दी गई हैं। रामविलास शर्मा ने लिखा कि 'उनमें यदि कोई सामान्य तत्व है तो यह कि आधुनिकता छायावाद की विरोधी है। इसलिए नई कविता और आधुनिकता को समझने के लिए छायावाद की चर्चा प्रासांगिक है।'[35] मूल बात यह है कि हिंदी में आधुनिकतावाद की बहस छायावाद से शुरू होती है, छायावाद के पहले की रचनाओं से नहीं। डॉ. नामवर सिंह ने *कविता के नए प्रतिमान* में जिस पद्धति का अनुसरण किया है उस पर रामविलास शर्मा ने *नई कविता और अस्तित्ववाद* में टिप्पणी की है, 'आधुनिकता बहुत जल्दी-जल्दी बदलती है। उसके साथ आधुनिकता-बोध बदलता है। आधुनिकता-बोध के बदलने के साथ कविता के प्रतिमान बदलते हैं। नामवर सिंह ने इलियट और सार्त्र ही नहीं, विस्मार्ट बियर्डस्ले, जॉन कोरैंसम, क्लींथब्रुक्स, डोनाल्ड डेवी, फ्रैंक कर्मोड, विलियम एंपसन, गिलबर्ट राइल, रिचर्ड एल्डिंगटन, रिचर्ड ब्लैकमर, डब्ल्यू.डब्ल्यू. राब्सन, ईरिस मर्डोक आदि से यथाशक्ति आधुनिकता निचोड़ कर अपनी पुस्तक में भर दी है।[36]

आधुनिकतावादी चिंतकों ने संरचनावाद को आलोचना में प्रश्रय दिया। 'संरचना' प्रमुख तत्व था। वहीं नामवर सिंह ने *कविता के नए प्रतिमान* में कविता की 'संरचना' को प्रमुखता प्रदान की। इस संदर्भ में निराला की 'तोड़ती पत्थर' शक्ति का उदाहरण के तौर पर उपयोग किया और लिखा कि निराला ने आधुनिक हिंदी कविता में काव्य-संरचना का जो पथ प्रशस्त किया, वह आलोचना के क्षेत्र में मूल्यांकन की पद्धति के लिए भी आवश्यक औजार है। वैसे, काव्य-रचना में संरचना के महत्व को अस्वीकार करने वाला शायद ही कोई कवि या आलोचक मिले—स्वीकार नहीं करता तो संरचना-संबंधी समझ और धारणा की अपनी विशिष्ट सीमा। नामवर सिंह ने काव्य-संरचना के महत्व का प्रतिपादन करते हुए अनेक नए कवियों की काव्य-संरचनाओं का मूल्यांकन पेश किया है। प्रश्न यह है कि क्या 'संरचना' का मानदंड काव्य के मूल्यांकन का वैज्ञानिक मानदंड हो सकता है? इसी पुस्तक में विस्तार से 'संरचना' के मानदंड की विस्तृत आलोचना की गई है । 'संरचना' के तत्व की अंततः परिणति संरचनावाद में होती है। संरचनावाद को मुकारोव्स्की ने 'खतरनाक भाववाद' कहा था और सार्त्र ने 'तार्किक षड्यंत्र' की संज्ञा दी थी। *कविता के नए प्रतिमान* के नाम पर नामवर सिंह ने वस्तुतः जिस दर्शन की वकालत की है उसे नई समीक्षा के पुरोधा टी.एस. इलियट तक ने अस्वीकार कर दिया था। संरचनावाद को उसके सिद्धांतकार यान मुकारोव्स्की तक ने अस्वीकार किया। नामवर

सिंह को 'संरचना' से मुक्त होने में काफी लंबा समय लगा। किंतु इलियट से कम समय लगा। *कविता के नए प्रतिमान* पुस्तक 1968 में आई। इसमें 'संरचना' की वकालत है। 'साहित्य की मुक्ति या कछुआ धर्म' 1993 में लिखा गया निबंध है जिसमें 'संरचना', 'उत्तर-संरचना' से मुक्ति की कामना व्यक्त की गई है। यह नामवर सिंह की स्वयं की आत्मालोचना का निबंध भी है। इसे संरचना की असमर्थता की द्योतक भी कह सकते हैं।

अमृतराय ने आधुनिकतावादी आधुनिक भावबोध की जीवन-दृष्टि का संबंध अस्तित्ववाद से जोड़ा है। उनका विचार है कि 'व्यर्थताओं और विभीषिकाओं के बीच होकर, उनका बोझ मन पर ढोते हुए, पुरानी आस्थाओं को खोकर और नई किसी आस्था के अभाव में जो एक भावबोध बनता है; वह घोर निराशा और अविश्वास जिसका आवश्यक तत्व है, शायद उसी को आधुनिक भावबोध की संज्ञा दी जाती है।'[37]

आधुनिकतावादी हिंदी लेखकों की स्थिति पर अमृतराय ने लिखा, 'हमारा आधुनिकताभिलाषी अपने देश-काल से नितांत उपराम होकर, अवांगार्द बनने की धुन में सागर-विलासपुर या बलिया-गोरखपुर जैसी जगहों से निकलकर बीच में कहीं पड़ाव न करता हुआ, मनसा सीधे पेरिस और न्यूयॉर्क पहुंच जाता है और वैसा ही ठगा-सा खड़ा रह जाता है, जैसे द्वारका पहुंचकर भगवान कृष्ण की अट्टालिका के सामने सुदामा। देशी ब्रांड आधुनिकता की स्थिति बहुत कुछ वैसी ही है।'[38] अमृतराय ने आधुनिकतावाद को एकांगी दृष्टि माना।[39] साथ ही लेखन के नाम पर ईमानदारी के खंडित रूप के रूपायन में सक्रिय दृष्टिकोण भी कहा। यह पहले से ही अपनी मौत मरा हुआ है, उसने कभी आदमी के मन को नहीं छुआ।

अमृतराय की आलोचना पुस्तक *आधुनिक भावबोध की संज्ञा* में आधुनिकतावाद की प्रवृत्तियों को आधुनिकतावादी भावबोध के तहत समेटने की कोशिश की गई है।[40]

हमारा मानना है कि आधुनिकतावादी के विकास की प्रक्रिया के अंग के रूप में उत्तर-आधुनिकतावाद को देखें। स्वतंत्र रूप से इस पदबंध को युग का नाम देना समीचीन नहीं होगा। यह प्रवृत्ति मात्र है। प्रस्तुत पुस्तक में उत्तर-आधुनिकतावाद का प्रयोग सिर्फ सुविधा के लिए अलग से किया गया है। उत्तर-आधुनिकतावाद की बहसों को हम आधुनिक युग की उत्तर-आधुनिक बहस के रूप में देखें तो मूल्यांकन का दृष्टिकोण बनाना आसान होगा।

हिंदी साहित्य के परिदृश्य पर विचार करें तो पाएंगे 1960 से '70 के बीच के

दशक में नेहरू के प्रति मोहभंग तीव्र गति से पकड़ता है, बुर्जुआ नीतियों एवं योजनाओं का तिलिस्म टूटता है, जनसंघर्षों की तीव्रतम अभिव्यक्ति होती है। भारत-चीन युद्ध एवं भारत-पाक युद्ध ने बुर्जुआ संकट को और भी गहरा बनाया। 1967 तक आते-आते संसदीय जनतंत्र में पहली बार बड़े पैमाने पर कांग्रेस को पराजय का सामना करना पड़ता है, वहीं पर वामपंथी बचकानेपन के स्वर भी कई क्षेत्रों में सुने जाते हैं। 'कला के लिए कला' की तर्ज पर वामपंथी दुस्साहसवाद ने 'विद्रोह के नाम पर विद्रोह' का सृजन किया। साहित्य में उठे विद्रोही तेवरों को सामाजिक वास्तविकता से न जोड़ पाने के कारण कुछ आलोचकों ने 'नक्सलबाड़ी' को 'कृषि क्रांति' का केंद्रीय मुकाम घोषित कर दिया। हमारा मानना है कि हिंदीभाषी जनता में उस दौर में कृषि क्रांति के अगुआ सामाजिक-राजनीतिक संगठन दूर-दूर तक नहीं थे तब क्रांति का तो प्रश्न ही पैदा नहीं होता। 'विद्रोह के नाम पर विद्रोह' का नारा एक निरर्थक एवं भ्रामक नारा था जिसकी परिणति कुंठा में हुई। लोक-आधार के बिना कभी कोई विद्रोह सफल नहीं हुआ। 'कृषि क्रांति' की शक्तियों का हिंदी-भाषी क्षेत्र में 1967 में व्यापक आधार एवं जन संगठन नहीं था और न ही आज है। रही बात नक्सलबाड़ी आंदोलन की तो हिंदी के जो आलोचकगण इस आंदोलन को ऐतिहासिक महत्व का मानते हैं वह इस बात की खोज करें कि नक्सलबाड़ी में नक्सलियों एवं वामपंथी दुस्साहसवादियों की क्या स्थिति है? आज इस क्षेत्र में तस्करी एवं आपराधिक गतिविधियां चरम पर क्यों हैं? कहां गया क्रांतिकारी संगठन एवं उसका जनाधार? नक्सलबाड़ी के बाद नक्सली संगठनों ने आज चालीस से अधिक गुटों में विभाजन कर लिया है। ऐसा विभाजन क्या किसी क्रांतिकारी विजन के तहत हुआ है? संसद को जो नक्सलपंथी अस्वीकार करते थे आज वे क्यों स्वीकार करते हैं? ये प्रश्न हैं जिनका उत्तर खोजना होगा। हमारा मानना है कि नक्सलबाड़ी के तथाकथित क्रांतिकारियों के पास भारतीय समाज की कोई स्पष्ट समझ एवं क्रांति की वास्तविक समझ का अभाव था। भारतीय समाज की समस्त उपलब्धियों के प्रति इनमें घृणा का भाव था। यही वजह थी कि ईश्वरचंद विद्यासागर की मूर्ति पर इन 'महान क्रांतिकारियों' ने हमला किया। संसद को ठुकराया। संसद में चुने जनता के प्रतिनिधियों को अपमानित करने वाले पदबंधों का प्रयोग किया। आधुनिक चेतना के महान प्रस्तुतकर्ता ईश्वरचंद विद्यासागर का अपमान एवं संसदीय जनतंत्र का अस्वीकार मूलतः भारतीय जनता की कुर्बानियों एवं उपलब्धियों का अस्वीकार था। यह 'एक तरह अंधा दिशाहीन विद्रोह था।'[41] यह

दृष्टिकोण आधुनिकता-विरोधी उत्तर-आधुनिक चेतना को अभिव्यक्त करता है। उत्तर-आधुनिकतावादी सिद्धांत स्थानीय प्रतिरोध को महत्व देता है। संघर्ष की जड़ उसी को मानते हैं। नक्सलबाड़ी एक स्थानीय प्रतिरोध था। इस अर्थ में उत्तर-आधुनिक प्रतिरोध था। उत्तर-आधुनिक सिद्धांतों के अनेक चिंतक वामपंथी रहे हैं किंतु मार्क्सवाद के प्रति उनका गैर-मार्क्सवादी दृष्टिकोण रहा है। '60-70 के बीच उभरे वामपंथी दुस्साहसिकतावादियों का भी रवैया मूलतः मार्क्सवाद विरोधी रहा है। स्थानीय प्रतिरोधों को ही वे 'क्रांति' की संजीवनी मानते रहे हैं, यही वजह है कि 'पॉकेट' या चुनिंदा क्षेत्रों में संघर्ष की कार्यनीति का वे अनुसरण करते रहे हैं। संघर्ष की राष्ट्रीय समझ को उत्तर-आधुनिकतावादी अस्वीकार करते हैं। नक्सलवादी भी ऐसा करते हैं। इस अर्थ में वे उत्तर-आधुनिकतावाद की राजनीति में भारतीय संस्करण हैं। भारतीय राष्ट्रीय जागरण की उपलब्धियों के रूप में राजा राजामोहन राय एवं ईश्वरचंद विद्यासागर के अवदान को अस्वीकार किया जाता है जिसे वामपंथी दुस्साहसतावादी अस्वीकार करते हैं। वे हमारे समाज के नवजागरण के पुरोधा भी हैं। विद्यासागर का अपमान भारतीय नवजागरण का अपमान हैं और संसदीय जनतंत्र का तिरस्कार जनता की स्वतंत्रताकामी चेतना का अपमान हैं। यह सही है कि संसद बुर्जुआ जनतंत्र का रूप है, उसका अंग है। किंतु कृषि-क्रांति या क्रांति को संपन्न बनाने के लिए संसदीय एवं गैर-संसदीय दोनों ही मार्गों से गुजरना होगा। जनता को जब तक पूरी तरह बुर्जुआ भ्रमों से मुक्ति नहीं दिला दी जाए तब तक बुर्जुआ व्यवस्था एवं उसके संसाधनों के अंदर शिरकत एवं संघर्ष के रूप में उस मंचों का प्रयोग और बाहर के संघर्षों से उसे जोड़ने की प्रक्रिया को जारी रखना होगा। यह दीर्घकालिक प्रक्रिया है और क्रांति वैसे भी शार्टकर्ट नहीं होती है। नक्सलबाड़ी के कृषि क्रांतिकारी इसे समझने में असमर्थ रहे। एक लंबे अंतराल के बाद वे पुनः संसदीय मार्ग का अनुसरण करने के लिए आए हैं तो अब भी आत्मालोचना जरूरी है कि अब तक बहिष्कार क्यों करते रहे और जब बहिष्कार कर रहे थे उस समय और आज की परिस्थितियों में क्या कोई बुनियादी अंतर आया है?

उत्तर-आधुनिकतावाद की यह विशेषता है कि वह विज्ञान, समाज-विज्ञान, मानव-विज्ञान की वैज्ञानिक खोजों एवं दृष्टियों को अस्वीकार करता है। यौन-संबंधों में भी अस्वाभाविक एवं अप्राकृतिक मैथुन के रूपों को प्रमुखता देता है। स्त्री-पुरुष के बीच में समानतावादी लोकतांत्रिक संबंध के बजाय नारीवाद की वकालत करता है। नारी-मुक्ति के प्रश्नों को लोकतंत्र के व्यापक संघर्ष का अंग न मानकर स्वतंत्र

रूप से हल करने की कोशिश करता है। व्यक्ति की वर्गीय एवं पेशेवर इमेज के बजाय नस्ल या सांप्रदायिक या धार्मिक इमेज को रूपायित करता है। अमृतराय ने ठीक लिखा है कि आधुनिकतावादी प्रवृत्ति पूंजीवादी अवरुद्ध विकास की देन है।[42] और उत्तर-आधुनिकतावाद रीगन-थैचर युग की। भारत में उत्तर-आधुनिकतावाद 'इंदिरा युग' की देन है। राजीव युग में इसका विस्तार होता है। राजनीति में आधुनिकतावाद की सांप्रदायिकता में अभिव्यक्ति हुई। वहीं उत्तर-आधुनिकतावाद की राजनीतिक शाखा के रूप में उग्र हिंदुत्ववाद उभरकर आया है। वहीं उच्च तकनीकी, सूचना और धार्मिकता का विस्फोट हुआ है।

आधुनिकतावादियों ने 'सेक्स' संबंधी विषयवस्तु को साहित्य का केंद्रीय तत्व बनाया तो उत्तर-आधुनिकतावादियों ने इसे विस्तार देते हुए 'गे मूवमेंट' समलैंगिक मैथुन, लेस्बिनियनिज्म, यौन-विकृतियों में आनंद की खोज की। यौन प्रतीकों का जमकर प्रयोग किया। हिंदी में यह 1960 के बाद के साहित्य में एक प्रवृत्ति के रूप में मौजूद रही है। अमृतराय ने इसे बीमार 'आधुनिकता' कहा। उनका मानना है कि सेक्स को लेकर जो दृष्टिकोण पेश किया जा रहा है वह 'एक रोगी समाज की रोगी दृष्टि है जो दूसरे रोगी समाज पर आरोपित की जा रही है। उस रोग का नाम है महाजनी सभ्यता।' इस सभ्यता की रक्षा के लिए उत्तर-आधुनिकतावाद किस वैचारिक रूप में आया वह खोज का विषय है। राजीव युग में उपरोक्त प्रवृत्तियां और इनका प्रचार-प्रसार तेजी से बढ़ा है। आर्थिक संकट, उदारीकरण एवं भूमंडलीकरण ने उत्तर-आधुनिक प्रवृत्तियों के लिए अनुकूल परिवेश तैयार किया है, वहीं अभी इसका प्रतिरोध प्रारंभ नहीं हुआ है।

संदर्भ और टिप्पणियां

1. शर्मा, रामविलास, *निराला की साहित्य साधना,* भाग-2, 1981, रामकमल प्रकाशन, दिल्ली, पृ. 133।
2. उपरोक्त, पृ. 164-166।
3. मुक्तिबोध, गजानन माधव, *कामायनी : एक पुनर्विचार,* 1981, राजकमल प्रकाशन, दिल्ली, 1981, पृ. 23।
4. उपरोक्त, पृ. 26।
5. उपरोक्त, पृ. 43।
6. उपरोक्त, पृ. 44।

7. शर्मा, रामविलास, *निराला की साहित्य साधना,* भाग-2, पृ. 100।
8. उपरोक्त, पृ. 572।
9. उपरोक्त, पृ. 565
10. प्रसाद, जयशंकर, *काव्य और कला,* पृ. 51।
11. शर्मा, रामविलास, *निराला की साहित्य साधना,* भाग-2, पृ. 572।
12. पांडेय, मैनेजर, *साहित्य और इतिहास दृष्टि,* 1981, पीपुल्स लिटरेसी, दिल्ली, पृ. 16।
13. उपरोक्त पुस्तक में उद्धृत, *न्यू लिटरेरी हिस्ट्री,* वा. 6, सं. 3, 1975, पृ. 10।
14. फास्ट, हावर्ड, *साहित्य और यथार्थ,* 1984, पीपुल्स लिटरेसी, दिल्ली पृ. 3-4।
15. लुकाच, जॉर्ज, *दि मीनिंग ऑफ कंटेंप्रेरी रियलिज्म,* 1979, मार्लिन प्रेस, लंदन, चतुर्थ संस्करण।
16. एडोर्नो, थियोडोर, *प्रिज्म : कल्चरल क्रिटिसिज्म एंड सोसाइटी,* 1967, लंदन, पृ. 246।
17. विलियम्स, रेमंड, *पॉलिटिक्स ऑफ मॉडर्निज्म : अगेंस्ट दि न्यू कन्फर्मिस्ट,* विरसो, लंदन, 1989।
18. सिंह, नामवर, *छायावाद,* 1979, राजकमल, दिल्ली, तीसरा संस्करण, पृ. 118-119।
19. क्लीनिस्क्यू, एम., *फेसेज ऑफ मॉडर्निटी,* 1977, लंदन, पृ. 76।
20. बेल, डेनियल, *कल्चरल कंट्राडिक्शन ऑफ कैपिटलिज्म,* 1976, न्यूयार्क पृ. 20।
21. बेल, डेनियल, *सोशियोलॉजिकल जर्नी एसे 1960-1980, 1980,* हेनीमेन, लंदन, पृ. 283 *एवं कल्चरल कंट्राडिक्शन ऑफ कैपिटलिज्म,* पृ. 51।
22. पांडेय, मैनेजर (1981) देखें।
23. मुक्तिबोध, गजानन माधव, *नए साहित्यकार का सौंदर्यशास्त्र,* (1971) राधाकृष्णन प्रकाशन दिल्ली, पृ. 59।
24. पांडेय मैनेजर, 'मुक्तिबोध का आलोचनात्मक संघर्ष' निर्मल शर्मा, *मुक्तिबोध,* 1980, त्रयी प्रकाशन, रतलाम, पृ. 125।
25. पांडेय मैनेजर, (1981) देखें।
26. नवल, नंदकिशोर, *हिंदी आलोचना का विकास,* 1981, राजकमल, दिल्ली, पृ. 309।
27. उपरोक्त, पृ. 309।
28. उपरोक्त, पृ. 310।
29. *आलोचना,* त्रैमासिक, दिल्ली, जुलाई-सितंबर, 1967।
30. डॉ. रघुवंश, *साहित्य का नया परिप्रेक्ष्य,* 1963, भारतीय ज्ञानपीठ, काशी, प्रथम संस्करण, पृ. 145।
31. सिंह, नामवर, *इतिहास और आलोचना,* 1962, नया साहित्य प्रकाशन, इलाहाबाद, पृ. 86
32. उपरोक्ता, पृ. 89-90।
33. सिंह, नामवर, *आधुनिक साहित्य की प्रवृत्तियां* 1964, तीसरा संस्करण, लोक भारती प्रकाशन, इलाहाबाद, पृ. 132।।
34. शर्मा, रामविलास, *भाषा युगबोध और कविता,* 1981, वाणी प्रकाशन, दिल्ली, पृ. 145,

एवं *नई कविता और अस्तित्ववाद*, 1978, राजकमल दिल्ली, 1978, पृ. 35।

35. उपरोक्त, पृ. 146।
36. अमृतराय, *आधुनिक भावबोध की संज्ञा*, 1977, हंस प्रकाशन, इलाहाबाद, पृ. 11।
37. उपरोक्त, पृ. 20।
38. उपरोक्त, पृ. 21।
39. उपरोक्त, पृ. 23।
40. उपरोक्त, पृ. 24।
41. उपरोक्त, पृ. 61।
42. उपरोक्त, पृ. 83।

द्वितीय खंड

आधुनिकता और साहित्य

5. आधुनिकतावाद और बाल साहित्य

हिंदी बाल साहित्य की परंपरा का मूल्यांकन हमारे मौजूदा दौर की सांस्कृतिक-साहित्यिक चुनौतियों को सही परिप्रेक्ष्य में समझने में मददगार हो, इस लिहाज से इस विषय का चयन किया गया है। आज का दौर सांस्कृतिक संकट का दौर है। पूंजीवादी सभ्यता के सहस्रबाहुओं के दबाव तले मानवीय सभ्यता कराह रही है, मानवीय संस्कृति का जो भी स्वस्थ, सुंदर तत्व है उस पर तेजी सेहमले बढ़ रहे हैं। जिन सामाजिक तबकों पर हमले बढ़ रहे हैं, उनमें इस देश के बच्चे भी शामिल हैं। अगर मैं यह कहूं कि हमलों का केंद्र बिंदु बच्चों को बनाया गया है तो अतिशयोक्ति नहीं होगी। अधिकांश आबादी आज भी अशिक्षित है, सांस्कृतिक रूप से उसे निर्मूल करने की चौतरफा कोशिशें चल रही हैं। सांस्कृतिक रूप से विनाश की ओर धकेलने में अशिक्षा सबसे मजबूत आधार तैयार करती रही है। शासक वर्गों की तीखी मार से समाज का कोई भी तबका बचा नहीं है। स्थिति यहां तक बदतर हो चुकी है कि सारे कानूनों को ताक पर रख कर बच्चों को सांस्कृतिक गुलाम के तौर पर तैयार किया जा रहा है। इस तैयारी में वे वर्ग लगे हैं जो इस देश के उद्योगों के मालिक हैं। वे ही इस देश के सांस्कृतिक उद्योग का भी दिशा निर्देश कर रहे हैं या यों कहें हमारे देश का 'सांस्कृतिक उद्योग' शासक वर्गों के हितों की रक्षा का सबसे बड़ा औजार बन कर सामने आया है तो ज्यादा सही होगा। आज इस सांस्कृतिक औजार की सबसे तीखी चोट समाज की जड़ों पर है। आम लोगों पर है, विशेषकर बच्चों पर है।

एक तरफ सुनियोजित ढंग से बच्चों को शिक्षा से वंचित किया जा रहा है तो दूसरी ओर, जो बच्चे शिक्षा प्राप्त कर रहे हैं उनको पूरी तरह सांस्कृतिक गुलाम बनाने की सघन प्रक्रिया चल रही है। यह राष्ट्रव्यापी है। जो लेखक साहित्य को समाज

के परिवर्तन का औजार मानते रहे हैं उन्हें इस गंभीर चुनौती का सामना करना है कि आखिरकार यह सब कैसे हुआ? साहित्य किस तरह इस सांस्कृतिक हमले का मुकाबला करे? साहित्य की स्वस्थ एवं मानवीय मूल्यों के निर्माण में भूमिका होती है इस बारे में शायद ही कोई इनकार करे, पर क्या साहित्य की इस भूमिका को हमारे हिंदीभाषी लेखक ने उतनी शिद्दत के साथ महसूस किया है जितनी शिद्दत के साथ उसे महसूस करना चाहिए था। मेरा मानना है कि हिंदी लेखकों में बहुत कम लेखक हैं, जो व्यवहार में साहित्य की परिवर्तनकारी भूमिका का रूपायन कर पाए हैं। अधिकांश लेखक तो इसके प्रति अपनी आस्था मात्र ही प्रकट करते हैं, रचनात्मक तौर पर ऐसे लेखकों की न्यूनतम भूमिका रही है।

हिंदी के लेखकों एवं पाठकों में बच्चों के ऊपर मौजूदा दौर में पड़ रहे सांस्कृतिक दुष्प्रभावों को लेकर कभी-कभी चिंता का भाव सुनने को मिल जाता है, पर बेचारा लेखक करेगा क्या? वह चिंता करता है और किंकर्तव्यविमूढ़ बैठा है। उसके पास भविष्य के प्रति कोई संपूर्ण स्वप्न भी नहीं है। आज वह खंडित सपनों को लेकर जिंदा है। खंडित सपनों के पूरा होने पर खुश हो जाता है और अगर ये सपने भी पूरे नहीं होते हैं तो दुखी हो जाता है। जिंदगी के पूरे सपने के अभाव में लेखक से संपूर्ण समाज को बदलने की प्रक्रिया में औजार की भूमिका अदा करने वाले साहित्य की उम्मीद भी कैसे की जा सकती है। वह खंड-खंड सत्य को लेकर जीवित है। तब यह समाज शासकों के सांस्कृतिक हमले से बचेगा कैसे? खासकर मेरा ध्यान उस तरफ है जहां हमारे देश के करोड़ों बच्चे हैं। आज हमारे हिंदी लेखकों के पास इन करोड़ों बच्चों के लिए कोई पूरा सपना नहीं है, साहित्य नहीं है, इसे अर्जित करने की ललक भी नहीं है।

आधुनिक हिंदीभाषी लेखकों में बच्चों का चिंता के केंद्र से गायब हो जाना इस काल की सबसे बड़ी दुर्घटना है और इस दुर्घटना के लिए सबसे पहले तो लेखक ही दोषी है। वह बच्चों की जिंदगी को न तो जानना चाहता है और न उसको समृद्ध करने के बारे में सोचने के लिए ही तैयार है। साहित्य के केंद्र से खिसककर गायब बच्चों का होने का अर्थ है भविष्य में साहित्य का ही समाज से गायब होना। स्वाधीनता संग्राम में हमारे हिंदी लेखकों ने वयस्कों को केंद्र में रखकर अधिकतर रचनाएं लिखीं, बच्चे वहां हाशिये पर थे तथा बाल साहित्य भी हाशिये पर था। स्वाधीनता के बाद तो बाल साहित्य हाशिये से भी खिसक कर और कहीं नीचे आ गया है। इस दुर्दशा के लिए आखिर कौन जिम्मेदार है? जिस तरह हिंदीभाषी समाज

में पूरी तरह बच्चों के प्रति उपेक्षा का भाव प्रधानता ग्रहण किए हुए है उसे देखकर भविष्य के भयानक समाज का चेहरा दिखाई देता है। भावी समाज में ये बच्चे नागरिक बनेंगे, जिनके बाल्यकाल में संस्कार निर्माण, साहित्यिक अभिरुचियों के विकास एवं स्वस्थ जीवन-मूल्यों के निर्माण के प्रति साहित्यकारों ने सबसे कम ध्यान दिया है।

आज स्थिति यह है कि हिंदीभाषी समाज में बच्चों में आधुनिक संस्कार बहुत कमजोर या पूरी तरह नदारद दिखाई देते हैं। इन बच्चों के प्रिय हिंदी या अन्य भाषी लेखक भी नहीं हैं। बच्चों के अंदर गैर-साहित्यिक पत्र-पत्रिकाएं एवं साहित्य अपनी जड़ों का विस्तार कर रहा है तथा बच्चों के सांस्कृतिक खालीपन को भरने का काम कर रहा है। कायदे से बच्चों में ऐसा सांस्कृतिक शून्य सबसे पहले तो पैदा ही नहीं होना चाहिए था और अगर सांस्कृतिक शून्य पैदा हुआ है तो हिंदी के साहित्यकारों को इसे भरने की कोशिश करनी चाहिए।

क्या कारण है कि हिंदी में लेखक तो बहुत हैं, इनमें समाज से प्रतिबद्ध लेखक भी शामिल हैं, पर ये लेखक किस समाज को संबोधित रचनाएं लिख रहे हैं? क्या सीधे-सीधे मजदूरों-किसानों-कामगारों आदि को संबोधित रचनाएं लिखने अथवा इन वर्गों के विषयों, चरित्रों आदि के रूपायन मात्र से साहित्य अपनी सामाजिक परिवर्तन की भूमिका अदा कर लेगा?

मेरा मानना है कि लेखक को संतुलित दृष्टिकोण से काम लेना चाहिए। उसे वयस्कों एवं बच्चों, दोनों के लिए समान रूप से लिखना चाहिए। अगर इसमें संतुलन बिगड़ेगा तो सारा दृष्टिकोण गड़बड़ा जाएगा। यह आश्चर्यजनक तथ्य है कि हिंदी का जो लेखक वयस्क पाठकों में लोकप्रिय है उसे बच्चों में शायद ही कोई जानता हो। दूसरी ओर जिन लेखकों ने वयस्कों को केंद्र में रख कर लिखा है उनमें से अधिकतर ऐसे लेखक हैं जिन्होंने बच्चों को केंद्र में रखकर गंभीरता से लिखने की कोशिश ही नहीं की।

बच्चों की अभिरुचियों की उपेक्षा करके कोई भी भाषा, संस्कृति एवं समाज अपनी उन्नति नहीं कर सकता। यही वजह है कि हिंदुस्तान के पूंजीपति ने पिछले दस सालों में खासकर बच्चों को अपने मुनाफों के विस्तार के लिए लाए जाने वाले विज्ञापनों में तेजी से हाशिये से केंद्र में पहुंचा दिया है। आज बच्चे एक 'दबाव ग्रुप' के तौर पर तैयार किए जा रहे हैं और यह 'दबाव' पैदा किया जा रहा है उपभोक्तावादी समाज के निर्माण के लिए तथा बड़ी पूंजी की कंपनियों के मुनाफों के विस्तार के

लिए। आज स्थिति इतनी बदतर हो चुकी है कि बच्चों को उपभोक्ता वस्तुओं के विज्ञापन तो आत्मसात करा दिए गए हैं, पर हिंदी के किसी प्रतिष्ठित लेखक की कृतियां वे शायद ही जानते हों, इस शासकीय चक्रव्यूह को तोड़ने की जरूरत है। इस चक्रव्यूह को तोड़ने में लेखक प्रभावी भूमिका अदा कर सकता है। हिंदी लेखक की मौजूदा दौर में जो दुर्दशापूर्ण स्थिति है उसकी जड़ें असल में हिंदी बाल साहित्य की परंपरा में हैं। हमारे लेखकों ने परंपरा का स्वस्थ पक्ष, जो कि बहुत कमजोर था, का विकास करने के बजाय अस्वस्थ रूपों का ही ज्यादा प्रयोग एवं विकास किया।

बाल साहित्य किसे कहें

इस संदर्भ में सबसे पहला सवाल तो यह है कि बाल साहित्य किसे कहा जाए? क्या कोई लक्ष्मणरेखा साहित्य एवं बाल साहित्य के बीच में खींची जा सकती है?

यहां ध्यान रहे कि बच्चों में जानने की सहज उत्सुकता होती है जिसके कारण बच्चे को जो भी मिलता है उसे आत्मसात करने की कोशिश करते हैं। मानव समाज के जितने भी आविष्कार एवं प्रयोग हैं, उनको जानने की जिज्ञासा बच्चों में होती है। वे इन सबको जल्दी-जल्दी जानने के भूखे होते हैं जिसके कारण वे नियमबद्ध होकर सीख भी नहीं पाते। यह संभव है कि कोई रचना वयस्कों को केंद्र में रख कर लिखी गई हो तथा कालांतर में बच्चों में लोकप्रिय हो जाए। बच्चों की विकास प्रक्रिया एवं बाल साहित्य पर रवींद्रनाथ टैगोर ने लिखा है कि 'ठीक से देखने पर बच्चे जैसा पुराना और कुछ नहीं है। देश, काल, शिक्षा, प्रथा के अनुसार वयस्क मनुष्यों में कितने नए परिवर्तन हुए हैं लेकिन बच्चा हजारों साल पहले जैसा था, आज भी वैसा ही है। यही अपरिवर्तनीय पुरातन बारंबार आदमी के घर में बच्चे का रूप धर कर जन्म लेता है, लेकिन तो भी सबसे पहले दिन वह जैसा नया था, जैसा सुकुमार था जैसा भोला था, जैसा मीठा था, आज भी ठीक वैसा ही है। इस जीवन चिरंतरता का कारण यह है कि शिशु प्रकृति की सृष्टि है, जबकि वयस्क आदमी बहुत कुछ अंशों में आदमी की अपने हाथों की रचना होता है।'

टैगोर कहते हैं, 'बच्चा नियम मान कर नहीं चल सकता, वह अभी-अभी तो नियमहीन इच्छा आनंदमय स्वर्गलोक से आ रहा है।'

बच्चे की निश्छल नियमहीनता की स्थिति को समझने की हिंदी में कोशिशें बहुत कम हुई हैं तथा इस मामले पर अब भी स्पष्टतया नहीं है कि बच्चों का साहित्य किसे कहें? क्या उपदेशपरक रचना बाल साहित्य होती है अथवा धार्मिक-पौराणिक

आख्यान को बाल साहित्य मानें? प्रसिद्ध बाल गीतकार निरंकार देव सेवक ने बाल साहित्य की जो परिभाषा दी है वह उल्लेखनीय है। वे लिखते हैं, 'जिस साहित्य से बच्चों का मनोरंजन हो सके, जिसमें वे रस ले सकें और जिसके द्वारा वह अपनी भावनाओं और कल्पनाओं का विकास कर सकें, वह बाल साहित्य है।'

असल में, संपूर्ण साहित्य के अर्थों में बच्चे ही यह फैसला करते हैं कि कौन सी रचना बाल साहित्य की श्रेणी में रखी जाए। इसका फैसला न तो कोई आलोचक कर सकता है, न ही माता-पिता और न ही कोई उपदेशक ही यह फैसला कर सकता है कि कौन सी रचना बाल साहित्य की श्रेणी में रखी जाए। यह संभव है कि कोई लेखक वयस्कों के लिए रचना लिखे और वह रचना बच्चे अपना लें।

प्रसिद्ध बाल साहित्य आलोचक लिलियन स्मिथ ने लिखा है कि 'यह आवश्यक नहीं है कि बच्चों के लिए लिखी गई सभी पुस्तकें साहित्य ही हों और न यही आवश्यक है कि बड़े लोग जिसे बाल साहित्य मानते हैं। बाल रुचि के अनुकूल चुनी गई वह पुस्तक उस कसौटी पर खरी उतर जाए। ऐसे भी लोग हैं जो बड़ों की बातों का सरल ढंग से विवेचन करने वाले साहित्य को बाल साहित्य मानते हैं। लेकिन यह विचार बच्चों को बड़ों का सूक्ष्म संस्करण सिद्ध करता है और वास्तव में यह गलत धारणा बचपने द्वारा ही उत्पन्न हुई है। बच्चे वास्तव में एक ऐसी जाति होते हैं जिनका जीवन अनुभव बड़ों से बिलकुल भिन्न होता है। उसकी एक अलग दुनिया होती है, जिसमें 'जीवन के मूल्य बाल सुलभ मनोवृत्ति के आधार पर निर्धारित होते हैं...बड़ों के अनुभव के आधार पर नहीं।'

यह सच है कि वयस्कों द्वारा बच्चों के लिए विषयों का चुनाव किया जाता है पर जब वयस्क लोग अपने अनुभव को ही शाश्वत मान लेते हैं तो अनेक बाधाएं सामने आ जाती हैं। बच्चों की मानसिकता एवं बड़ों के बचपने की मानसिकता में मूलभूत अंतर होता है। अगर बड़ों के द्वारा बचकाने ढंग से बाल साहित्य सृजन होगा तो वह फॉर्मूलाबद्ध हो जाएगा। उसमें बाल जीवन की संवेदनाएं मुर्दा रूप में नजर आएंगी। बाल मानसिकता तो होगी पर साहित्य संवेदनाहीन होगा। ऐसे बाल साहित्य से सतर्कता बरतनी चाहिए। यह साहित्य के प्रति बच्चों में अपने अंतिम प्रभावों में अनास्था पैदा करने वाला होता है। साहित्य के अध्ययन से बच्चों को दूर भगाता है तथा साहित्य एवं बच्चों के बीच में दूरी पैदा करता है। इस प्रसंग में भारत भूषण अग्रवाल ने लिखा है, 'मैंने हवाई जहाज पर लिखी एक किताब देखी। चूंकि पुस्तक बहुत सुंदर रंगों और चित्रों से सजी हुई थी और मेरा छोटा पुत्र हवाई जहाज

में रुचि लेता है, इसलिए मैंने उसे खरीद लिया। जब मैंने यह पुस्तक अपने पुत्र को दी तो वह खुश हुआ और उसे एक ही बैठक में पढ़ गया। मैंने पुस्तक के बारे में उसकी राय जाननी चाही तो उसने कहा कि बहुत अधिक पसंद नहीं आई। दरअसल, वह तो जानना चाहता है कि हवाई जहाज कैसे उड़ता है? मैंने पुस्तक लेकर जब देखना चाहा कि वास्तव में मत-वैभिन्न्य किस बात पर है। उस पुस्तक में हवाई जहाज की पूरी कहानी यानी मनुष्य की उड़ने वाली कल्पना, गुब्बारे, राइट बंधु से लेकर आधुनिक हवाई जहाजों तक की प्रगति तथा उनके विकास की कहानी दी गई थी। निस्संदेह किसी भी पढ़े-लिखे व्यक्ति की राय में वह उपयोगी पुस्तक मानी जा सकती है, क्योंकि अच्छी छपाई, सुंदर रंगों और चित्रों से सजाया भी गया था। लेकिन वह बच्चों के लिए उतनी उपयोगी नहीं थी क्योंकि वह हवाई जहाज के विकास की कहानी मात्र ही नहीं जानना चाहता बल्कि वह उसके उड़ने के विज्ञान को समझना चाहता है।'

बच्चों की अभिरुचियों को अनुभव की आंच में पका कर ही लिपिबद्ध किया जा सकता है। उनके अध्ययन के लिए विषयों की सीमा नहीं बांधी जा सकती। उनकी अनंत जिज्ञासाएं होती हैं। जल्दी से जल्दी आत्मसात करने की मानसिकता के कारण उनके अंदर जानने की अदम्य भूख होती है। एक मर्तबा रूस के प्रसिद्ध उपन्यासकार मैक्सिम गोर्की ने बच्चों के नाम खुला पत्र प्रकाशित किया तथा उनसे पूछा था कि वे किन-किन विषयों पर लिखी रचनाएं पढ़ना चाहते हैं, जिसके उत्तर में बच्चों ने लिखा था कि...'हम, दुनिया में जो कुछ हैं, उस सबके विषय में पुस्तकें चाहते हैं। हम रूस के महान विषयों के विषय में पुस्तकें चाहते हैं, जिन्हें हम अपना मार्गदर्शक बना सकें। हम परी कहानियों की पुस्तकें चाहते हैं, वैज्ञानिक उपन्यास चाहते हैं, उल्लासपूर्ण कविताएं चाहते हैं और विनोदपूर्ण कहानियां चाहते हैं।' यानी कि बच्चों के लिए जो कुछ भी मानवीय बनाने में मददगार हो सके, वह सब जरूरी है। इस तथ्य की जो भी अनदेखी करता है तथा बच्चों को पूर्वग्रस्त होकर रचनाएं लिख कर देता है, वह बाल साहित्य का सृजन करने के बजाय उसकी क्षति करता है। बाल साहित्य की बाल मनोविज्ञान के साथ संगति की बात सभी लोग उठाते हैं पर इसका भी भिन्न-भिन्न परिप्रेक्ष्य होता है। इसे समझना जरूरी है। हिंदी के लेखकों में बाल मनोविज्ञान की वास्तविक पकड़ बेहद ढीली दिखाई देती है। यही वजह है कि जिंदादिल बाल साहित्य की परंपरा बहुत क्षीण है तथा बच्चों में हिंदी बाल साहित्य एवं साहित्यकार अलोकप्रिय हैं।

बच्चे को एक स्वतंत्र जीवित इकाई के रूप में हमारे समाज ने स्वीकृति नहीं दी है। बच्चे हमारे लिए आभूषण मात्र नहीं होते बल्कि उनका स्वतंत्र व्यक्तित्व होता है जिसे लेखक को समझना चाहिए और जब वह बालक को एक स्वतंत्र इकाई मान कर देखेगा तो उसे एक नागरिक की भावना से उसका संबंध जोड़ कर देखना चाहिए। बच्चों की भावना-शक्ति एवं गहन संवेदनशीलता, संकल्प की शुद्धता एवं सौंदर्य-दृष्टि वयस्कों से कई गुना अधिक होती है। इसलिए उसकी विविधताएं शानदार ही नहीं, बेजोड़ भी होती हैं साथ ही खतरनाक भी होती हैं। यही वजह है कि उन्हें किसी भी दिशा में प्रेरित किया जा सकता है। हिंदी के बाल साहित्य लेखकों ने बच्चों के मनोविज्ञान पर तो बहुत कुछ लिखा है पर वयस्कों खासकर...माता-पिता के अंदर बच्चों के प्रति व्याप्त निरंकुशता एवं तज्जन्य त्रासदी के चित्र बिलकुल ही नहीं मिलेंगे। माता-पिता की निरंकुश भावना का शिकार कहीं न कहीं लेखक भी है, यही वजह है कि वह इस विषय पर लिखने से कतराता रहा है। पितृसत्तात्मक परिवारों में यह निरंकुशता सबसे भयानक रूपों में अभिव्यक्ति पाती है। ऐसे परिवारों के बच्चों में सहज भाव से निरंकुशता के खिलाफ लड़ने की शक्ति पैदा हो जाती है जिसके कारण परिवार का वास्तविक अनिष्ट आरंभ हो जाता है। लेखक इस प्रक्रिया को मूक भाव से देखता रहता है। निरंकुश माता-पिता की बच्चों के प्रति जो दृष्टि है, साहित्य के केंद्र में उसे आना चाहिए जिससे बच्चों के प्रति वयस्कों के दृष्टिकोण को भी बदलने में मदद मिलेगी। माता-पिता की निरंकुशता के कारण बच्चों का किस रूप में नुकसान हो सकता है इसकी परिकल्पना न तो माता-पिता के पास होती है और न ही हिंदी लेखक इसे समझ पाया है। आखिरकार लेखक भी तो माता-पिता ही है। इस निरंकुशता की दशा में अनुशासन और स्वस्थ लालन-पालन की संभावनाएं पूरी तरह खत्म हो जाती हैं। बच्चे के व्यक्तित्व विकास के दिलचस्प और महत्वपूर्ण परिवर्तन दुराग्रहपूर्ण व नासमझी भरी बातों के कारण, थोथे अभिमान एवं अहंकार का पोषण करने की विवेकशून्य प्रक्रिया में इस तरह लुप्त हो जाते हैं मानो कोई दलदल उन्हें लील गया हो। यह असल में अभिभावकों का कला एवं रचनात्मकता-विरोधी नजरिया है। इसे साहित्य में लाया जाना चाहिए।

हिंदी बाल साहित्य मूल्यांकन के प्रयास

आचार्य रामचंद्र शुक्ल के *हिंदी साहित्य के इतिहास* में बाल साहित्य की छिटपुट

चर्चा है। इसमें बाल साहित्य की प्रवृत्तियों का कोई विवेचन नहीं है, फिर भी शुक्ल जी ने कुछ महत्व की सूचनाएं इस संदर्भ में दी हैं। जिनसे पता चलता है कि आधुनिक साहित्य के इतिहास की शुरुआत में बाल साहित्य लेखन में दो प्रवृत्तियां थीं—पहली प्रवृत्ति थी—स्कूली बच्चों के लिए पाठ्यपुस्तक लेखन की तथा दूसरी प्रवृत्ति थी बाल साहित्य सृजन की। यह संयोग है कि इन दोनों प्रवृत्तियों का श्रेय शिवप्रसाद सितारे हिंद को जाता है। स्कूली पाठ्यपुस्तक एवं बाल साहित्य की पुस्तकों को अलग-अलग रूप में लिखने से एक बात तो साफ हुई कि बाल पाठ्यपुस्तकों को बाल साहित्य का पर्याय नहीं बनाया जा सकता है। आधुनिक हिंदी साहित्य के इतिहास में बाल साहित्य को एक विधा तो किसी ने नहीं माना है पर, एक बात सच है कि बाल साहित्य सृजन को एक स्वतंत्र शैली के रूप में स्वीकार किया जाना चाहिए। बाल साहित्य को वयस्कों के लिए संबोधित साहित्य के पैमाने से न तो लिखा जा सकता है और न ही उसका मूल्यांकन किया जा सकता है। हिंदी बाल साहित्य की परंपरा का मूल्यांकन बहुत ही कम लोगों ने किया है। *हिंदी साहित्य का वृहद इतिहास,* भाग-16, सं. राहुल सांकृत्यायन, *हिंदी साहित्य कोश,* ज्ञानमंडल, वाराणसी, हरिकृष्ण देवसरे का शोध ग्रंथ *हिंदी बाल साहित्य : एक अध्ययन,* डॉ. श्री प्रसाद लिखित *हिंदी बाल साहित्य की रूपरेखा* एवं ज्योत्स्ना द्विवेदी लिखित *हिंदी किशोर साहित्य* ये मुख्य शोधपरक कार्य हैं। इनके अलावा निरंकार देव सेवक कृत *बालगीत साहित्य, हिंदी साहित्य का वृहद इतिहास 'बाल काव्य'* शीर्षक से 10 खंड, *आलोचना* पत्रिका के जनवरी '66 अंक में स्वातंत्र्योतर बाल साहित्य पर लेख तथा *मधुमती* जुलाई-अगस्त 1967 का अंक तथा डॉ. मस्तराम कपूर 'उर्मिल' कृत *हिंदी बाल साहित्य का विवेचनात्मक अध्ययन* उल्लेखनीय हैं। कानपुर के अखिल भारतीय शिक्षा सम्मेलन की तरफ से एक निबंध प्रतियोगिता हिंदी बाल साहित्य के 'आलोचनात्मक एवं तुलनात्मक सिंहावलोकन' के लिए आयोजित की गई थी जिसके लिए 15 अक्टूबर 1945 की अंतिम तारीख रखी गई तथा इनाम सौ रुपये रखा गया। इसके अलावा प्रमुख बाल साहित्यकार जहूरबख्श ने *सुधा* मासिक पत्रिका के (नवंबर, दिसंबर 1928) दो अंकों में 'बाल साहित्य का निर्माण' नाम से लेख लिखा जिसमें बाल साहित्य का ऐतिहासिक अवलोकन पेश किया। इसमें उन्होंने बड़ा ही रोचक वर्गीकरण किया। उन्होंने संपूर्ण बाल साहित्य को शिशु साहित्य, बाल साहित्य एवं कन्या साहित्य की श्रेणी में रखा। इसके अलावा स्वातंत्र्य पूर्व की बाल पत्रिकाओं में संपादकीय लेखों एवं अन्य निबंधों के माध्यम से प्रसिद्ध हिंदी लेखकों

ने अपनी दृष्टि डाली है कि आखिरकार हिंदी के लेखक कैसे बाल साहित्य की रचना करें तथा उनके सामने क्या चुनौतियां हैं।

हिंदी बाल साहित्य का प्रारंभ

आधुनिक युग के आविर्भाव के साथ हिंदी बाल साहित्य का जो रूप मिलता है वह शैक्षिक पुस्तकों के रूप में दिखाई देता है। स्कूली बच्चों के लिए शैक्षणिक पाठ्य-पुस्तकों के निर्माण में लल्लूलाल एवं शिवप्रसाद सितारेहिंद की प्रारंभ के दिनों में महत्वपूर्ण भूमिका थी। रामचंद्र तिवारी ने शिवप्रसाद जी की लिखी पुस्तकों के बारे में लिखा है कि इनकी कृतियों में से अधिकांश विद्यार्थियों को दृष्टि में रख कर लिखी गई हैं। विषय की दृष्टि से विविधतापूर्ण होते हुए भी ये रचनाएं महत्वपूर्ण नहीं कही जा सकतीं।

तिवारी जी के इस मत से पूरी तरह सहमत होना संभव नहीं है। क्योंकि बाल पाठ्यपुस्तकों के लेखन एवं प्रकाशन का यह प्रारंभिक दौर है। उसे आज के पैमाने से देखना अनैतिहासिक होगा। इन पुस्तकों में खड़ी बोली हिंदी के प्रारंभिक दौर की भाषा के प्रयोग मिलते हैं। शिवप्रसाद सितारे हिंद ने बाल पाठ्यपुस्तकों के अलावा कुछ ऐसी भी रचनाएं लिखीं जिनको बाल साहित्य की श्रेणी में रख सकते हैं, ये हैं—*आलसियों का कोडा, राजा भोज का सपना, बच्चों का इनाम, लड़कों की कहानी* तथा *वीरसिंह वृत्तांत*। इसलिए शिवप्रसाद सितारे हिंद को ही बाल साहित्य का सूत्रपात करने वाला माना जा सकता है। ये कृतियां बच्चों को केंद्र में रखकर लिखी गई हैं। इनके अलावा ईसाई मिशनरियों, कलकत्ता बुक सोसाइटी आदि के द्वारा अनूदित बाल साहित्य छापा गया। नए स्कूलों के खुलने से पाठ्यपुस्तकों की आवश्यकता पैदा हुई जिसकी पूर्ति के लिए बाल पाठ्यपुस्तकें लिखी गईं। मैकाले की शिक्षा नीति के तहत जो स्कूल आ रहे थे, वे एक खास किस्म की सोच को प्रतिबिंब करने वाले थे। ब्रिटिश साम्राज्यवाद की इन स्कूलों को खोलते समय पुनर्जागरण पैदा करने की मंशा नहीं थी, अतः इन स्कूलों की पाठ्यपुस्तकों का 'कथ्य' पूरी तरह आधुनिक समाज की गति के साथ तालमेल पैदा करने वाला भी नहीं है। इस दौर की बाल पाठ्यपुस्तकों के कथ्य का अध्ययन बहुत रोचक सामग्री प्रदान करता है। जो लोग मैकाले की शिक्षा व्यवस्था से समाज परिवर्तन की प्रक्रिया को जोड़कर देखते हैं, वे वस्तुतः ऐतिहासिक-सामाजिक कारणों की अनदेखी करते हैं। बाल पाठ्यपुस्तकों के 'कथ्य' एवं बाल साहित्य की समीक्षा करें तो पाएंगे कि इसमें

कई तरह की विचारधाराओं का सम्मिश्रण है।

मसलन, *राजा भोज का सपना* पुस्तक को ही लें। किशव प्रसाद सितारे हिंद ने बच्चों के अंदर राजा भोज के प्रति कौतूहल जगाने के लिए उसकी महिमा, प्रभुता एवं वैभव संपन्नता का विशद वर्णन किया है। राजा के इस चरित्र का रूपायन अपनी मूल्य संरचना में बालकों के अंदर राजभक्ति पैदा करने वाला ही था। राजा की वैभव संपन्नता को एक तरह जन्मसिद्ध अधिकार मान कर रूपायित किया गया है। जो साहित्य राजाओं एवं नायकों की समृद्धि एवं खुशहाली को रूपायित करता हो वह बच्चों के अंदर ऐसे मूल्यबोध को पैदा करता है कि संपन्नता एवं सुख-वैभव पर तो संपन्नों का ही अधिकार है। इस धारणा का विचाधारात्मक लाभ सामंतों एवं शासकों के पक्ष में जाएगा, यह संभावना है। आधुनिक समाज के विकास की दृष्टि से बाल साहित्य में यह नजरिया जनविरोधी मानसिकता का आधार तैयार करता है। शिवप्रसाद सितारेहिंद ने जो भी कार्य हिंदी हितैषी के नाते किया है वह बहुत महत्वपूर्ण है। पर, बाल साहित्य के नाम पर जो पुस्तकें लिखी हैं, उनका वस्तुगत अध्ययन बेहद जरूरी है। इस युग के बाल साहित्य का मूल्यांकन करते समय श्रीप्रसाद ने सही लिखा है कि इस युग का साहित्य धर्मशिक्षा मूलक अधिक है।

शिवप्रसाद सितारे हिंद ने हिंदी बाल साहित्य की जो आधारशिला रखी थी, आगे चलकर भारतेंदु मंडल के रचनाकारों ने उसी पर विस्तृत रूप से कार्य किया। स्वयं भारतेंदु हरिश्चंद्र ने बालकों के मनोरंजनार्थ *सत्य हरिश्चंद्र* (सन् 1875) नाटक लिखा। इसे बाल साहित्य की सर्वोत्कृष्ट रचना माना जाता है। इस नाटक को लिखने के पीछे क्या मंशा थी, इस पर भारतेंदु ने लिखा, 'मेरे मित्र बाबू बालेश्वर प्रसाद बी. ए. ने मुझसे कहा कि आप कोई ऐसा नाटक भी लिखें जो लड़कों के पढ़ने-पढ़ाने के योग्य हो। क्योंकि शृंगार रस के आपने जो नाटक लिखे हैं, वे बड़े लोगों के पढ़ने के हैं, लड़कों को उनसे कोई लाभ नहीं। उन्हीं की इच्छानुसार मैंने *सत्य हरिश्चंद्र* नामक रूपक लिखा है।'

सत्य हरिश्चंद्र सबसे ज्यादा लोकप्रिय नाटकों में से एक था। डॉ. रामविलास शर्मा ने इस पर लिखा है कि इस नाटक की लोकप्रियता का कारण नाटक में अभिनय के योग्य संवाद हैं, भाषा की दृष्टि से भी नाटक अत्यंत सुधड़ है। नाटक का ढांचा भारतेंदु का अपना नहीं है, परंतु कविताएं मौलिक हैं तथा संवादों पर भारतेंदु की अपनी छाप है। एक प्रकार से इस नाटक में करुण रस की अति कर दी गई है, वीभत्स वर्णन में भी संयम का कुछ अभाव है। फिर भी, विश्वामित्र और हरिश्चंद्र

का चरित्र-चित्रण सुंदर हुआ है।

यहां पर भी बालकों के ऊपर नाटक में व्यक्त मूल्यों का क्या प्रभाव हो सकता है, इसकी तरफ रामविलास शर्मा ने ध्यान नहीं दिया है। पर, *सत्य हरिश्चंद्र* नाटक की आलोचना में उन्होंने यह सही लिखा है कि 'भारतेंदु के हृदय में जो आदर्श और यथार्थ की दो धाराएं बह रही थीं, वे *सत्य हरिश्चंद्र* और *प्रेम जोगिनी* के काशी वर्णन में समझ में आ सकती है। *सत्य हरिश्चंद्र* में काशी एक आदर्श नगर है। 'नव उज्ज्वल जलाधार हारहरि सी सोहति' आदि वाक्य गंगा की प्रशंसा में कहे गए हैं। यहां काशी की प्रशंसा भी की गई है तो व्यंग्य के साथ, 'जहां श्रीमती चक्रवर्ती' नित्य पूजित पादपीठा श्रीमती महारानी विक्टोरिया के शासनानुवर्ती अनेक कमिश्नर, जज, कलेक्टरादि अपने-अपने काम में सावधान प्रजा को हाथ पर लिए रहते हैं और प्रजा उनके विकट दंड के सर्वदा जागने के भरोसे नित्य सुख से सोती है।' जो महोदय काशी की प्रशंसा करते हैं, वह जजमान फंसाने के लिए।

दूसरी महत्वपूर्ण बात यह है कि *सत्य हरिश्चंद्र* नाटक रामचंद्र शुक्ल के मुताबिक बंगला के नाटक का अनुवाद है। मूल बंगला नाटक *भारत माता* के नाम से था जिसका किसी ने *भारत जननी* नाम से अनुवाद किया उसी का सुधरा रूप *सत्य हरिश्चंद्र* है। इसके अलावा एक अन्य सवाल है, कि आधुनिक समाज की चुनौतियों को सामना करने के लिए पौराणिक कथानकों एवं उनके नायकों के माध्यम से क्या बच्चों में आधुनिक भावबोध का निर्माण संभव है? *सत्य हरिश्चंद्र* लोकप्रिय था, पर बालकों में किस विचारधारात्मक आधार का सृजन कर रहा था? काशी की प्रशंसा महज यजमान फंसाने वाली मानसिकता का ही रूपायन नहीं है, अपितु राजाओं के प्रति सहानुभूति भी जगाती है। साथ ही, उसकी दुर्दशापूर्ण अवस्था का भी रूपायन करती हैं। सहानुभूति जगाती है, नाटक में, एक जगह लिखा है, 'देखो वही सिर, जिस पर मंत्र से अभिषेक होता था, कभी नवरत्न का मुकुट रखा जाता था, जिसमें इतना अभिमान था कि इंद्र को भी तुच्छ गिनता था और जिसमें बड़े-बड़े राजा जीतने के मनोरथ भरे थे। आज पिशाचों का भेद बना है और लोग उसे पैर से छूने में भी घिन करते हैं।' यहां राजा की दुर्दशा पर करुण रस पैदा करने से बच्चों के मन में किसके प्रति सहानुभूति पैदा होगी? निश्चय ही राजा के प्रति, राजा के प्रति सहानुभूति का सामाजिक अर्थ है, ब्रिटिश शासकों एवं सामंतों के प्रति सहानुभूति का अप्रत्यक्ष रूप से वैचारिक आधार तैयार करना। जिन्होंने राजा की दुर्दशा की है भारतेंदु ने उन्हें 'पिशाच' कहा। यह किस दृष्टिकोण को सामने लाता

है? इसे समाज का आधुनिक दृष्टिकोण नहीं कहेंगे। पर भारतेंदु हरिश्चंद्र का इस नाटक को लेकर मानना कुछ और था। उन्होंने लिखा, 'इस भारत वर्ष में उत्पन्न और इन्हीं लोगों के पूर्वपुरुष माहराज हरिश्चंद्र ही थे। यह समझ कर इस नाटक के पढ़ने वाले कुछ भी अपना चरित्र सुधारेंगे तो कवि का परिश्रम सफल होगा।

इस नाटक में अनेक ऐसी अवधारणाएं हैं जो आधुनिक भावबोध के निर्माण में बाधा पैदा करने वाली हैं। ये अवधारणाएं ऐसी जगहों पर व्यक्त हुई हैं जहां पर नाटककार बच्चों की कोमल मानसिकता को सीधे-सीधे अपने प्रभाव में ले लेता है। नाटक में एक जगह हरिश्चंद्र कहता है, 'ब्राह्मण का क्रोध तो सभी दशा में सहना चाहिए।'

एक अन्य स्थान पर हरिश्चंद्र अपनी पत्नी से कहते हैं, 'विशेष हम क्या समझावैं, जो-जो दैव दिखावे उसे धीरज से देखना।' ये धारणाएं बच्चों के मन में पुराने संस्कारों की जड़ें ही मजबूत करती हैं। भारतेंदु हरिश्चंद्र ने इस नाटक के अलावा *कश्मीर कुसुम* एवं *बादशाह दर्पण* नामक रचनाओं के माध्यम से बच्चों को भारतीय इतिहास की जानकारी दी है। ये रचनाएं बेहद सुंदर हैं। भारतेंदं हरिश्चंद्र के बाद जिन लेखकों के नाम बाल साहित्य लिखने के लिए हरिकृष्ण देवसरे ने अपने शेाध ग्रंथ में दिए हैं, उनमें बदरीनारायण चौधरी, 'प्रेमघन' प्रताप नारायण मिश्र, लाला श्रीनिवास दास, राधाकृष्ण दास, काशीनाथ खत्री एवं फ्रेडरिक पिंकाट के नाम हैं। देवसरे जी ने इन सभी की रचनाओं में बाल साहित्य को ढूंढ़ निकाला है। इसकी पड़ताल की जानी चाहिए। तथ्य यह है कि बदरी नारायण 'प्रेमघन' ने बच्चों को केंद्र में रखकर कोई रचना नहीं लिखी। यह बात 'प्रेमघन' *सर्वस्व* के अध्ययन से साबित होती है। 'प्रेमघन' की कविताओं के जिन उद्धरणों को दिया गया है वे बच्चों को संबोधित नहीं है। अतः प्रेमधन के बारे में यह लिखना कि 'भारतेंदु की प्रेरणा से बाल साहित्य रचना की ओर प्रवृत्त होने वाले लेखकों में बदरीनारायण चौधरी 'प्रेमघन' का प्रमुख स्थान है।' पूरी तरह ठीक नहीं है।

इसी तरह प्रताप नारायण मिश्र ने लगभग 50 पुस्तकें लिखी हैं, इनमें बंकिम चंद्र चटर्जी के उपन्यासों—*राजसिंह, इंदिरा* और *राधारानी* के अनुवाद भी शामिल हैं। हरिकृष्ण देवसरे ने इन तीनों उपन्यासों को बाल उपन्यास कहा है जो कि तथ्यात्मक रूप से ठीक नहीं है। बंकिम चटर्जी के ये तीनों उपन्यास वयस्कों के लिए संबोधित हैं, न कि बच्चों को। इन उपन्यासों में बाल चरित्रों को देखकर ही देवसरे ने यह लिख दिया कि ये बाल उपन्यास हैं। हकीकत तो यह है कि बंकिम चटर्जी ने बाल

साहित्य के नाम पर कोई भी बाल उपन्यास लिखा ही नहीं है। अतः प्रताप नारायण मिश्र के साहित्य में बाल साहित्य को खोजना गलत ही साबित होता है। जबकि लाला श्रीनिवास दास कृत *प्रह्लाद चरित* को बालोपयोगी रचना माना जा सकता है। शुक्ल जी के मुताबिक यह बड़ा नाटक है तथा इसकी भाषा रोचक एवं अच्छी नहीं है।

आचार्य शुक्ल की यह आलोचना बाल साहित्य की भावभूमि पर *प्रह्लाद चरित* को रखकर देखने पर सही साबित नहीं होती। शुक्ल जी वयस्कों की कृति के तौर पर इसे देखते हैं। डॉ. हरिकृष्ण देवसरे का मानना है कि उस समय पाश्चात्य एवं भारतीय संस्कृति का संघर्ष चल रहा था। इस संघर्ष के क्रम में भारतीय परंपरा एवं संस्कृति के पोषण के साथ तत्कालीन भावी पीढ़ी के संस्कारों को परिष्कृत बनाने का प्रयास कहा जा सकता है।

असल में आधुनिक काल की शुरुआत में प्रह्लाद, ध्रुव, श्रवण कुमार आदि कथा नायकों के माध्यम से जो बाल संस्कार बन रहा था, उसकी तरफ समीक्षकों ने आधुनिक दृष्टि से सोचा ही नहीं है।

स्वातंत्र्यपूर्व के नाटकों में उपदेशात्मकता पूरी तरह हावी है। इन नाटकों में ऐसे विषयों को चुना गया जो बच्चों को कोई उपदेश दे सकें। नरेंद्र कृत *राजपूत बालक* में जातिवादी संस्कारों एवं मुस्लिम विरोधी मानसिकता का रूपायन किया गया है। इसी तरह रामनरेश त्रिपाठी ने *एकलव्य* नाटक लिखा जिसके माध्यम से विषम समाज की बखिया उधेड़ी गई है। इस नाटक में एक ओर जहां मार्मिकता है तो साथ ही सामाजिक व्यवस्था के बदलने का आह्वान भी है।

श्रीराम अग्रवाल कृत *पुत्रोत्सर्ग* नाटक, सादिक अली का लिखा *हमें मिल-जुल कर रहना चाहिए*, शिवनंदन कपूर का *राजकुमारी का हौआ*; इन नाटकों के अतिरिक्त सन् 1917 में जबलपुर से प्रकाशित *सरल नाटक माला* उल्लेखनीय है। इसमें 44 सुंदर नाटक हैं। इसके संपादक नर्मदा प्रसाद मिश्र थे। बाबू श्यामसुंदर दास ने लिखा था, '*सरल नाटक माला* पुस्तक विद्यार्थियों के लिए बड़े काम की है।' ये नाटक विद्यार्थियों के लिए लिखे गए थे। इस पुस्तक की भूमिका में कई विवादास्पद बातें कही गई हैं, जो उस समय के लिहाज से सहज प्रतीत हो सकती हैं। नाटक चयन तथा संग्रह करते समय संपादक के मन में कुछ उद्देश्य थे—1. अश्लीलता या अनुचित श्रृंगार रस न आवे। 2. स्त्री पात्र न आवें। 3. परदों का विशेष उलझाव न रहे। 4. यथासंभव शिक्षा मिले। इस पुस्तक में सर्वश्री द्वारका प्रसाद गुप्त

'रसिकेंद्र', शालिगराम द्विवेदी, रामचंद्र रघुनाथ सर्वटे, बदरीनाथ भट्ट, सुखराम चौबे गुणाकर, सैयद शंकर हुसैन शर्मा, गरीब दास अग्निहोत्री, मुकुंदीलाल श्रीवास्तव, राजाराम शुक्ल, रूपनारायण पांडेय, आत्माराम देवकर, वीरेश्वर बनर्जी, ब्रजलाल, वृंदावनलाल वर्मा, भवंत नारायण भार्गव, रामचंद्र संघी, माखनलाल चतुर्वेदी, मुरली मनोहर दीक्षित, लाल नारायण सिंह, गणेशराम मिश्र, प्रियोनाथ बसक, रामलाल पहारा, कामता प्रसाद गुरु, शंकर दामोदर पराजंपे, अंबिका प्रसाद चतुर्वेदी। सन 1931 में इसका दूसरा संस्करण मथुरा से प्रकाशित हुआ। इसमें नाटकों की संख्या 44 से बढ़ाकर 51 कर दी गई थी। यह संस्करण भी खूब बिका। इस संकलन में जो नाटक हैं, उनमें समय की विसंगतियों की सच्चाई को भी सामने लाने की कोशिश की गई है तथा कुरीतियों पर कड़ा प्रहार भी है। उदाहरण के लिए—

1. शास्त्रार्थी : सनातन धर्म किस चिड़िया का नाम है। यह तो कोई नहीं जानता, पर हां, उसके नाम से एक लकीर पिट रही है जिसमें कि संडे-मुसटंडे बाबाजियों को यथाशक्ति दान देना पड़ता है। मंदिरों में रंडियां नचवानी पड़ती है खासकर मुसलमानियां।

2. नौजवान : सुनिए! एक सुंदर लड़की 4-5 बरस की अवस्था में ही अपने पड़ोसी एक खूबसूरत लड़के पर आशिक हो गई। धीरे-धीरे लड़की जवान हुई, मगर मां-बाप ने उसकी मर्जी के खिलाफ दूसरे आदमी से शादी कर दी। वह लड़की अपने पति को फूटी आंख न देख सकती थी। लड़की जब ठीक सोलह बरस की हुई तब अचानक एक दिन वह लड़का, जिस पर वह आशिक थी, राह में खड़ा दिखा। देखते ही वह कटी मछली की तरफ तड़पने लगी।

इस तरह के नाटकों के अलावा राजा-रानियों, राजकुमारों आदि पर, खासकर इकलौती संतान पर लिखी रचनाओं, के क्या सांस्कृतिक प्रभाव होते हैं, इस पर भी गंभीरता से सोचने की जरूरत है। इस तरह की साहित्य प्रवृत्ति पर प्रसिद्ध रूसी विद्वान अंतोन मकारेंको ने लिखा—

'ये राजकुमार आशावादी मोहनी छवि लिए होते हैं। यह मोहक आकर्षण क्या है? यह न कार्य क्षमता है, न अक्ल, न प्रतिभा और चालाकी भी नहीं है। इस किस्म के राजकुमार महज कल्पना के ही फल नहीं हैं, बल्कि पाठकों तथा दर्शकों के बीच में कई माताओं और पिताओं के घरों में, उनके सामान्य परिवारों में ठीक ऐसे ही राजकुमार और ऐसी ही राजकुमारियां विद्यमान हैं, सफलता में ठीक ऐसे ही दावेदार मौजूद हैं। इस तरह की कथाओं के पीछे सामूहिक भाव, सामूहिक जिंदगी एवं

सामूहिक कहानियों के कई गुण पूरी तरह समाप्त हो जाते हैं। इस तरह के कथानकों के पीछे जो भावना कार्यरत रहती है वह है 'इकलौते बच्चे की व्यवस्था'।'

इकलौते बच्चों के निर्माण की इस धारणा की पुष्टि के बाद जो चीज सबसे ज्यादा ऐसी कहानियों में बच्चों पर प्रभाव डालती है, वह है बच्चों की ईश्वरभक्ति एवं माता-पिता के प्रति अंधा प्यार। इससे बच्चों के अंदर अहंवाद पैदा होता है। इससे माता-पिता की खुशी तो चौपट होती ही है, साथ ही, बच्चों की सफलता भी नष्ट होती है। दूसरी ओर, समाज में एक अन्य वैचारिक धारणा की पुष्टि होती है, जिसके कारण एक ही संतान जिस परिवार में होती है उसमें चिंता, अंधा प्यार, शंका और घबराहट उसी पर संकेंद्रित हो जाती है। अंतोन मकारेंको के दृष्टिकोण से अगर हम ध्रुव, प्रह्लाद, श्रवण कुमार आदि चरित नायकों पर लिखी रचनाओं पर विचार करें तो शायद बाल साहित्य के मूल्यांकन की नई दिशाओं का उद्घाटन किया जा सकता है। बाल साहित्य के मूल्यांकन में एक बाधा यह भी है कि बच्चों मं लोकप्रिय कथाओं पर केंद्रित अगर कोई रचना मिल जाती है तो उसे आंख मूंद कर बाल साहित्य की श्रेणी में रख लिया जाता है। इसका उदाहरण राधाकृष्ण दास कृत *महाराणा प्रताप* नाटक था, यह नाटक बाल साहित्य की श्रेणी में नहीं रखा जा सकता जबकि हरिकृष्ण देवसरे ने यही किया है। यह नाटक बहुत बड़ा है तथा वयस्कों को संबोधित है।

भारतेंदु युग में फ्रेडरिक पिंकाट ने दो पुस्तकें लिखी थीं, ये पाठ्यपुस्तकें थीं। पहली *बाल दीपक* और दूसरी *विक्टोरिया चरित*। *बाल दीपक* चार भागों में थी और उन दिनों बिहार के स्कूलों में पढ़ाई जाती थी। दूसरी पुस्तक *विक्टोरिया चरित* जीवनी थी, इसे ब्रिटेन की साम्राज्ञी विक्टोरिया के प्रति सम्मान की भावना जगाने के लिए लिखा गया था।

भारतेंदु मंडल के रचनाकारों ने बच्चों के लिए बहुत कम नाटक लिखे थे। फिर भी साहित्यकारों ने जबर्दस्ती इन नाटकों के अलावा अन्य नाटकों को, जो वयस्कों के लिए लिखे गए थे बाल साहित्य की श्रेणी में डाल दिया। इस समस्या को गंभीरता से न समझ पाने के कारण ही बाल साहित्य के मूल्यांकन में कठिनाइयां भी आती हैं। इस संबंध में *मधुमती* के बाल साहित्य विशेषांक में प्रकाशित साक्षात्कार में डॉ. रामकुमार वर्मा ने कहा कि 'बड़ों के नाटक किसी दूसरे दृष्टिकोण में लिखे गए होते हैं और उनको हम फिट करना चाहते हैं बाल मनोविज्ञान के सांचे में। इसमें मैं समझता हूं कि न तो बच्चों के मनोविज्ञान के अनुरूप बात होती है और न

नाटककार को ही संतोष हो सकता है।'

भारतेंदु युग के बाद महावीर प्रसाद द्विवेदी के युग में बड़े पैमाने पर हिंदी बाल साहित्य का सृजन होता है। असल में द्विवेदीयुगीन बाल साहित्य को ही वास्तविक रूप में बाल सृजन का काल माना जाना चाहिए। स्वयं द्विवेदी जी ने छह पाठ्यपुस्तकें लिखीं तथा अनेक फुटकल रचनाएं बच्चों के लिए लिखीं जिनमें मुख्यतः पौराणिक कहानियां ही हैं पर द्विवेदी जी से प्रभावित अनेक प्रमुख रचनाकारों ने बाल साहित्य सृजन में महत्वपूर्ण भूमिका अदा की है। द्विवेदी युग के प्रमुख बालमुकुंद गुप्त ने बच्चों के लिए दो पुस्तकें *खेल तमाशा* और *खिलौना* लिखीं। इसके अलावा बच्चों के लिए कुछ कविताएं भी लिखीं जो *स्फुट कविता* में संग्रहित हैं। इनकी रचनाओं में आधुनिक युग की जटिल सामाजिक चुनौतियों एवं समस्याओं का स्पष्ट दर्शन मिलता है। साथ ही, भारत की मानवीय संस्कृति के स्वस्थ मूल्यों को नई साम्राज्यी पूंजीवादी व्यवस्था ने किस तरह अमानवीय बनाया है तथा अलगाव पैदा किया है, इसका विशद वर्णन मिलता है। ग्रामीण संस्कृति के सौंदर्य एवं वैभव को किस तरह नष्ट किया गया है, उसका भी वर्णन *स्फुट कविता* संग्रह में मिलता है। गुप्तजी की रचनाओं में बच्चों के मानसिक स्तर का बोध साफ-साफ झलकता है तथा आधुनिक समाज के अनुरूप विस्तृत दृष्टिकोण की अभिव्यक्ति मिलती है जो कि पूरी तरह लोकतांत्रिक है।

द्विवेदी जी से प्रभावित लेखकों ने *बाल सखा* 1917 नामक बाल पत्रिका शुरू की। इस पत्रिका में उस समय के सभी प्रमुख लेखकों ने लिखा है। यह पत्रिका एक तरह बाल साहित्य का मंच थी। इसके पहले संपादक बदरीनाथ भट्ट थे। बाद में देवीदत्त शुक्ल, गिरिजादत्त शुक्ल 'गिरीश', श्रीनाथ सिंह, पदुमलाल पुन्नालाल बख्शी, देवीदयाल चतुर्वेदी आदि संपादक रहे। *बाल सखा* के पहले अंक (जनवरी 1917) की भूमिका में बाल साहित्य के बारे में पहली बार सुचिंतित सोच की अभिव्यक्ति दिखाई देती है। इस परिप्रेक्ष्य में बाल पत्रिका के प्रकाशन का लक्ष्य भी शामिल है।

भूमिका में लिखा— '*बाल सखा* के निकाले जाने का उद्देश्य है—बालक-बालिकाओं में रुचि जगाना, उनमें उच्च भावनाओं का भरना और उनमें से दुर्गुणों को निकाल कर बाहर करना। उनका जीवन सुखमय बनाना और उनमें हर तरह का सुधार करना। अनुभवी लोगों का कहना है कि बालक-बालिकाओं के लिए लेख लिखने में जितनी कठिनाई पड़ती है, उतनी बड़ी उम्र वालों के लिए लिखने में नहीं पड़ती, पत्र के प्रत्येक लेख को बालकों के उपयुक्त बना लेना हंसी खेल नहीं है। जिन्हें इस

विषय में सफलता प्राप्त हुई हो वह अवश्य प्रशंसा के पात्र हैं। यहां पथ प्रदर्शन के लिए कहां और किसे टटोलें। अतः यही सब दिक्कतें *बाल सखा* के लेखकों पर भी पड़ेंगी, परंतु बाल सखा को बालोपयोगी बनाने में अपनी ओर से हम कोई बात उठा न रखेंगे। बाल्यावस्था की ओर ध्यान रखकर भी इसके लिए भाषा और विषय रखे जाने की चेष्टा की जाएगी।'

बाल सखा की भूमिका में इस बात पर बल दिया गया कि बच्चों में कुसंस्कारों की जड़ें ही जमने नहीं दी जानी चाहिए। यही सबसे बड़ा परोपकार है। एक बात जो महत्वपूर्ण है, वह यह कि किशोर अवस्था में जो बच्चे अपनी मातृभाषा एवं धर्म से घृणा करते हैं वह उन्हीं कुसंस्कारों का परिणाम है जिसके कारण बच्चों को कुपथगामी होने दिया गया। यहां पर लेखक ने मातृभाषा एवं धर्म को गडमड कर दिया है। *बाल सखा* के पहले अंक में मैथिलीशरण गुप्त की लंबी कविता 'गोदी भरे लाल' छपी, इसकी अगली किश्त फरवरी 1917 के अंक में छपी थी। इस कविता के अलावा उन्होंने अनेक बालगीत लिखे, जिनमें बाल साहित्य का भारतीय परिप्रेक्ष्य झलकता है। बच्चों में भारतीय संस्कार पैदा हों, वे अपनी परंपरा को जानें, इस पर सबसे ज्यादा बल दिया तथा स्वाधीनता संग्राम से बाल साहित्य सृजन को जोड़ा। पर, मात्रा की दृष्टि से गुप्त जी ने स्वल्प मात्रा में ही बाल साहित्य लिखा। इस युग के अन्य कवि अयोध्यासिंह उपाध्याय 'हरिऔध' ने *चुभते चौपदे* तथा *चोखे-चौपदे* रूपी क्लिष्ट हिंदी रचनाएं लिखीं। वहीं पर बच्चों के लिए *बाल विभव, बाल विलास फूल-पत्ते, चंद्र खिलौने* तथा *खेल तमाशा* शीर्षक कविता संग्रह लिखे। 'चंद्रमा' को लेकर सबसे अधिक गीत इन्ही के लिखे हुए हैं। इनकी कविता में बाल अभिरुचि के स्थिर यथार्थ का चित्रण है।

हिंदी व्याकरण के पुरोधा पं. कामता प्रसाद गुरु ने भी बच्चों के लिए अनेक निबंध एवं कविताएं लिखी हैं। *बाल सखा* के पहले अंक के लेखकों में वे भी थे। फरवरी 1917 के *बाल सखा* में उन्होंने एक लेख माला 'डाकघर' शीर्षक से बच्चों के लिए लिखी, जिसमें संपूर्ण डाक व्यवस्था के बारे में रोचक ढंग से लिखा था। कामता प्रसाद गुरु कविता लेखन में भी सिद्धहस्त थे। रोचक बालोपयोगी कविताएं लिखने में इनका कोई जवाब नहीं था। एक बंदर को किसी सभा में सभापति बनना था। वह उस सभा में बंदरिया को भी ले जाना चाहता है। बंदरिया पूछती है....

> *'वहां काम क्या करना होगा।*
> *पहले यह बतलावें।*

अथवा आप अकेले जावें।
साथ न मुझको ले जावें।
मुझे लाज लगती है, कैसे
बैठूंगी पुरुषों के बीच।
मुंह मेरा खुल जावेगा या
देगा कोई घूंघट खींच।।

इस पर बंदर उत्तर देता है...

अजी चलो तुम, परदा सरदा
नहीं आजकल चलता है।
बड़ी-बड़ी कुलवधुओं को भी
इससे बड़ी विकलता है।
जो चाहो तो चिक के भीतर
आसन करना ग्रहण कहीं।
किंतु सभापति की पत्नी को,
पूंछ दबाना उचित नहीं।

इनकी 'हमारी छड़ी' कविता सबसे ज्यादा लोकप्रिय हुई। इस कविता में छड़ी के विविध खेलों का प्रदर्शन बच्चे खूब करते हैं। इसके अलावा 'चिट्ठीवाला', 'रेलगाड़ी, 'तरुवर', 'बागीचा' आदि कविताएं भी खूब लोकप्रिय हुईं। सन् 1919 में तो एक वर्ष तक वह *बाल सखा* का संपादन भी करते रहे। द्विवेदी युग के प्रसिद्ध लेखकों में रामजीलाल शर्मा का नाम विशेष रूप से उल्लेखनीय है। इन्होंने पचास के करीब पुस्तकें लिखी हैं। इनमें *बाल रामायण, बाल भागवत, टके सेर की मुक्ति, टके सेर लक्ष्मी, बाल चरितमाला,* सबसे ज्यादा लोकप्रिय हुईं। शर्मा जी ने 1905 में इंडियन प्रेस द्वारा प्रकाशित *बाल सखा* पुस्तक माला का 1905 में संपादन भार संभाला। सन् 1914 में *विद्यार्थी* का प्रकाशन आरंभ किया। सन् *खिलौना* मासिक का प्रकाशन किया। इस युग के प्रमुख लेखकों में मन्नन द्विवेदी गजपुरी, पं. सुखराम चौबे 'गुणाकर', सुखदेव प्रसाद चौबे, रामचंद्र रघुनाथ सर्वटे, रामनरेश त्रिपाठी, डॉ. विद्याभूषण 'विभु', गिरिजादत्त शुक्ल 'गिरीश', ठाकुर श्रीनाथ सिंह, पं. सुदर्शनाचार्य, सुदर्शन, गोपालशरण सिंह, देवीदत्त शुक्ल, शालिगराम वर्मा, डॉ. रामकुमार वर्मा, रघुनंदन त्रिपाठी, शंभुदयाल सक्सेना, चंद्रमौलि शुक्ल आदि के नाम उल्लेखनीय हैं। यह समूचा दौर सन् 1901 से 1930 तक फैला हुआ है। इस दौर में सबसे ज्यादा

बाल पत्रिकाएं छपीं तथा मौलिक रचनाएं सामने आईं।

हिंदी बाल पत्रिकाओं का इतिहास

हिंदी बाल साहित्य पत्रिकाओं का इतिहास देखें तो पाएंगे कि पहला बाल मासिक पत्र *बाल हितकर* (1891) लखनऊ से प्रकाशित हुआ था। यह पत्र ज्यादा दिन तक नहीं चला। 1906 में अलीगढ़ से *छात्र हितैषी* छपा जिसका संपादन शिवचरण लाल ने किया था। इसी वर्ष पं. किशोरीलाल गोस्वामी जी के संपादकत्व में *बाल प्रभाकर* बनारस से प्रकाशित हुआ। सन् 1911 में मेरठ से *बाल हितैषी* का प्रकाशन हुआ था, बाद में यह काशी से छपने लगा। इसके संपादक विनोद बिहारी सेन राय थे। यह 1916 तक प्रकाशित होता रहा। नरसिंहपुर से *मॉनीटर* (1912), *विद्यार्थी* (1914), *बाल मनोरंजन* (1914), *शिशु* (1915), *बालक* (1916), *बाल सखा* (1917), *हेयर स्कूल पत्रिका* (1916), इसी के साथ *स्कूल मास्टर छात्र सहोदर* (1920), *उत्साह* (1920), *आशा* (1920), *वीर बालक* (1924), *खिलौना* (1926), के नाम उल्लेखनीय हैं।

इस दौर की बाल रचनाओं का मुख्य स्वर नीतिपरक एवं नैतिकतावादी उपदेशों से ओतप्रोत था। *बाल सखा* पत्रिका के प्रत्येक अंक की पहली रचना *ईश वंदना* हुआ करती थी। इस प्रवृत्ति के प्रति कुछ लेखक सचेत भी थे। लेखकों में बालकों की भाषा एवं बोध को लेकर समझदारी का तेजी से विकास हो रहा था। बाल पाठ्यपुस्तकों एवं बाल साहित्य में सृजन की बाढ़-सी आ गई थी।

प्रसिद्ध साहित्यकार जहूर बख्श ने *सुधा* मासिक के दो अंकों में (नवंबर-दिसंबर 1928) बाल साहित्य का ऐतिहासिक अवलोकन करते हुए जो लेख लिखा था, वह कई अर्थों में महत्वपूर्ण है। इस लेख में उन्होंने बाल साहित्य को शिशु साहित्य, बाल साहित्य एवं कन्या साहित्य में वर्गीकृत किया। अपने लेख में जहूर बख्श ने 'साहित्येतर विषय पर लेखक कैसे लिखें' इस पर टिप्पणी करते हुए लिखा 'भूगोल में यह बतलाने से क्या लाभ कि गंगा नदी कहां से निकलती है, कहां गिरी है और उसके तट पर कौन-कौन नगर बसे हुए हैं बल्कि यह बतलाना चाहिए कि जिस स्थान से गंगा नदी निकली है वह कहां है। कैसा है, गंगा का इतना महत्व क्यों है, इसके पानी से लोगों को क्या लाभ होता है, भारत पर इसका क्या प्रभाव पड़ता है, इसके तटवासी लोगों को इससे क्या लाभ-हानि आदि-आदि?

इस दौर की कविताओं में बौद्धिक क्लिष्टता दिखाई नहीं देती है तथा बच्चों

के कल्पना क्षितिज के अनुरूप प्रयोग दिखाई देते हैं। ये प्रयोग बाल जीवन के परिवेश को सामने लाते हैं।

द्विवेदीयुगीन लेखकों में जिन लेखकों ने बाल साहित्य सृजन किया था, उनका जिक्र पहले कर चुके हैं। उन लेखकों की कुछ ऐसी रचनाएं भी थीं जो सबसे ज्यादा लोकप्रिय हुईं। जिनमें बाल सुलभ जिज्ञासाओं को शांत करने, उनमें कल्पनात्मक अनुभूति पैदा करने की कोशिश की गई। इनमें रामचंद्र रघुनाथ सर्वटे की ऐतिहासिक कहानियों में 'बालक की वीरता' (1 जनवरी 1921) 'बालवीर पाथकी' (*बाल सखा*, 1921), मनोरंजन कहानियों में 'राक्षस से लड़ने वाला लड़का (*बाल सखा*), जुलाई 1932) तथा 'बिच्छू का विवाह' (*बाल सखा*, जून 1933), इसके अलावा बालकों को संबोधित लेखों में से 'समाचार-पत्र' (*बाल सखा*, दिसंबर 1921), 'मिट्टी का तेल', (*बाल सखा*, जनवरी 1922) तथा 'तुर्क राज्य की सैर' (*बाल सखा*, जून 1933) विद्याभूषण 'विभु' ने 30 वर्षों तक बाल साहित्य सृजन किया। इनके गीतों की तुलना करते हुए निरंकार देव सेवक ने लिखा, 'हिंदी में यदि किसी कवि के बालगीतों अंगरेजी बालगीत के मुकाबले रखे जा सकते हैं तो वे 'विभु' जी के हैं।' ये कुछ समय तक *शिशु* के भी संपादक रहे। इनकी लिखी बाल कृतियों में उल्लेखनीय हैं—*मेरी कहानी* (16 भाग), *खेल खिलौने, लाल खिलौना, खेलो भैया, गुड़िया, चंदा, बबुआ, फूलबगिया में, गोबर गनेश, ढपोरशंख, लाल बुझक्कड़, शेखचिल्ली, चार साथी, पांच पंखुरियां, राष्ट्रीय राग, चुनमुन, जादूगर* आदि।

विभु जी ने बाल साहित्य के बड़े पैमाने पर प्रयोग किए हैं, रचनात्मक ढंग से बच्चों के ज्ञान एवं विवेक का विकास करने में समर्थ रचनाएं लिखी हैं। गीत-कथाएं, गेय-गीत एवं शिशु गीतों के सृजन में ठाकुर श्रीनाथ सिंह का नाम भी उल्लेखनीय है। इनका रचनाकाल चालीस वर्षों तक फैला हुआ है। इन्होंने *बाल सखा, शिशु, दीदी* और *बाल बोध* बाल पत्रिकाओं का संपादन किया। इनकी लिखी बाल पुस्तकों में *दस कथाएं, पिपहरी, खेल घर, बाल कवितावली* आदि प्रमुख हैं। *शिशु* पत्रिका के संपादक-प्रकाशक पंडित सुदर्शनाचार्य ने बड़ी संख्या में बाल रचनाएं लिखी थीं। इन्होंने अनेक लेखकों को बाल साहित्य सृजन के लिए प्रेरित किया। इनकी जिन बालकृतियों ने लोकप्रियता हासिल की थी वे हैं—*डल्लू और भल्लू, विज्ञान वाटिका, अनूठी कहानियां, नानी की कहानियां, बच्चू का ब्याह* आदि।

इस काल के जिस रचनाकार की बाल पुस्तकों का बड़ी मात्रा में प्रकाशन हुआ, उनमें शंभुदयाल सक्सेना भी हैं। इनकी प्रसिद्ध लोकप्रिय रचनाओं में *पालना*,

मधुलोरी, लोरी और *प्रभाती, फूलों का गीत, चंद्र लोरी, आरी निंदिया, रेशम का झूला, शिशु लोरी, नाचो गाओ, दुपहरिया के फूल, बाल कवितावली* आदि। इस दौर की रचनाओं का विश्लेषण करते हुए यह कहा जा सकता है कि इस दौर के सभी लेखकों की रचनाओं का मूल स्वर उपदेशात्मक था। उपदेशपरक रचनाएं मात्रा में ज्यादा थीं पर अच्छी बाल रचनाओं का भी निर्माण हुआ था।

हिंदी बाल साहित्य के विकास एवं मौजूदा अवनति को विश्लेषित करने में यह सवाल महत्वपूर्ण हो जाता है कि क्या बाल साहित्य का विकास उपदेशपरक रचनाओं के आधार पर किया जा सकता है? क्या उपदेशपरक बाल साहित्य के माध्यम से बालकों के मन पर प्रभाव डाला जा सकता है? क्या यह संभव है कि उपदेशपरक बाल साहित्य पठनीय होता है? क्या रचनात्मक ऊर्जा का इससे विकास होता है। उपदेशपरक बाल साहित्य का तात्कालिक महत्व एवं प्रभाव तो होता है पर इससे बच्चों का संस्कार नहीं किया जा सकता है। बच्चों के मनोविज्ञान के अध्ययनों से यह बात सिद्ध हो चुकी है कि बच्चे उपदेशपरक रचनाओं से प्रेरित नहीं होते बल्कि उनके अंदर उपदेशपरकता के प्रति प्रतिरोध शक्ति क्रमशः पैदा होती चली जाती है। उपदेशपरक बाल साहित्य के आधार पर किसी भी मुल्क में स्वस्थ रचनाशीलता का विकास नहीं हुआ है। बच्चों के अंदर उपदेशपरक प्रवृत्तियों के परिणाम मनोवैज्ञानिक तौर पर घातक साबित हुए हैं। साथ ही साहित्य की भी क्षति होती है।

सन् 1930 तक की रचनाओं में उपदेशपरक प्रवृत्ति, ईश्वर के भरोसे समस्याओं के समाधान, पशु-पक्षियों की जिंदगी का रूपायन, सामंतों की वीर पूजा की प्रशंसा, परीलोक की कथाओं एवं भूत-प्रेत कथाओं का प्रचलन था तथा स्वाधीनता संग्राम की धीमी अनुगूंज भी सुनाई देती है। सन् 1930 के बाद के बाल साहित्य में स्वाधीनता संग्राम का बहुत व्यापक प्रभाव दिखाई देता है। अनेक महत्वपूर्ण बाल पत्रिकाओं का प्रकाशन होता है। इलाहाबाद से रामनरेश त्रिपाठी के संपादकत्व में *वानर* (1931), कालाकांकर के राजा के संपादकत्व में *खिलौना,* इसी वर्ष उदयपुर से के.एल. श्रीमाली ने *बालहित* का प्रकाशन किया। सन् 1934 में इलाहाबाद से रामकिशोर अग्रवाल ने *अक्षय भैया* प्रकाशित किया। सन् 1932 में *कुमार* का प्रकाशन आरंभ हुआ, प्रकाशन कालाकांकर नरेश सुरेश सिंह ने किया। सन् 1936 में मुरादाबाद से *बाल विनोद* का प्रकाशन आरंभ हुआ।

इन पत्रिकाओं के अलावा कुछ ऐसी भी पत्रिकाएं थीं जिनका प्रकाशन पहले से चला आ रहा था। इस युग की बाल कहानी कला को देखें तो यह निष्कर्ष

निकलता है कि बाल साहित्य लेखक अपनी रचनाओं में संदेशात्मक तत्वों को प्रेरित करने की कला में महारत हासिल कर चुके थे। इन उद्देश्यों को प्रेरित करने के लिए वे निष्कर्ष देते थे। ऐसी अनेक मौलिक कहानियों की रचना की गई जिनमें विषय-वस्तु के माध्यम से हास्य, देशप्रेम एवं सदाचार का रूपायन हुआ है। इसके अलावा पशु-पक्षियों और कीड़े-मकौड़े से संबंधित मनोरंजक कहानियां लिखी गईं। अनाचारियों पर विजय पाने की शिक्षा, ईमानदार, शूरवीर, साहसी बनने या देशप्रेम रखने तथा देश के लिए प्राण न्यौछावर करने की शिक्षा दी गई है। ऐतिहासिक कहानियों में जहूर बख्श लिखित कई कहानियां बेहद लोकप्रिय हुईं। इनके लिखे जिन कहानी- संग्रहों ने लोकप्रियता हासिल की वे हैं...*इतिहास की कहानियां, मनोहर ऐतिहासिक कहानियां* आदि। हास्य कहानियों में *चमड़ी जाय पर दमड़ी न जाय* बेहद रोचक है।

इसमें एक कंजूस महाजन ईश्वर को एक पैसे के लिए धोखा देता है। यह कहानी *बाल सखा* के अगस्त 1933 के अंक में छपी थी। परिष्कृत हास्य के रूप में गणेश राम मिश्र लिखित *गज्जू और गंपू की कहानी*, जोतिन प्रसाद कृत *हंसी के चुटकुले*, महावीर प्रसाद गहमरी कृत *बुढ़िया पुरान* सरस हास्य की सृष्टि करने वाली रचनाएं हैं। पंडित गणेश राम मिश्र ने *हल और बिल* नामक कहानी संकलन बनाया। इसमें पांच-छह वर्षों की अवस्था के बालकों के लिए रोचक कहानियां संकलित हैं। इस संकलन के माध्यम से चारों ओर के जगत का परिचय कराने की कोशिश की गई है।

सदाचार सिखाने के लिए या इतिहास, भूगोल का परिचय देने के लिए अथवा दूसरों के महान जीवन से परिचय कराने के लिए जीवनीपरक बाल कहानियां भी अनेक लेखकों ने लिखीं। इस दौर की बाल पत्रिकाओं में लोककथाओं को लिपिबद्ध करने की कोशिश भी की गई। इस क्रम में परियों एवं भूत-प्रेतों की कहानियों का सृजन बड़े पैमानें पर हुआ। परी साहित्य की कृतियों में आनंद कुमार कृत *परियों की कहानियां*, बाबू बाल भार्गव की *परियों का दरबार*, रामचंद्र द्विवेदी कृत *परी देश* तथा व्यथित हृदय लिखित *सोने की परी* प्रमुख कृतियां हैं। परीकथाओं का ज्यादा विकास इस युग में नहीं हो पाया। मानव के कल्पनात्मक तथा ऊल-जलूल मन की सृष्टि के रूप में भूत-प्रेतों, राक्षसों एवं बेतालों के चरित्रों पर केंद्रित कहानियों का सृजन भी हुआ। इस तरह की कहानियों में भय का समावेश रहता था। भयावह अमानवीय पात्र एवं घटनाएं बाल पाठक को रहस्य एवं रोमांच के ऐसे संसार में ले जाते हैं जहां वह आनंद तो लेता है, साथ ही उसके मन पर आतंक भी प्रभाव बनाए

रखता है। रायबर्न ने लिखा है कि 'हम कभी-कभी यह अनुभव नहीं कर पाते कि जो कहानियां बच्चों को सुनाई जाती हैं उनको वे कितनी गंभीरता से ग्रहण करते हैं और न यही अनुभव कर पातें है कि उन सुनाई गई कहानियों के द्वारा कैसे वे अपना जीवन ढालते हैं। जब किसी व्यक्ति की हत्या हो जाती है अथवा वह दुख सहन करता है तो बालक भी दुःख सहन करने लगता है।'

सन् 1930 के बाद के बाल साहित्य में जहां रचनात्मक स्तर पर वैविध्यपूर्ण प्रयोग नजर आते हैं वहीं पर बाल पत्रिकाओं में बाल साहित्य के सिद्धांतों के निर्माण की प्रक्रिया भी दिखाई देती है। यह सच है कि इस समूचे युग में बाल साहित्य-समीक्षा का कोई ग्रंथ नहीं लिखा गया पर साहित्यकारों ने समीक्षा-दृष्टि से इस विषय पर विचार अवश्य किया है। मौजूदा बाल साहित्य-समीक्षा के लिए विभिन्न बाल पत्रिकाओं में व्यापक विचारों से बाल साहित्य-समीक्षा का सुसंगत ढांचा तैयार करने में महत्वपूर्ण मदद मिल सकती है।

बाल साहित्य समीक्षा के सिद्धांत

जनवरी 1940 के *कुमार* बाल मासिक के संपादकीय में भावी समाज में बाल साहित्य की अहमियत को रेखांकित किया गया है तथा लिखा है कि *कुमार* का दृष्टिकोण प्रारंभ से ही प्रगतिशील रहा है। बीसवीं सदी सब तरह संसार के लिए क्रांतिकारी और युगांतरकारी प्रमाणित होने जा रही है। हमारे युग में जहां एक ओर मानव सभ्यता के लिए हितकर विचारधाराओं का प्रादुर्भाव हो रहा है, वहां दूसरी ओर अनेक प्रतिक्रियात्मक और भ्रम में डालने वाले सिद्धांतों का भी प्रचार बढ़ रहा है। हमारा सदैव से यह दृष्टिकोण रहा है कि हम अपने बालकों को इन वाद-विवादों के चक्कर में न डाल कर उनके सामने केवल वैज्ञानिक सामग्री प्रस्तुत करें जिससे उन्हें मानव-जीवन और संसार के प्रति अपने वैज्ञानिक दृष्टिकोण को वैज्ञानिक बनाने में सहायता मिले।'

बाल साहित्य के लोकवादी और परंपरावादी दृष्टिकोण के विकल्प के रूप में बालकों के अंदर वैज्ञानिक दृष्टिकोण का प्रचार करने पर जो बल दिया गया वह नए युग की चुनौतियों के अनुरूप था। परंपरावादी एवं लोकवादी बाल साहित्य आधुनिक युग की चुनौतियों के अनुरूप बच्चों का संस्कार तैयार करने में प्रभावी औजार नहीं बन पाया था। इस तरह के साहित्य की भूमिका को बाल पत्रिका के संपादकों ने पहचाना। परंपरावादी दृष्टिकोण के बाल साहित्यकारों ने पौराणिक कथाओं को

लोकप्रिय बना कर जैसा साहित्यबोध पैदा किया था वह पिछड़ी हुई शक्तियों के लिए सामाजिक आधार तैयार करने वाला साबित हुआ जबकि लोकवादी बाल साहित्य ने लोकप्रिय जीवन-संबंधों की नए सिरे से व्याख्या की। लोकवादी साहित्य सरस एवं बोधगम्य था पर। आधुनिक जीवन की चुनौतियों का उसके पास जवाब नहीं था। इस साहित्य की सबसे बड़ी शक्ति यह रही है कि इनमें लोकजीवन के प्रधान तत्व पशु-पक्षी और प्रकृति के माध्यम से लिए गए हैं। पशु-पक्षी जगत के प्रेम संबंधों की निष्कलुष एवं निःस्वार्थ भावना को प्राणियों में फैलाने के लिए इन कहानियों का बच्चों में प्रसार किया जाता था। लोककथाओं की यह विशेषता रही है कि इनका रचनाकार कोई एक व्यक्ति नहीं था। पर यह बात महत्वपूर्ण है कि ये लेखक बुजुर्ग पीढ़ी के लोग ही रहे होंगे। लोककथाओं में नीति अंतर्ग्रंथित रहती है। लोक कहानियां सुन कर या पढ़ कर बच्चों में आनंदानुभूति पैदा होती है। लोक कहानियों के बारे में एक बार पुश्किन ने कहा था, 'क्या गजब की हैं ये कहानियां। हर एक अपने में एक कविता।'

लोक कहानियों का साहित्यिक मूल्य आंकते हुए चार्ल्स लैंब ने अपने एक पत्र में कॉलरिज को लिखा था, 'यदि तुम्हें बाल्यावस्था में लोक-कहानियां और दादी-नानी के किस्से सुनने को न मिले होते और इसके स्थान पर तुमने भूगोल और इतिहास रटा होता तो आज तुम्हारी क्या दशा होती।'

यहां यह भी महत्वपूर्ण है कि हम यह जानें कि 'लोक' किसे कहा जाए? क्या ग्राम साहित्य को लोक साहित्य का पर्यायवाची माना जा सकता है। मुझे लगता है कि ग्राम साहित्य को लोक साहित्य का पर्याय मानना गलत होगा। आचार्य हजारी प्रसाद द्विवेदी ने लोक शब्द की व्याख्या करते हुए लिखा है कि 'लोक शब्द का अर्थ जनपद या ग्राम्य नहीं है बल्कि नगरों और गांवों में फैली हुई समूची जनता है जिनके व्यावहारिक ज्ञान का आधार पोथियां नहीं हैं। ये लोग नगर में परिष्कृत रुचि संपन्न तथा सुसंस्कृत समझे जाने वाले लोगों की अपेक्षा अधिक सरल और अकृत्रिम जीवन के अभ्यस्त होते हैं। पर, हिंदी लोक-साहित्य की यह सबसे बड़ी कमी है कि इसमें बाल साहित्य बहुत कम मात्रा में है। विशेषकर बाल लोक-काव्य तो नहीं के बराबर है। बाल लोक-काव्य अत्यंत संगीतमय, लयात्मक और बालकों के जीवन का यथार्थ रूप सामने लाने वाला होता है। जिस भाषा में लोक-गीत हैं, उस भाषा में बालकों के खेल तथा नृत्यगीत भी होंगे। इन गीतों में प्रायः बड़ों के गीतों के खंड होते हैं और अनुकरणात्मक क्रीड़ा से संबद्ध बड़ों की क्रियाओं का प्रतिबिंब रहता है।

बांग्ला बाल कविताओं के संदर्भ में *दिनमान* के सर्वेक्षक को आचार्य हजारी प्रसाद द्विवेदी ने कहा था कि *आबोल ताबोल, हाशि-खुशि* आदि की तरह कोई भी ऐसी पुस्तक नहीं है जिसे हिंदीभाषी घरों में प्रत्येक बच्चा प्रसन्नतापूर्वक पढ़ता हो।

बाल लोक-काव्य में पाठ की विभिन्नता रहती है। इस वैभिन्न्य के कारण ही बाल लोक कविताओं में नई-नई पंक्तियां एवं बालकों की कल्पनाशीलता जुड़ती चली जाती है। बाल गीतों के पाठांतरों में आए परिवर्तनों के पीछे मौखिक परंपरा का बड़ा हाथ रहा है। जिसमें भाषा, वस्तु और छंद तीनों की सरलता तथा आंचलिकता का समावेश रहता है। बाल लोककाव्य के जो रूप मिलते हैं उन्हें खेलगीत, उत्सवगीत, ऊल-जलूल गीत, लोरियां एवं पहेलियां हैं। नए आधुनिक संदर्भों में इस साहित्य का विकास हिंदी में नहीं हुआ। जबकि बांग्ला साहित्य में लोक साहित्य का आधुनिक युगबोध के संदर्भ में विकास किया गया। लोक साहित्य को सामयिक एवं सुसंगत बनाने के लिए जरूरी है कि उसमें आधुनिक दृष्टिकोण का विकास किया जाए। इस दौर के रचनाकारों के सामने लोकवादी एवं परंपरावादी दृष्टियों के दो ध्रुवों पर खड़े रचनाकारों को आधुनिक युग की मुख्य धारा में लाने की मुख्य समस्या थी। जिसका समाधान वैज्ञानिक दृष्टिकोण को अपनाकर ही किया जा सकता था। इसलिए *कुमार, वानर* आदि पत्रिकाओं में वैज्ञानिक दृष्टिकोण की मांग रखी गई। *कुमार* में जो दृष्टिकोण बाल साहित्य के बारे में व्यक्त किया था। तकरीबन उसी तरह के दृष्टिकोण की वकालत रामनरेश त्रिपाठी द्वारा संपादित बाल पत्रिका *वानर* के प्रथम अंक (जुलाई 1931) के संपादकीय में की गई थी। *वानर* के संपादकीय एवं टिप्पणियों के अध्ययन से उस दौर के बाल साहित्य लेखन की प्रवृत्तियों का भी अनुमान लगाया जा सकता है। एक संपादकीय में उन्होंने लिखा...'हमारे पास 70 फीसदी कविताएं और लेख ऐसे आते हैं जिनमें बस ईश्वर के आगे एक गुलाम की तरह हाथ जोड़ कर प्रार्थना की जाती है। हम इसको पसंद नहीं करते।...मैं ईश्वर का विरोध करने को नहीं कहता पर यह जरूर कहता हूं कि जो कुछ करना चाहिए अपने भरोसे पर करना चाहिए, ईश्वर या और किसी के भरोसे पर नहीं। यदि कोई कर्म मार्ग पर अटल रहता है तो कोई जरूरी नहीं कि ईश्वर के आगे वह एक अपराधी या गुलाम की तरह हाथ जोड़ कर खड़ा रहे।....वह जमाना बीत गया जब लोग मौज से घर में बैठ कर तरह-तरह की झूठी कल्पनाएं किया करते थे। अब समाज और देश में क्रांति करने की आवश्यकता है। इसलिए प्रत्येक काम समय देख कर करना चाहिए।'

बाल सखा पत्रिका में पहली रचना 'ईश वंदना' होती थी। जबकि *वानर* का संपादक ईश वंदना या ईश्वर के आगे नतमस्तक होने वाली धारणा की मुखालफत करता है। और बाल साहित्यकारों का क्रांति के लिए आह्वान करता है। साथ ही शौक-मौज के लिए लिखी गई कल्पनात्मक रचनाओं को भी खारिज करता है यानी, कल्पना के लिए कल्पना करना तथा उड़ान भरना *वानर* के संपादक को पसंद नहीं है। पर एक बात विचारणीय है कि क्या बच्चों के मन में क्रांति की भावना को यांत्रिक तरीके से भरा जा सकता है? क्या लेखकों/ पत्रकारों/ समीक्षकों के द्वारा एकमत होकर क्रांति का आह्वान करने से क्रांतिकारी बाल साहित्य का सृजन हो पाएगा? *वानर* में जिस दौर में यह संपादकीय लिखा था, उस समय वामपंथी विचारों का स्वाधीनता संग्राम में प्रसार बढ़ रहा था। मजदूरों-किसानों एवं समाज के अन्य तबकों की स्वाधीनता संग्राम में हिस्सेदारी बढ़ती जा रही थी जिसका प्रभाव साफ तौर पर संपादकीय में दिखाई देता है। इस युग में हिंदी की बाल पत्रिकाएं जहां एक ओर क्रांति का आह्वान कर रही थीं तो दूसरी ओर बाल लेखकों का ऐसा भी समुदाय था जो क्रांतिकारी तेवर पर बल देने की बजाय प्रयोगशील नजरिये से बच्चों से संवाद बनाना चाहता था। बच्चों की भावभूमि पर उतर कर उनसे एकाकार होने की कोशिश कर रहा था। इस दृष्टि से रामनरेश त्रिपाठी, श्रीनाथ सिंह, विद्याभूषण विभु, गंगा प्रसाद पांडेय, पदुमलाल पुन्नालाल बख्शी, ठाकुरदत्त मिश्र, लक्ष्मी नारायण, दीनदयाल अवस्थी, चंद्रशेखर शास्त्री, स्वर्ण सहोदर, सोहन लाल द्विवेदी, निरंकार देव सेवक, सुमित्रा नंदन पंत, डॉ. रामकुमार वर्मा आदि का नाम उल्लेखनीय है।

इन रचनाकारों द्वारा लिखित बाल कविताओं में बाल जीवन की सजीवता दिखाई देती है। कविताओं में बच्चों का हंसना, खेलना, दौड़ना, हास्य-व्यंग्य, पढ़ाई, पारस्परिक मेलजोल एवं प्राकृतिक सौंदर्य का रूपायन मिलता है। क्योंकि बाल साहित्य अगर बच्चों के जीवन से प्रत्यक्ष रिश्ता नहीं बनाता तो बच्चे ऐसे साहित्य को पसंद नहीं करते। जिन बातों का बालकों के सामान्य जीवन से संबंध नहीं है उन बातों की बच्चों में अनुभूति भी पैदा नहीं होती। बाल अनुभूतियों एवं क्रीड़ाओं पर साहित्य लिखा जाए, इससे शायद ही कोई इनकार करे पर क्या हिंदी लेखकों के पर्याप्त मात्रा में ऐसा सच्चा बाल साहित्य लिखा है जो बाल अनुभूतियों को जगाए, समृद्ध करे तथा उनमें मानवीय तत्व का विकास करे।

असल में, बाल अनुभूतियों पर जो साहित्य लिखा गया है, उसमें बहुत सारा तो 'स्टीरियों टाइप' है, बंधे-बंधाए फॉर्मूलों में लिखा गया है। इसलिए हम देखते हैं

कि फॉर्मूलाबद्ध ढंग से विकसित हिंदी का स्वातंत्र्यपूर्व बाल साहित्य (जो कि संपूर्ण बाल साहित्य की मुख्यधारा था) स्वातंत्र्योत्तर काल में आकर रेतीले रेगिस्तान में कहीं गुम हो गया। यथार्थपरक ढंग से बाल अनुभूतियों को बालकों के धरातल पर ही जाकर उसे रूपायित करने वाला साहित्य अल्प मात्रा में है। या यों कहें कि यह धारा मुख्यधारा नहीं है। कालांतर में इस धारा का समुचित विकास भी नहीं हो पाया। इस संदर्भ में कवियों में जो प्रमुख हैं, वे हैं—रामनरेश त्रिपाठी, सोहनलाल द्विवेदी, श्रीनाथ सिंह, विद्याभूषण विभु वगैरह। रामनरेश त्रिपाठी की पुस्तक *वानर संगीत*, एवं सोहनलाल द्विवेदी की पुस्तक *मोदक* उल्लेखनीय कृतियां हैं। इस दौर की बाल पत्रिकाओं में छपने वाली रचनाएं कभी-कभी दुरूह भी हो जाया करती थीं, जिनकी आलोचना होती थी। *बाल सखा*, फरवरी 1929 के अंक में हरिऔध जी की एक कविता की आलोचना एक बाल पाठक ने की थी तथा दुरूह कविता छापने के लिए संपादक की भी आलोचना की थी। संपूर्णता में देखें तो इस युग की कविता 'बौद्धिक क्लिष्टता से परे तथा बच्चों के कल्पना क्षितिज के अनुरूप' है।

स्वाधीनता संग्राम के इस दौर में बाल पत्रिकाओं एवं बाल साहित्य लेखकों के सामने बाल अनुभूतियों को जगाने, समृद्ध करने एवं सही दिशा देने की गंभीर चुनौती थी तो दूसरी ओर राष्ट्रीय आंदोलन के प्रभाव एवं चेतना का भी बच्चों में विस्तार करना महत्वपूर्ण लक्ष्य था। इस लक्ष्य को ध्यान में रखकर अनेक प्रेरणाप्रद एवं उपदेश प्रधान रचनाएं लिखी गईं। इन रचनाओं में व्यंग्य उपदेशपरकता ने काव्य की एक तरह हत्या कर दी। कविता के मर्म पर उपदेश हावी हो गया जिसका परिणाम यह निकला कि राष्ट्रीय भावना से ओतप्रोत कविताओं के काव्य तत्वों के बीच संतुलन दिखाई नहीं देता। रचना में संदेश एवं उपदेश हो, पर उसकी भी सीमा होती है। अगर उपदेश के द्वारा काव्य-मर्म की हत्या हो जाए अथवा काव्यतत्व गौण हो जाए तो यही माना जाएगा कि रचनाकार ने अपना दायित्व छोड़ कर उपदेशक का दायित्व अपने कंधों पर उठा लिया है।

यहां स्मरणीय है कि स्वातंत्र्यपूर्व हिंदी बाल साहित्यकारों को कोई बाल कविता की परंपरा तो मिली नहीं थी, उन्हें बंजर जमीन पर फूल उगाना था, उसकी अपनी जटिलताएं होती हैं एवं कठिन संघर्ष की जरूरत होती है। लेखकों ने जहां नई जमीन खोदी थी साथ ही नींव का निर्माण भी उनको ही करना पड़ा था। यही वजह है कि बाल कविता के क्षेत्र में बहुत सारे ऊल-जलूल प्रयोग भी हुए। साथ ही, कल्पनात्मक एवं कलात्मक प्रयोग भी दिखाई देते हैं तो स्टीरियों टाइप प्रयोग भी हैं असल में, इस

युग का बाल साहित्य लेखक अपने लिए सही जमीन की तलाश में है। बंजर जमीन को हरा-भरा बनाया जाए इसके लिए पानी, बीज एवं खाद खोजने का काम भी उसी को करना था। इसी कारण इतने बड़े पैमाने पर बहुरंगी प्रयोगों वाला बाल- काव्य हमें मिलता है। इस बाल काव्य को सामने लाने में बाल पत्रिकाओं की भूमिका महत्वपूर्ण है। बालगीतों अथवा बच्चों को पसंद आने वाले गीतों पर विचार करते समय एक बात ध्यान रखें कि कविता का आनंद लेने का बोध कुछ चुने हुए लोगों के लिए अथवा सिर्फ वयस्कों के लिए ही नहीं मानना चाहिए, यह चुने हुए लोगों के अधिकार की बात नहीं है बल्कि कविता तो सबकी संपत्ति होती है। इसे हम आरंभिक रूप से बच्चों के गीतों में अभिव्यक्त शब्दों तथा स्वरों में देख सकते हैं।

बच्चों के अंदर जो साहित्य या गीत बार-बार दोहराया जाता है, जिसमें बच्चे आनंद की अनुभूति प्राप्त करते हैं। ऐसा साहित्य निरंतर फैलता जाता है। ऐसा साहित्य जो बालसुलभ जिज्ञासाओं का विकास करे वह भी चिरकाल तक जिंदा रहता है। बालकाव्य लिखने में जिन लेखकों की रुचि है, उन्हें बालगीतों में केवल संगीतमय शब्द एवं ध्वनियों का ही ज्यादातर प्रयोग करना चाहिए। बच्चों में यह प्रवृत्ति होती है कि वे संगीतमयता के कारण कविता या कथ्य का आनंद शीघ्र ग्रहण कर लेते हैं। बच्चे आनंद चाहते हैं और संगीतमय शब्दों एवं ध्वनियों के इस्तेमाल से बच्चों में गंभीर से गंभीर विषय को भी लोकप्रिय बनाया जा सकता है। बच्चों के लिए गीत लिखना एवं बड़ों के गीत लिखना दो अलग-अलग कार्य व्यापार हैं। सब बालगीत राग-रागनियों में बांध कर संगीत के स्वर, लय के आधार पर भले ही न गाए जा सकें, पर बच्चे अपनी तरह स्वर के उतार-चढ़ाव के साथ गा सकते हैं।

स्वानुभूति की अभिव्यक्ति होने की दृष्टि से गीत और बालगीत में बहुत अंतर होता है। बड़ों के गीतों की प्रेरणा कवि को स्वयं की अंतरानुभूतियों से मिलती है। उसके अपने मन में भावनाओं का उत्थान-पतन उसे गीतों में अभिव्यक्ति के लिए विवश कर देता है। बालगीतों की प्रेरणा कवि को अपनी अनुभूतियों से नहीं मिलती, न उसकी भावना ही उसे व्यक्त करने के लिए विवश करती है। बच्चों की बातों, उनकी चेष्टाओं, उनके क्रिया-कलापों से वह प्रेरणा ग्रहण करता है और अवकाश-उल्लास के क्षणों में वह उनके ही आधार पर बालगीतों की रचना किया करता है। यह प्रेरणा उसी प्रकार से होती है जैसी प्रकृति के किसी रूप व्यापार को देख कर किसी भी कवि को प्राप्त हो सकती है।

निरंकार देव सेवक ने हिंदी बालगीत साहित्य को तीन भागों में बांटा है। पहला,

1900 से 1920, दूसरा, 1921 से 1941 तक, तीसरा 1942 से 1962 तक। इस काल विभाजन को लेकर उनके मन में कोई पूर्वग्रह नहीं है। इसके बारे में वे लिखते हैं, 'यह काल विभाजन हमने किन्हीं निश्चित कारणों के आधार पर नहीं किया है। इसलिए हम यह नहीं कहते कि इस काल विभाजन के अतिरिक्त कोई दूसरा काल विभाजन हो ही नहीं सकता। वास्तव में साठ साल का समय इतिहास में इतना कम है कि उसे अलग-अलग कालों में विभाजित करने की आवश्यकता ही नहीं है।'

अगर समूचे बालगीत साहित्य को देखें तो यह काल विभाजन संगत नहीं दिखाई पड़ेगा। स्वाधीनतापूर्व एवं स्वाधीनता के बाद के युग के रूप में बाल साहित्य को रख कर देखें तो ज्यादा महत्वपूर्ण बातें सामने आएंगी। स्वतंत्रतापूर्व के बालगीतों में धार्मिक, आध्यात्मिक, प्रकृतिपरक एवं राष्ट्रीय चेतना जाग्रत करने वाले विषयों का प्राधान्य है जबकि स्वातंत्र्योत्तर गीतों में आधुनिक समाज में आए परिवर्तनों, विज्ञान एवं ज्ञान की नई-नई खोजों, बाल मनोविज्ञान के अनुकूल विषयों के चयन का सचेत प्रयास दिखाई देता है। स्वातंत्र्योत्तर भारत का बालक देश, जाति, धर्म इत्यादि के दायरों में कैद साहित्य में ही आनंद नहीं लेता बल्कि वह विश्व साहित्य एवं विश्व समाज की खोजों का भी जिज्ञासु पाठक है। वह विश्व-नागरिक की तरह साहित्य को पढ़ता है। निरंकार देव सेवक ने सही रेखांकित किया है कि आज का बालक भविष्य में जिस समाज का अंग होगा, वह एक ऐसा विश्व मानव समाज होगा, जिसमें जाति, देशों के रूप में मानव मन की कल्पित सीमाओं के लिए स्थान ही न रह जाएगा। अब भी यदि हमारे कवि बच्चों को राष्ट्रीयता के नाम पर परंपरागत संकीर्णताओं और संसार के मनुष्यों में वैर-विरोध की भावनाओं को बढ़ाने वाले बाल-गीतों के बजाय, विश्व नागरिक बनने की प्रेरणा देने वाले बालगीत रच कर नहीं देंगे तो वह बड़े होकर उनका कुछ भी अहसान नहीं मानेंगे। उनके लिए अब तक रचे बड़ों के गीत समय की हवा के साथ उड़ जाएंगे और भविष्य के बच्चे उन्हें गैस के गुब्बारों की तरह उड़ता देख कर भी खेलने के लिए पकड़ने का प्रयत्न नहीं करेंगे। जब उन्हें खेल-खेल में अंतरिक्ष तक उड़ने-उड़ाने के लिए असली वायुयान, बैलून, राकेट और हेलीकॉप्टर मिलने लगेंगे तो वे इन जरा में फट जाने वाले नकली गुब्बारों को लेकर क्या करेंगे?

स्वातंत्र्यपूर्व बालगीतों की तरह ही बालकथा साहित्य में भी बहुआयामी प्रयोग देखे जा सकते हैं। पौराणिक उपाख्यानों से लेकर आधुनिक बाल मनोविज्ञान को छूने वाली रचनाएं इस दौर में मिलती हैं। फिर भी कुछ तथ्य ऐसे हैं जिनको ध्यान में

रखना जरूरी है। पहली बात तो यह कि बालकथा लेखकों ने बड़े पैमाने पर आग्रह-अनुरोध पर ही रचनाएं लिखीं। किसी घटना या प्रसंग से प्रेरित होकर बहुत कम रचनाएं लिखीं। लल्लू लाल लिखित *सिंहासन पच्चीसी, बैताल पच्चीसी* तथा *हितोपदेश* की कहानियों का अनुवाद बेहद लोकप्रिय हुआ। इसके अलावा शिवप्रसाद सितारे हिंद की लिखी *राजा भोज का सपना, बच्चो का इनाम, लड़कों की कहानी,* प्रमुख रूप से चर्चित हुईं। इन कथा-पुस्तकों की सबसे बड़ी कमजोरी है इनकी भाषा का कथा के अनुकुल न होना। इन कथाओं की भाषा बच्चों में आकर्षण पैदा नहीं करती। आचार्य महावीर प्रसाद द्विवेदी ने 1903 में *सरस्वती* का संपादन भार संभालने के बाद पौराणिक एवं धार्मिक कहानियां बड़े पैमाने पर लिखीं। पर हिंदी बालकथा साहित्य की इस धारा की दिशा को बदलने में सबसे केंद्रीय भूमिका मुंशी प्रेमचंद की रही है। समूचे कथा साहित्य में जिस तरह प्रेमचंद आज भी सबसे बड़े कथाकार माने जाते हैं उसी तरह बालकथा साहित्य सृजन के क्षेत्र में उन्होंने पौराणिक एवं धार्मिक उपाख्यानों के आधार पर बाल कहानी की चली आती परंपरा से हटकर आधुनिक बालकथा साहित्य की परंपरा का निर्माण किया। प्रेमचंद की कुछ कहानियां जो बड़ों के लिखी गई थीं, बच्चों ने अपना लीं जैसे—ईदगाह, बड़े भाई साहब, ठाकुर का कुआं, दो बैलों की कथा, प्रेरणा, चोरी, राजा हरदौला, आत्माराम, पंचपरमेश्वर, परीक्षा आदि। इन कहानियों में 'बड़े भाई साहब' एवं 'प्रेरणा' कहानी तो बाल मनोविज्ञान को गंभीरता से रूपायित करती हैं। हिंदी बाल कहानियों की पौराणिक, धार्मिक, नीति कथाओं की उपदेशात्मक धारा से मुक्त प्रेमचंद की तरफ से लिखी गई बाल मनोविज्ञान केंद्रित 'बड़े भाई साहब' पहली आधुनिक बाल कहानी है जिसमें बालमन की स्पर्धा और गर्व जैसी अनुभूतियों का उदात्त रूप प्रस्तुत करने के बाद मनोवैज्ञानिक ढंग से उनका शमन किया गया है।

'प्रेरणा' कहानी में गुरु-शिष्य रिश्ते पर रोशनी डाली गई है। इसके अलावा 'मनमोदक', 'कुत्ते की कहानी', 'जंगल की कहानियां', 'राम चर्चा' तथा 'दुर्गादास' उल्लेखनीय हैं। प्रेमचंद के अलावा आधुनिक ढंग से लिखने वालों में विश्वंभरनाथ शर्मा कौशिक, पं. राम शर्मा, जहूर बख्श, चंद्रधर शर्मा गुलेरी, जैनेंद्र कुमार, आचार्य चतुरसेन शास्त्री का नाम महत्वपूर्ण है। पर बाल पत्रिकाओं में ऐसी भी कहानियां छपती थीं जिसमें सामंती दृष्टिकोण हावी रहता था। जैसे शांतिदेवी श्रीवास्तव कृत 'बेला रानी।' (*बाल सखा,* सितंबर 1931)। इसके अलावा ऐसी कहानियां भी होती थीं जिनमें लेखक अपनी तरफ से निष्कर्ष देकर उपदेश तत्व को उभारने की कोशिश

करता था, सुंदरलाल द्विवेदी कृत 'नेक और बद' (*बाल सखा*, सितंबर 1933) श्रीमती त्रिवेदी देवी की 'ढपोरशंख की कहानी' (*बाल सखा*, जनवरी 1939)। ऐतिहासिक कहानियों में इतिहास वृत्तों के विषय को रूप में चुना गया जिनसे उपदेश मिलता था एवं देश प्रेम बढ़ाने का लक्ष्य प्राप्त करने की कोशिश की जाती थी। इसके अलावा लोककथाओं एवं अनुवादों को भी बाल पत्रिकाओं ने खूब छापा। अनूदित कहानियों ने आधुनिक दृष्टिकोण के विकास में महत्वपूर्ण अदा की। जबकि लोककथाओं को आधुनिक रूप में पेश नहीं किया जा सका।

हिंदी बाल साहित्य के संपूर्ण विकास क्रम को देखने के लिए यह जरूरी है कि हम उस समाज एवं परिवार को भी देखें जिसमें बच्चों का संसार रचा जा रहा है। बाल साहित्य लेखक का संसार रचा जा रहा है। इसी के माध्यम से हम यह भी देख पाएंगे कि आखिरकार बाल साहित्य की इस तरह उपेक्षा क्यों हुई? वह हाशिये पर क्यों था? रचनाकारों ने जो लिखा उसकी विचारधारात्मक परिणतियां क्या हैं? क्या उनसे कोई दायित्व पैदा होता है या नहीं? इन सवालों से हमें गुजरना होगा।

हिंदीभाषी क्षेत्र में बच्चों के प्रति जो उपेक्षा भाव दिखाई देता है उसकी जड़ें पुराने संयुक्त परिवार के मूल्यबोध से नाभिनालबद्ध हैं। एकल परिवार की निर्माण प्रक्रिया शुरू हुई, पर इसके लिए जरूरी मूल्यबोध पैदा करने की कोशिश नहीं की गई। औरत की स्थिति दोयम दर्जे के नागरिक की बनी रही। औरत की जिंदगी में अशिक्षा एवं मूल्यहीनता ने एक ऐसा खालीपन पैदा किया है जिसे उपभोक्तावादी जनसंस्कृति के जरिये भरने की कोशिश की गई। औरत के अमानवीकरण की प्रक्रिया के प्रभावों को बच्चों को भी झेलना पड़ता है, साथ ही, पुरुष प्रधान दृष्टिकोण चेतना पर हावी रहा जिससे बच्चों का संसार प्रभावित हुआ।

औरत-पुरुष के संबंधों में मानवीय सारतत्व के अभाव ने आम जीवन में मानता को क्षयशील स्थिति की ओर धकेला। ब्रिटिश शासकों एवं स्वाधीन भारत के शासकों ने कभी भी इस स्थिति को तोड़ने की कोशिश नहीं की। उन्होंने कानूनी प्रावधान तो किए पर व्यवहार में इनका कहीं प्रयोग नहीं किया। भारतीय समाज में व्याप्त असमान संबंधों ने परिवार में भी असमान रिश्तों को पैदा किया है। इस प्रक्रिया में बच्चों, औरतों आदि के प्रति अमानवीय रिश्ते एवं मूल्यबोध का निर्माण हुआ जिसमें औरतों को घरेलू उत्पादक-शक्ति बनाया गया। जिसके श्रम को कभी श्रम नहीं माना तथा बच्चों को गैर-उत्पादक मान कर उनको अपने हाल पर छोड़ दिया गया। गरीब परिवारों में बच्चों को उत्पादक-शक्ति बनाया गया। ये परिवार के लालन-पालन की

धुरी हैं। बाकी खाते-पीते परिवारों में बच्चे और गैर-जरूरी सदस्य के रूप में लिए गए। उन्हें पूरी तरह समझने की कोशिश ही नहीं की गई। अमूमन हिंदीभाषी परिवारों में पिता का स्थान एक तरह क्रूर शासक जैसा होता है जोकि अपनी शर्तों पर ही बच्चों को विकासित होने देना चाहता है, इस रिश्ते में आत्मीयता का कम, शासन का भाव ज्यादा होता है। बच्चे कब खेलेंगे, किसके साथ खेलेंगे, क्या पढ़ेंगे, यह सब कुछ पिता की मंशा पर निर्भर करता है। अगर पिता इन सब कार्यों के प्रति उदासीन है तो पिता की धारणाओं को परिवार की औरतों के माध्यम से अंजाम दिया जाता है। इस प्रक्रिया में बालकों की भावनाओं, कल्पनाशीलता एवं अभिरुचियों के विकास के लिए क्या-क्या चीजें जरूरी हैं, इस सबकी उपेक्षा की जाती है। इसलिए बच्चों के अंदर जिस रचनात्मक ऊर्जा को पैदा होना चाहिए वह कहीं भी दिखाई नहीं देती। ऐसे परिवेश में हिंदीभाषी लेखक का संस्कार भी बनता रहा है।

हिंदीभाषी क्षेत्र में पुनर्जागरण के प्रभावों की क्षीण छाया एवं स्वाधीनता संग्राम के दौरान आधुनिक विचारधारा के परिवारों के अंदर प्रवेश न कर पाने के कारण इस क्षेत्र के परिवार परंपरागत मान्यताओं एवं संस्कारों के किले बने रहे। यही वजह है कि पूर्व पूंजीवादी समाज के साथ से चला आ रहा बच्चों के प्रति उपेक्षा भाव जारी है। हिंदी साहित्य के जिन लेखकों को नवजागरण एवं स्वाधीनता संग्राम का बेहतरीन रचनाकार माना जाता है उनमें भी बच्चों के प्रति पूर्व पूंजीवादी नजरिया बरकरार रहा। पूंजीवादी मूल्यों एवं संस्कारों अथवा वामपंथी चेतना के प्रभावों को हिंदीभाषी क्षेत्र में बहुत लंबे समय तक नोटिस तक नहीं लिया जाता था। पूर्व पूंजीवादी सामाजिक संबंधों के संस्कार रूपी किलों पर कोई सघन हमला भी नहीं हो पाया, जिसके कारण संयुक्त परिवार रूपी संस्था के मूल्यबोध को अपदस्थ नहीं किया जा सका। एक अन्य पहलू यह भी है कि ज्यादातर लेखक कभी बच्चों के बीच में घुलने-मिलने की कोशिश भी नहीं करते जिसके कारण बच्चों की यथार्थ अभिरुचियों एवं मनोविज्ञान उनकी रचना से पूरी तरह गायब रहता है। बच्चों के सांस्कृतिक विकास में प्रत्येक क्रिया दो स्तरों पर सक्रिय रहती है, पहला सामाजिक धरातल है, दूसरा मनोवैज्ञानिक धरातल है। इसमें बच्चों के अंदरूनी भावबोध का निर्माण होता है। शिक्षा एवं साहित्य इस प्रक्रिया का एक हिस्सा है जबकि बच्चों के मन में व्याप्त समस्त उच्चतर मानसिक क्रियाएं अपने विकास के दौरान अनिवार्यतः बाह्य अवस्था से गुजरती हैं। क्योंकि मूल रूप से ये सामाजिक क्रियाएं ही होती हैं। बच्चों के अंदर आचार एवं व्यवहार की एकता पैदा करने में बाह्य संकेत महत्वपूर्ण भूमिका अदा

करते हैं। बच्चे जब मानसिक क्रियाओं से प्रभाव ग्रहण करना बंद कर देते हैं तो उनका विकास रुक जाता है।

कुछ लोगों का यह विश्वास रहा है कि बच्चे अपने आप सीखते हैं पर ऐसा नहीं है, बच्चे वही सीखते हैं जो उन्हें सिखाया जाता है। परिवार या समाज के माध्यम से सिखाया जाता है। बच्चों के विकास की प्रक्रिया का अध्ययन करने के बाद पाया गया कि मनुष्य की मानसिक क्रियाओं की विशिष्टता यह है कि वे बच्चे द्वारा सामाजिक और ऐतिहासिक अनुभव को आत्मसात किए जाने की प्रक्रिया में विकसित होती हैं। बच्चा मनुष्यों के बीच मनुष्यों द्वारा प्रयुक्त वस्तुओं और सामाजिक संबंधों के बीच विकसित होता रहता है। उनमें सामाजिक व्यवहार के अनुभव को आत्मसात करने की कोशिश चलती रहती है। अनुभव के आत्मसातीकरण की प्रक्रिया ही बच्चों का विकास है। यह प्रक्रिया वयस्कों की निरंतर देखरेख में तथा उनके द्वारा सिखाए जाते हुए घटती रहती है। बच्चों के चौतरफा विकास को समूचा परिवेश प्रभावित करता है। उसी तरह बच्चों के प्रति लेखकों के नजरिये को भी परिवेश प्रभावित करता है। बच्चों को अगर लेखक उपदेशक के रूप में साहित्य देगा तो उससे बेहतर संवाद की स्थिति नहीं बनेगी। बच्चों की ग्रहण करने, अनुभव को आत्मसात करने तथा अपने विवेक को निर्मित करने की प्रक्रिया बेहद जटिल होती है। इसे यांत्रिक रूप से व्याख्यायित नहीं किया जा सकता।

मनुष्य की मानसिक सक्रियता एक बहुत ही जटिल वस्तु है। उसकी विशेषताएं सबसे पहले रहन-सहन और पालन की उपज होती हैं। बच्चों की तर्क प्रणाली, वस्तुओं को पहचानने, मानवीय मानसिक क्रियाएं ऐतिहासिक विकास की प्रक्रिया में बदलती हैं और परिष्कृत होती हैं। इसे पहचाने एवं इसकी गतिविधियों को आत्मसात किए बगैर यथार्थ दृष्टि का विकास संभव नहीं है। यहां उल्लेखनीय है कि 'वयस्क' संप्रेषण का दायित्व संभालता है तथा यह व्यवस्था करता है कि परस्पर समझ बनी रहे। हिंदीभाषी क्षेत्रों के परिवारों में वयस्क जनों द्वारा इस भूमिका का निर्वाह सही ढंग से नहीं होता। 'वयस्क' संप्रेषण का महत्वपूर्ण साधन होने के बजाय उपदेशों के साधन होते हैं। हमारे अधिकतर लेखकों में भी यही उपदेशपरक मूल्य सक्रिय दिखाई देता है। उपदेशपरक रचनाओं से हिंदी बाल साहित्य भरा पड़ा है। यह प्रवृत्ति बाल साहित्य की सबसे बड़ी बाधा है। रचनात्मक बाल साहित्य की प्रक्रिया को इससे क्षति पहुंची है। हिंदी बाल साहित्य के अधिकांश लेखक जो रचनाएं लिखते रहे हैं उनमें अधिकतर ऐसी हैं जो बच्चों को नैतिक उपदेश देती हैं।

पौराणिक एवं लोक साहित्य की परंपरा से आई कथाओं में यह प्रवृत्ति प्रचुर मात्रा में दिखाई देती है।

जो लेखक बच्चों में सत्य, सौंदर्य और ईमानदारी की भावनाएं पैदा करना चाहते हैं, वे एक बात भूल जाते हैं कि असल में सत्य, सौंदर्य और ईमानदारी की अवधारणाएं निरपेक्ष नहीं होतीं। इन सभी के अपने सापेक्ष अर्थ हैं। इस संदर्भ में प्रसिद्ध रूसी लेखक लेव टॉलस्टॉय की टिप्पणी सही परिप्रेक्ष्य बनाने में मदद कर सकती है। वे लिखते हैं, 'मनुष्य जब जनमता है तो वह सामंजस्य, सत्य, सौंदर्य और नेकी का प्रतिरूप होता है। किंतु फिर ज्यों-ज्यों समय गुजरता जाता है, उन संबंधों का अंतराल, संख्या तथा काल बढ़ते जाते हैं जो उसके जन्म के समय पूर्ण सामंजस्य की स्थिति में थे। और हर नया कदम, हर नया क्षण इस सामंजस्य के भंग होने का खतरा पैदा करता है, जो लगातार बढ़ता ही जाता है।'

रचनाकार का यह दायित्व है कि बच्चों के जीवन में आने वाले असामंजस्य को रोकने की कोशिश करे। यह कार्य रचनात्मक शैली से किया जाना चाहिए। बच्चों को असामंजस्य की प्रवृत्तियों के प्रति जाग्रत करते समय उपदेशक का भाव बाधित करता है, जबकि स्वतंत्रता का भाव जाग्रत करने से महत्वपूर्ण विकास की संभावनाएं होती हैं। यह काम रचनात्मकता, कल्पनात्मकता एवं कलात्मकता के बीच में सामंजस्य से ही किया जा सकता है। दूसरी महत्वपूर्ण बात यह है कि बच्चों में सत्य, सौंदर्य एवं ईमानदारी की अवधारणाएं बड़ी मजबूत होती हैं। इन अवधारणाओं के प्रति कोई भी उपदेश बच्चों की सामान्य शिक्षण प्रक्रिया को बाधित करता है रचनाकार वयस्क होने के नाते अपने ऊपर सबसे ज्यादा भरोसा करता है तथा यह मान कर चलता है कि सत्य, सौंदर्य एवं ईमानदारी के प्रति बच्चों की आस्था से उसकी आस्था ज्यादा मजबूत है। 'बच्चे का विकास कितना ही असंतुलित क्यों न हुआ हो उसमें आरंभिक सामंजस्य के अवशेष हमेशा बने रहते हैं। कम करते हुए भी या विकास में योग न देते हुए भी चाहे थोड़ा ही संतुलन और सामंजस्य स्थापित होने की आशा की जा सकती है।'

टॉलस्टॉय कहते हैं कि 'हम बच्चे के आदिम सौंदर्य को समझने तथा सराहने में इतने असमर्थ हैं कि अपनी आंखों के सामने पड़ने वाले असंतुलनों को अतिरंजित रूप में देखने, उन पर लीपापोती करने, उन्हें सुधारने और बच्चों को शिक्षा देने लग जाते हैं। कभी एक पहलू को दूसरे पहलू के बराबर करना होता है तो कभी दूसरे पहलू को पहले पहलू के बराबर करना होता है। बच्चे का और आगे विकास किया

जाता है। ज्यों-ज्यों वह पहले के नष्ट किए हुए प्रतिरूप से दूर हटता जाता है त्यों-त्यों वयस्क मनुष्य की पूर्णता के कल्पित आदर्श की प्राप्ति असंभवतर बनती जाती है। हमारा आदर्श पीछे है, न कि आगे। जबर्दस्ती शिक्षा लोगों को बिगाड़ती है। बच्चा जितना ही बिगड़ा हुआ होगा, उसे जबर्दस्ती शिक्षा उतनी ही कम और स्वतंत्रता उतनी ही ज्यादा दी जानी चाहिए।'

रचनाकार को बच्चों के लिए रचना करते समय इस बात का खयाल रखना चाहिए कि उसे माली की भूमिका अदा करनी है। बच्चों के विकास के लिए क्या जरूरी है तथा क्या गैर-जरूरी है इस पर उसकी नजर केंद्रित होनी चाहिए। जो लेखक बच्चों के स्वतः विकास की धारणा में विश्वास करते हैं, वे भूल करते हैं। बच्चों का विकास एक श्रमसाध्य प्रक्रिया है। जिस तरह एक माली अपने बगीचे में पेड़ उगाता है उसी तरह उसे बच्चों के विकास के लिए साहित्य-सृजन करना चाहिए। बच्चों के आवारा होने अथवा गंदे लड़कों की सोहबत में फंस जाने की प्रवृत्ति को अमूमन लेखक या अभिभावक बहुत सतही ढंग से देखते है। अगर किसी का लड़का बिगड़ जाता है तो माता-पिता यह आरोप लगाते हैं कि गली के आवारा लड़कों ने बिगाड़ा है पर हकीकत में ऐसा नहीं है। असल में, बच्चे का आवारा स्वरूप एकदम से तो बना नहीं है और न ही वह चरित्रहीन है। बच्चे का आवारा होना 'आलसी चरित्रहीन मां-बाप' की देन है। हिंदीभाषी क्षेत्र में बच्चों में बढ़ते हुए आवारापन की मानवीय गहराइयों में उतरने की अभी कोशिश होती हैं। यह कैसे संभव है कि परिवार में वात्सल्य भाव का विकास न किया जाए तथा लेखक रचनाओं के माध्यम से वात्सल्य का सृजन करता चला जाए। हिंदी की वात्सल्य भाव प्रधान रचनाओं की प्रभाव क्षमता को इसी द्वंद्व के माध्यम से समझा जा सकता है। परिवार की वात्सल्यहीनता की भावना को लेखक ने रेखांकित तो किया नहीं और बाल साहित्य के नाम पर वात्सल्य उड़ेलना उसने शुरू कर दिया। हमारे परिवारों में वात्सल्य का भाव तो पूरी तरह नदारद रहता है। घर में वात्सल्य भाव का अनुभव किए बगैर जिन बच्चों का विकास होता है, उनका व्यक्तित्व आड़ा-तिरछा होता है।

हमारे परिवारों में पूर्व पूंजीवादी समाज की एक सहज वृत्ति सक्रिय रहती है जिसे हम संचय वृत्ति के रूप में जानते हैं। वह पुराने जीवन-संबंधों को निर्देशित करती है। छोटी-छोटी बातों को प्राप्त करने की लालसा के साथ हम लोग जिंदा रहते हैं। पुराने समाज में संचय की इसी वृत्ति ने उपभोग के लिए आधार तैयार किया था। संचय का लोभ कभी-कभी इतना बढ़ जाता था कि मनुष्य लोभी की अवस्था तक

पहुंच गया जिसके कारण लूट-खसोट की भावना का भी परिवार में प्रभाव विस्तार हुआ। लोभी चरित्र के प्रति घृणा पैदा करने वाली रचनाओं का लोक साहित्य में मौजूद बाल रचनाओं में व्यापक विकास हुआ।

पुराने भारतीय समाज में व्याप्त सचंय की प्रवृत्ति की जड़ें पूरी तरह खत्म नहीं हुई हैं। साथ ही, पूंजीवादी विकास के कारण संगठित लोभ ने जगह बना ली है। इसके कारण बालकों की मानसिक बुनावट भी बनी है। हिंदी के बाल साहित्य लेखकों ने लोभी चरित्र का रूपायन तो किया है, उसकी धन संचय की प्रवृत्ति पर व्यंग्य भी किया है पर जो व्यक्ति धन संचय की प्रवृत्ति का प्रतिनिधि है वह पाखंडी भी है। लोभी एवं पाखंडी एक ही सिक्के के दो पहलू हैं, लोभ एवं पाखंड एक ही चरित्र के दो पहलू हैं। लोभी के चरित्र के प्रति घृणा पैदा करने वाला लेखक पाखंड के प्रति उदासीन हुआ तो उसका साहित्य पर भी असर पड़ा। पाखंडी चरित्र का साथ-साथ रूपायन न हो पाने के कारण उसकी बुनियादी प्रवृत्तियों के प्रति भी भाव जाग्रत नहीं किया जा सका। जो व्यक्ति लोभी होता है, वह पाखंडी भी होता है। पाखंड का फॉर्मूला क्या है? अहंकार, मानव-द्वेष, आदर्शवादी मूर्खता की नीरस पृष्ठभूमि तथा कृत्रिम दीनता का गर्हित सौंदर्यबोध, ये तत्व रचना से गायब होने का असर यह हुआ कि बच्चों के अंदर पाखंड के खिलाफ मानसिकता तैयार नहीं हो पाई।

भारतीय समाज के जिन परिवारों ने पुराने परिवार को तोड़ कर नए का निर्माण शुरू किया या नए बुर्जुआ समाज के अनुरूप परिवार बना भी लिया है, उसके अंदर यह लोभ या संचय की प्रवृत्ति आधुनिक रूप से उपभोक्तावादी वस्तुओं के प्रति आकर्षण पैदा करने वाली प्रवृत्ति होकर रह गई है। यह आधुनिक रूप में शोषक वर्गों की उसी प्रवृत्ति का रूपांतरण है जो लोभी के रूप में थी। लोककथाओं एवं आधुनिक युग की अनेक बालकथाओं में आदर्शवादी परहितवाद, काल्पनिक दयालुता और अनुपार्जनशीलता के जो भी रूप प्रचलित हैं, वे परिष्कृत पाखंड से पैदा हुए हैं।

इसके अलावा बाल साहित्य में 'अच्छा होने' या 'अच्छा बनाने' की धारणा इतनी प्रबल रही है कि उसने बड़ी बाधा पैदा की है। बच्चे अच्छा बनें, यह एक ऐसा विषय है जिसके आधार पर बच्चों को निरंतर शामिल नहीं किया जा सकता है। अच्छाई एक सुंदर विषय हो सकता है पर बच्चों की साहित्य अध्ययन प्रक्रिया का दैनिक विषय नहीं हो सकता। क्योंकि सामाजिक विषमता एवं जटिल होती जाती सामाजिक प्रक्रिया ने अच्छा होना 'असंभव बना दिया है। आज के दौर में अच्छा होने या बनाने

वाली बाल रचनाएं इसीलिए अपना प्रभाव भी पैदा नहीं कर पातीं।

हिंदी बाल कथा साहित्य में एक अन्य प्रवृत्ति है परीकथाओं, पौराणिक आख्यानों आदि की, इन कथाओं को बालकों को सुनाया जाता रहा है। इन कथाओं में सौभाग्यशाली नायकों की आशावादी मनमोहक छवि होती है। इन कथाओं में सब कुछ पूर्व निर्धारित होता है, अमूमन राजा का बेटा खुशकिस्मत और जवानी के सिवाय और किसी चीज को लेकर सामने नहीं आता। राजकुमार की महत्ता, संपदा, शानोशौकत और सबको स्नेह करने तथा सुखोपभोग करने की सुनिश्चितता रहती है। इन राजकुमारों या पौराणिक नायकों के बारे में आम लोकप्रिय धारणा यह रही है कि खुशहाली उनका जन्मसिद्ध अधिकार है। असल में, खुशहाली एवं सफलता के ऐसे दावेदार हमारे समाज में आज भी मौजूद हैं जो कि समाज की सबसे बड़ी जौंक है। अतः इस तरह की बाल कहानियां किसी भी तरह के उपदेशों से चाहे कितनी ही भरी हों वे हमेशा ऐसे खुशहाल एवं सौभाग्यशाली लोगों के प्रति बच्चों के अंदर विचार बनाने का काम करती रही हैं। यही इस साहित्य की विचारधारात्मक भूमिका है जो कि अप्रत्यक्ष रूप से सक्रिय रहती है। हिंदी बाल साहित्य में लेखक की दुनिया इतनी छोटी और संकुचित है कि वह पौराणिक कथाओं-लोककथाओं के दायरे को अब भी न तो तोड़ पाया है और न ही इन कथाओं को नए संदर्भों में लिख पाया है। आधुनिक बाल साहित्य की परिकल्पना तो उसके लिए बहुत दूर की बात है।

बाल साहित्य में ऐसे चरित्र मिल जाएंगे जो परित्यक्त अवैध बच्चों को तो सामने लाते हैं पर ऐसे माता-पिता का चित्रण नहीं मिलेगा जिन्होंने बच्चों के प्रति अपनी जिम्मेदारी का पूरी तरह परित्याग कर दिया है तथा उन्हें भगवान के भरोसे बड़ा होने के लिए छोड़ दिया है। ऐसे भी, मामलों पर रचनाएं नहीं मिलतीं जिनमें पिता जो बच्चों को छोड़ कर चला जाता है यानी की रचना के केंद्र से पिता की मूर्ति पूरी तरह गायब है।

हिंदी के लेखक ने बच्चों की अनेक अभिरुचियों के विकास के लिए साहित्य-सृजन किया है पर यह एक प्रवृत्ति ऐसी है जिसकी तरफ उन्होंने ध्यान नहीं दिया। अगर इस प्रवृत्ति की तरफ ध्यान दिया जाता है तो बच्चों एवं अभिभावकों दोनों का ही भला होता।

भारतीय घरों में मां जब अपने बच्चे को दूध पिलाने की कोशिश करती है तथा बच्चा आनाकानी करता है तो मां कहती है कि तुम जल्दी से दूध पी लो, पूसी दूध

की तरफ देख रही है, वह दूध पीना चाहती है। नहीं, नहीं, मैं पूसी को दूध नहीं दूंगी इसे तो बबलू पिएगा, भाग जा पूसी, भाग। मां का इस तरह कहना सच्चे भावों की अभिव्यक्ति है। अंतोन मकारेंको ने लिखा है कि ऐसी छोटी-छोटी बातों से अहंवाद पैदा होता है जो बच्चों को जाने-अनजाने पिलाया जाता रहा है। यह एक तरह 'लोभ का पोषण' है। उपभोग करने की सदा सतर्क एवं अथक वासना विविध रूपों में प्रकट हो सकती है और बहुधा विकसित होती रहती है। हिंदी का लेखक बाल-जीवन की जिन भावनाओं को व्यक्त करता रहा है उसमें बालकों के अंदर 'लोभ' का पोषण करने वाली प्रवृत्ति के खिलाफ लिखने का अभाव दिखाई देता है।

हिंदी बाल साहित्य की परंपरा के मूल्यांकन के दौरान जो प्रवृत्तियां सामने आई हैं, प्रस्तुत आलेख में उनके रूपयान की कोशिश की गई है। यह बाल साहित्य अभी भी आधुनिकबोध से पूरी तरह प्रभावित नहीं है। आधुनिक विचारों, अनुसंधानों आदि का इस्तेमाल बढ़ रहा है पर, नए किस्म की चुनौतियां भी आ रही हैं। आधुनिक एवं लोकप्रिय बाल साहित्य के नाम पर पत्र-पत्रिकाओं में अतिमानवीय चरित्रों, हिंसा प्रधान कथानकों एवं वायवीय घटनाक्रमों के रूपायन के माध्यम से जो तथाकथित साहित्य आ रहा है वह पश्चिम की अंधी नकल से उपजी संस्कृति की देन है। लेखक के लिए यह चुनौती है कि वह परपंरागत, लोकवादी एवं पश्चिमी दृष्टिकोणों की ह्रासशील प्रवृत्ति से सावधान रह कर वैज्ञानिक दृष्टि से बाल साहित्य के बारे में सोचे, परिवार एवं बच्चों के बारे में सोचे तथा आधुनिक मानवीय दृष्टिकोण का विकास करे, तब ही बाल साहित्य को बच्चों के संस्कार परिवर्तन का औजार बनाया जा सकता है।

6. आधुनिकता और स्त्री-विमर्श

हिंदी पत्रकारिता का उदय उपनिवेश विरोधी चिंतन परंपरा के गर्भ से हुआ। राष्ट्र, राष्ट्रीयता एवं जातीय अस्मिता से जुड़े प्रश्नों को पत्र-पत्रिकाओं एवं साहित्यिक कृतियों में केंद्रीय महत्व मिला। स्वतंत्रता की आकांक्षा और नए समाज की परिकल्पना को पत्रकारिता ने वृहत्तर परिप्रेक्ष्य में रूपायित किया। उस समय पत्रकारिता एवं साहित्य में अंतर्क्रियाएं चल रही थीं। नए जनमाध्यम के रूप में प्रेस के उदय एवं विस्तार ने तीन सबसे अहम पक्षों को सबसे ज्यादा तरजीह दी। ये थे—राष्ट्र, राष्ट्रीयता और स्त्री से जुड़े पहलू। नए राष्ट्र और नवोदित राष्ट्रीयताओं के विकास की धुरी थी स्त्री की मुक्ति एवं विकास का मार्ग। यही वजह है कि आरंभिक दौर की हिंदी की साहित्यिक पत्रिकाएं स्त्री-विमर्श पर चली रैनेंसायुगीन बहसों से सराबोर हैं।

स्त्री-विमर्श समग्रता में विचार करें तो पाएंगे कि लेखकों ने बाल-विवाह, विधवा-विवाह, अनमेल-विवाह, स्त्री-शिक्षा, लड़कियों के पालन-पोषण, तलाक, संपत्ति में स्त्री का अधिकार, साज-शृंगार, साहसपूर्ण कारनामे, संतति निरोध, स्त्री-संगठन, स्त्री की अवस्था, स्त्री के विकास की ऐतिहासिक प्रक्रिया, स्त्री-पुरुष के बीच मौजूद असमानता, पर्दा-प्रथा, वैध-अवैध वैवाहिक रिश्ते, श्लील और अश्लील, परिवार, संयुक्त परिवार, एकल परिवार, सती-प्रथा, बलात्कार, दहेज, संविधान और स्त्री, संविधान और स्त्री-मुक्ति, स्त्री-स्वास्थ्य, स्त्री-रोजगार, स्त्री-आंदोलन आदि विषयों पर लिखा।

उन्नीसवीं शताब्दी में शुरू हुए समाज-सुधार आंदोलनों के कारण ही स्त्री-मुक्ति के प्रश्नों को केंद्रीय महत्व मिला। सामाजिक रूढ़ियों एवं बंधनों को ढीला करके स्त्री की अवस्था में सुधार करने के प्रयासों में तेजी आई। स्त्री के प्रश्नों को जब उठाया गया उस समय स्त्री की बड़ी ही शोचनीय अवस्था थी। सामाजिक-राजनीतिक-

आर्थिक एवं सांस्कृतिक क्षेत्र में स्त्रियां अधिकारहीन थीं। पुरुषों का सभी जगह वर्चस्व था। पुरुषों के वर्चस्व को आरंभ में सुधारकों ने चुनौती दी। अनेक स्त्रीवादी चिंतक पुरुष-वर्चस्व को किसी न किसी तरह नकारते रहे हैं। समाज-सुधार आंदोलनों के द्वारा जो मुद्दे राष्ट्रीय स्तर पर विवाद के केंद्र में उभरे उनमें स्त्री संबंधी प्रश्नों का विशेष महत्व है।

समाज-सुधार आंदोलनों का राष्ट्रीय स्तर पर जब सिलसिला शुरू हुआ उस समय सामंती राजसत्ता टूट चुकी थी। सामंती राजसत्ता के पतन की पृष्ठभूमि में सामंती रूढ़ियों एवं संस्कारों को तोड़ने के प्रयासों को गति मिली। स्त्री संबंधी जो प्रश्न आजादी पूर्व उठे उनमें से कुछ प्रश्नों पर यहां सिलसिलेवार ढंग से विचार करना समीचीन होगा।

स्त्री-शिक्षा

स्त्री के सामाजिक अस्तित्व की विकास यात्रा पर रोशनी डालें तो पाएंगे कि वह सदियों से शिक्षा के अधिकार से वंचित थी, शिक्षा के वगैर ही उसकी नियति तय मान ली गई। वह उपेक्षिता और पहचान रहित थी। स्त्री-शिक्षा के अधिकारों की जब मांग उठी तो सामंती ढांचे और लिंगभेदीय समाज की जड़ों पर चोट हुई। वर्गीय समाज में शिक्षा का प्रश्न वर्गीय एवं लिंगीय हितों से जुड़ा है। शिक्षा के जनतंत्रीकरण से वर्चस्वशाली तबकों की सत्ता को चुनौती मिलती है। 'सबके लिए शिक्षा' का नारा शिक्षा के भेदभावपूर्ण ढांचे को तोड़ता था। स्त्रियां पढ़ें-लिखें, सामाजिक उन्नति के मार्ग में अग्रसर हों, सुंदर एवं साक्षर परिवार की धुरी बनें, यही 19वीं सदी के समाज सुधारकों का अभीप्सित लक्ष्य था।

स्त्रीवादी-विमर्श स्त्री-शिक्षा को 'उच्च कुल' के दायरे से बाहर ले आता है। शिक्षा का मतलब है जनसाधारण के लिए शिक्षा। सबके लिए शिक्षा के विकास ने स्त्री-विरोधी भौतिक परिवेश पर जबर्दस्त हमला बोला। स्त्री-शिक्षा का प्रश्न जब सामने आया तो उस समय स्त्री-श्रम एवं सामाजिक अवदान के दो क्षेत्र थे—पहला, घरेलू श्रम और बच्चे पैदा करने की जिम्मेदारी, दूसरा, खेती-बाड़ी के कामकाज में सक्रिय हिस्सेदारी। उत्पादन एवं पुनरुत्पादन के क्षेत्र में सक्रिय होने के बावजूद स्त्री अधिकारहीन थी।

सामाजिक जीवन में अधिकार तब ही प्राप्त होते हैं जब शारीरिक श्रम के अलावा बौद्धिक उत्पादन के क्षेत्र में भी दखल हो। कोई भी राष्ट्र, नस्ल, लिंग या जाति

सिर्फ शारीरिक श्रम के बलबूते पर सामाजिक तौर पर अधिकार प्राप्त नहीं कर सकती। बौद्धिक एवं सृजनात्मक क्षेत्रों में लिंगभेदीय स्थितियों की समाप्ति के बाद ही समानता के नजरिये का उदय होता है। लिंगभेदीय अवस्था में स्त्री की मुक्ति की पहली सीढ़ी है स्त्री-शिक्षा। इस परिप्रेक्ष्य में देखें तो पाएंगे स्त्री-शिक्षा का मसला सिर्फ साक्षरता या सुशिक्षित गृहिणी की इमेज तक जाकर नहीं ठहर जाता अपितु 'वर्चस्व' की सत्ता को कमजोर करने की कोशिश का अंग है।

स्त्रीवादी-विमर्श में कुछ लोगों ने यह प्रश्न भी उठाया है कि उन्नीसवीं सदी के सुधार आंदोलनों में 'समानता' की धारणा नहीं मिलती। सुधारकों ने 'समानता' के प्रश्न को नहीं उठाया। 'स्त्री-समानता' की धारणा 20वीं सदी के आरंभ में शुरू हुए स्वाधीनता संग्राम की देन है।[1] असल में, स्त्री के आधुनिक स्वरूप एवं अधिकारों की लड़ाई कहां से शुरू करें यह प्रश्न अब भी बेहद जटिलता के साथ स्त्री अधिकारों के लिए लड़ने वालों के सामने मौजूद है। उन्नीसवीं सदी में तो यह और भी जटिल था। 'स्त्री-समानता' की धारणा 'स्त्री-शिक्षा' के बगैर निर्मित नहीं हो सकती उसी तरह 'स्त्री की पहचान' एवं 'आत्मनिर्भर' छवि भी स्त्री-शिक्षा के बगैर संभव नहीं थी। 'स्त्री-शिक्षा' वस्तुतः स्त्री के विकास की धुरी है, इसे समाज-सुधारकों ने सही रेखांकित किया था। आज भी हम गौर से देखें तो पाएंगे कि स्त्री-शिक्षा के बगैर संविधान प्रदत्त समस्त स्त्री अधिकार बेमानी हैं। हिंदीभाषी क्षेत्रों में नवजागरण के विफल हो जाने का बड़ा कारण है स्त्री-शिक्षा के प्रसार का अभाव।

स्त्री-शिक्षा संबंधी आंकड़ों पर नजर डालें तो पाएंगे कि सन् 1885 में उत्तर-पश्चिमी राज्यों एवं अवध की 92 फीसदी आबादी अशिक्षित थी। इसमें मात्र 350 लड़कियां शिक्षा प्राप्त थीं।[2] बनारस में 1924 में 1,000 लड़कियां पढ़ती थीं जिनकी संख्या 1932 में बढ़ कर 2,000 तक पहुंच गई। रामनारायण मिश्र ने लिखा है कि 1911 में संयुक्त प्रांत में 5 लाख 62 हजार 447 बच्चे स्कूल जाते थे जिनमें 42,567 बालिकाएं थीं। वर्नाकुलर फाइनल परीक्षा में 5,080 हिंदू, 889 मुसलमान, 11 ईसाई पास हुए जिनमें 6 हिंदू बालिकाएं थीं, 3 मुस्लिम एवं 8 ईसाई बालिकाएं थीं।

रामनारायण मिश्र ने लिखा कि सन् 1911 में लड़कों के 3,023 प्राइमरी स्कूल थे जबकि लड़कियों के मात्र 39 स्कूल थे। लड़कों के लिए 373 मिडिल स्कूल थे तो लड़कियों के लिए केवल 8 स्कूल थे। इसी वर्ष 24,057 लड़कों ने अपर प्राइमरी परीक्षा दी जबकि लड़कियों की संख्या मात्र 254 थी। हिंदी-उर्दू मिडिल इम्तिहान देने वाले लड़कों की संख्या 8,299 थी जबकि लड़कियों की संख्या मात्र 40 थी।

इसमें भी ईसाई लड़कियों की संख्या अधिक थी। सन् 1907 में 767 कन्या प्राइमरी पाठशालाएं थीं जिनकी संख्या सन् 1909 में बढ़कर 934 हो गई। जबकि 1909 से 1911 के बीच इस संख्या में कोई खास बढ़ोत्तरी नहीं हुई। इन दो वर्षों में मात्र 3 नई पाठशालाएं खुलीं। कन्या पाठशालाओं में कन्याओं की संख्या में तेजी से गिरावट आई। 1907 में 30,963 कन्याएं पढ़ती थीं, 1909 में यह संख्या बढ़ कर 39,316 हो गई जबकि 1911 में गिरकर 37,365 रह गई अर्थात 1,951 लड़कियां घट गईं। संयुक्त प्रांत में 'को-एजुकेशन' में 1903 में प्राइमरी स्कूलों में 2,311 लड़कियां पढ़ती थीं जो 1911 में बढ़कर 7,934 हो गईं।[3]

सन् 1920 के बाद से स्त्री शिक्षा का मसला महत्वपूर्ण माना जाने लगा। यह जानते हुए भी स्त्रियां शिक्षा प्राप्त करके अपनी लड़ाई जीत नहीं पाईं बल्कि स्त्री-संघर्ष यात्रा का श्रीगणेश हुआ। अनेक स्त्रियां पढ़-लिख कर आत्मनिर्भर बनीं। उल्लेखनीय है कि स्त्री-शिक्षा का समूचा तामझाम शहरों तक सीमित था। स्त्री-शिक्षा का अधिकांश कार्य-व्यापार निजी क्षेत्र के संस्थानों या सेठ-साहूकारों द्वारा संचालित था। संसाधनों की कमी के कारण सरकार इनका गांवों तक विस्तार नहीं कर पाई। महात्मा गांधी द्वारा 'सबको शिक्षा' का नारा देने के बाद ही गांवों में शिक्षा का प्रसार हुआ। स्त्री-शिक्षा के संदर्भ में एक बात गौर करने लायक है कि ब्रिटिश शासकों ने इसके ऊपर न्यूनतम पैसा भी खर्च नहीं किया। स्त्री-शिक्षा के क्षेत्र में भारतीयों के द्वारा ही बड़े पैमाने पर पूंजी निवेश किया गया। सरकार के पूंजी निवेश के अभाव ने स्त्री-शिक्षा के फैलाव को रोका।[4]

हिंदीभाषी क्षेत्र में स्त्री-शिक्षा के प्रसार की प्रक्रिया पर गौर करें तो पाएंगे कि लड़कियों के स्कूलों में दाखिले की दर अन्य राज्यों की तुलना में कम रही। मसलन, बिहार को ही लें, सन् 1927 में वहां 1,19,030 लड़कियों ने अपने नाम दर्ज कराए तो सन् 1937 तक आते इसमें न्यूनतम वृद्धि हुई यानी 1937 तक यह संख्या बढ़कर 1,19,236 हो गई। दस वर्षों में 206 लड़कियां बढ़ीं। सन् 1947 में यह संख्या बढ़ कर 1,64,432 हो गई। संयुक्त प्रांत में 1927 में 1,24,236 लड़कियों ने नाम दर्ज कराए, 1937 में 2,24,688 और 1947 में 3,10,784 लड़कियों ने नाम लिखाया। स्त्री-शिक्षा की दर में आई शिथिलता का प्रमुख कारण तो यही था कि सरकार की इस क्षेत्र में कोई मदद नहीं थी। साथ ही, स्त्री-शिक्षा के प्रति आकर्षक रुझान पैदा करने के लिए कोई कदम नहीं उठाया गया। नई शिक्षा से रोजगार की कोई गारंटी नहीं थी इसके अलावा स्कूलों का पाठ्यक्रम अप्रासंगिक एवं असंगत था।

इस प्रसंग में निम्नलिखित तालिकाओं पर गौर करना समीचीन होगा—

तालिका 1 : बालिका शिक्षा संस्थानों की संख्या

1921-22	—	23,517
1926-27	—	27,756
1931-32	—	33,969
1936-37	—	33,989
1939-40	—	34,564
1946-47	—	28,196

स्रोत : दि क्विन क्वेनियल रिपोर्ट्स ऑन दि प्रोग्रेस ऑफ एजूकेशन इन इंडिया।
—सन् 1944-45 में सबसे कम शिक्षा संस्थान थे—यानी 26,142।
—सन् 1941-42 के आंकड़े उपरोक्त रिपोर्ट में नहीं हैं।

तालिका 2 : सभी संस्थानों में कुल छात्रों की संख्या

वर्ष	—	*लड़का*	*लड़की*
1922	–	69,62,928	14,24,422
1927	–	93,15,144	18,42,352
1937	–	1,02,73,888	24,92,649
1942	–	1,22,66,311	37,86,876
1947	–	1,39,48,979	42,97,785

तालिका 3 : मान्यता प्राप्त बालिका संस्थान (प्रबंधकीय संचालन)

राज्य	—	*सरकारी*	*निजी*	*कुल*
बंगाल	—	256	6,754	7,010
बिहार	—	440	1,670	2,110
बंबई	—	1,580	814	2,394
मद्रास	—	2,758	1,789	4,547
उत्तर-पूर्वी राज्य	—	143	76	219
पंजाब	—	2,304	589	2,893
संयुक्त राज्य	—	1,597	760	2,357

तालिका 4 : कॉलेज में दाखिल छात्राओं की संख्या

धर्म	—	*1932*	—	*1946-47*
हिंदू	—	1,595	—	5,741
भारतीय ईसाई	—	726	—	4,829
पारसी	—	197	—	38
मुसलमान	—	105	—	1,008
सिख	—	—	—	178

तालिका 5 : विभिन्न राज्यों में शिक्षा संस्थानों में लड़कियों का पंजीकरण

राज्य	—	*1927*	*1937*	*1947*
मद्रास	—	5,39,351	9,21,536	14,35,617
बंबई	—	2,23,317	3,26,571	5,81,333
बंगाल	—	4,25,152	7,33,389	8,90,944
बिहार	—	1,19,030	1,19,236	1,64,432
पंजाब	—	1,28,880	2,46,059	3,69,768
उत्तर-पूर्वी राज्य	—	7,905	16,956	32,171
संयुक्त राज्य	—	1,24,236	2,24,688	3,10,784

तालिका 6 : लड़कों के स्कूलों में नामांकित लड़कियों का प्रतिशत

प्रदेश	—	*1922*	*1927*	*1932*	*1937*
मद्रास	—	52.1	55.5	51.1	59.8
बंबई	—	36.4	33.9	36.2	39.7
बंगाल	—	16.5	14.4	17.5	24.7
उत्तर प्रदेश	—	36.0	33.3	35.8	38.7
पंजाब	—	5.4	8.1	11.2	10.7
बिहार-उड़ीसा	—	42.6	39.6	42.7	42.7

उपरोक्त तालिकाओं से तुलनात्मक रूप से यह तथ्य उजागर होता है कि हिंदी-भाषी क्षेत्र स्त्री-शिक्षा के क्षेत्र में बहुत पीछे था। इसी कमी को महसूस करते हुए हिंदी बुद्धिजीवियों ने स्त्री-शिक्षा के महत्व पर सबसे ज्यादा जोर दिया। भारतेंदु हरिश्चंद्र

ने *कविवचनसुधा* (3 नवंबर 1873) में लिखा—

'यह बात तो सिद्ध है कि पश्चिमोत्तर देश की कदापि उन्नति नहीं होगी जब तक कि यहां की स्त्रियों की भी शिक्षा न होगी, क्योंकि यदि पुरुष विद्वान और पंडित होवेंगे और उनकी स्त्रियां मूर्ख होंगी तो उनमें आपस में कभी स्नेह न होगा और नित्य कलह ही होगा।'[6]

शिक्षा को लेकर पुरुषों में भी परंपरावादी रूढ़िगत नजरिया जड़ें जमाए था। फलतः आधुनिक शिक्षा को उस जमाने में शंकालु नजरिये से देखा जाता था। इसी समस्या को लक्ष्य करके रामचंद्र गुप्त ने लिखा, 'आपको जो कोई भाई शिक्षा रूपी कड़वी औषधि दे उसको आप अपना सच्चा भाई समझ कर उसके साथ प्रेम करो और अपनी भूल को सुधार उन्नति के मार्ग पर चलो।'[7]

19वीं शताब्दी के स्त्री-विमर्श की विशेषता यह है कि यहां स्त्री-पुरुष की समानता पर जोर है। जबकि बंगाल के सुधार आंदोलन में यह दृष्टिकोण गायब है। इस संदर्भ में *कविवचनसुधा* के मुख पर पृष्ठ पर अंकित सिद्धांत वाक्य देखें—

> खल-गगन सौं सज्जन दुखी मति होंहि, हरिपद मति रहै।
> अपधर्म छूटे, स्वत्व निज भारत गहै, कद दुख बहै।
> बुध तजहिं मत्सर, नारि नर सम होंहि, जब आनंद लहै।
> तजि ग्राम कविता, सुकविजन की अमृतवाणी सब कहै।।

हिंदीभाषी क्षेत्र की अवस्था देखते हुए 'नारि नर सम होहि' की कामना क्रांतिकारी थी।[8] स्त्रियों को शिक्षित करने के उद्देश्य से *बाल बोधिनी* नामक पत्रिका प्रकाशित की। भारतेंदु की यह इच्छा थी कि भारतीय स्त्रियां अंगरेज स्त्रियों की तरह बनें, साथ ही, भारतीय मर्यादाओं का पालन करें। *नील देवी* (1881) गीत रूपक की भूमिका में 'मातृ भगिनी सखी तुल्या आर्य ललनागण' शीर्षक के तहत लिखा, 'आज बड़ा दिन है। क्रिस्तान लोगों को इससे बढ़कर कोई आनंद का दिन नहीं है। किंतु मुझको आज उलटा और दुःख है। इसका कारण मनुष्य स्वभाव सुलभ ईर्ष्या मात्र है। मैं कोई सिद्ध नहीं कि राग-द्वेष से विहीन हूं। जब मुझे अंगरेजी रमणी लोग मेदासिंचित केश राशि, उत्तम कुंतल जूट, मिथ्या रत्नाभरण और विविध कर्णवसन से भूषित क्षीण कटि देश कसे, निज-निज पति गण के साथ, प्रसन्न बदन इधर से उधर फर-फर कल की पुतली की भांति फिरती हुई दिखलाई पड़ती है तब इस देश की सीधी-सादी स्त्रियों की हीन अवस्था मुझको स्मरण आती है और यही बात मेरे दुःख का कारण होती है। इससे यह शंका किसी को न हो कि मैं स्वप्न में भी यह इच्छा करता हूं कि इन

गौरांगी युवती समूह की भांति हमारी कुललक्ष्मी गण भी लज्जा को तिलांजलि देकर अपने पति के साथ घूमें, किंतु और बातों में जिस भांति अंगरेजी स्त्रियां सावधान होती हैं, पढ़ी-लिखी होती हैं, घर का कामकाज संभालती हैं, अपने संतान गण को शिक्षा देती हैं, अपना स्वत्व पहचानती हैं, अपनी जाति और अपने देश की संपत्ति-विपत्ति को समझती हैं, उसमें सहायता देती हैं, और इतने समुन्नत मनुष्य जीवन को व्यर्थ गृह दास्य और कलह ही में नहीं खोतीं, उसी भांति हमारी गृह देवता भी वर्तमान हीनावस्था का उल्लंघन करके कुछ उन्नति प्राप्त करें, यही लालसा है। इस उन्नति पथ का अवरोधक हम लोगों की वर्तमान कुल परंपरा मात्र है और कुछ नहीं। आर्य्य जन मात्र को विश्वास है कि हमारे यहां सर्वदा स्त्रीगण इसी अवस्था में थीं। इस विश्वास के भ्रम को दूर करने ही के हेतु यह ग्रंथ विरचित होकर आप लोगों के कोमल करकमलों में समर्पित होता है। निवेदन यही है कि आप लोग इन्हीं पुण्य रूप स्त्रियों के चरित्र को पढ़ें, सुनें और क्रम से यथाशक्ति अपनी वृद्धि करें।'[9]

भारतेंदु के इतने लंबे उद्धरण में रेखांकित बातों पर गौर करें तो पाएंगे कि स्त्री अपने 'स्वत्व' को पहचाने, 'वर्तमान कुल परंपरा' से संघर्ष करे तब ही वह 'गृह दास्य' से मुक्त हो सकेगी। साथ ही, 'अपनी जाति और देश की संपत्ति-विपत्ति' को समझे। यानी स्त्री की पहचान तब ही निर्मित हो पाएगी जब वह कुल परंपरा की बाधाओं को तोड़े। परंपरागत शिक्षा स्त्री की पुरानी अस्मिता और कुल परंपराओं के बीच गहरा संबंध था। परंपरागत शिक्षा को त्यागे बगैर स्त्री की नई पहचान निर्मित नहीं हो सकती थी। परंपरागत शिक्षा, अंधविश्वासों एवं पिछड़ेपन को बनाए रखती थी। अधिकांश लोग परंपरागत शिक्षा को आदर्श शिक्षा व्यवस्था मानते थे। परंपरागत शिक्षा की आलोचना करते हुए बालकृष्ण भट्ट ने लिखा, 'कितनों का मत है स्त्री-शिक्षा इसके संबंध में उपकारी है पर हम पूछते हैं क्या इस तरह की स्त्री-शिक्षा हमारे लिए कारगर होगी जैसा आज तक हुई और होती जाती है? कभी नहीं। जैसी शिक्षा अब तक हुई उसे देख हमें कर शर्म आती है।' 'परंपरागत शिक्षा' को भट्ट जी ने कौम के पतन का प्रतीक माना। ऐसी शिक्षा देने वालों को उन्होंने 'टट्टी की आड़ से शिकार करने वाले धूर्तों' की संज्ञा दी। भट्ट जी मानते थे कि शिक्षा ऐसी हो जो 'नेत्र' खोले। 'भूगोल-इतिहास भांति-भांति के विज्ञान इन्हें सिखाए जाएं और ठीक-ठीक इनके मन में बैठ जाए कि जो हम कर रही हैं और अब तक करती आईं वह धर्म का आभास मात्र निरा अधर्म है। अपनी वर्तमान पतित गिरी दशा का पूरा-पूरा बोध हो जाए और यह मानने लगे कि हमें निपट भोली और सीधी समझ

अनेक रूप और भेस से धूर्त लोग हमसे पुजाते हैं और धर्म का महत्व दिखलाय नित्य-नित्य हमें बिगाड़ते जाते हैं।'[10]

'परंपरागत शिक्षा' की तीव्र आलोचना के माध्यम से जहां एक ओर शिक्षा की सामाजिक भूमिका, धार्मिक भूमिका एवं अंतर्वस्तु की समीक्षा व्यक्त हुई, वहीं दूसरी ओर 'स्त्री-शिक्षा' 'स्त्री दशा एवं अस्मिता' एवं 'राष्ट्रीय पहचान' के अंतस्संबंध को रेखांकित किया। भट्ट जी ने लिखा, 'स्त्रियों की दशा सुधरना कौम की तरक्की की पहली सीढ़ी है और यह तभी संभव है जब इनमें विवेक आवे जो केवल उत्तम शिक्षा के द्वारा हो सकता है।'' भट्ट जी की राय थी कि 'हिंदुस्तान की परिवर्तन विमुखता' ही स्त्रियों की दुर्दशाग्रस्त अवस्था के लिए जिम्मेदार है। हिंदीभाषी क्षेत्र में किस तरह की आधुनिकता विकसित हो रही थी। इसे निम्नलिखित उद्धरण से समझा जा सकता है। भट्ट जी ने लिखा, 'बाबू साहब छंदान तोड़ विलायत की राह सुधारने के लिए कदम उठाए हुए हैं बबुआइन घर बैठी गोबर ही पाथती रहीं। बाबू साहब, लाला साहब, मिस्टर सो एंड सो कहे जाने की उमंग में फूले नहीं समाते। ललाइन कौआ हकनी ही रही आईं। बाबू साहब आर्यसमाजी और ब्रह्मसमाजी हैं थियोसोफी में अव्वल दर्जा कायम करते हैं और घर बहू जी भूत भजनी समाज की प्रेसीडेंट हैं।'[12]

उपरोक्त उद्धरण 'हमारी ललनाओं की शोचनीय दशा' निबंध से है। यह निबंध 1884 का है। यह वह दौर था जब समाज-सुधार चरमोत्कर्ष पर था। हिंदी में वह नवजागरण का दौर है। सुधार आंदोलन का राष्ट्रीय स्तर पर स्त्री की अवस्था सुधारने में बहुत थोड़ा प्रभाव पड़ा। इस आंदोलन की अपनी सीमाएं भी थीं। समाज-सुधार आंदोलनों द्वारा स्त्री-शिक्षा को लोकप्रिय बनाया गया। इस मुहिम की सीमाएं भी थीं जिनकी अमूमन उपेक्षा हुई है। भट्ट जी ने इसकी सीमाओं को भी उद्घाटित किया है। बालकृष्ण भट्ट ने लिखा है कि 'घर में बीबी साहिबा चक्कियां पीस, मोटा-झोटा खा किसी तरह दिन काटती हैं। बाहर बाबू साहब एक ब्रह्म का ज्ञान सिखाते हैं, नेचिरिये (प्रकृतिवादी) बन नास्तिकता की टांग तोड़ते हैं।' अंगरेजी सभ्यता ने सब पर प्रभाव डाला 'किंतु हमारी स्त्रियों की दशा में कुछ अंतर न हुआ। वे पचास वर्ष पहले जिस हालत में रहीं वैसी ही आज तक हैं।'[13] अंगरेजी के स्त्री-संबंधी विमर्श की यही सीमा है कि वह भारतेंदुयुगीन बुद्धिजीवियों के नजरिये से अनभिज्ञ है। उसका समूचा जोर बंगाल एवं महाराष्ट्र के बुद्धिजीवियों एवं समाज-सुधारकों पर है। समाज-सुधार आंदोलन के लिंगीय आग्रहों पर हिंदी के 19वीं सदी के बुद्धिजीवियों ने जो आलोचना लिखी वह आज भी प्रासंगिक है।

समाज सुधार आंदोलनों एवं अंगरेजी सभ्यता के प्रसार के बावजूद स्त्री की दशा में सुधार न हो पाने के कौन से प्रमुख कारण हैं यह गुत्थी अब भी अनसुलझी है। भट्ट जी ने लिखा कि 'अंगरेजी राज्य की महिमा से अंगरेजी नई सभ्यता का असर हमारी कोई ऐसी बात न बच रही जिस पर न पहुंचा हो। हमारे खयाल, हमारा रहन-सहन, बोलचाल, नाशिस्त-बर्खास्त के तरीके सबों में परिवर्तन पाया जाता है। किंतु हमारी स्त्रियों की दशा में कुछ अंतर न हुआ। वे पचास वर्ष पहले जिस हालत में रहीं वैसी ही आज तक हैं। उन्हें ऐसी हीन दशा में रखने का परिणाम अनेक तरह का क्लेश हम उठा रहे हैं सही, पर हमारी आंख नहीं खुलती कि इसके संबंध में कभी खयाल भी करते हों।....हम किसी तरह तरक्की कर ही नहीं सकते जब तक पुरखों की उस सनातन रीति को काला मुंह कर विदा न करेंगे...बाहर हम कितनी ही तरक्की करें, बड़े से बड़ा इम्तिहान पास कर उशना और वृहस्पति के प्रतिनिधि हो जाएं, स्त्रियों की दशा में जब तक परिवर्तन न होगा, कुछ न होगा।'[14]

बालकृष्ण भट्ट एवं उनके सहयोगी वस्तुतः 19वीं शताब्दी के बौद्धिकों के उस बृहत्तर नजरिये को ही व्यक्त कर रहे थे जो नवजागरण की धुरी था। 19 वीं शताब्दी के बुद्धिजीवियों ने भारतीय समाज की समस्त बीमारियों के स्रोतों का उद्घाटन किया। यहां तक धार्मिक अंधविश्वास, सामाजिक प्रगति में बाधक तत्वों, आम लोगों में अज्ञानता आदि के भी सामाजिक स्रोतों की खोज की, ज्ञान के प्रकार को समाज-सुधार का केंद्रीय तत्व बनाया। यह ब्रिटिश शासकों की नीति से भिन्न भारतीय बुद्धिजीवियों का शिक्षा संबंधी नजरिया था।'[15]

हिंदी के बुद्धिजीवियों ने स्त्री-शिक्षा पर विचार करते समय 'अतीत' पर भी प्रकाश डाला। 'अतीत' को लेकर यह रवैया 19वीं सदी की मुख्य विशेषताओं में से है। आधुनिकीकरण के लिए जरूरी था कि 'अतीत' से टकराएं फलतः 'अतीत' की नई-नई व्याख्याएं आईं, इससे राष्ट्रीय जागरण पैदा करने में मदद मिली।

आमतौर पर स्त्री-विमर्श स्त्री-पुरुष में बुनियादी फर्क मान कर चलता है। यह फर्क लिंग, संस्कृति, भाषा एवं सृजन के धरातल पर स्पष्ट तौर पर नजर आता है। पितृसत्ता प्रधान समाज में स्त्री की उन्नति तब ही संभव है जब पुरुष अपने को सुधारें। स्त्री-सुधार का प्रश्न पुरुष-सुधार से जुड़ा है उसी तरह स्त्री की दशा सुधरती है तो पुरुष की अवस्था में भी परिवर्तन आएगा। स्त्री की स्वतंत्रता को 'स्वच्छंदता' नाम से भट्ट जी ने वर्णित किया है। 'स्वच्छंदता' को भट्ट जी ने 'बाहुबल' की पैदाइश माना।'[16]

भारतीय जनमानस की यह विशेषता रही है कि वह घर के बाहर स्त्री पर होने वाले जुल्मों की निंदा करता है किंतु स्वयं घर में स्त्री पर जुल्म करता है। घर के बाहर दिखाने के लिए स्त्री के प्रति अलग नजरिया और घर के अंदर अलग नजरिया। ये दो मुखौटे वस्तुतः मध्य वर्ग की विशेषताएं हैं।

बालकृष्ण भट्ट ने लिखा कि 'अपने देश के बर्ताव रीति-बर्ताव में स्त्रियों पर अत्याचार की आप बाहर बड़ी निंदा करते हैं पर घर में जैसा बर्ताव आपका उनके साथ है उसे जौ मात्र भी नहीं बदलते। बाहर आप पर्दानशीनी के बड़े भारी दुश्मन हैं पर अपने घर की स्त्रियों को जरा भी काबू के बाहर निकलने दें वह कभी न होगा।'[17]

बंगाल के नवजागरण की सीमाओं पर ध्यान खींचते हुए भट्ट जी ने लिखा कि 'इस समय वह बंग देश और पारसों दो ए क महाभगिनी स्त्रियों की प्रशंसा से अपनी जबान रोक अपने टूटे हुए भारतवर्ष की असली हालत पर ध्यान दीजिए....उन स्त्रियों की दशा का खयाल कीजिए, जिनसे हरदम आपका काम पड़ता है। जिनको आप दिन में सौ बार देखते हैं।'[18]

बालकृष्ण भट्ट ने 'स्त्री-शिक्षा', 'स्त्री-पहचान' और 'स्त्री-आंदोलन' के अंतस्संबंध को जोड़ा। वह मानते थे कि सिर्फ शिक्षा से पहचान संभव नहीं है। पहचान के लिए स्त्री संगठन एवं आंदोलन जरूरी है। *हिंदी प्रदीप* में 'महिला स्वातंत्र्य' (1891) शीर्षक लेख में भट्ट जी ने लिखा कि 'जिस दिन हमारी सीधी-सादी ललना समाज में शिक्षा का असर पैदा हो गया जैसा बंगाल में हो चला है उस दिन फिर ये मंदिर और देवस्थान हिंदुस्तान की एक पुरानी बात मात्र रह जाएगी।'

सरस्वती पत्रिका में स्त्री-शिक्षा विरोधियों के कुतर्कों का खंडन करते हुए अनेक लेख छपे। ऐसे ही एक लेख में महावीर प्रसाद द्विवेदी ने लिखा, 'पढ़ने-लिखने में स्वयं कोई बात ऐसी नहीं, जिससे अनर्थ' हो सके। अनर्थ का बीज उसमें हरगिज नहीं। अनर्थ पुरुषों से भी होते हैं। अपढ़ों और पढ़े-लिखों, दोनों से। अनर्थ, दुराचार और पापाचार के कारण और ही होते हैं और वे व्यक्ति विशेष का चाल-चलन देख कर जाने जा सकते हैं। अतएव स्त्रियों को अवश्य पढ़ाना चाहिए।' स्त्रियों को निरक्षर बनाए जाने की कोशिशों को द्विवेदी जी ने सामाजिक अपराध और सामाजिक उन्नति में बाधक माना।[19] द्विवेदी जी स्त्री-पुरुष दोनों के लिए शिक्षा के पक्षपाती थे। उन्होंने लिखा, 'यदि शिक्षा पुरुषों के लिए लाभदायक है तो स्त्रियों के लिए भी लाभदायक हो सकती है। जिस दवा से पुरुषों का ज्वर जाता है उसी से स्त्रियों का भी।'[20]

महावीर प्रसाद द्विवेदी स्त्री-पुरुष में फर्क मानते थे। साथ ही, दोनों में समानता की कामना करते थे। द्विवेदी जी ने समाज-निर्मित स्त्री-पुरुष भेदभाव को अस्वीकार किया। सिर्फ लिंगभेद को माना। उन्होंने मूलतः आर्य समाज के नजरिये का ही प्रतिपादन किया। द्विवेदी जी के नजरिये का अंतर्विरोध यह है कि वे 'समानता' चाहते हैं, साथ ही, प्राचीन श्रम-विभाजन के साथ। दूसरा अंतर्विरोध यह है कि वे धर्मशास्त्र, मनु वगैरह पर स्त्री-विमर्श के दौरान होने वाले हमलों का जवाब देते हैं वहीं यह भी दर्शाने की चेष्टा करते हैं कि भारतीय चिंतन परंपरा स्त्री-शिक्षा की विरोधी नहीं रही।

दृष्टिकोण की यह उभयभाविता गंभीर आलोचना के गर्भ से पैदा हुई। इससे ब्रिटिश साम्राज्यवाद जैसी विराट शक्ति के खिलाफ संघर्ष की प्रेरणा मिली। वहीं दूसरी ओर स्वाधीन, सर्वसत्ता संपन्न और दूसरों के बराबर होने की लालसा भी पैदा हुई। जैसा कि सर्वविदित है कि महान अतीत या तो ऊर्जादायक होता है या निद्रादायक। किंतु मुख्यतः उसने ऊर्जादायक का ही काम किया और आधुनिक भारत को राष्ट्रीय आत्म-परिचय और विकास के लिए एक गूढ़ शक्ति प्रदान की।[21]

द्विवेदी का युग स्त्री-चेतना और स्त्री-अधिकारों की लड़ाई का युग है। इसी युग में समानता का सिद्धांत पैदा हुआ। स्त्रियों के निश्चित अधिकारों की चेतना पैदा हुई। स्त्री-अधिकारों का पौधा धीमी गति से बढ़ने वाला पौधा है। आत्मालोचन एवं तर्कबुद्धि के जरिये स्त्री के हकों की बुद्धिसगंत व्याख्या की गई। स्त्री-लक्ष्यों को बुद्धि संगत बनाया गया। इसने आधुनिकीकरण की प्रक्रिया को गतिशील बनाया। भारतेंदु मंडल एवं द्विवेदीयुगीन लेखकों के स्त्री संबंधी विचार एक ही सिक्के के दो पहलू हैं। आधुनिकीकरण के लिए स्त्री-शिक्षा, पश्चिमी औरतों की अच्छी बातों का भारतीय स्त्रियों में बीजारोपण, वहीं दूसरी भारतीय परंपरा एवं अतीत की आत्मालोचना यह हिंदी के बुद्धिजीवियों वर्ग की लोकप्रिय प्रकृति थी। पश्चिम-विरोध वस्तुतः उपनिवेश विरोध का प्रतीक था। उपनिवेश विरोध का प्रतीक होने के कारण ही ये चिंतक पश्चिम का अभिभावकत्व हर रूप में अस्वीकार करते थे। ये ऐसे बुद्धिजीवी थे जो आधुनिक संस्थाएं चाहते थे, आधुनिक विचारधाराएं नहीं, आधुनिक सत्ता चाहते थे, आधुनिक उद्देश्य नहीं। आधुनिक धन चाहिए, आधुनिक मनीषा नहीं। इसके परिणामस्वरूप ये लोग नए रास्तों की खोज करते रहते थे। महावीर प्रसाद द्विवेदी का नजरिया इसका आदर्श उदाहरण है।

महावीर प्रसाद द्विवेदी जी स्त्री की प्रति प्राचीन श्रम विभाजन को सही ठहराते

हैं। स्त्री की परंपरागत इमेज को बनाए रखते हैं। उन्होंने लिखा, 'स्त्रियां स्वभाव से ही सुकुमार होती हैं। वे स्वभाव ही से दुर्बल होती हैं। उनकी शारीरिक शक्ति पुरुषों की अपेक्षा बहुत कम होती है। वे अपनी रक्षा आप नहीं कर सकतीं। इस दशा में यदि धर्मशास्त्र ने उन्हें पिता, पुत्र या पति के वश में रहने का नियम कर दिया तो क्या गजब किया? सबल के अधीन रहने से ही दुर्बल का कल्याण हो सकता है, उनकी रक्षा हो सकती है, उसे सुख और शांति मिल सकती है।'[22] 'स्त्रियों का सामाजिक जीवन' निबंध से द्विवेदी जी ने प्राचीन आचार्यों खासकर मनु एवं स्मृति लेखकों के विचारों का समर्थन किया। स्त्रियों की सामाजिक अवस्था खराब हो जाने के पीछे उन्होंने जो कारण गिनाए उनमें से एक प्रमुख कारण हैं 'पुराने आदर्शों का शिथिल' हो जाना। द्विवेदी जी ने स्त्रियों के प्रति उदारतावादी रवैये की वकालत की, साथ ही, इस बात पर बल दिया कि 'उसे जूती न समझिए।' महावीर प्रसाद द्विवेदी से मिलता-जुलता नजरिया पंडित मूलचंद भट्ट का था। भट्ट जी ने लिखा कि 'गृहस्थी रथ के समान है, जिसके चलाने की बागडोर पुरुष के हाथ में है। पर बहुधा स्त्री ही बताती रहती है कि किस रुख से इसे खींचना है। गृहस्थ का केवल यही काम नहीं कि किसी तरह पेट भर लिया और सो रहे। उसको बहुत-सी दूसरी बातों का भी ध्यान रखना पड़ता, जिससे किसी तरह की अप्रतिष्ठा या मान-हानि न होने पाए, जीवन अच्छी तरह व्यतीत हो और गृहस्थी का यथेष्ट सुखानुभव हो।'[33] मूलचंद भट्ट ने यह भी लिखा है कि 'उनकी शिक्षा का लक्ष्य यही होना चाहिए कि वे आगे चल कर अच्छी स्त्री, अच्छी माता और अच्छी गृहिणी बन सकें और औरों के लिए आदर्श का काम दें।'

शालिगराम गुप्त ने इस संदर्भ में चल रही बहस एवं दृष्टिकोणों की समीक्षा करते हुए 'स्त्री-शिक्षा की आवश्यकता' शीर्षक लेख लिखा। गुप्त जी ने लिखा, 'एक दल तो ऐसी शिक्षा देना चाहता है जिससे स्त्रियां आदर्श बहुएं, आदर्श पत्नियां और आदर्श माताएं बन सकें, दूसरा दल उन्हें पुरुषों के समान शिक्षा देने का पक्षपाती हैं।'[24] गुप्त जी की यह राय थी कि स्त्रियों को गृहस्थी में भूमिका अदा करनी चाहिए किंतु उसमें लिप्त नहीं होना चाहिए। उन्होंने लिखा, 'राजहंस जिस तरह पानी पर तैरता हुआ भी अपने पंखों को ऊपर ही रखता है उसी तरह गृहस्थाश्रम के समस्त कर्तव्यों को कराते हुए भी स्त्रियों को उनगें लिप्त नहीं होना चाहिए।' गुप्त जी ने यह भी रेखांकित किया कि 'शिक्षा का कुछ चमत्कार ही ऐसा है कि उसके अभ्यास से सद्भावों का विकास और असद्भावों का नाश हो जाता है। अतएव, इससे हर

हालत में लाभ ही होता है, हानि नहीं।'[25]

स्त्री-शिक्षा विरोधी माहौल का अंदाजा इसी तथ्य से लगाया जा सकता है कि प्राचीनतावादी एवं साम्राज्यवादी दोनों ही स्त्री-शिक्षा के विरोधी थे। शिक्षा विभाग के अध्यक्ष मि. मेकेंजी ने मुरादाबाद की एक कन्या पाठशाला में स्त्री-शिक्षा के बारे में यह कहा था कि उन्हें घरेलू काम-काज में ध्यान देना चाहिए। वे माता बनें, गृहिणी बनें। इस पर मुंशी प्रेमचंद ने लिखा कि 'मि. मेकेंजी महिलाओं को माता और गृहिणी बनने की शिक्षा देना चाहते हैं; और अनावश्यक विषयों को उनके दिमाग में ठूंस कर वही गलती नहीं करना चाहते, जो लड़कों की शिक्षा में की गई। लड़कों को दफ्तरों के लिए क्लर्क बनाना अभीष्ट था। लड़कियों के सामने वह यह आदर्श नहीं रखना चाहते।'[26] मेकेंजी के नजरिये की तीखी आलोचना करते हुए प्रेमचंद ने लिखा कि 'मुश्किल तो यह है कि पुरुषों ने महिलाओं को इतना सताया है कि अब वे माताएं और गृहिणी न बनकर अपनी आर्थिक स्वाधीनता प्राप्त करने पर तुली हुई हैं। अगर पुरुष बच्चे पालना और भोजन पकाना नहीं जानते तो स्त्री क्यों सीखें। जो विद्या पढ़कर पुरुष रोटी कमाता है और इसीलिए औरतों को अपनी लौंडी समझता है, वही विद्या स्त्रियां भी सीखना चाहती हैं। वह खाना क्यों पकावें, वकालत क्यों न करें, अध्यापिका क्यों न बने? इसका फैसला हमारी देवियों को करना चाहिए कि उनकी कन्याएं कैसी शिक्षा पाएं, स्वार्थी पुरुषों का फैसला वह क्यों मंजूर करने लगी।'[27]

प्रेमचंद की तरह सूर्यकांत त्रिपाठी 'निराला' ने भी स्त्री-शिक्षा की हिमायत की। उच्च एवं निम्न दोनों ही वर्ण एवं वर्ग के लोगों में स्त्री-शिक्षा की उपेक्षा होती थी। 'निराला' ने लिखा कि 'जो संपन्न हैं, जिन्हें दोनों वक्त मजे में भोजन मिल जाता है, वे भी बालिकाओं की शिक्षा की ओर ध्यान नहीं देते बल्कि उच्च स्वर में यही घोषणा करते हैं कि लड़कियों को शिक्षा देना पाप है, वे बिगड़ जाती हैं। पीछे माता-पिता को समाज में रहने लायक भी नहीं रखती।'[28] निराला ने स्त्री-शिक्षा को ग्रामीण लड़कियों तक ले जाने का आह्वान किया।'

शिवपूजन सहाय ने स्त्री संबंधी प्रश्नों पर विस्तार से तद्‌युगीन पत्र-पत्रिकाओं में लिखा। खास कर हिंदू परिवार की स्त्रियों को लेकर उनके सामाजिक नजरिये का खुलासा मिलता है। हिंदू महिला के वैधव्य को सहाय जी ने 'हिंदू परिवार की कलंक कालिमा'[29] माना। इनकी राय थी कि 'पति-पत्नी में कुछ भी भेद नहीं है।' इन दोनों में आए तनाव या सद्‌भाव के अभाव को 'भोग-विलास की कामना' और 'रूप-यौवन

की वासना' बताया और इसके लिए दोनों को दोषी ठहराया।[30] सहाय जी ने निराला की तरह ग्रामीण स्त्रियों की शिक्षा की व्यवस्था करने की तरफ ध्यान खींचा। इसे ग्रामोत्थान की धुरी माना। उन्होंने लिखा, 'गांवों की दुर्दशा के कारणों में सबसे प्रधान है ग्रामीण स्त्रियों की दुर्गति। यदि गांवों में रहने वाली हमारी माताएं स्वस्थ, सुशिक्षित और स्वतंत्र हों तो उनकी संतानें कहलाने वाले हम भी वैसे ही होंगे।' ग्रामीण लड़कियों की आवश्यकता को रेखांकित करते हुए लिखा कि 'गांवों की स्त्रियों में अविद्या को घोर अंधकार छाया हुआ है। इसलिए सबसे पहले उनमें महिलोपयोगी शिक्षा के निरंतर प्रचार की आवश्यकता है। देश में आदर्श स्त्री-शिक्षा के लिए जो दो-चार प्रसिद्ध संस्थाएं हैं, उनमें गांवों की लड़कियां, कई अनिवार्य कारणों से नहीं पहुंच पातीं। अधिकतर ग्रामीण बालिकाओं के अभिभावक आर्थिक कठिनाइयों के कारण, अपनी कन्याओं को आजकल की महंगी शिक्षा नहीं दिला पाते। गांवों के कुछ धनी लोग अपनी कन्याओं को रुपये के बल पर बाहर भेज कर ऊंची शिक्षा दिलाते हैं, पर वे जब शिक्षिता होकर गांव में आती हैं तब ग्रामीण स्त्रियों रो उनके स्वभाव और रहन-सहन का मेल नहीं खाता तथा वे अपनी देहाती बहनों की दशा पर कुछ भी ध्यान नहीं देतीं। ठाट-बाट से रहने वाली पढ़ी-लिखी स्त्रियां तो देहात की गरीब और मैली-कुचैली स्त्रियों को देखकर घृणा करती हैं—बहुत भड़काती हैं। आज तक कोई सभ्य और भद्र महिला घर-घर घूमकर देहाती स्त्रियों को यह भी सिखाने नहीं गई है कि शरीर और वस्त्र को कैसे और क्यों स्वच्छ रखना चाहिए तथा नारी-जीवन को सुख-शांतिमय बनाने के लिए कैसा आचार-विचार होना चाहिए।' सहाय जी ने यह भी रेखांकित किया कि 'ग्रामीण परिवारों में स्त्रियों की सत्ता और महत्ता समझाने वाले समझदार पुरुष बहुत ही कम हैं।'

सहाय जी ने तत्कालीन शिक्षा की बुनियादी कमजोरी की तरफ ध्यान खींचते हुए रेखांकित किया कि 'स्कूल-कॉलेजों में तो ग्रामीण समाज में खपने योग्य शिक्षा मिलती ही नहीं, बचपन में माता द्वारा भी यथोचित सीख नहीं मिल पाती। इसलिए ग्रामीण समाज में सांस्कृतिक विकास नहीं आने पाता।'

ग्रामीण स्त्रियों की शिक्षा की महत्ता पर प्रकाश डालते हुए उन्होंने लिखा, 'ग्रामीण स्त्रियों की अधिकांश बुराइयां और पीड़ाएं तथा सुविधाएं उन्हीं की अज्ञानता के कारण उतान्न हुई हैं। जब तक रामुचित शिक्षादान से उनका मोहांधकार दूर नहीं किया जाएगा, तब तक उनकी दशा सुधर नहीं सकती। किंतु उन्हें ज्ञान का प्रकाश कौन देगा? अखबारों की उन तक पहुंच नहीं। जोशीले व्याख्यान देने वाली महिलाएं

उनके बीच जाने का कष्ट झेल नहीं सकतीं। तब फिर उनका उद्धारक भगवान ही है।'[31]

सहाय जी ने स्त्री-शिक्षा को भीतरी एवं बाहरी सुधारों की आवश्यक अंग माना। साथ ही, स्वाधीनता का स्रोत, स्वावलंबिनी भावबोध का सर्जक माना। स्त्री को अपने हितों की रक्षा करने में इससे मदद मिलेगी, स्त्री की प्रतिष्ठा एवं प्रभाव में वृद्धि होगी। उन्होंने लिखा, 'विद्या पढ़ने का सबसे बड़ा लाभ तुम्हें यह होगा कि स्वावलंबिनी बन जाओगी, तुम्हारी पराधीनता दूर हो जाएगी, तुमको किसी का मुंह जोहना न होगा। विद्या पढ़ने से ही तुम्हारे स्वत्वों की रक्षा हो सकेगी। समाज में तुम्हारी साख और धाक बढ़ाने वाली विद्या ही है।'[32]

स्त्री-शिक्षा के एक अन्य पहलू पर किशोर लाल घनश्याम मशरूवाला ने विचार किया। उन्होंने 'स्त्री-शिक्षा' शीर्षक लेख में *विशाल भारत* में लिखा, 'पुरुष और स्त्री की शिक्षा संबंधी योजना पुरुष और स्त्री दोनों को मिल कर तैयार करनी चाहिए और उसके बनाने में विशिष्ट वर्ग के हितों को समझने वालों का भी हाथ रहना चाहिए।'[33] मशरूवाला ने 'सामान्य' एवं 'विशिष्ट' प्रवृत्तियों की शिक्षा पर जोर दिया।[34]

स्त्री-शिक्षा के पक्ष में जिस तरह लिखने वालों का अभाव नहीं था उसी तरह उसके विरोधी तर्कों से भरे लेखों के प्रकाशन का भी अभाव नहीं था। *माधुरी* पत्रिका में स्त्री-शिक्षा के विरोध में अनेक लेख छपे थे। ऐसे ही एक लेख में शिवराज सिंह ने लिखा कि 'ज्ञान की चकाचौंध स्त्री को नहीं चाहिए, चाहिए श्रद्धा तथा भक्ति। यही उसके आदि संस्कार हैं।' इसी तरह गुरुदयाल सिंह मलिक का 'शिक्षित बहनें किधर' (*माधुरी*, अगस्त 1944) लेख में शिक्षित स्त्रियों की तीखी आलोचना की गई है। लेखक का मानना है कि शिक्षित स्त्रियां व्यक्तिगत, सामाजिक और पारिवारिक भूमिका निभाने में असमर्थ होती हैं। जबकि *माधुरी* पत्रिका में शांता कुमारी सक्सेना के 'शिक्षा और भारतीय नारी जीवन' (नवंबर 1941) में शिक्षित स्त्रियों की बेकारी की समस्या से उठाया गया है। शांति देवी अरोड़ा ने अपने निबंध 'चिर उपेक्षिता नारी' में स्त्रियों के प्रति बुनियादी रवैया बदलने की तरफ ध्यान खींचा है। उन्होंने लिखा है कि 'अगर समाज की रक्षा करनी है तो पुरुष देवता है और नारी उसके चरणों की धूलि, इस मनोवृत्ति में परिवर्तन करने की आवश्यकता है। तभी हम जीवित रह सकेंगे, तभी हमारा कल्याण होगा।'[35]

हिंदी की प्रतिष्ठित पत्रिका *सरस्वती* ने लंबे समय तक 'स्त्री-शिक्षा' के प्रश्नों पर लेख प्रकाशित किए जिनमें प्रमुख हैं—पंडित महावीर प्रसाद द्विवेदी का 'गुजरातियों में स्त्री-शिक्षा' (1903), 'स्त्रियों में संगीत विद्या' (1903), रामनारायण मिश्र का

'संयुक्त प्रांत में स्त्री-शिक्षा की अवस्था' (1912), सेठ निहाल सिंह का 'जापान में स्त्री-शिक्षा' (1912), पंडित मूलचंद भट्ट का 'स्त्रियों की शिक्षा कैसी होनी चाहिए' (1917), बाबू शालिगराम गुप्त का 'स्त्री-शिक्षा की आवश्यकता' (1917), संतराम बी.ए. का 'क्या भारत के लिए सहशिक्षा हितकर है' (1934), रामप्रसाद पांडेय का 'सहशिक्षा' (1934), हीरादेवी चतुर्वेदी का 'नारी-शिक्षा की समस्या' (1955), प्रेमलता 'सरस्वती' का 'नारी-शिक्षा की समस्या'। इसके अलावा स्त्री संबंधी प्रश्नों पर भी '*सरस्वती* पत्रिका में 'जाग्रत नारियां', 'जाग्रत महिलाएं' एवं 'मातृमंडल' स्तंभों के तहत भी सामग्री छपती थी। इसके अतिरिक्त शंभुनाथ त्रिपाठी का 'स्त्री और शूद्र' (1928), सत्यशोधक का 'स्त्रियों की पराधीनता' (1914), ठाकुर गोपाल शरण सिंह का 'दहेज की कुप्रथा से हानियां' (1924), दर्शक का 'विधवाश्रम' (1910), कुमारी लीलावती की 'आर्य ललनाओं से प्रार्थना' (1914), जनार्दन भट्ट का 'हिंदुओं की सम्मिलित परिवार की कुप्रथा से हानियां' (1914), सावित्री देवी का लिखा 'स्त्रियों की स्वतंत्रता' (1910), आदि निबंध स्त्री-विमर्श के नजरिये से महत्व रखते हैं।

स्त्री-स्वतंत्रता

स्त्री-स्वतंत्रता मनोविनोद का विषय नहीं है। स्त्री-स्वतंत्रता की चाह और उसके लिए संघर्ष अमूमन प्रथम चरण में उपहास के दौर से गुजरा है। स्त्री-स्वतंत्रता को प्रधानतः गैर-जरूरी माना गया और कोई स्त्री यदि उसका भोग करने की कोशिश करती तो उसे बदचलन माना गया। जो लोग स्त्री-स्वतंत्रता को बदचलनी का प्रतीक मानते थे वे प्रकारांतर से स्त्री के चरित्र एवं स्वतंत्रता के रिश्ते को जोड़ते थे। स्त्री के चरित्र के निर्माण में स्वतंत्रता एवं पराधीनता क्या भूमिका अदा कर सकती है। साहित्य जगत की पत्रिकाओं में यह विषय व्यापक तौर पर बहस के केंद्र में रहा।

सामंती ढांचे एवं मूल्य संरचना वाले समाज में स्त्री-स्वतंत्रता की लड़ाई बेहद जटिल एवं चुनौती भरी होती है। स्वतंत्रता के छोटे-छोटे रूप बड़ी-से-बड़ी कुर्बानियों की मांग करने लगते हैं। सामंती व्यवस्था एवं विचारधारा स्त्री की श्रम-शक्ति के उपयोग पर तो जोर देती है किंतु श्रम-शक्ति के श्रमिक स्त्री द्वारा भोग को गैर-जरूरी ठहराती है। श्रमिक को श्रम करना चाहिए, उसके फल के उपभोग की कामना नहीं करनी चाहिए। औरत सिर्फ उत्पादक श्रमिक ही नहीं अपितु प्रजनन शक्ति का प्रतीक भी है। उत्पादन क्षमता और प्रजनन शक्ति इन दोनों का सामाजिक अर्थव्यवस्था और वैचारिक जीवन में बहुत अधिक महत्वपूर्ण स्थान है।

स्त्री के जीवन को धर्म के जरिये निर्देशित किया गया। यह धर्म और धर्मशास्त्र वस्तुतः पुरुष की सृष्टि था। जब एक व्यक्ति या व्यक्तियों को समूहहीनता की स्थिति में रखा जाता है तब वस्तुतः उसे हीनता के गड्ढे में ढकेला जाता है। इस प्रक्रिया में निहित गत्यात्मकता समझी जानी चाहिए। वह जो है, उससे कुछ और अधिक होने की पूरी संभावना है। यदि यह मान भी लिया जाए कि आज भी औरत हर हाल में पुरुष से हीन है और उसमें विकास की संभावनाएं बहुत कम हैं, तब भी प्रश्न उठता है कि क्या औरत को यथास्थिति में ही रहने दिया जाए। बहुत से पुरुष यह आशा करते हैं कि यह स्थिति ऐसी ही बनी रहेगी। पुरातनपंथी बुर्जुआ अब भी सोचता है कि औरत की स्वतंत्रता पुरुषों के स्वार्थों और नैतिक मूल्यों के लिए खतरनाक साबित होगी।[36]

उन्नीसवीं शताब्दी में औपनिवेशिक गुलामी एवं सामंती मूल्यों की गुलामी ये द्विस्तरीय गुलामियों के बीच स्त्री-स्वतंत्रता का संघर्ष शुरू हुआ। विदेशी सत्ता की गुलामी ने कालांतर में आजादी के बाद 'विदेशी पूंजी' की गुलामी में रूपांतरण कर लिया जबकि सामंती वर्चस्व एवं मूल्यों की गुलामी के खिलाफ संघर्ष धीरे-धीरे प्रखर होता चला गया। स्त्री-स्वाधीनता की प्राप्ति सामाजिक स्वतंत्रता, सामाजिक जागरूकता एवं स्त्री-आंदोलन की शक्ति पर निर्भर करती है। स्त्री-स्वतंत्रता की राह में सामंती संरचनाएं एवं मूल्यबोध मुख्य बाधा थीं।

सन् 1891 के *हिंदी प्रदीप* में बालकृष्ण भट्ट ने 'महिला स्वातंत्र्य' शीर्षक लेख लिखा। इसमें स्त्री जागरण आंदोलन के बारे में लिखा, 'यह स्त्री-शिक्षा और स्त्रियों की दशा के परिवर्तन की चेष्टा इत्यादि आंदोलन के क्या माने? इसके यही तात्पर्य हैं कि शिक्षा आदि के द्वारा उनके नेत्र खोल दिए जाएं जिससे ये भी हमारे समान गुरुजी की चालाकी समझने लगें। निश्चय मानिए जिस दिन हमारी सीधी-सादी ललना-समाज में शिक्षा का असर पैदा हो गया जैसा बंगाल में हो चला है उस दिन फिर ये मंदिर और देवस्थान हिंदुस्तान की एक पुरानी बात मात्र रह जाएगी।'[37]

भारतेंदु हरिश्चंद्र को पति-पत्नी के साथ-साथ स्वच्छंदतापूर्वक घूमना मर्यादा की अवहेलना लगता था जबकि बालकृष्ण स्त्रियों एवं मर्दों के बीच बराबरी के पक्षधर थे। भट्ट जी ने लिखा, 'किसी-किसी देश में जहां सभ्यता अपनी चरम सीमा को पहुंची है, स्त्रियों को मरदों के बराबर का दर्जा है यहां तक कि अमेरिका में स्त्रियां फौज तक में भरती हैं। इंगलैंड में कितनी सुंदर स्त्रियां बैरिस्टर हैं किंतु हमारे यहां इसका चलन नहीं, इसलिए स्त्रियों की दशा में परिवर्तन पर बहुत जोर देना व्यर्थ

है।'[38] एक अन्य जगह लिखा कि 'हमारा पूर्वगत प्रस्ताव यह था कि स्त्रियां पुरुषों से सब तरह पर चढ़ी-बढ़ी हैं...और सच है। अपना हिंदू धर्म इन अबलाओं की दया के सहारे से टिक रहा है।'[39] भारतेंदु युग के लेखकों ने स्त्री-संबंधी समस्याओं पर विवेकवादी दृष्टि से अनेक लेख लिखे हैं। खास कर, बालकृष्ण भट्ट ने *हिंदी प्रदीप* में 'स्त्री समस्याओं पर विस्तार से सोचा है। इस संदर्भ में उनके उल्लेखनीय लेख इस प्रकार हैं—'ढोल गंवार सूद्र पक्षु नारी' (1882), 'स्त्रियां और उनकी शिक्षा' (1885), 'स्त्रियों की मानसिक स्थिति' (1884), 'पति-पत्नी' (1885), 'हमारी ललनाओं की शोचनीय दशा' (1894), 'सुगृहिणी' (1895), 'विजय लक्ष्मी' (1897), 'पुरुष अहेरी हैं कि स्त्रियां अहेर हैं' (1898), 'महिला स्वातंत्र्य' (1891), 'मिस्टर मालाबारी के विचार की पोषकता' (1890), 'बाल विवाह' (1886), 'बाल्य विवाह' (1880), 'कष्टात्कष्टंरक्षुधघ्न' (1903), 'क्या हम अपना खोया हुआ महत्व पा सकते हैं' (1906), 'हिंदुस्तान को फायदा पहुंचाने के उपाय' (1908), 'अब इन ब्राह्मणों का कर्तव्य है' (1892), 'स्त्रियां' (1891), 'वधूस्तवराज' (1905)।

बालकृष्ण भट्ट जहां स्त्री-स्वाधीनता के पक्ष में थे वहीं पर महावीर प्रसाद द्विवेदी मानते थे कि स्त्री स्वाधीनता निःसीम नहीं होनी चाहिए। एक निर्दिष्ट सीमा के तहत ही वे स्त्री-स्वाधीनता को स्वीकृति देते थे।' *सरस्वती* में सावित्री देवी का 'स्त्रियों की स्वतंत्रता' (जून, 1990) शीर्षक लेख छपा है। सावित्री देवी ने स्त्री-स्वतंत्रता का जो ढांचा बनाया है वह परंपरागत एवं आधुनिक दायित्वों के बीच सामंजस्य बिठाता है। साथ ही, पश्चिमी राष्ट्रों में प्रचलित स्त्री-स्वाधीनता से अलगाने की कोशिश भी की गई है। वह लिखती हैं, 'यद्यपि इसमें संदेह नहीं कि भारत ललनाएं परतंत्र रहते-रहते प्रायः बुद्धिहीन हो गई हैं, पर अब उन्हें उसी अवस्था में रखना और स्वतंत्र न होने देना कहां तक न्याय-संगत है, हम अपने विचारशील पाठकों पर छोड़ती हैं।' सावित्री देवी के नजरिये की कठिनाई यह है कि उनमें आधुनिक युगीन स्त्री-स्वतंत्रता के बोध का अहसास ही नहीं है बल्कि प्रकारांतर से 'स्त्री-स्वतंत्रता' का विरोध ही व्यक्त करती हैं। उन्होंने लिखा है, 'हमारा अभिप्राय यह नहीं है कि हम लोगों को ऐसी आजादी दी जाए जो कि आजकल सभ्य कहलाने वालों की लेडियों को मिली हुई है। नहीं, कदापि नहीं। हमारा अभिप्राय केवल यह है कि हम लोगों को वैसी ही स्वतंत्रता मिलनी चाहिए जैसी प्रताप के राज-पत्नियों या राजकुमारियों को मिलती थी जो कि अपने कर्तव्य का पालन भली-भांति करती थीं। अपने देश तथा राज्य की रक्षा करती थीं, अपने अतिथियों का भले प्रकार सत्कार करती थीं, अपने पतिव्रत के

प्रभाव जानती थीं, अपने पति और पुत्रों को उत्साह दिलाती थीं, बड़े-बड़े शास्त्राज्ञों को शास्त्रार्थ में हराती थीं, राज्य के कामों में योग देती थीं, युद्ध में शत्रुओं को पराजित करती थीं, अपनी संतान को सुसंतान बनाती थीं। ये सब गुण उन्हें स्वतंत्रता से प्राप्त होते थे। बस उन्हीं का अनुकरण करने वाली हम लोगों को भी वैसी ही स्वतंत्रता मिलनी चाहिए। आंख बंद कर पश्चिमी लेडियों का अनुकरण करने वाली स्वतंत्रता से तो हमारी परतंत्रता ही भली है।'[41]

जनार्दन भट्ट ने 'हिंदुओं की सम्मिलित परिवार की कुप्रथा से हानियां' (जनवरी 1914), शीर्षक लेख में संयुक्त परिवार को स्त्री-स्वाधीनता की सबसे बड़ी बाधा माना। उन्होंने लिखा संयुक्त परिवार से सबसे बड़ी क्षति स्वतंत्रता की हुई है। संयुक्त परिवार ने 'स्वतंत्रता के भाव' को जड़ से उखाड़ दिया है। सम्मिलित कुटुंब में रहकर बचपन ही से हमें परभाग्योपजीवी और परतंत्र होने की आदत पड़ जाती है। पराए आसरे रहते-रहते हम भी नहीं जान सकते कि स्वच्छंद जीवन कैसा होता है।' यह भी लिखा, 'इस कुप्रथा के कारण स्वतंत्रता का भाव हृदय से हट जाता है, काहिली और मूर्खता बढ़ती है, वैमनस्य की उत्पति होती है, मुकदमेबाजी में समय और रूपये का व्यर्थ नाश होता है और स्त्रियों की अधोगति का ठिकाना नहीं रहता।'[42]

सरस्वती पत्रिका में जॉन स्टुअर्ट मिल की पुस्तक पर 'स्त्रियों की पराधीनता' शीर्षक से समीक्षा छपी। इसमें मिल के विचारों का सार-संक्षेप पेश किया गया। यह समीक्षा 'सत्यशोधक' नाम से लिखी गई है। समीक्षा में सत्यशोधक कहते हैं, 'स्त्रियों की पराधीनता भी इसी सिद्धांत पर अवलंबित है कि 'जबर्दस्त का ठेंगा सिर पर।' जबर की शक्ति वस्तुतः अन्याय और असमानता पर टिकी होती है। सत्यशोधक ने लिखा कि 'गुलामी उठ गई, जागीरदारी उठ गई, अनियंत्रित शासन उठ गया पर स्त्रियों की गुलामी अभी बाकी है। इसके कई कारण हैं। स्त्री और पुरुष का पारस्परिक आकर्षण, बहुत से पुरुषों का स्त्रियों के साथ सद्व्यवहार, स्त्रियों की शारीरिक निर्बलता, मिल कर स्त्रियों के द्वारा आंदोलन या बगावत होने की असंभवनीयता, एक स्त्री का एक पुरुष के अधीन होकर रहना, धर्म, शिक्षा और रूढ़ि इत्यादि का प्रभाव—इन कारणों ने स्त्रियों के स्वातंत्र्य लाभ में देरी कर दी है। पर अर्वाचीन जगत की सारी प्रवृत्तियां—अर्वाचीन सभ्यता के सारे सिद्धांत पराधीनता के विरुद्ध हैं।'[44]

शिवपूजन सहाय ने 'ग्रामीण स्त्रियों की दशा' (1927) शीर्षक लेख *आर्य महिला* पत्रिका में लिखा जिसमें स्त्री-स्वाधीनता का ग्रामीण स्त्रियों तक विस्तार करने की तरफ ध्यान खींचा गया है।[45] 'स्त्री-स्वाधीनता' की धारणा का विकास स्वाधीनता

संघर्ष की प्रक्रिया से अभिन्न रूप से जुड़ा था। वोट देने, राजनीति में हिस्सा लेने, स्त्री संगठन बनाने और स्त्रियों की मांगों को उठाने की कोशिशें शुरू हुईं। 'स्त्री-स्वतंत्रता' की जो लहर पश्चिम में उठी, उसने सबसे पहले 'परिवार' जैसी संस्था को तोड़ा। परिवार का विघटन होने के बाद स्त्री की परिवारविहीन भूमिका को लंबे समय गौरवान्वित किया गया, फलतः बुर्जुआ समाज में अराजक व्यवस्था को पैर फैलाने का अवसर मिला। 'स्त्री-स्वतंत्रता' के लिए परिवार का विघटन हो, हिंदी के बुद्धिजीवियों को यह कभी स्वीकार्य नहीं हुआ। आज पश्चिमी चिंतक नए सिरे से परिवार को खोज रहे हैं। यहां तक कि नारीवादी भी परिवार की हिमायत कर रहे हैं। सूर्यकांत त्रिपाठी 'निराला' ने स्त्री-स्वतंत्रता की हिमायत करते हुए लिखा, 'पहले दोनों के भाव और कार्य अलग-अलग थे, अब दोनों के भाव और कार्यों का एक ही में साम्य होना आवश्यक है। इस तरह गार्हस्थ धर्म में स्वतंत्रता बढ़ेगी। परालंबन न रह जाएगा।'[46] निराला ने स्त्री की स्वाधीनता को स्त्री-शिक्षा एवं स्त्री मुक्ति से जोड़ा। बालकृष्ण भट्ट के विचारों के साथ निराला के दृष्टिकोण का साम्य सहज ही देख सकते हैं। निराला का नजरिया द्विवेदीयुगीन स्त्री-संबंधी नजरिये से भिन्न है। द्विवेदी का नजरिया मर्दवादी नजरिया था जबकि निराला मर्दवादी मानसिकता से स्त्री को देखने के खिलाफ थे। निराला की राय थी कि भारतीय स्त्रियां 'दूसरों को अपनी आंखों से देखें, अपने को दूसरों की आंखों से नहीं।'[47]

स्त्री-पराधीनता का एक पहलू जहां संयुक्त परिवार से जुड़ा है तो दूसरा पहलू दहेज प्रथा से भी जुड़ा है। स्वाधीनता न होने के कारण ही लड़की अपने-आप अपना वर चुन नहीं सकती, इसलिए पिता के ऊपर यह दायित्व पड़ता है कि उसके लिए वह वर ढूंढ़ कर लाए। यह सवाल स्त्री की पराधीनता से जुड़ा हुआ है। स्त्री की पराधीनता दो तरह की होती है। एक सामंती ढंग की पराधीनता है, दूसरी पूंजीवादी ढंग की पराधीनता है। सामंती समाज के बारे में एंगेल्स ने लिखा है कि 'सामंती समाज में स्त्री स्वाधीन होती है वेश्या बन कर।' इसलिए कि वह अपने को बेच तो सकती है। गृहस्थ स्त्री तो अपने को बेच भी नहीं सकती। वह पूरी तरह दासी होती है। यही वजह है कि बहुत-सा अच्छा साहित्य, प्रेम का, नैसर्गिक प्रेम का साहित्य परकीया प्रेम को लेकर लिखा गया है। इस परिप्रेक्ष्य में देखें तो 'परकीया प्रेम का साहित्य स्वाधीनता की कामना का साहित्य है।'

'मौजूदा पूंजीवादी समाज में स्त्री अपना शरीर बेचकर भी स्वाधीनता हासिल नहीं कर सकती। मुनाफाखोरी पर आधारित समाज में वेश्यावृति घोर पराधीनता का प्रतीक

है। यह ऐसा समाज है जहां स्त्री अपने को बेचने के लिए भी स्वतंत्र नहीं है अपितु दूसरे लोग उसे बेचते हैं। वे उसे मुनाफे के लिए बेचते हैं।'

फासिस्ट शासन व्यवस्था ने स्त्री को वास्तविक स्वाधीनता का वायदा किया था। आदर्श गृहिणी, माता, देश-सेविका के मानदंड पेश किए गए। इटली में फासिस्ट व्यवस्था को करीब से देखकर आने के बाद कुसुम गुप्ता ने *माधुरी* पत्रिका में 'इटली में नारी का स्थान' शीर्षक लेख लिखा। वह लिखती हैं, 'इसमें कोई संदेह नहीं कि इटली की स्त्री एक आदर्श गृहिणी, आदर्श माता और देश-सेविका है। पर पुरुषों की निरी गुलामी से मुक्ति पाने के बाद आज वह अनुभव कर रही है कि फासिस्ट व्यवस्था ने उसके विकास को संकीर्ण सीमाओं से बांध दिया है। जिसे वह अब तक अपनी सामाजिक, राजनीतिक और आर्थिक उन्नति समझ रही थी, वह उसकी गुलामी का एक नया रूप ही है। वह अपने नहीं, पुरुषों द्वारा निर्दिष्ट किए गए पथ पर ही चलने को विवश है। इटली की बहुसंख्यक नारियों ने आज अपनी स्थिति की इस वास्तविकता को समझा है और उनमें इसकी तीव्र प्रतिक्रिया भी स्पष्टतया दिखाई पड़ रही है। बहुत शीघ्र वह समय आने वाला है, जब वे वर्तमान व्यवस्था के जाल से मुक्त हो अपनी वास्तविक स्वाधीनता और स्त्री-पुरुष की सच्ची समानता की नींव डालेगी।'[48]

हिंदी प्रदीप, सरस्वती, मतवाला, आर्य महिला, माधुरी, विशाल भारत की तरह *चांद* पत्रिका ने भी स्त्री-संबंधी प्रश्नों पर विस्तार से विचार किया। विभिन्न लेखों एवं संपादकीयों के माध्यम से 'स्त्री-स्वाधीनता' के प्रश्न को उठाया गया। *चांद* ने रेखांकित किया कि 'केवल स्त्री के दृष्टिकोण से ही नहीं, वरन हमारे सामूहिक विकास के लिए भी यह आवश्यक होता जा रहा है कि स्त्री घर की सीमा के बाहर भी अपना कोई विशेष कार्यक्षेत्र चुनने को स्वतंत्र हो।' 'जब तक हम अपने यहां की गृहिणियों को बाहर आकर इस क्षेत्र में कुछ करने की स्वतंत्रता न देंगे, तब तक हमारी शिक्षा में व्याप्त विष बढ़ता ही जाएगा।'[49]

छबिनाथ सिंह ने 'स्त्रियों की स्वतंत्रता' शीर्षक लेख में लिखा, 'अब इनकी स्वतंत्रता किस प्रकार की हो? क्या पुरुष इनको मनमानी करने के लिए छोड़ दें और तब वे स्वतंत्र कही जाएंगी? इस प्रकार से समाज को भारी धक्का लगेगा। हम चाहते हैं कि स्त्रियों को पूर्ण स्वतंत्रता हो लेकिन इस समय जिस दशा में वे पड़ी कराह रही हैं और पशुवत जीवन बिता रही हैं यदि उनको पुरुष समाज छोड़ दे तो वे अपने आप हमारी समझ से कुछ करने की इस समय सामर्थ्य नहीं रखतीं। इसलिए स्त्रियों

को शीघ्र पढ़ा-लिखाकर, उन्हें अपने पैरों पर खड़ा हो जाने पर, उन्हें स्वतंत्रता के अमृतमय घूंट का रसास्वादन करना चाहिए।'[50]

सती का प्रश्न

सती-प्रथा सामंती दौर की सबसे क्रूरतम स्त्री-विरोधी प्रथा थी। संस्कारों की आड़ में स्त्री हत्या के जघन्य रूपों में से एक इस प्रथा को पुरातनपंथियों का समर्थन हासिल था। 19वीं शताब्दी में जब सती-प्रथा के खिलाफ संघर्ष शुरू हुआ तो इसने विचाधारात्मक, सामाजिक एवं राजनीतिक गोलबंदियों को जन्म दिया। सती की घटनाएं सबसे ज्यादा उच्च जाति के परिवारों में दर्ज की गईं। खासकर 'कलकत्ता' और आसपास के इलाकों में ये घटनाएं सबसे ज्यादा हुईं। जो औरतें 'सती' की गईं उनकी औसत आयु 41-50 वर्ष के आसपास थी। 19वीं शताब्दी के समय कलकत्ता में ही ऐसा क्यों हुआ? यह प्रश्न अब भी अनुत्तरित है। बंगाल में घट रहीं इस तरह की घटनाओं का विश्लेषण करने के बाद विनय भूषण राय ने निष्कर्ष निकाला है कि 'संपत्ति के प्रबंधन' (यानी दायभाग) के कारणों से सती की घटनाएं ज्यादा घटीं।[51] यह भी संभव है कि संपत्ति के अधिकार के प्रश्न को लेकर इस तरह की घटनाएं सबसे ज्यादा घटित हुई हों।[52]

सती-प्रथा का निषेध करने के लिए राजा राममोहन राय ने प्राचीन शास्त्रों का इस्तेमाल किया। के. दामोदरन ने *भारतीय चिंतन परंपरा* में लिखा है कि 'यह ऐसा काल था, जब सामाजिक सुधार लागू करने के लिए भी भारतीय मस्तिष्क धार्मिक समर्थन की अपेक्षा करता था। अतः सती-प्रथा का अंत करने के लिए यह सिद्ध करना अनिवार्य था कि शास्त्र और स्मृतियां इस प्रथा का अंत करने का समर्थन करती हैं।'[33] राजा राममोहन राय का हृदय भारत के हृदय का प्रतीक था।[54] सती प्रथा के खिलाफ जब उन्होंने संघर्ष शुरू किया उस समय इंगलैंड का जनमत सती प्रथा पर विभाजित था। वहां का सत्तारूढ़ वर्ग का प्रमुख भाग, कट्टरपंथी हिंदू पंडितों को रुष्ट करना नहीं चाहता था जिनके अनुसार 'अपने पति के शव के साथ विधवाओं के चिता पर जलने की प्रथा हिंदुओं के धार्मिक विश्वासों पर आधारित है और उनकी विधि संहिताओं में इसका स्पष्ट समर्थन मौजूद है।'[55] भारत की ब्रिटिश सरकार ने रूढ़िवादी पंडितों की शास्त्रों की व्याख्या को स्वीकार किया और सती-प्रथा को जहां उसे धार्मिक समर्थन प्राप्त हो, जारी रखने का आदेश दिया। सन् 1818 में राजा राममोहन राय ने सती-प्रथा के खिलाफ एक ज्ञापन पेश किया जिसमें घोषणा

की गई थी कि 'सती-प्रथा वास्तव में प्रत्येक शास्त्र के अनुसार, साथ ही, सभी राष्ट्रों की सामान्य सूझबूझ के अनुसार, निरी हत्या है।' 1819 में सुप्रतिष्ठित हिंदुओं के एक दल ने भी एक स्मृति-पत्र पेश किया। सती-विरोधी संघर्ष ने इतनी जोर से पकड़ा कि अंततः 1829 में लार्ड बैंटिक की हुकूमत को इसे अवैध घोषित करना पड़ा।[56] ब्रिटिश सरकार ने एक बार कानून बना दिया तो उसे लागू करने की सख्ती से कोशिशें कीं।[57]

जैसा कि शुरू में जिक्र किया था कि बंगाल में सती-प्रथा के क्या कारण थे। इन कारणों में कुछ कारण और जोड़ कर रखें। जैसा कि सर्वविदित तथ्य है कि बंगाल में सती-प्रथा का सबसे बड़ा कारण था कि वहां लड़कियां बेची जाती थीं और इस तरह वे आमदनी का जरिया थीं। बंगाल और मिथिला के दो-तिहाई ब्राह्मण और उनके अनुयायी अपनी लड़कियां बेचते थे और बहाना करते थे कि इनका विवाह कर रहे हैं। राजा राममोहन राय ने यह भी लिखा कि बंगाल में जो नीची श्रेणी के ब्राह्मण हैं और संख्या बहुत है और जो ऊंची श्रेणी के कायस्थ हैं, वे अपनी बेटी या बहन को इस तरह ब्याहते हैं कि उससे उनकी बड़ी आमदनी होती है, बहन या बेटी आमदनी का जरिया बनती है। लड़कियों के ब्याह पर पैसा खर्च करना तो बहुत दूर की बात है। आमतौर से वे इसके लिए काफी धन प्राप्त करते हैं और अकसर उन्हें ऐसे लोगों को ब्याह देते हैं जो सबसे अधिक धन दे सकते हैं। ऐसे ब्राह्मण और कायस्थ अपनी लड़कियों को ऐसे लोगों से ब्याह देते हैं जिनमें कोई न कोई शारीरिक दोष होता है, जो बूढ़े हैं या बीमार हैं, केवल इसलिए कि उन्हें पैसा मिलता है। इस तरह वे लड़कियां तो बहुत जल्दी विधवा हो जाती हैं अथवा उनका जीवन अत्यंत कठिन हो जाता है।[58] कुलीन ब्राह्मण, दस, बीस, तीस लड़कियां तक ब्याह लाते हैं इसका नतीजा यह होता है कि बंगाल में आत्महत्या करने वाली स्त्रियों की संख्या अन्य ब्रिटिश प्रांतों की अपेक्षा दस गुनी है।[59]

हिंदी साहित्य में सती के प्रश्न पर उन्नीसवीं-बीसवीं सदी (1947 के पहले तक) में उस तरह की चर्चाएं नहीं मिलतीं जैसी कि बंगाल में थीं। साहित्य और पत्रकारिता पर नजर डालें तो पाएंगे कि रानी बिरंजी कुंवरि ने *सती विलास* (1848) नामक पुस्तक लिखी।[60] भारतेंदु हरिश्चंद्र ने *सती प्रताप* (1884) शीर्षक से अधूरा नाटक लिखा। इसमें सती का महिमा मंडन है।[61] प्रेमचंद ने 'सती' पर केंद्रित दो कहानियां लिखीं। *सुभागी और अन्य कहानियां'*, संकलन में *सती*[62] शीर्षक कहानी है। अन्य कहानी *सप्त सुमन* संकलन में है। इसका भी शीर्षक 'सती'[63] है। दोनों भिन्न

कहानियां हैं। शिवरानी ने भी 'सती' पर कहानी लिखी। *चांद* पत्रिका में मई 1926 से शिव सहाय चतुर्वेदी ने 'सती-प्रथा का रक्त रंजित इतिहास' शीर्षक लेख धारावाहिक रूप में लिखा। इसके अलावा *सरस्वती* में बाबू त्रिलोक चंद का 'सती की प्रथा' (1911) शीर्षक लेख छपा। सन् 1948 में *कल्याण* ने 'नारी अंक' निकाला जिसमें विस्तार से सती संबंधी पौराणिक सूचनाओं के छोटे-छोटे लेखों के माध्यम से दिया गया।[64] इस अंक में सती-प्रथा को प्राचीन ग्रंथों, काव्यों, महाकाव्यों और राष्ट्रीय अनुश्रुतियों के माध्यम से राष्ट्रीय परंपरा के रूप में चित्रित किया गया। सती-विरोधी संघर्ष का इसमें कहीं जिक्र तक नहीं है। इस अंक में स्त्री की आधुनिक इमेज को दुश्चरित्र, कुलटा आदि के रूप में चित्रित किया गया है और सुधार आंदोलन और स्वाधीनता संग्राम में तप कर स्त्री की जो आधुनिक छवि उभरी है उसे लांछित किया गया है। हिंदी जगत में सती के प्रश्न पर चुप्पी का क्या कारण हो सकता है। खासकर भारतेंदुयुगीन साहित्यकारों के यहां पर मुद्दा विचारणीय प्रश्न क्यों नहीं बन पाया जबकि आधुनिक नवजागरण की यह सबसे बड़ी उपलब्धि थी कि सती-प्रथा खत्म हुई।

बाल-विवाह, विधवा-विवाह और बहुपत्नी-प्रथा

समाज-सुधार आंदोलन ने इस विषय पर जबर्दस्त संघर्ष चलाया। बाल-विवाह, विधवा-विवाह की समस्या समूचे सामाजिक नजरिये एवं स्त्री के प्रति नजरिये को व्यक्त करती थी। हिंदी पत्रकारिता में यह मुद्दे बेहद चर्चित रहे हैं। लंबे विचारधारात्मक संघर्ष के बाद बाल-विवाह के खिलाफ, विधवा विवाह के पक्ष में जनमत तैयार हो पाया। गांवों में अभी बाल-विवाह के अवशेष बाकी हैं अतः इसके खिलाफ जन-जागरण को गांवों तक ले जाना बेहद जरूरी है। कानूनी तौर पर इन पहलुओं पर लड़ाइयां जीती जा चुकी हैं, परंतु सामाजिक अभ्यास अभी तक पूरी तरह खत्म नहीं हुआ है। इसका सबसे प्रधान कारण है सामाजिक नजरिये में बदलाव लाने की प्रक्रिया का धीमा होना। स्त्री के प्रति परंपरागत नजरिये का बना रहना। नए किस्म के परिवेश एवं समाज के जन्म में स्त्री की पहचान, स्त्री की स्वतंत्रता, स्त्री-शिक्षा और स्त्री-उत्पीड़न के प्रश्नों को केंद्र में लाकर खड़ा कर दिया है। जरूरत इस बात की है कि स्त्री की एक भिन्न सामाजिक इकाई के रूप में स्वीकृति की जाए। स्त्री की अस्मिता के निर्माण के गैर-व्यावसायिक, सामाजिक-राजनीतिक प्रयासों को तेज किया जाए। व्यावसायिक तंत्र की स्त्री को एक उपकरण के रूप में इस्तेमाल करने

वाली विचारधारा से लड़ा जाए। स्त्री की मुक्ति की लड़ाई निजी व्यवहार, निजी परिवार एवं पूंजी के तंत्र से है। जब तक यह लड़ाई जारी है इसी के कारण स्त्री का संपूर्ण विकास भी संभव नहीं है। स्त्री के संपूर्ण विकास की पहली शर्त है उसके विकास, पहचान एवं संस्कार के निर्माण का अबाधित एवं शर्तहीन आधार तैयार करना। आधुनिक युग में पत्र-पत्रिकाएं, जनमाध्यम एवं साहित्य इस क्षेत्र में प्रभावी भूमिका अदा कर सकते हैं और स्त्री को उसकी वास्तविक पहचान दे सकते हैं बशर्ते उनमें राजनीतिक इच्छाशक्ति हो।

संदर्भ एवं टिप्पणियां

1. मजूमदार, बीना, 'वूमेन इन दि पॉलिटिक्स प्रोसेस' मैत्रेयी, कृष्णराज (सं), *वूमेंस स्टडीज इन इंडिया*, पॉपुलर प्रकाशन, बंबई, 1986, पृ. 95-108।
2. नीता कुमार, 'विंडोज, एजुकेशन एवं सोशल चेंज इन ट्वेंटीथ सेंचुरी' बनारस, *इकोनॉमिक एंड पॉलिटिक्स वीकली*, अप्रैल 27, 1991, पृ. डब्ल्यू, एस. 19।
3. मिश्र रामनारायण 'संयुक्त प्रांत में स्त्री शिक्षा की आवश्यकता' *सरस्वती*, अप्रैल 1912, पृ. 219-21।
4. चन्ना, करुणा 'सोशल चेंज और सोशल रिफॉर्म', 'दि एजुकेशन ऑफ वूमेन इन प्रि-इंडिपेंडेस इंडिया', चन्ना, करुणा (सं) *सोशिलाइजेशन एजुकेशन एंड वूमेन*, ओरिएंट लांगमैन, दिल्ली, 1988, पृ. 104-5।
5. नीता कुमार, 1991, पृ. 19।
6. हरिश्चंद्र, भारतेंदु, 'स्त्री-शिक्षा' *कविवचनसुधा*, नवंबर 3, 1873।
7. गुप्त, रामचंद्र' 'जाति-सुधार' *वैश्योपकारक*, चौथा अंक 1904।
8. राय, सुजाता, *राष्ट्रीय जागरण और हिंदी पत्रकारिता का आदिकाल*, अनामिका पब्लिशर्स एंड डिस्ट्रीब्यूटर्स, दिल्ली, 1996, पृ. 151।
9. शर्मा, हेमंत, *भारतेंदु समग्र*, हिंदी प्रचारक संस्थान, वाराणसी, तीसरा संस्करण, 1989, पृ. 478-79।
10. भट्ट, बालकृष्ण, 'धर्म का महत्व', मिश्र, सत्यप्रकाश (सं) *बालकृष्ण भट्ट प्रतिनिधि संकलन*, नेशनल बुक ट्रस्ट, नई दिल्ली, 1996, पृ. 97।
11. उपरोक्त।
12. भट्ट, बालकृष्ण, 'हमारी ललनाओं की शोचनीय दशा' उपरोक्त पृ. 101।
13. उपरोक्त, पृ. 102।
14. उपरोक्त।
15. पन्निकर, के.एन., कल्चर, *आइडियोलॉजी, हेजेमनी*, तूलिका, दिल्ली, 1995, पृ. 91।

16. भट्ट, बालकृष्ण, *स्त्रियों और उनकी शिक्षा,* 1996, पृ. 26।
17. उपरोक्त पृ. 25।
18. उपरोक्त पृ. 24।
19. द्विवेदी, महावीर प्रसाद, 'स्त्री शिक्षा के विरोधी तर्कों का खंडन', कृष्ण कुमारी (सं.) *महिला*-मोद, गंगा पुस्तक माला, लखनऊ, 1925, पृ. 29।
20. द्विवेदी महावीर प्रसाद, 'स्त्रियों का सामाजिक जीवन' जुलाई 1913, भारत यायावार, (सं) *महावीर प्रसाद द्विवेदी रचनावली,* भाग-7, किताबघर, दिल्ली, 1995, पृ. 150।
21. श्रीनिवास, एम.एन., *आधुनिक भारत में सामाजिक परिवर्तन* (1967), राजकमल, दिल्ली, तीसरा संस्करण, 1987, पृ. 145।
22. द्विवेदी, 1995, पृ. 145।
23. भट्ट, मूलचंद, 'स्त्रियों की शिक्षा कैसी होनी चाहिए' *सरस्वती,* जनवरी-जून, 1917, पृ. 66।
24. गुप्त, बाबू शालिगराम, *सरस्वती,* जनवरी-जून 1917, पृ. 306।
25. उपरोक्त, पृ. 308।
26. प्रेमचंद 'कुमारी शिक्षा का आदर्श' राय, अमृत (सं), *विविध प्रसंग,* भाग 3, हंस प्रकाशन, इलाहाबाद, 1962, पृ. 266।
27. उपरोक्त।
28. निराला, सूर्यकांत त्रिपाठी, 'बाहरी स्वाधीनता और स्त्रियां', नंद किशोर नवल (सं), *निराला रचनावली,* राजकमल प्रकाशन, दिल्ली, तृतीय संस्करण, 1992, पृ. 129-30।
29. सहाय, शिवपूजन, हिंदू परिवार की महिला', *आर्य महिला,* त्रैमासिक (काशी), भाग 4, सं. 2, विक्रम संवत्, 1978 (सन् 1921 ई.) *शिवपूजन सहाय रचनावली,* भाग 2 बिहार, राष्ट्रभाषा परिषद, पटना, 1957, पृ. 250-53।
30. सहाय, शिवपूजन, 'पति और पत्नी का परस्पर सद्भाव', *आर्य महिला,* वर्ष 2, अंक 2, विक्रम संवत् 1976, सन् 1919 ई. *शिवपूजन सहाय रचनावली,* भाग 2, 1957, बिहार राष्ट्रभाषा परिषद्, पृ. 225।
31. सहाय, शिवपूजन, 'ग्रामीण स्त्रियों की दशा', *आर्य महिला,* 1927, *शिवपूजन सहाय रचनावली,* उपरोक्त, पृ. 265-269।
32. सहाय, शिवपूजन, 'विद्या पढ़ना सीखो', *कायस्थ महिला हितैषी* 1918, *शिवपूजन सहाय रचनावली,* उपरोक्त, पृ. 2171-74।
33. मशरूवाला, किशोरलाल घनश्याम, 'स्त्री-शिक्षा', *विशाल भारत,* जनवरी 1943, पृ. 41।
34. उपरोक्त, पृ. 43।
35. *माधुरी,* फरवरी, 1942, पृ. 233।
36. बोउवा, सीमोन, द *स्त्री : उपेक्षिता,* प्रस्तुति डॉ. प्रभा खेतान, दूसरा पेपरबैक संस्करण, 1992, हिंदी पॉकेट बुक्स, दिल्ली, पृ. 29।
37. भट्ट, बालकृष्ण, 'महिला स्वातंत्र्य', *हिंदी प्रदीप,* अप्रैल से जून 1891, पृ. 29।
38. उपरोक्त, पृ. 7-9।

39. *हिंदी प्रदीप,* जुलाई 1891, पृ. 7।
40. द्विवेदी, महावीर प्रसाद, 'स्त्रियों का सामाजिक जीवन', भारत यायावार (सं), *महावीर प्रसाद द्विवेदी रचनावली,* भाग 7, किताबघर, दिल्ली, 1995, पृ. 145।
41. सावित्री देवी, 'स्त्रियों की स्वतंत्रता', *सरस्वती,* जून 1910, पृ. 279।
42. भट्ट, जनार्दन, 'हिंदुओं की सम्मिलित परिवार की कुप्रथा से हानियां', *सरस्वती,* जनवरी 1914, पृ. 31।
43. सत्यशोधक, 'स्त्रियों की पराधीनता', *सरस्वती,* अक्टूबर 1914, पृ. 560-61।
44. उपरोक्त, पृ. 561।
45. सहाय, शिवपूजन, *शिवपूजन रचनावली,* 1957, पृ. 265।
46. निराला, सूर्यकांत त्रिपाठी, 'बाहरी स्वाधीनता और स्त्रियां', नंदकिशोर नवल, (सं.) *निराला रचनावली भाग* 6, (1982), तृतीय संस्करण, 1992, पृ. 129।
47. निराला, सूर्यकांत त्रिपाठी, 'राष्ट्र और नारी' *नवल,* नंदकिशोर 1992, पृ. 290।
48. गुप्ता, कुसुम, 'इटली में नारी आस्थान', *माधुरी,* मई 1943, पृ. 349।
49. *चांद,* जनवरी 1937, पृ. 269
50. *चांद,* जनवरी, 1937, पृ. 301
51. राय, विनय भूषण, *सोशियो इकोनॉमिक इफैक्ट ऑफ सती इन बंगाल एंड दि रोल ऑफ राजा राममोहन राय,* नया प्रकाशन, कलकत्ता, 1987, पृ. 40।
52. उपरोक्त, पृ. 72।
53. दामोदरन, के., *भारतीय चिंतन परंपरा,* पीपुल्स पब्लिशिंग हाउस, दिल्ली, 1982, तीसरा संस्करण पृ. 365।
54. *रवींद्रनाथ के निबंध,* भाग 1, अनुवाद-विश्वनाथ नखणे, साहित्य अकादमी, दिल्ली, 1990, तीसरा संस्करण, पृ. 47।
55. मजमूदार, जतींद्र कुमार (सं), *राजा राममोहन राय एंड प्रोग्रेसिव मूवमेंट इन इंडियन,* कलकत्ता, 1941 में उद्धृत।
56. दामोदरन, के., 1982, पृ. 366।
57. भट्टाचार्य, मालिनी, 'सती इन बंगाल : दि सोशियो-इकॉनोमिक बैकग्राउंड', *इकोनॉमिक एंड पॉलिटिक्स वीकली,* अप्रैल 1, 1989, पृ. 669।
58. *दि इंगलिश वर्क्स ऑफ राजा राममोहन राय,* कलकत्ता, पृ. 381-82।
59. उपरोक्त, पृ. 379।
60. मिश्रबंधु, *मिश्र बंधु विनोद,* तृतीय भाग, 1985, गंगा पुस्तक माला, लखनऊ, पृ. 105।
61. शर्मा, हेमंत, *भारतेंदु समग्र,* हिंदी प्रचारक संस्थान, वाराणसी, तीसरा संस्करण, 1989, पृ. 536-542।
62. प्रेमचंद, *सुभागी और अन्य कहानियां,* हंस प्रकाशन, इलाहाबाद, पृ. 82-95।
63. *प्रेमचंद, सप्त सुमन,* हंस प्रकाशन, 1991, पृ. 75-88।
64. *'कल्याण'* नारी अंक, गीता प्रेस, गोरखपुर, 1948।

7. मध्ययुगीन स्त्री-काव्य में जाति-विमर्श

जाति-विमर्श आज के दौर की अनिवार्य स्थिति है। धर्मनिरपेक्ष और गैर-धर्मनिरपेक्ष विचारकों के यहां इसकी भिन्न-भिन्न समझ है। प्रस्तुत आलेख धर्मनिरपेक्ष परिप्रेक्ष्य में जाति-विमर्श के कुछ बिंदुओं को स्पर्श करने की कोशिश मात्र है।

धर्मनिरपेक्ष ढांचे में जब जाति (कास्ट) पर विचार करते हैं तो हमारे लिए अनेक मुश्किलें खड़ी हो जाती हैं। धर्मनिरपेक्ष विचार के अलग-अलग रंग भी हमें दिखाई देने लगते हैं जो जाति को भिन्न-भिन्न तरीके से देखते हैं। आजादी के बाद के दौर में जाति-विमर्श को केंद्र में लाने का श्रेय वी.पी. सिंह को जाता है। मंडल कमीशन की सिफारिशों को लागू करने के साथ ही भारतीय परिदृश्य में गुणात्मक बदलाव आया है। बदलाव की यह प्रक्रिया अब भी चल रही है। समूची राजनीतिक एवं सांस्कृतिक संरचना में इसने उथल-पुथल पैदा की है। अकेले इस फैसले ने विमर्श के नए आयाम पैदा किए हैं। खासकर, हिंदी साहित्य जगत में जाति-विमर्श को नए सिरे से जन्म दिया है।

'जाति' (कास्ट) एक ठोस सच्चाई है। यह उत्पीड़न-प्रक्रिया की द्योतक है। धर्मनिरपेक्ष विमर्श ने 'जाति' की काल्पनिक दुनिया को नष्ट करके उसे सार्वजनिक तौर पर स्वीकृति दिलाने में महत्वपूर्ण भूमिका अदा की है जबकि गैर-धर्मनिरपेक्ष विचारधाराएं एवं उनके अनुगामी संगठन उसे काल्पनिक एवं अमूर्त बताए हुए थे। बहस-तलब नहीं मानते थे। 'संस्थान' के रूप में स्वीकार नहीं करते थे। इसके विपरीत धर्मनिरपेक्षतावादियों ने 'जाति' की संस्थान के रूप में प्रतिष्ठा की। 'जाति' को समझने के गैर-अभिजन मुहावरों, पदबंधों एवं देशज भाषाओं को केंद्र में लाने में मदद मिली।

'जाति-विमर्श' वस्तुतः 'पावर डिस्कोर्स' है। सत्ता-विमर्श है। इसमें छिपे

अंतर्विरोधों, संगतियों और असंगतियों को समग्रता में समझने की जरूरत है। ज्यों ही आप इसे 'सत्ता के विमर्श' के रूप में देखेंगे, इसमें छिपे हिंसाचार की वैधता को भी समझ पाएंगे। 'सत्ता विमर्श' होने के कारण हमें इसे समझने के जो उपकरण, शब्द, भाषिक प्रयोग, वर्गीकरण मिलते हैं वे अमूमन अभिजनवादी हैं और अभिजनवादी प्रतीकात्मक व्यवस्था के रूप हैं। अभिजनवादी शब्दावली में हम जब भी 'जाति' पर बात करते हैं तो उत्पीड़न एवं हिंसा को वैधता प्रदान कर रहे होते हैं।

मसलन, ज्यों ही हम एस.सी/एस.टी. की राजनीतिक केटेगरी के बारे में बातें करते हैं तो पूरे समुदाय को परिभाषित कर रहे होते हैं, साथ ही, इस समुदाय की तुलना में स्वयं को भी परिभाषित कर रहे होते हैं। परिभाषित करने का यह तरीका जाति-विमर्श के गैर-धर्मनिरपेक्ष दृष्टिकोण का द्योतक है। इस तरह के विमर्श में 'जाति' को 'जाति' बनाए रखने पर ज्यादा जोर होता है। असल में कोशिश यह हो कि 'जाति' 'नागरिक' बने, 'जाति-विमर्श', 'सिटीजन डिस्कोर्स' की शक्ल ले। 'जाति-विमर्श' जब तक जाति-विमर्श है, वह अधूरा विमर्श है, इस अधूरे विमर्श को समग्र सामाजिक विमर्श बनाने के लिए 'जाति' का 'नागरिक' या 'जन' में रूपांतरण अनिवार्य शर्त है।

हमारे विमर्श में जाति की अवस्था सबसे नीचे थी, किंतु विगत दो दशकों में फिजा बदली है। 'जाति' वस्तुतः 'रिप्रेस्ड' या दमित को व्यक्त करती है। 'दमित' का अनुभव हमारे अनुभव से परे होता है। यही वह बिंदु है जहां से जाति-विमर्श की ढेर सारी दिक्कतें शुरू होती हैं। 'जाति' के बारे में बेहतर ढंग से, गंभीरता से तब ही सोच सकते हैं जब उसका अनुभव करें। जब अनुभव करेंगे तो उसे भाषा में व्यक्त भी कर पाएंगे। 'कास्ट डिस्कोर्स' का ढेर सारा लेखन पराई भाषा में है, उसमें अनुभव का अभाव है, यही वजह है कि वह हमें छू नहीं पाता। देशज भाषा में जाति-विमर्श जब तक नहीं आता तब तक हमें उसके उत्पीड़न का भी अहसास नहीं हो सकता। जैसा कि हम लोग जानते हैं कि अनुभवों की अभिव्यक्ति भाषा में होती है, सामाजिक व्यवहार की अभिव्यक्ति भाषा में होती है। यदि जाति हमारे अनुभव का हिस्सा है तो उसके अंतर्विरोध एवं आंतरिक क्रिया-प्रतिक्रियाएं भी हमारी भाषा में आएंगी। अतः 'जाति' के संबंध में 'अनुभव' का केंद्रीय महत्व है।

जाति-विमर्श का एक आयाम उसके प्रतिनिधित्व और वर्गीय चिह्नशास्त्र से जुड़ा है। धर्मनिरपेक्ष, उदार एवं वामपंथी के लिए 'कास्ट' एक 'खराब' चीज है, उससे दूर रहना चाहिए। इसमें वामपंथी उसे 'वर्ग' के रूप में देखते हैं और उसको व्याख्या से

ज्यादा महत्व नहीं देते। वामपंथी लेखन में जातिगत सामाजिक यथार्थ के विस्तृत विवरण, अनुभव, अंतर्विरोधों एवं विभाजनों का विस्तृत विवरण नहीं मिलता। वे जाति को वर्ग के रूप में जब व्याख्यायित करते हैं तो ऐसा पद्धतिगत अनिवार्यता के कारण करते हैं। पद्धतिगत अनिवार्यता के कारण अन्य विस्तृत रूपायन उनसे छूट जाता है।

जैसा कि मैंने शुरू में कहा था कि 'जाति-विमर्श' वस्तुतः 'सत्ता-विमर्श' है। अतः इसे पढ़ने के लिए पहले हमें यह बात स्वीकार करनी होगी कि जाति का सत्ता से गहरा संबंध रहा है। अतः 'जाति' के प्रति तदर्थ रवैया अपनाने से हम इसे सही ढंग से समझ ही नहीं पाएंगे। इसी तरह 'जाति' को राजनीति में संकुचित या सीमित करके नहीं देखना चाहिए। जाति का राजनीति से थोड़ा संबंध होता है किंतु बुनियादी तौर पर जाति का सामाजिक अंतर्विरोधों से संबंध होता है। सामाजिक अंतर्विरोधों का दायरा राजनीति से परे जाता है।

'जाति' के मूल्यांकन के संदर्भ में अधिकांश समाजशास्त्रियों एवं पत्रकारों के लेखन पर गौर करें तो पाएंगे कि वे कहते हैं कि 'जाति में बदलाव आया है,' 'जाति बदल चुकी है', 'अब जाति में जाति जैसा कुछ बचा नहीं है', 'अगर अब जाति बच गई है तो सिर्फ राजनीति में'। मूलतः वे लोग सोचते हैं कि 'जाति में क्या हुआ?' 'जाति कैसे बदली?' वे यह महसूस ही नहीं करते कि मूल सवालों से भाग रहे हैं। असल में, राजनीति का वे सीमित अर्थ में इस्तेमाल करते हैं। मसलन, चुनाव प्रचार, प्रत्याशियों के चयन, मंत्रिमंडल के गठन, ग्राम सभा के चुनाव के संदर्भ में ही वे राजनीति को सोचते हैं। जबकि राजनीति का क्षितिज इन सबसे बड़ा है। वे जाति के प्रतिनिधित्व के तर्कों को समझने एवं समझाने की कोशिश ही नहीं करते, इसके विपरीत वे जाति का रहस्यीकरण करते हैं। हमें 'जाति' के रहस्यीकरण और उसे राजनीति के सीमित अर्थ में व्याख्यायित करने की दृष्टि से बचना चाहिए।

> हमें जाति एवं वर्ग को चिह्नशास्त्रीय दृष्टिकोण से देखना चाहिए। चिह्न शास्त्रीय दृष्टिकोण से देखने का पहला लाभ यह है कि हमें जाति पूर्व निर्मित नजर नहीं आएगी बल्कि सचेत निर्मित नजर आएगी, 'रिप्रिजेंटेटिव' नजर आएगी।
>
> चिह्नशास्त्रीय दृष्टिकोण से देखने का दूसरा लाभ यह होगा कि जाति को 'चिह्न' या 'प्रतीक' या 'वस्तु' के संदर्भ में समझने में मदद मिलेगी। इससे हमें पता चलेगा

> कि चेतना में आए परिवर्तन हमारी भौतिक परिस्थितियों, आदतों और अनुभवों के परिणाम होते हैं। चिह्नशास्त्र अनुभव, सत्ता एवं प्रतिनिधित्व के बीच के संबंधों की व्याख्या करता है।
>
> समाज में प्रचलित जाति-व्यवस्था का साहित्य में हूबहू चित्रण आधुनिक काल में सबसे ज्यादा हुआ। आधुनिक काल के पहले के साहित्यों में जाति-विमर्श बहुत कम मात्रा में पाया जाता है। किंतु साहित्य में 'शुद्धता' और 'अपवित्रता', 'श्रेष्ठ' और 'हीन', 'जन्मना श्रेष्ठत्व' या 'कर्मणा श्रेष्ठत्व' आदि विषयों का सिरा कहीं-न-कहीं जाति-विमर्श से जुड़ता है। और ये विषय मध्यकालीन साहित्य में बड़ी मात्रा में मौजूद हैं। वस्तुतः जाति सबसे भयानक उत्पीड़क व्यवस्था है। यह वंचितों एवं स्त्रियों के उत्पीड़न पर टिकी है। इसमें वंचितों या दलितों का ही शोषण नहीं होता अपितु स्त्रियों का भी शोषण होता रहा है।

जाति-व्यवस्था का एक पहलू राजनीतिक-आर्थिक शोषण से जुड़ा है तो दूसरा पहलू सगोत्र व्यवस्था से जुड़ा है। जाति-व्यवस्था जहां एक ओर वर्ण-व्यवस्था से जुड़ी है वहीं दूसरी ओर पितृसत्तात्मक और स्त्रियों के शोषण से जुड़ी है। कुछ लोग यह मानते हैं कि जाति-व्यवस्था को पूंजीवादी विकास खत्म कर देता है। हकीकत में ऐसा पूरी तरह नहीं होता। औद्योगिक पूंजीवाद जाति-व्यवस्था के उन्हीं पहलुओं को कमजोर बनाता है जिनका उससे अंतर्विरोध होता है किंतु जिन पहलुओं का औद्योगिक पूंजीवाद से अंतर्विरोध नहीं है, उन्हें वह बनाए रखता है। मसलन, सगोत्र व्यवस्था को वह बनाए रखता है, 'इंडोगमी' को बनाए रखता है क्योंकि इसमें 'कन्यादान' शामिल है। 'कन्यादान' जाति-व्यवस्था का मुख्य रूप है। वह इसे पुनर्स्थापित करता है। वह कन्या और 'कन्यादान' से जुड़ी तमाम सामंती परंपराओं, रिवाजों एवं संस्कारों को जिंदा रखता है। कहने का तात्पर्य यह है कि 'कन्यादान' का पूंजीवाद के साथ मधुर संबंध है, क्योंकि 'कन्यादान' का स्वभावतः पूंजीवाद की 'निजी संपत्ति' की धारणा से सहमेल है।

'जाति' को तोड़ने का सबसे सही उपाय यही है कि सामाजिक उत्पादन के क्षेत्र में स्त्रियों का अबाधित प्रवेश हो, पुरुषों के समान स्त्रियों को आत्मनिर्भर बनने के अवसर एवं अधिकार प्राप्त हों, स्त्री-पुरुषों में अबाधित रूप से संपर्क एवं मिश्रण का अधिकार हो। 'अरेंज मैरिज', 'तयशुदा शादी' की परंपरा को तोड़ा जाए। आप ज्यों ही 'अरेंज मैरिज' नहीं करते, परंपरागत चैनलों को सीमित कर देते हैं। इसके अलावा पितृसत्तात्मक रूपों एवं विचारों को एक सिरे से अस्वीकार किया जाए। इस

परिप्रेक्ष्य में हम मध्यकालीन साहित्य में रूपायित 'जाति-विमर्श' पर रोशनी डालें तो कुछ काम की बातें सामने आ सकती हैं।

साहित्य में जाति को देखने का एक तरीका यह भी हो सकता है कि हम इसे 'अस्मिता' के रूप में देखें। साहित्य में अस्मिता के रूपायन के दो रूप मिलते हैं, पहला, अस्मिता का अतिरूपायन। जैसे स्त्री का अतिरूपायन हुआ है। दूसरा, अस्मिता की अनुपस्थिति। जैसे जाति पहचान को बगैर किसी अस्मिता की पहचान के रूप में चित्रित किया गया है। साहित्य में यह नजरिया मध्यकाल से लेकर आधुनिक काल तक के लेखकों में फैला हुआ है। 'अस्मिता' का 'नॉन-आइडेंटिफिकेशन' वस्तुतः धर्मनिरपेक्ष लेखन की कहानी है जिसे वह धर्मनिरपेक्ष पहचान के जरिये बताना चाहता है। आज 'जाति' का अति चर्चित हो उठना, जाति-विमर्श का केंद्र में आ जाना या जाति का दबाव पैदा हो जाने से वस्तुतः निचली जातियों पर जाति का बोझा बढ़ा है। जाति की पहचान का प्रयोग निचली जाति करती रही हैं। ऊंची जाति के सामने अस्मिता का संकट नहीं होता, फलतः वे अस्मिता के संकट से भी नहीं गुजरते।

आज जो उदार हैं, वे भी जब जाति का कथानक गढ़ते हैं, उसके तर्क देते हैं तो जाति की तुलना निचली जाति से करते हैं, उनका इस तरह सोचना सुचिंतित है, वे ऐसा अचानक नहीं सोचते, वे ऐसा क्यों सोचते हैं, इस तरह के प्रश्नों को समझने में चिह्नशास्त्र हमारी मदद कर सकता है।

असल में उच्च जातियों को जाति का अनुभव ही नहीं है। वह उनके आत्मगत जगत का यथार्थ नहीं है। किंतु वे उसे तथ्यतः स्वीकार करते हैं। जबकि जाति का चिह्नशास्त्र निचली जातियों पर आरोपित है। वे अपनी पहचाऩ इसी के जरिये देखने की कोशिश करते हैं। धर्मनिरपेक्षतावादियों के द्वारा 'जाति उत्पीड़न' या 'जाति के अस्वीकार' का प्रधान कारण है उनकी दुविधापूर्ण स्थिति। यह वह दुविधा है जो निचली जातियों को पहचान देती है। अगर हम 'जाति' एवं 'वर्ग' को एक साथ रखकर देखेंगे या इसे एक-दूसरे के पर्याय के रूप में देखेंगे तो इससे दुविधा पैदा होगी। 'जाति' और 'वर्ग' की एक ही साथ पहचान उच्च जातियों को व्यापक पैमाने पर अस्मिता की गतिशीलता को बनाए रखने में मदद करती है यानी इससे 'अस्मिता की गतिशीलता' पैदा होती है। यह उस समय एकदम साफ हो जाता है। जब निचली जातियां एकजुट होकर आंदोलित हो उठती हैं, दबाव डालती हैं, खासकर, अभिजन एवं राज्य पर दबाव डालती हैं। ऐसे में अभिजन अपने राजनीतिक इडियम

को पुनर्परिभाषित करने की कोशिश करते हैं। निचली जातियां ज्यों ही अधिकार एवं समानता की धर्मनिरपेक्ष एवं जनतांत्रिक भाषा बोलना शुरू करती हैं तो उच्च जातियों के लोग हिल जाते हैं। इसका कारण यह है कि इस तरह की भाषा पर अभी तक उनका अधिकार था, वे ही इस तरह की भाषा बोलते थे। ऐसे में वे 'वर्ग' एवं 'जाति' की भाषा एक ही साथ बोलने लगते हैं। अभिजन कहते हैं कि समकालीन भारत की समस्त बुराइयों की जड़ 'पश्चिमी' संस्थान और इडियम हैं। ऐसे लोगों को गांधी जी की आधुनिकता संबंधी आलोचना अचानक पसंद आने लगती है और अचानक समूचे विमर्श में नव्य-ब्राह्मणवाद जन्म ले लेता है। अब 'मेरिट' एवं 'एफीसिएंसी' को नए-नए तर्कों के साथ स्थापित करने की कोशिशें होने लगती हैं। कहने का तात्पर्य यह है कि मध्यकाल में जाति-व्यवस्था और ब्राह्मणवादी व्यवस्था ने समाज को सताया था तो आधुनिक काल में जातिवाद एवं नव्य-ब्राह्मणवाद जैसे दो नए तत्वों ने समस्याएं पैदा की हैं।

अब हम मध्यकालीन स्त्री-काव्य के संदर्भ में जाति-विमर्श के प्रश्नों पर ध्यान दें।

स्त्री-काव्य के संदर्भ में सबसे पहली बात यह रेखांकित करना चाहूंगा कि वहां जाति-विमर्श एक सिरे से प्रत्यक्षतः अनुपस्थित है। इस अनुपस्थित को उपस्थित करना ही बुनियादी समस्या है।

जैसा कि सर्वविदित है कि स्त्री साहित्य सबसे ज्यादा उपेक्षित साहित्य है। उसी तरह जाति भी उपेक्षित रही है।

अधिकांश लेखिकाएं मिथकीय चरित्रों एवं सांस्कृतिक रूपों के माध्यम से स्त्री के अनुभवों, वेदना एवं प्रतिरोध को अभिव्यक्त करती हैं। इनकी कविताओं में 'आलोचना' के बजाय 'व्यक्तिगत अनुभूति' के रूपायन पर जोर है। इनके अनुभवों में पद्य हैं तो कहीं-कहीं वक्तृता एवं विचार के भी दर्शन होते हैं। स्त्रियों की कविता वर्तमान पर प्रश्नचिह्न लगाती है अपना विरोध दर्ज करती है।

चूंकि उस जमाने में स्त्रियों को 'सही' या 'गलत' क्या है यह तय करने का अधिकार नहीं था अतः 'सही' या 'गलत' के प्रति अधिकांश कवयित्रियों का प्रत्यक्ष रवैया कविताओं में व्यक्त नहीं हुआ। इस युग की कवयित्रियां व्यक्तिगत को सामाजिक बनाने पर विश्वास करती हैं। वे व्यक्तिगत को छिपाती नहीं हैं। वर्जनाओं और निषेधों के संसार में प्राथमिकताएं तय करती हैं और 'संत समागम' के जरिये सामाजिक तौर पर स्त्रियों को अलग-थलग रखने की कोशिशों का निषेध करती हैं।

अब संत समाज सबका था। 'भक्ति' और 'माधुर्य' के रूपायन के जरिये इन कवयित्रियों ने विभाजन एवं विषमता का निषेध करने के साथ पितृसत्तात्मक दृष्टिकोण को चुनौती दी।

'स्त्री जो उचित समझे' उसे वह करने का अधिकार है। इसके लिए उसे 'लोकनिंदा' या 'पारिवारिक कटुता' या 'पुरुष वर्चस्व' के दबावों के आगे समर्पण नहीं करना चाहिए। इस तरह का रवैया अनेक कवयित्रियों के यहां व्यक्त हुआ। यही बात उन लेखकों पर लागू होती है जो जाति की तीखी आलोचना कर रहे थे, खासकर निर्गुणपंथी कवियों ने तकरीबन यही रवैया अपनाया। इसी तरह कवयित्रियों ने 'स्त्री की अस्मिता' की स्थापना की। इस दौर से पहले 'स्त्री की अस्मिता' पुरुष संदर्भ से तय होती थी। किंतु मीरा ने इसे तोड़ दिया। उसने अस्मिता के निर्माण के पुरुष संदर्भ को पूरी तरह काटकर फेंक दिया। यह कार्य लिखकर, बोलकर या रचकर किया। ठीक यही स्थिति उन कवियों की थी जो निचली जातियों से आए थे। जाति उत्पीड़न एवं वर्चस्व की सत्ता को वे करीब से जानते थे, अतः बोलकर, लिखकर एवं रचकर उन्होंने उच्च जातियों के वर्चस्व एवं संदर्भों को एक सिरे से चुनौती दी। कहने का तात्पर्य यह कि स्त्री या निचली जातियों का बोलना, लिखना या सृजन करना संभवतः भिन्न किस्म के विमर्श एवं संदर्भ-सूत्रों को जन्म देता है, कोशिश यह होनी चाहिए कि ये लोग ज्यादा से ज्यादा बोलें, लिखें या रचें, इससे नया साहित्य एवं समाज पैदा होगा।

परंपरागत जाति-विमर्श वस्तुतः कुछ जातियों एवं वर्गों को श्रेष्ठता एवं वर्चस्व की हैसियत प्रदान करता हैं। इसका धर्म के अधिनायकवादी दृष्टिकोण से संबंध है। धार्मिक अधिनायकवाद व्यक्ति और संस्थानों के धर्म के प्रति आज्ञाकारी भाव की हिमायत करता है। अंधानुकरण के लिए मजबूर करता है। साथ ही, 'ईश्वर की सत्ता' की महत्ता स्थापित करता है। इसके अलावा स्त्री और पुरुष दोनों को बेहद शक्तिशाली मानता है या एकदम कमजोर मानता है। कृष्ण का विराट रूप और काली या दुर्गा का रूप, पुरुष एवं स्त्री के इसी रूप का रूपायन हैं। अथवा इन दोनों को एकदम कमजोर मानता है। धर्म के अधिनायकवादी दृष्टिकोण की मान्यता है कि स्त्री और पुरुष तब ही शक्ति अर्जित कर सकते हैं जब वे समर्पण कर दें। इस तरह का नजरिया धर्म को अविवेकवादी बना देता है। वह यह भी मानता है कि जीवन का निर्धारण उन शक्तियों द्वारा होता है जो स्वयं के बूते के बाहर अवस्थित हैं। व्यक्ति अपनी शक्ति के बलबूते पर अनुभव प्राप्त नहीं करता, वह तो बाह्य

शक्ति का आज्ञाकारी होकर ही शक्ति प्राप्त कर सकता है। अधिनायकवाद का वैशिष्ट्य है कि जब कोई उसकी आज्ञा का पालन करता है तो उसे बेहद खुशी होती है, इसे वह प्यार करता है, इसी आधार पर वह अपना विस्तार करता है।

इसके विपरीत जब कोई व्यक्ति प्रेम एवं तर्क की शक्ति से आंदोलित या संचालित होने लगता है तब अधिनायकवादी नजरिये का खंडन होने लगता है। वह स्वयं की शक्ति महसूस करता है। अब वह किसी ताकतवर की मदद की जरूरत महसूस नहीं करता। फलतः उसमें स्वतंत्रता का बोध भी पैदा होता है। यह दृष्टिकोण भक्ति आंदोलन के सभी लेखक एवं लेखिकाओं का है।

स्वतंत्रता और अस्मिता की पहचान तभी स्थिर शक्ल लेती है जब मनुष्य स्वयं सोचे, तर्क करे, महसूस करे और निर्णय करे। इस परिप्रेक्ष्य में देखें तो भक्ति आंदोलन के अधिकांश कवि एवं कवयित्रियां भिन्न नजर आएंगे। खासकर, मीराबाई धर्म के अधिनायकवादी स्वरूप को अस्वीकार करती हैं। अपनी अनुभूतियों और जिंदगी को आलोचनात्मक ढंग से देखती हैं। वह रक्त, आत्मा, नस्ल, परिवार, वंश और धर्म आदि किस्म के रिश्तों से अपने को मुक्त करती है। उसकी प्रेरणा का स्रोत है स्त्री का मानवतावादी रवैया। वह मानवता को अनुभव की कसौटी पर परखती है। उसे काव्य का विषय बनाती है। वह स्त्रियों के लिए मानवतावाद की नई कोटियां निर्मित करती है।

मीरा के लिए भक्ति कोई समय-यापन का मार्ग नहीं है बल्कि वह सचेत ढंग से सार्थक लक्ष्यों को केंद्र में रखकर बगावत करती है। बागी होने का पहला अर्थ है अपने आप से मुक्ति। बागी की खूबी होती है कि वह 'न' कह सकता है या भिन्न ढंग से अपनी बात कह सकता है या स्पष्ट ढंग व्यक्त करता है और विवेक और सिद्धांतों को प्यार करता है, वह यथास्थितिवाद को चुनौती देता है, उसे बदलने के लिए संघर्ष करता है। वह हमेशा सकारात्मक ढंग से सोचता है।

मीराबाई ने 'आज्ञाकारी' बनने से इनकार किया, पिता का घर छोड़ा, ससुराल छोड़ा, राजपाट छोड़ा और संत बनना पसंद किया। यह एक तरह समूचे सामंती परिवेश का परित्याग था। सामंती परिवेश 'आज्ञापालन' पर टिका होता है और मीरा 'आज्ञापालन' में विश्वास ही नहीं करती थी।

मीरा के लिए प्रेम न तो पागलपन है और न बीमारी है और न अस्पृश्य ही है। प्रेम को वह सहज एवं जीवंत मानवीय अनुभूति के रूप में रूपायित करती है। पितृसत्तात्मक व्यवस्था किस तरह स्त्री पर जुल्म ढाती है और परिवारजनों का रवैया

किस तरह अमानवीय होता है, इसका मीरा साक्षात प्रमाण है। स्त्री का दुख, उत्पीड़न और दमन हमेशा निजी रहा है, स्त्रियां इसे छिपाती रही हैं, इससे पुरुषवादी वर्चस्व को बल मिलता है। किंतु मीरा अपने दुःख और उत्पीड़न को छिपाती नहीं है, वह उसकी सार्वजनिक तौर पर अभिव्यक्ति करती है, निजी का सामाजिक हो जाना वस्तुतः आधुनिक होने की पहचान है।

मीरा की कविता में 'मिथक', 'कहानी' और 'आत्मकथा' इन तीनों का मिला-जुला प्रयोग मिलेगा। 'मिथक' उच्च संस्कृति का तत्व है, 'कहानी कला' जनसाधारण की संस्कृति का तत्व है और 'आत्मकथा' आधुनिक युग का तत्व है। इन तीनों के सम्मिश्रण से परंपरा, अनुभव और तर्क का सुंदर प्रयोग मिलता है। वह 'सही' या 'गलत' का निर्णय पाठकों पर छोड़ने के बजाय स्वयं निर्णय करती है।

व्यापारिक पूंजीवाद के युग में व्यापार की नई प्रणाली, विनिमय के नए रूपों के जन्म एवं श्रम के नए उपकरणों के आने के बाद पुरानी जड़ जीवन-शैली में बदलाव आने शुरू हुए, वंशानुगत गुणों एवं अधिकारों की बजाय बौद्धिक गुणों या निजी गुणों को प्रतिष्ठा का प्रतीक माना जाने लगा। धर्म के लौकिकीकरण की पंक्तियां तेज हुईं, धर्म पर सवर्णों की बपौती खत्म हुई।

जैसा कि मैंने शुरू में अनुरोध किया था कि 'जाति-विमर्श' को तोड़ने या जाति को तोड़ने का सबसे सही तरीका है जाति को 'नागरिक समाज' में बदला जाए। मीरा की समूची कविता में जातिसूचक विशेषण एक सिरे से गायब हैं। वह व्यक्ति को 'जाति' के जरिये संबोधित नहीं करती अपितु 'जन' पदबंध के माध्यम से संबोधित करती हैं। 'जन' और 'दासी' को पर्यायवाची के रूप में इस्तेमाल करती है। मीरा एवं अन्य भक्त कवियों के प्रतिरोध भाव की कमजोरी यह है कि वे नैतिक धरातल से विरोध शुरू करते हैं। वे विरोध के नैतिक आधार को सामाजिक-आर्थिक विरोध के साथ जोड़ने में असमर्थ रहे।

इतिहासकार हरवंश मुखिया ने इसी प्रसंग में लिखा है कि 'किसी समाज में प्रतिरोध का आधार यदि नैतिक रहता है, आर्थिक और सामाजिक जड़ें नहीं पकड़ता, अर्थात यदि प्रतिरोध किसी विकल्प की कल्पना पर आधारित नहीं होता तो उससे उस समय में थोड़ी सी लचक तो आ जाती है किंतु कोई मौलिक परिवर्तन नहीं हो पाता और अंत में वही संस्थाएं, जो प्रतिरोध का विषय होती हैं, एक बार फिर हावी होने का प्रयत्न करती हैं जिसमें सफलता और असफलता दोनों ही संभव हैं।'

मध्ययुगीन परिवेश वस्तुतः स्त्री का परिवेश नहीं है, वह पुरुष का परिवेश है।

अतः स्त्री के विकास की पहली शर्त है उसे इस परिवेश से बाहर निकाला जाए। ध्यान रहे मध्यकाल में वे ही स्त्रियां लिख पाईं जो 'सत्संग', 'गुरुसेवा', 'दरबार', 'मंदिरों में उपासना' या 'युद्धों में शिरकत' करती थीं अथवा जो रानी थीं, जिसके पास अपना घर था, शिक्षा थी, घरेलू दायित्वों से मुक्त थीं। साधारण स्त्री के लिए सृजन करना असंभव था, क्योंकि उसके पास निजी परिवेश नहीं था। साधारणतः वही स्त्री लिख पाई जो घरेलू परिवेश से बाहर थी, क्योंकि घर तो स्त्री के सृजन का शत्रु था।

सामंती व्यवस्था में स्त्री का 'आंतरिक परिवेश' वस्तुतः दासी की अवस्था पैदा करता था, 'आंतरिक परिवेश' से निकलकर सामाजिक परिवेश का निर्माण करना स्त्रियों की सबसे बड़ी समस्या थी। जाति-व्यवस्था स्त्रियों के लिए सामाजिक परिवेश छोड़ती नहीं है। जाति-व्यवस्था में सामाजिक परिवेश पुरुष का है या ताकतवर का है। मध्यकालीन लेखिकाओं ने इसे भिन्न किस्म से चुनौती दी। स्त्रियों ने 'आंतरिक परिवेश' को ही बाह्य जीवन में विस्तार दिया।

मीरा ने नाच कर, सत्संग करके और प्रेम की उद्विग्न अभिव्यक्ति करके सामाजिक-संहिता को अस्वीकार किया। तर्क प्रणाली का नया मार्ग पकड़ा। मीरा के तर्कों का आधार अनुभूतियां हैं। वह अपनी अनुभूतियों को 'अन्य' के बहाने अभिव्यक्त करती है, वस्तुतः वह 'अन्य' न होकर 'अन्या' ही है।

मध्यकाल में ज्ञान एवं सृजन के क्षेत्र पर धर्म की विचारधारा का आवरण पड़ा हुआ था, यह आवरण स्त्री लेखिकाओं के यहां भी है। इस आवरण को उद्घाटित करने की जरूरत है। मसलन, मीरा के लिए कृष्ण प्रेम, ज्ञान और बुद्धि के प्रतीक हैं। 'कृष्ण के प्रेम' में सब कुछ न्यौछावर कर देना वस्तुतः बुद्धि एवं प्रेम के रिश्ते को निर्मित करने की कोशिश है। 'प्रेम' और 'बुद्धि' के द्वंद्व में प्रेम जीतता है। मीरा स्वयं प्रेम की प्रतीक है। कृष्ण को पाने की आकांक्षा वस्तुतः बुद्धि और ज्ञान प्राप्त करने की आकांक्षा है। इस परिप्रेक्ष्य में देखें तो कृष्ण प्राप्ति का संघर्ष ज्ञान प्राप्ति का संघर्ष है। मध्य युग में ज्ञान प्राप्ति पुरुषों के लिए जितनी सहज थी उतनी स्त्रियों के लिए नहीं।

जैसा कि सर्वविदित है कि स्त्री की अधिकारहीन अवस्था और उसके लिए सामाजिक परिवेश का अभाव जाति-व्यवस्था की देन हैं। अतः स्त्री जब अपनी अस्मिता और अस्तित्व रक्षा की लड़ाई लड़ती है तो वस्तुतः जाति-व्यवस्था के तंत्र को चुनौती दे रही होती है। वर्ण-व्यवस्था और धार्मिक अधिनायकवाद को चुनौती दे रही होती है। यह संयोग की बात नहीं है कि जो जाति-व्यवस्था के पक्षधर रहे

हैं वे स्त्रियों के अधिकारों के भी विरोधी रहे हैं।

भक्ति आंदोलन में जाति-व्यवस्था का विरोध मुख्य विषय था। किंतु यह विरोध नैतिक धरातल से हो रहा था। इतिहासकार हरवंश मुखिया ने लिखा है कि जाति-प्रथा नैतिक प्रथा नहीं थी बल्कि उसका आर्थिक आधार था। इसी पर समाज एवं अर्थव्यवस्था की पूरी नींव खड़ी थी। जाति-प्रथा के आर्थिक आधार को तोड़े बगैर जाति-प्रथा का उन्मूलन संभव नहीं था। किंतु भक्ति आंदोलन के कारण इस प्रथा में लचक आई होगी। इसकी कल्पना की जा सकती है। यह कहना अतार्किक नहीं है कि यह लचक ही इस रोष का कम से कम अचेतन उद्देश्य रहा होगा।

अधिकांश लेखिकाओं ने जाति पर कुछ भी नहीं लिखा किंतु व्यवहार में अस्पृश्यता, ऊंच-नीच, छोटे-बड़े, श्रेष्ठ या हीन का उन्होंने बार-बार विरोध किया है। ऐसा करके उन्होंने वस्तुतः उन बुनियादी तत्वों को चुनौती दी जहां से जाति-व्यवस्था ऊर्जा ग्रहण करती है।

मध्ययुगीन स्त्री-काव्य 'सामाजिक बंधनों', 'भेदभाव' का विरोध करता है। 'पार्थक्य' एवं 'भेदभाव' का विरोध मूलतः स्त्री अस्मिता के निर्माण की कोशिशों को व्यक्त करता है। 'भेदभाव' एवं 'पार्थक्य' के रहते स्त्री अपनी अस्मिता को अर्जित नहीं कर सकती।

दूसरी विशेषता यह है कि कृष्ण एवं उसकी इमेजों के जरिये पुरुष वर्चस्व को चुनौती दी गई। साथ ही कृष्ण के रूप में आदर्श पुरुष की छवि निर्मित की गई, ऐसी आदर्श छवि कृष्ण के देवत्व का निषेध करती है। तीसरी महत्वपूर्ण बात यह सामने आई कि इस दौर की कवयित्रियां आहत और अपमानित महसूस करती थीं, यह वस्तुतः स्त्री के आहत एवं अपमानित मन की अभिव्यक्ति है। आहत एवं अपमानित मन की कविताएं स्त्री स्वाधीनता का मार्ग बनाती हैं। इस दौर की कवयित्रियों की स्थिति यह है कि इन्हें जो मिला उसमें मन नहीं लगता था और जो असंभव था उसे वे पाना चाहती थीं। इस असंतुलन के कारण ही उनका मन धर्म की शरण में गया।

'धर्म', 'गुरु', 'ईश्वर' या 'कृष्ण' आदि के जरिये नई अंतर्वस्तु के सृजन के बावजूद बुनियादी परिवर्तन नहीं हुआ, 'पार्थक्य' एवं 'प्रभुत्व' पूरी तरह नहीं टूटा। जिन लेखिकाओं ने व्यष्टि चेतना को व्यक्त करने की कोशिश की वहां अपराधबोध, या हेयभाव की अभिव्यक्ति हुई। अनेक लेखिकाओं ने तिरस्कृत, अकेली एवं आहत स्त्री के व्यक्तित्व एवं मन का रूपायन किया है। इस दौर में 'प्रेम' पर बहुत सारी कविताएं लिखी गईं, किंतु जीवन में प्रेम का माहौल नदारद था, कविता में खुलापन

है किंतु जीवन में खुलेपन या उदार माहौल का एकदम अभाव है, अतः ऐसी कविताओं की निजी अनुभूति की कविताएं कहना ज्यादा समीचीन होगा।

अंत में, स्त्री की कविता में 'मैं' वस्तुतः 'हम' है। वे स्त्रियों से तर्क नहीं करतीं। भक्ति के उपकरण के माध्यम से निजी जीवन के तनावों एवं अंतर्विरोधों को शांतिपूर्ण एवं अहिंसक ढंग से हल करती हैं।

मीरा की कविताओं में नाथ प्रभाव के द्योतक अनेक पद पाए जाते हैं जिनमें 'जोगी', 'अवधूत', 'जोगिया', 'संत' आदि का सकारात्मक अर्थों में प्रयोग मिलता है। यह जोगी जाति कौन है? आखिर इस जाति से भक्ति आंदोलन कवि और खासकर मीराबाई अपना संबंध क्यों बनाना चाहते हैं।

आचार्य हजारी प्रसाद द्विवेदी ने *कबीर* में लिखा है, 'जोगी नामक आश्रम भ्रष्ट घरबारियों की एक जाति सारे उत्तर और पूर्वी भारत में फैली थी। ये नाथपंथी थे, कपड़ा बुनकर और सूत कातकर या गोरखनाथ और भर्तृरि के नाम पर भीख मांगकर जीविका चलाया करते थे। इसमें निराकार भाव की उपासना प्रचलित थी, जातिभेद और ब्राह्मण श्रेष्ठता के प्रति इनकी कोई सहानुभूति नहीं थी और न अवतारवाद में ही कोई आस्था थी। आसपास के बृहत्तर हिंदू-समाज की दृष्टि में ये नीच और अस्पृश्य थे। मुसलमानों के आने के बाद ये धीरे-धीरे मुसलमान होते रहे।' एक अन्य जगह लिखा है कि 'योगी जाति अर्थात आश्रम-भ्रष्ट योगियों की संतति न तो किसी आश्रम-व्यवस्था के अंतर्गत आती है और न वर्ण-व्यवस्था के।' ऐसी जोगी जाति के लोगों के प्रति मीरा कहती है, 'जोगिया जी! निसि दिन जो हों थारी बाट।' अथवा 'तुम देख्यां बिन कल न पड़त है, ग्रिह आंगणो न सुहाई रे।' कहने का तात्पर्य यह कि 'जोगी' से मिलने, पाने, संगत करने या उसके साथ समाजीकरण की इच्छा वस्तुतः उन तमाम वर्चस्ववादी नियमों, मान्यताओं का अस्वीकार है जो वर्णाश्रम व्यवस्था ने लागू किए थे।

8. महज देह नहीं है औरत

सामान्य तौर पर हिंदी में शोध प्रविधि को समस्या नहीं माना जाता। स्त्री शोध प्रविधि पर हिंदी के विद्वज्जनों ने कभी विचार-विमर्श नहीं किया। उनके लिए यह कोई समस्या नहीं है। उनके लिए स्त्री उत्सव की चीज है। विशेषांक की चीज है। इन दिनों बड़े पैमाने पर स्त्री साहित्य लिखा जा रहा है। और उसके बारे में तरह-तरह की चर्चाएं भी हो रही हैं। आलोचनाएं लिखी जा रही हैं अनेक विश्वविद्यालयों में स्त्री-साहित्य पर शोधार्थी अनुसंधान कर रहे हैं। स्त्री अनुसंधान की विशेष समस्याएं हैं। इसके बावजूद स्त्री साहित्य की शोध प्रविधि पर चुप्पी बनी हुई है।

स्त्री-साहित्य पर अनुसंधान करते समय यह तथ्य हमेशा ध्यान में रखा जाना चाहिए कि स्त्री-साहित्य को स्त्रीवाद के बिना नहीं पढ़ा जा सकता। स्त्रीवादी आलोचना के मानकों की रोशनी में ही स्त्री साहित्य का मूल्यांकन होना चाहिए और स्त्रीवादी शोध प्रविधि का इस्तेमाल किया जाना चाहिए।

स्त्री-साहित्य और स्त्रीवाद का अन्योन्याश्रित संबंध है। हिंदी समीक्षकों की मुश्किल यह है कि वे स्त्रीवादी नजरिए के बिना स्त्री साहित्य पढ़ना-पढ़ाना चाहते हैं, मूल्यांकन करना चाहते हैं। यही दशा रिसर्च के क्षेत्र में भी है।

रिसर्च सुसंगत और व्यवस्थित गतिविधि है। यहां आप नए प्रमाणों की खोज कर सकते हैं लेकिन यह काम कैसे करें, किस पद्धति और शास्त्र या आलोचना के नजरिये से करें, इस बारे में हिंदी समीक्षा में धुंध छाई हुई है। सवाल उठता है रिसर्च किस मकसद से करना चाहते हैं? कौन सा मेथड अपनाना चाहते हैं? कौन सी मेथोडोलॉजी अपनाना चाहते हैं? मेथड क्या है?

डाटा, सूचना जिस विधि से प्राप्त करते हैं उसे मेथड कहते हैं। मेथड का संबंध मकसद से है। मेथड के लिए पृष्ठभूमि का ज्ञान बेहद जरूरी है। मेथड वस्तुतः वह

तकनीक है जिसके जरिये प्रमाण एकत्रित करते हैं। मसलन, साक्षात्कार, तथ्य संकलन आदि। दूसरी बात यह है कि कृति को किस नजरिये से वर्गीकृत करते हैं। रिसर्च में गुण और मात्रा के आधार पर वर्गीकरण से बचाना चाहिए। गुण और मात्रा के आधार पर वर्गीकरण, नामकरण, काल-विभाजन की पद्धति का आचार्य रामचंद्र शुक्ल ने *हिंदी साहित्य का इतिहास* में इस्तेमाल किया है जो स्त्री-साहित्य के संदर्भ में अप्रासंगिक है। इसके अलावा कौन श्रेष्ठ है, की पुंसवादी धारणा से भी बचना चाहिए।

रिसर्च में मेथोडोलॉजी का अर्थ है शोध प्रक्रिया की सैद्धांतिकी। इसमें रिसर्च की समूची प्रक्रिया शामिल है। स्त्रीवादी नजरिये पर विचार करते समय यह ध्यान रहे कि स्त्रीवाद, शोध प्रविधि नहीं, परिप्रेक्ष्य है। यह स्त्री की निर्मिति की धारणा पर आधारित है। इस प्रसंग में यह देखना चाहिए कि शोधार्थी किस तरह की स्त्री की खोज करना चाहता है अथवा कैसे स्त्री निर्मित करना चाहता है।

स्त्रीवादी यह भी मानते हैं कि शोध में, मूल्यांकन में वस्तुगत जैसी कोई चीज नहीं होती। मूल्यरहित वस्तुगतता नहीं होती। तटस्थता जैसी कोई चीज नहीं होती। प्रत्येक रिसर्च किसी-न-किसी रूप में सब्जेक्टिव होता है। स्त्रीवादी नजरिये से रिसर्च का अर्थ है स्त्री के आंतरिक जगत में व्याप्त ऊंच-नीच, शोषित-शोषक संबंधों की खोज करना।

आमतौर पर हम स्त्री की तटस्थ इमेजों का अनुसंधान करते हैं। जैसे मां, बहन, बेटी आदि की अवस्थाओं का अध्ययन करते हैं लेकिन स्त्रीवादी नजरिये के लिए इस तरह की तटस्थ इमेजों का अध्ययन किसी नई चीज को सामने नहीं लाता। उलटे स्त्री के प्रति पुंसवादी नजरिया बना रहता है। स्त्री के तटस्थ रूप मूलतः पुंसवाद और स्त्रीभेदों को छिपाने का काम करते हैं। स्त्रीवाद ने अनुसंधान और आलोचना में स्त्री के वि-तटस्थीकरण पर जोर दिया है यानी उसके अंतर्विरोधों के उद्घाटन पर जोर दिया है। इसके लिए स्त्री के बारे में बेहतर समझ और ज्ञान की जरूरत है जिससे स्त्री के जीवन को और भी सुंदर और बेहतर बनाया जा सके। हम स्त्री को जितना गहराई से जानेंगे वह उतनी ही सुंदर नजर आएगी, उसकी समस्याएं, जटिलताएं और अंतर्विरोध उतने ही साफ नजर आएंगे।

आमतौर पर शोधार्थी और उनके गाइड के द्वारा स्त्री पर काम करते हुए स्त्री के विवरण के संकलन पर जोर दिया जाता है, इसे ही वे मूल्यवान मानते हैं लेकिन यह स्त्री का बहुत छोटा अंश है। स्त्री का सबसे जटिल और मूल्यवान क्षेत्र है अनुभूति

और अनुभव। विवरण से बात आंरभ हो सकती है, लेकिन विवरण ही स्त्री का सर्वस्व नहीं है। स्त्री के अनुभवों और अनुभूतियों के दायरे में प्रवेश करने के बाद ही सामाजिक सोच, रीति-रिवाज, संस्कार, आदतें आदि का पता चलेगा। उन आख्यानों का पता चलेगा जिनको स्त्री करती हैं। स्त्री की वास्तविक छवि सामने लाने में इससे मदद मिलेगी।

स्त्रीवादी नजरिये से शोध करते समय कई दार्शनिक सवाल भी उठते हैं जैसे ज्ञाता कौन है? क्या स्त्री ज्ञाता है? आत्मगत सत्य क्या है? वस्तुगत सत्य क्या है? स्त्री को अपने ज्ञान पर कितना आत्मविश्वास है? उसने जो जानकारियां हासिल की हैं उन्हें वैध बनाने के लिए उसे किन विश्वासों और परीक्षाओं से गुजरना पड़ा? स्त्रीज्ञान किसे कहते हैं? आदि सवाल विचारणीय हैं। स्त्री अनुभव ही स्त्री के ज्ञान का आधार है।

स्त्रीवादी ज्ञानमीमांसा का आरंभ जेंडर से जुड़े दार्शनिक सवालों से हुआ है। मर्द ने स्त्री को प्रामाणिक ज्ञानी नहीं माना और उसके ज्ञान को अस्वीकार किया है जबकि वास्तविकता है कि वह प्रामाणिक ज्ञान का आधार है। उसका ज्ञान महज बुढ़िया पुराण या पेट का ज्ञान नहीं है। स्त्री भिन्न किस्म की ज्ञानदाता है। वह महज ऑब्जेक्ट नहीं है। उसके अनुभव हैं जो उसकी सबसे बड़ी पूंजी हैं।

साहित्य में सार्वभौम बनाने की बीमारी है। स्त्री-साहित्य पर विचार करते समय इससे बचना चाहिए। स्त्री अनुभवों पर बात करते समय उसके अनुभवों के साधारणीकरण से बचना चाहिए। स्त्री के अनुभवों को जाति, नस्ल, रंगभेद, रक्त-संबंध, धर्म, वर्ग, कामुकता, शरीर, आयु आदि से ऊपर स्थान देना चाहिए। स्त्री-ज्ञान का पावर या शक्ति के साथ संबंध पुरुष से भिन्न होता है। स्त्री जो ज्ञान देती है उसे आलोचनात्मक नजरिये से खोलने की जरूरत है क्योंकि अनेक मर्तबा वह ज्ञान की पुंसवादी बंदिशों से बंधी होती है।

स्त्री रिसर्च में स्त्री के साथ संवाद करने की जरूरत है। संवाद ही है जो उसके अनुभव और ज्ञान के अंतस्संबंध को खोलने में मदद करता है। इमोशंस उसके रिसर्च अनुभव का हिस्सा है। इसके अलावा रिसर्च एक राजनीतिक गतिविधि भी है। उल्लेखनीय है कि ज्ञान सामाजिक निर्मित है। विचार हमेशा वर्चस्वशाली वर्गों के होते हैं। इस क्षेत्र में पुंसवादी पकड़ को ढीला करने के लिए स्त्रीवाद का अध्ययन-अध्यापन प्राथमिक शर्त है, दूसरी प्राथमिक शर्त है स्त्री के प्रति वचनबद्धता। इन दो आधारों पर शोधार्थी को संवाद, संपर्क, शिरकत, चुप्पी, अनुभूतियों, सहानुभूति और मित्रता

आदि को खोलना चाहिए।

स्त्रीवादी पद्धति का लक्ष्य है जो हाशिये पर है उसे केंद्र में लाए। हम जिस समाज में रहते हैं उसमें अनेक किस्म के यथार्थ हैं, उनमें से स्त्री-यथार्थ और अनुभव को चुनना चाहिए और उन्हें वैकल्पिक रूप में पेश करना चाहिए। अनेक बार स्त्री के पाठ में ऐसे व्यवहारों का रूपायन देखने में आता है कि जो स्त्री-व्यवहार की कोटि में नहीं आते बल्कि पुरुष-व्यवहार की कोटि में आते हैं। इस तरह के आचरण का प्रधान कारण है स्त्री का अधिकारहीन होना। स्त्री-व्यवहार उसे अधिकारहीन बनाता है फलतः अधिकार प्राप्ति के लिए वह पुरुष-व्यवहार अपना लेती है। अनेक बार रचनाओं में औरतें मर्द की भाषा में बोलती हैं। यहीं पर शोधार्थी को मुक्तिकामी नजरिये का इस्तेमाल करना चाहिए। पुंसवादी कैद में बंद स्त्री को वैधता नहीं देनी चाहिए। व्याख्या के जरिये इस पहलू को खोलना चाहिए।

स्त्रीवादी रिसर्च का लक्ष्य अनेक लोग पुंसवाद का निषेध करना या समान अधिकार दिलाना मानते हैं और इसे सीमित लक्ष्य तक ही केंद्रित रखते हैं लेकिन इसका दायरा बड़ा है, इसका लक्ष्य है सभी किस्म की वर्चस्वशाली विचारधाराओं का विरोध करना, उन्हें समाप्त करना। ये विचारधाराएं सेक्स, नस्ल, वर्ण, वर्ग आदि के वर्चस्व के रूप में फैली हुई हैं। एक ऐसे आत्मनिर्भर व्यक्तित्व और समाज पर जोर देना जो साम्राज्यवाद, आर्थिक विस्तारवाद या पर-निर्भरता और भौतिक विध्वंस का प्रत्युत्तर दे सके।

अभी तक स्त्रीवाद हमारे सामाजिक नजरिये का सामान्य जनप्रिय हिस्सा नहीं बन पाया है। साहित्य सैद्धांतिकी में भी इसके साहित्य सिद्धांतों का पठन-पाठन नहीं होता। स्त्रीवाद पर बात करते समय यह सवाल भी विचारणीय है कि किस तरह के फेमिनिज्म की बात की जा रही है। हमारे यहां कुछ स्त्रीवादी साहित्यकार हैं जो यह तो जानते हैं कि उन्हें फेमिनिज्म की हिमायत करनी चाहिए लेकिन यह नहीं जानते कि वे किस तरह के फेमिनिज्म की हिमायत कर रहे हैं। कॉमनसेंस आधारित फेमिनिज्म हिंदी में खूब प्रचलन में है। राजेंद्र यादव और उनकी पत्रिका *हंस* में छपने वाले संपादकीय इसकी आदर्श मिसाल हैं। फेमिनिस्ट अतिवाद, फेमिनिस्ट मर्दवाद, स्त्रीवादी कामुक स्टीरियोटाइप, जातिगत फेमिनिज्म आदि फेमिनिस्ट भटकावों से बचना चाहिए। उल्लेखनीय है फेमिनिस्ट विचारधारा के लिए अभी तक हम अपने अधिकांश विश्वविद्यालयों में अकादमिक वातावरण और सामाजिक वातावरण तक नहीं बना पाए हैं।

स्त्रीवादी नजरिये से किसी कृति को पढ़ना आज भी एक समस्या बना हुआ है। हमें उसके कुछ सामान्य और विशेष मानकों के प्रयोग की ओर ध्यान देना चाहिए। मसलन स्त्री का पाठ पढ़ते समय यह देखें कि वह अपने पाठ में वैकल्पिक जनता को सृजित करती है या नहीं, वैकल्पिक जनता का सृजन ही प्रतिवादी विमर्श को पैदा करता है। इसके आधार पर ही स्त्री अस्मिता, हित और जरूरतों को रेखांकित करने में मदद मिलती है। प्रसिद्ध स्त्रीवादी साहित्यालोचिका एलेन शोवाल्टर ने लिखा है, 'स्त्रियों में कुछ आग्रह होते हैं, जैसे दुरुस्त करना, संशोधित करना, पूरक का काम करना, पुनर्लेखन करना, मानवतावादी आचार-व्यवहार पर जोर देना और पुरुष समीक्षा पर हमले करना।'

हमें भारतीय परंपरा में उन साहित्य-रूपों और शैलियों की खोज करनी चाहिए जिनका निर्माण औरतों ने किया है और औरतों के साथ वे रूप खासतौर पर जुड़े हैं। लिंग के साथ विधा और शैलियों को जोड़कर पढ़ने की परंपरा और शास्त्र का निर्माण किया जाना चाहिए। इससे ही सही मायने में स्त्री की साहित्य परंपरा और स्त्री-साहित्य के इतिहास का निर्माण होगा।

स्त्रीवादी नजरिये से अनुसंधान करते समय यह देखें कि औरत को पाठ में कितनी जगह मिली है। दैनंदिन शक्ति संबंधों में औरत के पास कितने अधिकार हैं। इसी तरह स्त्री और पुरुष, स्त्री और जाति-व्यवस्था और स्त्री और वर्ग-व्यवस्था के संदर्भ में कितने अधिकार हैं। उल्लेखनीय है, उपर्युक्त संदर्भों को जितना गंभीरता के साथ खोला जाएगा उतना ही गहरा स्त्री संवाद जन्म लेगा। इससे स्त्री के स्पेस में भी बदलाव आएगा।

यह भी देखें कि स्त्रीपाठ में स्त्री अनुभव और स्त्री की आवाज और स्त्री की स्वायत्तता को कितनी जगह दी गई है। इसके अलावा स्त्री के भूगोल पर भी नजर रखें। स्त्री का पास-पड़ोस, ईश्वरोपासना, सामुदायिकता, धर्म, वर्ण, वर्ग, जीवन-शैली आदि का स्त्री के पाठ में किस रूप में चित्रण किया गया है। इन चीजों पर किस तरह के आवरण पड़े हुए हैं। स्त्री के पाठ में स्त्री के आवरणों को पढ़ने की कला भी विकसित करने की जरूरत है।

इसके अलावा औरतों के घरेलू व्यवहार और सार्वजनिक व्यवहार को भी हर बार नए सिरे से देखा जाना चाहिए। गसलन, मायके में औरत का निजी और सार्वजनिक वातावरण और ससुराल में औरत का निजी और सार्वजनिक वातावरण भिन्न होता है। स्त्री का पड़ोस और उसके आस-पास की राजनीति किस तरह की है इसकी ओर

भी ध्यान देने की जरूरत है। स्त्री-संवाद को हमें पावर और वर्चस्व के साथ जोड़कर पढ़ना चाहिए क्योंकि पावर और वर्चस्व के साथ संवाद करते हुए ही स्त्री अपना स्पेस तैयार करती है।

इसी तरह स्त्री के शारीरिक-शोषण को शोषण के अन्य रूपों से अलग करके देखें। मसलन, हिंदी समीक्षकों में स्त्री के वस्तुकरण और शोषण में घालमेल करने की आदत है। हम सब शोषण की बात करते हैं तो समाज में अपनी पोजीशन बता रहे होते हैं लेकिन स्त्री के वस्तुकरण के सवालों पर जो बहसें चल रही हैं वे नैतिक नजरिये से हो रही हैं। इनमें नैतिक पक्षों पर जोर है।

मसलन, बार डांसर के सवाल को ही लें, यह स्त्री का अपना चुना हुआ पेशा है। इसे नैतिक नजरिये से देखा जाना चाहिए। यही वह बिंदु है जहां पर रिसर्चर और नाचने वाली के अंतस्संबंध को परिभाषित किया जाना चाहिए। इसी तरह वे औरतें भी एक-दूसरे को भिन्न नजरिये से देखती हैं। गांव वाली शहर वाली को, ब्राह्मणी चमारिन को भिन्न नजरिये से देखती हैं। एक अन्य चीज है जिससे सावधान रहने की जरूरत है। वह है स्त्री सारतत्ववाद। स्त्री कभी एक जैसी नहीं होती है और स्थिर या जड़ भी नहीं होती। उसकी पहचान बदलती रहती है।

अब भी हमारे पास स्त्री-श्रम के बारे में कम जानकारियां हैं। इसकी सिद्धांत चर्चा तो एकदम नहीं मिलती। हमने ठीक से चर्चाएं नहीं की हैं कि स्त्री-श्रम में क्या रखें। स्त्री-श्रम की सामाजिक और शारीरिक भूमिका के बारे में सोचा नहीं है। सौंदर्य-श्रम और कामुक-श्रम पर भी गंभीरता से विचार करने की जरूरत है।

इन दिनों एक फिनोमिना नजर आ रहा है स्त्री को भाषा के माध्यम से सेंसर करने का। मसलन स्तन की बजाय चेस्ट, वेंजाइना को यूट्रस कहने लगे हैं। यह शब्दों के जरिये की गई स्त्री चेतना की सेंसरशिप है। वह युवा लड़की को उसके शरीर ज्ञान अर्जित करने से बाधित करने की कोशिश है। इसी तरह सेक्स एजुकेशन का अर्थ लगाया जा रहा है सेक्स प्रशिक्षण। फलतः लड़कियां इसमें भाग लेने में परहेज करती हैं। कहने का अर्थ है कि स्त्री के अंग-प्रत्यंग पर बातें करते समय सही नामों का इस्तेमाल करें, यांत्रिक चिकित्साशास्त्रीय या सेंसर की भाषा के प्रयोग से बचें। इस प्रसंग में यह भी ध्यान रहे कि शरीर की कोई जड़ या स्थिर परिभाषा या व्याख्या संभव नहीं है। शरीर की व्याख्या बदलती रहती है।

मसलन, एक जमाने में सुश्रुत ऋषि ने शरीर की जो व्याख्या की थी वह कालांतर में बदलती रही है। शरीर के विभिन्न अंगों के बारे में पुराने जमाने में जो समझ थी

वह आज नहीं है। चिकित्साशास्त्र ने शरीर को नियमित और नियंत्रित करने में महत्वपूर्ण भूमिका निभाई है। शरीर को हमेशा सत्ता के ज्ञानबोध के साथ जोड़ा है। शरीर को नियंत्रित करने में सर्जरी, खान-पान, दवा, आदि की महत्वपूर्ण भूमिका रही है इसलिए स्त्री-शरीर को जानने के लिए चिकित्साविज्ञान की शरीर संबंधी सामयिक समझ से वाकिफ होना जरूरी है।

इसी तरह एक जमाने में पोर्नोग्राफी को मनोरंजन माना जाता था लेकिन आज स्त्री के दमन और हिंसा के रूप में ग्रहण किया जाता है।

अंत में, स्त्रीवादी रिचर्स का अर्थ क्या है? इसका अर्थ है स्त्री के द्वारा स्त्री पर स्त्रीवादी परिप्रेक्ष्य में की गई रिसर्च। इसका लक्ष्य है स्त्री को प्रधान एजेंडा बनाना। स्त्री को सामाजिक खोज एवं अध्ययन का मुख्य विषय बनाना, इसमें स्त्री को नजर आना चाहिए। स्त्री महज एक लिंग नहीं है। स्त्री में कई चीजें हैं जिनमें उसका न्यूक्लियस बनता है। स्त्री का जीवन के प्रति नजरिया, चेतना बनाने वाले रूप, क्षमता-गुण, संस्थान, पावर और प्रिविलेज आदि के आधार पर ही हम जानते हैं कि औरत क्या है? स्त्री राजनीतिक मूल्यों से भरी होती है। वह क्रिटिकल कैटेगरी है। वह द्वंद्वात्मक है। स्त्री मूल्यहीन कैटेगरी नहीं है बल्कि मूल्ययुक्त कैटेगरी है।

9. स्त्री-भाषा

1

स्त्रियों की कृतियों को पढ़ते समय भिन्न किस्म की भाषिक संरचना और पठन शैली की जरूरत होती है। स्त्री-भाषा को आमतौर पर पुरुष-भाषा के मानदंडों से ही देखा गया है। दूसरी महत्वपूर्ण बात यह है कि हमने कभी महसूस ही नहीं किया कि हमारी भाषाशास्त्रीय सैद्धांतिकी लिंगभेदीय पूर्वग्रहों से ग्रस्त है। फलतः पुरुष की भाषा को स्त्री-भाषा का आदर्श बताया गया है। स्त्री की भाषा पुरुष की भाषा से भिन्न हो सकती है? या है? यह प्रश्न आज साहित्य-समीक्षा में सबसे विवादास्पद है। स्त्री की भाषा पुरुष की भाषा से एकदम भिन्न होती है अतः उसके मानदंड भी भिन्न होंगे। स्त्री-भाषा को निर्धारित करने वाले तत्व सिर्फ 'पाठ' में ही नहीं होते बल्कि 'पाठ' के बाहर भी होते हैं।

'पाठ' को आजकल साहित्य उत्पादन की समग्र प्रक्रिया के व्यापक संदर्भ में पढ़ा जाता है। सिर्फ 'पाठ' और 'पाठक' या 'पाठ', 'लेखक' और 'पाठक' के अंतस्संबंधों की रोशनी में 'पाठ' को पढ़ने की पद्धति अब पुरानी हो चुकी है। आज 'पाठ' के उत्पादन और 'पाठ' के ग्रहण के बीच के जटिल रिश्ते की पर्तों को खोलने की जरूरत है। परंपरागत समीक्षा मानदंडों के द्वारा इस संबंध की पहचान एवं मीमांसा संभव नहीं है।

स्त्रियां किस तरह के सामाजिक अलगाव और उपेक्षा से गुजरती हैं, परंपरागत समीक्षा सैद्धांतिकी से उसे समझना एकदम मुश्किल है। स्त्रियों की उपेक्षा और अलगाव का उनके 'पाठ' से गहरा संबंध होता है। लेखिकाओं को लिखने में किस तरह की कठिनाइयां आती हैं, उनका समाधान परंपरागत समीक्षा से नहीं मिलता।

परंपरागत समीक्षा में 'पाठ' के निर्माण के लिए 'लेखक' को ही मुख्य रूप से जिम्मेदार माना जाता है जबकि 'पाठ' सिर्फ लेखक की देन नहीं है अपितु वह बृहत्तर प्रक्रिया में निर्मित होता है। इसी तरह परंपरागत सैद्धांतिकी में 'पाठक' की भूमिका को पृथक करके देखा गया है जबकि पाठक के रूप में स्त्री की भूमिका इससे तय होती है कि अंततः स्त्री किस सामाजिक समूह की सदस्या है? समूह की सामाजिक, शैक्षणिक एवं सांस्कृतिक और राजनीतिक चेतना किस तरह की है? इससे तय होगा कि वह कैसे पढ़ती है। किसी पाठ को जब स्त्रियां पढ़ती हैं तो वह स्त्री-पाठ हो जाता है और जब पुरुष पढ़ता है तो पुरुष-पाठ हो जाता है।

स्त्रीवादी पठन सैद्धांतिकी की दृष्टि से पाठ, अर्थ का घर नहीं है अपितु वह संवाद की जगह है। स्त्री-पाठ की भाषा को निश्चित भाषिक अर्थों में विश्लेषित नहीं करना चाहिए अपितु पाठ में निहित अस्पष्ट अर्थों का खुलासा करना चाहिए। पाठ को समझने में इससे मदद मिलेगी। पाठ की उत्पत्ति का अध्ययन करते समय यह भी ध्यान रखें कि भाषा-संबंधी ज्ञान का स्तर क्या है? किस तरह के परिवेश में रहते हैं? किस तरह के मूल्यों, विश्वासों और मान्यताओं में जीते हैं? इत्यादि का पाठ की व्याख्या से गहरा संबंध है। पाठ को हम जब भी पढ़ते हैं तो उससे संवाद करते हैं और संवाद के क्रम में ही अर्थ पैदा होता है।

कुछ 'पाठ' ऐसे भी होते हैं जो सर्वस्वीकृत होते हैं, इससे भिन्न कुछ ऐसे पाठ भी होते हैं जिनका सामाजिक, ऐतिहासिक और कभी-कभी राजनीतिक महत्व भी होता है। परंपरागत साहित्य सैद्धांतिकी पाठ की इस तरह की अवस्थाओं का विश्लेषण ही नहीं कर पाती। इसी तरह पाठ से आपको सामाजिक, ऐतिहासिक और राजनीतिक सूचनाएं मिलती हैं जो अन्य किसी स्रोत से प्राप्त नहीं होतीं। पाठ के इस पहलू की भी परंपरागत समीक्षा उपेक्षा करती है।

स्त्री-कथा साहित्य पढ़ें तो लगेगा कि 'वर्तमान' का वर्चस्व है। ऐसे में साहित्येतिहास में भी 'वर्तमान' ही झलकेगा। इसके लिए पाठ का विखंडन करना होगा। पाठ में निहित सांस्कृतिक-सामाजिक अतीत एवं वर्तमान में फर्क करना चाहिए। बहस, विमर्श एवं भावों की अतीत में एकजुटता को उद्‌घाटित किया जाना चाहिए, साथ ही, साहित्य रूपों, संरचनाओं, अनुभवों एवं संघर्षों को वर्तमान के आलोक में देखना चाहिए। स्त्री-भाषा पर विचार करते समय 'लेखिका की भाषा और पात्रों की भाषा में अंतर करें।' जरूरी नहीं कि पात्रों की भाषा लेखिका की अपनी भाषा भी हो?

स्त्री का पाठ कैसे लिखा जाता है और किस तरह पढ़ा जाता है ये दोनों अन्योन्याश्रित प्रक्रियाएं हैं। स्त्री के पाठ का वैशिष्ट्य निर्धारित करते समय ध्यान रखें कि साहित्य की कौन सी परंपराओं का खयाल रखा गया है, किस तरह का वाक्य-विन्यास, शब्द-विन्यास एवं शब्दों का चयन किया गया है? किस तरह के सामाजिक समूहों में पाठ पढ़ा जाएगा या पढ़ा जा रहा है? पाठकों के ज्ञान का धरातल किस स्तर का है? पाठकों को भाषा एवं साहित्य परंपरा का कितना ज्ञान है? इत्यादि प्रश्नों पर विचार करते हुए ही हम पाठ को सुसंगत ढंग से पढ़ पाएंगे। इससे यह भी पता चलेगा कि किस तरह सामाजिक समूह किसी पाठ को पढ़ते हैं? साथ ही, पठन की प्रक्रिया पर पाठक का नियंत्रण होगा। इससे जहां एक ओर पाठ से पाठक को संबोधित करने में मदद मिलती वहीं दूसरी ओर पाठक भी पाठ के साथ संवाद बनाएगा। इससे पाठ और पठन दोनों ही प्रभावित होंगे।

पठन की इसमें भिन्न रणनीति भी हो सकती है। पठन की रणनीति जितनी उदार होगी पाठक के हस्तक्षेप की संभावनाएं उतनी ही प्रबल होंगी। पठन के क्रम में पाठक जहां एक ओर पाठ से संवाद बनाता है वहीं दूसरी ओर प्रश्नाकुलता पैदा करता है। कुछ का प्रतिरोध करता है। फलश्रुति यह है कि पाठक जब कोई पाठ पढ़ता है तो वह निष्क्रिय ग्रहणकर्ता नहीं होता। पाठ की तुलना में पाठक की भूमिका इस बात से तय होती है कि वह पाठ को कैसे ग्रहण करता है और कैसे प्रतिरोध करता है। पाठक की महत्ता को स्वीकार नहीं करेंगे तो पाठ के अर्थ में बदलाव की संभावनाएं भी नहीं होंगी।

स्त्री का पाठ पढ़ते समय 'संदर्भ' की धारणा का उपयोग करना चाहिए। हमें 'पाठ' और 'संदर्भ' के संबंध की परंपरागत धारणाओं में परिवर्तन करना होगा। 'संदर्भ' पर विचार करते समय लिंगवादी आग्रहों से जूझने की जरूरत है। 'संदर्भ' को स्त्री के संदर्भ में 'अतिरिक्त पाठ' भी कहा जाता है। यह मूल पाठ का अंग है। इसकी खोज की प्रक्रिया पाठ से ही शुरू होती है। अधिकांश स्त्रीवादी सिद्धांतकारों ने भाषा के मसले को गंभीरता से विश्लेषित किया है।

स्त्री-भाषा के अध्ययन-मनन की प्रक्रिया पर नजर डालें तो पाएंगे कि वर्जीनिया वुल्फ पहली लेखिका हैं जिन्होंने स्त्री-भाषा के प्रश्नों को उठाया। उन्होंने 1926 में 'वुमेन एंड फिक्शन' निबंध में सबसे पहले स्त्री-भाषा की समस्याओं पर प्रकाश डाला। वुल्फ की राय थी कि कुछ लेखिकाओं का वाक्य-गठन एकदम नए तरह का होता है। इस तरह का वाक्य गठन पुरुषों की तुलना में ज्यादा खुला और सहवर्धी

होता है। स्त्रियों की भाषा पुरुषों की भाषा से अलग होती है। इसे पहलू पर फ्रांसीसी स्त्रीवादी एरीगरी और हेलिना सिक्साइ ने भी ध्यान खींचा है। इन सभी ने पुरुष से भिन्न स्त्री-भाषा की चर्चा तो की है किंतु इनके लेखन में यह विवाद अमूर्त रूप से व्यक्त हुआ है। ठोस रूप में पुरुष की भाषा एवं स्त्री-भाषा के उदाहरणों को उद्‌घाटित नहीं किया। खासकर पुरुष-भाषा कैसी होती है इसका उदाहरण पेश नहीं किया।

स्त्री-भाषा के विभिन्न पहलुओं पर जिन स्त्रीवादियों ने विचार किया है उनमें वर्जीनिया वुल्फ, एरीगिरी, हेलिना सिक्साइस, मोनिक विटिंग, सांद्रा गिल्बर्ट, सूसन गुबर, दिल्युजी, गुएतरी आदि के नाम प्रमुख हैं।

गिल्बर्ट, गुबर, दिल्युजी और गुएतरी ने स्त्री-भाषा के मसले पर विचार करते हुए कुछ नए प्रश्न भी उठाए हैं। मसलन, सांद्रा गिल्बर्ट और सूसन गुबर की राय है कि स्त्री की प्रतिबद्धता का प्रश्न बेहद जटिल प्रश्न है। कुछ लेखिकाएं ऐसी होती हैं जो सचेत रूप से मुख्यधारा या पुरुष परंपरा से जुड़ी होती हैं तो कुछ ऐसी लेखिकाएं भी हैं जो अल्पसंख्यक स्त्री-भाषा की परंपरा से जुड़ी होती हैं। स्त्री-भाषा पर विचार करते समय 'स्त्री-भाषा' और 'स्त्री जैसी भाषा' में फर्क करना होगा। यह संभव है कि पुरुष लेखक हो और 'स्त्री जैसी भाषा' का प्रयोग करता हो। इसी तरह यह भी संभव है कि कोई लेखिका पुरुष-भाषा प्रयोग करती दिखाई दे।

स्त्री की भाषा हमेशा पुरुष-भाषा के मानकों को तोड़कर ही बनी है। स्त्री का व्यक्तित्व, पाठ और भाषा ये तीनों अंतर्ग्रंथित हैं। स्त्रीवादियों ने स्त्री-भाषा पर विचार करते समय अपना समूचा ध्यान 'वाक्य गठन' पर दिया। भाषा के आम प्रचलित रूप को पुरुष-भाषा और उससे भिन्न भाषिक प्रयोगों को स्त्री-भाषा के दायरे में अमूमन डाल दिया गया। स्त्री-भाषा हमेशा आम भाषा से भिन्न रूप में ही सामने आती है। मसलन, पुरुष-भाषा के केंद्र में पुरुष है तो आम भाषा की धुरी भी वही है। पुरुष को मनुष्य के पर्याय के रूप में पेश किया गया। स्त्रियों के बारे में जब भी बात की जाती है तो उनके स्वतंत्र नाम नहीं व्यक्त होते। वे मां, बहन, पत्नी या गुमनाम या लिंगीय पहचान से रहित नामों के रूप में आती हैं।

मोनिक विटिंग ने *दि प्वाइंट व्यू : यूनीवर्सल और पर्टिकुलर* (1983) निंबध में तो यहां तक कह डाला कि 'दो लिंग नहीं होते अपितु एक ही लिंग होता है। वह है स्त्री-लिंग। पुरुषत्व तो लिंग नहीं है।' डी. केमरान ने *फेमिनिज्म एंड लिंग्विस्टिक थ्योरी* (1985) एवं *दि फेमिनिस्ट क्रिटिक ऑफ लैंग्वेज ए रीडर* (संपादित) में रेखांकित किया है कि स्त्री-भाषा में पुरुषों की भाषा की तुलना में विचलन दिखाई

देता है। स्त्रियां उन शब्दों का प्रयोग करती हैं जो मर्द नहीं करते। जबकि रोबिन लेकॉक ने *लैंग्वेज एंड वुमेंस प्लेस* (1975) और डेल स्पेंडर ने *मैन मेड लैंग्वेज* (1980) में लिखा है कि स्त्रियों की स्वतंत्र भाषा होती है। वे मर्दों से भिन्न भाषा बोलती हैं। स्त्री एवं पुरुष-भाषा का फर्क शक्ति के आधार पर होता है। स्त्री एवं पुरुष की शक्ति के अंतर से इसका गहरा संबंध है।

स्त्री की बोलचाल की भाषा पुरुषों की तुलना में ज्यादा झिझक, धाराप्रवाह का अभाव, कम से कम तार्किक, कम से कम स्वाग्रही होती है। स्त्रियां अमूमन पुरुषों की तुलना में ज्यादा खामोश, कम से कम दखलंदाजी करने वाली, ज्यादातर इशारों की भाषा में बोलने वाली, और पुरुषों से ज्यादा क्रियाओं का प्रयोग करती हैं, बातचीत में प्रतिस्पर्धा के बजाय सहयोग की रणनीति पर जोर देती हैं।

डिबॉरा कैमरॉम ने *फेमिनिज्म एंड लिंग्विस्टिक थ्योरी* (1985) और जेनिफर कौट्स ने *वूमेन, मैन एंड लैंग्वेज : ए सोशियोलिंग्विस्टिक अकाउंट ऑफ जेंडर डिफ्रेंसेस लैंग्वेज* (1986) में लिखा है कि आमतौर पर स्त्रीवादी पुरुष-भाषा शास्त्रीय चिंतकों की धारणाओं का अनुगमन करते हैं फलतः प्रकारांतर से यह स्वीकार कर लेते हैं कि स्त्री, पुरुष से कमजोर होती है अथवा पुरुष की तुलना में अधूरी होती है। केमरॉन ने लिखा है कि 'अनेक लिंगभेदीय अध्ययन स्त्री की मातहत की भूमिका का महिमामंडन करते हैं पृ. 50।

इस तरह के स्त्री-भाषा संबंधी मूल्यांकन की कमजोरी यह है कि ये सभी पूर्व-निर्धारित धारणाओं की पुष्टि में लिखे गए हैं। इनमें इस तथ्य की उपेक्षा की गई है कि बोलचाल की भाषा में मर्दों में भी झिझक मिलेगी, भिन्नता मिलेगी, अतार्किकता मिलेगी। दूसरी कमजोरी यह है कि स्त्री को वक्तृता से जोड़ दिया गया है। इस तरह का संबंध नकारात्मक है।

एक अन्य अध्ययन में पीटर ट्रुडगिल ने *सेक्स, कवर्ट प्रेस्टीज एवं लिंग्विस्टिक च्वाइस* (1972) में रेखांकित किया कि पूर्वी इंग्लैंड में ब्रिटिश मजदूर औरतें जिस भाषा का इस्तेमाल करती हैं, वह उच्च वर्ग की भाषा है। यह मजदूर औरतों के वर्ग की भाषा नहीं है। उच्च वर्ग की भाषा अमूमन संकीर्ण होती है। आम बोलचाल में मजदूर औरतें प्रच्छन्नतः अपनी प्रतिष्ठा बनाए रखने के लिए इस तरह की भाषा का इस्तेमाल करती हैं। पीटर ट्रुडगिल के अनुसंधान की कमजोरी यह है कि उन्होंने पुरुष की भाषा की सकारात्मक एवं स्त्री-भाषा की नकारात्मक रूपों के साथ पहचान स्थापित की है। केमरॉन ने मेडागास्कर के पुरुषों की भाषा का विश्लेषण करते हुए

बताया कि मर्द संकीर्ण भाषा का प्रयोग करते हैं। इनके यहां संकीर्णतावादी नजरिये को कौशल के साथ सकारात्मक गुण में बदल दिया गया है। अनेक शोधपत्रों में यह रेखांकित करने की कोशिश की गई कि मर्दों की तुलना में संकीर्ण भाषा स्त्रियां कम बोलती हैं (इप्सटीन, ई.एल. 1978, थ्रोन, वी. और हेनलीए न. 1975)। कुछ अन्य शोधकार्यों में सिद्ध किया गया है कि स्त्रियां ज्यादा दुरुस्त भाषा का प्रयोग करती हैं, उनके भाषा प्रयोगों में त्रुटियां नहीं होतीं (फ्रांसिस बैट मैन फ्रांक, 1978/पीटर ट्रुडगिल, 1972)।

स्त्रियां जब भाषा में शैलीगत नवीनता लाने की कोशिश करती हैं तो पुरुषों की तुलना में ज्यादा संकीर्ण होती हैं (मेरी हाइट, 1977)। मेरी हाइट ने लिखा है कि 'भावों का रूपायन करने के बजाय विशेषणों के जरिये भावों के रूपायन पर स्त्रियां ज्यादा जोर देती हैं। भाषा के रूढ़िगत एवं रूपकीय प्रयोगों के बजाय उभयमानों या अंतर्विरोधी भाषा का स्त्रियों प्रयोग करती हैं। स्त्रियों की भाषा में खास तरह का मॉडल दिखाई देता है कि वे हमेशा 'संभावना' या 'यह भी हो सकता है' की शैली में बोलती हैं। यह 'अनिश्चितता और अनिर्णय की अवस्था' का द्योतक है' (रिचीकी, मेरी, 1975)। स्त्रियां खोखले या निरर्थक विशेषणों का प्रयोग करती हैं मसलन, 'लावण्युक्त' 'चमकी-चमकी' या 'प्यारा' जैसे शब्द। स्त्रियां घिसे-पिटे प्रश्नों को उठाकर अपनी स्वाग्रही शक्ति को मंद बनाती हैं। इसी के साथ स्त्रियां ज्यादा मधुरभाषी और ज्यादा जिम्मेदार भरा रवैया व्यक्त करती हैं (रॉबिन ले ऑफ/1975)। कुछ जातीय सांस्कृतियों में तो स्त्रियों की आम बोलचाल की भाषा को असामान्य रूप से संस्थानिक रूप तक दे दिया गया है (डेविड जी. मेंडेल/1968) अथवा स्वनिमिक संरचना में पेश किया बांधकर जाता रहा है (मेरी रिचीकी/1975/68-69)।

मेरी रिचीकी ने रेखांकित किया है कि स्त्रियां अपने लेखन के लिए पुरुषों से भिन्न बोली का इस्तेमाल करती हैं। इस संदर्भ में उन्होंने 10वीं शताब्दी के जापानी भाषा के साहित्य का हवाला दिया है। दसवीं शताब्दी में जापानी पुरुषों ने आधिकारिक अदालती भाषा में धर्म, विज्ञान आदि पर पुस्तकें लिखीं, वहीं दूसरी ओर लेखिकाओं ने देशज भाषा में लिखा (1975/119)।

सामाजिक भाषा वैज्ञानिकों ने स्त्री और पुरुष की भाषा के फर्क को भिन्न आयामों का विश्लेषण किया। इनका मानना है कि स्त्रियों की चुप्पी का कारण उनका शक्तिहीन होना नहीं है। बोलने का अधिकार सबको है किंतु इसे अर्जित करना होता है। बोलने के अधिकार के बावजूद प्रत्येक औरत खुलकर बोल नहीं पाती। इसके

S

विपरीत आपसी बातचीत में स्त्रियां जब पुरुष से बात करती हैं तो कम बोलती हैं। कम से कम बाधा उपस्थित करती हैं। कुछ ऐसी औरतें भी होती हैं जो व्यवधान पैदा करती हैं। स्त्री की भाषिक अपंगता को उसकी प्रतीकात्मक अस्मिता में खोजने के बजाय उसकी शक्तिहीनता में खोजना चाहिए। स्त्रियों के द्वारा उठाए विषयों पर जब कोई बहस नहीं होती तो इसका कारण मुद्दे की अप्रासंगिकता या स्त्रियों की असमर्थता या वक्तृता की कमजोरी नहीं है अपितु, 'पुरुषों का स्त्री के उठाए प्रश्नों के प्रति उपेक्षा भाव ही मुख्य कारण है' जिसके कारण बहस नहीं हो पाती। इसके विपरीत जब कोई मर्द बोलता है तो औरतें सुनती हैं, टिप्पणी करती हैं, पुरुष प्रतिपादित विचारों को विस्तार देती हैं। 'पुरुषों की खूबी है कि वे उपेक्षा भाव से जहां स्त्री के प्रति वीटों का प्रयोग करते हैं' वहीं दूसरी ओर उसे नियंत्रित भी करते हैं। यह स्थिति स्त्री-पुरुष के बीच के वैषम्यपूर्ण शक्ति संबंधों के गर्भ से पैदा होती है (बर्सिल, बर्नस्टाइन 1967/221-250)।

साधारण नियम यह है कि जैसा मनुष्य का जीवन होता है, वैसे ही उसके विचार होते हैं। उसका जीवन कैसा है, यह इस पर निर्भर है कि वह जीवनयापन के लिए आवश्यक सामग्री कैसे संग्रह करता है। जैसे समाज के पुराने ढांचे में उत्पादन और वितरण के नए तरीके स्वतःस्फूर्त ढंग से पैदा होते हैं और इन नए तरीकों के अनुरूप नए सामाजिक संबंध मनुष्य की योजना के अनुसार नहीं वरन उसकी इच्छा से स्वतंत्र, सामाजिक नियमों के अनुसार कायम होते हैं, वैसे ही मनुष्य बुद्धि से, सोचकर योजना के अनुसार भाषा नहीं रचता वरन उसकी जीवनयापन की आवश्यकताओं के अनुसार वह स्वतःस्फूर्त ढंग से निर्मित होती है (शर्मा, रामविलास/1977/65)।

भाषा के बारे में स्त्रीवादियों में यह भी भ्रांति है कि भाषा केवल विचार प्रकट करती है। प्रश्न है कि विचार का आधार क्या है? विचार के आधार की खोज के काम पर समुचित ध्यान नहीं दिया गया। विचारों का आधार भौतिक जीवन ही होता है। भौतिक जीवन एवं विचार की जटिल प्रक्रियाओं को वैज्ञानिक दृष्टि से समझने की जरूरत है।

स्त्री-भाषा के निर्माण के लिए ध्वनि-संकेतों का बड़े पैमाने पर प्रयोग बढ़ाना होगा। ध्वनि-संकेत भाषा की मूल पूंजी होते हैं और इनके आधार पर परिस्थितियों के अनुसार नई शब्दावली गढ़ी जाती है। शब्द और अर्थ का मूर्त संबंध यह होता है कि शब्द द्वारा हमें किसी पदार्थ या कर्म का बोध होता है। जिससे यह ध्वनि-संकेत संबद्ध हो गया है। शब्द स्वयं वह पदार्थ नहीं है, वह किसी की ओर संकेत भर करता

है इसलिए हम उसे बाधित उत्तेजक कहते हैं।

जैसे 'मां' शब्द कहने पर हमें अपनी जन्मदात्री का बोध होता है, अन्य लोगों को यही बोध 'मम्मी' कहने से होता है। मां या मम्मी की ध्वनियों में कोई गुण नहीं है जो जननी के गुणों का प्रतिबिंब हो। शब्द और अर्थ का संबंध ध्वनि और उससे संबद्ध किए हुए पदार्थ का ही संबंध है। यह संबंध अटूट और अविच्छेद नहीं है। यदि शब्द और अर्थ निरपेक्ष रूप से अभिन्न हों तो एक विचार को एक से अधिक भाषा में प्रकट ही न किया जा सके। अनुवाद करते समय दोनों भाषाओं की समान शब्दावली जिन वस्तुओं की ओर संकेत करती है, वे वस्तुएं और उनसे हमारे स्नायुतंत्र का संबंध ही वह मूर्त आधार है जिसके कारण एक भाषा का सहारा छोड़ते हुए दूसरी भाषा की शब्दावली तक पहुंचने की अवधि में 'अर्थ' लुप्त नहीं हो जाता।

शब्द को हम बाधित उत्तेजक मानते हैं किंतु वह हमारे लिए संकेतमात्र नहीं रह जाता। हमारे लिए सापेक्ष रूप से उसकी एक स्वतंत्र सत्ता कायम हो जाती है। भाषा हमारी संस्कृति का अंग है। भाषा की विशेषता यह है कि वह सहज और बाधित उत्तेजक है, दूसरी ओर सहज और बाधित प्रतिक्रिया भी है।

भाषा रचना का साधारण क्रम यह है कि मनुष्य अजाने, बिना सोचे-समझे, स्वतःप्रेरित ढंग से ध्वनि और पदार्थ का स्थायी-अस्थायी संबंध बनाता है। एक बात और ध्यान रखें कि हम अपनी भाषा के शब्दों को इसलिए प्यार नहीं करते कि वे विभिन्न पदार्थों और व्यापारों की ओर संकेत करते हैं, वरन इसलिए भी और मुख्यतः इसलिए कि वे हमारे हैं, उनसे हमारा और हमारे पूर्वजों का संबंध रहा है, इसलिए हिंदुस्तानी बच्चे जब मां को मम्मी कहते हैं तो हमें बुरा लगता है, यद्यपि संकेतित पदार्थ में कोई अंतर नहीं आता (शर्मा, रामविलास/1977/68-69)।

इसी तरह भाषा के अध्ययन में ध्वनि-प्रकृति की महत्वपूर्ण भूमिका होती है। सभी मनुष्य जो बोलते हैं, ध्वनि-संकेतों से काम लेते हैं लेकिन ध्वनि-संकेतों से काम लेने का ढंग उन सबका एक-सा नहीं होता। मसलन 'आ गए' इन शब्दों को संदर्भ के अनुसार आश्चर्य, भय, क्रोध या जिज्ञासा प्रकट करने के लिए कई ढंग से कहा जा सकता है। इस स्वर-भेद में मूल क्रिया 'आना' का अर्थ नहीं बदलता, किंतु चीनी भाषा का 'मां' शब्द एक स्वर में बोलने से मेढक अर्थ वाला होगा, दूसरे स्वर में परसन, तीसरे में घोड़ा इत्यादि। हिंदी में किसी शब्द को षड्ज, गंधार, पंचम किसी स्वर में बोलें, उसका मूल अर्थ पूर्ववत रहेगा। ध्यान देने की बात यह है कि मनुष्य अपनी आवश्यकताओं और पूर्ति के साधनों को मिलाने में ध्वनि-संकेतों का उपयोग

अलग-अलग ढंग से करता है। यही वजह है कि ध्वनि-संकेत अनिश्चित एवं परिवर्तनशील होते हैं।

इसी तरह किसी भाषा की रचना में भाव प्रकृति की भी महत्वपूर्ण भूमिका रही है। शब्द निर्माण, वाक्य रचना, व्याकरण के विभिन्न अंगों से भाव प्रकृति प्रकट होती है। साथ ही बलाघात के कारण भी अर्थ परिवर्तन होता है।

उल्लेखनीय है कि सामाजिक परिस्थितियों का जैसा प्रभाव भावों और विचारों पर पड़ता है, वैसा ही प्रभाव उनको व्यक्त करने वाली शैली, व्यंजना के ढंग, शब्द-चयन, वाक्य-विन्यास आदि पर भी पड़ता है। सामाजिक जीवन में परिवर्तन के साथ भाषा में भी परिवर्तन आते हैं। स्त्रियों की स्वतंत्र भाषा की मांग आधुनिक काल में उठी और इसकी सैद्धांतिकी का ढांचा बनाने की कोशिशें शुरू हुईं। इसका प्रधान कारण है कि स्त्री की स्वतंत्र व्यक्ति के रूप में पहचान का उदय, आत्मनिर्भर छवि का उदय, समानतावादी नजरिये का विस्तार एवं स्त्री-विरोधी संस्थाओं एवं मूल्यों के खिलाफ संघर्ष की संगठित शुरुआत आधुनिक काल में ही हुई। स्त्री के हितों की लड़ाई का स्त्री-भाषा के निर्माण की प्रक्रिया से गहरा संबंध है। स्त्री-हितों की रक्षा एवं विस्तार की कोशिशें जितनी तेज होंगी स्त्री-भाषा के निर्माण की संभावनाएं उतनी ही प्रबल होंगी। स्त्री-संघर्ष के बगैर स्त्री-भाषा संभव नहीं है। उसी तरह स्त्री की भाषा के बगैर स्त्री के संघर्ष को सही दिशा देना भी संभव नहीं है। दोनों का द्वंद्वात्मक रिश्ता है।

2

फ्रांसीसी मनोशास्त्री ज्यॉक लाकां का फ्रांसीसी स्त्रीवादियों पर गहरा प्रभाव है। लाकां के स्त्री-भाषा संबंधी नजरिये की फ्रांसीसी स्त्रीवादियों ने गंभीर समीक्षाएं लिखी हैं। लाकां की स्त्री-भाषा की अवधारणा का उनके समग्र भाषा चिंतन में गहरा संबंध है। कुछ लोग हैं जो लाकां की स्त्री-भाषा की धारणा को संरचनावाद से जोड़ते हैं। ऐसे लोग इस तथ्य की उपेक्षा करते हैं कि लाकां की सैद्धांतिकी का संरचनावाद के बजाय अति-यथार्थवाद से गहरा रिश्ता है।

आमतौर पर भाषा वैज्ञानिकों में लाकां के भाषा संबंधी चिंतन को भाषा वैज्ञानिक की तरह महत्व ही नहीं दिया जाता जबकि साहित्यशास्त्रियों एवं आलोचकों में लाकां ज्यादा लोकप्रिय हैं। खासकर संरचनावादियों और उत्तर-संरचनावादियों में लाकां

सबसे ज्यादा लोकप्रिय हैं। भाषाशास्त्र के सुपरिचित एवं श्रेष्ठतम सर्वेक्षणों में से एक जॉन लायन कृत *इंट्रोडक्शन टु थ्योरिटिकल लिंग्विस्टिक्स* (1968) एवं ओसवाल ड्यूक्रोट एवं टी. तोदोरोव कृत *डिक्शनरी इन साइक्लोपिडिक दस साइंसेज दे ला लांगुआ* (1972) में लाकां का नामोल्लेख तक नहीं है।

लाकां ने स्वयं भी भाषा एवं भाषा वैज्ञानिक संवृत्तियों पर बहुत ही कम ध्यान दिया है। सिर्फ प्रतीकवादी जॉन्स की सैद्धांतिक समीक्षा को उन्होंने प्रस्तुत किया। जॉन्स की प्रतीकवादी सैद्धांतिकी की समीक्षा का उसके जरिये रूपकों एवं शिश्न संबंधी धारणाओं का विकास किया गया। किंतु लाकां ने समग्रता में जॉन्स पर कभी विचार नहीं किया। यहां तक कि फ्रॉयड के लेखन पर गंभीरता से कार्य नहीं किया।

लाकां की भाषा-दृष्टि अति बौद्धिकता को व्यक्त करती है। इसका 'मानव विज्ञान' एवं 'दर्शन' से ज्यादा सरोकार है। उन्होंने भाषा एवं शरीर के संबंध पर ध्यान नहीं दिया। साथ ही, इस पक्ष की भी उपेक्षा की है कि कैसे अंतर्वस्तु एवं भाषा के द्वंद्वात्मक रूप में प्रक्रिया घटित होती है। यही वजह है कि गंभीर भाषाशास्त्री के रूप में लाकां पर विचार करना मुश्किल है। लाकां ऐसा विचारक है जो मनोशास्त्री होते हुए भाषा पर फिदा है। भाषा का विभिन्न पहलुओं से मूल्यांकन करता है और उसे विभिन्न लक्ष्यों तक पहुंचाता है। सत्तर के दशक के पूर्व तक भाषाशास्त्रीय धारणाओं का उसने जमकर उपभोग किया। सत्तर के दशक तक आते-आते इनका उपयोग छोड़ दिया। भाषा पर लाकां इस कदर फिदा था कि उसने लोकप्रिय साहित्य से लेकर काव्यशास्त्रीय मानदंडों तक का विश्लेषण किया। यहां तक कि ध्वनि सिद्धांत की भी समीक्षा की।

लाकां की धारणा थी कि प्रत्येक संवृत्ति चेतना है। इससे हमारी संवेदनाएं प्रभावित होती हैं। संवृत्ति की अभिव्यक्ति प्रतीक या आकांक्षा में होती है। लाकां की इस तरह की मान्यताओं पर हीगेल, क्लॉड लेवी स्ट्रास एवं अलेक्जेंडर को जेब की धारणाओं का गहरा प्रभाव था। लाकां ने फ्रायड की 'अहं' की धारणा पर भी भिन्न तरीके से सोचा।

लाकां की धारणा थी कि प्रकृति या शारीरिक यथार्थ से स्त्री की कमजोर अवस्था का अंदाजा नहीं लगता अपितु 'विचारों' से भिन्नता का आभास होता है। इससे 'महत्वपूर्ण फर्क' और 'वास्तविक फर्क' को जानने में मदद मिलती है। लाकां की राय थी कि 'स्त्री क्या कह रही है वह यह नहीं जानती। हकीकत में एक ही भाषा है और स्त्रियां हमेशा दूसरों की भाषा बोलती हैं। दूसरों ने क्या कहा यही ज्ञान वे

हमेशा देती रहती हैं।' जब स्त्रियों को निजी अनुभव बताने के लिए कहा जाए तो वे हमेशा असुविधा महसूस करती हैं। लाकां ने अपनी इस धारणा के पक्ष में कोई प्रमाण प्रस्तुत नहीं किए। लाकां ने 'वस्तुओं की प्रकृति' एवं 'भाषा की प्रकृति' के बीच के रिश्ते की तरफ ध्यान खींचा। वह मानता था कि भाषा में लिंगभेद निहित होता है।

लाकां ने सोस्यूट के संरचनात्मक भाषा विज्ञान एवं फ्रॉयड की धारणाओं के सम्मिश्रण से अपने भाषाशास्त्र का निर्माण किया है। फ्रॉयड की 'कास्ट्रेशन' (बीज ग्रंथि उच्छेदन) एवं 'लैंगिक ईर्ष्या' की धारणाओं का सामाजिक, ऐतिहासिक एवं भाषा वैज्ञानिक परिप्रेक्ष्य में विकास किया। लाकां ने फ्रॉयड की धारणाओं को कायिक अर्थों में विश्लेषित करने के बजाय राजनीतिक अर्थों में विश्लेषित किया।

शैशवावस्था में जब बच्चा पूर्व-मातृग्रंथि की अवस्था में होता है तो उसके क्या परिणाम एवं अर्थ हो सकते हैं, इसकी व्याख्या की। यह वह अवस्था है जब बच्चा कल्पना की अवस्था में होता है। यह ऐसी अवस्था है जब बच्चा भाषा सीखने के पूर्व की काल्पनिक अवस्था में होता है।

बच्चा जब छह महीने का होता है तब उसके व्यक्तित्व के निर्माण की प्रक्रिया शुरू होती है। इसी समय से शिशु भाषा सीखना शुरू करता है। इसी अवस्था में बच्चा अपनी मां से अलग हटना शुरू करता है। अपनी पहचान बनाता है। लाकां के शब्दों में यह 'दर्पण की अवस्था' है (1977/1)। यह धारणा उन्होंने ज्यूरिख में 17 जुलाई 1949 को 'मनोविश्लेषण के सोलहवें विश्व सम्मेलन' में प्रतिपादित की थी। लाकां ने इस सम्मेलन में कहा कि 'दर्पण की अवस्था' की धारणा 13 वर्ष पूर्व मैंने पंद्रहवीं कांग्रेस में सबसे पहली बार पेश की थी। यह लेख ऐक्रिट्रस : ए सेलेक्शन (1977) में 'दि मिरर स्टेज एज फॉर्मटिव ऑफ दि फंक्शन ऑफ दि आई एज रिवील्ड इनसाइकोएना लिटिक एक्सपीरियंस' (1949) शीर्षक से मौजूद है।

दर्पण अवस्था में ही बच्चा, आत्म की काल्पनिक धारणा प्राप्त करता है। वह महसूस करता है कि वह समूह से अलग कोई चीज है। यह बौद्धिक एवं दृश्यमान ज्ञान है जो दर्पण में झांकती छवि की तरह है। या यों कहें कि वह अपनी मां की आंखों में अपना प्रतिबिंब देखता है। अपने प्रतिबिंब को आत्मरति आकांक्षाओं के साथ हंसते-खेलते जीता है। किंतु इसकी उसे बड़ी कीमत अदा करनी पड़ती है। 'काल्पनिक आत्म' और 'वास्तविक आत्म' में जब तनाव पैदा होता है तब बच्चा पाता है कि वह शारीरिक तौर पर पूर्णतः अपनी मां पर आश्रित है, साथ ही, बच्चे

के साथ तालमेल का अभाव भी महसूस करता है।

लाकां कहता है कि 'काल्पनिक अस्मिता' एवं 'वास्तविक आत्म' के तनाव की अवस्था में ही बच्चे के अंदर 'अहं' भाव की सृष्टि होती है। अब वह अपने 'काल्पनिक आत्म' को आत्मरति की आकांक्षाओं पर खर्च करने लगता है। फलतः वह अचेतन रूप में आत्म एकता और आत्म क्षमता के लिए छटपटाता है। वह समूची जिंदगी अतिकाल्पनिक, विलक्षण 'वास्तव' या 'प्रामाणिक आत्म' का पीछा करता है, इसे पाने की कोशिश करता है। किंतु वह उसे कभी प्राप्त नहीं कर पाता। वह प्रतिक्षण अपनी इच्छाओं को विस्थापित करता रहता है। विस्थापित करने की प्रक्रिया में वह कभी मां के पास तो कभी पिता के पास तो कभी बहन के पास तो कभी किसी और के पास जाता है। वह अपने सितारों की काल्पनिक उड़ानों के जरिये वास्तव जिंदगी में खोज करता है।

लाकां के लिए अस्मिता तो शृंखलाबद्ध आकांक्षाओं का विस्थापन है, यह काल्पनिक आत्मरति और अहं के जरिये एकताबद्ध करने की कोशिश है। यहां 'आत्म' का निर्माण एक तरह सामाजिक प्रक्रिया के जरिये होता है। जिसका प्रारंभ 'दर्पण अवस्था' से होता है। यह 'इंडिपल' 'संकट का समाधान' भी है। लाकां के लिए बच्चा जब भाषा बोलना शुरू करता है या भाषा की व्यवस्था में प्रवेश करता है तो अपनी सामाजिक पहचान पाता है। भाषा को लाकां ने 'प्रतीक व्यवस्था' की संज्ञा दी है। 'प्रतीक अवस्था' से तात्पर्य है अर्थ की समग्र संरचना।

बच्चा जब तक मां के पास रहता है उसे अपनी जरूरतों की पूर्ति हेतु बोलने की जरूरत नहीं होती। ज्योंहि विलगाव की अवस्था में आता है तो वह भाषा की शरण में जाता है। मां से बिछोह उसे भाषा के प्रयोग की तरफ फेंकता है। वह भाषा के जरिये ही यह आभास देता है कि वह मां के पास नहीं है। मां के स्तन बच्चे के बाल जगत के सहअस्तित्व के प्रतीक हैं। स्तनपान के लिए उसे कहना नहीं पड़ता।

लाकां कहता है कि शब्द हमारी अनुपस्थित वस्तुओं का प्रतिनिधित्व करते हैं यानी भाषा का आधार 'अनुपस्थिति' या 'अभाव' है। इसी तरह 'शिश्न' का अभाव पितृसत्ताक नियमों का प्रतिनिधित्व करता है। 'शिश्न' वस्तुतः पारदर्शी संकेत है। लिंग का अभाव यह दर्शाता है कि भाषा वस्तुतः पिता का नियम है। इसलिए भाषा को प्रतीकात्मक पिता कहा। जिस भाषिक ढांचे में हमारी समग्र सामाजिक एवं लिंग पहचान निर्मित होती है वह पितृ केंद्रित है। इसी में हमें 'मां' के अभाव की अनुभूति होती है।

लाकां की राय है कि भाषा हमारे जन्म के पहले से ही हमारी प्रतीक्षा कर रही होती है। जन्म लेते ही हम इसकी भिन्नताओं वाली जकड़बंदी में फंस चुके होते हैं। यानी बच्चे को 'बेटा' या 'बेटी' की पहचान में वर्गीकृत कर देते हैं। लाकां के अनुसार, भाषा में प्रवेश के जरिये अवचेतन का व्यक्ति में रूपांतरण हो जाता है। 'लिंग' की अधिकारी अवस्था मां की समस्त आकांक्षाओं का दमन करती है। साथ ही पूर्व-इपिडल अवस्था की अराजक कामुक प्रवृत्तियों का भी दमन करती है। इसका अर्थ है भाषा हमारी निषिद्ध आकांक्षाओं को यथार्थवादी सामाजिक लक्ष्यों की तरफ पुनः अभिप्रेरित करती है। लाकां के अनुसार, अवचेतन इच्छाएं हमारी भाषा के अंतरालों के बीच में ही अभिव्यक्ति होती हैं। मसलन, हम क्या कहना चाहते हैं और क्या नहीं कह पाते, के बीच में जो अंतराल होता है उसी में अचेतन इच्छाएं व्यक्त होती हैं। जो व्यक्त नहीं हो पाता वह 'टेबू' बन जाता है।'

नेन्सी चोदोरोव ने *फेमिनिज्म एंड साइकोएनालेटिक थ्योरी* (1989) में व्याख्या लाकां की करते हुए लिखा कि व्यक्ति इस दुनिया में भाषा और संस्कृति के जरिये प्रतीकात्मक रूप में अपनी जगह बनता है। यह जगह वह तीसरे व्यक्ति या शब्द की वजह से बनाता है। 'शिश्न' उसके प्रतीकात्मक प्रवेश का द्वार है। फलतः व्यक्ति की आत्मगतता कामुकता का रूप धारण कर लेती है अतः कामुकता को जब भी परिभाषित करने की कोशिश की जाएगी तो वह लिंगभेद के आधार पर ही होगी। कामुकता एवं आत्मगतता की जड़ें अवचेतन में होती हैं। लिंगभेद न तो जन्मजात होता है और न ही अवचेतन की देन है बल्कि वह सामाजिक निर्मिति है।

'शिश्न' की मौजदूगी स्वयं में ही आकांक्षा की सृष्टि करती है। सिद्धांत सृजन करती है। स्त्री का स्वयं में कोई व्यक्तित्व नहीं होता बल्कि वह तो मात्र प्रतीक होती है। चोदोरोव ने लिखा कि लाकां का स्त्रीवाद क्रांतिकारी मनोसमीक्षा एवं स्त्रीवादी दावे पेश करता है। वह तर्क देता है कि लिंगभेद का और कोई पहलू नहीं है। अस्मिता, व्यक्तित्व और कामुकता वस्तुतः प्रतीकात्मक रूप से लिंगभेद के प्रतीक हैं अतः आत्मगतता का कामुकता के बाहर कोई अस्तित्व नहीं है। किसी भी वक्ता को हमें 'शिश्न' के संदर्भ में ही खोजना चाहिए। यह सिद्धांत प्रत्येक गतिविधि को असमान कामुक संसार में खोजता है, वह अपना लक्ष्य नहीं छोड़ता और इसकी शिश्न केंद्रिक संस्कृति में ही भूमिका का निर्धारण करता है।

जेन गेलोप ने *दि डॉटर्स सेटिक्शन, फेमिनिज्म एंड साइको एनालिसिस* (1982) में लाकां की धारणा के बारे में लिखा कि 'पिता के नाम पर.......यह एक

शक्तिशाली लाकांनियन शब्द है। फ्रॉयड के इडिपल पिता को इसके जरिये अपदस्थ कर दिया गया, यह निश्चित तौर पर बुनियादी पिता है, फ्रॉयड का पिता संभवतः वास्तविक पिता के रूप में लिया जाए, शारीरिक रूप से मौजूद पिता के रूप में लिया जाए, जबकि लाकां का पिता प्रत्यक्षतः भाषा में दर्ज है। पिता के नाम पर पितृत्व, पितृसत्तात्मक कानून, पितृसत्तात्मक पहचान, भाषा आदि में पितृसत्ता का वर्णन है। पिता के नाम पर कानूनन पितृत्व का ही भाषा के जरिये बखान है। इस पितृत्व को न तो देखा जा सकता है, न सिद्ध किया जा सकता है, और न जाना सकता है। इसका फैसला तो मां के शब्दों पर निर्भर करता है....मां के प्रति किसी भी तरह का विश्वासघात पिता के नाम को जबर्दस्ती आरोपित करना है' (1982/47)।

लाकां ने 'दि फंक्शन एंड फील्ड ऑफ स्पीच एंड लैंग्वेज इन साइको एनालिसिस' (1953) नामक रोम कांग्रेस के लिए जो रिपोर्ट तैयार की थी उसमें भाषा के बारे में अपनी बुनियादी धारणाओं को प्रस्तुत किया।

लाकां ने रेखांकित किया कि वक्तृता बगैर प्रत्युत्तर के नहीं होती। अगर बगैर प्रत्युत्तर के वक्तृता होगी तो सिर्फ सन्नाटा ही होगा। किसी 'सब्जेक्ट' (विषय) के प्रत्युत्तर में दी गई खोखली वक्तृता चुप्पी से ज्यादा कुंठित करती है। इसी तरह आक्रामकता को लाकां ने हस्तक्षेप और प्रतिरोध के रूप में रखा है। आक्रामकता हमारी फैंटेसी के विमर्श की अनुभूति का अनुभव है जिसे 'अहं' के जरिये निर्मित किया गया है। मैं वक्तृता की जब मीमांसा करता हूं तो उसे पुरस्कृत करने के लिहाज से ऐसा नहीं करता अपितु जब कोई व्यक्ति किसी अन्य व्यक्ति के बारे में बातें करता है और उसकी विखंडित छवि पेश करता है तो कभी भी उस व्यक्ति की आकांक्षा नहीं बन सकता। मनोविश्लेषक को व्यक्ति के 'इनर्सिया' को पुनर्गठित करना चाहिए। वास्तविकता को उसके द्वंद्व से मुक्त करना चाहिए। उसके काल्पनिक रूप की निंदा करनी चाहिए।

लाकां ने लिखा कि पागलपन की अवस्था में अतीत का उद्घाटन होता है। ऐसा इसलिए नहीं होता कि काल्पनिक एवं वास्तविक के बीच की अंतर्वस्तु से भटकाव है बल्कि यह तो दोनों में अवस्थित है। और न ही यह झूठ के रूप में निर्मित है अपितु सच गह है कि वह भाषा में सच को पेश करता है। फलतः वह हमें ऐसी वास्तविकता के विरोध में खड़ा करता है जो न तो सच है और न झूठ है, यह कार्य वह किसी भी कीमत पर करता है, यह इस समस्या का सबसे जटिल आयाम है। इस तरह के भाषण में मौजूद सत्यता की सीमा यह है कि इसमें सत्य तो होता है,

यह अनिवार्य रूप में आता है, फलतः इसमें स्वतंत्रता बहुत कम होती है, फलतः व्यक्ति को प्रस्तुति की स्वतंत्रता भी बहुत कम होती है।

लाकां की राय थी कि अवचेतन हमारे ठोस विमर्श का हिस्सा होता है, यह व्यक्ति की सीमा का अतिक्रमण कर जाता है। यह व्यक्ति के ऊपर निर्भर नहीं करता अपितु वह सचेत विमर्श पर पुनर्स्थापित होकर निरंतरता बनाए रखता है। यह अवचेतन की अवधारणा द्वारा पैदा की गई दुविधा को भी समाप्त कर देता है। वह अवचेतन की प्रवृत्तियों को तभी हल करता है जब अनुभव की उपेक्षा करता है। इससे यह भी सिद्ध होता है कि अचेतन विचार एवं चिंतन में शिरकत करता है। फ्रॉयड ने इसे अवचेतन के विचार या चिंतन की संज्ञा दी है। लाकां ने लिखा कि 'अवचेतन के विचार की अवधारणा अधूरी धारणा है। इसका कारण यह है कि विमर्श का यथार्थ क्षेत्र स्वायत्त होता है, यह वास्तविक अनुभवों एवं अनुभवों की गुणवत्ता से प्रभावित होता है।'

लाकां की राय थी कि दो घटनाएं व्यक्ति के मन पर एक जैसा प्रभाव नहीं छोड़तीं। साथ ही रूपक और तुलना एक ही चीज नहीं है। फ्रॉयड ने विश्लेषणात्मक प्रतीकवाद का सपनों की व्याख्या के लिए इस्तेमाल किया है जबकि लाकां ने जोर देकर कहा है कि विश्लेषणात्मक प्रतीकवाद तुलनात्मक सोच का निषेध करता है।

लाकां का मानना था कि मनोविश्लेषण विज्ञान हो सकता है, यदि हम उसे मात्र तकनीक के रूप में संकुचित न कर दें। यह अभी हो रहा है। हमें इसके अनुभवों से सीखना चाहिए। मनुष्य की आकांक्षाएं अन्य की आकांक्षाओं में अभिव्यक्ति पाती हैं। ऐसा इसलिए नहीं होता कि अन्य व्यक्ति उस आकांक्षा की चाबी लिए होता है बल्कि इसलिए ऐसा होता है कि पहले व्यक्ति की आकांक्षाओं को दूसरे स्वीकृति दें।

फ्रॉयड ने चुटकुलों एवं अचेतन के रिश्ते पर विचार किया था। इसके क्रम में उसने चुनौतीपूर्ण एवं महत्वपूर्ण बात कही थी। चुटकुलों की भाषा अचेतन तत्व को बाहर ढंग से पेश करती है। यहां संकेतों, अस्पष्ट या द्वयर्थक भाषा का इस्तेमाल किया जाता है। यहां वास्तव में 'नॉनसेंस' की सत्ता भी व्यक्त होती है, वहीं पर व्यंग्य भी होता है। यह मस्तिष्क के उस हिस्से का उद्घाटन है जिसके बारे में कुछ भी नहीं कहा गया है, यों भी कह सकते हैं कि जो सत्य प्रतीकात्मक रूप में व्यक्त किया गया है वह अंतिम सत्य नहीं है।

लाकां के शब्दों में प्रतीक का अर्थ है समझौता और समझौता व्यंग्य को निर्मित करता है, इसे प्रतीकात्मक विनिमय की वस्तु के रूप में स्पष्टतः देखा जा सकता

है। प्रतीकों की विषय के भीतर दोहरी भूमिका होती है। व्यक्ति अपनी कार्रवाई से वस्तु बनाता है किंतु यह कार्य वह निश्चित समय के भीतर करता है। इसका उसके ज्ञान एवं भूमिका पर वैकल्पिक तौर पर प्रभाव पड़ता है। भाषा में हमारे प्रतिरोध की व्याख्या अर्थांतर, उत्पीड़न एवं प्रभाव को देखा जा सकता है।

आज जरूरत इस बात की है कि वक्तृता से विषय को मुक्त किया जाए। आकांक्षाओं को भाषा में अभिव्यक्ति दी जाए। भाषा जहां आकांक्षाओं से मुक्त करती है वहीं दूसरी ओर आकांक्षाओं की बंदी भी बनाती है। लाकां की राय थी कि प्रतीक हमारे अवचेतन में दमित भाव से पड़े रहते हैं। इनमें प्रतिगामिता का बोध नहीं होता, वे स्वयं में ठोस होते हैं, उनकी भूमिका अनजाने संपन्न होती है। लाकां की राय थी कि भाषा की भूमिका सूचित करने के बजाय जाग्रत करने की है। इसी तरह प्रतिक्रिया को प्रत्युत्तर नहीं समझ लेना चाहिए। भाषा में विराम आदि चिह्नों का अभाव अस्पष्टता का द्योतक है। विरामादि चिह्नों को ज्योंही लगा दिया जाता है। अर्थ निश्चित हो जाता है। विरामादि चिह्नों को बदलने या पुनर्नवीकृत करने से अर्थ बदल जाता है और गलत विरामादि से तो गीत का अर्थ ही बदल जाता है।

लाकां पर विचार करते समय ध्यान रखें कि उसके विचारों में गंभीर अंतर्विरोध भरे पड़े हैं। अंतर्विरोधों से मुक्ति पाने के लिए ही उसने 'मेथमेटिकल' पद्धति का इस्तेमाल किया। लाकां के दृष्टिकोण की बुनियादी कमजोरी यह है कि उसके यहां अस्पष्टता एवं दिशाहीनता का बोलबाला है। मसलन, प्रतीक, व्यंजक, व्यंग्य आदि का एक-दूसरे के पर्याय के रूप में इस्तेमाल किया है। कहीं-कहीं एक-दूसरे से भिन्न एवं विरोधी अर्थ में भी इस्तेमाल किया है। बड़े ही विलक्षण ढंग से लेवीस्त्रस, सोस्यूट, हाइडेगर, जैकोब्सन, हीगेल आदि के दृष्टिकोण में घालमेल पैदा करने की कोशिश की है। इसी तरह 'संदर्भ' को लेकर भी अस्पष्टता बनी हुई है।

वक्तृता से लेकर भाषा में वर्णनात्मक प्रस्तुति तक, भाषा के सार्वभौम रूप से लेकर विशिष्ट रूपों की लाकां ने समीक्षा की है। लाकां की राय थी कि भाषा का अध्ययन उसकी संरचनाओं एवं उसके नियम उसी में निहित होते हैं। भाषा सकारात्मक एवं वर्णनात्मक अनुशासन है, इसका भाषा के अनुभव से सरोकार नहीं होता।

लाकां ने अपने जिस निबंध में 'दर्पण की अवस्था' की चर्चा की है उसमें भाषा के बारे में ज्यादा कुछ नहीं लिखा। लाकां ने 1946 में सोस्यूर को पढ़ना शुरू किया और 1950 में पहली बार सोस्यूर एवं जैकोब्सन के विचारों पर अपनी राय व्यक्त

की। 1950 की 'इंटरनेशनल कांग्रेस ऑन साइकेस्टी एंड साइको एनालिसिस' में आक्रामक ढंग से भाषाशास्त्र का इस्तेमाल किया। इसी में उन्होंने सोस्यूर, जैकोब्सन एवं लेवीस्ट्रास में सहमेल स्थापित करने की कोशिश की।

लाकां ने भाषा के दो नेटवर्कों की चर्चा की है। ये दोनों एक-दूसरे पर आरोपित नहीं हैं। पहला नेटवर्क है, व्यंजक का और दूसरा नेटवर्क है, व्यंग्य का। इसमें पहला नेटवर्क प्रभुत्वशाली है। इसे 'सिग्नीफिकेशन' की संज्ञा दी। 'सिग्नीफिकेशन' की यथार्थ की महत्ता के संदर्भ में कोई भूमिका नहीं होती। प्रत्येक 'सिग्नीफिकेशन' अन्य 'सिग्नीफिकेशन' का संदर्भ देता है, सिर्फ 'व्यंजक' ही इन सबमें एकता की गारंटी है, सोस्यूर के यहां प्रतीक में एकता, व्यंग्य और व्यंजक में एकता है, जो निर्णायक रूप में टूट जाती है। व्यंजक की व्याख्या के क्रम में लाकां ने लिखा कि इसका सबसे ज्यादा प्रभाव 'सिग्नल' पर होता है। यह अविचारित ढंग से ठोस भाषा- शास्त्रीय विश्लेषण से दूर चला जाता है। अवधारणात्मक स्तर पर 'व्यंजक'-'व्यंग्य' की विशिष्टता का 'प्रकृतवादी सैद्धांतिकी' का दावा खंडित हो जाता है। 'प्रकृतवादी सैद्धांतिकी' का यह दृष्टिकोण था कि भाषा एवं यथार्थ के अन्य अंगों के बीच वतःस्फूर्त आदान-प्रदान होता है। फलतः भाषा की पारिभाषिक शब्दावली बनाए रखना असंभव होता है। यहां तक कि साधारण वाक्यों का व्यंजक की धारणा के आधार पर विश्लेषण असंभव है।

लाकां ने लेवीस्ट्रास की अवचेतन की धारणा का व्यापक रूप से इस्तेमाल किया है। लेवीस्ट्रास के यहां अवचेतन उच्चस्तरीय बौद्धिकतावाद है। *माउस* की भूमिका में लिखा कि 'अचेतनता 'सामूहिक चिंतन' की कोटि है। लेवीस्ट्रास के यहां संज्ञा का बहुत कम प्रयोग मिलता है। भाषा एवं सामाजिक नियमों का विश्लेषण ही उसका मुख्य लक्ष्य था। लेवीस्ट्रास की राय थी कि 'ज्यादातर भाषा का प्रयोग अचेतन चिंतन के आधार पर होता है। जब हम बोलते हैं तो हम भाषा के नियमों के प्रति सचेत नहीं होते।'

लेवीस्ट्रास ने *दि एलीमेंटरी स्ट्रक्चर्स ऑफ किंगशिप* में लिखा कि 'विनिमय का ढांचा हमेशा मानवीय मस्तिष्क पेश करता है कम से कम अचेतन रूप में।' 'लेवीस्ट्रास के लिए अवचेतन का ढांचा और उसकी भूमिका नियमों से प्रेरित होती है। यह बौद्धिक विश्लेषण का रूप है, जबकि लाकां के अवचेतन की धुरी है स्मृति अवशेष, संग्रहणीय दस्तावेज, परंपरा के उदय संबंधी धारणाएं। जबकि लेवीस्ट्रास के लिए इनका खजाने से ज्यादा महत्व नहीं था। 'पुनर्स्मरण और परंपराओं का संचय

समूचे जीवन' में होता है। किंतु 'ये हमेशा व्यक्ति को उपलब्ध नहीं होतीं।' इस तरह के बुनियादी मतभेद के बावजूद लाकां ने कहा कि लेवीस्ट्रास अवचेतन का वस्तुगत आधार देते हैं। समग्रता में यह कहा जा सकता है कि लाकां ने स्त्री-भाषा के जिस रूप की परिकल्पना पेश की है वह भाषा के भौतिक आधारों पर प्रकाश नहीं डालती अपितु वह स्त्री-भाषा को अवचेतन के कार्य-व्यापार में तब्दील कर देते हैं।

3

स्त्री-भाषा होती है। स्वतंत्र भाषा होती है। जिसे हम भाषा समझते हैं वह पुरुष-भाषा है। यह ऐसी भाषा है जो लिंगभेद पैदा करती है। पुरुष-भाषा का विकल्प लेखिकाएं बनाएं और सचेत रूप से स्त्री-भाषा की रचना करें, यह आज के स्त्री-भाषा- शास्त्र की सबसे बड़ी चुनौती है। स्त्री-भाषा की समस्याएं किसी भी सरलीकृत समाधान से हल होने वाली नहीं हैं बल्कि इसके लिए राजनीतिक जागरूकता और स्त्री-संघर्ष आवश्यक शर्त हैं। कोई भी लेखिका सचेत रूप से स्त्री-भाषा का निर्माण तब ही तय कर सकती है जबकि वह भाषा की राजनीति और पुरुषत्ववादी राजनीति के दांव-पेच से वाकिफ हो। मात्र लेखिका होने से, स्त्रीरचित होने मात्र से स्त्री-भाषा का सृजन संभव नहीं है। स्त्री-भाषा के निर्माण की लड़ाई मात्र भाषाशास्त्रीय लड़ाई नहीं है अपितु राजनीतिक लड़ाई भी है।

स्त्री की भाषा होती है अभी तक यह तथ्य सार्वभौम स्वीकृति अर्जित नहीं कर पाया है। ऐसी परिस्थिति में बहुत सारे प्रबुद्ध लोगों के लिए यह मसला ही प्रतीत नहीं होता।

स्त्री-भाषा के बारे में बजीर्निया वुल्फ ने सबसे पहले ध्यान खींचा था। वुल्फ ने स्त्री-भाषा को सकारात्मक अर्थों में व्याख्यायित किया। वुल्फ की राय थी कि लेखन के दौरान स्त्री को अनेक कठिनाइयों का सामना करना पड़ता है। प्रारंभ में यह एक तकनीकी समस्या नजर आती है। स्त्रियों के वाक्यों या स्त्री के असंतुलित वाक्यों को देखकर अमूमन लोग उपहास करते हैं किंतु हकीकत यह है कि वाक्यों का गठन तो मर्दों के लिए हुआ था। पुरुषों के ढीले वाक्य थे। स्त्रियों के लिए वाक्य हमेशा समास-बहुल थे। पुरुष की भाषा की तुलना में स्त्रियों की भाषा में वाक्यों का स्वरूप बेहद उदार, सहज और स्वाभाविक नजर आता है। सरल वाक्यों में विस्तार की संभावना होती है। स्त्रियां सहज वाक्यों को तब तक प्रयोग करती रहेंगी जब तक

कि पुरुषों की जटिल वाक्य संरचना अपदस्थ न हो जाए।

डोरथी रिचर्डसन के साहित्य पर टिप्पणी करते हुए वुल्फ ने ध्यान खींचा कि उसने स्त्रीलिंग के लिए मनोवैज्ञानिक वाक्यों का गठन किया। स्त्री-वाक्यों को ज्यादा लचीला बनाया। ये इतने लचीले होते हैं कि उन्हें किसी भी हद तक खींचा जा सकता है।

वुल्फ ने लिखा कि पुरुषों के वाक्य स्त्रियों के लिए अपर्याप्त होते हैं। औरतों की तुलना में पुरुष वाक्यों में ज्यादा औपचारिकता होती है। औपचारिकता के कारण ही विशेषणों एवं क्रियाओं की बनिस्पत तर्कों एवं भावों को भाषा के जरिये स्वाभाविक बनाने की कोशिश करते हैं। पुरुषों के लेखन में 'किंतु', 'परंतु' का प्रयोग भाषा को अनौपचारिक बनाने के लिए होता है।

वर्जीनिया वुल्फ की मुश्किल यह है कि वे 'वाक्य' को ही 'पुरुष' मानकर चलती हैं।' उनका विश्लेषण 'औपचारिक' एवं 'सामाजिक परिवेश' के बीच में भ्रम पैदा करता है। उनकी भाषा सैद्धांतिकी में 'औपचारिकता' एवं 'पुरुषत्व' का घालमेल नजर आता है। लिंग वाक्य की उनकी धारणा अस्पष्ट है। जे.सी. ओटिस की इससे भिन्न राय है। ओटिस ने 'इज देयर ए फीमेल वॉइस'? लेख में लिखा है कि लेखक के व्यक्तिगत दृष्टिकोण के मातहत समाजशास्त्र, राजनीति एवं बायोलॉजी भी है। यहां तक कि उसका शिल्प भी व्यक्तिगत नजरिये के मातहत है। अंतर्वस्तु से गंभीर कला निर्मित नहीं होती, भली मंशा से भी गंभीर कला निर्मित नहीं होती। साहित्य हमेशा से समाजशास्त्र, राजनीति एवं बायोलॉजी का अतिक्रमण करता रहा है, और इन्हीं से ऊर्जा पाता है। स्त्री के भावुक विषय, कमजोर एवं रूढ़िगत लेखन मूल्यवान नहीं होता। इसी तरह गैर एवं स्त्रीवाद विरोधी विषयों के कारण गंभीर कार्य मूल्यहीन नहीं हो जाते। अंतर्वस्तु तो कच्चा माल है। स्त्री की समस्याएं और स्त्री का आंतरिक जगत स्त्री के विशिष्ट रोमांच को दर्शाते हैं। वे भौतिक होते हैं। गंभीर कला अंततः विजन की विशिष्टता को लागू करती है। मेरी व्यक्तिगत एवं राजनीतिक सहानुभूति स्त्रीवादी साहित्य के साथ है।

'जब मैं गैर-पेशेवर और रूढ़िबद्ध स्त्री-लेखन को देखती हूं तो उसके स्वागत में बोलने के लिए कुछ भी नहीं होता। फलतः मैं चुप रहती हूं अथवा ऐसे कार्यों की चर्चा करती हूं जो अंतर्वस्तु की दृष्टि से रूचिकर एवं मूल्यवान हों, यहां तक कि कहानी में अंतर्वस्तु के बजाय भाषा पर बात करना जरूरी समझती हूं।'

जे.सी. ओटिस की रचनाओं को 'स्त्री-लेखन' के वर्गीकरण के तहत जब 'हार्वर्ड

गाइड टु कंटेंप्रेरी अमेरिकन लिटरेचर की समीक्षा में शामिल किया गया तो वह बेहद नाराज हुई। अपनी समीक्षा में उन्होंने लिखा कि 'स्त्री-लेखन के तहत मेरी उन्हीं रचनाओं को शामिल किया गया है। जो स्त्री की समस्याओं को उठाती हैं, जबकि मेरी अधिकांश रचनाएं उपेक्षित रही है। गोया मैंने उनको लिखा ही नहीं।' इस सबसे गंभीर लेखिका क्या महसूस करेगी? अपमान....वेदना....गुस्सा....कुंठा....असंपृक्तता ....आनंद? या फिर आभार व्यक्त करे कि आखिरकार मुझे स्वीकार किया गया। यह भी मात्र लेखिका होने के नाते। मुझे इस तरह के वर्गीकरण से बाहर आना चाहिए।. ...कोई भी प्रतिक्रिया पर्याप्त नहीं होती और न वास्तविक अनुभूति कराती है। वह गंभीर कलात्मक अकेले की शैली है। यह 'लिंग' रहित होती है। किंतु इसमें लिंग की आवाज हो सकती है। अंततः बेहतर होता कि कोई आवाज ही न हो।

वर्जीनिया वुल्फ एवं ओटिस दोनों की राय थी कि श्रेष्ठ लेखन वही है जो बुनियादी तौर पर 'सेक्सरहित' हो। वुल्फ ने स्त्री एवं पुरुष की वाक्य-रचना अलग-अलग मानी है। साथ ही यह भी लिखा कि स्त्री को क्या लिखना चाहिए? वह रोष व्यक्त करे किंतु शांत भाव से लिखे, वह नासमझी भरा लिखे किंतु कलात्मक लिखे, स्वयं के लिए लिखें, अपने चरित्रों के लिए लिखे।

वुल्फ के स्त्री-भाषा संबंधी लेखन में अस्पष्टता है। 'उसने वाक्य के बजाय विषयवस्तु को महतवपूर्ण माना।' वह यह बताने में असमर्थ रही कि 'पुरुष वाक्य' कैसा होता है। इसका कोई भी उदाहरण उन्होंने नहीं दिया। वुल्फ ने उभयलिंगी वाक्यों को श्रेष्ठ वाक्य माना। वह वस्तुतः 'सेक्सरहित' वाक्य के बजाय 'उभयलिंगी' वाक्यों की रचना पर जोर देती है। फ्रांसीसी स्त्रीवादियों के लेखन पर नजर दौड़ाएं तो पाएंगे कि इतनी लंबी यात्रा के बाद अभी तक वे वुल्फ की जगह ही पहुंच पाए हैं। अनेक स्त्रीवादियों पर लाकां का गहरा प्रभाव है। लाकांवादी मर्द के लिए 'मैं' और स्त्री के लिए नकारात्मक भाषा का प्रयोग करते हैं।

उल्लेखनीय है कि लाकां ने फ्रॉयड का अनुसरण किया है। फ्रॉयड की धारणा थी कि समस्त आकांक्षाएं पुंसवादी होती हैं। इसी की तर्ज पर लाकां ने कहा कि वक्तृता में पुंसवादी आकांक्षाएं रहती हैं और वे स्त्री को फैंटेसी की तरह आदर्शीकृत करती हैं। लाकां का तर्क है कि स्त्री सिर्फ प्रतीकात्मक रूप से अवचेतन में आती है। अवचेतन में भी वहीं तक आती है जहां तक पुरुषों की इच्छाओं को आत्मसात या समाहित करे, यह कार्य करते हुए वह पुरुष की तरह कल्पना करती है।

फ्रेंच स्त्रीवादी साहित्यकार लुईस इरीगिरी ने लाकां के स्त्री-भाषा के बारे में दिए

तर्कों से असहमति व्यक्त की। इरीगिरी की राय थी कि यदि भाषा के क्षेत्र में स्त्री पराई है, बाहरी है, यदि वह पुरुष केंद्रित स्थितियों का जवाब देने में असमर्थ है तो इसके बुनियादी कारण हैं जिनमें से एक है उसका सैकड़ों वर्षों से सांस्कृतिक तौर पर मताहत होना। सांस्कृतिक तौर पर मातहत होने के कारण ही स्त्री के शरीर और कामुकता को पुरुष की जरूरतों और आकांक्षाओं के अनुरूप विकसित किया गया। इरीगिरी ने रेखांकित किया कि हीगेल से लेकर फ्रॉयड और लेवीस्ट्रास तक सभी ने स्त्री को अतार्किक रूप में परिभाषित किया है।

स्त्री की आकांक्षाएं उसी भाषा में व्यक्त नहीं होतीं जिस भाषा में मर्द बोलता है। स्त्री का आनंद ज्यादा वैविध्यपूर्ण है। वह ज्यादा भिन्न है, जटिल है और प्रच्छन्न होता है, इसीलिए काल्पनिक होता है। स्त्री की कल्पना का क्षितिज स्वयं एवं दूसरों के लिए ज्यादा बड़ा होता है। वह अनंत समय से स्वयं एवं दूसरों के लिए अन्या रही है, यही वजह है कि उसे भावुक, रहस्यात्मक, व्याकुल, अस्थिरमना आदि रूपों में देखा गया है। उसे इस रूप में नहीं देखा जाना चाहिए। इसी रूप में देखे जाने के कारण उसकी किसी भी बात को सुसंगत ढंग से समझ नहीं पाते।

इरीगिरी के विश्लेषण और सैद्धांतिकी के केंद्र में स्त्री का शरीर था, शरीर ही उसका विश्व था। कालांतर में, व्यक्ति की पहचान को उसने आधार बनाया। इरीगिरी ने लाकांपंथियों पर आरोप लगाया कि वे स्त्री की व्याख्या करते समय ऐतिहासिक एवं सांस्कृतिक कारणों को स्वीकार नहीं करते। अवचेतन वक्तृता एवं श्रवण की उनकी व्याख्याएं परंपरा की धारणा के दायरे में आती हैं। फलतः वे किसी भी तरह की चुनौती से बच निकलते हैं।

इरीगिरी ने लिखा कि लाकांपंथियों ने अवचेतन को एक मजबूत एवं जड़ तत्व की तरह समग्र चिंतन पर इस तरह लागू किया है कि अवचेतन के बगैर और किसी तत्व पर विचार करना असंभव है। यह तो लाकां का 'साम्राज्यवाद' है। अवचेतन के कारण प्रतिरोध और काल्पनिकता के तत्व मनोशास्त्रीय समीक्षा में अविवेचित रहे हैं। इरीगिरी ने लाकां पर टिप्पणी करते हुए लिखा कि जो प्रतीक तुम समस्त दुनिया पर लागू करना चाहते थे, वे किसी तरह की सूक्ष्म एवं ऐतिहासिक परिणतियों से अनभिज्ञ थे।

इरीगिरी यह मानती हैं कि मनोसमीक्षा खास तरह की अर्थव्यवस्था की पुनरावृत्ति के गर्भ से जन्म लेती है। दर्शन के तौर पर यह 'निहिलिज्म' पर आश्रित है। वह 'उदार तटस्थता' की मांग करती है। इरीगिरी ने 'मोनोसेक्सुअल' और 'होमोसेक्सुअल'

की धारणा प्रस्तुत की। इन दोनों ही धारणाओं में स्त्री शामिल नहीं है, वह 'भूतनी' होकर रह जाती है, विस्थापित कर दी जाती है। ये दोनों धारणाएं मर्दवादी शिश्न कल्पनाशीलता को व्यक्त करती हैं। इन धारणाओं के जरिये स्त्री को पुरुष के 'निहिलिस्टिक' नजरिये का समर्थक बना दिया। वह पुरुष की आत्मगतता की सहायक है।

सामान्यतः मनोसमीक्षा ने स्त्री की कामुकता के इर्द-गिर्द अपने समीक्षा सिद्धांतों का विकास किया है। यह एक तरह स्त्रीवाद को बांधे रखने की कोशिश है। सामाजिक धरातल पर 'निहिलिस्टिक' दृष्टिकोण की दरिद्रता एकांत कामुक (मोनोसेक्सुअल) अर्थव्यवस्था के रूप में सामने आई है। 'उभयलिंगवाद' इसका स्वाभाविक विकल्प नहीं है।

इरीगिरी ने अवचेतन को सृजनात्मकता और पुनरुज्जीवन का स्रोत माना। 'हिस्टीरिया' (उन्माद) में प्रतिरोध और अस्वीकार की अभिव्यक्ति देखी। 'हिस्टीरिया' में क्रांतिकारी क्षमता है। स्त्रियों की आकांक्षाओं एवं वास्तविक अवस्था के बीच जब अंतर्विरोध पैदा होता है तब उन्माद पैदा होता है। किंतु उन्माद पर सिर्फ स्त्रियों का ही एकाधिकार नहीं है। 'उन्माद' कई मर्तबा भाषा के जरिये व्यक्त होता है। स्त्री के 'उन्माद' को कैसे व्याख्यायित करें? यह सबसे जटिल समस्या है। इसे व्याख्यायित करने के लिए भाषा जरूरी है। किसी न किसी तरह के संकेत जरूरी हैं। इरीगिरी ने लिखा है कि मनोसमीक्षा वस्तुतः पुरुष विमर्श है। इसमें स्त्री एक वस्तु की अवस्था में रहती है, फलतः वह 'साइलेंस' (चुप्पी) में बदल जाती है।

इरीगिरी की राय थी कि उत्पादन व्यवस्था में 'सेक्सुअल प्रोडक्शन' (कामुक उत्पादन) भी शामिल है। इसके विपरीत पुरुष अपने शरीर से दूरी बनाए रखता है। वह काम, भाषा, तकनीकी आदि के जरिये भौतिक स्तर पर अपने विश्व का विस्तार करता है। पुरुष यह मानकर चलता है उसके शरीर की कोई और देखभाल करेगा। मां या पत्नी उसके शरीर की संरक्षक होती है। मर्द के पास उप-पत्नी हो सकती है, वह वेश्या के पास जा सकता है....इसके बावजूद उसे वैध पत्नी की जरूरत रहती है। वैध पत्नी से मातृत्व की गारंटी रहती है। पत्नी-मां उसके लिए शारीरिक वस्तुएं हैं। उन्हें कहीं भी ले जाया जा सकता है।

स्त्री चूंकि आकांक्षाओं की संरक्षक है, भौतिक एकता की संरक्षक है इसलिए उसे अपनी आकांक्षाएं रखने का अधिकार नहीं होता। इरीगिरी कहती हैं कि आजकल जिसे आनंद कहा जाता है वह तो पूंजीवादी आनंद है। यह एक तरह स्त्री और मां

के शरीर का शोषण और आत्मसात्करण है। इस परिप्रेक्ष्य में देखें तो 'कामुक क्रांति' ने स्त्री-मुक्ति में मदद नहीं की बल्कि उसे फंसाया है। स्त्री या मां को 'परा अहं' के जरिये मुक्ति देना संभव नहीं है। मां का महिमामंडन वस्तुतः इस बात का द्योतक है कि पुरुष अप्रसन्न है किंतु आप लोग नहीं जानते कि स्त्री किस तरह के कष्टों में है, संकट में है।

स्त्री आंदोलन के बारे में इरीगिरी ने कहा कि स्त्री निजी जीवन में जो महसूस करती है, देखती है, वही उसमें सांगठनिक रूप में व्यक्त होता है। वह सब जो निजी था, संप्रेषणीय हो गया, सबका हो गया, सामाजिक हो गया। वह ऐसा दर्द जी रही थी जो मन में छिपा था किंतु अब सामूहिक तौर पर इसके साझीदार हो सकते हैं। पहले निजी दर्द को व्यक्त करने में हीनताबोध पैदा होता था इसी के कारण कष्ट उठाने पड़ते थे जो स्त्री अपने दर्द की शिकायत करती थी उसे एब्नॉर्मल (असामान्य) कहा जाता था। स्त्री को बोलने का अधिकार नहीं था इसलिए वह न तो अपने को खोल पाती थी और न अपनी आकांक्षाएं ही व्यक्त कर पाती थी। जीवन-मूल्य उसके लिए 'साइलेंट' थे। मनुष्य के नाते जीवन को भाषण या वक्तृता के जरिये ही खोलते हैं। उत्थान के लिए बोलना बेहद जरूरी है। बोलना ही स्त्री के लिए सबसे जटिल समस्या है।

आमतौर पर यह कहा जाता है कि स्त्रियां भावुक होती हैं, तार्किक ढंग से बातें नहीं कर पातीं। असल में वक्तृता को पुरुष ने एक पर्दे के रूप में इस्तेमाल किया है। वह तार्किक ढंग से अपने शरीर के अंदर से बोलता है इसीलिए हमें समूची भाषा को बदलना होगा। क्योंकि भाषा को लेकर हम पूरी तरह मर्दों पर निर्भर हैं। विमर्श के लिए भी पुरुषों पर निर्भर हैं। जरूरी है कि आकांक्षाओं को व्यक्त करने वाले मूल्यों, दर्द, आनंद और शरीर के मूल्यों पर विमर्श पुनः शुरू करें। सिर्फ विमर्श पर महारत ही जरूरी नहीं है, विमर्श पर महारत के नाम पर जो विमर्श आई है वह मृतप्राय है। वह मृत विमर्श है।

मसलन मशीन तो पृथक्कृत-तार्किक विमर्श को व्यक्त करती है किंतु कोई भी मशीन जीवंत गतिशील भाषा बोल नहीं सकती। स्त्री में मां होती है जो जरूरतों को पूरा करती है किंतु आकांक्षाओं पर उसकी पकड़ नहीं होती। खाना जरूरत है, उसे आकांक्षा नहीं कह सकते। इसी तरह बोलना भी जरूरत है। स्त्रियां जब तक जरूरतों के यथार्थ में कैद हैं तब तक वह आकांक्षाओं को जी नहीं सकतीं। स्त्री ज्योंही आकांक्षा जगत में प्रवेश करती है तो वह पिता के साथ प्रवेश करती है। उसकी

आकांक्षाएं काल्पनिक तौर पर पिता से जुड़ी हैं। जब तक लड़की की जरूरतें होती हैं वह मां के पास जाती है और ज्योंही आकांक्षाएं पैदा हुई वह पिता के पास जाती है। यह बहुत ही खतरनाक स्थिति है। जरूरतों के बगैर स्त्री की अस्मिता की पहचान संभव नहीं है, चूंकि जरूरतों का मां से संबंध है, अतः मां से ही स्त्री की पहचान बनती है।

इरीगिरी ने 'समान' और 'भिन्न' की धारणा पर स्त्री संदर्भ में विचार करते हुए लिखा कि दोनों लिंगों में समानता के अलावा स्त्री-मुक्ति के अन्य पहलू भी हैं इनकी उपेक्षा नहीं होनी चाहिए। मसलन, स्त्री को प्रजनन निषेध का अधिकार होना चाहिए, गर्भपात कराने का अधिकार होना चाहिए, घरेलू एवं सामाजिक हिंसा के खिलाफ कानूनी संरक्षण होना चाहिए। उसे बोलने की आजादी होनी चाहिए आदि कुछ ऐसे क्षेत्र हैं जहां स्त्री के अधिकारों को सुनिश्चित करने की जरूरत है। इन मांगों पर संघर्ष करना होगा। सिर्फ मांगों को प्रस्तुत करने मात्र से अधिकार मिलने वाले नहीं हैं। इरीगिरी कहती हैं कि स्त्री इन मांगों के लिए तभी लड़ सकती है जब वह अपने को स्त्री माने, न कि सिर्फ मां। इन सभी पहलुओं पर दोबारा सोचने की जरूरत है, सदियों पुराने सामाजिक-सांस्कृतिक मूल्यों का रूपांतरण करना होगा। स्त्री के लिए समानता की मांग उसके यथार्थ मुद्दों के प्रति भ्रांतिपूर्ण अभिव्यक्ति है।

जब समानता की मांग करते हैं तो तुलनात्मक तौर पर इसका इस्तेमाल करते हैं। समानता किसके लिए? किनसे समानता? मर्दों से? पगार में? सार्वजनिक जीवन में? समानता किससे? स्वयं से ही समानता क्यों नहीं? समानता पर विचार करें तो इसमें संस्कृति की सतही आलोचना तर्कपूर्ण लगती है। काल्पनिक लगती है। स्त्री का शोषण लिंगभेद पर टिका है। इसका समाधान लिंगभेद के जरिये ही संभव है।

स्त्री और पुरुष में समानता हासिल करना तब तक संभव नहीं है जब तक गैर-लिंगीय रूप में सोचते रहेंगे। दायित्वों एवं अधिकारों का प्रत्येक लिंग के लिए अलग-अलग विभाजन जब तक बना रहेगा, वे भिन्न बने रहेंगे। उनके सामाजिक अधिकार एवं दायित्व भी भिन्न बने रहेंगे। इरीगिरी कहती है अभी तक हम सांस्कृतिक बचपन में जी रहे हैं। स्त्री आंदोलन की यह तात्कालिक जिम्मेदारी है कि वह छोटे-छोटे ग्रुपों में स्त्रियों को तत्संबंधित मसलों पर संगठित करे। स्त्री के लिए जो स्वाभाविक है वही सांस्कृतिक है, जो बौद्धिक है वही स्वाभाविक है। प्रत्येक लिंग हिस्टीरिया (उन्माद) से जुड़ा होता है। समस्त आकांक्षाएं उन्माद से जुड़ी होती हैं। स्त्री अपने मातृशक्ति के जरिये व्यक्तिगत एवं सामूहिक जरूरतों को पूरा करती है।

इरीगिरी की राय है कि स्त्री न योनि से और न लिंग से ईर्ष्या करती है बल्कि दोनों लिंगों की पहचान का पूरा दारोमदार मर्द पर निर्भर करता है। जनता में पुरुष अपने लिंग का रूपांतरण शक्ति के उपकरण के रूप में करता है जिससे वह मातृत्व पर प्रभुत्व बनाए रख सके। स्त्री अपनी दुनिया से उन्माद के बहाने पलायन करती है, उसे अंधकार का डर है, उसे यह भी चिंता है कि उसकी कोई पहचान नहीं है।

लेस्बियन प्रवृत्ति पर टिप्पणी करते हुए इरीगिरी ने लिखा कि हमें मां-बेटी एवं स्त्री-स्त्री के बीच के प्यार में फर्क करना होगा। अगर हम शिश्न की गुलामी के शिकार नहीं हैं तो प्रेम (स्त्रियों के लिए) जरूरी है। पुरुषों के बीच आपस में विनिमय होता रहता है। स्त्रियां भी इसका अनुकरण कर सकती हैं। वे इसमें पुरुषों जैसा ही आनंद महसूस कर सकती हैं। स्त्रियां स्वतः इसमें शामिल होती हैं तो अच्छी बात है। ऐसा करते हुए स्त्रियां शक्तिहीन, दृष्टिहीन, प्रभाव एवं हावभावरहित होकर इमेजों के साथ अपनी पहचान जोड़ने की कोशिश करें तो सोचने की बात है।

इरीगिरी कहती हैं स्त्रियों के लिए आनंद के दो रूप हैं। पहला, मर्द का कामुक अर्थशास्त्र, और दूसरा, अपनी कामुक अस्मिता के साथ आनंद। अनेक औरतें कुंठित, अप्रसन्न, अपाहिज महसूस करती हैं। वे कहती हैं कि वे ठंडी पड़ चुकी हैं। शिश्न केंद्रिय अर्थशास्त्र के कारण वे अपने को प्रभावहीन महसूस करती हैं। आनंद के इन दो रूपों के अलावा आनंद का तीसरा रूप भी है जो शिश्न केंद्रित नहीं है। हमें भविष्य पर नजर रखनी चाहिए। हमें शिश्न के फलों पर भरोसा नहीं करना चाहिए। शिश्न या लिंग तो भगवान हैं। अनेक लोग कहते हैं कि 'भगवान मर गया' जबकि लिंग तो जिंदा है और सही अर्थों में अपना विकास कर रहा है।

इरीगिरी कहती हैं कि नई स्त्री न तो बंद है और न खुली है। वह अनिश्चित है, अधूरी है या यों कहें कि कभी पूरी थी ही नहीं। उसकी अपनी कोई इकाई भी नहीं थी। उसकी इमेज बनाने वाली अनेक चीजें हैं जिनमें उसका पूरा नाम, उसका अजनबीपन आदि सहज पहचान के आधार हैं। अधूरे रूप के कारण ही वह कभी भी कुछ भी बन जाती है। उसके बारे में निश्चयात्मक ढंग से यह नहीं कह सकते कि वह यह होगी या वह होगी। उसे किसी भी रूप के जरिये पूरा नहीं किया जा सकता बल्कि वह तो ऐसी चीज का विस्तार है जिसे किसी ने देखा ही नहीं है और न वह कभी वैसी होगी।

यही वजह है कि जगत में सबसे ज्यादा असंतोष स्त्रियों को होता है। वह मातृत्व के खतरे में इस कदर कैद रहती है। कि अंततः मातृत्व उसके लिए, बोझा

बन जाता है। यह शिश्न केंद्रित भाव है। इसका स्वयं से ही संबंध है। साथ ही यह स्त्री के विचार के लिए भी अधूरी धारणा है। स्त्री के बारे में यह विचार कि वह एक की ही विश्वासभाजन बनी रहेगी अथवा यह विचार कि सेक्स तो वस्तु पूजा है। इन दोनों ही विचारों में अंततः वह आनंद महसूस करने लगती है। औरत के रूप में उसका मन जब स्वप्न देखता है, घोषणाएं करता है तो वह असीमित भाव से अपनी स्थिति को विस्तार देता है। उसका यह कर्म सिर्फ उससे और मातृत्व से जुड़ा है। इसे ही वह अपना सौभाग्य समझती है। उसी पूंजी का संचय करना चाहती है। इस क्रम में वह व्यक्ति के साथ अपने को जोड़ नहीं पाती यहां तक कि स्त्री की कोटि से भी जोड़ नहीं पाती। इसलिए यह माना गया है कि स्त्री के हाव-भावों को परिभाषित करना, गिनना, लिपिबद्ध करना असंभव है। 'स्त्री' विशेषण के आधार पर उसकी अस्मिता की पहचान का निर्धारण करना संभव नहीं है। क्योंकि स्त्री 'आत्म पहचान' के सिद्धांत का अनुकरण नहीं करती और न ही वह विशिष्ट के साथ अपनी पहचान बनाती या जोड़ती है। अपितु वह प्रत्येक से अपनी पहचान को जोड़ती है। यह कार्य वह बगैर किसी वस्तु या व्यक्ति की मदद के करती है। एक अन्य तत्व है जो उसके व्यक्तित्व से जुड़ा है वह है उसका पुरुष के प्रति लगाव। यह लगाव उसके लिए पराया है। इसके अपने नकारात्मक तत्व हैं। इससे उसके तर्क की मौत होती है। पुरुष के प्रति उसका स्वतः कामुक आकर्षण विषय के रूप में व्यवतीकरण करता है और वह आनंद का उपकरण बनकर रह जाती है। वह अपने को न तो दोहरा सकती है और न ही पूरी तरह प्रस्तुत ही कर पाती है और न ही अन्या की तरह आनंद दे पाती है। उसे अन्या का रूप प्रभावित करता है। उसका स्पर्श करता है। बगैर उसके अन्या की मौजूदगी संभव ही नहीं होती।

जब वह किसी जगह हस्तक्षेप करती है तो उसे लिपिबद्ध करना बेहद कठिन होता है। उसने कभी स्त्री की तरह देखा नहीं, स्त्री के प्रति अन्यमनस्क रही, अतः उसमें पुनः स्त्री की संवेदनाएं पैदा करना, निर्णायक हस्तक्षेप के बगैर संभव ही नहीं है। स्त्री का स्वप्न से लगाव अवर्णनीय है, अव्याख्येय है। स्त्री कभी सब कुछ नहीं बताती। इरीगिरी कहती हैं कि स्त्री को बोलने के लिए कितना ही प्रेरित किया जाए, वह अपने को अत्यंत आत्मीय जगत में ले जाती है। उसे किसी एक आत्मा में खोजना असंभव है, किसी एक धारणा के तहत उसकी व्याख्या करना असंभव है। उसने तो अपनी मंशा, उद्देश्य एवं विचारों को पहले से ही मातहत बना लिया है। यह कार्य उसने भाषा के नियम के तहत किया है। यहां तक कि उसके उन्माद का

प्रत्यक्ष या प्रच्छन्न एक उद्देश्य नहीं होता। क्योंकि इससे किसी चीज को बदला नहीं जा सकता। उसे कोई भी प्रभावित नहीं करता। उसके बारे में इतिहास कुछ भी नहीं कहता। अपितु इतिहास उसकी प्रतिच्छवि तैयार करके उसे विमर्श के अर्थशास्त्र से अपदस्थ करता है। संभवतः औरत कुछ क्षण के लिए तार्किक व्यवस्था में आदर्श प्रतिनिधि नजर आए। इसका यह अर्थ नहीं है कि उसने स्वयं को प्राप्त कर लिया है।

इरीगिरी कहती हैं कि पुरुष तो शिश्न की सत्ता का प्रतीक है। वह उसके व्यंजक रूप के साथ संवाद करता है। उसका स्वयं से ही लोप कराने के लिए संवाद करता है। पुरुष की अवस्था इस तरह की है कि वह अंतराल को नए सिरे से मापता है। जगह एवं दूरी को मापता है। स्त्री इस प्रक्रिया में ऐसी कोशिशें करती है जिससे यह लगे कि वह दूरी बनाने की कोशिश नहीं कर रही।

इरीगिरी की राय में स्त्री का एक सेक्स नहीं होता। उसे किसी एक शब्द में सीमित करना संभव नहीं है। इरीगिरी ने किसी एक नाम में सीमित करने का विरोध किया है। स्त्री को किसी एक धारणा में व्याख्यायित नहीं किया जा सकता और उसकी कामुकता को किसी एक सैद्धांतिकी के जरिये विश्लेषित करना संभव नहीं है। स्त्री का बहुआयामी हस्तक्षेप उसे उदार बनाता है। यह उदारता हमेशा विनिमय में टूटती है। विनिमय के क्रम में स्त्री अपने कामुक संबंधों को खो देती है। वह अन्य के आनंद में आनंद लेने लगती है। प्रच्छन्न द्विअर्थीपन उसकी संपत्ति है।

स्त्री के द्वारा अंतर्विरोधपूर्ण शब्दों का प्रयोग वस्तुतः उसके उन्माद को ही दर्शाता है। वह अतार्किक नजर आती है। इसका प्रधान कारण तो यही है कि वह इन शब्दों का पहले से तयशुदा अर्थों में ही प्रयोग करती है। स्त्री को हमें भिन्न तरीके से सुनना होगा, पढ़ना होगा तभी अन्य अर्थ निकल सकते हैं। क्योंकि वह तो हमेशा सुनने के क्रम में होती है। साथ ही, ऐसे शब्दों का इस्तेमाल करती है जिनका निश्चित अर्थ नहीं होता, उसका बयान किसी का प्रतिरूप नहीं होता, भिन्नता बनाए रखने की उसकी प्रकृति उसकी निरंतरता से आती है, वह हमें स्पर्श करती है।

इरीगिरी ने 'सब्जेक्ट/ ऑब्जेक्ट' के अधिनायकवादी रिश्ते को अस्वीकार किया, खासकर परंपरागत वाक्यों के संदर्भ में। उसने विशेषणों को छोड़ दिया, उसकी भाषा टेलीग्राफिक संरचना वाली है। उसकी भाषा श्लेषों से भरी हुई है। उसके पाठ का ढांचा पुनरावृत्तिपूर्ण है, उसमें गुंथी हुई बातें द्विअर्थक या बहुअर्थी रूप में व्यक्त होती हैं। वह अनेक बार बात खत्म किए बगैर बात खत्म कर देती है।

'द्वि-अंगी' (वायनरी) चिंतन के अनुसार पुरुष और पुरुषत्व नियामक हैं। वह सकारात्मक और सर्वश्रेष्ठ है जबकि स्त्री और स्त्रीत्व अपवाद है, नकारात्मक है। हीन है। लुईस इरीगिरी कहती है कि स्त्रीत्व तो स्वयं में अभाव को व्यक्त करता है अथवा विषय की नकारात्मक इमेज एवं नकल है। स्वयं इरीगिरी लेखिका होने के बावजूद पितृसत्तात्मकता के इस 'द्वि अंगी' चिंतन को तोड़ नहीं पाती। पुरुष संदर्भ से ही उसे परिभाषित किया जाता है। मौजूदा व्यवस्था के तहत ही उसे कार्य करना होता है। भिन्नता को 'द्वि-अंगी' विरोध के रूप में स्वीकार किया जाता है। अधिकांश चिंतकों ने प्रभुत्वशाली सत्ता को स्वीकार किया। प्रतिक्रियावादी तर्कों की इस क्षेत्र में लंबी परंपरा है जो सोत्साह भाषा में लिंगभेद को लेकर बहस करते रहते हैं। परंपरागत दृष्टिकोण स्त्री को भावुक, आत्मगत और जल्दी ही प्रभावित हो जाने वाली मानता है जबकि स्त्री का निष्कृटतम रूप उसे बातूनी, गप्पी, चुगलखोर आदि मानता है। इसका अर्थ हुआ कि मर्दों की भाषा आधिकारिक, तार्किक और संतुलित होती है। अगर स्त्री अपनी अवस्था सुधारना चाहे तो इस भाषा का इस्तेमाल करे। इसका यह अर्थ नहीं कि 'भिन्नता' की भाषा हमेशा प्रतिक्रियावादी होती है। इरीगिरी ने रेखांकित किया है कि स्त्रीत्व की भूमिका को हमें सुचिंतित ढंग से स्वीकार करना पड़ा है। स्त्रीत्व की भूमिका का निर्णय स्वाभाविक निर्णय नहीं है बल्कि स्त्री का सचेत ढंग से विखंडनवादी शैली में इस्तेमाल किया गया है। इरीगिरी ने इसे 'स्वांग' की संज्ञा दी है।

इरीगिरी के बारे में रोसी ब्राइद्रोती ने लिखा कि स्त्रियों में सबसे कल्पनाशील और प्रतिगामी विचारों को हम कैसे विकसित एवं समृद्ध करें, साथ ही, शास्त्रीय प्रपंच में भी न पड़ें, अर्थात स्त्रीत्व, अनुकरण, निर्भरता, पराभव, उन्माद, उत्तेजना आदि की अवस्था में कैसे सोचें, बोलें एवं रचें, यही इरीगिरी की विशेषता है, वह धारणाओं में सोचने वाली सिद्धांतकार हैं।

इरीगिरी ने हमारी समूची अर्थ संरचना (प्रतीक व्यवस्था) में निहित पुरुषत्ववादी विचारधारा को उद्घाटित किया। उसने स्त्री की सकारात्मक अस्मिता को स्थापित किया। इस क्रम में उसने सबसे पहले 'समानता के तर्क' की तरफ ध्यान खींचा। इस धारणा का अर्थ है कि सामाजिक यथार्थ दो लिंगों में विभाजित एवं विशिष्ट होते हुए भी एक ही में रूपांतरित है। एक में समावेश कर रहा है। तकरीबन 'अर्द्ध नारीश्वर' की तरह इसमें स्त्री एवं पुरुष दोनों हैं और अंततः पुरुष में दोनों समाहित हैं। 'समानता के तर्क' की भूमिका को सभी भाषाओं के प्रभुत्वशाली रूपों में देखा

जा सकता है। पुरुष ही सभी वस्तुओं का मानदंड है। इस नजरिये को इरीगिरी ने खारिज किया। इरीगिरी ने *'दि स्पेकुलम ऑफ दि अदर वूमेन'* (1974) में विस्तार से विश्लेषण किया है कि कैसे फ्रॉयड की कामुकता संबंधी धारणाओं का विकास हुआ, वह मूलतः एक ही लिंग को मानता है और वह है पुरुषत्व, अन्य को अनुपस्थित मानता है। इरीगिरी ने लिखा है कि फ्रॉयड का समस्त चिंतन पुंसवादी परिप्रेक्ष्य से निकला है। उसी के गर्भ से 'दोनों लिंग समान' हैं, यह विचार पैदा हुआ है पर इसकी विचारधारा पर कभी भी प्रश्नचिह्न नहीं लगाया गया। मर्दानगी में जिसे कामुक आनंद माना जाता है वही समस्त आनंद का आधार है।

फ्रॉयड की आलोचना करते हुए इरीगिरी ने लिखा कि स्त्री को हमेशा 'अभाव' के अर्थ में व्याख्यायित किया गया। सेक्स का अन्य पक्ष मूल्यों का वर्चस्व बनाए रखता है और वह है पुल्लिंग। अगर 'अभाव' की सैद्धांतिकी को स्वीकार कर लेंगे तो स्त्री की कभी भी व्याख्या नहीं हो पाएगी। फ्रॉयड के स्त्री-संबंधी सभी बयान स्त्री की कामुकता की निजी विशेषताओं की उपेक्षा करते हैं। 'एक समान' मानने वाले तर्कों की परंपरा प्लेटो से शुरू होती है जो कालांतर में 'एक' में बदल जाती है। यह नकारात्मक अवधारणा है इसमें पुरुष की सकारात्मक और स्त्री की नकारात्मक रूप में व्याख्या की गई है। यह भी कह सकते हैं कि जो मूल्य पुरुष में नहीं हैं वे स्त्री के साथ जुड़े हैं। अन्या के रूप में स्त्री की छवि वस्तुतः प्रतीक अवस्था से जुड़ी है। प्रतीक व्यवस्था से जुड़े होने के कारण उसे स्वयं को स्वतंत्र रूप में प्रस्तुत करना असंभव होता है। वर्चस्ववादी विमर्श स्त्री को हमेशा मंच के पीछे, किनारे, प्रस्तुति से परे, स्वत्व से परे प्रस्तुत करता है।

मनोविश्लेषणास्त्र एवं दर्शन की समीक्षा करते हुए इरीगिरी ने लिखा कि इसमें भाषा के प्रति विरक्ति भाव है। ये लोग भाषा को स्वयं में ही ज्ञान एवं सत्य का प्रतीक मानकर चलते हैं। समानता को स्वीकार करने का अर्थ यह नहीं कि स्त्री के शरीर के वैविध्य को अस्वीकार किया जाए। कामुक अर्थों को 'ए' और 'ए' के रूप में समानतः देखने के बजाय 'ए' एवं 'बी' के रूप में देखा जाना चाहिए। इरीगिरी ने देरिदा की विखंडन शैली का व्यापक तौर पर इस्तेमाल करते हुए दमनात्मक एवं निर्धारणवादी प्रतीक व्यवस्था को चुनौती दी। इरीगिरी की राय थी कि स्त्री की अस्मिता की सकारात्मक छवि का निर्माण करने पर ही स्त्री के भिन्न अर्थ को देख पाएंगे।

इरीगिरी ने स्त्री के वैविध्यपूर्ण रूपों, चंचल और कामुक स्पर्श को केंद्र में रखा।

वह जब 'पूर्व इडिपल अवस्था' की चर्चा करती हैं तो स्त्री को केंद्र में रखती हैं। इस क्रम में वे उभयलिंगी धारणा को अस्वीकार करके चलती हैं। 'इडिपल संकट' स्त्री को पहले उसके इतिहास एवं अस्मिता से पृथक करता है, उसे स्वयं के प्रति अनभिज्ञ एवं अज्ञात बनाने की ओर ले जाता है। वह मानती है कि मां-बेटी का रिश्ता एक अपंग रिश्ता है। स्त्री को जानने, उसकी अस्मिता निर्मित करने के लिए एकदम नई भाषा की जरूरत होगी जो मां एवं स्त्री दोनों को एक ही साथ प्रस्तुत करे। मातृत्व की अस्मिता और कामुक पूर्णता बनी रहे, मां और बेटी की स्वतंत्र पहचान बने, मां-बेटी में प्रेम भी बनाए रखे। साथ ही दोनों को एक एवं अन्या के रूप में भी पेश करे।

इरीगिरी की धारणाओं की गंभीरतम आलोचनाएं भी हुई हैं। सबसे गंभीर आलोचना यह है कि उनकी स्त्री कामुकता एवं शरीर संबंधी धारणाओं में 'मेटाफिजिकल आइडियलिज्म' छाया हुआ है। 'पराभौतिक आदर्शवाद' का शिकार होने के कारण ही स्त्री और स्त्रीत्व की धारणा पर उन्होंने 'समानता' के नजरिये से विचार किया है। इस क्रम में उन्होंने स्त्री के 'सार' (शरीर) पर जोर दिया है। स्त्री का शोषण और शोषण को जन्म देने वाली प्रक्रियाओं की ओर ध्यान ही नहीं दिया है। स्त्री के शोषण को जाने बगैर स्त्री और पुरुष की भिन्नता को समझना असंभव है। इन दोनों में फर्क कैसे सामाजिक निर्मित है इसे समझना भी संभव नहीं है। इरीगिरी की यह भी समस्या है कि वह सामाजिक एवं शारीरिक तत्वों में अंतर नहीं करती, स्त्री के सारतत्ववाद पर जोर देने के कारण ही वह भाषा एवं शरीर में संबंध बनाकर चलती हैं। शरीर की कमियों को भाषा की कमियों में बदल देती हैं।

इरीगिरी ने स्त्री की राजनीति के लिए स्त्री के अनुभवों को महत्वपूर्ण माना। अनुभवों की रोशनी में स्त्रियां अपनी राजनीति करें। इसने व्यक्तिगत अनुभवों को तरजीह दी। इरीगिरी की राय थी कि स्त्री की राजनीति स्त्री के आम शोषण को उद्‌घाटित करे। प्रत्येक स्त्री के लिहाज से संघर्ष के रूप तय किए जाएं। सार्वभौम स्तर पर इस संघर्ष को चलाया जाए जिससे स्त्री के सार्वभौम शोषण को चुनौती दी जा सके। साथ ही स्थानीय मुद्दों पर भी संघर्ष चलाया जाना चाहिए। ये दोनों संघर्ष वस्तुतः एक ही संघर्ष का अंग हैं। इसके लिए स्त्रियों को नए किस्म का संघर्ष, नए किस्म का संगठन एवं नई चुनौतियों से जूझना होगा। स्त्रियों के स्वतंत्र संगठन बनें इसकी इरीगिरी ने हिमायत की। इरीगिरी चाहती हैं कि पुरुषों के समान पगार, शिक्षा एवं सामाजिक अधिकारों के लिए स्त्रियों को लड़ना चाहिए किंतु इसी से वह पुरुष

के समान नहीं हो जाएंगी, वे पुरुष जैसी नहीं हो जाएंगी, अगर ऐसा होगा तो वह औरत ही नहीं रहेगी। उसे अपनी स्वतंत्र पहचान बनाए रखनी चाहिए। स्त्री को अपनी अस्मिता का विखंडन एवं निर्माण दोनों साथ ही साथ करना होगा।

स्त्रियां जिन विषयों से ज्यादा प्रभावित हो सकती हैं, संभवतः उनमें से किसी विषय पर अपनी राय दें और अपने को विमर्श का विषय बना दें। इससे स्त्रियां पुरुष को आदर्श रूप में देखने लगती हैं।

> स्त्री अगर मैं की शैली में व्यक्त करे तो इससे उसकी अस्मिता तय नहीं होती। स्त्रियां तो पुरुष की आत्म-प्रस्तुति से बाहर रही हैं। उसकी अपनी आत्म-प्रस्तुति भाषा में कमोबेश अनुपस्थित रहती है।
>
> संभवतः स्त्रियां संवाद में शामिल हों। इससे पुरुष की जगत एवं वस्तु के संबंध में वरीयता बनी रहे जबकि स्त्रियों की अंतर्वैयक्तिक संबंधों में वरीयता बनी रहती है।
>
> स्त्रियां विचारों के धरातल पर कम सोचती हैं। पुरुष की तुलना में ज्यादातर भावुक और आत्मगत होती हैं। उनका वक्तव्य आत्मगत भावना को प्रभावित करती है।
>
> पुरुष की तुलना में स्त्रियां कम अमूर्त होती हैं। वे संदर्भ का ज्यादा इस्तेमाल करती हैं। वे शोधार्थियों के साथ सहयोग करती हैं और शोध को गंभीरता से लेती हैं।

इरीगिरी के सैद्धांतिक विकास पर नजर डालें तो पाएंगे कि उनका पहला निबंध-संग्रह *एप्रोचेज टु सीमियोटिक्स* का 1973 में प्रकाशन हुआ। उनकी दूसरी चर्चित पुस्तक *स्पेकुलम ऑफ दि अदर वूमेन* (1974) प्रकाशित हुई जिसका 1985 में अंगरेजी अनुवाद कारनेल यूनिवर्सिटी प्रेस ने छापा। इस पुस्तक में उन्होंने मनोविज्ञान की गंभीर समीक्षा लिखी। खासकर फ्रॉयड एवं लाकां की कुछ धारणाओं की आलोचना लिखकर विपत्तियों को निमंत्रित किया। फलतः उन्हें मनोविश्लेषण विभाग (विन सेनिस) से नौकरी से हाथ धोना पड़ा।

इरीगिरी पर आरोप लगाया गया कि वह राजनीतिक प्रतिबद्धता की बात करती है जबकि मनोविश्लेषण राजनीतिक प्रतिबद्धता को बाधित करती है। इरीगिरी ने कहा कि इस तरह का नीतिगत रवैया स्वयं में राजनीति से निर्धारित हो रहा है। इरीगिरी ने मनोविश्लेषणशास्त्र की आलोचना मनोसमीक्षक के नाते की। खासकर

अवचेतन फैंटेसी की धारणा की गंभीर आलोचना की। वह मानती हैं कि अवचेतन की धारणा में पूर्वग्रह हैं जिसके कारण वह विभाजित करती है।

इरीगिरी की राय थी कि फ्रॉयड ईमानदार वैज्ञानिक है, जरूरत है उनकी सीमाओं के उद्घाटन की। सीमाओं को जड़सूत्रों में तब्दील किया गया है। अब सीमाओं का उद्घाटन जरूरी है। इरीगिरी ने रेखांकित किया कि मनोविश्लेषणशास्त्र के उदय के ऐतिहासिक और दार्शनिक कारण रहे हैं। उनकी मनोविश्लेषकों ने उपेक्षा की है। मनोविश्लेषण अपना स्वरूप अवचेतन फैंटेसी के जरिये ग्रहण करता है किंतु वह उसका विश्लेषण नहीं कर पाया है। इसी तरह पितृसत्तात्मकता हमारी सामाजिक व्यवस्था की अभिव्यक्ति है, वह नहीं जानता कि माताओं पर इसका क्या दबाव है। इस सबके परिणामस्वरूप शिश्न केंद्रिक पूर्वग्रह सार्वभौम सत्य के रूप में नजर आने लगते हैं। इरीगिरी ने आलोचना की कि मनोविश्लेषण अपने अनुमानों के प्रति पूर्वग्रहग्रस्त है।

इसी प्रकार इरीगिरी का लाकां के साथ संबंध भी बड़ा जटिल है। वह लाकां के मनोविश्लेषण संस्थान की सदस्या थीं। उसके सेमिनारों में शिरकत की। लाकां की स्थिति यह थी कि वह इरीगिरी द्वारा की गई सैद्धांतिक आलोचनाओं को सहन नहीं कर पाए। इरीगिरी ने लाकां के सिद्धांतों में निहित अनैतिहासिकता और सामाजिक संकीर्णतावाद की तीखी आलोचना लिखी। लाकां के 'दर्पण अवस्था' वाले सिद्धांत की आलोचना में इरीगिरी ने लिखा कि लाकां का दर्पण सिर्फ स्त्री का शरीर देखता है और शरीर में क्या-क्या कमी है यही सब देखता है। यह समग्रता में स्त्री को नहीं देखता। स्त्री में क्या विशिष्ट है, इसे वह देख नहीं पाते। इसे ऐसा दर्पण होना चाहिए जो स्त्री के अंतर्मन में झांके। *स्पेकुलम ऑफ दि अदर वुमेन* के बाद मनोविश्लेषण सिद्धांत के जरिये अन्य विषयों की समीक्षा की तरफ मुखातिब हुई। स्पेकुलम का बहुत बड़ा हिस्सा दर्शन के इतिहास की समीक्षा पर केंद्रित है। प्लेटो से लेकर आधुनिक पाश्चात्य दार्शनिक परंपरा में पितृसत्ता किस तरह व्यक्त हुई है इसकी मीमांसा पेश की। 1985 के बाद से इरीगिरी के ज्यादा से ज्यादा सरोकार समाज एवं मौजूदा सामाजिक नियमों में घट रहे परिवर्तनों की तरफ उन्मुख हुए। अस्सी के दशक में इरीगिरी का इटली के राजनीतिक ग्रुपों से संबंध बना। कालांतर में इटली की कम्युनिस्ट पार्टी के स्त्री संगठनों से जुड़ीं। इस दौर में उनके क्रमशः 1985, 1987, एवं 1989 में तीन निबंध-संग्रह प्रकाशित हुए।

इस दौर के लेखन में इरीगिरी ने स्त्री की सामाजिक अवस्था को लेकर लिखा।

कानून की नजर में स्त्री की क्या अवस्था है? स्त्री को मर्द से भिन्न लिंग मानते हुए स्वतंत्र रूप से कैसे संगठित किया जाए। लिंगभेद का विशेष सामाजिक रूपों में कैसे रूपांतरण होता है? मां-बेटी का संबंध, स्त्री-स्त्री का संबंध एवं माइथोलॉजी की तुलना में सांस्कृतिक आत्मछवि को दर्शन की तुलना में महता प्रदान की।

सत्तर के दशक में इरीगिरी के लेखन में नैतिकता के विविध आयामों का विश्लेषण मिलता है। अस्सी के दशक में नैतिकता उनका मुख्य विषय बनकर उभरी। स्त्री-पुरुष में क्रांतिकारी परिवर्तनों के लिए नैतिकता की हिमायत की। स्त्री का समाज में जो भी स्थान है, वह वस्तुतः मर्दों का है। स्त्री की अपनी कोई स्वतंत्र जगह नहीं है। स्त्री की स्वतंत्र अस्मिता के लिए जरूरी है कि उसकी अपनी जगह हो तभी वह अपनी पहचान ग्रहण कर पाएगी।

4

इरीगिरी पर देरिदा के चिंतन का गहरा प्रभाव था। देरिदा का मानना था कि पुरुष एवं स्त्री के रूप में वर्गीकरण पितृसत्तात्मक प्रामाणिकता को व्यक्त करता है। स्त्रीवाद को इसे बदलना चाहिए। स्त्री को अन्नपूर्णा मानने वाली लाकां की धारणा के पीछे निहित भावों को उद्घाटित करते हुए देरिदा ने लिखा कि लाकां की धारणा में वर्णनात्मकता के बजाय आदेशात्मक रवैया व्यक्त हुआ है।

देरिदा ने लाकां की इस धारणा से सहमति जताई कि अवचेतन ही भाषा है। किंतु देरिदा का मानना है कि इस भाषा का ढांचा शिश्न के स्व-प्रस्तुत प्रतीक के इर्द-गिर्द निर्मित नहीं होता। भाषा तो लेखन है। यह तो भिन्नता या संकेतों के आलेखीय क्रम में आती है। लेखन तो गैर क्रमानुवर्ती होता है। इसका पुनरावृत्ति, भिन्नता और समय के माध्यम से निर्माण होता है। भाषा सचेतन या अचेतन हो सकती है। किंतु यह तो संकेतों का अंगरेखांकन (टोपोग्राफी) है। यह तो जीर्णांश का नक्शा है। देरिदा ने क्रमानुवर्ती (हायरार्कीकल) में निहित विरोधी भाव को उपस्थित एवं अनुपस्थित के मेटाफिजिकल (अनेकांतवाद) के जरिये व्यक्त किया।

देरिदा ने शिश्न केंद्रिक अस्मिता को बोलने के प्रामाणिक भाव के साथ जोड़कर देखा। वक्तव्य के अर्थ की अवधारणात्मक संरचनाओं से जोड़कर देखा। यह भाषा से स्वतंत्र रूप में स्थित होती है। इसी के आधार पर भाषिक सत्य का निर्माण होता है। देरिदा मानते हैं कि स्व-प्रस्तुत भाषा के प्रामाणिक रूप की अभिव्यक्ति अंततः

धार्मिक होती है। यह भगवान को संबोधित होती है। परावाक (लोगों) को संबोधित होती है। इसमें प्रस्तुत एवं परमसत्य की अभिव्यक्ति होती है। वक्तृता के जरिये रूपांतरणकारी सत्य की अभिव्यक्ति नहीं होती अपितु भाषिक संकेतों की अभिव्यक्ति होती है जो लेखन से बुनियादी रूप से भिन्न नहीं होती। क्रमानुवर्ती विरोध एक वास्तविकता है, उसे न तो खत्म कर सकते हैं और न खारिज ही कर सकते हैं। देरिदा ने भाषा की परंपरागत धारणा से भिन्न विखंडन की धारणा दी। विखंडन के जरिये क्रम भंग करना, नए सिरे से बनाना, असंतुलन पैदा करना मूल कार्य व्यापार है। इस सबके लिए देरिदा ने अनेक किस्म की रणनीतियां सुझाई हैं।

देरिदा का मानना है कि पुराने क्रमानुवर्ती रूप को तोड़कर नए किस्म के क्रमानुवर्ती रूप का निर्माण करना होगा। इस क्रम में प्रत्यावर्तन या प्रभुत्व के प्रश्न बुनियादी प्रश्न नहीं है बल्कि नए रिश्ते के प्रश्न महत्वपूर्ण हैं। विखंडक को पाठ की पंक्तियों के मध्य केंद्रित होकर पढ़ना होगा। यह बताना होगा कि लेखक कैसे अपनी या दूसरों की स्थिति को पलट रहा है अथवा उसमें जोड़ रहा है। इसका अर्थ यह भी है कि हमें परंपरागत पद्धति से बचना होगा जो हमें यह बताती थी कि अपने विरोधी के तर्कों की कमियों को खोजो। विखंडक को यह भी बताना होगा कि शब्द उपस्थिति की कमी या किसी चीज की आकांक्षा की कमी को कैसे व्यंजित करते हैं। देरिदा कहते हैं कि अर्थ या सत्य खोजना हमारा लक्ष्य नहीं है और न ही पाठ में निहित मंशा को खोजना हमारा लक्ष्य है। पाठक या चिंतक अपने आप अर्थ खोज लेंगे। वे पाठ में निहित भिन्नताओं एवं संबंधों को भी क्रमबद्ध रूप में खोज लेंगे। इस क्रम में भिन्न अर्थ जन्म लेगा। यह हो सकता है या यह नहीं हो सकता है आधार पर पाठ नहीं पढ़ना चाहिए बल्कि अस्पष्टता एवं दुविधा के साथ पाठ को पढ़ना होगा।

देरिदा ने लाकां की शिश्न केंद्रिकता के बगैर झिल्ली का विश्लेषण किया है। भाषा को झिल्ली माना। जिस पर आवरण भी है और जो करीब भी है। जो अति तिरस्कार योग्य भी है और परम पवित्र भी है। जो आकांक्षा या संतुष्टि की प्रतीक है। भाषा तो झिल्ली है। यह आदर्श आर्गिज्म है। यह सर्वोच्च तरंग है। भाषा में यह आकांक्षाओं की संतुष्टि के रूप व्यक्त होती है। इस तरह देखेंगे तो वस्तु एवं अभिव्यक्ति के बीच फर्क नहीं रह जाएगा। झिल्ली मिश्रित स्वप्न है। साथ ही, बाधाओं एवं भिन्नताओं को व्यक्त करती है। शिश्न की स्व-उपस्थिति नाम की कोई चीज नहीं होती और न ही उसका कोई विरोधी तर्क होता है बल्कि झिल्ली तो भिन्न

और आनंद की संयुक्त अवस्था को व्यक्त करती है। साथ ही यह अवसाद को व्यक्त करती है। वस्तुतः झिल्ली अंतर्विरोधपूर्ण अर्थों को व्यक्त करती है।

देरिदा के शब्दों में, झिल्ली संप्रेषण के अभाव को व्यक्त करती है। संप्रेषण के अभाव के कारण भाषा में लाक्षणिक प्राचुर्य नजर आता है। झिल्ली शुचिता और संभोग दोनों को व्यक्त करती है। यह ऐसी चीज है जिसके मतभेदों का उद्घाटन बगैर विरोध और क्रमानुवर्तीत्व के हुआ है। झिल्ली अंतर्विरोधपूर्ण बातों को भ्रम में तब्दील कर देती है।

स्त्री की भाषा नई शैली की मांग करती है। देरिदा के लिए भाषा प्रतीकात्मक विनिमय है जिसमें इतिहास, सत्य एवं समाहार की प्रक्रिया शामिल है। इसे व्याख्यायित किया जा सकता है, पलटा जा सकता है। यह कार्य स्त्रीत्व के दृष्टिकोण से संभव है।

देरिदा स्त्रीत्व, स्त्री की प्रकृति एवं कामुकता को व्यक्त नहीं करते बल्कि वह तो सारतत्ववाद की जड़पूजा है। देरिदा का स्त्रीत्व स्त्रीवाद नहीं है। स्त्री मां की शक्ति की प्रतीक होने के बजाय संकेतात्मक संरचनाओं को व्यक्त करती है।

वह ठगनी है जो स्वयं को ही ठगती है। वह सम्मानजनक ढंग से खेलती है। उसे अपनी खुशी का पूर्वाभास होता है, साथ ही, पुरुष के द्वारा किए जा रहे उपहास का पूर्वानुमान कर लेती है। वह अपने विरोध को न खारिज करती है और न पलटती है बल्कि इन दोनों के बीच संयोजक की भूमिका निभाती है। स्त्री की यह शैली स्त्रीवाद का विरोध है।

देरिदा के भाषा संबंधी चिंतन की विशेषता यह है कि इसमें स्त्री की आकांक्षाएं शामिल नहीं हैं और न ही क्षणिक तौर पर ही स्त्री के लिए कोई जगह है। भाषा सुधार से सामाजिक सुधार होता है इसे भी देरिदा अस्वीकार करते हैं।

5

इरीगिरी एवं हेलिनी सिकसाउस दोनों के चिंतन पर देरिदा का गहरा प्रभाव माना जाता है। इसीलिए विस्तार से देरिदा के विचारों पर विचार करने की जरूरत महसूस की गई। इरीगिरी एवं सिकसाउस दोनों ने दर्शाया कि वक्तृता, लेखन का विरोध है जबकि स्त्रीवादियों ने वक्तृता की मुठभेड़ एवं खोज के ऊपर स्थान दिया। देरिदा के मुताबिक वक्तृता तो शिश्न के सत्य को व्यक्त करने वाला उपकरण है जबकि लेखन

में सत्य का दावा हमेशा सेकेंडरी होता है। वह स्व-प्रस्तुत आवाज की अभिव्यक्ति है। जब प्रस्तुत का विखंडन किया गया तो वक्तृता ने स्वयं ही लेखन को उद्घाटित किया। सांकेतिक भाषिक अंगों, भिन्नताओं, पुनरावृत्तियों, अर्थांतर आदि का उद्घाटन किया। इरीगिरी एवं सिकसाउस ने देरिदा के वाक केंद्रीयतावाद का खंडन किया।

सिकसाउस ने लिखा है कि स्त्री-लेखन से स्त्री को पुरुषत्व की भाषा से मुक्ति मिलती है जिसका आधार शिश्न है। यह तो एक तरह कोरे कागज की तरह है, जिस पर लेखिका तर्क एवं प्राथमिकताओं से पलायन कर सकती है। वह अपने को दबाव से मुक्त कर सकती है। स्व-चेतनता के लिए वक्तृता अनिवार्य शर्त है। लिखना तो हमेशा विनिमय मूल्य को तोड़ता है। लेखन के जरिये ही स्त्रियां तयशुदा प्रतीकात्मक भूमिका का खंडन करती हैं। शब्दों के धनात्मक एवं ऋणात्मक वर्गीकरण को तोड़ती हैं। स्त्री को लिखना चाहिए और लेखन में स्त्री को केंद्र में लाना चाहिए क्योंकि उसे हिंसक कार्रवाई के जरिये खदेड़ा गया, खासकर उसके शरीर पर हिंसाचार हुआ। अतः स्त्री को पाठ के केंद्र में लाना चाहिए। उसके विश्व, उसके इतिहास, और उसके आंदोलन को पाठ में शामिल किया जाना चाहिए। अब भविष्य का निर्धारण अतीत से नहीं होगा। सिकसाउस ने कहा कि मैं यह नहीं कहती कि अतीत का असर नहीं होता, होता है, वह अब भी है। पर उसे मजबूत करने या दोहराने से इनकार करती हूं। सिकसाउस कहती है कि न तो कोई आम औरत है और न कोई विशेष औरत है बल्कि प्रत्येक स्त्री का अपना एक स्वरूप होता है इसलिए स्त्री की कामुकता, समानता, इकसारता या किसी विशेष कोटि में वर्गीकृत करके उस पर चर्चा संभव नहीं है।

जहां सिकसाउस ने स्त्री-लेखन एवं स्त्रियों के लिखने को महत्वपूर्ण माना वहीं पर इस बात की तरफ ध्यान खींचा कि स्त्रियों को बोलना चाहिए। हमें यह कहना छोड़ देना चाहिए कि वह कुछ नहीं कहना चाहती। स्त्रियां सिर्फ श्रोता न बनें बल्कि वक्ता बनें। स्त्री को बोलने का साहस करना चाहिए। हमें सबसे पहले उन्हें सेंसरशिप की व्यवस्था से मुक्त करना होगा। स्त्री के बारे में बोलना होगा। हमें यह बताना होगा कि ज्ञान के विभिन्न रूपों की शक्ति ने कैसा बोझा स्त्री पर लादा है।

स्त्री को लिखना चाहिए और उसे घोषित करना चाहिए कि लिंगभेद उसके लिए कोई समस्या नहीं है। स्त्री को स्त्री के रूप में नहीं, लेखिका के रूप में लिखना चाहिए। स्त्री-लेखन पर कार्य करते समय बड़ी ही जागरूकता की जरूरत है। हमें

नाम के चक्कर में नहीं पड़ना चाहिए। लेखन किसी स्त्री का है तो जरूरी नहीं कि वह स्त्रीत्व के पक्ष में हो, इसी तरह किसी मर्द का लिखा जरूरी नहीं कि पुरुषवादी हो। हो सकता है, पुरुष का लिखा हो किंतु उसमें स्त्रीत्व हो। किंतु ऐसा अपवादस्वरूप ही होता है।

स्त्री पाठ अंतहीन, अनंत एवं खुला होता है। वह बंद या खत्म नहीं होता फलतः स्त्री का पाठ पढ़ना बेहद मुश्किल है। इसलिए स्त्री का पाठ पढ़ते-पढ़ते रिक्तता पर बल चला जाता है।

सिकसाउस का मानना है कि स्त्री-लेखन को दो अर्थों में समझा जाना चाहिए। पहली बात यह कि यह दोनों लिंगों के लिए है। पुरुष की तुलना में स्त्रियां सांस्कृतिक तौर पर स्त्री की अर्थव्यवस्था के ज्यादा करीब होती हैं अतः वे बेहतर ढंग से बता पाती हैं। सिकसाउस का मानना है कि स्त्री-लेखन में संभावनाएं हैं। वह अपने मौजूदा ढांचे को पुनर्नियोजित कर सकता है। यह कार्य वह अन्य के अनुभवों को शामिल करके कर सकता है। स्वयं एवं विश्व के साथ उसके संबंधों के कारण भाषा एवं विषय के बीच का रिश्ता प्रभावित होता है। दूसरी महत्वपूर्ण बात यह है कि स्त्री-लेखन को वैकल्पिक संबंधों के रूप, दृष्टियों और अभिव्यक्तियों को रूपायित करना चाहिए। इन्हीं दो बातों के संदर्भ में सिकसाउस ने लेखन को क्रांतिकारी माना। स्त्री-लेखन के जरिये उभयलिंगी तर्कों का अतिक्रमण करती है, हमारी मौजूदा व्यवस्था को सूचित करती है, साथ ही, नई भाषा एवं संस्कृति का स्वरूप बनाती है। इस कार्य के लिए पितृसत्तात्मक एवं पूंजीवादी राज्य को चुनौती देनी होगी। इसके बगैर रूपांतरण संभव नहीं है।

सिकसाउस के ऊपर फ्रांस के प्रमुख बुद्धिजीवियों मिशेल फूको, ज्यॉक लाकां, ज्यांक देरिदा आदि का गहरा प्रभाव है। खासकर देरिदा के साथ उनकी सहभागिता जगजाहिर है। साथ ही फ्रॉयड एवं हाइडेगर का भी उनके विचारों पर प्रभाव है।

सिकसाउस के लेखन में पृथकता और पुनरुद्धार ये दो पदबंध बेहद महत्वपूर्ण हैं। उनके लेखन की प्रेरक शक्ति पुनरुद्धार है। वह कहती है कि मैं विश्वास करती हूं कि हमें खोज के मार्ग पर आगे बढ़ना चाहिए। लेखन की खोज या अन्य किसी चीज की खोज। शोक से पुनरुद्धार के शोक तक, लेखन के हावभाव के आरंभ से उसके अनुभव के लोप तक। वह मानती है कि खोजने की अनुभूति को इस दुनिया में महत्वपूर्ण माना जाता है। इस अवस्था में वह बहिष्कृत-सा महसूस करता है अथवा अचानक ही मूल्यवान की अनुभूति या खास की अनुभूति महसूस करने लगता है।

लेखन को सिकसाउस ने पुनरुद्धार का बड़ा उपाय माना। वह कहती हैं कि शब्दों के अलावा सब कुछ खो जाता है। यहां तक कि देश के खो जाने के बाद भी भाषा बनी रहती है। यहीं पर वह भाषा के देश में प्रवेश करता है। पुनरुद्धार के फॉर्मूले को सिकसाउस ने चौतरफा लागू किया। लेखन, वक्तृता, भाषा सभी में इसकी अनुगूंज सुनाई देती है।

फ्रांसीसी स्त्रीवादी इरीगिरी ने भी सिकसाउस की तरह लेखन को महत्वपूर्ण माना। इरीगिरी मानती है कि स्त्री-लेखन हमेशा उसके दायरे को बढ़ाता है अथवा पुरुष के तर्कों का पुनर्नियोजन करता है। पुनर्नियोजन के क्रम में ही पुरुष द्वारा निर्धारित मान्यताओं पर सवालिया निशान लगाए जाते हैं।

स्त्री की शैली की खूबी है कि वह पुरुष निर्मित वर्गीकरणों को उद्घाटित करती है। पितृसत्ताक विश्लेषण की सीमाओं का अतिक्रमण करके उसके विमर्शात्मक रूप को ध्वस्त करती है। स्त्री की भूमिका के विस्तार के लिए पुरुष की सैद्धांतिक की मशीनरी को ठप्प करना बेहद जरूरी है।

इरीगिरी ने सोद्देश्य अनुकरण की शैली को प्रमुखता दी। वह देरिदा से सहमत हैं कि पितृसत्तात्मक व्यवस्था का कोई विकल्प नहीं है। अतः पितृसत्ता के पाठ का पठन एवं पुनर्वाचन करें तो स्त्रियों को समर्पण के बजाय किनाराकशी को मौका मिल सकता है। स्त्री-पाठ से खेल सकती है। इस खेल में वह आंतरिक प्रभाव छोड़ती है। वह पुरुषवादी वर्गीकरणों से भिन्न स्वतंत्रता का सृजन करती है। इरीगिरी का मानना है कि पितृसत्ता की जड़ पूंजीवादी शैली को अग्नि के हवाले कर देने की जरूरत है। यह कार्य नई स्त्री शैली से ही संभव है। वह स्वयं को परिभाषित होने नहीं देती और न ही संकुचित दृष्टिकोण से ही सोचती है। वह कभी यांत्रिक तौर पर जड़वादी ढंग से राय व्यक्त नहीं करती।

स्त्री-भाषा के प्रश्न पर ऊपर हमने प्रमुख फ्रांसीसी स्त्रीवादियों के विचारों को देखा, अब हम स्त्री-भाषा के कुछ अन्य पहलुओं पर एवं विचारकों के कार्यों पर सरसरी तौर पर एक नजर डालें तो पाएंगे कि अनेक महत्वपूर्ण कार्य इस दिशा में हुए हैं।

6

मेरी हाइट ने *दि वे वुमेन राइट* (1977) पुस्तक में रेखांकित किया है कि स्त्रियों के

अमूमन छोटे-छोटे वाक्य होते हैं। ये सरल होते हैं। इन वाक्यों में ही मूल्य निर्णय भी होता है। स्त्रियां कम से कम दावे के साथ लिखती हैं। अपनी कृति में मेरी हाइट ने कथा एवं गैर-कथा विधाओं के अनेक उद्धरणों के जरिये स्त्री-भाषा का विश्लेषण किया है। इसमें केंद्रीय समस्या यह है कि लेखिका ने अंतर्वस्तु के विश्लेषण एवं भाषाशास्त्रीय विश्लेषण में घालमेल कर दिया। ये दोनों अलग-अलग चीजें हैं। मेरी हाइट का विश्लेषण वस्तुतः रूढ़िगत मान्यताओं पर टिका है।

मेरी हाइट ने लिखा है कि स्त्रियां 'रियली' (वास्तव में) पदबंध का पुरुषों की तुलना में ज्यादा इस्तेमाल करती हैं।

यह उनके अंदर किसी बात पर बल न दे पाने की कमजोरी को व्यक्त करता है। इसका यह अर्थ न निकाला जाए कि जो 'रियली' पदबंध का इस्तेमाल नहीं करते वे दावे के साथ अपनी बात कह पाते हैं।

सुसान लियोनार्दी एवं डेविडतलीन्त्री ने वर्जीनिया वुल्फ की रचनाओं का विश्लेषण करके कुछ महत्वपूर्ण बातों को उठाया है। इन दोनों ने अपने अलग-अलग शोधपत्रों में रेखांकित किया है कि वर्जीनिया वुल्फ ने सचेत रूप से पुरुष वाक्यों को खारिज किया है। वह मातहत बनाने वाले शब्दों का प्रयोग नहीं करती। उनके लेखन में सामंजस्य का भाव है। सामंजस्य के जरिये ही वह पाठ को संगठित करती हैं। वर्जीनिया वुल्फ ने पुरुष वाक्यों को क्रमानुवर्ती माना। इसमें रूपकों के जरिये विश्व अभिव्यक्ति पाता है। इससे सामान्य से संबंध बनाने में मदद मिलती है। पुरुष वाक्यों में मातहत बनाने वाले अनुच्छेद होते हैं जो क्रमानुवर्ती भाव पैदा करते हैं, नियमित करते हैं।

इस प्रसंग में यह भी कहा जा सकता है कि स्त्रियों के लेखन में ऐसे वाक्य भी मिल सकते हैं जहां मातहत का भाव व्यक्त हुआ हो। दावे के साथ बातें कही गई हों। असल में, पुरुष वाक्य के संदर्भ में महत्वपूर्ण है नियंत्रण। रूपकों के प्रयोग के जरिये नियंत्रण तेजी से होता है।

स्त्री-भाषा पर विचार करते समय हमें रूपकों या लाक्षणिक प्रयोगों पर भी ध्यान देना चाहिए। 19वीं और 20वीं शताब्दी के स्त्रियों के कथा साहित्य में स्त्री का कमरे, घर, जमीन या समुद्र से संबंध जोड़ा गया। यह ऐसा संबंध है जो पाठक/ समीक्षक को प्लाट के बाहर ले जाता है। असल में, यह अपने करीबी जीवन एवं खुली जगह का रूपायन है। कुछ में यह प्रवृत्ति है तो कुछ में इससे भिन्न प्रवृत्ति मिलती है।

मोनिका वीटिंग ने अनेक स्त्रीवादियों से भिन्न बातें कही हैं। वह मानती है कि

स्त्री-लेखन जैसी कोई चीज नहीं होती। स्त्री को लेखन से जोड़ा नहीं जा सकता क्योंकि वह तो कल्पना की निर्मिति है। वह वास्तविक यथार्थ नहीं है। वीटिंग का मानना है कि स्त्री-लेखन के बहाने स्त्री के प्रभुत्व को लाक्षणिक तौर पर झुठलाने की कोशिश की जा रही है। स्त्री-लेखन के नाम पर उसे विस्तार दिया जा रहा है। स्त्रीत्व का लाक्षणिक प्रयोग स्त्री-लेखन का 'बर्क' मानता है। यह तो उत्पादन प्रक्रिया में देखना हुआ, जैसे मर्द के लेखन को देखते हैं।

स्त्री-लेखन बायोलॉजीकल प्रक्रिया को व्यक्त करता है। इसी अर्थ में वह संकीर्ण या संकुचित है।

ध्यान देने की बात है कि मर्दानगी/मर्द, स्त्री/स्त्रीत्व आदि वर्गीकरणों का बायोलॉजीकल भिन्नता से बहुत कम संबंध है बल्कि उनका व्यापक एवं गहरा संबंध तो पॉवर (शक्ति) से है। जब हम स्त्री वाक्य को परिभाषित करते हैं तब हम वाक्य को परिभाषित नहीं करते अपितु स्त्री को परिभाषित कर रहे होते हैं। यह विचारधारात्मक कार्य व्यापार हैं, न कि बायोलॉजीकल। स्त्री संबंधी स्टीरियोटाइप तभी तक प्रासंगिक रहते हैं जब तक हम सामाजिक असमानता को बरकरार रखते हैं।

स्त्री-भाषा के ऊपर विचार करते समय यह भी ध्यान रखें कि स्त्रीवादी और स्त्रीवाद विरोधी दोनों ही लिंग को आधार बनाकर अपने तर्क पेश करते हैं। अतः इनमें से किसी एक सैद्धांतिकी के पक्ष में खड़े करना कठिन कार्य है। दोनों में ही असंतुलन है। फ्रांसीसी स्त्रीवादियों ने स्त्री की व्याख्या के लिए लिंग को ही प्रमुख आधार बनाया है। वहीं दूसरी ओर स्त्रीवाद विरोधी विचारकों की मान्यता है कि पुरुष की भाषा बेहतर होती है, इसमें पुरुष के सभी गुण होते हैं। इसी तरह का तर्क स्त्रीवादियों ने भी दिया। इस क्रम में वे सारतत्ववाद तक चले गए। सारतत्ववाद बेहद खतरनाक तत्व है, यह स्त्री के लिए परिवर्तन की गुंजाइश नहीं छोड़ता।

उत्तर-सोस्यूर युग के भाषा विज्ञान ने दावे के साथ कहने, स्पष्टता के साथ कहने या विवेकशीलता पर सवालिया निशान लगाया है। भाषा में आज से 25-30 वर्ष पहले जो बात दावे से कही जा सकती थी आज वह अवस्था नहीं है। आज कुछ भी दावे से कहना संभव नहीं है। सब कुछ अस्थिर है, चंचल है, बदल सकता है। जब हम कोई बात दावे से कह रहे होते हैं तब इसका यह अर्थ भी है कि अन्य परंपरा भी मौजूद है, अन्य प्रश्न भी हैं? इसी को मिशेरी ने पाठ में अनकही बात की संज्ञा दी है। स्त्री-भाषा पर विचार करते समय ध्यान रखें कि सभी स्त्रियां एक जैसी नहीं

होतीं। उनमें वैविध्य होता है। उनमें दृष्टिकोण एवं रवैया की भिन्नता होती है। हमें देखना चाहिए कि लेखिका स्वयं अपने को प्रभुत्वशाली पुरुष पंरपरा में रखती है या स्त्री परंपरा में रखती है। मोनिका वीटिंग ने वस्तुतः स्त्री एवं पुरुष के स्वाभाविक विभाजन को अस्वीकार किया था। स्त्री-पुरुष के विभाजन को स्वाभाविक मानने के कारण ही हम उसे इतिहास में तटस्थ बना देते हैं, इतिहास को तटस्थ बना देते हैं। साथ ही सामाजिक संवृत्ति को भी तटस्थ बना देते हैं। फलतः हम न तो सामाजिक शोषण को देख पाते हैं और न समाज को बदल पाते हैं। अतः स्त्री-पुरुष के विभाजन को स्वाभाविक नहीं मानना चाहिए।

इस संदर्भ में तीन तरह की संभावनाएं हो सकती हैं। पहली संभावना यह हो सकती है कि स्त्री लिखे और मर्द की भाषा में लिखे जिससे वह स्वयं अलगाव महसूस करती हैं और अपने को पुरुष पंरपरा से जोड़े। दूसरी संभावना यह हो सकती है कि वह खास तरह की स्टीरियोटाइप स्त्री-भाषा का प्रयोग करे और खास तरह के मूल्यों से जोड़े। ये ऐसे मूल्य हैं जो यथास्थितिवाद को चुनौती नहीं देते।

तीसरी संभावना यह हो सकती है कि स्त्री लिखे और अपने को स्त्रीवाद की परंपरा से जोड़े और उसके सूत्र उसके पाठ में ही मौजूद हों।

स्त्री लेखिकाओं के पास अनेक विकल्प हैं, वे चाहें तो परंपरागत मुख्यधारा में लिखें, चाहें तो पुरुषों की शैली या स्त्रियों की नकल करें और चाहें तो इन परंपराओं को चुनौती दें। इन परंपराओं को बदले हुए स्त्री पाठकों को संबोधित करें। पुरुष की भाषा की वाक्य संरचना को गौर से पढ़ें तो पाएंगे कि औपचारिक शैली का अनुकरण जैसा कि सरकारी दस्तावेजों, कानूनी लेखन, बोलियों के साहित्य में होता हैं। इससे पाठक को यह भी संकेत मिलता है कि ये सब पुरुष परंपरा के अंग हैं। अनौपचारिक वक्तृता या अंतर्विरोधी बातें जो औपचारिक ढांचे को तोड़ें उसे साहित्य परंपरा के विपक्ष में या स्त्री परंपरा में रखना चाहिए।

जरूरी नहीं है कि स्त्री हो तो उसके लेखन में स्त्रीत्व की भाषा व्यक्त होगी और मर्द हो तो सिर्फ पुरुषत्व की भाषा ही व्यक्त होगी। यह भी संभव है कि पुरुष के यहां स्त्री की भाषा हो और स्त्री के यहां मर्द की भाषा हो। इसका अर्थ यह है कि स्त्री एवं पुरुष के पाठ का अंतर बायोलॉजीकल न होकर पाठ केंद्रित है, सामाजिक है।

10. दलित साहित्य-विमर्श

दलितों की मुक्ति का संघर्ष वास्तविक संघर्ष है। यह संघर्ष वैचारिक और सामाजिक धरातल पर साथ-साथ चलना चाहिए। विचार और संस्कृति के क्षेत्र में चल रहे जाति-व्यवस्था और जातिवाद विरोधी संघर्ष का व्यावहारिक जीवन में राजनीति-अर्थव्यवस्था और संरचनाओं में जब तक प्रसार नहीं होता तब तक आधुनिक राष्ट्र का निर्माण संभव नहीं है।

जाति-व्यवस्था सामाजिक कैंसर है। इसके किसी भी रूप की हिमायत सामाजिक असमर्थता को जन्म देती है। असमर्थता और पराश्रय भाव इसकी प्रतीकात्मक अभिव्यक्ति हैं तो दूसरी वर्चस्व और शोषण इसकी प्रमुख प्रवृत्तियां हैं। सामाजिक-आर्थिक और राजनीतिक वर्चस्व बनाए रखना जाति-व्यवस्था का केंद्रीय लक्ष्य है।

भारत में 'वर्चस्व' के खिलाफ संघर्ष की वृहत्तर योजना में जाति-व्यवस्था को तोड़ने के संघर्ष का प्रमुख स्थान है। जाति-व्यवस्था स्वभावतः असमानता और वैषम्य को जन्म देती है। यह स्थानीय या आंचलिक समस्या नहीं है अपितु राष्ट्रीय समस्या है। इसके खिलाफ संघर्ष बहुआयामी होगा। जाति-व्यवस्था मात्र विचार नहीं है, बल्कि विचारधारा एक समूची सामाजिक-आर्थिक एवं राजनीतिक व्यवस्था है। 'वर्चस्व' और 'वैषम्य' इसकी केंद्रीय विशेषता है। इसके खिलाफ संघर्ष राष्ट्रीय परिप्रेक्ष्य में ही संभव है। दलित साहित्यांदोलन का जातिवाद विरोधी संघर्ष से गहरा संबंध रहा है। खासकर महाराष्ट्र में दलित आंदोलन के उदय ने दलित साहित्य को जन्म दिया। इससे साहित्य का क्षितिज और भी विकसित हुआ, साहित्य की श्रीवृद्धि हुई। इन दिनों हिंदी साहित्य में दलित साहित्य को लेकर साहित्य विमर्श चल रहा है। यह साहित्य के लिए शुभ संकेत है। हिंदी में दलित साहित्य विमर्श का दायरा अभी बहुत ही छोटा है। किंतु इस क्षेत्र पर चर्चा शुरू होने के बाद दलित साहित्य

पर चर्चा का दायरा धीरे-धीरे बढ़ रहा है। प्रतिदिन नए लेखक एवं समीक्षक इसकी चर्चा एवं बहस में शामिल हो रहे हैं। तमाम सीमाओं के बावजूद यह भविष्य के बारे में शुभ संकेत है।

दलित साहित्य और दलित आंदोलन का रिश्ता शुरू से ही द्वंद्वात्मक रहा है। उसी तरह साहित्य एवं दलित साहित्य का रिश्ता भी द्वंद्वात्मक है। दलित साहित्य एक स्वतंत्र साहित्यांदोलन है फिर भी यह सर्वतंत्र-स्वतंत्र नहीं है, यह साहित्य की बृहत्तर धारा का अंग है। इस धारा के लेखन की स्वायत्तता एवं विशिष्ट समस्याओं को मद्देनजर रखें और उनका साहित्य की मुख्यधारा से किस रूप में संबंध हो सकता है, उसे ध्यान में रखें तो शायद दलित साहित्य एवं साहित्य की कुछ महत्वपूर्ण गुत्थियों को सुलझाने में मदद मिले।

दलित साहित्य को जानने के लिए यह पहली शर्त है कि दलित को जानें, उसके अंतर्विरोधों और चुनौतियों को जानें, उसकी सामाजिक-आर्थिक एवं राजनीतिक जरूरतों को जानें, साथ ही, इनको कैसे हासिल किया जाए इसका वैज्ञानिक नजरिया विकसित करें। दलितों को दलित की दृष्टि से देखने के बजाय वैज्ञानिक दृष्टि से देखें। दलित दृष्टि अंततः दलितवाद की ओर ले जाएगी, इससे दलित की लड़ाई कमजोर होगी। दलित अपने संघर्ष में आगे बढ़ें, उनके दोस्तों और सहयोगियों का दायरा ज्यादा तेजी से फैले इसके लिए भारत की जाति-व्यवस्था और उसके खिलाफ चल रहे संघर्षों एवं इन संघर्षों की परंपरा का ज्ञान, जाति-व्यवस्था की वैज्ञानिक समझ, तज्जनित दलित साहित्य का समग्रता में ज्ञान बेहद जरूरी है।

हिंदी का यह दुर्भाग्य है कि इसके साहित्य में जातिवाद विरोधी और जाति-व्यवस्था विरोधी संघर्ष की परंपरा बेहद क्षीण रही है। जातिगत वर्चस्व को तोड़ने के खिलाफ हमारे हिंदीभाषी इलाकों में कोई संघर्ष नहीं चलाया गया। फलतः साहित्य में भी इस विषय पर ज्यादा रचनाएं नहीं मिलतीं। आज भी हिंदीभाषी इलाकों में दलित आंदोलन बेहद कमजोर है। इसके क्या कारण हैं और कैसे यह स्थिति बदले, इस पर गंभीरता से सोचने की जरूरत है।

दलित साहित्य पर विचार करते समय पहली बात यह ध्यान रखें कि दलित साहित्य दलित अस्मिता का साहित्य नहीं है। अमूमन अस्मिता की पहचान स्थापित करने की जद्दोजहद के साथ इसे जोड़ा गया है। यह पूर्णतः अवैज्ञानिक है। हम सब भारतीय हैं और भारतीयता ही हमारी मुख्य पहचान है। किसी भी भाषा के साहित्य का परिप्रेक्ष्य भारतीय साहित्य के परिप्रेक्ष्य में ही निर्मित हो सकता है। भारतीय

परिप्रेक्ष्य में ही दलित साहित्य पर सोचें और भारत के संदर्भ में ही सोचें। 'अस्मिता' के विमर्श की अपनी मुश्किलें हैं। आधुनिक राष्ट्र होने के नाते हमारी राष्ट्रीय अस्मिता होगी या राष्ट्रीयता की अस्मिता होगी। बाकी सभी अस्मिताएं विभाजन पैदा करती हैं। राष्ट्रीयता एवं राष्ट्र की अस्मिता की अंतर्क्रियाओं को समझें और उनकी संगति एवं विसंगतियों की रोशनी में इस पूरे प्रश्न पर विचार करें।

दलित साहित्य का मसला सिर्फ अनुभूति या अस्मिता का मसला नहीं है अपितु राष्ट्रीयता की पहचान का मसला है, राष्ट्रीयता और राष्ट्र के विकास से जुड़ा मसला है। दलित साहित्य में अनुभूति पर जोर है, किंतु अनुभूति तो साहित्य के प्रत्येक विधारूप में है। प्रत्येक की अनुभूति अलग होती है। अनुभूति के बगैर साहित्य-सृजन संभव नहीं है। किंतु अनुभूति मात्र संवेग नहीं है, अनुभूति का मात्र सम-संबंधों से रिश्ता नहीं होता। कोई व्यक्ति या सामाजिक इकाई भिन्न अनुभूतियों और संवेग के बावजूद समाज की समग्र संरचना का अंग है, पर्याय नहीं है। अंग को समग्र मानने से अनेक उलझनें पैदा हो सकती हैं।

अस्मिता का प्रश्न वस्तुतः राष्ट्रीय बोध एवं राष्ट्रीय चिंतनधारा से पृथक शक्ल लेगा तो विभाजन पैदा करेगा, टकराव पैदा करेगा। इससे सामाजिक संकीर्णताओं का विकास होगा, साथ ही, अस्मिता के नाम पर राष्ट्रीय अस्मिता खंडित होगी। छोटी-छोटी अस्मिताएं हों और सीमित दायरे में उनकी समझ बने और लघु उद्देश्यों के लिए ये अस्मिताएं सक्रिय रहें, यह शासक वर्ग की जरूरत है। दलित साहित्य और दलित संघर्ष वस्तुतः भारत के साहित्य एवं समाज का संघर्ष है। यह दलितों का होते हुए भी सिर्फ उन्हीं का संघर्ष नहीं है अपितु पूरे भारत का संघर्ष है।

आधुनिक समाज के उदय के साथ व्यक्ति की अस्मिता की पहचान के उन रूपों का खात्मा किया जाना चाहिए जिनको पूर्व आधुनिक सभ्यता ने बनाया था और जो आधुनिक समाज के लिए बेड़ियां हैं। आरंभ में सामाजिक लामबंदी और कलात्मक संघर्ष मौजूदा कच्चे माल से ही शुरू होगा किंतु अंततः कच्चे माल का रूपांतरण करना ही तो साहित्य का लक्ष्य है। आरंभ में यह संभव है कि जातिगत उत्पीड़न एवं विषमताओं के कारण लोग अपनी-अपनी गोलबंदी करें किंतु अगर यही अंतिम लक्ष्य है तो बहुत सीमित लक्ष्य होगा। चूंकि समाज में जाति-व्यवस्था मौजूद है, जातिगत पहचान भी है, अतः जातिगत वैषम्य एवं वर्चस्व के खिलाफ दबी-कुचली जातियों से ही स्वर फूटेंगे, संघर्ष उठेंगे किंतु इन संघर्षों का अंतिम लक्ष्य जातिगत अस्मिताओं को मजबूत करना नहीं होना चाहिए। 'वर्चस्व' एवं 'वैषम्य' की समस्या

राष्ट्रीय समस्या है। जाति-व्यवस्था और जातिवाद उसका एक क्षेत्र मात्र है। वर्चस्वशाली वर्गों के वृहत्तर प्रभुत्व और विचारधारात्मक प्रभाव को तोड़ना है तो उसके खिलाफ वृहत्तर वैज्ञानिक परिप्रेक्ष्य निर्मित करना होगा। यह संघर्ष टुकड़ों में कभी भी जीता नहीं जा सकता। सामाजिक वैषम्य एवं वर्चस्व के खिलाफ राष्ट्रीय सार पर चल रहे संघर्षों से इसे जोड़ना होगा। हिंदी दलित विमर्श की कतारों में प्रगतिशील विचारधारा के लेखकों की बड़ी भूमिका है। यह भूमिका प्रभावशाली बने इसके लिए जरूरी है कि हिंदी साहित्य की परंपरा में मौजूद एवं अदृश्य दलित लेखन को प्रकाशित किया जाए। दलित साहित्य वस्तुतः हाशिये का साहित्य रहा है, हाशिये पर रखकर ही उसकी यदा-कदा चर्चा हुई है। हकीकत में साहित्य की यह लुप्त विरासत है, इसे बाहर निकालना और सुसंगत रूप में पेश करना हमारा दायित्व है। दलित साहित्य की इन दिनों जो चर्चाएं पत्र-पत्रिकाओं में छपी हैं, उनमें हिंदी साहित्य के लिहाज से बहुत कम सामग्री प्रकाश में आ पाई है। हिंदी के दलित साहित्य की परंपरा एवं इतिहास का सुसंगत लेखा-जोखा सामने आना चाहिए और यह कार्य स्वतंत्र पहलकदमी से ही संभव है।

हिंदी साहित्य के इतिहास में दलित लेखकों की परंपरा रही है किंतु यह सिलसिला बीच-बीच में टूटा हुआ नजर आता है। किंतु 'दलित साहित्य' पदबंध के तहत बहस-आलोचना आदि की शुरुआत 1980 के बाद ही नजर आती है। इसके पहले 'दलित साहित्य' पदबंध और उसकी अंतर्वस्तु पर बहुत ही कम सामग्री मिलती है। मराठी साहित्य में दलित साहित्य 1960 के आसपास उभरकर सामने आता है किंतु हिंदी में ऐसा नहीं होता। आधुनिक संचार प्रणाली एवं मुद्रण तकनीकी के बावजूद 20-25 वर्ष बाद ही 'दलित साहित्य' की ओर हिंदी लेखकों का ध्यान गया। इससे थोड़ा-बहुत चेतना का अंदाजा जरूर लगता है। हकीकत में हिंदी के लेखक की साहित्य-चेतना बहुत ही धीमी गति से चलती है, कोई भी नई बात, विचार, संघर्ष और आदत आत्मसात करने या समझने में हिंदी के लेखक को सबसे ज्यादा समय लगता है। हिंदी के लेखक की ग्रहणशक्ति की इस सीमा का हिंदीभाषी क्षेत्र की अवरुद्ध जिंदगी एवं अवरुद्ध राष्ट्रीयता के साथ गहरा रिश्ता है। अवरुद्ध राष्ट्रीयता के बाशिंदों और विचारकों की यह समस्या है कि वे देर से जगते हैं या फिर जगते ही नहीं। अगर जाग उठे तो वैचारिक आलस्य और खुमारी दूर करने में ही इतना समय ले लेते हैं कि मसला बदल चुका होता है। यही वजह है कि अवरुद्ध राष्ट्रीयताएं दोहरी मार झेलती हैं। एक तो पिछड़ेपन के कारण, दूसरे, अतीत के बोझ

के कारण। फलतः नए सोच एवं नए रवैये को अपनाने में उन्हें इतना समय लगता है कि नया भी पुराना या बासी हो जाता है और उसकी जगह कुछ और नया आ जाता है। जिसे हम नया समझते हैं वह पुराना हो चुका होता है, अप्रासंगिक हो चुका होता है, फलतः विकास की दौड़ में हम पिछड़ जाते हैं। यह तो वैसे ही हुआ कि चौबेजी छब्बे बने गए और दुबे होकर लौटे। यह स्थिति टूटनी चाहिए।

साहित्य और दलित साहित्य

दलित लेखकों और उनके हमदर्द समीक्षकों की राय है कि साहित्य के इतिहास में उनकी उपेक्षा हुई है। इतिहास में उपेक्षा का संबंध वे इतिहासकार की इतिहास-दृष्टि और विचारधारा से जोड़ते हैं। इस क्रम में वे इतिहासकारों को ब्राह्मणवादी, सवर्णवादी आदि विशेषणों से विभूषित करते हैं। इतिहास एवं इतिहासकारों के प्रति यह गलत नजरिया है। यह सच है कि दलित साहित्य और दलित लेखकों की रचनाओं का साहित्य के इतिहास-ग्रंथों में बहुत कम उल्लेख मिलता है। किंतु इसके लिए इतिहासकार दोषी नहीं है। 'दलित साहित्य' और उसके इतिहास की जरूरत हाल के वर्षों में महसूस की गई। जो चेतना अभी आई और उसको अतीत में आरोपित करना ठीक नहीं होगा। अगर ऐसा करेंगे तो समूची व्यवस्था और ज्ञान-विज्ञान समाज-विज्ञान में उलट-पुलट करना होगा। 'दलित साहित्य' की अवधारणा विगत 10-15 वर्षों में ही हिंदी में बहस के केंद्र में आई है। जो लेखक या समीक्षक इतिहासकारों पर दलित साहित्य की उपेक्षा का आरोप लगाते हैं, वे यह भूल जाते हैं कि उस जमाने में 'दलित साहित्य' पदबंध को वह लोकप्रियता प्राप्त नहीं थी जिस तरह की आज है और न ही वह चेतना ही थी। चेतना के अभाव का बड़ा कारण है दलित आंदोलन का अभाव। दलित शक्तियों का हिंदीभाषी क्षेत्र में निष्क्रिय होना।

इस प्रसंग में यह भी ध्यान रखें कि दलित विमर्श में हिंदी में राजेंद्र यादव के संपादन में सिर्फ *हंस* पत्रिका ने ही सबसे ज्यादा लेख छापे हैं। *हंस* के पहले शायद इक्का-दुक्का लेख अन्य पत्रिकाओं ने छापे थे। इधर *संचेतना* ने दलित साहित्य विशेषांक निकाला, *साखी* एवं *वर्तमान साहित्य, नया पथ, समकालीन सृजन* ने भी कुछ लेख छापे हैं। *युद्धरत आम आदमी* पत्रिका ने दलित साहित्य पर कई बड़े-बड़े अंक छापे हैं। इस समस्त सामग्री एवं चेतना की उम्र बहुत छोटी है। यह एकदम नया विमर्श है। यह साहित्य का नया क्षेत्र है जबकि मराठी में दलित साहित्य 1958 से प्रचलित है।

हिंदी के दलित साहित्य विमर्श की अभी जो अवस्था है उस पर गौर करें तो पाएंगे कि मराठी के दलित साहित्य का संदर्भ यहां हावी है। हिंदी का दलित साहित्य और उसकी परंपरा अब भी बहस में आ नहीं पाई है। कुछ ऐसे लेख भी छपे हैं जो परिभाषा एवं सामान्य धारणात्मक व्याख्या से जुड़े हैं, किंतु अधिकतर लेखों में हिंदी के दलित साहित्य का अज्ञान बार-बार खटकता है। यह स्थिति दूर करने के लिए दलितों की नई-पुरानी रचनाओं का ज्यादा-से-ज्यादा पुनर्मुद्रण हो और समीक्षाएं लिखी जाएं इससे साहित्य का इतिहास समृद्ध होगा। 'दलित साहित्य' की स्वतंत्र परंपरा हो, किंतु वह मुख्यतः साहित्य के तहत ही हो इससे साहित्य का दायरा बढ़ेगा। साहित्य के इतिहासकारों एवं आलोचकों का यह दायित्व रहा है कि वे साहित्य की लुप्त परंपराओं को उद्घाटित करते रहे हैं। साहित्य की मुख्यधारा का दलित साहित्य पर जिस तरह प्रभाव पड़ा उसी तरह दलित साहित्य का भी साहित्य पर प्रभाव पड़ा। इन दोनों के बीच में आदान-प्रदान चलता रहा है। एक-दूसरे से काटकर इनको देखना ठीक नहीं होगा। दलित साहित्य ने साहित्य में अनेक नए आयाम और मसले जोड़े हैं। दलित साहित्य वस्तुतः वर्चस्व एवं वैषम्य के खिलाफ है अतः साहित्य की पूरी विरासत के प्रति नकार का भाव अंततः वैषम्य को बढ़ाएगा और वैषम्य रहेगा तो वर्चस्व ही रहेगा। विच्छिन्नता से वर्चस्व बढ़ता है, वैषम्य बढ़ता है। इससे प्रभुत्वशाली शक्तियां लाभान्वित होती हैं। वैषम्य एवं विच्छिन्नता से अस्मिता खंडित होती है। अस्मिता का संकट तब ही पैदा होता है जब हम संकटग्रस्त हों, वैषम्य उग्र एवं आक्रामक हो उठे और विच्छिन्नता बहुरूपी शक्ल में सक्रिय हो उठे। उत्तर-आधुनिकतावादियों के लिए यह नई परिस्थिति है और उत्तर-आधुनिक परिस्थिति है और अपरिहार्य स्थिति है, यही आज की सच्चाई है किंतु यह सच्चाई का अस्वीकृत किया जाने वाला रूप है। इसे गौरवान्वित करने से, इसकी हिमायत करने से प्रभुत्वशाली ताकतें और भी ज्यादा मजबूत होंगी।

इसी तरह दलित साहित्य को 'अदरनेस' के जरिये भी नहीं समझा जा सकता। राजेंद्र यादव ने एक गोष्ठी में (*हंस*, अक्टूबर 1992) कहा कि 'इस पूरे दलित मूवमेंट में एक चीज मुझे लगती है वह है 'डी क्लास' होने की प्रक्रिया। 'डी क्लास' होने की प्रक्रिया का एक राजनीतिक अर्थ है और हम यही समझते रहे हैं कि हम दलित वर्ग के लोगों के साथ एकाकार हों, अपने संस्कारों से लड़ें और उनके साथ साधारणीकरण पैदा करें लेकिन दलित साहित्य में एक-दूसरे का 'डी-क्लासीफिकेशन' शुरू होता है जो मराठी साहित्य की प्रवृत्तियों में हमें बहुत गहराई से दिखाई देता

है यानी जिसे 'अदरनेस' कहते हैं यानी दलित के साथ-साथ स्त्री भी उसी वर्ग में आती है क्योंकि ये हमेशा अपना व्यक्तित्व नहीं, अपने प्रभुवर्ग का व्यक्तित्व जीते हैं और उसके साथ आइडेंटिफाई करते हैं, अपनी स्थिति भूलकर।'....दलित के साथ भी यह स्थिति होती है। वह धीरे-धीरे मालिक वर्ग के चरित्र को अपनाता जाता है यानी अपने वर्ग को नकारकर यानी दलित वर्ग को नकारकर अपने से ऊपर वर्ग के साथ मिलना चाहता है। यह एक दूसरे प्रकार का 'डि-क्लासिफिकेशन' है। एक कथाकार के लिए यह जो 'अदरनेस' की स्थिति है वह बहुत महत्वपूर्ण स्थिति है, हम सब लोग जानते हैं (*हंस*, अक्टूबर, 1992/72)।

राजेंद्र यादव ने आगे कहा कि 'दलित साहित्य के अंतर्विरोधों को दो रूपों में समझा जा सकता है या तो हम नीग्रो साहित्य के संदर्भ में इसकी स्थिति समझें या फिर महिलाओं के संदर्भ में। मैंने जो 'अदरनेस' की बात कही थी तो मेरा आशय वही था जिसे केट मिलेट ने 'फीमेल एनख' कहा है। हमेशा उधार की मानसिकता में रहने वाली औरत, पुरुषों को प्रेमी, पति आदि दृष्टि से देखने वाली औरत, जो बंधी तो औरत होने की स्थिति से है; लेकिन उसके सारे सरोकार, सारा व्यक्तित्व पुरुष की पर्सनलटी हो जाती है, वह पुरुष हो नहीं सकती, लेकिन उसकी दृष्टि में पुरुषदृष्टि हावी रहती है। इसी तरह का अंतर्विरोध दलितों में भी आता है। मेरा आशय यही था।'

राजेंद्र यादव के उपरोक्त तर्क में ज्यादा दम नहीं है। 'दलित' न तो 'अन्य' हैं और न पराए हैं। 'अदर' का आधार है 'डिफरेंस'। 'डिफरेंस' के आधार पर जब 'स्व' का निर्माण किया जाएगा तो गंभीर प्रपंच उठ खड़े होंगे। 'डिफरेंस' के आधार पर अस्मिता का निर्माण भी अधूरी शक्ल पैदा करेगा। 'डिफरेंस' या 'अदरनेस' के आधार पर ज्योंही बात शुरू होगी वहीं सामाजिक जिम्मेदारी से मुक्ति मिल जाएगी, 'अन्य' के प्रति जिम्मेदारी से मुक्ति पा जाते हैं। 'अन्य' का उदय 'अन्य' के प्रति जिम्मेदारी का भाव पैदा करे तब ही सही मायने में समानता की दिशा में प्रयाण संभव है। 'अन्य' (अदर) की धारणा को ज्ञानमीमांसात्मक धरातल पर विवेचित करें तो पाएंगे कि इसमें 'प्रभुत्व' का भाव अंतर्निहित है। इसी तरह 'अन्य' को जब अंतर्भुक्त करने की कोशिश की जाएगी तो हिंसा पनपेगी अतः यह भी ध्यान रखें कि अन्य का उल्लंघन न करें। 'अन्य' को जब प्रभुत्वशाली समूह अंतर्भुक्त करते हैं उनकी निजी विशिष्टताएं खत्म कर देते हैं, अपनी विशिष्टताओं को आरोपित कर देते हैं।

दलितों को अमूमन चौथे वर्ण में रखा गया है। चौथे वर्ण के लोगों को जब उच्च वर्णों में तब ही जगह मिलती है जब वे उच्च वर्णों का सब कुछ आत्मसात कर लें और अपना सब कुछ विसर्जित कर दें। भारतीय समाज को अगर जातिगत इकाइयों में बंटा समाज मानेंगे तो विमर्श की दशा और दिशा और होगी। यदि भारत आधुनिक राष्ट्र है और आधुनिक राष्ट्र का निर्माण करना अभीसिप्त लक्ष्य है तो भारत की सामाजिक इकाइयों की पहचान स्थापित करनी होगी। साथ ही, यह भी तय करना पड़ेगा कि हमारे सामाजिक विश्लेषण की इकाई कौन सी होगी।

सामाजिक विश्लेषण की इकाई अगर जातिगत, उपजातिगत या धर्मगत है तो सामाजिक प्रभुत्व एवं वैषम्य से कभी भी मुक्ति संभव नहीं है। आधुनिक राष्ट्र होने के नाते हम सब बाशिंदे भारतीय हैं, यह हमारी समग्र पहचान का प्रतीक है। अस्मिता का पर्याय भी यही है। इस तरह हमारी भारतीय अस्मिता बनती है और देशज तौर पर जातीयता की अस्मिता बनती है। अस्मिता के ये दोनों रूप एक-दूसरे के पूरक हैं, साथ ही, इनमें अंतर्क्रियाएं एवं अंतर्विरोध भी उभर सकते हैं। किंतु व्यक्ति की स्थानीय अस्मिता जातिगत या धर्मगत न होकर जातीयतापरक होगी। जातीयतापरक अस्मिताएं ही राष्ट्र की आत्मा का निर्माण करती हैं और राष्ट्र की अस्मिता को सम्मिश्रित भाव से निर्मित करती हैं। ये दोनों ही अस्मिता रूप स्वभावतः विशुद्धतावादी भाव को अस्वीकार करते हैं। सांस्कृतिक-भाषायी एवं राजनीतिक सम्मिश्रण और विचारधारात्मक वैविध्य इसकी धुरी हैं। अस्मिता के ये दोनों रूप तैयारशुदा रूप में उपलब्ध नहीं होते अपितु सामाजिक-राजनीतिक संघर्ष की प्रक्रिया से इन्हें अर्जित करना होता है।

जातीय अस्मिता को अर्जित करने की पहली सीढ़ी है जातिवाद एवं जाति-व्यवस्था विरोधी संघर्ष। यह संघर्ष अपने अभीसिप्त लक्ष्य को तब ही प्राप्त करता है जब जाति-व्यवस्था के आर्थिक संबंधों के खिलाफ संघर्ष छेड़ा जाए। यह संघर्ष वस्तुतः कृषि संबंधों में आमूल परिवर्तन की लड़ाई से जुड़ा है। इन दोनों संघर्षों के समानांतर अधिरचना के विभिन्न क्षेत्रों में विचारधारात्मक संघर्ष चलाना होता है क्योंकि विचारधारात्मक वर्चस्व के कारण प्रभुत्वशाली ताकतें अपना सामाजिक वर्चस्व लंबे समय तक बनाए रखती हैं। इस वैचारिक वर्चस्व को तोड़ने में कला एवं साहित्य प्रभावी उपकरण हो सकता है।

हिंदी साहित्य में अस्पृश्यता और अछूतपन के खिलाफ अनेक लेखकों ने लिखा है। अस्पृश्यता को सामाजिक अभिशाप माना। किंतु इससे 'अंतर' खत्म करने की

बात पैदा नहीं होती। अंतर या डिफेंरस को इससे कम करने में मदद जरूर मिली। चूंकि औपनिवेशिकयुगीन समस्त जाति-संघर्ष आर्थिक आधार को चुनौती नहीं देते, अतः वे एक सीमा तक जाति-व्यवस्था को तोड़ने के बाद पुनः जाति-व्यवस्था की ओर मुड़ जाते हैं। समाज-सुधार आंदोलनों और दलित आंदोलनों के दौरान जाति का समझौताहीन विरोध नजर आता है। जातिवाद को नैतिकता और मूल्यों की दृष्टि से गर्हित, सामाजिक रूप से पंगु बनाने वाला और राजनीतिक रूप से विभाजनकारी माना गया। चूंकि इन संघर्षों का संबंध भूमि सुधार एवं कृषि संबंधों में मूलगामी बदलाव के प्रश्न से जुड़ा हुआ नहीं था अतः जाति-विरोधी आंदोलन अंततः जाति एकजुटता आंदोलन में बदल गए। जातिवाद और जाति-व्यवस्था मात्र अधिरचना की समस्या नहीं है अपितु इसकी जड़ें हमारे उत्पादन संबंधों में हैं। उत्पादन संबंधों से जब तक वर्चस्वशाली तबकों को चुनौती न दी जाए तब तक यह संघर्ष समग्र शक्ल अख्तियार नहीं कर सकता।

इसी तरह 'अदर' के संदर्भ में देरिदा के 'डिफरेंस' पर सोचें। 'डिफरेंस' में निरंतर स्थगन का भाव है। इसका अर्थ है निरंतर 'डिफरेंस'। 'अन्य' को हम जितना जानते हैं, उतने ही अज्ञान का विस्तार होता है, सामाजिक समस्याएं बढ़ती चली जाती हैं। समस्याओं का अंत नहीं होता। इसका कारण है 'अन्य' की संरचनात्मक अनुपस्थिति। 'दलित' की भी यही नियति है। उसे जितना जानते हैं, उससे ज्यादा जानने की जिज्ञासा पैदा होती है। समस्याएं खत्म होने के बजाय बढ़ जाती हैं। इसका प्रधान कारण है दलितों की संरचनात्मक रूप में अनुपस्थिति।

'अन्य' की मौजूदगी जिम्मेदारी या दायित्व की ओर ठेलती है, फलतः जिम्मेदारियों का अंतहीन सिलसिला चल निकलता है। यह वस्तुतः 'अन्य' का निरंतर स्थगन है, यह उसका मुक्तिकामी स्थगन है। वस्तुतः यह 'अन्य' की अपूर्ण धारणा है। वह 'अन्य' को कभी 'संपूर्ण' रूप में देख पाने में असमर्थ है। यह भी कह सकते हैं कि 'संपूर्णता' कभी संभव नहीं है। फलश्रुति यह कि अस्मिता के जाति या 'दलित' रूप बने रहेंगे। दलित अस्मिता स्वयं में गोलमोल भावबोध पैदा करती है। अनेक उलझनें पैदा करती है। यह जातीयता एवं जातीय अस्मिता के अस्वीकार की धारणा है। अस्मिता एक ही हो सकती है और वह आधुनिक अस्मिता होगी। आधुनिक अस्मिता की पहचान जातीय एवं जातीयतामूलक स्थिति से जुड़ी है। 'अदरनेस' एवं 'अदर' के संबंध में एक बात यह भी ध्यान रखें कि फ्रेंच एवं अंगरेजी भाषा में इसका जो अर्थ है वही अर्थ हिंदी भाषा में नहीं हैं। तमिल, कन्नड़ और मलयालम में 'अदर'

का अर्थ है। 'एक और' (वन मोर) जबकि हिंदी में 'अदर' का अर्थ है। दूसरा (सेकेंड)। अतः आंख बंद करके राजेंद्र यादव ने 'अदरनेस' का जिस तरह इस्तेमाल किया है वह उलझनें पैदा करता है।

दलित साहित्य में आत्मकथा की विधा का बड़े पैमाने पर उपयोग मिलता है। यह वस्तुतः 'अन्य का आत्म' में विधा रूप है। 'अन्य का आत्म' में और 'आत्म का अन्य' में रूपायन ही इसकी विशेषता है। आत्मकथा के जरिये 'स्व' एवं 'अन्य' के बीच संवाद बनाने की कोशिश है। किंतु 'स्व' या 'आत्म' जब अपनी आत्मकथा मौजूदा समय के संदर्भ में लिखता है तो अतीत की घटनाओं को पुनर्निर्मित करता है। फलतः आत्मकथा में 'स्व' का स्वरूप संकुचित हो जाता है। वस्तुतः दलित आत्मकथा 'अन्य' का 'स्व' में वर्णन है। यहां 'स्व' जीवंत क्षण के बजाय अतीत में चला जाता है और अतीत की सिलसिलेवार ढंग से छवियां पेश करता है जो वर्तमान में जुड़ती हैं। जो जीवित 'स्व' है। यहां 'अन्य' का रूपायन 'स्व' के साथ विशेष दूरी बनाकर नहीं होता। आत्मकथा जीवन की लिखित भूमिका है। यह अतीत का आत्म-प्रकाशन है। यहां 'स्व' का 'अन्य' से आमना-सामना होता है, यह वह 'अन्य' है जो कभी स्वयं के भीतर था, जिसने 'स्व' को बनाया था।

हिंदी साहित्य में दलितों के रूपायन की समस्याओं पर विचार करने से पहले यह निश्चित करें कि 'दलित' किसे कहते हैं।

दलित

'दलित' पदबंध और उसकी अंतर्वस्तु को लेकर तरह-तरह की व्याख्याएं मिलती हैं। इसी से यह प्रश्न भी जुड़ा है कि दलित साहित्य किसे कहें? डॉ. मैनेजर पांडेय ने उन्हीं सामाजिक समूहों को दलित माना है। जिन्हें गांधी 'हरिजन' कहते थे (*हंस*, अक्टूबर 1992, पृ. 27)। आजादी के संघर्ष के दौरान 'अछूत' पदबंध का बड़े पैमाने पर इन्हीं तबकों के लिए प्रयोग मिलता है। 'अछूत' वे जातियां हैं जो सामाजिक जीवन में बहिष्कृत रही हैं।

उल्लेखनीय यह है कि स्वयं भीमराव अंबेडकर ने 'दलित वर्ग' पदबंध का 1931 की गोलमेज कॉन्फ्रेंस में विरोध किया था। प्रेमचंद ने अछूतों की व्यापक अर्थ में परिभाषा दी थी। प्रेमचंद ने पिछड़ी जातियों एवं आदिवासियों को भी इसमें शामिल किया। साथ ही, शूद्र या हरिजनों को भी शामिल किया।

नामदेव ढसाल ने दलितों में 'दलित यानी अनुसूचित जातियां, बौद्ध, कष्ट

उठाने वाली जनता, मजदूर, भूमिहीन मजूर, गरीब किसान, खानाबदोश जातियां, आदिवासी' को रखा।

यशवंत मनोहर की दृष्टि में 'दलित यानी क्रांतिमान संवेदना। दलित यानी परिवर्तननिष्ठ जीवनमार्ग। दलित विचार यानी समता, सुअवसर, स्वतंत्रता का विचार। दलित यानी सभी प्रगतिशील शक्तियों के हृदय में समेटने वाला दर्शन। दलित यानी सुसंस्कृत, अशोषित और स्वस्थ नीरोग मानवीय जीवन का संकल्पन।'

एम.वी. नाडकर्णी ने 'ब्रॉडवेसिंग प्रोसेजेज इन इंडिया एंड दलित्स' (*ईपीडब्ल्यू* अगस्त/16-23/1997/2160) में अनुसूचित जातियों और अनुसूचित जनजातियों को दलित माना।

शरण कुमार लिंबाले की नजर में 'दलित अर्थात केवल हरिजन और नवबौद्ध ही नहीं बल्कि गांव की सीमा से बाहर रहने वाली सभी अछूत जातियां, आदिवासी, भूमिहीन खेत-मजदूर-श्रमिक, दुखी जनता, भटकी-बहिष्कृत जाति, इन सभी का 'दलित' शब्द की व्याख्या में समावेश होता है। 'दलित' शब्द की व्याख्या केवल अछूत जाति का उल्लेख करने से नहीं होगी, इसमें आर्थिक तौर पर पिछड़े हुए लोगों का भी समावेश करना चाहिए' (*हंस*, जनवरी 1997)।

नारायण सुर्वे की दृष्टि में, 'दलित शब्द की कई मिली-जुली परिभाषाएं हैं, इसका अर्थ केवल बौद्ध या पिछड़ी जातियां ही नहीं है। समाज में जो भी पीड़ित हैं वे सभी दलित हैं' (*हंस*, अक्टूबर 1992/23)।

मोहनदास नैमिषराय ने 'सर्वहारा' और 'दलित' में अलगाव पैदा करते हुए लिखा, 'दलित की व्याप्ति अधिक है तो सर्वहारा की सीमित है। दलित के अंतर्गत सामाजिक, धार्मिक, आर्थिक और राजनीतिक शोषण का अंतर्भाव होता है तो सर्वहारा केवल आर्थिक शोषण तक ही सीमित है। प्रत्येक दलित सर्वहारों के अंतर्गत आ सकता है, लेकिन प्रत्येक सर्वहारा को दलित कहने के लिए हम बाध्य नहीं हो सकते' (*नया पथ*, जुलाई-सितंबर 1997/104)।

'दलित' पदबंध को खींचकर जिस तरह सभी पीड़ितों का पर्यायवाची बनाया गया है, वह गफलत पैदा करता है। आधुनिक समाज के लिए दलित वह है जो अछूत है जो अनुसूचित जाति-समूह में आता है।

जाति-व्यवस्था

जाति-व्यवस्था के अध्ययन की कई प्रणालियां प्रचलित हैं जिनमें पहली प्रणाली भारत विद्या विशेषज्ञों की है। ये उनका विचार था कि आर्यों में आरंभ में ब्राह्मण, क्षत्रिय और वैश्य : ये तीन वर्ण थे। कालांतर में शूद्र वर्ण का निर्माण हुआ और इस वर्ण पर कुछ सामाजिक निर्योग्यताएं थोप दी गईं। कालांतर में ये कठोर होती गईं और अस्पृश्यता का तेजी से विकास हुआ। इन विद्वानों ने अटकलों और अनुमानों को विश्लेषण का आधार बनाया और अनेक मतभेद खड़े कर दिए।

दूसरी चिंतन प्रणाली उन पंडितों की है जो यह मानते हैं कि शुरू में वर्ण-विभाजन पेशों पर आधारित था, लेकिन धीरे-धीरे यह जन्म पर आधारित होता गया। कर्म का स्थान जन्म ने ले लिया, फलतः जातिगत कट्टरता का उदय हुआ। यह बाद में कठोर नियमों में तब्दील हो गई। वर्णों का जब जाति में रूपातंरण हो गया तो व्यक्ति की स्वतंत्रता छिन गई और उसकी जगह जाति या बिरादरी का नियंत्रण हो गया। जो इन नियमों को तोड़ता वह अछूत घोषित हुआ। फलतः अछूतों के प्रति कठोर रवैया अपनाया गया। इस प्रणाली के मानने वालों ने धर्मशास्त्रों के प्रमाणों का बड़ी मात्रा में अपने तर्कों की पुष्टि के लिए इस्तेमाल किया। ये दोनों चिंतन प्रणालियां प्रतिगामी हैं और जाति-व्यवस्था को बनाए रखती हैं। इनके पास इससे मुक्ति का कोई रास्ता नहीं है।

तीसरी चिंतन प्रणाली उन प्रगतिशील विचारकों की है जो समाज-सुधारक थे और राजा राममोहन राय-विवेकानंद के नाम से चर्चित थे। ब्रह्म समाज एवं प्रार्थना समाज का अछूतों के प्रति यह दृष्टिकोण था कि इस समूह की सामाजिक दुरवस्था को रेखांकित किया जाए, उसके आर्थिक कारणों को उद्घाटित किया जाए। इस समूह को आधुनिक ढंग की शिक्षा देकर नौकरियों के काबिल बनाया जाए, इनके पक्ष में जनमत तैयार किया जाए। इसी क्रम में इन्हें साम्राज्यवाद-विरोधी संघर्ष में शामिल किया जाए। यह उदीयमान बुर्जुआ की नीति थी। यह नजरिया सामंतवाद के मुख्य आधार जाति-प्रथा को चुनौती देता था। ये लोग जाति-व्यवस्था के आर्थिक पहलू पर जोर देते थे।

चौथी चिंतन प्रणाली ऐसे चिंतकों की थी जो यह मानते थे कि अछूतों की सामाजिक स्थिति सुधारी जाए, उन्हें सवर्णों के बराबर दर्जा दिया जाए। जो अछूत हिंदू धर्म छोड़कर अन्य धर्म ग्रहण कर चुके हैं उन्हें 'शुद्धि' द्वारा पुनः हिंदू बनाया जाए। इसके लिए उन्हें वैदिक धर्म और संस्कृति की शिक्षा दी जाए। यह नजरिया

तनाव और टकराव पैदा करने वाला था। इस नजरिये में सामंतवाद के प्रति समझौते का भाव था। ये जाति के परिमार्जन पर जोर देकर जाति-व्यवस्था को बनाए रखना चाहते थे। साथ ही, जाति-व्यवस्था के सामाजिक और धार्मिक पहलू पर ज्यादा जोर देते थे और आर्थिक पहलू की उपेक्षा करते थे। यह नजरिया आजाद भारत के शासकों और ब्रिटिश शासकों दोनों को ही पसंद था।

जाति-व्यवस्था के बारे में पांचवीं चिंतन प्रणाली ज्योतिबा फुले और अंबेडकर की थी जिनका दलितों पर गहरा प्रभाव था और दलित साहित्य को जिसने गहराई से प्रभावित किया।

ज्योतिबा फुले (1826-1890) ने *गुलामगिरी* शीर्षक में एक पुस्तक मराठी में लिखी और अंगरेजी में इसका प्रकाशन 1885 में हुआ। इसी वर्ष भारतीय राष्ट्रीय कांग्रेस का जन्म हुआ। फुले स्वयं दलित नहीं थे किंतु 'ओबीसी' जातियों में से एक माली जाति के थे। फुले ने ब्राह्मणवाद के खिलाफ समझौताहीन संघर्ष चलाया। उन्होंने शूद्रों (गैर-ब्राह्मणों) एवं अतिशूद्रों (दलितों) को संगठित किया। वे इन दोनों में अतिशूद्रों को ज्यादा उत्पीड़ित मानते थे। इन दोनों समूह को मिलाकर ही उत्पीड़ित जनता का वृहत्तर समाज बनता है।

एम.एन. श्रीनिवास ने *आधुनिक भारत में जातिवाद तथा अन्य निबंध* पुस्तक में लिखा है कि 'अंगरेजी राज्य तथा पश्चिमी उदार सुधारवाद के नए संदर्भ में प्रायद्वीपीय भारत में जाति की चुनौती के प्रति हिंदू समाज के पददलित अंगों का उत्तर था, अब्राह्मण आंदोलन।' इसे 'सत्यशोधक समाज' के नाम से जाना जाता है। बी.टी. रणदिवे ने ज्योतिबा फुले के बारे में लिखा है कि 'अछूतों के प्रति उनका प्रेम बेमिसाल था। वह हर दलित जाति के प्रति न्याय के पक्षधर थे। किसी भी जाति के लिए उनके मन में तनिक भी पक्षपात न था। वह मुसलिमों और ईसाइयों के साथ भी बराबरी का बर्ताव चाहते थे। हैरानी की बात नहीं है कि उनके आंदोलन का मूल नाम केवल सत्यशोधक आंदोलन था—यह आंदोलन मिथ्यात्व, अन्याय, हिंदू—समाज-व्यवस्था के पाखंड और ब्राह्मणों की सर्वोच्चता के विरुद्ध था। उन्होंने ब्राह्मणों और उनकी विचारधारा के खिलाफ जेहाद छेड़ दिया।'

फुले ने ब्राह्मणवाद की तीखी आलोचना करते हुए उसे आम जनता में प्रचारित-प्रसारित किया। अपनी व्याख्या के क्रम में पौराणिक मिथकों की नई-नई व्याख्याएं दीं। यहां तक विष्णु के अवतार को भारत पर हमलावर रूप में विश्लेषित किया। वह राक्षसों को जनता के हीरो मानते थे। उनकी व्याख्या का केंद्रीय चरित्र बलि राजा

था। मिथकों की नई व्याख्या में फुले ने बलि को महाराष्ट्र का राजा बताया। फुले की व्याख्या और पुनर्व्याख्या का यह प्रभाव पड़ा कि लोग कहने लगे कि 'समस्याएं और दुःख जाएंगे और बलि का राज्य आएगा।' फुले के प्रभावस्वरूप गैर-वैदिक ईश्वरों के उत्सवों-जलसों का महाराष्ट्र के विभिन्न इलाकों में आयोजन हुआ। बलि राजा के इर्द-गिर्द जो प्रभा मंडल खड़ा किया उससे किसान वर्ग में जागृति पैदा हुई, वे इसे अपना प्रतिनिधि मानने लगे। वेद, आर्य एवं जाति के खिलाफ विचारधारात्मक संघर्ष के उपकरण के रूप में फुले ने कविता, संवाद एवं नाट्य विधा का सशक्त रूप में इस्तेमाल किया।

इतिहास को फुले ने सिर्फ विचारधारा और संस्कृति पर ही केंद्रित नहीं किया अपितु, हिंसा और हमलावर कार्रवाइयों को भी अपना निशाना बनाया। ऐतिहासिक विकास की प्रक्रिया में हिंसा एवं बल प्रयोग केंद्रीय तत्व रहे हैं। वर्चस्वशाली तबकों को इन्हीं के जरिये अपना उत्पीड़न-शोषण एवं वर्चस्व बनाने में मदद मिलती है। फुले के चिंतन में आर्थिक शोषण और सांस्कृतिक वर्चस्व को अंतर्ग्रंथित रूप में देख सकते हैं। इसके अलावा स्त्रियों की दुर्दशा और उसके सुधार के लिए भी उन्होंने महत्वपूर्ण कार्य किए, साथ ही, पर्यावरण संरक्षण को भी अपना एजेंडा बनाया।

फुले के लेखन के बारे में यह सच है कि उसका हाल के वर्षों में हिंदी में प्रकाशन शुरू हुआ है। उनका समस्त लेखन मराठी में था। अपने समय में महाराष्ट्र के बाहर उनके लेखन को बहुत कम लोग जानते थे। निचली जातियों में संप्रेषण की सुविधाओं के अभाव एवं उच्च जाति के लोगों द्वारा इनकी रचनाओं को दुर्लभ या अनुपलब्ध बना देने के कारण लंबे समय तक इनका ज्ञान ही नहीं था। हिंदी में इनकी रचनावली हाल ही में आई है।

जी.पी. देशपांडे ने फुले का मूल्यांकन करते हुए कहा कि 'फुले भारतीय व्यवस्था के पहले निर्माता हैं।' वे 'इतिहास का तर्क' देते हैं, जैसा कि यूरोप में हीगेल ने किया। फुले के विचारों से यह बात उद्घाटित होती है कि 'भारतीय जनता का सामाजिक-राजनीतिक संघर्ष सार्वभौम आधार पर निर्मित किया जा सकता है।' फुले ने ज्ञान एवं शक्ति के बारे में फूको के आने के बहुत पहले बातें कही हैं। फूको का उत्तर—आधुनिकतावादी विश्लेषण ऐसे समय में आया जब यूरोप शाब्दिक अर्थों में 'इतिहास का अंत' देख रहा था जबकि फुले ने यह प्रयास किया कि ज्ञान के अस्त्र से विश्व और समाज को बदला जाए।

फुले का तर्क था कि ज्ञान, शिक्षा और विज्ञान ये शोषितों के विकास के अस्त्र

हैं। फुले का यह नजरिया अभिजनवादी एवं पश्चिमी नजरिये के एकदम विपरीत है जो यह मानकर चलता है कि भारतीय तो अपनी ब्राह्मणवादी परंपराएं बनाए रखना चाहते हैं, विज्ञान एवं तकनीकी का तो वे मात्र भौतिक विकास के लिए इस्तेमाल करना चाहते हैं।

इसके विपरीत फुले के लिए विद्या या ज्ञान का 'ब्राह्मणवादी संस्कारवादी शास्त्र से भिन्न अर्थ था। यह उनके लिए समानता, मानव स्वतंत्रता और आर्थिक विकास का अस्त्र था। यह उत्तर—आधुनिक चिंतकों से एकदम विपरीत नजरिया है' (ज्योतिबा फुले : *वन अनकंप्लीट रेनेसां* / सेमीनार पेपर / 1992)।

जी.पी. देशपांडे ने रेखांकित किया है कि ज्योतिबा फुले सार्वभौम विचारधारा के निर्माण की कोशिश कर रहे थे। वे शूद्र एवं अतिशूद्र को जाति के रूप में देखने के बजाय किसान समुदाय के साथ जोड़कर देखते थे।

एम.एस. गोरे ने महाराष्ट्र के गैर-ब्राह्मणवादी आंदोलनों की विस्तृत विवेचना के क्रम में लिखा कि ज्योतिबा फुले पर अमेरिकी उदारतावादी चिंतक थामस पायने का गहरा प्रभाव था। फुले की खूबी थी कि वे किसी भी घटना को बृहत्तर परिप्रेक्ष्य में विस्तार दे देते थे। घटना तक ही सीमित नहीं रहते थे बल्कि उसे मानव व्यवहार के आम मूल्यों तक विस्तार दे देते थे।

गोरे ने फुले के जीवन के दो पहलू रेखांकित किए हैं—एक हिस्सा जहां उनके शिक्षाशास्त्री सुधारवादी स्वरूप को उद्घाटित करता है वहीं दूसरी ओर, उनका कार्यकर्ता, प्रतिरोधी रूप सामने आता है। बुनियादी रूप से सभी मनुष्यों में समानता के भावबोध वाली उदारवादी मूल्य संरचना को संप्रेषित करने में वह सफल रहे। समान अधिकार और समानता के मूल्य को उन्होंने अपने संघर्ष की धुरी बनाया और 'वर्चस्व' को चुनौती दी। समानता की वकालत करते हुए परंपरागत मूल्य संरचना वाली जाति-व्यवस्था को चुनौती दी, साथ ही, ब्राह्मणवादी जातिगत श्रेष्ठत्व को चुनौती दी। उच्च ब्राह्मण जातियों को ब्रिटिश युग में जो श्रेष्ठत्व मिला था वह भी उनके निशाने के केंद्र में था। इस कार्य में सबसे पहले उन्होंने शिक्षा क्षेत्र को चुना। शिक्षा सिर्फ मस्तिष्क को उदार बनाने के लिए जरूरी नहीं थी अपितु आर्थिक सुरक्षा और सामाजिक गतिशीलता का प्रमुख कारक थी।

अपनी जिंदगी के अंतिम दिनों में फुले ने सभी गैर-ब्राह्मणों के लिए स्वतंत्र धार्मिक अस्मिता हेतु अवधारणाएं दीं। इस क्रम में उन्होंने अभिजनों के नेतृत्व वाले समाज-सुधार संघर्षों से अपने को अलगाया। फुले ने अपने जीते जी अपने आंदोलन

को गैर-राजनीतिक आंदोलन माना। अपने संघर्ष को धार्मिक एवं सांस्कृतिक लक्ष्य तक सीमित रखा। महाराष्ट्र में ब्राह्मणवाद-विरोधी आंदोलनकर्ताओं को मूलतः तीन तरह के समूहों को संबोधित करना था। पहली कोटि उन लोगों की थी जो शिक्षित ब्राह्मण जाति के थे, जिनके खिलाफ वस्तुतः यह आंदोलन था। दूसरी कोटि में शहरी गैर-ब्राह्मण शिक्षित लोग थे और तीसरी कोटि में गांवों में रहने वाले गैर-ब्राह्मण एवं अशिक्षितजन शामिल थे। इनमें से पहली दो कोटि के जनसमूह के लिए लिखित रूप में संदेश देने के लिए पर्चे या इश्तहार छापे गए, नाटक लिखे गए, व्यंग्य नाटक लिखे गए, नाटकों का मंचन किया गया, कविताएं लिखी गईं, प्रतिबद्ध पत्रिकाएं छापी गईं। इन दोनों कोटियों के लिए ये ही माध्यम थे। वहीं ग्रामीणजनों के लिए दृश्य-श्रव्य रूपों का इस्तेमाल किया गया, गीत गाए जाते थे, नाटकों का मंचन किया जाता था, तमाशे का मंचन किया जाता था। इसके अलावा व्यक्तिगत संपर्क और प्रवचन या व्याख्यान का छोटे या बड़े समूहों के लिए इस्तेमाल किया जाता था। साप्ताहिक प्रार्थना सभा को संपर्क का माध्यम बनाया गया। दूसरी ओर पत्र-पत्रिकाओं के माध्यम से विपक्षी गुटों को संबोधित करके बहसें चलाई गईं। व्यंग्य नाटक एवं कविताओं के माध्यम से बुनियादी रूप से संभावित अनुयायियों और गैर-ब्राह्मणों को आकर्षित किया गया। इससे जहां उनके आंदोलन का विस्तार हुआ वहीं दूसरी ओर गैर-ब्राह्मणों का मनोबल मजबूत हुआ। इसके अलावा सामयिक यथार्थ पर जब संवाद होता था तो उसके लिए मिथकों का बड़े पैमाने पर इस्तेमाल किया जाता था। इन तीन किस्म की जनता के अलावा चौथी कोटि की जनता भी थी, ये थे ब्रिटिश नौकरशाह। इनके लिए फुले ने मांगपत्र तैयार किया जिसमें विशेष रूप से शिक्षा-सुविधाओं की मांग की गई। इसके अलावा पूना नगरपालिका के नामजद सदस्य के रूप में फुले ने आम लोगों की समस्याओं एवं विशिष्ट मसलों को अभिव्यक्ति दी।

फुले को ब्राह्मणवाद-विरोधी संघर्ष शुरू करते समय गैर-ब्राह्मण जातियों के अंतर्विरोधों का ज्ञान था : इसीलिए उन्होंने बृहत्तर अवधारणा के रूप में गैर-ब्राह्मणवाद को धुरी बनाया। ब्राह्मणवाद एवं गैर-ब्राह्मणवाद में फर्क किया और इन्हीं कोटियों में विचारधारात्मक ध्रुवीकरण किया। इससे गैर-ब्राह्मण जातियों के आंतरिक अंतर्विरोधों को स्थापित करने में मदद मिली (ई.पी.डब्ल्यू., अप्रैल 29/1989)।

इसी तरह डॉ. बी.आर. अंबेडकर के विचारों और आंदोलन से दलितों में जागृति आई। दलित का उनके लिए अर्थ था 'ब्रोकेन' (टूटे हुए) अथवा शोषित (आप्रेस्ड)।

यह दबे-कुचले वर्गों का पर्यायवाची है। इन दिनों इन शब्दों का बड़े ही उदार रूप से इस्तेमाल होता है। अंबेडकर ने उदार ढंग से इन पदबंधों का इस्तेमाल नहीं किया। आरंभ में मैंने कुछ साहित्यकारों-आलोचकों द्वारा दलित की दी गई परिभाषाएं दी हैं। उन्हें पढ़ें और अंबेडकर के नजरिये पर गौर करें तो जमीन-आसमान का अंतर नजर आएगा।

'शोषित' और 'दलित' सबसे लोकप्रिय नाम हैं। इसी तरह दमित, वंचित, कमजोर वर्ग, अति दरिद्र, अन्य पिछड़े वर्ग, अल्पसंख्यक, अनुसूचित जनजाति, अछूत, अनुसूचित जाति, हरिजन आदि का दलित में प्रयोग धड़ल्ले से चल रहा है और यह सब फुले-अंबेडकर के नाम पर हो रहा है। कायदे से इतनी उदार परिभाषा इन लोगों ने नहीं बनाई थी।

अंबेडकर ने जब 'शोषित वर्गों' (डिप्रेस्ड क्लासेज) पदबंध का प्रयोग किया था तो यह सीमित अर्थ में था। इसमें सिर्फ 'अछूतों' को रखा था। अंबेडकर ने अपने लिखित बयान और मौखिक गवाही में 1928 में साइमन कमीशन के सामने और गोलमेज कॉन्फ्रेंस के समय 1930-31 में उसकी उप-समिति के सामने स्पष्ट तौर पर कहा कि वह 'शोषित वर्गों' के नाम से 'अछूत' का जिक्र कर रहे हैं, चाहें तो इन्हें पर्यायवाची भी समझा जाए। वे 'अछूतों' को इसी नाम से संबोधित करने के पक्ष में थे। 'अछूत' पदबंध के उपयोग का एक कारण यह था कि यह पदबंध उस जमाने में ब्रिटिश अधिकारियों के कामकाज में भी इस्तेमाल होता था। कालांतर में जब इस पदबंध की आड़ में अन्य जातियों या समूहों को शामिल करने की कोशिश की गई तो अंबेडकर ने इसकी निंदा की। रायबहादुर आर. निवासन के साथ मिलकर 4 नवंबर, 1931 को उन्होंने दूसरी गोलमेज कॉन्फ्रेंस की अल्पसंख्यक उप-समिति को 'पूरक मांगपत्र' भेजा। उसमें उन्होंने 'अछूतों' या 'शोषित वर्गों' को 'गैर-हिंदू जाति', 'प्रोटेस्टेंट हिंदू' अथवा 'नॉन कन्फर्मिस्ट हिंदू' कहा। उसी तरह का पत्र उन्होंने 1 मई, 1932 को 'इंडियन फ्रेंचाइज (लोधियन) कमेटी' को भी भेजा।

अंबेडकर ने जनगणना में अन्य शोषित ग्रुपों को 'शोषितों' में शामिल किए जाने का तीखा विरोध किया। उनका मानना था कि अन्य शोषित ग्रुप सही अर्थों में अछूत नहीं हैं अतः उन्हें इस श्रेणी में नहीं रखा जाना चाहिए। वह सिर्फ अछूतों को ही इसमें रखने के पक्ष में थे, जिसे उन्होंने 'बाह्य जातियां' और 'बहिष्कृत जातियां' नाम दिया (गवर्नमेंट ऑफ महाराष्ट्र, *डॉ. बाबा साहेब अंबेडकर : राइटिंग्स एंड स्पीचेज,* वॉल्यूम 1-2, शिक्षा विभाग, बंबई, 1982/खंड दो, पृ. 474, 499-500 एवं 672)।

अंबेडकर की अनुसूचित जाति को अछूत में शामिल करने में असुविधा नहीं थी क्योंकि वह 1935 के भारतीय कानून में शामिल है। अंबेडकर ने गांधीजी के 'हरिजन' पदबंध का 'अछूत' के संदर्भ में इस्तेमाल का तीखा विरोध किया था। जब जनवरी 1938 में बंबई विधान परिषद ने 'हरिजन' पदबंध को 'लोकल बोर्ड एक्ट ए मेंडमेंट बिल' में संशोधन करने के प्रस्ताव को स्वीकार नहीं किया तो अंबेडकर ने अपने रिपब्लिकन पार्टी के सदस्यों के साथ सदन से विरोध स्वरूप बर्हिगमन किया। यह संशोधन बी.के. गायकवाड़ ने पेश किया था। गायकवाड़ का तर्क था कि अनेक सम्मेलनों में इस प्रबंध के खिलाफ अछूत अपनी आवाज बुलंद करते रहे हैं। अगर वे 'हरिजन' हैं, भगवान की संतान हैं तो वे अछूत क्यों बने रहे (धनजंय कीर, *डॉ. अंबेडकर : लाइफ एंड मिशन*, बंबई, पॉपुलर प्रकाशन, (1957 प्रथम) 1987, 301-02)। घनश्याम शाह ने *सोशल मूवमेंट्स इन इंडिया : ए रिव्यू ऑफ लिटरेचर* (1990) में 'दलित' को 'अछूत' के सीमित अर्थ में इस्तेमाल किया है (सेज प्रकाशन दिल्ली/पू. 107)।

इसी तरह के. विल्सन ने *दि ट्वाइस एलीनेटेड : कल्चर ऑफ दलित क्रिश्चियन* (1982) में दलित का अछूत के संदर्भ में इस्तेमाल किया है। 'अछूतों' के सीमित अर्थ में 'दलित' या 'शोषित वर्गों' का प्रयोग वस्तुतः अंबेडकर को अछूतों के लिए संघर्ष करने वाला सबसे बड़ा योद्धा बना देता है। संविधान ने दलितों में उनका मतलब अनुसूचित जातियों से था। कुल मिलाकर निष्कर्ष यह कि दलित में सिर्फ अछूतों या अनुसूचित जातियों को लिया जाना चाहिए बाकी जातियां या सामाजिक समूह इसके बाहर रखे जाएं। 'दलित' की अंबेडकर की परिभाषा में जिस तरह साहित्य-सेवियों ने उदारतावश परिवर्तन किया है, वह अवैज्ञानिक है और अंबेडकर के उसूलों के खिलाफ है।

अंबेडकर की राय थी कि भारत में कभी भी एक सामान्य संस्कृति नहीं रही। ऐतिहासिक तौर पर भारत में तीन भारत थे, 'ब्राह्मणवादी भारत, बौद्ध भारत और हिंदू भारत। इनकी प्रत्येक की अपनी संस्कृति थी। अंबेडकर ने अछूतों के उद्धार के लिए बड़े पैमाने पर जन-जागरण अभियान चलाए, विभिन्न मंचों का इस्तेमाल किया। अछूतों को संगठित किया। उनके सामाजिक-आर्थिक एवं राजनीतिक हालात सुधारने के लिए चौतरफा प्रयास किया। उनकी नजर में अछूतों का जाति के स्तर पर ब्राह्मणवाद मुख्य शत्रु था। वर्गीय अर्थों में पूंजीवाद और जमींदारों को मुख्य शत्रु मानते थे। वे लगातार वामपंथियों एवं गैर-ब्राह्मण दलितों की एकता की वकालत

भी करते थे। इनकी एकता के माध्यम से भारत के शासक वर्गों एवं साम्राज्यवाद के खिलाफ संघर्ष किया जा सके। अंबेडकर की राय में 'जाति का क्रम श्रम विभाजन' को नहीं दर्शाता अपितु 'श्रमिकों में विभाजन' को दर्शाता है। वे इसे 'लोगों का सामाजिक विभाजन' मानते थे। इसी क्रम में उन्होंने 'जाति' को वर्गीय एवं नस्लीय नजरिये से देखने का विरोध भी किया। उनके लिए 'जाति' न तो आर्थिक कोटि में आती है और न नस्ल कोटि में ही आती है। अंबेडकर की राय थी कि अगर हम क्रांति के पहले जाति के बारे में फैसला नहीं लेते तो हमें क्रांति के बाद फैसला लेना होगा। तुम इसे जिस दिशा में ले जाना चाहते हो ले जाओ, जाति तो दैत्य है जो तुम्हारे रास्ते का अतिक्रमण कर चुका है। तुम कोई राजनीतिक सुधार और आर्थिक सुधार लागू नहीं कर सकते जब तक इस राक्षस की हत्या न कर दो। इसके लिए जरूरी है कि श्रुतियों एवं शास्त्रों पर टिके धर्म को नष्ट किया जाए, इसके बगैर सफलता संभव नहीं है। अगर तुम ब्राह्मणवाद को नष्ट कर देते हो तो हिंदूवाद को बचा लोगे। जाति को वे सबसे बड़ा शत्रु मानते थे और इसके खिलाफ संघर्ष को हिंदू धर्म के खिलाफ संघर्ष से जोड़कर देखते थे। दलितों के पक्षधर चिंतकों को फूले-अंबेडकर के ऊपर संक्षेप में रखे गए विचारों की रोशनी में सोचना होगा कि दलित कौन है, दलित साहित्य किसका साहित्य है, कौन उसका लेखक होगा, किसका लेखन प्रामाणिक दलित-लेखन होगा।

दलित साहित्य

दलित वह है जो अछूत है, अनुसूचित जाति का है। अन्य शोषित तबकों को इसमें शामिल न किया जाए। दलित या अछूत की मुक्ति का मार्ग वस्तुतः जाति-व्यवस्था के खात्मे की लड़ाई से जुड़ा है। जाति-व्यवस्था के खात्मे का संघर्ष हिंदू धर्म की ब्राह्मणवादी अंतर्वस्तु के खिलाफ संघर्ष से जुड़ा है। जाति एवं धर्म के खिलाफ संघर्ष ही अंततः अछूतों को मुक्ति देगा। अतः वह साहित्य जो ब्राह्मणवाद के खिलाफ हो, अछूतों के दुखों-कष्टों एवं उत्पीड़न का जिसमें रूपायन हो या अछूतों का यथार्थ जिसकी विषय-वस्तु हो, हिंदू धर्म के खिलाफ हो, जो समानता के पक्षधर हो वह साहित्य ही दलित साहित्य होगा। इस अर्थ में हम देखें कि कितना ऐसा साहित्य है जो दलित साहित्य की कोटि में आएगा। यह वर्गीकरण बड़े सजग ढंग से लागू करने की जरूरत है। इसे लागू करते समय अमूमन अति उदार रवैया अपनाया गया है। जाति और ब्राह्मणवाद का निषेध दलित साहित्य की केंद्रीय विशेषता है। जाति

एवं ब्राह्मणवाद के खिलाफ लिखी गई प्रत्येक रचना (वह किसी की भी लिखी हो) दलित साहित्य का अंग है। जातिवाद एवं ब्राह्मणवाद की उपेक्षा करके जो रचनाएं शोषण पर केंद्रित हैं वे सही मायनों में दलित साहित्य की कोटि में नहीं आतीं।

जाति का निषेध, ब्राह्मणवाद का विरोध और समानता की हिमायत के साथ-साथ सबके लिए शिक्षा के अधिकार का उद्घोष करने वाली रचनाएं दलित साहित्य का अंग हैं। सबके लिए शिक्षा और सबके लिए समान अधिकार ये दो प्रमुख स्तंभ हैं फुले-अंबेडकर चिंतन के।

अविनाश सहस्रबुद्धे ने 'दलित साहित्य को भोगे हुए यथार्थ की अभिव्यक्ति' कहा तो सी.वी. भारती ने 'नवयुग का एक व्यापार वैज्ञानिक और यथार्थपरक संवेदनशील साहित्यिक हस्तक्षेप माना' साथ ही, 'सामाजिक बदलाव' का दस्तावेज कहा। निशिकांत ठकार के लिए 'दलित कथा व्यथा की कथा है।' मैनेजर पांडेय ने लिखा कि 'प्रामाणिक दलित चेतना की अभिव्यक्ति कोई दलित ही कर सकता है।'

डॉ. नामवर सिंह के शब्दों में, दलित-लेखन दलित से ही संभव है। परमानंद श्रीवास्तव ने 'दलित साहित्य को वर्जना के खिलाफ लिखा गया साहित्य' माना। महेंद्र फुसकेले ने लिखा कि 'दलित साहित्य सामाजिक उत्पीड़न के विरोध में उपजा साहित्य है, साथ ही, एक निश्चित फ्रेम में यह साहित्य वर्ण-व्यवस्था का विरोधी है।'

मोहनदास नैमिषराय की नजर में 'दलित साहित्य तो अभिजात वर्ग या भद्रलोक के राजसी सुविधाभोगी रचनाकर्म का भंडाफोड़ करने वाला संघर्षमूलक साहित्य है। सामाजिक आंदोलन की प्रतिक्रिया स्वरूप ही इस साहित्यिक आंदोलन का जन्म हुआ। शोषक वर्ग के खिलाफ अपने अधिकारों के लिए संघर्ष करते हुए समाज में समता, बंधुता तथा मैत्री की स्थापना करना ही दलित साहित्य का उद्देश्य है।'

डॉ. शिवकुमार मिश्र ने लिखा कि 'दलित लेखन और दलित साहित्य वह तो है ही जिससे रचनाकार दलित लेखक हैं, जिसमें उनका स्वानुभूत यथार्थ, उनकी आकांक्षाएं; उनके संकल्प स्वतः उनकी अपनी लेखनी में सामने आए हैं; दलित लेखन या दलित साहित्य उस साहित्य को भी कहा जा सकता है जिसके रचयिता भले ही दलितों से इतर हों, किंतु इसमें दलित जीवन और व्यवस्था के नागपाशों से उसकी मुक्ति अंतर्वस्तु के रूप में आई हो। संभव है ऐसी रचना दलित लेखकों के अपने तर्कों और सोच के दायरे में पूरी तरह न अटती हो, किंतु उसे दलितों की पक्षधर या मित्र-रचना के रूप में तो स्वीकार किया जा सकता है।'

दलित साहित्य के वरिष्ठ आलोचक डॉ. ताराचंद्र खांडेकर ने दलित साहित्य के

बारे में लिखा कि 'दलित साहित्य हिंदू धर्म और धर्मनिष्ठा और उन सब मूल्य निष्ठाओं से निर्मित पुराणों तथा तत्कालीन प्रतिक्रियावादी साहित्य को अस्वीकार करता है।'

नारायण सुर्वे की दृष्टि में 'दलित' शब्द की कई मिली-जुली परिभाषाएं हैं इसका अर्थ केवल बौद्ध या पिछड़ी जातियां ही नहीं है, समाज में जो भी पीड़ित हैं वे सभी दलित हैं, ईश्वरनिष्ठा या शोषणनिष्ठा जैसे बंधनों से आदमी को मुक्त रहना चाहिए; उनका स्वतंत्र अस्तित्व सहज स्वीकार किया जाना चाहिए; उसके सामाजिक अस्तित्व की धारणा, समता, स्वतंत्रता और विश्वबंधुत्व के प्रति निष्ठाओं से निर्धारित होनी चाहिए; यही दलित साहित्य का आग्रह है। 'दलित साहित्य' संज्ञा मूलतः प्रश्न-सूचक है। महार, चमार, मांग, कसाई, भंगी जैसी जातियों की स्थितियों के प्रश्नों पर विचार तथा रचनाओं द्वारा प्रस्तुत करने वाला साहित्य ही दलित साहित्य है। दलित साहित्य की जितनी भी परिभाषाएं हैं, उनका एकमात्र स्वर है सामाजिक परिवर्तन। अंबेडकरवादी विचार ही उनकी एकमात्र प्रेरणा है।'

अविनाश सहस्रबुद्धे की नजर में, 'फुले-अंबेडकरवाद के साथ ही मार्क्सवाद दलित साहित्य की प्रमुख प्रेरणा है। दलित साहित्य में विद्रोह की, संघर्ष की जो चेतना दिखाई देती है, जो प्रतिबद्धता दिखाई देती है उसका आधार मार्क्सवाद से ग्रहण किया हुआ सामाजिक-आर्थिक विषमता का निर्मूलन ही है।'

माता प्रसाद के शब्दों में, 'वर्गीय समाज में सामाजिक, धार्मिक, आर्थिक, शैक्षिक और राजनीतिक दृष्टि से जो दलित, शोषित, उत्पीड़ित, अपमानित, उपेक्षित, तिरस्कृत, वंचित, निराश्रित, पराश्रित, बाधित, अस्पृश्य और असहाय हैं, पर साहित्य की जो रचनाएं होती हैं, वही दलित साहित्य की श्रेणी में आती हैं। इसमें बंधनों से जकड़ी स्त्रियां, बंधुआ मजूर, दास, घुमंतू जातियां, अनुसूचित जातियां और अनुसूचित जनजातियां आती हैं। दलित साहित्य वेदना, चीख और छटपटाहट का साहित्य है।'

जनतंत्र की परिभाषा की तर्ज पर जिस तरह दलित साहित्य की परिभाषा आरंभ में दी गई, कालांतर में उसमें बदलाव आया है। जी.पी. देशपांडे ने लिखा कि 'आखिरकार दलित कौन है, कौन दलित चेतना की अभिव्यक्ति कर सकता है, या किस लेखक ने दलित तकलीफ और दर्द को स्वर दिया है? दलित कवि दया पवार ने दस वर्ष पहले कहा था कि जो जन्म से दलित है, केवल वही दलित के दर्द को प्रकट कर सकता है लेकिन अब वे दो कवियों की बात कर रहे हैं, इनमें एक ब्राह्मण कवि नारायण कवठेकर हैं और दूसरे दलित कवि त्र्यंबक रूपकाल हैं। दया पवार

का कहना है कि चाहे ये मुख्यधारा से जुड़े कवि न हों, मगर समांतर कवि अवश्य हैं। उनका कहना है कि यह समांतरवाद ऐसा है इसकी और ध्यान दिया जाना चाहिए वर्ना दलित आंदोलन ढह जाएगा (हंस, अक्टूबर 1992, पृ. 75)।

इतने विस्तार से विभिन्न दलित विचारकों, लेखकों को उद्धृत करने का मकसद यह दर्शाना है कि लेखकों में 'दलित' का अर्थ वही नहीं है जो अंबेडकर के यहां है। साहित्यकारों ने इसका मनमाने ढंग से विस्तार किया है। इस आंदोलन पर ज्योतिबा फुले, अंबेडकर आदि का प्रभाव है तो दूसरी ओर अन्य शोषित तबकों के संघर्षों का भी गहरा प्रभाव है। यह मूलतः प्रगतिशील विचारधारा है जिसके केंद्र में सबसे दुखी एवं वंचित मनुष्य की इच्छा एवं दुखों का रूपायन मिलता है। असल में प्रगतिशील लेखक संघ के विघटन के बाद इस धारा का उदय हुआ और संयोग की बात यह कि इसने शोषितों को अपना आधार बनाया। 'दलित' इतना व्यापक रूप लेकर आया कि उसमें सभी शोषित वर्गों एवं समूहों का समाहार कर लिया गया। प्रगतिशील लेखक संघ के विघटन के बाद जो शून्य पैदा हुआ उसके गर्भ से यह आंदोलन पैदा हुआ। हिंदी में चूंकि उस शून्य को अन्य संगठनों ने भरा अतः यहां वैसा आंदोलन उसी दौर में पैदा नहीं हुआ जैसा कि महाराष्ट्र में हुआ। यह वस्तुतः ऐसे लेखकों द्वारा शुरू किया आंदोलन था जो अत्यंज जाति से थे। 'अत्यंजों' में ही इसने अपना सामाजिक आधार भी बनाया। वर्ण-व्यवस्था और तज्जनित ब्राह्मणवाद, जातिवाद, जातिवादी उत्पीड़न एवं दमन इसकी केंद्रीय चिंता थी और जातिवादी वर्चस्व को इसने चुनौती दी। यह एक तरह का 'सांस्कृतिक विस्फोटक' था।

नारायण सुर्वे ने लिखा है कि 'शुरू में लेखन और दलित साहित्य आंदोलन की भूमिका में जो नया जोश पैदा हुआ था तो एक विशेष बात उभरकर आई यह कि वह थी उस वक्त शहर और गांवों से उभरने वाला दलित लेखक व्यक्तिगत स्तर पर विविध प्रकार के सामाजिक-राजनीतिक तनावों और इर्द-गिर्द के वैचारिक परिवेश से प्रभावित था और इसलिए इन लोगों ने आपस में भी वैचारिक विभिन्नता थी। यह यथार्थ को समझने लगा था और इसलिए महसूस कर रहा था कि सामाजिक परिवर्तन की धार को और सशक्त करना चाहिए। अन्य सामाजिक आंदोलनों की प्रगतिशील विचारधाराओं के साथ आदान-प्रदान करना चाहिए। उसे लगने लगा था कि अपनी समस्या का समाधान केवल सामाजिक ही नहीं, आर्थिक तथा यथार्थवादी संदर्भ में ढूंढ़ना है। इसी तरह के स्वानुभवों से वह स्थितियों का मूल्यांकन कर रहा था।'

'दूसरी तरफ यह भी दिखाई देता है कि एक बहुसंख्यक दलित वर्ग यही मानकर

चल रहा था कि जो सामाजिक तौर पर अस्पृश्य है और जो अपने ही सामाजिक सरोकार को चित्रित कर रहा है, वह असली लेखक है। इसी से 'बौद्ध साहित्य' की संकल्पना का जन्म हुआ। काल की कसौटी पर इस धारणा का पिछड़ना स्वाभाविक ही था क्योंकि इस संकल्पना में केवल बौद्ध समाज के साहित्य को ही दलित माना गया था। अधिक व्यापक और दारुण रूप से पीड़ित और शोषित वर्ग के साहित्य के रूप में 'दलित साहित्य' का मंच मानना अधिक तर्क पूर्ण होगा' (*हंस*, अक्टूबर 1992, पृ. 23)।

वस्तुगत रूप से विचार करें तो पाएंगे कि सांस्कृतिक परिवर्तन के प्रश्नों को दलित साहित्यकारों ने उठाया है। इनमें ऐसे प्रश्न भी शामिल हैं जो पहली बार उठाए गए। इस क्रम में सृजन प्रक्रिया के बारे में अनेक भ्रम टूटे। दलितों ने तमाम वर्णवादी अंध मान्यताओं को तोड़ा। जी.पी. देशपांडे ने लिखा कि 'दलित आज किसी की भी तुलना में बेहतर लिख रहे हैं।' देशपांडे ने प्रश्न किया कि 'दलित लेखन को यह ऊर्जा कहां से मिलती है? पहली बात तो यह कि दलित लेखन का विकास दलित आंदोलन के समानांतर हुआ है, यह केवल साहित्यिक आंदोलन नहीं है, किन्हीं अर्थों में यह भक्ति काव्य के समान है। मध्य युग में भक्ति काव्य उस समय की एक विशेष जागृति का परिणाम था। मराठी दलित आंदोलन के बिना आप दलित लेखन की कल्पना नहीं कर सकते, ये दोनों अविभाज्य हैं। ठीक यही कारण है कि दलित आलोचना इसका सही मूल्यांकन या सही मूल्यवत्ता निर्धारित करने में कहीं-कहीं असफल रही है।'

देशपांडे ने रेखांकित किया कि '1930 से लेकर 1980 तक दलित साहित्य में इस प्रकार की चुकावट आ गई है, दूसरे शब्दों में, दलित साहित्य में बहस के बिंदु बदल गए हैं। अब बहस यह नहीं है कि मराठी साहित्य में दलित चेतना क्या है? बल्कि अब बहस दलित चेतना के अपने भीतरी मसलों को लेकर है।

'आज समस्या यह है कि दलित साहित्य के भीतर या दलित साहित्य के संदर्भ में भिन्न सौंदर्यशास्त्र या सौंदर्य-चेतना के होते हुए भी कोई यह कैसे तय करे कि वामन निंबालकर बेहतर कवि हैं या दया पवार? त्र्यंबक रूपकाल बड़े कवि हैं या नामदेव ढसाल? मैं यह मानता हूं कि दलित आंदोलन में यह एक सुखद स्थिति है कि अब वहां एक समग्र वैचारिक परिप्रेक्ष्य की तलाश की जा रही है। दलित साहित्य के आलोचना के क्षेत्र में भी अंतर्विश्लेषण का दौर चल रहा है। पहले इसे आलोचना की रेखाएं दलित और गैर-दलित साहित्य के बीच खींचा करती थीं लेकिन अब सीधे

दलित साहित्य के भीतर हैं, मराठी साहित्य में अब मुद्दा यह नहीं है कि दलित चेतना खुद को कैसे अभिव्यक्त कर रही है बल्कि यह है कि दलित साहित्य के भीतर ही विभिन्न गुटों का स्वरूप क्या है? ये सब समूह विभिन्न प्रकार की चेतना और विभिन्न प्रकार की भारतीय वास्तविकताओं का प्रतिनिधित्व कर रहे हैं। ये भारतीय इतिहास की विभिन्न प्रकार की समझ का भी प्रतिनिधित्व कर रहे हैं। 15 वर्ष पहले आपको दलित आलोचना और दलित गैर-दलित लेखन के बारे में नहीं मिलती थी लेकिन अब मिल रही है और इस तरह एक समृद्ध साहित्यिक परंपरा बन रही है। मेरे विचार से अब हम द्वंद्वात्मक दृष्टिकोण को अपना रहे हैं। (*हंस*, अक्टूबर 1992/75)।

तात्पर्य यह कि दलित साहित्य का दायरा बढ़ रहा है। अब दलित लेखन में दलितों पर दलितों का लिखा साहित्य ही शामिल नहीं है, अपितु इसमें वह लेखन भी शामिल है जो दलितों पर गैर-दलितों ने लिखा है। इसमें वह साहित्य भी शामिल है जो दलितों ने गैर-दलित विषयों पर लिखा है, अब दलित नए सिरे से पूरी साहित्यिक विरासत का विश्लेषण कर रहे हैं, और यह विवेचन भी दलित साहित्य का अंग है।

एक अच्छे मार्क्सवादी साहित्य की यह खूबी होती है कि वह एक स्तर पर गैर-मार्क्सवादी भी हो। उसी तरह अच्छा अंबेडकरवादी लेखक वह है जो एक स्तर पर गैर-अंबेडकरवादी हो। 'दलित साहित्य' की प्रतिरोधी साहित्य के रूप में जो छवि उभरकर आई थी उसका प्रधान कारण था इसका 'वर्चस्व' को चुनौती देना। 'वर्चस्व' के जवाब में 'प्रति-वर्चस्व' को रूपायित किया गया। यह कार्य शोषण, उत्पीड़न एवं दुःख के रूपायन से भी ज्यादा महत्व का है। यह कार्य भाषा के क्षेत्र में हो सकता है। 'वर्चस्व' के जवाब में विकल्प की भाषा का निर्माण किए बगैर अगर सिर्फ भाषणबाजी तक ही सीमित रखेंगे तो यह पीछे की ओर जाना होगा। (*ई.पी.डब्ल्यू.* 8 नवंबर 1997, पृ. 2891)।

हिंदी में दलित लेखन को लेकर विगत 10 वर्षों में गाहे-ब-गाहे चर्चा होती रही है लेकिन कोई सुसंगत प्रयास दिखाई नहीं देता। कुछ पत्रिकाओं के विशेषांक और कुछ पत्रिकाओं में लेख वगैरह छपे हैं। इतने लंबे समय तक इस क्षेत्र पर छाए सन्नाटे का उत्तर खोजने की कोशिशें जारी हैं। इसी क्रम में शिवकुमार मिश्र ने लिखा है कि 'दलित अपनी जिंदगी और अपनी अस्मिता से जुड़े बुनियादी सवालों के साथ विशाल हिंदीक्षेत्र की रचनाशीलता में मुख्य क्या, कभी महत्वपूर्ण बनकर भी नहीं आ सके हैं।'

इसके अलावा हिंदीभाषी क्षेत्र में जातिवाद विरोधी आंदोलन का अभाव भी मुख्य कारण है। इसके विपरीत जातिय ध्रुवीकरण तेज हुआ। निचली-पिछड़ी जातियां और उच्च जातियां गोलबंद हुई हैं। इस गोलबंदी के पीछे सामाजिक-सांस्कृतिक परिवर्तन के प्रश्न नहीं हैं अपितु राजनीतिक अवसरवाद एवं जातिवाद सक्रिय है।

हिंदीभाषी क्षेत्रों में जातिवाद-विरोधी संघर्ष जब तक सामाजिक सुधार एवं भूमि सुधार के मसलों पर गोलबंद नहीं होता तब तक परिवर्तन की कोई संभावना नहीं है। इस तरह के परिवर्तनों के अभाव में सामाजिक असंतोष, सामाजिक अराजकता और अपराधीकरण की प्रक्रिया तेज होगी। आज भी नैतिकतावादी दृष्टि से ही जातिवाद के विरोध की आवाजें सुनाई देती हैं किंतु जाति एवं जातिवाद का सिर्फ नैतिक आधार नहीं है बल्कि उसका आर्थिक आधार भी है। जाति-व्यवस्था के आर्थिक आधार को तोड़े बगैर कोई भी जाति-व्यवस्था विरोधी संघर्ष सफल नहीं हो सकता। जातिवाद मन का मसला नहीं है, जमीन और जीवन का मसला है, यह मानसिक संघर्ष से हल नहीं होगा अपितु जमीनी संघर्ष से हल होगा।

अविनाश सहस्रबुद्धे ने दलित साहित्य एवं समाज के अंतस्संबंध की जटिलता को उद्घाटित करते हुए लिखा कि 'वस्तुतः दलित साहित्य के सामने मूलभूत समस्या वर्ण-वैषम्य की नहीं है और न ही सवर्णों का विरोध, भले ही यह वर्ण-व्यवस्था दलित समस्या का एक महत्वपूर्ण कारण और दलित व्यवस्था का एक अंग क्यों न हो, अपितु दलित साहित्य के सामने मूल सवाल एक समग्र वैज्ञानिक दृष्टि हासिल करने का है।'

इसके अलावा 'दलित साहित्य के लिए विचारणीय मुद्दा है कि आर्थिक-सामाजिक स्थिति के आधार पर वह वर्गीय विश्लेषण तक ही सीमित न रहे बल्कि समाज के एक विशेष संरचनात्मक तत्व-वर्ण पर भी दृष्टि रखे।...दलित साहित्य वर्ग और वर्ण के संबंधों के अंतर्विरोध को स्पष्टतः रेखांकित करे और ऐतिहासिक अनिवार्यता के संदर्भों में उनके सामाजिक यथार्थ को प्रतिबिंबित करे।'

इस संदर्भ में यह ध्यान रखें कि 'जाति' और 'वर्ण' एक ही चीज नहीं हैं। 'जाति' अपने प्राचीन रूप में उत्पादन संबंधों को व्यक्त करने वाला सामाजिक रूप थी। जबकि 'वर्ण' हमारे यहां 'व्यवस्था' या 'हैसियत' को व्यक्त करने वाली व्यवस्था थी। 'वर्ण' वृहत्तर कोटि है जबकि वास्तव जीवन में 'जाति' ही प्रभावी इकाई है। 'वर्ण' तो मात्र चार हैं किंतु जातियां अनेक हैं। 'वर्ण में ऊंच-नीच की स्पष्ट व्याख्या मिलती है किंतु जातियों के संबंध में ऊंच-नीच की सही व्याख्या का अभाव है।

खासकर मध्यवर्ती जातियों को लेकर। जाति-व्यवस्था की मौजूदगी, तज्जनित सामाजिक अंतर्विरोधों एवं अस्पृश्यता की मौजदूगी आज की सबसे बड़ी समस्या है जिसे कला, साहित्य एवं समाज के स्तर पर हल करना होगा।

अय्यप्पा पणिक्कर ने 'अश्वेत सौंदर्यशास्त्र' (1995) नामक लेख में अश्वेत, अफ्रो-अमेरिकन लेखन, कनाडा के इन्नुइट लेखन, लैटिन अमेरिका के मुलैटोज साहित्य एवं संपूर्ण अफ्रीकी साहित्य के साथ दलित साहित्य की सामान्य विशेषताओं की तुलना करते हुए कुछ महत्वपूर्ण निष्कर्ष निकाले हैं।

पणिक्कर के अनुसार, इस साहित्य की खासियत यह है कि 'वह बुनियादी तौर पर मौखिक रूप से रचित और संप्रेषित होता है। लिखित रूप से अभाव के कारण पुनरावृत्ति पर जोर रहता है, साथ ही, पाठभेद की विविधता भी रहती हैं। दलित साहित्य में 'दैनंदिन जीवन अनुभव' का प्रमुख स्थान है।' यह अनलंकृत भाषा का साहित्य है। विधाओं में शिल्प के प्रयोगों में खुलापन मिलता है। नए प्रयोगों के प्रति प्रोत्साहन का भाव है। 'दलित साहित्य में दो विरोधी प्रवृत्तियां भी दिखाई पड़ती हैं : एक उपनिवेशक की संस्कृति और विचारधारा से सहमति और स्वीकृति का भाव और दूसरे उसके विरुद्ध विद्रोह और प्रतिरोध की चेतना।' इसके अलावा 'ग्रामीण या कृषि संबंधी विषयों पर केंद्रित रचनाएं ज्यादा मिलती हैं।' 'यह साहित्य वनवासियों, खेतिहरों, भूमिहीन मजदूरों, सागर के मछुआरों आदि का है जो अनपढ़ हो सकते हैं, पर आवश्यक नहीं कि नगर निवासियों से कुछ कम सुसंस्कृत हों। दलित साहित्य आंतरिक प्रेरणा से उत्पन्न होने के बजाय श्रमजन्य पसीने से कमाया हुआ है, कदाचित इस नाते उनके द्वारा उत्प्रेरित धारणाएं और भावनाएं गहरे ऐंद्रिक स्तर की होती हैं। वे सूक्ष्म सामान्यीकरण के बजाय स्पष्ट बिंब बनाते हैं। यह जरूर है कि उनमें या तो उत्पादन करने वालों या उपयोग करने वालों के पेशों और शगलों के ब्यौरे की अनेक बातें होती हैं। 'इसके अलावा 'वर्जित शब्दों, संकेतों और प्रतीकों का प्राचुर्य' इसकी विशेषता है। इसमें पीड़ा, वेदना एवं वंचित हो जाने के भावबोध की अभिव्यक्ति मिलती है। इस साहित्य में 'केंद्र विमुख' प्रवृत्तियां प्रमुखता से मिलती हैं। 'केंद्र विमुख' प्रवृत्तियों का इनकी वंचित अवस्था से गहरा संबंध है। यह विभिन्नता एवं वैविध्य का साहित्य है। पणिक्कर ने रेखांकित किया है कि 'क्रोध और दुःख एक ही सिक्के के दो पहलू हैं और ये दोनों ही भाव दलित, लोक और अश्वेत साहित्य में सबसे असरदार ढंग से अभिव्यक्त हुए हैं।'

पणिक्कर की दृष्टि से, 'दलित साहित्य जैसी परिघटना को समझने और उसकी

पहचान करने के लिए इसके सकारात्मक और नकारात्मक दोनों पक्षों पर विचार करना महत्वपूर्ण है।'

दलित साहित्य प्रतिरोधी साहित्य है। 'प्रभुत्व' का विरोध और वैकल्पिक दृष्टिकोण, मूल्यों, संस्कारों और एवं रवैये का प्रचार-प्रसार इसका केंद्रीय लक्ष्य है। अछूत लेखक इसकी धुरी है।

संदर्भ और टिप्पणियां

1. पणिक्कर, अय्प्पा, 'अश्वेत सौंदर्यशास्त्र', *हंस,* मार्च 1995, पृ. 30-33।
2. दिव्याल, विभांशु, 'हिंदी साहित्य में दलित चेतना-विशेष संदर्भ प्रेमचंद', *हंस,* अक्टूबर, 1992 एवं नवंबर 1992।
3. बेचैन, डॉ. श्यौराज सिंह, 'हिंदी दलित साहित्य सम्मेलन यानी असंतोष का शाब्दिक प्रस्फुटन,' *हंस,* सितंबर 1995।
4. अग्रवाल, विजय, 'दलित साहित्य : राख ही बता सकती है, जलने की पीड़ा,' *हंस,* अप्रैल 1995, पृ. 78-79।
5. गौतम, रूपचंद, 'दलित साहित्य पर और भी बहस जरूरी है,' *हंस,* नवंबर 1996।
6. लिंबाले, शरण कुमार, 'अक्करमाशी की जन्मपत्री', अनु. डॉ. सूर्यनारायण रणसुभे, *हंस,* मार्च 1994, पृ. 32-37।
7. लिंबाले, शरण कुमार, 'दलित साहित्य : स्वरूप और प्रयोजन', *हंस,* जनवरी 1997, पृ. 52-55।
8. सहस्रबुद्धे अविनाश, 'दलित साहित्य का स्वरूप : विद्रोह और वेदना', *नया पथ,* अक्टूबर-दिसंबर 1986, पृ. 33-35।
9. वर्मा, रवींद्र, 'दलित आत्मकथा और उपन्यास', *हंस,* नवंबर 1995, पृ. 35-36।
10. भारती डॉ. सी.बी., 'दलित साहित्य का सौंदर्यशास्त्र', *हंस,* अगस्त 96, पृ. 70-72।
11. ऋतंभर, रमेश, 'हिंदी में दलित लेखन की अनिवार्यता', *हंस,* नवंबर 1995।
12. मिश्र, शिवकुमार, 'दलित साहित्य का आंदोलन और हिंदी क्षेत्र,' *नया पथ,* स्वाधीनता विशेषांक, 1998, पृ.93-102।
13. नैमिषराय, मोहनदास, 'साहित्य और संस्कृति में दलित अस्मिता और पहचान का सवाल,' *नया पथ,* स्वाधीनता विशेषांक, 1998, पृ. 103-108।
14. ठकार, निशिकांत, 'दलित कथा : व्यथा की कथा', *हंस,* मार्च 1995, पृ. 62-64।
15. वांदिवडेकर, चंद्रकांत, 'मराठी साहित्य में दलित साहित्य धारा', *समकालीन सृजन,* 'जातिवाद और रंगभेद', विशेषांक, संयुक्तांक 7-8, जुलाई,-दिसंबर, 1989, प्रकाशित 1990 पृ. 147-160।

16. चतुर्वेदी, जगदीश्वर, 'भारतीय समाज में जाति और वर्ण का स्थान', *समकालीन सृजन,* संयुक्तांक 7-8, 1989-90, पृ. 88-108।
17. *युद्धरत आम आदमी* पत्रिका का 'दलित चेतना साहित्य विशेषांक', अप्रैल-सितंबर 1996।
18. ओमविट, गिल, *दलित विजन* ओरिएंट लांगमैन दिल्ली।
19. जायसवाल, सुवीरा, 'कास्ट : आइडियोलॉजी एंड कंटेक्स्ट', *सोशल साइंटिस्ट* 288-89, जून 1998, पृ 3-12।
20. राधाकृष्णन, पी., 'अंबेडकर से लीगेसी टु दलित्स', *इकोनॉमिक एंड पॉलिटिकल वीकली,* अगस्त, 17, 1991, पृ. 1911-1922।
21. नाडकर्णी, एम.वी., 'ब्रॉडवेसिंग प्रोसेसेस इन इंडिया एंड दलित्स' *ई.पी.डब्ल्यू.,* अगस्त 16-23 1997, पृ. 2160-2171।
22. गोरे, एम.एस. 'सोशल मूवमेंट एंड दि पेराडिज्म आफ फंक्शनलए नालिसिस' *ई.पी. डब्ल्यू.,* अप्रैल, 10 1989, पृ. 928-936।
23. गुरु, गोपाल, 'दलित मूवमेंट इन मेनस्ट्रीम सोशियोलॉजी', *ई.पी.डब्ल्यू.,* अप्रैल 3, 1993, पृ. 570-573।
24. देशपांडे, जी.पी., 'मराठी लिटरेचर सिंस इंडिपेंडेंस', *ई.पी.डब्ल्यू.,* नवंबर 1997।
25. सुर्वे, नारायण, 'दलित साहित्य और बाबा साहब अंबेडकर', अनु. अरुंधती देवस्थले, *हंस,* अक्टूबर 1992, पृ. 22-25।
26. कांतिमोहन, *प्रेमचंद और अछूत समस्या,* जन सुलभ साहित्य प्रकाशन, दिल्ली, 1982।
27. श्रीनिवास, एम.एन., 'इंडियन एंथ्रोपॉलाजिस्ट्स एंड दि स्टडी ऑफ इंडियन कल्चर', *इकानॉमिक एंड पॉलिटिकल वीकली,* 11 मार्च 1996।

11. आधुनिकता जनजातियां और वाम

परिप्रेक्ष्य

आदिवासी समस्या राष्ट्रीय समस्या है। भारत की राजनीति में आदिवासियों को दरकिनार करके कोई राजनीतिक दल नहीं रह सकता। एक जमाना था आदिवासी हाशिये पर थे लेकिन आज केंद्र में हैं। आदिवासियों के राजनीति के केंद्र में आने के पीछे प्रधान कारण है आदिवासी क्षेत्रों में कॉरपोरेट घरानों का प्रवेश और आदिवासियों में बढ़ती जागरूकता। आदिवासियों के प्रति वामपंथी दलों का रुख कांग्रेस और भाजपा के रुख से बुनियादी तौर पर भिन्न है। वामपंथी दलों ने आदिवासियों को कभी भी आदिवासी बनाए रखने, वे जैसे हैं वैसा बनाए रखने की कोशिश नहीं की है। वामपंथी दलों ने आदिवासियों को साम्राज्यवादी विचारकों द्वारा दी गई घृणित पहचान से मुक्त किया है। उन्हें मनुष्य के रूप में प्रतिष्ठा दी है। यह कार्य उनके मानवाधिकारों की रक्षा करते हुए किया है। आदिवासियों को वे सभी सुविधा और सुरक्षा मिलें जो देश के बाकी नागरिकों को मिलती हैं। आदिवासियों का समूचा सांस्कृतिक ताना-बाना और जीवनशैली वे जैसा चाहें रखें, राज्य की उसमें किसी भी किस्म के हस्तक्षेप की भूमिका नहीं होगी, इस प्रक्रिया में भारत के संविधान में संभावित रूप में जितना भी संभव है उसे आदवासियों तक पहुंचाने में वामपंथियों की बड़ी भूमिका रही है। आदिवासियों को आतंकी या हथियारबंद करके उनके लिए लोकतांत्रिक स्पेस तैयार नहीं किया जा सकता। लोकतांत्रिक स्पेस तैयार करने के लिए आदिवारियों के बीच लोकतांत्रिक संस्थाओं और लोकतांत्रिक कानूनों के पालन और प्रचार-प्रसार पर जोर देना होगा। आदिवासियों के लिए लोकतंत्र में जगह तब ही मिलेगी जब उन्होंने लोकतांत्रिक ढंग से समस्याओं पर गोलबंद किया जाए।

लोकतंत्र की बृहत्तर प्रक्रिया का उन्हें हिस्सा बनाया जाए। आदिवासियों के लिए बंदूक की नोंक पर लाई गई राजनीति आपराधिक कर्म को बढ़ावा देगी। उन्हें अपराधी बनाएगी। साम्राज्यवादी विचारकों ने आदिवासियों को अपराधी की कोटि में रखा। इन दिनों आदिवासियों को तरह-तरह के बहानों से मिलिटेंट बनाने, जुझारू बनाने, हथियारबंद करने, पृथकतावादी बनाने, सर्वतंत्र-स्वतंत्र बनाने के जितने भी प्रयास उत्तर-पूर्व के राज्यों से लेकर छत्तीसगढ़-लालगढ़ तक चल रहे हैं, वे सभी आदिवासियों को अपराधकर्म में ठेल रहे हैं। अंतर यह है कि उसके ऊपर राजनीति का मुखौटा लगा हुआ है। आदिवासी को मनुष्य बनाने के बजाय मिलिटेंट बनाना सामाजिक-राजनीतिक अपराध है।

हमें इस सवाल पर विचार करना चाहिए कि आदिवासी इलाकों में ही उग्रवाद क्यों पनपा है ? कांग्रेस के नेताओं और भारत सरकार के गृहमंत्री पी. चिदंबरम के पास उग्रवाद की समस्या का एक ही समाधान है, वह है आदिवासी इलाकों में विकास और पुलिस कार्रवाई। इसी एक्शन प्लान पर ही सारा मीडिया और कॉरपोरेट जोर दे रहा है। इस एक्शन प्लान को आदिवासी समस्या के लिए रामबाण दवा कहा जा रहा है। केंद्र सरकार ने इस दिशा में कदम उठाते हुए कुछ घोषणाएं भी की हैं। लेकिन यह प्लान बुनियादी तौर पर अयथार्थपरक है। इस प्लान में आदिवासियों का उनकी जमीन से उच्छेद रोकना, उनके क्षेत्र के संसाधनों का स्वामित्व, विस्थापन और उनके पीढ़ियों के जमीन के स्वामित्व की बहाली की योजना या कार्यक्रम गायब है। मनमोहन-चिदंबरम् बाबू जिस तरह का विकास करना चाहते हैं उसमें आदिवासियों का विस्थापन अनिवार्य है। समस्या यहां पर है कि क्या केंद्र सरकार विकास का मॉडल बदलना चाहती है ? जी नहीं, केंद्र सरकार विकास का नव्य-उदार मॉडल जारी रखना चाहती है। आदिवासियों की उनकी जमीन से बेदखली जारी रखना चाहती है, ऐसे में आदिवासियों को सड़कें, स्कूल-कॉलेज, रोजगार के सपने देकर शांत नहीं किया जा सकता। विकास के मनमोहन मॉडल में विस्थापन अनिवार्य और अपरिहार्य है। ऐसी अवस्था में आदिवासियों के बीच में विकास और पुलिस एक्शन का प्लॉन पिटेगा। आदिवासियों का प्रतिवाद बढ़ेगा। दूसरी बात यह कि विस्थापन का विकल्प मुआवजा नहीं है। मुआवजा ज्यादा हो या कम इससे भी आदिवासियों का गुस्सा शांत होने वाला नहीं है। इस प्रसंग में सबसे बुनियादी परिवर्तन यह करना होगा कि आदिवासियों के इलाकों पर उनका ही स्वामित्व रहे। केंद्र या राज्य सरकार का आदिवासियों की जमीन और जंगल पर स्वामित्व संवैधानिक तौर पर खत्म करना होगा।

आदिवासियों के सामने इस समय दो तरह की चुनौतियां हैं, पहली चुनौती है आदिवासियों के प्रति उपेक्षा और विस्थापन से रक्षा करने की और उसके विकल्प के रूप में परंपरागत संस्थाओं और आदिवासी एकजुटता को बनाए रखने की। दूसरी चुनौती है नई परिवर्तित परिस्थितियों के अनुकूल बदलने और तदनुरूप अपने संस्कारों, आदतों और कानूनों में बदलाव लाने की। आदिवासियों पर कोई भी परिवर्तन यदि बाहर से थोपा जाएगा तो वे प्रतिरोध करेंगे। आदिवासियों का प्रतिरोध स्वाभाविक है। वे किसी भी चीज को स्वयं लागू करना चाहते हैं। यदि केंद्र सरकार उनके ऊपर विकास को थोपने की कोशिश करेगी तो उसमें अंततः असफलता ही हाथ लगेगी। आदिवासी अस्मिता की धुरी है स्व-संस्कृति-प्रेम, आत्मनिर्णय और आत्म-सम्मान में विश्वास।

आदिवासियों के बारे में यह मिथ प्रचलित है कि उनमें स्त्री-पुरुष का भेद नहीं होता। यह धारणा बुनियादी तौर पर गलत है। आदिवासियों के परंपरागत नियम-कानून के मुताबिक स्त्री का दर्जा पुरुष से नीचे है। वह पुरुष की मातहत है। जिन आदिवासी इलाकों में जमीन के सामूहिक स्वामित्व की जगह जमीन के व्यक्तिगत पट्टे दिए गए हैं वहां पर औरत पहले की तुलना में और भी कमजोर हुई है। औरत का परंपराओं पर न्यूनतम अधिकार रह गया है। आदिवासियों में आधुनिकता के प्रयोगों ने औरत को अधिकारहीन बनाया है। यदि कोई व्यक्ति बैंक से कर्ज लेना चाहे या रबड़ के उत्पादन के लिए कर्ज लेना चाहे तो कर्ज उसी व्यक्ति को मिलेगा जिसके पास जमीन का स्वामित्व होगा। उत्तर-पूर्व के अधिकांश राज्यों में राज्य की तरफ से जमीन का स्वामित्व पुरुष को मिला है। इसके कारण सब मामलों में मर्द ही निर्णय लेते हैं। आधुनिकीकरण, उग्रवाद, फिरौती वसूली के कारण आई आवारा पूंजी ने औरत को और भी अधिकारहीन बनाया है। यहां एक ही उदाहरण देना काफी होगा। नगा उग्रवाद के उभार के जमाने में ज्यादातर अनगामी नगा मर्द सशस्त्र संघर्ष के नाम पर भूमिगत हो गए थे, ऐसे में उनके संसार का सारा दायित्व नगा औरतों ने संभाला। उन्होंने परिवार और समाज की सभी जिम्मेदारियों को पूरा किया। इस क्रम में बड़ी संख्या में औरतों ने शिक्षा भी अर्जित की। यहां तक कि नागा इलाकों में इन औरतों ने स्कूलों का भी निर्माण किया। इसके परिणामस्वरूप औरतों में पुरुषों की तुलना में ज्यादा शिक्षा का प्रसार हुआ। औरतें ज्यादा पढ़ी-लिखी हो गईं और मर्द कम पढ़े-लिखे हो गए। लेकिन नगा परंपरागत कानून के अनुसार औरत को मर्द से कम पढ़ी-लिखी होना चाहिए। इस जाति की दो-तिहाई औरतें स्नातक हैं।

इनमें भी 75 प्रतिशत औरतें सरकारी नौकरी करके तनख्वाह उठाती हैं। इस क्रम में नगा परंपरा को सामाजिक सशक्तीकरण की प्रक्रिया ने पछाड़ दिया। इसका दुष्परिणाम यह निकला कि बड़ी संख्या में नगा औरतों की शादी ही नहीं हुई। क्योंकि नगा पुरुषों का मानना था कि पति-पत्नी के रिश्ते में पत्नी का कम पढ़ी-लिखी होना जरूरी है। फलतः अधिकांश शिक्षित नगा औरतों से नगा मर्दों ने शादी ही नहीं की। इसी तरह मेघालय में आरंभ के 10 साल तक विधानसभा में एक भी औरत सदस्य नहीं थी। जबकि मेघालय के तीनों मुख्य आदिवासी समूह मातृप्रधान हैं। इस समय वहां 60 सदस्यों की विधानसभा में 3 या 4 विधानसभा सदस्य औरत हैं। 1970 के दशक में एक राज्यसभा सदस्य थीं। नगालैंड में एक भी औरत न तो विधानसभा सदस्य है और न संसद में ही कोई औरत इस राज्य का प्रतिनिधित्व कर रही है। कुछ औरतें 2004 में चुनाव लड़ना चाहती थीं लेकिन परंपरागत आदिवासी कानून की दुहाई देकर उन्हें चुनाव लड़ने नहीं दिया गया। नगा आदिवासियों के परंपरागत कानून के अनुसार राजनीतिक शक्ति सिर्फ पुरुष के ही पास होती है। औरतों को राजनीतिक शक्ति से परंपरागत कानून वंचित रखता है। स्थिति यहां तक खराब है आदिवासी विकास परिषद में भी कोई औरत सदस्य नहीं है। कुछ औरतों ने कार्बी आदिवासी परिषद का चुनाव लड़ा था लेकिन वे हार गईं। रोचक बात यह है चर्च के द्वारा संचालित शिक्षा संस्थान भी स्त्री की दोयम दर्जे की स्थिति को बदल नहीं पाए हैं। जबकि हिंदुओं के शिक्षा संस्थानों का अभाव है। चर्च के प्रयास औरत को धर्म से आगे शिक्षा तक ले जाते हैं, जबकि हिंदू धर्म उन्हें धर्म के दायरे से बांधे रखता है। जिन औरतों में शिक्षा पहुंची है उनमें अपने अधिकारों के प्रति जागरूकता है।

समाजविज्ञानी गुलशन सचदेवा ने 'डिमिस्टाफाइ नॉर्थ-ईस्ट' (*डायलॉग*, जनवरी-मार्च 2006) लेख में विस्तार के साथ उत्तर-पूर्व के बारे में प्रचारित मिथों का तथ्यों के आधार पर खंडन किया है। उत्तर-पूर्व के बारे में यह मिथ है कि यह समूचा इलाका आदिवासी इलाका है, सन् 2001 की जनगणना के आधार पर कह सकते हैं कि मात्र एक-चौथाई आबादी आदिवासी है। सिर्फ मिजोरम, मेघालय, नगालैंड और अरुणाचल प्रदेश में आदिवासी बहुसंख्यक हैं। इन राज्यों के भी शिक्षित युवाओं में आदिवासी संस्कृति कम और मॉडर्न मासकल्चर के दर्शन ज्यादा होते हैं। ये लोग कहीं से भी हाशिये के लोग प्रतीत नहीं होते। इन युवाओं की पश्चिमी वेशभूषा और पश्चिमी जीवनशैली इनकी विशेषता है।

उत्तर-पूर्व के आदिवासियों की इस समूचे क्षेत्र में आबादी है एक-चौथाई और

इनका इस क्षेत्र की दो-तिहाई जमीन पर कब्जा है। वे ही इसके मालिक-प्रबंधक हैं। आदिवासी इलाकों में रहने वाले गैर आदिवासी जमीन नहीं खरीद सकते। इससे आदिवासी और गैर आदिवासी के बीच में समानता के सिद्धांत के बारे में गंभीर सवाल उठ खड़े हुए हैं। यह एक तरह भारत के संविधान में नागरिक को प्रदत्त मुक्त आवागमन-व्यापार-निवास- खरीद-फरोख्त आदि के संवैधानिक हक का खुला उल्लंघन है। यदि हम यह मान लें कि भारत सरकार इन इलाकों में बाहरी लोगों के प्रवेश को रोकना चाहती है तो यह भूमंडलीकरण के मुक्त व्यापार, आवागमन आदि का खुला उल्लंघन है। उत्तर-पूर्व की समस्या को हमारे नीति निर्धारकों ने सामान्य समस्या के रूप में न लेकर विशेष समस्या के रूप में लिया है। इस क्षेत्र के विकास को विशेष क्षेत्र के रूप में चिह्नित करके रखा है, आदिवासियों को सामान्य संरक्षण की बजाय विशेष संरक्षण दिया है, इससे खास किस्म का सामंती ढांचा इन इलाकों में पैदा हुआ है। इससे इस क्षेत्र का विकास कम हुआ है, समस्याएं बढ़ी हैं।

यह मिथ है कि उत्तर-पूर्व के लिए फंड का अभाव है। फंड के अभाव में विकास नहीं हो रहा। इसके लिए सरकारी एजेंसियों के रंग-बिरंगे आंकड़ों का इस्तेमाल किया जा रहा है। सच यह है कि उत्तर-पूर्व के राज्यों के लिए केंद्र सरकार के द्वारा पर्याप्त मात्रा में धन मुहैय्या कराया जा रहा है। सन् 1990-91 से 2002-03 के बीच में 1, 08, 504 करोड़ रुपये दिए गए। इसमें असम को 43, 000 करोड़ रुपये केंद्र ने दिए। अरुणाचल 9, 900 करोड़, मणिपुर 11, 500 करोड़ रुपये, मेघालय 9, 000 करोड़ रुपये, त्रिपुरा को 14, 000 करोड़ रुपये, नगालैंड 12, 000 करोड़ रुपये और मिजोरम को 9, 000 करोड़ रुपये दिए गए। यह कुल भुगतान है जो केंद्र ने किया है। इसमें से कुछ राशि ऐसी है जो केंद्र को कर्ज के ब्याज और मूलधन के भुगतान के लिए वापस देनी पड़ी होगी। यह राशि काटकर कुल मिलाकर उत्तर-पूर्व के राज्यों को 92, 000 हजार करोड़ रुपये मिले हैं। अतः यह कहना कि उत्तर-पूर्व के विकास के लिए पैसा नहीं मिलता यह बात सही नहीं है बल्कि ज्यादा पैसा मिल रहा है।

शिक्षा के क्षेत्र में उच्च साक्षरता का मिथ प्रचारित किया जा रहा है। यह कहा जा रहा है कि उत्तर-पूर्व के राज्यों में साक्षरता की दर ज्यादा है, इस मिथ का खंडन करते हुए गुलशन सचदेवा ने लिखा है कि शिक्षा के क्षेत्र में इस क्षेत्र की बढ़त के कुछ ऐतिहासिक-सामाजिक कारण हैं। इसके बावजूद शिक्षा के क्षेत्र में बढ़त के अतिरंजित होकर नहीं देखना चाहिए। उत्तर-पूर्व में कुछ क्षेत्र हैं जहां साक्षरता दर ज्यादा है। लेकिन समग्रता में उत्तर-पूर्व को देखें तो पाएंगे कि वहां साक्षरता दर

64.5 प्रतिशत है, जो औसत राष्ट्रीय साक्षरता दर से कम है। यहां तक कि पड़ोसी राज्य पश्चिम बंगाल की साक्षरता दर (69.22 प्रतिशत) से भी कम है। कम साक्षरता दर अरुणाचल प्रदेश, असम, मेघालय में है। सन् 2001 की जनगणना के अनुसार उत्तर-पूर्व के 72 जिलों में से 35 जिलों की साक्षरता दर राष्ट्रीय साक्षरता दर से भी नीचे है। सन् 2001 की जनगणना के आंकड़े बताते हैं कि अरुणाचल में 54.74 प्रतिशत, असम 64.28 प्रतिशत, मणिपुर 68.87 प्रतिशत, मेघालय 63.31 प्रतिशत, मिजोरम 88.49 प्रतिशत, नगालैंड 67.11 प्रतिशत, सिक्किम 69.68 प्रतिशत, त्रिपुरा 73.66 प्रतिशत, उत्तर-पूर्व की साक्षरता दर 64.48 प्रतिशत और राष्ट्रीय साक्षरता दर 65.38 प्रतिशत आंकी गई है।

उत्तर-पूर्व के बारे में यह मिथ है कि यह गरीब इलाका है। तथ्य इसकी पुष्टि नहीं करते। प्रति व्यक्ति आय के आंकड़े बताते हैं कि सन् 1950-51 में इस क्षेत्र की प्रति व्यक्ति आय राष्ट्रीय प्रति व्यक्ति आय से भी ज्यादा थी। सन् 1980-81 में प्रति व्यक्ति आय 789 रुपये थी जो 2000-01 में 3,776 रुपये (1993-94 के मूल्य के आधार पर) और सन् 2007-08 में प्रति व्यक्ति आय बढ़कर 7632 रुपये हो गई है।

आदिवासियों के सवाल जब भी उठते हैं तो एक सवाल मन में आता है कि क्या आदिवासी अपरिवर्तनीय हैं ? क्या वे जैसे रहते आए हैं उन्हें वैसे ही रहने दिया जाए ? भारत में पूंजीवादी परिवर्तनों का आदिवासियों पर क्या असर हुआ है ? भारत में 400 आदिवासी समुदाय रहते हैं। जिन्हें आधिकारिक तौर पर शिड्यूल्ड ट्राइब्स के नाम से जानते हैं। विगत 200 सालों में इनमें बुनयादी परिवर्तन आए हैं। इन परिवर्तनों को हमें वैज्ञानिक तरीके से देखना चाहिए।

आदिवासियों में आए परिवर्तन दो तरह के हैं। पहली कोटि में वे परिवर्तन आते हैं जो स्वाभाविक हैं और स्वाभाविक सामाजिक प्रक्रिया के गर्भ से जन्म ले रहे हैं। दूसरी कोटि में ऐसे परिवर्तन आते हैं जो अस्वाभाविक हैं और उन पर थोपे गए हैं अथवा उन्हें अपनाने के लिए मजबूर किया गया है।

आदिवासी परिवर्तनों को देखने के लिए मिथकीय पूर्वग्रहों से बाहर आकर देखने की जरूरत है। आदिवासियों को समझने के लिए उन्हें मिथक बनाने से बचना चाहिए। यह मिथ है कि वे जैसे रहते आए हैं, वे वैसे ही बने रहना चाहते हैं। दूसरा मिथ यह भी है कि आदिवासियों के जीवन में परिवर्तन सामाजिक-परिवेशगत अलगाव और बृहत्तर समाज के साथ एकीकरण से पैदा होता है।

आदिवासियों के बारे में जब भी बातें होती हैं या कोई आंदोलन आरंभ होता है तो एक ही बात कही जाती है कि आदिवासी इलाकों में विकास नहीं हुआ, विकास के अभाव में ही इन इलाकों में उग्रवाद पनप रहा है। आदिवासी इलाकों में विकासहीनता की बात में एकदम दम नहीं है। विकास का अभाव जिस तरह बहाना बनाया जा रहा है उसे यदि गंभीरता से लेंगे तो पंजाब में 1980 के दशक में पैदा हुए खालिस्तानी आंदोलन के लिए कोई तर्क हमारे पास नहीं होगा। पंजाब में हरित क्रांति के बाद उग्रवाद का पनपना इस बात का संकेत है कि उग्रवाद का विकासहीनता से कोई संबंध नहीं है। उग्रवाद एक राजनीतिक फिनोमिना है और यह उन ताकतों के लिए सहज रास्ता है जो मुख्यधारा की राजनीति में स्वाभाविक राजनीति के जरिये स्थान नहीं बना पाते। उग्रवाद के संदर्भ में विकासहीनता एक स्टीरियोटाइप है। विकासहीनता की बात लालगढ़ (पश्चिम बंगाल) में भी गलत है। लालगढ़ की नौ हजार की आबादी में 10 माध्यमिक स्कूल, एक कॉलेज और अनेक निजी स्कूल हैं। लालगढ़ में विगत 25 सालों से वाममोर्चे का शासन नहीं था। इस इलाके की पंचायतों पर झारखंडियों के एक दल का कब्जा रहा है। हाल ही में ममता बनर्जी ने जो रैली लालगढ़ में की है उसमें भाग लेने वाले सभी लोग अच्छे कपड़े पहनकर आए थे। सिर्फ पिछले चुनाव में वाममोर्चा जीता है।

आदिवासियों के बारे में नस्ल और मुख्यधारा से अलगाव का मिथ अंग्रेजों ने बनाया था और उन्होंने ही इसे प्रसारित किया था। इसी तरह मैदानी और पर्वतीय का मिथ भी उनका ही बनाया हुआ है। कहा गया मैदानी लोगों से पर्वतीय लोग भिन्न होते हैं। स्थिति इतनी खराब हो गई कि 1973 में इनर लाइन रेगूलेशन कानून लागू करना पड़ा। मैदानी इलाके के लोगों को पर्वतीय इलाकों में जाने के लिए अनुमति लेनी पड़ती है, खासकर नगा हिल (नगालैंड) मिजोरम की मिजो हिल और अरुणाचल प्रदेश के पर्वतीय इलाकों में जाने के लिए विशेष अनुमति लेनी होती है। भारत से कटे होने की अनुभूति ने उत्तर-पूर्व के राज्यों के निवासियों के मन में अलगाव की भावना को हवा दी। भारत के नामी मार्क्सवादी इतिहासकारों—तपन राय चौधरी और इरफान हबीब ने विस्तार के साथ उत्तर-पूर्व के इतिहास का अध्ययन किया है। लेकिन *कैंब्रिज इकोनोमिक हिस्ट्री* (भाग 1) में इन इतिहासकारों ने असम के मध्यकालीन इतिहास को शामिल किया है। लेकिन यह काम एपेंडिक्स में ही हो पाया है। इतिहास में नगा, जयंतिया, खासी, मिजो, मणिपुरी आदि जनजातियों के ब्रिटिश-विरोधी संघर्षों को कोई स्थान नहीं मिला है। इसने भी उत्तर-पूर्व के

आदिवासियों को राष्ट्रीय अलगाव की अनुभूति में ठेला है। मजेदार बात यह है कि इतिहास कांग्रेस के समय पढ़े जाने वाले पर्चों के जो दस्तावेजी वोल्यूम देखे हैं उनमें उत्तर-पूर्व के आदिवासियों के ब्रिटिश-विरोधी संघर्षों के पर्चों को 'गैर-भारतीय' की केटेगरी में शामिल किया गया है। (विस्तार से जानकारी के लिए देखें–*Proceedings of North-East India History Association* (NEIHA), Session XVII)

इतिहासकारों में एक बड़ा तबका रहा है जो उत्तर-पूर्व के आदिवासियों के बारे में सुनियोजित ढंग से साम्राज्यवादी मिथों का प्रचार करता रहा है। इनमें पहला मिथ है नस्ल का। इसके तहत आर्य-मंगोल विभाजन बनाकर इतिहास लिखा गया है। एडवर्ड गेट ने इसके आधार पर सुर-असुर का विभाजन किया है। उन्होंने सुर-असुर के आधार पर उत्तर-पूर्व के इतिहास को व्याख्यायित करने की कोशिश की है। इसके अलावा इन लोगों ने आदिवासी जातियों के माइग्रेशन को भी अतिरंजित बनाया है। सुर-असुर के नाम पर आदिवासियों को देखने का नस्ली नजरिया है। साम्राज्यवादी विचारकों ने इसी तरह कोर-फ्रिंज के अंतर्विरोध की बात को भी बेवजह हवा दी है। हिंदी में इसे केंद्र-हाशिये के अंतर्विरोध के नाम से जाना जाता है। इसे हम आदिवासियों के संदर्भ में मुख्यधारा और हाशिये पर पड़े आदिवासियों के अंतर्विरोध के रूप में देख सकते हैं। इस पदबंध का उदार बुद्धिजीवी भी खुलकर प्रयोग करते हैं।

आदिवासी अलग-थलग तब ही लगेंगे जब उनको हम भारत की समग्र इमेज के बाहर देखेंगे। वामदलों ने आदिवासियों को भारत की समग्र छवि के अंग के रूप में उन्हें देखा है। आदिवासी पूरे देश से कभी भी अलग नहीं थे, वे हमेशा जुड़े रहे हैं। इनका देश से संबंध था, साथ ही, पास के राज्यों से भी संबंध-संपर्क था। आदिवासियों का समूचे देश और पड़ोसी राज्यों से जमीनी मार्ग के जरिये गहरा संबंध रहा है। मध्यकाल से लेकर आधुनिककाल तक इस संपर्क-संबंध के प्रमाण उपलब्ध हैं। प्राचीनकाल से उत्तर-पूर्व के राज्य भारत का हिस्सा रहे हैं, इसका विस्तार के साथ इतिहास की किताबों में जिक्र मिलता है। आजादी के बाद पैदा हुए नगा आंदोलन का एकमात्र बड़ा योगदान था उत्तर-पूर्व के राज्यों में बंदूक की संस्कृति की स्थापना। नगा आंदोलन नगालैंड की स्थापना के साथ शांत नहीं हुआ। आम आदिवासी में इस आंदोलन से यह संदेश गया कि नगालैंड का गठन बंदूक की नोंक पर हुआ है, आदिवासियों को अगर कोई चीज हासिल करनी है तो वे बंदूक की राजनीति करें। नगालैंड की मांग को मानने के साथ समूचे उत्तर-पूर्व में समस्याओं का पिटारा खुल

गया और इस समूचे क्षेत्र में विभिन्न किस्म के उग्रवादी गुटों की हमलावर कार्रवाइयां बढ़ी हैं। नगा गुटों का यह प्रचार रहा है कि उन्हें जो राज्य मिला है वह सशस्त्र संघर्ष की देन है। यह सशस्त्र संघर्ष का छद्म प्रचार ही है जो उत्तर-पूर्व के आदिवासियों में पृथकतावादी-उग्रवादी संगठनों को पैदा करता रहा है। इन दिनों स्थिति यह है कि उत्तर-पूर्व में आदिवासियों के हितों की रक्षा के नाम पर बने तमाम उग्रवादी संगठन हफ्ता वसूली, जबरिया कर वसूली, विकास योजनाओं में हफ्ता वसूली, अपहरण, कार-चोरी, हत्या आदि के जरिये धन वसूली का व्यापक उद्योग बन चुका है। हाल ही में मीडिया में इसके चौंकाने वाले समाचार आए हैं। जिनमें एक ही चीज साफतौर पर उभर कर आ रही है कि आदिवासी विकास के नाम पर लालगढ़ से लेकर नगालैंड तक जितने भी आंदोलन उभरकर सामने आए हैं उनमें कई चीजें साझा हैं। जैसे– इन आंदोलनों का आदिवासियों के हितों के संरक्षण और विस्तार के साथ कोई संबंध नहीं है। उदाहरण के लिए लालगढ़ में चल रहे माओवादी संघर्ष में यह तथ्य सामने आ चुका है कि इस आंदोलन में नेतृत्व करने वाले आदिवासी नहीं हैं। आदिवासी पेड़ नहीं काटते। वे पेड़ की पूजा करते हैं। लेकिन इस इलाके में सक्रिय और माओवादी आंदोलन से जुड़े 'पुलिस संत्रास विरोधी कमेटी' के लोगों ने सुरक्षाबलों को लालगढ़ में प्रवेश न करने देने के नाम पर सैकड़ों पेड़ काट डाले और उन्हें सड़कों पर अवरोध के रूप में पहले इस्तेमाल किया, बाद में सैकड़ों पेड़ों को अवैध ढंग से बाजार में बेच दिया। उल्लेखनीय है आदिवासी पेड़ लगाते हैं, उसकी पूजा करते हैं, उसे काटते और बेचते नहीं हैं। ठीक यही फिनोमिना उत्तर-पूर्व के राज्यों में चल रहे आंदोलनों को दौरान भी देखा गया, इसने इस क्षेत्र में टिंबर माफिया की शक्ल ले ली है। टिंबर माफिया, अवैध हथियारों की स्मगलिंग, फिरौती-वसूली, स्थानीय दादा कर आदि इसके चर्चित रूप हैं। माओवादी नेता किसनजी के लैपटॉप और अन्य गिरफ्तार माओवादियों के पास से जो दस्तावेज मिले हैं, झारखंड के नेता मधु कोड़ा के पास से सीबीआई ने छापे के दौरान जो दस्तावेज पकड़े हैं, वे इस तथ्य की पुष्टि करते हैं कि माओवाद प्रभावित इलाकों में पंचायतों से लेकर खानों तक माओवादियों का हफ्ता बंधा है और सालाना दो हजार करोड़ रुपये की वे वसूली कर रहे हैं। इन रुपयों से हथियार खरीदने से लेकर कैडरों के पालन-पोषण और बुद्धिजीवियों के खर्चे के लिए धन भी मुहैय्या कराया जाता है। माओवादियों के पास बेनामी धन कैसे पहुंच रहा है और वे उसे कैसे जमा करते हैं। इसका एक ही उदाहरण काफी है। सन् 2009 में पश्चिम बंगाल की पुलिस ने एक युवा माओवादी को गिरफ्तार किया था, इसके

बैंक खाते में एक साल में 36 करोड़ रुपये जमा हुए हैं। असम में एक कांग्रेस नेता के माध्यम से 11 सौ करोड़ रुपये उग्रवादी संगठनों के पास विकास खातों में घपला करके पहुंचाया गया। यह तथ्य हाल ही में मीडिया में सुर्खियों में आया है, जिसे सबसे पहले सीएनएन-आईबीएन ने उजागर किया। उत्तर-पूर्व में काम कर रही तमाम सरकारी कंपनियां, तेल कंपनियां और निजी कॉरपोरेट कंपनियां उग्रवादियों को नियमित हफ्ता देती हैं। इनमें टाटा टी कंपनी द्वारा उल्फा को सालाना एक करोड़ रुपये सुरक्षा के नाम पर देने का मामला कंपनी के आधिकारिक दस्तावेजों में पाया गया है। इस तथ्य के प्रकाश में आने के बावजूद इस कंपनी के खिलाफ पुलिस में एफआईआर तक दर्ज नहीं कराई गई। इसी तरह बोडोलैंड आंदोलन के संचालक 'नेशनल डेमोक्रेटिक फ्रंट ऑफ बोडोलैंड' को 1994-95 और 1995-96 में विलियम्सन मगर नामक कंपनी ने एक करोड़ चंदा दिया था, यह तथ्य कंपनी के आधिकारिक ऑडिट खाते में पाए गए हैं। इसी तरह एक छोटी कंपनी भेरगांव टी स्टेट ने पच्चीस लाख रुपये दिए। इस कंपनी को एक ही साल में दो अपहरण की घटनाएं झेलनी पड़ीं। उल्लेखनीय है कि 1990 में असम के राज्यपाल देवीदास ठाकुर ने राष्ट्रपति को भेजी रिपोर्ट में लिखा कि अकेले उल्फा ने फिरौती, हफ्ता वसूली, सुरक्षा-कर आदि के नाम पर तकरीबन 400 करोड़ रुपये वसूले हैं। किसी भी सशस्त्र उग्रवादी संगठन को चलाने के लिए बड़े पैमाने पर धन की आवश्यकता होती है। उग्रवादी संगठन शुद्ध विचारधारा के आधार पर नहीं चलते। मसलन उल्फा जैसे उग्रवादी संगठन को सिर्फ अपने मुख्यालय के लिए के लिए सालाना 30 करोड़ रुपये की जरूरत होती थी। यह जानकारी सुरक्षाबलों को छापे में मिले उल्फा के दस्तावेजों से मिली है। इसके अलावा बटालियन के लिए रसद, गोला-बारूद, हथियार, भोजन, कपड़े आदि के कितने धन की आवश्यकता होती होगी इसका सहज ही अनुमान लगाया जा सकता है। उल्फा के भूटान स्थित मुख्यालय ने अपनी गतिविधियों का पूरा ब्यौरा छापा है। यह एक खुला सच है कि उत्तर-पूर्व उग्रवादियों के फंड सबसे बड़ा स्रोत सरकारी प्रकल्प हैं। सरकारी स्रोतों से धन जुटाना और उससे संगठन चलाना बेहतर धंधा साबित हुआ है। सरकारी सार्वजनिक कंपनियों और बैंक के अधिकारियों से बड़ी रकम ऐंठने में उग्रवादी सफल रहे हैं। उत्तर-पूर्व के राज्यों के लिए विकास प्रकल्पों के लिए आवंटित धन का अधिकांश हिस्सा उग्रवादी संगठनों के पास जा रहा है। यह बात सरकार जानती है लेकिन इसे रोकने के लिए कोई कदम नहीं उठा पाई है। उल्फा से जुड़े ठेकेदारों को विकास के बड़े ठेके दिए जाते रहे हैं और उन प्रकल्पों

का कहीं पर भी अता-पता नहीं है। इस धंधे में नौकरशाह और राजनेता भी धन खा रहे हैं। एक अनुमान के अनुसार ग्रामीण विकास के 1992-93 से फरवरी 1998 तक की अवधि में 11.65 बिलियन रुपये आवंटित किए गए। इसमें से मुश्किल से चार बिलियन रुपये ग्रामीण विकास पर वैध योजनाओं पर खर्च हुए हैं, बाकी पैसा उग्रवादी संगठनों और स्थानीय नेताओं ने मिलकर खाया है। विकास फंड का असामाजिक कार्यों के लिए स्थानांतरण स्वयं में केंद्र और राज्य सरकार की असफलता को बयान करता है। मीडिया की रिपोर्ट बताती है कि उत्तर-पूर्व में सुरक्षा संबंधी खर्चा बढ़ता जा रहा है। सन् 2001 से सालाना 100 करोड़ रुपये सुरक्षा के नाम पर उग्रवादियों की जेब में जा रहे हैं। इसके अलावा विकास फंड से न्यूनतम 10 प्रतिशत धन उग्रवादियों के पास जा रहा है। नगालैंड और मिजोरम के उग्रवादी प्रत्येक व्यक्ति से सुरक्षा हफ्ता वसूलते हैं। प्रत्येक सरकारी कर्मचारी को हफ्ता देना होता है। प्रति तेल टैंकर 3,000 हजार प्रति बार, खाने के गैस सिलेंडर ले जाने वाले ट्रक से प्रति चक्कर 2,000 रुपये, सीमेंट ट्रक से 1,000 हजार वसूले जाते हैं। इसके अलावा इस क्षेत्र के उग्रवादी प्रति ट्रक 7,000 हजार, टूरिस्ट बस से 12,000 हजार रुपये सालाना परमिट शुल्क वसूल करते हैं। मार्च 2008 में संपन्न हुए आम चुनाव में नगालैंड में 58 उम्मीदवार करोड़पति थे। ये आंकड़े नगालैंड इनेक्शन वॉच नामक संगठन ने जारी किए हैं। मेघालय में 27 करोड़पति उम्मीदवार खड़े हुए थे। यह तो छोटे से राज्य का हाल है। इन सभी उम्मीदवारों की आपराधिक पृष्ठभूमि थी। इसी तरह मणिपुर में तो उग्रवादियों ने सभी आर्थिक गतिविधियां ठप्प ही कर दी हैं। मणिपुर के मध्यवर्ग के ज्यादातर युवा राज्य के बाहर चले जाते हैं। बाहर ही पढ़ते हैं। उल्लेखनीय है कि उत्तर-पूर्व के राज्यों में एकमात्र त्रिपुरा ऐसा राज्य है जहां पर विकास फंड किसी भी तरह उग्रवादियों के हाथ नहीं लगा है और विकास कार्यों पर सीधे धन खर्च किया जा रहा है। इसके परिणाम भी सामने आने लगे हैं। त्रिपुरा की विकास दर सालाना 9 प्रतिशत दर्ज की गई है। सरकार फंड का उग्रवादियों को मिलना एकदम बंद है। कभी-कभार उग्रवादी संगठन हिंसा की वारदात करने में सफल हो जाते हैं। कुछ इलाकों में नियमित रूप से उग्रवादी अब भी हफ्ता वसूल रहे हैं लेकिन सरकारी फंड का स्रोत बंद है। इससे राज्य की आर्थिक दशा में तेजी से परिवर्तन आया है।

'आदिवासी'

'आदिवासी' पदबंध के बारे में पहली बात यह कि यह हिंदी का नाम है और हिंदी क्षेत्र में इसकी एक सीमा तक प्रासंगिकता है। लेकिन अन्यत्र कोई प्रासंगिकता नहीं है। 'आदिवासी' पदबंध विभ्रम पैदा करता है। यह मूल जनजातियों के साथ अन्य जनजातियों के बीच तनाव पैदा करता है। 'आदिवासी' पदबंध के पीछे स्वयंसेवी संगठनों की जनजातियों के बीच में विभाजनकारी की भूमिका रही है। इसने अंग्रेजी के 'ट्राइबल' पदबंध को समूचे विमर्श से अपदस्थ किया है। अंग्रेजी के नाम में नकारात्मक अर्थ था जबकि हिंदी का नाम उन्हें मूल बाशिंदे के रूप में देखता है। जब 'ट्राइबल' कहते थे तो यह अर्थ संप्रेषित होता था कि समाज से बाहर सामाजिक समूह। मातहत लोग। इसके विपरीत 'आदिवासी' पदबंध की अर्थध्वनि एकदम अलग है। आदिवासी कहते ही उनके अधिकारों का बात जेहन में आती है। उनके प्रतिरोध, उभार, संघर्ष, आंदोलन, सशक्तिकरण की बातें मन में आती हैं।

भारत में 67.7 मिलियन आदिवासी रहते हैं। आदिवासी को प्रशासनिक भाषा में शिड्यूल्ड ट्राइब्स भी कहते हैं ये शिड्यूल्उ ट्राइब्स जातियां आदिवासी की केटेगरी में आती हैं। इन्हें 'इंडिजिनस पीपुल' माना जाता है। इन्हें एसटी कहते हैं। भारत में 5,653 विशिष्ट किस्म की जातियां रहती हैं इनमें से 635 जातियां हैं जिन्हें 'आदिवासी' की कोटि में रखा गया है। इसके कारण भारत में जनजातियों के समूहों की संख्या 250 से 593 के बीच में है।

भारत के संविधान में 'आदिवासी' पदबंध का प्रयोग नहीं मिलता बल्कि 'अनुसूचित जनजाति' पदबंध का प्रयोग मिलता है। यह ज्यादा सटीक अर्थ को व्यक्त करने वाला पदबंध है। हिंदी जगत में 'जन' पदबंध सैंकड़ों सालों से बेहद जनप्रिय रहा है। आदिवासियों को आदि बाशिंदा मानने के पीछे प्रधान कारण था उनके जमीन, क्षेत्र और कच्चे संसाधनों पर अधिकारों को स्वीकार करना।

आरएसएस के संगठन उन्हें 'वनवासी' के नाम से पुकारते हैं। 'वनवासी' पदबंध उनके पुराने निवासी का अर्थ व्यंजित करता है लेकिन उनके क्षेत्रगत अधिकारों की व्यंजना नहीं करता। यही स्थिति गांधीजी की है वे उन्हें 'वन्यजाति' मानते थे। इसमें भी सांस्कृतिक अर्थ की व्यंजना होती है, क्षेत्रगत आधिकार को वे भी नहीं मानते थे। यही वजह है 60 साल तक कांग्रेस पार्टी ने कभी भी आदिवासियों के अपने इलाके और उसके संसाधनों के स्वामित्व के अधिकारों को स्वीकृति नहीं दी।

पहली बार 'यूपीए -1' सरकार के शासन में वामपंथियों के दबाब के चलते आदिवासियों के अपने क्षेत्र और संसाधनों पर अधिकार की बात को कानूनी तौर पर मान्यता मिली। आदिवासी संरक्षण के लिए नया कानून बना जिसके द्वारा ब्रिटिश जमाने के समस्त नकारात्मक प्रावधानों की विदाई हुई।

आदिवासियों के विशेषज्ञ जे.जे. राय बर्मन के अनुसार आदिवासियों में सभी जातियां मूल आदिवासी जाति की केटेगरी में नहीं आतीं, इसी तरह मूल आदिवासियों में अनेक जनजातियां बाहर से आई हैं। आज इन जनजातियों के लोग जहां रहते हैं वहां वे मूल रूप से नहीं रहते थे। मसलन, मणिपुर के कूकी आदिवासी, मिजोरम के लूसिस जनजाति के लोग मूलतः दक्षिण चीन और चिन पर्वत के निवासी हैं। ये लोग कुछ सौ साल पहले ही स्थानांतरित होकर भारत में आए हैं। कूकी को ब्रिटिश शासकों ने नगा बहुल इलाकों में बसाया था। जिससे नगा और वैष्णवपंथी मैइती जनजाति के बीच में बफर जॉन पैदा किया जाए। लूसिस जनजाति से सैलो का संबंध है इसके मुखिया को ब्रिटिश शासकों ने ठेकेदार के रूप में बढ़ावा दिया जिससे वह मिजोरम में सड़कें बनाएं। इस तरह अन्य जगह से लाकर बसाए गए आदिवासियों की बस्तियों का दायरा धीरे-धीरे त्रिपुरा तक फैल गया। जिसे इन दिनों तुइकुक के नाम से जानते हैं। यहा त्रिपुरा के राजा की नीति थी, उसने अपने राज्य में रियांग और चकमा जनजाति के लोगों को बाहर से लाकर बसाया। जिससे कॉटन मिलों के लिए झूम की खेती के जरिये कॉटन का अबाधित प्रवाह बनाए रखा जा सके।

बोडो जनजाति के लोग मूलतः भूटान के हैं और बाद में वे असम में आकर बस गए। टोटोपारा इलाके के टोटो जनजाति के लोग भूटान से आकर उत्तर बंगाल की सीमा पर आकर बस गए। इनमें अनेक ऐसी जनजातियां भी हैं जो एक जमाने में अपराधी जाति के रूप में ही जानी जाती थीं उन्हें भूटान के राजा ने अपने राज्य से निष्कासित कर दिया था। मेघालय में रहने वाली खासी जनजाति के लोग मूलतः कंपूचिया के हैं और माइग्रेट होकर कुछ सौ वर्ष पहले ही मेघालय में आकर बसे हैं। ये खमेर जनजाति का अंग हैं। देंजोंग भूटिया जनजाति जो सिक्किम की वफादार जनजाति है, वह तिब्बत से आकर बसे हैं। इसी तरह पश्चिम बंगाल के वीरभूम और मिदनापुर जिले से माइग्रेट करके संथाल जनजाति के लोग झाररखंड के संथाल परगना में जाकर बस गए हैं। ये ऐतिहासिक तथ्य हैं।

मजेदार बात यह है कि जिस तरह आदिवासी अपने को भारत का मूल या आदि

बाशिंदा मानते हैं, वैसे ही कुछ दलित विचारक भी दलितों को भारत का आदि बाशिंदा मानते हैं। लेकिन भारत सरकार उन्हें आदि बाशिंदा मानने को तैयार नहीं है। कुछ ब्राह्मण, राजपूत का नाम जनजाति सूची में वैसे ही है जैसे उत्तराखंड में जौनसारी जाति के लोगों का नाम जनजाति सूची में है यही स्थिति हिमाचल प्रदेश के कनौर जनजाति की भी है।

आदिवासी पदबंध का उत्तर बंगाल, सिक्किम, अरुणाचल प्रदेश, असम, मेघालय, नगालैंड, त्रिपुरा में चायबागानों में काम करने वाले मजदूरों के लिए इस्तेमाल किया जाता है। इन इलाकों में संथाल, मुंडा, ओरांव आदि ब्रिटिश जमाने में माइग्रेट करके आए थे। इन इलाकों के मूल आदिवासी अपने को इससे अपमानित महसूस करते हैं। क्योंकि उन्हें भी आदिवासी के रूप में जाना जाता है। इसके कारण उत्तर बंगाल के मूल आदिवासी अपने को आदिवासी के नाम से नहीं बल्कि अपनी मूल जाति के नाम से पुकारते हैं, वे अपने को राभा, मिच, राजवंशी जनजाति या एथनिक ग्रुप के नाम से पुकारते हैं। वे इस बात का विरोध करते हैं कि उन्हें आदिवासी कहा जाए। सिक्किम के आदिवासी अपने यहां छोटा नागपुर से माइग्रेट करके आए पर्वतीय मजदूरों को आदिवासी मानते हैं, वे उन्हें उनकी जनजाति के नाम से नहीं पुकारते। उत्तर बंगाल के सुंदरवन में माइग्रेट करके आए संथाल, उरांव, मुंडा, हो जनजाति के कृषि मजदूरों और छोटी जोत के किसानों को आदिवासी के नाम से पुकारते हैं, उनकी जनजाति के नाम से नहीं। इनमें से ज्यादातर अनुसूचित जनजाति में आते हैं। कहने का अर्थ यह है कि आदिवासी पदबंध उत्तर-पूर्वी भारत में उत्पत्तिमूलक है और उससे मध्य भारत के माइग्रेटेड आदिवासी मजदूर, छोटे किसानों की पहचान बनती है। इस बात को रखने का प्रधान मकसद है कि 'ट्राइबल', 'जनजाति' और 'आदिवासी' इन तीनों पदबंधों के अर्थ में अंतर है। 'आदिवासी' पदबंध के भारत में स्वयंसेवी संगठनों ने जनप्रिय बनाया है। इससे मूल जनजातियों और माइग्रेटेड जनजातियों में टकराव बढ़ा है। जे.जे. राय बर्मन ने सही रेखांकित किया है कि हमें 'आदिवासी' पदबंध को 'ट्राइबल' के वजन का नहीं समझना चाहिए। 'आदिवासी' के नाम से परिचित जातियों को आदि जातियां नहीं कहा जा सकता। 'आदिवासी' पदबंध का प्रयोग जनजातियों में भारत विरोधी भावनाएं भड़काने का काम करता है। खासकर उत्तर बंगाल, सिक्किम और अन्य उत्तर-पूर्वी राज्यों में इस पदबंध के प्रयोग से अधिकांश मूल जनजातियां अपने को अपमानित महसूस करती हैं। यहां उल्लेखनीय है कि 'ट्राइबल' पदबंध स्वयं में

समस्यामूलक है और इसे ब्रिटिश संस्कृति के जनजातियों पर हमले के रूप में देखा जाता है। भारत में कुछ नए विचारक आए हैं जो 'फ्रेंड्स ऑफ ट्राइब' (आदिवासी बंधु) के नाम से काम कर रहे हैं। वे आदिवासियों को रोमांटिसाइज करते हैं। वे आदिवासियों के क्रांतिकारी सशक्तिकरण का हल्ला करते हैं। (क्रमशः)

भारत में जनजातियों की दुनिया वैविध्यपूर्ण है। उसके बारे में इकसार भाव से सोचने से सही नीति नहीं बनाई जा सकती है। विभिन्न इलाकों में जनजातियों की समस्या, मूल बाशिंदों की अवस्था, स्थानांतरित जनजातियों की स्थिति, संस्कार, धर्म आदि में अंतर है। भारत में जो लोग 'इनडिजिनस पीपुल' पदबंध के इस्तेमाल जनजातियों के संदर्भ में करते हैं। उनमें ज्यादातर स्वयंसेवी संगठनों के लोग हैं। यह पदबंध संयुक्त राष्ट्र संघ के इनडिजिनस पीपुल के अध्ययन के लिए बनाए वर्किंग ग्रुप की धारणा का अंधानुकरण है। इसमें यूरोपीय पूर्वग्रह हैं। 'इनडिजिनस पीपुल' और 'राष्ट्र' वे हैं जिनमें हमलों के पहले या ब्रिटिश औपनिवेशिक समाज के आने के पूर्व ऐतिहासिक निरंतरता हो। उन्होंने अपना क्षेत्र विकसित कर लिया हो। वे अपने को समाज के अन्य समुदायों से भिन्न मानते हों। साथ ही, वे जिस क्षेत्र में रहते हों वह उनके क्षेत्र के दायरे में आता हो। ये लोग अपने को मौजूदा समय में गैर-वर्चस्वशाली समूह के रूप में अपनी पहचान, संस्कृति, क्षेत्र, आदतें, सामाजिक संस्थान, कानून और एथनिक पहचान बनाए रखना चाहते हैं। आदिवासी इलाकों में रहने वाली सभी जनजातियां मूल जनजतियां नहीं हैं। इसी तरह सभी जनजातियों को आदिवासी के एक ही धागे में बांधना भी सही नहीं होग। सभी जनजातियों को आदिवासी के एक ही धागे में बांधने का काम यूरोपीय देशों के फंड से चलने वाले स्वयंसेवी संगठन कर रहे हैं। उनके इस काम से जनजातियों में टकराव बढ़ा है। स्वयंसेवी संगठन भारत सरकार पर दबाव डालते रहे हैं कि सभी जनजातियों को आदिवासी के रूप में देखा जाए। इस तरह के संगठन छत्तीसगढ़, झारखंड और दिल्ली में बड़ी संख्या में सक्रिय हैं इनकी सिरमौर हैं मेधा पाटकर-अरुंधती राय-महाश्वेता देवी आदि। इन संगठनों के आदिवासी संघर्षों ने विभिन्न इलाकों में जनजातियों में टकराव की स्थिति पैदा की है। ज्यादातर आदिवासी संगठनों की मांग है शिड्यूल्ड ट्राइब्स या जनजाति सूची में आदिवासियों के नाम शामिल न किए जाएं। खासकर असम में यह चीज दर्ज की गई है (विस्तार से अध्ययन के लिए देखें– Kar, R.K. and Sharma, K.L., 1990, 'Ethnic Identity of Tea Labour: A Case Study in Assam' in D. Pakem (ed.) *Nationality, Ethnicity and Cultural Identity in North-East India*; New Delhi)।

असम में ऐसी आबादी कुल आबादी का 20 प्रतिशत है। यानी 40 लाख से ज्यादा लोग है जो आदिवासी हैं। जबकि बोडो 27 लाख हैं। समूचे उत्तर-पूर्व में जनजातियों की आबादी 80 लाख है। यदि आदिवासियों को जनजाति में शामिल कर लिया जाएगा तो उत्तर-पूर्व में जनजातियों की संख्या में 50 फीसदी की वृद्धि हो जाएगी। वे कुल संख्या का तीसरा हिस्सा हो जाएंगे। अनेक जनजातियां इससे घबराई हुई हैं। अनेक जनजातियां नौकरियों में आरक्षण की सुविधा और संसाधनों से वंचित हो जाने से डरी हुई हैं। जनजाति के लोग नहीं चाहते कि आदिवासियों को जनजाति सूची में शामिल किया जाए। वे मानते हैं कि आदिवासी बाहरी लोग हैं और उन्हें झारखंड बगैरह से लाकर खेती आदि कराने के लिए ब्रिटिश शासकों ने बसाया था, उन्हें जमीन दी थी। इसी अर्थ में 'इनडिजिनस पीपुल' या आदिवासी पदबंध विवादास्पद और विभ्रम पैदा करने वाला है।

उल्लेखनीय है कि सन् 1941 की जनगणना में 'ट्राइबल' पहली बार परिभाषित किया गया। इसमें उनकी धार्मिक आस्था को आधार बनाया गया। उसके पहले 'ट्राइबल' को हिंदू धर्म के मानने वाले के रूप में पेश किया जा रहा था। यह मान लिया गया था कि जिन आदिम जातियों का कोई धर्म नहीं है, वे सब हिंदू हैं, क्योंकि हिंदू धर्म सबसे पुराना धर्म है। ब्रिटिश शासन में जितने भी सेंशस हुए उनमें 1941 को छोड़कर बाकी सभी जनगणना रिपोर्ट में धर्म एक महत्वपूर्ण आधार था। सन् 1931 के सेंशस तक आदिवासियों को 'एनीमिस्ट' के नाम से वर्गीकृत किया जाता था। सन् 1931 में पहली बार 'ट्राइबल रिलीजन' पदबंध दाखिल होता है। आदिवासियों के संदर्भ में मुख्य दिक्कत तब आई जब आदिवासी धर्म और हिंदू धर्म के बीच संबंधों को परिभाषित करने की आवश्यकता महसूस की गई। आदिवासी धर्म से भिन्न हिंदू धर्म को माना गया। यह माना जाता है कि आदिवासी धर्म अति विकसित और पुराना है उसकी तुलना में हिंदू धर्म नया है और पिछड़ा है। हिंदू धर्म की विशेषता है कि यह प्रतिगामी है, पर्वेसिव है। यह अपने अंदर प्रत्येक चीज को समाहित कर लेता है। यह इतना तथाकथित उदार है कि इसका किसी भी समुदाय में प्रवेश हो सकता है। यदि कोई आदिवासी समूह अपने मूल धर्म को न जानता हो तो हिंदू धर्म आसानी से उस आदिवासी समूह को प्राचीन धर्म होने के नाते अपने नाम से विभूषित कर सकता है। सन् 1909 को भारत में महत्वपूर्ण कह सकते हैं क्योंकि इस साल भिन्न किस्म के धर्म के मानने वालों की गणना आरंभ हुई। भारत में वोट देने वाले भिन्न धर्म के मानने वाले कितने हैं, इसकी गणना आरंभ हुई तो

उस समय हिंदू संगठनों ने उन तमाम जातियों-जनजातियों को हिंदू धर्म में शामिल करा दिया जिनको अपने धर्म के बारे में जरा सा भी संदेह था। यह चीज कालांतर में 1931 की जनगणना में दिखाई देता है। 'हिंदू ही आदिवासी हैं' का नारा लगाते हुए मुंबई की 90 प्रतिशत और चेन्नई की 50 प्रतिशत आबादी आदिवासी लिखा दी गई।

सन् 1881 में जब पहली व्यवस्थित जनगणना हुई थी तब उसमें 'ट्राइब' पदबंध का इस्तेमाल नहीं किया गया था बल्कि 'फोरेस्ट ट्राइब' पदबंध का इस्तेमाल किया गया था। इसमें अनेक उपशीर्षक भी रखे गए थे। उसमें कृषि और पशुपालन करने वाली जाति के रूप में वर्गीकृत किया गया है। 1901 और 1911 की जनगणना में 'तथाकथित-पशुजीवी' जाति नाम रखा गया था। बाद में 1921 में यह केटेगरी बदल दी गई और 'पशुजीवी' की जगह 'ट्राइबल रिलीजन' पदबंध का इस्तेमाल किया गया। बाद में प्रसिद्ध समाजविज्ञानी घुर्ये ने आदिवासियों को 'पिछड़े हिंदू' के नाम से वर्गीकृत किया। यही वह प्रक्रिया है जिसमें आदिवासियों को जाति के रूप में व्याख्यायित करने का समूचा प्रपंच खड़ा किया गया। आजादी के बाद समाजविज्ञानियों ने जाति और आदिवासी इन दोनों को अलग करके देखने का वैज्ञानिक आधारों पर प्रयास किया और नए किस्म की अवधारणाएं बनाईं। ब्रिटिश समाजविज्ञानियों ने 'जाति' और 'आदिवासी', 'धर्म' और 'आदिवासी' में गड्डमड्ड किया। जिसे स्वाधीनता के बाद दुरुस्त करके नए सिरे से परिभाषित करने की कोशिश की गई और यह माना गया कि 'जाति' और 'आदिवासी' दो भिन्न किस्म के सामाजिक संगठन का प्रतिनिधित्व करते हैं। जाति वंशानुगत श्रम विभाजन, छोटे-बड़े का भेद, शुद्धता, अपवित्रता, धार्मिक और नागरिक अपंगता आदि पर आधारित है, जबकि आदिवासियों के वे लक्षण नहीं होते जो जाति में होते हैं। जाति और आदिवासी नामक दोनों सामाजिक संगठन दो भिन्न किस्म के नियमों से संचालित हैं। आदिवासियों में 'किनशिप' संबंध होते हैं। इसके बंधनों में वे बंधे होते हैं। आदिवासियों में 'क्लॉन' मूल ईकाई है। वही इसके उपभोग और स्वामित्व की स्वामी है, इसमें अन्य से प्रत्येक व्यक्ति की समानता पर जोर है। इसके विपरीत जाति समाज में असमानता, परनिर्भरता और मातहत भाव है। इसी तरह जाति और आदिवासी में धर्म के उपयोगी और अनुपयोगी रूपों को लेकर भी भेद है। आदिवासियों और जाति में आनंद, मनोरंजन, सेक्स, मद्यपान, नृत्य, वाद्य आदि को लेकर भी भिन्न किस्म की आदतें हैं। जाति के लोगों में इन सब चीजों को लेकर तरह-तरह की रूढ़ियां चलन में हैं।

आदिवासियों को हमेशा से हिंदू समाज अथवा मुख्यधारा के समाज से बाहर रखा गया है। आदिवासियों की पहचान का आधार राजनीतिक-प्रशासनिक है। हमें कायदे से आदिवासी की अवधारणा पर आलोचनात्मक ढंग से विचार करना चाहिए। ब्रिटिश शासन में आदिवासियों और मुख्य समाज के बीच के अंतस्संबंध और संपर्क पर ध्यान नहीं दिया गया जबकि आजाद भारत में आदिवासियों और बाकी समाज के बीच के अंतस्संबंधों पर ध्यान दिया गया। आदिवासियों को जब आप मुख्यधारा के समाज के साथ संपर्क-संबंध बनाते हुए देखते हैं तो आदिवासी जीवन की अपरिवर्तनीय छवि टूटती है और आदिवासी परिवर्तन की छवि सामने आती है। आदिवासी जब मुख्यधारा के समाज से जुड़ते हैं तो सभ्यता में अंतर्भुक्त होते चले जाते हैं। आदिवासियों के अतीत को लेकर किए गए तमाम अनुसंधान इसकी पुष्टि करते हैं। डी.डी. कोसांबी से लेकर एन.के. बोस तक का समस्त सामाजिक शोध इस बात की पुष्टि करता है कि आदिवासियों को बाकी समाज या हिंदू समाज अपने अंदर का हिस्सा बनाता रहा है। उन्हें जाति में तब्दील करता जा रहा है। यह भी तथ्य सामने आए हैं कि आदिवासी जाति के लोगों ने जाति में अपने को रूपांतरित कर लिया है और जाति के नियम-कायदे मानने लगे हैं और उन्हें हिंदू किसानों में गिना जाने लगा है। ऐसी जनजातियों में भील, भूमीज्स, माझी, खासास, राज-गोंडस आदि के नाम लिए जा सकते हैं। अधिकांश मानवविज्ञानियों का लेखन यही तथ्य रेखांकित करता है कि जनजातियों का जाति में रूपांतरण हुआ है। राय-बर्मन (1972) में आदिवासी उन्हें माना जो (1) हिंदू समाज में शामिल हैं। (2) जिनका सकारात्मक ढ़ंग से हिंदू समाजीकरण हो चुका है, (3) जिनका नकारात्मक ढंग से नजरिया बना है, (4) जो हिंदू समाज से अलग हैं। विद्यार्थी ने लिखा कि आदिवासी वह है जो वन में रहे। गांव में रहे। अर्द्ध विकसित क्षेत्र में रहे। इल्विन (1944) ने लिखा कि आदिवासी वह है जो सबसे शुद्ध हो। वह ऐसा ग्रुप है जो मैदानी इलाकों में रहने वालों के संपर्क में हो और आदिवासी जीवनशैली में रहता हो। डी.डी. कोसांबी (1975) ने लिखा है कि आदिवासियों के द्वारा हिंदू समाज की तकनीक अपनाने के कारण बड़े पैमाने पर मौजूदा उत्पादन प्रणाली में उन्हें आत्मसात कर लिया गया। आदिवासी गैर प्रतिस्पर्धी व्यवस्था में रखे गए, इसके कारण उन्हें संरक्षण भी दिया गया। संस्कृतीकरण दूसरा मैथड था जिसके आधार पर आदिवासियों को हिंदू समाज का हिस्सा बनाया गया। आदिवासियों के रूपांतरण का तीसरा रूप है आदिवासी राज्य का उदय। जो लोग आदिवासी राज्य की धारणा पर जोर देते रहे हैं उनका

मानना है कि आदिवासी जाति या जनजाति या संस्कृतीकरण के सही आंकड़े उपलब्ध नहीं हैं अतः राज्य के व्यापक सदर्भ में आदिवासियों का मूल्यांकन किया जाना चाहिए। एक अन्य समस्या है कि जो आदिवासी समूह या व्यक्ति आधुनिक राज्य, शिक्षा, संस्थान, नौकरी और बाजार के संपर्क में आ चुके हैं और अपना जनजाति समूह और इलाका त्याग चुके हैं। वे क्या अब भी आदिवासी की कोटि में रखे जाने के लायक हैं। आजादी के बाद जो आदिवासी बच्चे सभी किस्म की आरक्षण सुविधाएं प्राप्त करके दूसरी-तीसरी पीढ़ी में नागर-जीवन जी रहे हैं क्या उन्हें आदिवासी कहना सही होगा ?

जिस आदिवासी का संस्कृतीकरण-हिंदूकरण और नगरीकरण हो चुका है क्या वह अब भी आदिवासी है ? संस्कृतीकरण ने जनजाति को जाति में बदला है, क्या जाति का भी रूपांतरण हो रहा है या नहीं ? उपभोग की संस्कृति के विस्तार ने जाति के बंधनों और मान्यताओं को कमजोर करना आरंभ कर दिया है। उपभोक्तावाद ने सभी किस्म के धार्मिक-सामाजिक मतभेदों को मासकल्चर के अधीन कर दिया है। अब आदिवासी संस्कृति का तेजी से मासकल्चर में रूपांतरण हो रहा है। आदिवासियों की जीवनशैली से जुड़ी वस्तुएं शहरी मध्यवर्ग के ड्राइंग रूम में सजावट की वस्तुओं के रूप में घुस आई हैं। आदिवासी जीवनशैली की प्रत्येक वस्तु आज मासकल्चर का शानदार माल है। आदिवासी गहनों से लेकर भालों तक, चटाई से लेकर चोटी तक सभी चीजें मासकल्चर का अंग हैं। ग्लोबल-लोकल के द्वंद्व में आदिवासी की संस्कृति का आदिवासी इलाकों, देश और भाषा की सीमाओं के पार बाजार और उपभोक्ता तैयार हो गया है। अब आदिवासी संस्कृति की विशिष्टता को मासकल्चर ने वस्तु और माल में तब्दील कर दिया है। यह रूपांतरण आदिवासियों की निजता और विशिष्टता को तेजी से खत्म कर रहा है। आदिवासी भी अब एक उपभोक्ता मात्र बनकर रह गया है।

मासकल्चर के दौर में आदिवासियों में जाति संस्कृति कम मासकल्चर ज्यादा फलेगी-फूलेगी। इसके कारण सामाजिक तनाव पैदा होंगे। आदिवासियों में छद्मशत्रु से लड़ाइयां बढ़ेंगी। आदिवासियों की संस्कृति की निजता और विशिष्टता के लिए खतरा किसी अन्य जाति के लोगों से नहीं है बल्कि मासकल्चर से है, पूंजीवाद से है। मुश्किल यह है कि आदिवासियों में इसकी गलत समझ का ज्यादा प्रचार हो रहा है। आम तौर पर आदिवासी अपने शत्रु के रूप में गैर आदिवासी या अन्य जनजाति के लोगों को देख रहे हैं। इसके कारण उत्तर-पूर्व के राज्यों में जनजातियों के बीच

आए दिन खूनी झगड़े होते रहते हैं। आदिवासियों का विकास हो इसके लिए जरूरी है कि उन्हें पूंजीवाद की साझा संरचनाओं, उपभोग, उत्पादन, संस्कार आदि की संगतियों में लाया जाए। आदिवासियों में किस तरह की जीवनशैली होगी, किस तरह के संस्कार, आचार-विचार होंगे यह वे ही तय करें। लेकिन आधुनिक शिक्षा के वातावरण की रोशनी उनके दरवाजों तक पहुंचे। लोकतंत्र की प्रक्रिया से जुड़ी संरचनाएं और लोकतांत्रिक कानून व्यवस्था उनके गांवों तक पहुंचे। राज्य और अन्य जातियों के साथ उनके टकराव की नहीं, सहयोग की जरूरत है। आदिवासियों पर किसी के वर्चस्व की नहीं, समानतावादी भावबोध की जरूरत है।

त्रिपुरा

त्रिपुरा को समग्रता में देखें तो सभी समुदायों के लोगों के जमीन के स्वामित्व में गिरावट आई है। इसी तरह आदिवासियों में शिक्षा की दर भी बेहतर नहीं है। इस मामले में वाममोर्चा शासित राज्यों में भी स्थिति काफी असंतोषजनक है। खासतौर पर त्रिपुरा के संदर्भ में आदिवासियों की स्थिति पर गौर करें तो कई नए तथ्य सामने आते हैं। सन् 2001 की जनगणना के अनुसार त्रिपुरा की कुल जनसंख्या 31,99,203 है। इसमें 9,93, 426 लोग जनजाति के हैं। यानी कुल आबादी का 31.1 प्रतिशत लोग जनजाति से आते हैं ।

त्रिपुरा का नाम ही आदिवासी जाति पर है। इस जनजाति के आदिवासी जनसंख्या में 54.7 प्रतिशत लोग रहते हैं। रियांग 16.6 प्रतिशत, जयंतिया 7.5 प्रतिशत, चकमा 6.5 प्रतिशत, हलम 4.8, माग 3.1, मुंडा 1.2, कुकी 1.2, गारो 1.1 प्रतिशत आदिवासी रहते हैं।

त्रिपुरा में आदिवासी लिंग अनुपात 970 है। जो राष्ट्रीय अनुपात (978) से कम है। जयंतिया में सबसे ज्यादा लिंग अनुपात 996 दर्ज किया गया। जबकि मुंडा (950), चकमा (951) और रियांग (962) में सबसे कम लिंग अनुपात दर्ज किया गया। त्रिपुरा में आदिवासी आबादी में शिक्षा का प्रतिशत अच्छा है। सकल आदिवासी आबादी में साक्षरों की संख्या 56.5 प्रतिशत है। जबकि राष्ट्रीय स्तर पर आदिवासी साक्षरता दर 47.1 प्रतिशत है। इसमें पुरुषों की साक्षरता दर 68 प्रतिशत और औरतों में साक्षरता दर 44.6 प्रतिशत है। इससे यह भी पता चलता है कि औरतों में मर्दों की तुलना में साक्षरता का प्रसार कम हुआ है। त्रिपुरा के आदिवासियों में कुकी जनजाति के लोगों में साक्षरता दर सबसे ज्यादा है, आंकड़े बताते हैं कि उनमें

73.1 प्रतिशत साक्षरता है। जबकि त्रिपुरा जनजाति में 62.1 प्रतिशत साक्षरता है। मर्दों और औरतों में क्रमशः 81.9 प्रतिशत और 44.6 प्रतिशत साक्षरता दर्ज की गई है। दूसरी ओर चकमा, मुंडा और रियांग जनजाति में आधी से ज्यादा आबादी अब भी निरक्षर बनी हुई है।

त्रिपुरा में 5-14 साल की उम्र के 62.7 प्रतिशत आदिवासी बच्चे स्कूल जाते हैं। इनमें कुकी जनजाति के सबसे ज्यादा 77.6 प्रतिशत बच्चे स्कूल जाते हैं। मुंडा जाति (36.7) के सबसे कम बच्चे स्कूल जाते हैं। आदिवासियों में शिक्षितों में 9.5 प्रतिशत के पास मैट्रिक या सेकेंडरी स्तर की शिक्षा है। इसमें त्रिपुरा में 10.5 प्रतिशत मैट्रिक या सेकेंडरी पास हैं। मुंडा में 4 प्रतिशत, माग में 6.5 प्रतिशत मैट्रिक हैं।

सन् 2001 की जनगणना के आंकड़े बताते हैं कि त्रिपुरा की सकल आदिवासी आबादी का मात्र 42.7 प्रतिशत कोई न कोई काम करता है। जबकि राष्ट्रीय स्तर पर आदिवासियों की काम करने वाली आबादी 49.1 प्रतिशत है। यानी राष्ट्रीय औसत से भी नीचे है काम करने वाले आदिवासियों की संख्या। त्रिपुरा की कुल कामकाजी आदिवासी आबादी में 69.6 नियमित मजदूरी करने वाले लोग हैं। 30.4 प्रतिशत हाशिये के मजदूर हैं। इनमें कामकाजी औरतों का 37.5 प्रतिशत और पुरुषों का 47.6 प्रतिशत है। यहां पर लिंगभेद साफ देखा जा सकता है। यह लिंगभेद नियमित कामकाजी मजदूरों में बहुत ज्यादा है। नियमित मजदूरों में 86.5 प्रतिशत पुरुष हैं जबकि 47.5 प्रतिशत औरतें नियमित मजदूर के रूप में दर्ज की गई हैं। जयंतिया जनजाति में सबसे ज्यादा कामकाजी लोग 48.7 प्रतिशत दर्ज किए गए हैं जबकि सबसे कम रियांग जनजाति में 39.2 प्रतिशत दर्ज किए गए हैं। कामकाजी मजदूरों में बड़ी संख्या खेत मजदूरों की है। इनमें मुख्य कामकाजी लोगों में 45.9 प्रतिशत कृषक हैं और 29.7 प्रतिशत खेत मजदूर हैं। रियांग मुख्यतः खेती करते हैं, इनमें 64.9 प्रतिशत कामकाजी लोग खेती करते हैं। जबकि मुंडा जनजाति में सबसे कम 2 प्रतिशत खेती करते हैं।

वैवाहिक जीवन के आंकड़े बताते हैं कि त्रिपुरा के आदिवासियों में 54.3 प्रतिशत लोग अविवाहित रहते हैं। 41.9 प्रतिशत की शादी हुई है। 3.3 प्रतिशत विधवाएं हैं। 0.6 प्रतिशत तलाकशुदा या अपने पति से अलग रहने वाली औरतें हैं। गारो (4.4 प्रतिशत) और मुंडा (4.1 प्रतिशत) जनजाति में विधवा औरतों की संख्या सबसे ज्यादा है। जबकि तलाकशुदा औरतों की संख्या माग जनजाति में

1.1 प्रतिशत सबसे ज्यादा है और चकमा में सबसे कम 0.3 प्रतिशत है। त्रिपुरा के आदिवासियों में अब भी एक हिस्सा ऐसा है जिसमें बाल विवाह की प्रथा बरकरार है। त्रिपुरा के आदिवासियों में 80.1 प्रतिशत हिंदू, 10 प्रतिशत ईसाई, 9.8 प्रतिशत बौद्ध और मात्र 0.2 प्रतिशत मुसलमान हैं।

त्रिपुरा की सबसे बड़ी कमजोरी है अति दरिद्रता। नेशनल सेंपिल सर्वे के 2001-02 के आंकड़े बताते हैं कि त्रिपुरा में 55 प्रतिशत आबादी गरीबी की रेखा के नीचे निवास करती है। इन आंकड़ों को योजना आयोग के नवीनतम सुझावों के आधार पर सही पाया गया है।

जनजातियों के प्रति वाम की प्रयोगस्थली त्रिपुरा है। सारे देश में आदिवासियों के बारे में वामपंथी दलों, खासकर कम्युनिस्ट पार्टी ऑफ इंडिया (मार्क्सवादी) का जो नजरिया है, उसका व्यवहार में शानदार प्रयोग यहां मिलता है। वामपंथी दलों के शासन में आने के बाद से त्रिपुरा के आदिवासी इलाकों में, कुछ समय को छोड़कर, आमतौर पर शांति है और जनजातियों के लोग लोकतांत्रिक प्रक्रिया में सक्रिय भूमिका अदा कर रहे हैं।

उत्तर-पूर्व के राज्यों त्रिपुरा अकेला राज्य है जहां वामपंथी दलों के नेतृत्व में 1977 से निरंतर लोकतांत्रिक शासन चल रहा है। यह अकेला राज्य है जहां सेना या अर्द्ध-सैन्यबलों ने बिना शासन चल रहा है। जबकि इस क्षेत्र के अन्य राज्यों में निरंतर अशांति बनी हुई है। त्रिपुरा में जनजातियों की आबादी 19 पर्वतीय इलाकों में बसी हुई है। मोटे तौर समूचे राज्य की आबादी का 31 प्रतिशत हिस्सा जनजातियों का है। इस राज्य के ज्यादातर जनजातियां तिब्बती-बर्मी मूल की हैं।

त्रिपुरा की प्रमुख जनजातियां हैं—चाइमल, हलाम, जयंतिया, तिप्पेरा, त्रिपुरी, मोग, रियांग, लेप्चा आदि। इनमें त्रिपुरी और रियांग जनजाति का अधिकांश जनजाति इलाके में वर्चस्व है। कोकबोराक इनकी आमचीत की भाषा है। त्रिपुरा की जनजातियों पर बौद्ध, ईसाई, और त्रिपुरसुंदरी संप्रदाय का गहरा प्रभाव है।

हाल ही में 3 मई, 2010 को त्रिपुरा आदिवासी स्वायत्त जिला परिषद के चुनाव हुए हैं जिसमें 27 के परिणाम आए हैं और सभी सीटों पर वामपंथी उम्मीदवार जाते हैं। इसमें 25 पर माकपा, 1-1 सीट भाकपा और फार्वर्ड ब्लॉक को सफलता मिली है।

उल्लेखनीय है कि त्रिपुरा को एक नबंवर 1957 को केंद्रशासित क्षेत्र बनाया गया और 21 जनवरी 1972 को राज्य का दर्जा दिया गया। आरंभ में त्रिपुरा में

पंचायतों का गठन यूनाइटंड प्रोविंस पंचायत राज एक्ट 1947 के आधार पर होता था, उसके तहत ग्रामसभा का गठन किया जाता था। बाद में वाममोर्चा सरकार ने त्रिपुरा पंचायत एक्ट 1983 बनाया और 1984 से इसे लागू किया। इसने 1947 के कानून की जगह ली। सन् 1993 में त्रि-स्तरीय पंचायत की व्यवस्था की गई। सबसे निचले स्तर पर ग्राम पंचायत, ब्लॉक स्तर पर पंचायत समिति और जिला स्तर पर जिला परिषद का गठन किया गया। इसके अलावा आदिवासियों के लिए आदिवासी स्वायत्त जिला परिषद का संविधान की छठी अनुसूची के तहत 1985 में गठन किया गया। यह मूलतः आदिवासियों की चुनी हुई संस्था है और इसमें कुल 28 जनता के द्वारा चुने सदस्य हैं और दो सदस्य राज्यपाल के द्वारा नामांकित किए जाते हैं, ये भी जनजाति के ही होते हैं। यह परिषद राज्य के दो-तिहाई भौगोलिक क्षेत्र को समेटे हुए है। जबकि इसके दायरे में आने वाली आबादी में दो-तिहाई गैर जनजाति के लोग बसते हैं और एक-तिहाई जनजाति के लोग रहते हैं। इस जाति संरचना में आए असंतुलन को आधार बनाकर विभाजनकारी ताकतें जनजाति और गैर-जनजाति समूहों के बीच में टकराव पैदा करने की कोशिश करते रहते हैं। इन तनाव को बार-बार वाममोर्चे ने सफलता के साथ हल किया है। अनेक बार इस तनाव के कारण दंगे भी हुए हैं। अनेक उग्रवादी गुट जनजातियों के असंतोष को भड़काकर दंगों को हवा देते रहे हैं। इस प्रसंग में उनका एक ही प्रचार है कि वाम के शासन में जनजातियों की उपेक्षा हुई है, आदिवासियों के लिए बनी स्वायत्त परिषद के कानूनों को बड़ी ही धीमी गति से लागू किया जा रहा है। वाममोर्चे ने अपने तरीके से बंगाली बनाम जनजाति के बीच में पैदा किए गए विवादों को बड़े ही कौशल के साथ हल किया है और इसमें उसने आदिवसियों के हितों को सर्वोच्च प्राथमिकता दी है। उत्तर-पूर्व के राज्यों और खासकर त्रिपुरा के संदर्भ में जनजातियों के मूल्यांकन के संदर्भ में कई मिथ फैले हुए हैं। इन मिथों का समूची जनजाति आबादी में अलगाव पैदा करने, राष्ट्रीय एकता भंग करने, सामाजिक टकराव पैदा करने के लिए समय-समय पर इस्तेमाल किया जाता है।

आमतौर यह कहा जाता है कि जनजातियों में देश के बाकी हिस्सों और अन्य समुदायों के साथ अलगाव और सामाजिक-आर्थिक विकास के अभाव के कारण अलगाववादी स्वर सुनाई देते हैं। इसी आधार पर आदिवासियों में पैदा हुए पृथकतावादी-उग्रवादी गुटों की गतिविधियों की व्याख्या भी की जाती है।

सन् 2001 की जनगणना के अनुसार देश में आदिवासियों की संख्या

8.1 प्रतिशत है। यानी कुल 83.6 मिलियन आदिवासी रहते हैं। ये लोग देश के विभिन्न इलाकों में 461 समुदायों में रहते हैं। इनकी आधिकांश आबादी मध्य भारत, पूर्व, उत्तर-पूर्व भारत में निवास करती है। ये लोग समाज के सबसे शोषित समुदाय में आते हैं। इनमें से ज्यादातर खानों में काम करते हैं, बागानों में काम करते हैं या फिर ठेका मजदूर के रूप में काम करते हैं। इनमें से अधिकांश की सामाजिक-आर्थिक दशा बड़ी खराब है। इनकी बुनियादी समस्याएं हैं इनका जमीन से अलगाव, जंगलात और उसके इस्तेमाल से इनका वंचित रहना, विकास प्रकल्पों के कारण बड़े पैमाने पर विस्थापन, आदिवासी औरतों की दुर्दशापूर्ण अवस्था, सामाजिक उत्पीड़न और शोषण, शिक्षा और स्वास्थ्य सुविधाओं का अभाव, आदिवासी भाषा और संस्कृति का अवरुद्ध विकास, आदिवासी इलाकों में स्वायत्त प्रशासनिक और लोकतांत्रिक व्यवस्था का अभाव। ब्रिटिश शासकों से लेकर आधुनिक भारत के स्वतंत्र शासकों तक जितने भी शासन आए हैं वे आदिवासियों के उनकी जमीन और जंगल पर स्वामित्व के अधिकार को अस्वीकार करते हैं। अंधाधुंध पूंजीवादी विकास ने आदिवासियों को उनकी जमीन, वातावरण और संस्कृति से विस्थापित किया है। आदिवासियों की जमीनों पर विकास और अन्य बहानों से बसाया गया है। इसके लिए बड़े पैमाने पर कानूनी मेनीपुलेशन का सहारा लिया गया। यह फिनोमिना उत्तर-पूर्व के कुछ राज्यों को छोड़कर सारे देश में आदिवासी इलाकों में देखा गया है। गैर आदिवासियों द्वारा आदिवासियों की जमीन हथियाने के लिए कई हथकंडे अपनाए जाते रहे हैं, इनमें प्रमुख हैं—जमीन को गिरवी रखकर कर्ज देना, लीज पर लेना, बेनामी हस्तांतरण, झूठे नामों से जमीन का स्वामित्व हथियाना, आदिवासी औरतों से शादी करके जमीन हथियाना, आदिवासियों को मजदूरी के नाम पर बंधुआ बनाना और बाद में उनकी जमीन हड़पना आदि कुछ रास्ते हैं, जिनका बड़े पैमाने पर इस्तेमाल होता रहा है।

आदिवासियों की अस्मिता को बचाने का सबसे सटीक रास्ता है उन्हें उनकी जमीन से जोड़े रखना। आदिवासियों में भूमि सुधार कार्यक्रमों को सख्ती से लागू करना। आदिवासियों की पहचान उनके जमीन के स्वामित्व से जुड़ी है। इस काम को वाममोर्चा सरकारों ने बड़ी गंभीरता के साथ काम किया है। जो लोग इन दिनों आदिवासियों के सवाल पर वामपंथी दलों खासकर कम्युनिस्ट पार्टी ऑफ इंडिया (मार्क्सवादी) पर लालगढ़ के तथाकथित माओवादी हिंसाचार के बहाने हमले कर रहे हैं और मीडिया और बुद्धिजीवियों में मिथ्या प्रचार कर रहे हैं, वे जानते हुए भी सत्य को छिपा रहे हैं कि आदिवासियों में भूमि सुधार लागू करने का वाममोर्चे का शानदार

रिकॉर्ड रहा है। मसलन पश्चिम बंगाल में भूमि सुधार के तहत ग्यारह लाख एकड़ जमीन पच्चीस लाख परिवारों में वितरित की गई है। इसमें से पांच लाख परिवार आदिवासी हैं। इसी तरह त्रिपुरा में भी आदिवासियों को भूमिसुधारों का व्यापक लाभ मिला है। आदिवासियों का अपनी जमीन से अलगाव कम हुआ है।

आर्थिक उदारीकरण लागू किए जाने के कारण सबसे ज्यादा आदिवासियों पर बुरा असर पड़ा है। आदिवासी इलाकों में भुखमरी बढ़ी है। राशन व्यवस्था पूरी तरह बैठ गई है। खानों के अंधाधुंध उत्खनन ने आदिवासियों की बेदखली बढ़ा दी है। इसके विपरीत आदिवासी इलाकों में विकास कार्य एकदम बंद पड़े हैं। शिक्षा, स्वास्थ्य और आजीविका के अभाव और सूदखोरों के शोषण ने आदिवासियों को पूरी तरह बर्बाद कर दिया है।

12. भाषा की अस्मिता और राजनीति : उर्दू के संदर्भ में

उर्दू एक स्वतंत्र भाषा है। उसका यह स्वतंत्र रूप अचानक नहीं बना बल्कि बड़ी लंबी जद्दोजहद के बाद बना है। स्वतंत्र भाषा के रूप में उर्दू को देखेंगे तो उसकी स्वतंत्र समस्याओं और सापेक्ष समस्याओं को भी निर्धारित कर पाएंगे। उर्दू को हिंदी का अंग मानना या हिंदी का एक रूप मानना अनेक उलझनें पैदा करता है। हिंदी और उर्दू एक थीं, किंतु आज जुदा हैं। यह फर्क वस्तुतः वाचिक परंपरा से लिखित परंपरा में पदार्पण के कारण पैदा हुआ है। आमतौर पर बोलने में दोनों भाषाओं में कोई फर्क महसूस नहीं होता किंतु लिखते समय लिपिभेद साफ नजर आता है। वाचन एवं लिपि का फर्क भाषा के बुनियादी स्वरूप और अस्मिता को बदल देता है। लिखित परंपरा में लिपि का फर्क बहुत बड़ा फर्क है, बुनियादी फर्क है। उर्दू अपने जन्म से हिंदी के नाम से जुड़ी थी किंतु जब किसी नाम का उदय होता है तो वह अपनी अलग पहचान बनाने की कोशिश करता है, वह उदित जरूर एक साथ होता है किंतु बाद में पृथक पहचान बनाता है, भिन्नता दर्शाता है। वह अन्य से भिन्नता दर्शाता है। उर्दू के साथ भी तकरीबन यही हुआ। हिंदी परिवेश और हिंदी के गर्भ से जुड़े होने के बावजूद ज्योंही उसके हिंदी के अतिरिक्त अन्य नाम से पुकारा गया त्यों ही अनजाने उसकी पृथक पहचान की शुरुआत हो गई। देरिदा के शब्दों में 'नाम' स्वयं में ही पृथकत्व पैदा करता है। वह अन्य से अलग करता है। 'सम' या 'एक जैसी' के लिए जरूरी है कि उसकी भिन्नताओं को एकीकृत किया जाए। ज्यों ही ऐसा करने की कोशिश की जाएगी और भी ज्यादा क्रांतिकारी अंतर सामने आएंगे। यही वजह है कि हिंदी-उर्दू को एक करने की जितनी भी कोशिशें हुई हैं, ये दोनों भाषाएं करीब आने के बजाय और भी ज्यादा दूर हो गई हैं। भिन्नता का मूलाधार नाम में है। यह एक मोटी सी किंतु गंभीर बात अभी तक हिंदी समीक्षक एवं इतिहासकार

स्वीकार करने के लिए तैयार नहीं हैं।

उर्दू भाषा के नाम पर जो भी विवाद है, वह उसके नाम की सत्ता को पहले खत्म करना चाहता है। स्वभावतः जो लोग उर्दू की स्वतंत्र सत्ता मानने के लिए तैयार नहीं हैं वे यह भूल जाते हैं कि 'उर्दू' नामकरण एक प्रक्रिया के गर्भ से पैदा हुआ है। वह कोई सुविधा के लिए रखा गया पृथक नाम नहीं है। यह उसकी शुरुआत का प्रतीक नहीं है। प्रक्रिया के गर्भ से उपजी 'उर्दू' शुद्ध भाषा नहीं थी। 'प्रक्रिया' में से आने का अर्थ है भाषिक शुद्धता का लोप। 'शुद्धता' की मौत 'प्रक्रिया' की पहली सीढ़ी है। शुद्ध भाषिक रूपों एवं शब्दों की जगह सम्मिश्रित रूपों एवं शब्दों का प्रचलन हुआ। इसी के कारण उर्दू को स्वतंत्र पहचान मिली। हिंदी से भिन्न अस्मिता बनी। उर्दू ने अपना अलग मिजाज बनाया। अलग 'इडियम' गढ़ा। इस क्रम में हिंदी की सार्वभौम छवि प्रदूषित हुई। हिंदी शुद्धता का टूटना और उर्दू का मिश्रित भाषा के रूप में उसमें अलग रूप से निकलना एक ऐसी संभावना को पैदा करता है जिसकी पहले किसी ने कल्पना नहीं की थी, इस क्रम में 'पुरानी हिंदी' की मौत हुई। उसकी जगह कालांतर में 'खड़ी बोली हिंदी' और 'उर्दू' आई। इन दोनों का उदय भी 'शुद्ध भाषा' की मौत के कारण हुआ। 'खड़ी बोली' हिंदी और उर्दू का दो भिन्न नामों में प्रयोग वस्तुतः भिन्नता को दर्शाता है। जैसा कि प्लेटो ने कहा था कि 'लेखन तो नियम की परिस्थिति है।' जब कोई बात लिखित रूप में आ जाती है तो सभी के लिए नियम बन जाती है। नियम सबके लिए और सब समय मौजूद रहते हैं।

इसी प्रसंग में यह भी याद रखें कि इडियम सामान्यतः भाषा के उदय से पहले से ही मौजूद रहता है और मिश्रित इडियम भाषा के बाद बना रहता है। भाषा ज्योंही अपनी स्वतंत्र पहचान अर्जित करती है वह अपनी राष्ट्रीयता भी खोजती है अथवा राष्ट्र खोजती है। इसी संदर्भ में बाबा-ए-उर्दू डॉ. मौलवी अब्दुल हक का वह भाषण विशेष महत्व रखता है जो 1961 की 15 फरवरी को गालिब की 92वीं पुण्यतिथि पर कराची में उन्होंने दिया था। पाकिस्तान में उर्दू की उपेक्षा पर अफसोस जाहिर करते हुए उन्होंने कहा था कि 'पाकिस्तान को न जिन्ना ने बनाया, न इकबाल ने; पाकिस्तान बनाया उर्दू ने। मुसलमानों और हिंदुओं के विद्वेष का मुख्य कारण उर्दू थी, दो राष्ट्रों का सिद्धांत और इस तरह के सारे मतभेद उर्दू से पैदा हुए थे, इसलिए पाकिस्तान को उर्दू का एहसानमंद होना चाहिए।'

मौलवी अब्दुल हक के उपरोक्त उद्धरण की कई तरह के व्याख्या की जा सकती है। इसी तरह 'अंजुम-न-हिमायत-ए-उर्दू' या 'उर्दू डिफेंस एसोसिएशन' या 'अलीगढ़

आंदोलन' या उर्दू कवि इकबाल की उर्दू की अस्मिता के लिए किए गए प्रयासों की राजनीतिक व्याख्याएं अनेक असुविधाएं पैदा करती हैं। इसके अलावा इससे अलगाव पैदा होता है। यह अलगाव तब और भी ज्यादा मुखर हो जाता है जब उर्दू को राजकाज की दूसरी भाषा बनाने का मसला बिहार, उ.प्र. आदि में उठ खड़ा होता है। मेरा सरोकार उर्दू को राजकाज की पहली और दूसरी राज भाषा के पक्ष-विपक्ष में दिए तर्क और वितर्कों की छानबीन करना नहीं है। मेरा सरोकार उर्दू की एक स्वतंत्र भाषा के रूप में स्थापित पहचान के वृहत्तर दायरे को उद्‌घाटित करना है। इस क्रम में यह जानना अभीसिप्त लक्ष्य है कि उर्दू का कितना प्रचार-प्रसार हुआ और उसके विकास के लिए क्या-क्या कदम उठाए जाने चाहिए। इससे यह मिथ भी टूटेगा कि उर्दू मर रही है।

आर.एस.एस. के प्रचारकों के लिए उर्दू विदेशी भाषा है। वहीं इसके जवाब में मुस्लिम तत्ववादी उर्दू को मुसलमानों की भाषा बनाने पर तुले हैं। उर्दू के प्रति ये दोनों ही नजरिये द्वेष से भरे हुए हैं। उर्दू की प्रकृति और सामाजिक स्रोत पर विचार करें तो पाएंगे उर्दू हमारी देश की सांस्कृतिक-भाषिक प्रक्रियाओं की सहज संतान है। वह हिंदुस्तान की भाषा है। इस भाषा का इस्लाम से कोई सरोकार नहीं है। उर्दू के बोलने वाले हिंदुस्तान (पाकिस्तान-बंगलादेश भी) में ही पाए जाते हैं, किसी अन्य देश में उर्दू बोलने वाले नहीं मिलते।

उर्दू का साहित्य एवं भाषा संसार भारत में रचा गया और समृद्ध हुआ। आज उर्दू प्रमुख भारतीय भाषाओं में से एक है। अपने ऐतिहासिक का विकास-क्रम में उर्दू की आज एक स्वतंत्र लिपि है, स्वतंत्र शब्दकोष है और यहां तक कि बातचीत में भी समझने के लिए उर्दू के स्वतंत्र रूप से न्यूनतम ज्ञान की जरूरत महसूस होती है। हो सकता है, किसी जमाने में उर्दू-हिंदी की वक्तृता एक जैसी रही हो किंतु आज उर्दू-हिंदी की वक्तृता में अंतर आ चुका है। वक्तृता में आए इस अंतर को अथवा उर्दू के स्वतंत्र भाषा के विकास को किसी षड्‌यंत्र सिद्धांत की रोशनी में देखना ठीक नहीं होगा।

भाषा के स्वतंत्र विकास की प्रक्रिया को राजनीतिक आग्रहों-दुराग्रहों से हटकर देखने या षड्‌यंत्र की नजर से देखने की हिंदी-उर्दू में लंबी परंपरा रही है और उसकी बड़ी ही तार्किक परंपरा भी है, किंतु भाषा के विकास के अध्ययन एवं उसकी स्वतंत्र अस्मिता के अध्ययन के लिहाज से उसमें सारवान सामग्री बहुत कम है।

उर्दू आज जिस शक्ल में है, वह किसी षड्‌यंत्र की देन नहीं है और हिंदी से

पृथक अगर उर्दू ने अपनी जगह तलाशनी शुरू कर दी है या जगह बना ली है वह भी किसी षड्यंत्र को देन नहीं है। भाषा का विकास जनता करती है, जनता ही जीवित रखती है और जनता की ही वह धरोहर होती है। राजाश्रय या सरकार की छत्र-छाया में जो भाषाएं रही वे ज्यादा विकास नहीं कर पाई हैं।

आज उर्दू किसी भी दौर से ज्यादा बोली और पढ़ी जा रही है। यह तब है जब समाज एवं सरकार में एक तबका उर्दू विरोधी रुख अपनाए हुए है। उर्दू के आंकड़ों पर रोशनी डालें तो पाएंगे कि सन् 1981 में उर्दू बोलने वालों की संख्या जनगणना सर्वेक्षण में 3,49,41,435 दर्ज की गई यानी कुल जनसंख्या का 5.66 फीसदी हिस्सा उर्दू को मातृभाषा की तरह इस्तेमाल करता था। जबकि 1971 में 2,86,20,895 लोगों की मातृभाषा उर्दू थी यानी दस वर्षों में 22.08 फीसदी का इजाफा दर्ज हुआ। यह आंकड़ा सन् 1991 की जनसंख्या में 4,34,06,932 तक पहुंच गया यानी 1971 में 5.22 फीसदी जनसंख्या उर्दू बोलती थी, 1981 में 5.11 फीसदी, 1991 में 5. 13 फीसदी जनसंख्या की मातृभाषा उर्दू थी। सन् 1991 की जनसंख्या सर्वे रिपोर्ट में जम्मू-कश्मीर के आंकड़े शामिल नहीं हैं। इसका अर्थ यह भी है कि उर्दू बोलने वालों की संख्या में 1971-1981 के बीच में 22.08 फीसदी की वृद्धि दर्ज की गई थी तो 1981-91 के बीच 24.23 फीसदी की वृद्धि दर्ज की गई।

इसी तरह हिंदी बोलने वालों के आंकड़ों पर गौर करना भी समीचीन होगा। हिंदी की भाषा सीमा में 48 से ज्यादा उप-भाषाएं शामिल है। इन सभी के कुल मिला कर बोलने वालों की संख्या 1971 में 20,85,14,005 थी, 1981 में 26,45,14,117 थी तो यह 1991 में बढ़कर 33,72,72,114 हो गई। यानी 1971 में कुल जनसंख्या में 38.04 फीसदी हिंदी-भाषी थी, 1981 में 38.71 फीसदी और 1991 में 39.85 फीसदी हो गए अर्थात 1971-1981 के बीच में हिंदी बोलने वालों का फीसद 26. 86 था जो 1981-91 के बीच में बढ़कर 27.51 फीसदी होगी। इन आंकड़ों से पहला मिथ यह टूटता है कि उर्दू और हिंदी का ह्रास हो रहा है। दूसरा मिथ यह टूटता है कि ये दोनों भाषाएं एक-दूसरे को हजम करने की कोशिश कर रही हैं। तीसरा मिथ यह टूटता है कि आधुनिक तकनीकी विकास के दौर में भाषाएं मरती हैं।

उर्दू का अपनी गति से विकास हुआ है और हिंदी का अपनी गति से विकास हुआ। उर्दू ने न तो हिंदी भाषा जगत में छापामारी की है और न हिंदी ने उर्दू को खदेड़ा है। हिंदी एवं उर्दू बोलने वालों की विभिन्न राज्यों में संख्या में हुई बढ़ोत्तरी को साथ में संलग्न तालिकाओं से स्पष्ट रूप से समझा जा सकता है। इसी तरह

उर्दू प्रेस पर विहंगम दृष्टि डालें तो पाएंगे कि 1974 में उर्दू दैनिकों की प्रतिदिन 4,00,000 प्रतियां बिकती थी, जबकि 1994 में प्रतिदिन 15 लाख प्रतियां बिकती थीं यानी 275 फीसदी की बढ़ोत्तरी दर्ज की गई। सन् 1991 में प्रति 1000 उर्दू बोलने वालों के बीच 30 दैनिक अखबार का अनुपात निकाला गया जबकि बंगाली एवं तमिल में यह अनुपात 1,000 लोगों में 20 दैनिक अखबारों का था। 1976 से 1994 के बीच में एबीसी श्रेणी के उर्दू अखबारों की संख्या 5 से हटकर 4 रह गई है। 1976 में प्रकाशित पांच अखबार थे—*हिंद समाचार* (जालंधर), *इंकलाब* (बंबई), *सियासत* (हैदराबाद), *सियासत जदीद* (कानपुर) एवं *मिलाप* (दिल्ली)। *सियासत जदीद* एवं *मिलाप* का एबीसी की श्रेणी से 1983-84 में नाम कट गया। *उर्दू टाइम* (बंबई) ने 1990 में एबीसी में जगह पाई। भारत सरकार के रजिस्ट्रार दफ्तर में 1976 में 94 दैनिक उर्दू पत्र पंजीकृत थे। जिनकी संखया 1994 में घटकर 82 हो गई थी।

किंतु, ऑडिट ब्यूरो ऑफ सर्कलुेशन (एबीसी) के आंकड़े कुछ और ही कहानी कहते हैं। एबीसी से संबद्ध उर्दू दैनिकों का 1977-94 के बीच में सर्कुलेशन 1,28,000 प्रतियों से घटकर 1,13,000 प्रतियां हो गया। उर्दू प्रेस की इस बदहाल अवस्था के बारे में उर्दू के माध्यम विशेषज्ञों की राय है कि उर्दू प्रेस अपनी मौत मर रहा है। यह प्रक्रिया धीमी एवं दर्दनाक मौत की ओर ले जा रही है। इसका कारण है कि प्रेस के कल-पुर्जे एवं तकनीकी का बेहद पुराना होना, पत्रकारों को बहुत कम तनख्वाह देना और मालिकों का धंधे खोर हो जाना। कुछ लोग यह भी मानते हैं कि उर्दू प्रेस संकीर्ण एवं भावुक नजरिया पाठकों में प्रचारित करता रहता है। इसके अलावा उर्दू की प्रथम भाषा के रूप में किसी भी राज्य में शिक्षा का अभाव। पूंजीवादी व्यवस्था में किसी भाषा को अगर प्रथम भाषा के तौर पर संरक्षण, प्रोत्साहन नहीं मिलता तो उस भाषा के पाठकों के खत्म हो जाने का खतरा पैदा हो जाता है। अभी तक उर्दू बोलने वालों की बढ़ती हुई जो संख्या जनगणना आंकड़ों में नजर आ रही है, वह धार्मिक शिक्षा केंद्रों की शिक्षा-दीक्षा के कारण नजर आ रही है। उर्दू के प्रचार-प्रसार में धार्मिक शिक्षा केंद्र सबसे ज्यादा सक्रिय हैं जबकि कायदे से भारत सरकार को सक्रिय होना चाहिए।

उर्दू प्रेस के इतिहास पर नजर डालें तो पाएंगे कि इसके प्रकाशन का दायित्व मुसलमान ही उठाते रहे हैं। उर्दू प्रेस का मुस्लिम समाज की राय बनाने या बिगाड़ने में बड़ी भूमिका रही है। इसमें लंबे समय से प्रगतिशील पत्रकारिता की परंपरा भी रही है। मसलन, कवि एवं राजनीतिज्ञ हसरत मोहानी (1877-1951) संपादित

उर्दू-ए-मुअल्ला अखबार अलीगढ़ एवं बाहर के अपने युग के युवा क्रांतिकारियों एवं बहादुरों की अनिवार्य अध्ययन सामग्री का अंग था। जफर अली खान (1873-1956) संपादित *जमींदार* लाहौर का सबसे ज्यादा चर्चित राजनीतिक पत्र था। इस पत्र का 1910 में 1,200 प्रतियां सर्कुलेशन था जो 1913 में बढ़कर 15,000 हो गया। इसी तरह *अल-हिलाल* एवं *हमदर्द* बेहद चर्चित पत्र थे। आजादी के बाद के वर्षों में *कौमी आवाज* (दिल्ली-लखनऊ), *नई दुनिया* (दिल्ली), *सियासत, रहनुमा'-ए-हिंद, मुंसिफ* (हैदराबाद), *इंकलाब, उर्दू, बिलट्ज, बांबे टाइम्स* (बंबई) में भी प्रगतिशील दृष्टिकोण के लेख, संपादकीय वगैरह निरंतर छपते रहे हैं। बाजार की जरूरतों, शिक्षा क्षेत्र एवं उदारवादियों की जरूरतों को भी ये पत्र पूरी करते रहे हैं।

बाबरी मस्जिद टूटने के बाद मुस्लिम समाज के गुस्से एवं हताशा को भी उर्दू प्रेस ने तेजी से अभिव्यक्ति दी। इस दौरान ऐसी कविताएं एवं लेख वगैरह बड़ी तादाद में छपे हैं जो मुस्लिमों के जीवन में भविष्य में कोई आशा की किरण नहीं देखते।

इन पत्रों की शैली से यह आभास लगता है कि भारत के धर्मनिरपेक्ष नजरिये की त्रासद तस्वीर मुसलमानों के जिम्मे कर दी गई है।

भारत के सूचना एवं प्रसारण मंत्रालय की रिपोर्ट के मुताबिक 1990 में उर्दू के 305 दैनिक, 18 अर्ध साप्ताहिक, 854 साप्ताहिक, 248 पाक्षिक, 404 मासिक, 39 त्रैमासिक, 3 वार्षिक एवं 13 अन्य किस्म की पत्र-पत्रिकाएं छप रही थीं। कुल मिलाकर 1990 में उर्दू में 1,884 पत्र-पत्रिकाएं छप रही थीं।

भारत की भाषा संबंधी अवस्था पर गौर करें तो पाएंगे कि यहां के शासकों ने कभी भी सुचिंतित ढंग से कोई भाषा नीति तय नहीं की। भाषा को अवसरवाद एवं राजनीतिक ध्रुवीकरण का उपकरण बनाने पर ज्यादा जोर रहा है। वरना, भारतीय भाषाओं के बोलने वालों की संख्या पर गौर करें और राष्ट्रीय भाषाओं के लिए भाषाओं के चयन को देखें तो सहज ही अतार्किकता का पता चल जाएगा। आठवीं अनुसूची में (शिड्यूल) 18 भाषाएं हैं। ये हैं—हिंदी, बंगाली, तेलुगु, मराठी, तमिल, उर्दू, गुजराती, कन्नड़, पंजाबी, मलयालम, उड़िया, असमिया, सिंधी, नेपाली, कोंकणी, मणिपुरी, कश्मीरी एवं संस्कृत।

1991 में इन भाषाओं के बोलने वालों की कुल जनसंख्या का फीसद 96.29 था जबकि 1981 में यह 95.6 फीसदी था। जबकि अन्य भाषाओं के बोलने वालों की संख्या 3.71 फीसदी थी। सरकार का आठवीं अनुसूची में किसी भी भाषा को

शामिल करने का क्या आधार रहा है यह बात अभी तक हमारी समझ से परे है। आंकड़ों पर गौर करें तो सिंधी को 0.25 फीसदी, नेपाली को 0.25 फीसदी, कोंकणी को 0.21 फीसदी, मणिपुरी को 0.15 फीसदी और संस्कृत को 0.01 फीसदी लोगों ने अपनी मातृभाषा दर्ज कराया यानी इन भाषाओं के बोलने वालों की संख्या एक फीसदी से भी कम है। जबकि कश्मीरी के 1991 के आंकड़े इकट्ठा नहीं हो पाए किंतु 1971 एवं 1981 की जनगणना में क्रमशः 0.46 एवं 0.46 फीसदी लोगों ने इसे अपनी मातृभाषा दर्ज कराया था। देखना होगा कि एक फीसदी बोली जाने वाली आठवीं अनुसूची (नॉन-शिड्यूल) की कितनी भाषाएं हैं और इनको क्यों उपेक्षित रखा गया।

मसलन, कश्मीरी को मात्र 56,693, कोंकणी को 17,60,607, नेपाली को 20,76,645, मणिपुरी को 12,70,216, सिंधी को 21,22,848, संस्कृत को 49,736 व्यक्तियों ने अपनी मातृभाषा दर्ज कराया। जबकि बीस लाख तक की जनसंख्या वाली नॉन-शिड्यूल भाषाओं में ढेरों भाषाएं हैं। बीस लाख से ज्यादा बोली जाने वाली भाषाओं की संख्या भी अनेक हैं।

आठवीं अनुसूची की (शिड्यूल) फेहरिश्त में कम से कम बीस ऐसी भाषाएं हैं, जिन्हें तुरंत स्वीकृति दी जा सकती है। ये हैं—भिली, बोडो, गारू, हो, गोंडी, खानदेशी, खासी, कुरुख/ओरांव, मुंदरी, राजस्थानी, अवधी, तुलु, डोगरी, मैथिली, त्रिपुरी। मेरी राय में दस लाख से ज्यादा की अवस्था में जो भाषाएं बोली जाती हैं और जिनको साहित्य अकादमी ने साहित्यिक भाषा के रूप में स्वीकृति दे दी है, इन दोनों को मिलाकर एक वस्तुगत परिभाषा बनाई जा सकती है। इसके अलावा प्रशासनिक कामकाज की भाषा वह भाषा हो जो जनता की भाषा है। जिस भाषा को प्रदेश की जनता बोलती हो, उसे राजकाज की भाषा बनाया जाए। अंतर्राष्ट्रीय संपर्क की भाषा के रूप में देशी भाषाओं का ही इस्तेमाल हो तो बेहतर है। मसलन, अगर महाराष्ट्र को उ. प्र. को पत्र लिखना है तो यह पत्र मराठी में हो साथ में हिंदी तर्जुमा भी हो। यही पद्धति उ. प्र. सरकार अपनाए। इसी तरह केंद्र एवं राज्यों के बीच में अंगरेजी या हिंदी में आधिकारिक पत्राचार हो सकता है। इसी तरह शिक्षा जगत में पहली भाषा मातृभाषा होगी। दूसरी भाषा हिंदी या अन्य भारतीय भाषा हो सकती है या यों कहें कि वह भाषा होगी जो गैर-मातृभाषा है। तीसरी भाषा अंगरेजी होगी, बशर्ते कि वह पहली एवं दूसरी भाषा न हो अथवा कोई प्राचीन भाषा जैसे संस्कृत, पालि, परर्शियन या अरबी हो सकती है।

दूसरी भाषा के तौर पर ऐसी किसी की भाषा को नहीं पढ़ाया जाना चाहिए जो आम जीवन के लिए उपयोगी ही न हो।

मसलन, उ. प्र. के बाशिंदे के लिए तमिल, तेलुगु या मलयालम की शिक्षा बेकार है, इसी तरह दक्षिण के बाशिंदे के लिए हिंदी की शिक्षा भी बेकार है, इसी तरह दूसरी भाषा के रूप में प्राचीन भाषा की शिक्षा भी अनुपयोगी है। सिद्धांततः एवं व्यवहारतः मातृभाषा में शिक्षा की व्यवस्था प्राथमिक तक अनिवार्य कर दी जानी चाहिए।

जनगणना के भाषा संबंधी आंकड़ों पर गौर करें तो पाएंगे कि उर्दू भारत की छठे नंबर की सबसे बड़ी भाषा है। इसे कुल जनसंख्या का 5.13 फीसदी लोग बोलते हैं।

साथ में संलग्न तालिकाओं से यह बात साफ हो जाती है कि उर्दू बोलने वालों की संख्या में वृद्धि किन-किन राज्यों में हो रही है। उसी तरह दूसरी भाषा के रूप में उर्दू को उत्तर प्रदेश, बिहार, राजस्थान, आंध्र, कर्नाटक और महाराष्ट्र में स्वीकृति दी जा चुकी है। तीसरी भाषा के रूप में हरियाणा (हिंदी एवं पंजाबी के बाद), मध्य प्रदेश में (हिंदी एवं मराठी के बाद), पश्चिम बंगाल में (बंगाली एवं हिंदी के बाद), दिल्ली में (हिंदी एवं पंजाबी के बाद)। चौथी भाषा के तौर पर गुजरात (गुजराती, हिंदी, सिंधी के बाद), तमिलनाडु (तमिल, तेलुगु, कन्नड़ के बाद), पांचवीं भाषा के तौर पर उड़ीसा एवं गोवा में स्वीकृत है, जबकि छठी भाषा के रूप में अंडमान और निकोबार द्वीप समूह में स्वीकृत है।

उर्दू भविष्य में ज्यादा विकसित हो, उसके पाठकों की संख्या बढ़े, बोलने वालों की संख्या बढ़े, इसके लिए जरूरी है कि हम एक सुसंगत राष्ट्रीय भाषा नीति बनाएं। इसके लिए प्रशासनिक भाषा कानून में समुचित संशोधन करें। जिस राज्य में 10 फीसद लोग किसी भाषा को अपनी मातृभाषा कहते हैं, परिवार की भाषा कहते हैं, उस भाषा को राज्य-प्रशासन के व्यवहार की भाषा बनाया जाए। प्राथमिक स्तर पर बच्चों को मातृभाषा में शिक्षा दी जाए, यह नियम लागू हो। इसके अलावा हिंदी-भाषी राज्यों में उर्दू बोलने वाले अल्पसंख्यकों को अपनी मातृभाषा में शिक्षा के प्रबंध किए जाने चाहिए। भाषायी अल्संख्यकों के बच्चों को उनकी भाषा को सेकेंडरी स्तर तक प्रथम भाषा का दर्जा देकर पढ़ाई-लिखाई की व्यवस्था की जाए। साथ ही, गैर-उर्दूभाषी बच्चों के लिए उर्दू को दूसरी या तीसरी भाषा के रूप में चुनने का प्रावधान किया जाए।

उर्दू अकेली राष्ट्रीय भाषा है जिसको पूरे देश में कहीं भी विश्वविद्यालय शिक्षा में माध्यम भाषा का दर्जा हासिल नहीं है। एकमात्र जामिया मिलिया में यह व्यवस्था

थी जिसे कालांतर में खत्म कर दिया गया। केंद्र सरकार उर्दू तरक्की बोर्ड को 'स्टेटुरी' अधिकार दे। यह बोर्ड अन्य भाषाओं एवं विषयों की पुस्तकों के अनुवाद के कार्य को बृहत्तर पैमाने पर करे। यह कार्य उर्दू से हिंदी एवं अन्य भारतीय भाषाओं एवं अन्य भाषाओं से उर्दू में एक साथ हो। एनसीईआरटी, सीबीएसई, आदि से उर्दू में पुस्तकें प्रकाशित हों। उर्दू भाषा का राष्ट्रीय एवं क्षेत्रीय स्तर पर समुचित रूप में रेडियो एवं टेलीविजन से प्रसारण हो। खबरें, धारावाहिक एवं अन्य मनोरंजन कार्यक्रमों में उर्दू का अनुपात बढ़ना चाहिए। उर्दू के अखबारों एवं पत्रिकाओं को हिंदी एवं अंगरेजी के अनुसार ही सरकारी विज्ञापन दिए जाएं।

जिस फिल्म की भाषा उर्दू हो, उसे उर्दू फिल्म के रूप में ही पंजीकृत किया जाए। उर्दू में स्क्रिप्ट होने के बावजूद ढेर सारी फिल्मों को हिंदी फिल्म की श्रेणी में रखा जाता रहा है। यह रिवाज बंद होना चाहिए। उर्दू को बचाना है तो उसे किसी अतिरिक्त सुविधा या प्रोत्साहन की जरूरत नहीं है, जरूरत है उसको समुचित अधिकार एवं सुविधाएं देने की। तब ही यह भाषा फलेगी-फूलेगी एवं राष्ट्रीय एकता में अपनी भूमिका भी अदा कर पाएगी।

तालिका 1: हिंदी और हिंदी की उप-भाषाओं के बोलने वालों की संख्या

राज्य	*1981*	*1991*
आंध्र प्रदेश	14,18,358	18,41,290
अरुणाचल प्रदेश	32,318	63,196
असम	—	10,35,474
बिहार	5,54,71,663	6,98,45,979
गोवा	—	37,073
गुजरात	7,46,659	12,15,825
हरियाणा	1,14,92,824	1,49,82,409
हिमाचल प्रदेश	37,97,702	45,95,615
कर्नाटक	6,94,374	8,85,251
केरल	16,466	21,751
मध्य प्रदेश	4,38,07,729	5,66,19,090
महाराष्ट्र	43,13,721	61,68,941
मणिपुर	13,574	24,061
मेघालय	29,323	38,930

मिजोरम	9,586	8,837
नागालैंड	33,037	40,589
उड़ीसा	6,14,274	7,59,016
पंजाब	25,49,098	14,78,993
राजस्थान	3,00,32,409	3,94,10,968
सिक्किम	16,987	19,868
तमिलनाडु	—	1,59,948
त्रिपुरा	33,332	45,803
उत्तर प्रदेश	9,96,78,891	12,53,48,492
पश्चिम बंगाल	36,27,298	44,79,170
अंडमान, निकोबार द्वीपसमूह	31,341	49,469
चंडीगढ़	2,49,721	3,92,054
दादरा, नागर हवेली	2,107	6,992
दमन दीउ	25,417 (गोवा सहित 1981 में)	3,645
दिल्ली	47,37,092	76,90,631
लक्षद्वीप	140	217
पांडिचेरी	1,560	2,537

तालिका 2 : उर्दू बोलने वालों की राज्यवार संख्या

राज्य	*1981*		*1991*
आंध्र	42,07,546		55,60,154
अरुणाचल प्रदेश	502		1,370
असम	—		3,935
बिहार	72,86,870		85,42,463
गोवा	29,263	(दमन, दीव सहित)	39,944
गुजरात	6,43,926		5,47,737
हिमाचल प्रदेश	13,569		4,766
हरियाणा	2,33,343		1,39,636
कर्नाटक	36,10,636		44,80,038
जम्मू-कश्मीर	6,135		—
केरल	12,350		12,625
मध्य प्रदेश	12,06,385		12,27,672

महाराष्ट्र	45,82,624	57,34,468
मणिपुर	143	193
मेघालय	2,171	2,863
मिजोरम	531	349
नागालैंड	1,108	1,381
उड़ीसा	3,86,857	5,02,102
पंजाब	34,189	13,416
राजस्थान	7,64,565	9,53,497
सिक्किम	1,917	1,703
त्रिपुरा	88	173
तमिलनाडु	—	10,36,660
उत्तर प्रदेश	1,02,08,084	1,24,92,927
पश्चिम बंगाल	13,31,022	14,55,649
अंडमान-निकोबार	2,109	1,492
चंडीगढ़	3,118	4,570
दादरा-नागर हवेली	342	198
दमन-दीउ	—	84
लक्षद्वीप	28	37
पांडिचेरी	4,376	6,170
दिल्ली	—	5,12,990

तृतीय खंड

आधुनिकता और मास मीडिया

13. आधुनिकता, उत्तर-आधुनिकतावाद और टेलीविजन

हाल के वर्षों में टेलीविजन के मूल्यांकन के संदर्भ में उत्तर-आधुनिकतावादी दृष्टिकोण का विकास हुआ है। इस दृष्टिकोण की शक्ति, सीमा और संभावनाओं के साथ इसके प्रति आलोचनात्मक रवैये से पैदा हुए दृष्टिकोण का टेलीविजन के प्रति क्या रुख रहा है यह भी देखना चाहिए।

आधुनिकतावाद की यह विशेषता रही है कि वह कला संभावित अनुभवों के कार्य-व्यापार पर बल देता है। परिणामतः 'आख्यान' का जन्म हुआ। आख्यान के आधार पर वैविध्यपूर्ण एवं असंबद्ध तथ्यों की संगतिपूर्ण व्याख्या संभव हो पाई। इसी युग में एक दूसरे से भिन्न सिद्धांतों के बीच में संगतिपूर्ण संवाद संपर्क बना।

आधुनिकतावाद ने अंतर्विरोधपूर्ण एवं ताकतवर ढंग से 'शॉक' मूल्य की समझ दी। आधुनिकतावादी 'आख्यान' टेलीविजन में संवाद के इर्द-गिर्द विकसित होता है। उसका केंद्रीय तत्व है विचारधारा एवं आत्मगतता की अनुकरणात्मक प्रस्तुति। टेलीविजन में यथार्थ का सृजन नहीं अपितु निर्मिति की जाती है। ऐसी अवस्था में यथार्थ संवाद में आता है। टेलीविजन कैमरा एवं माइक्रोफोन यथार्थ को रिकॉर्ड नहीं करता बल्कि 'इनकोड' करता है। 'इनकोडिंग' के कारण हमें यथार्थ की वैचारिक प्रतीत होती है। इसलिए टेलीविजन यथार्थ नहीं, विचारधारा पेश करता है। टेलीविजन मॉडलों के जरिये विचारधारा का विकास किया जाता है। यह सत्य का दावा पेश करता है किंतु यह सत्य नहीं, अपितु विचारधारा है। यह मूलतः प्रतीकों के संप्रेषण का जनमाध्यम है। इसकी औद्योगिक व्यवस्था द्वारा अर्थव्यवस्था के निर्माण में अदा की गई भूमिका से तुलना की जा सकती है।

औद्योगिक व्यवस्था सिर्फ मालों का उत्पादन और पुनरुत्पादन ही नहीं है अपितु पूंजीवाद का पुनरुत्पादन भी है। इसी तरह टेलीविजन सिर्फ यथार्थ का उत्पादन नहीं

करता अपितु पूंजीवाद का पुनरुत्पादन करता है। वह इसका वैचारिक एवं भौतिक रूप में पुनरुत्पादन करता है। यह प्रतिनिधिमूलक दृष्टिकोण है।

इस धारणा से भिन्न एक अन्य दृष्टिकोण है जो यह मानता है कि इमेज अपने संदर्भ का प्रतिनिधित्व करती है। इस दृष्टिकोण का नाम अनुकरणात्मक दृष्टिकोण है। इसके सिद्धांतकार इमेज और संदर्भ के अंतस्संबंध पर विचार करते समय इमेज को ज्यादा महत्वपूर्ण मानते हैं। इनके यहां संदर्भ महत्वपूर्ण नहीं है। इमेज मेनीपुलेशन के कारण यहां इसके पुनरुत्पादन और सर्कुलेशन पर ही ध्यान केंद्रित रहता है। वे सत्य मूल्य पर ध्यान नहीं देते। यह भी कह सकते हैं कि इमेज के द्वारा सत्य मूल को पछाड़ दिया जाता है। इमेज के इस तरह के असत्य व्यवहार उसे और भी कठोर बना देते हैं। यह दृष्टिकोण इमेज संस्कृति, इमेज एवं संदर्भ में भेद करता है।

ये दोनों ही दृष्टिकोण यह मानकर चलते हैं कि यथार्थ तो है किंतु समस्यामूलक है। ये दोनों फोटोजेनिक इमेज के आधार पर ही एक-दूसरे से भिन्नता दर्शाते हैं। ये दोनों ही दृष्टिकोण किसी न किसी रूप में इस तथ्य की ओर ध्यान खींचते हैं कि कैमरा विकृत प्रस्तुति करता है। कैमरा झूठ बोलता है।

बौद्रिलार्द अकेले ऐसे माध्यम सिद्धांतकार हैं जो उत्तर-आधुनिकतावाद के संदर्भ में जनमाध्यमों की व्याख्या करते हैं। बौद्रिलार्द की धारणा है कि टेलीविजन के प्रसंग में पुनरुत्पादन या विकृत प्रस्तुतीकरण के संदर्भ में टेलीविजन को परिभाषित करना चाहिए या नहीं, यह कोई मुद्दा नहीं है। इमेज और यथार्थ के दो भिन्न धरातल नहीं होते। हम ऐसे युग में जी रहे हैं। जिसे नकल युग कह सकते हैं। नकल का अंतःस्फोट से संबंध है। अंतःस्फोट का उदय अन्य के विध्वंस पर ही संभव है। अर्थ की उत्पत्ति के लिए भिन्नता जरूरी है जबकि इमेज में अंतःस्फोट नहीं होता। उसका अर्थ संदर्भ की समानता पर निर्भर करता है जबकि पुनरुत्पादन के लिए मौलिकता जरूरी है, जबकि नकल के लिए मौलिकता एवं पुनरुत्पादन ये दोनों ही जरूरी हैं।

बौद्रिलार्द का मानना है कि 'नकल' में यथार्थ का अस्वीकार नहीं होता किंतु इमेज एवं वास्तविकता में भिन्नता दिखाई देती है। 'नकल' मूलतः 'अति-यथार्थ' की उपज है। आज हमारा समाज इमेजों से घिरा है। इमेजों की बाढ़ इस कदर आई हुई है कि इमेजों को स्पष्टतः वर्गीकृत रूप में निर्धारित किया जा सकता है। आज हम सिर्फ इमेजों को ही नहीं देख रहे अपितु भिन्न किस्म के इमेज निर्मित संबंधों में जी रहे हैं। यही उत्तर-आधुनिक विशेषता है। यहां इमेजों का अन्य चीजों से अंतर

नहीं रह गया है। उत्तर-आधुनिक युग में इमेज का प्रतिनिधित्व एवं अनुकरणात्मकता से संबंध टूट गया है। बौद्रिलार्द कहते हैं कि आज उसे विचारधारा या यथार्थ से नियंत्रित नहीं किया जा सकता। आज के युग में 'नकल' का 'इमेज-यथार्थ-विचारधारा' की धारणा में अंतःस्फोट होता है।

प्रश्न उठता है कि 'नकल' स्वयं वास्तव है और उसका यथार्थ एवं विचारधारा से कोई संबंध नहीं होता तो उसका कहीं भी, कोई भी, किसी भी समय, किसी भी संदर्भ में उपयोग कर सकता है। आख्यान के लोप का प्रमुख कारण भी यही है। इमेज के आधार पर यथार्थ एवं विचारधारा के लोप के कारण ही आख्यान का लोप हुआ। परिणामतः इमेज के अनुभवों का विखंडन हुआ है। विखंडन यहां समुद्र की लहरों की तरह आता है। वह संगठित तत्व नहीं है। वह सुसंगत एवं संगठित तत्व की तरह अभिव्यक्ति नहीं पाता। टेलीविजन को जनमाध्यमों में विखंडन की संस्कृति का सबसे उपयुक्त माध्यम माना जाता है। उसकी गति की निरंतता को बनाए रखने में विच्छिन्न तत्वों की सक्रिय भूमिका होती है। वह अस्थिर होता है, यह पाठगत, आर्थिक, लोकप्रिय अभिरुचियों की जरूरतों के मुताबिक कहानी में मिश्रित रहता है यानी विखंडन की संस्कृति में सम्मिश्रण की प्रक्रिया चलती रहती है। विखंडन की संस्कृति शुद्ध संस्कृति नहीं है अपितु लोकवादी संस्कृति है जो कृत्रिम तौर पर निर्मित की जाती है किंतु उसकी प्रतीति यथार्थ जैसी होती है।

सम्मिश्रण की प्रक्रिया का आदर्श रूप है सीरियल, समाचार आदि। मसलन, कोई सीरियल देखते हुए एक ही एपीसोड में एकाधिक कहानियां मिल जाएंगी। विविध वस्तुओं के विज्ञापनों की कहानियां सीरियल की कहानी के मध्य में प्रक्षेपित की जाती हैं जिससे विखंडित पाठ का निर्माण होता है। एक तरह विखंडन यहां वर्चस्व बनाए हुए मिलेगा। इस विखंडन को विस्तार भी दिया जा सकता है। इसके लिए रिमोट कंट्रोल का इस्तेमाल करें और विज्ञापनों के बीच में दूसरे चैनल में क्या आ रहा है यह देखें तो विखंडन का विस्तार होता है।

समाचारों में एकाधिक कहानियां सामान्यतः होती हैं। मसलन, कोई अपहरण हुआ है या किसी स्थान पर घटना घटित हुई है तो उसकी कंप्यूटर ग्राफिक द्वारा तैयार छवि पेश की जाती है जिससे वास्तव में घटना किस तरह घटित हुई इसे जाना जा सके। इस प्रक्रिया में रिपोर्टर के डिस्पैच, स्टूडियो लाइब्रेरी से पुराने फोटोग्राफ आदि का प्रयोग किया जाता है। घटना से प्रभावित लोगों, विशेषज्ञों की राय आदि को प्रस्तुत किया जाता है। इस समूची प्रक्रिया में घटना एवं उसके प्रस्तुतीकरण के बीच

में भ्रम पैदा होता है। इस तरह प्रत्येक घटना को वह सामान्य घटना बना देता है। वह उसे चिर-परिचित शैली में पेश करता है। इस तरह की इमेज को उत्तर-आधुनिक इमेज के रूप में जाना जाता है। इस इमेज की खूबी है कि वह संदर्भ और विचारधारा से पलायन करती है। साथ ही, पाठगत अनुशासन से भी पलायन करती है। इसे किसी भी विधा, माध्यम में सहज ही देख सकते हैं। उत्तर-आधुनिक इमेज विच्छिन्न एवं अंतर्विरोधी तत्वों को समाए होती है। वह संवेदनात्मक सतहीपन को उभारती है। उत्तर-आधुनिकतावाद जिगनीफायर और सिगनीफायर में अंतर स्वीकार नहीं करता। वह 'गंभीरता' के तत्व को अस्वीकार करता है। समाज एवं संस्कृति को संगठित करने में इमेजों की गंभीर भूमिका होती है, वह इसे भी अस्वीकार करता है। संस्कृति और समाज को संगठित किया जा सकता है, इसे भी अस्वीकार करता है। इस तरह के अस्वीकार के कई तरीके एवं दृष्टिकोण हैं।

समाज एवं संस्कृति को संगठित करने के लिए उत्तर-आधुनिक दृष्टिकोण नस्ल, धर्म, लिंग एवं पूर्ण-आधुनिक समाज की अस्मिता की पहचान के आधारों को उभारता है। उनका आदर्शीकरण करता है। समाज एवं संस्कृति के क्षेत्र में सम्मिश्रण एवं आदान-प्रदान की परंपरा को अस्वीकार करता है। यह करते हुए वह अस्मिता के उन रूपों को उभारता है जो खंडित होते हैं और विखंडन की प्रक्रिया को गतिशील बनाते हैं। विखंडन की संस्कृति वस्तुतः उत्तर-आधुनिक संस्कृति है जो लोकवादी संस्कृति का अंग है। यहां इमेजों की स्टाइलिस्टिक प्रस्तुति होती है। यहां सिगनीफायर को पुनर्कल्पित किया जाता है। यह ऐसी नकल है जिसका युग सापेक्ष अर्थ नहीं होता। परिणामतः उत्तर-आधुनिकतावाद की सामाजिक रूपांतरणकारी भूमिका नहीं हो सकती। कारण यह है कि नकल का बुनियादी सामाजिक स्रोत नहीं होता। नकल का जन्म नहीं होता अपितु नकल निर्मित होती है। छद्म यथार्थ इसकी धुरी है। इसका मूल से मतभेद नहीं होता। इसमें मूल को अपदस्थ करने की क्षमता नहीं होती और न ही मूल की आलोचना करने की क्षमता होती है। हृदय में खोखलापन निहित होता है।

कृति में पाठ की स्वायत्तता की हिमायत करना उत्तर-आधुनिकतावादी दृष्टिकोण की विशेषता है। इस धारणा के कारण उत्तर-आधुनिकतावादी चिंतक संरचना पर विचार करते हैं। व्यवस्था एवं व्यक्ति को संगठित किया जा सकता है, उसे अस्वीकार करते हैं। दूसरी बात यह है कि पाठ कभी भी समाज से पूर्णतः स्वायत्त नहीं होता। पूर्ण स्वायत्तता की बात मूलतः पाठ की सामाजिक भूमिका का अस्वीकार है, साथ

ही, पाठ का उदय समाज के गर्भ से होता है, इसका भी अस्वीकार है। पाठ की उत्पत्तिपरक संरचना होती है, जिसका सांस्कृतिक-सामाजिक-संरचना प्रक्रिया से गहरा संबंध होता है। पाठ का विधा के नियमों के तहत संगठन किया जाता है, साथ ही, उसका प्रसारण कैसे हो इसकी भी व्यवस्था की जाती है। लोकवादी संस्कृति में अभिरुचि के द्वारा उपभोक्ता की सामाजिक हैसियत की सांस्कृतिक माल के साथ तुलना की जाती है। टेलीविजन के धारावाहिक विधा के तौर पर सिर्फ इमेज को नियंत्रित एवं संगठित ही नहीं करते अपितु उसका अन्य विधाओं से अंतर भी करते हैं। टेलीविजन में उत्पत्तिमूलक भिन्नताओं के आरोपण का अर्थ है सामाजिक भिन्नताओं का आरोपण। इस प्रक्रिया में वह ऑडिएंस की सामाजिक भूमिका बदल देता है।

परवर्ती पूंजीवाद की यह विशेषता है कि वह व्यापक वैविध्य चाहता है। इन्हें अपने हितों के अनुसार नियंत्रित और अनुशासित करता है। सामाजिक भिन्नता के उत्पादन एवं नियंत्रण का सारभूत अर्थ है, सामाजिक अनुशासन पैदा करना।

यह अनुशासन माल उत्पादन के बृहत्तर ढांचे के जरिये आता है। किंतु उत्तर-आधुनिकतावाद अनुशासन के बजाय अनुशासनहीनता पर बल देता है। परिणामतः वह इमेज का भी अनुशासन नहीं मानता। किंतु भौतिक जगत की परिस्थितियों का इमेज सहज ही अतिक्रमण नहीं कर पातीं।

बौद्रिलार्द ने *इन दि सैडो ऑफ दि साइलेंट मेजोरिटी* (1983) में जनसमूह को सामाजिक व्यवस्था के प्रसंग में पुनर्परिभाषित करने की कोशिश की है। लोकवादी संस्कृति के पूर्ववर्ती सिद्धांतों में जनसमूह को अकेले या एकाकी व्यक्तियों के समूह के रूप में जाना जाता है। यह भी माना जाता है कि इसने ऐतिहासिक वर्गों को तोड़ दिया। अब सामाजिक ढांचे में जनसमूह का कोई निश्चित स्थान नहीं रह गया है और न ही प्रतिरोध का आधार रह गया है। अतः वह विचारधारात्मक आरोपण के साथ मजबूर है। बौद्रिलार्द के मुताबिक जनसमूह का अलगाव उसकी मजबूरी एवं निष्क्रियता का परिणाम नहीं है बल्कि उसकी सामाजिक स्वतंत्रता को अस्वीकार करने का परिणाम है। वह इमेज को अर्थ के बगैर हजम कर रहा है। चाहे वह अर्थ वैचारिक हो या संदर्भगत हो। अर्थ का अस्वीकार ही जनसमूह का एकमात्र प्रतिरोध रह गया है। यह एक तरह जनसमूह और सामाजिक व्यवस्था के मध्य में मौजूद भिन्नता की अभिव्यक्ति है, जिस तरह अलगाव ने भिन्नता को पैदा किया अतः यह भिन्नता मूलतः उसका चरम उत्पाद है।

बौद्रिलार्द की इस धारणा की समस्या यह है कि यहां जनसमूह में किसी भी तरह की भिन्नता को स्वीकार नहीं किया गया है। यहां सिर्फ एक ही भिन्नता है। वह है जनसमूह और सामाजिक व्यवस्था के बीच में।

इस संदर्भ में पहली बात यह है कि समाज में जनसमूह होते हैं और उनमें विभिन्न वर्ग भी होते हैं किंतु वर्ग एवं जनसमूह की चेतना अर्जन की प्रक्रिया साथ-साथ ही चलती है। वर्ग की प्रेरक शक्तियों एवं संगठनों की भूमिका पर वर्गीय चेतना के निर्माण का दायित्व होता है। उसी तरह जनसमूह की चेतना निर्माता शक्तियां भी होती हैं जो जनसमूह की चेतना का निर्माण करती हैं। इन दोनों में वर्गीय अंतर्विरोध होता है। लोकवादी संस्कृति जनसमूह की संस्कृति है जबकि उत्पीड़ित समूहों एवं वर्गों की संस्कृति को जनसंस्कृति के रूप में जाना जाता है। सामाजिक संगठनों, संघर्षों एवं वैचारिक संघर्ष की प्रकृति पर यह टकराव एवं शक्ति संतुलन निर्भर करता है।

अलगाव की पूंजीवादी समाज में केंद्रीय भूमिका होती है। यह मनुष्य के विकास के लिए जरूरी है लेकिन इस पर निरंतर विजय प्राप्त करते रहना भी जरूरी है। मनुष्य का पार्थक्य तब शुरू होता है जब वह कार्य तथा उत्पादन के जरिये प्रकृति से पृथक होता है। अपने कार्य के जरिये जैसा कि मार्क्स ने लिखा मनुष्य अपने आपको दोहरा बना लेता है, केवल बौद्धिक रूप से ही नहीं, जैसा कि सत और असत के विवेक में होता है, बल्कि वास्तव में ही, अपने कार्य के जरिए और इसीलिए वह अपने द्वारा बनाई हुई दुनिया के अंदर अपने आप पर विचार करता है।

अलगाव पर अवलंबित होने के बजाय मनुष्य को अपने कार्य की प्रक्रिया में उस पर विजय प्राप्त करनी चाहिए। अलगाव पर कैसे विजय प्राप्त करें, इसका कोई विकल्प उत्तर-आधुनिकतावादियों के पास नहीं है। अलगाव पर विजय प्राप्ति के लिए जरूरी है कि ऐसी परिस्थितियां पैदा की जाएं जिससे उत्पादक शक्तियां उत्पादन की मालिक बनें।

दूसरी बात यह कि आधुनिक विज्ञान की खोजों और सामाजिक समझदारी के पिछड़ेपन का अंतर्विरोध भी पार्थक्य की भावना को बढ़ावा देता है। अर्न्स्ट फिशर के शब्दों में, पार्थक्य पर विजय प्राप्त न की जाए तो हताशा पैदा होती है जो नाशवाद में बदल सकती है।

सामाजिक प्रक्रिया में 'विखंडन' के तत्व के मुखर होकर केंद्रीय तत्व बन जाने

का कारण है पूंजीवाद एवं तज्जनित समस्याओं का विकराल रूप में विकास। विखंडन की समस्याओं को फिशर ने 'जबर्दस्त यांत्रिकता', 'विशेषज्ञता' और 'नामहीन यंत्रों की भारी ताकत' से जोड़ा। इस प्रक्रिया में हम अपने कार्य के 'अर्थ' और 'प्रकार्य' की समझ नहीं पाते।

'विखंडन' की समस्या से मुक्ति का मार्ग क्या हो सकता है? इस पर उत्तर-आधुनिकतावादी चिंतक कोई संतोषजनक उत्तर नहीं दे पाते हैं। वे 'विखंडन' को अपरिहार्य और व्यक्ति को इसके सामने 'किंकर्तव्यविमूढ़' मानकर चलते हैं। विखंडन की प्रक्रिया को तार्किकता, वर्ग-संघर्ष और रचनात्मक फंतासी से जोड़कर देखें तो अर्थहीनता और विखंडन इन दोनों की सीमाओं का अतिक्रमण संभव है। साहित्य के क्षेत्र में मायकोव्स्की और बर्तोल्त ब्रेख्त ने इस क्षेत्र में आदर्श प्रयोग किए हैं।

इसके विपरीत बौद्रिलार्द ने कंप्यूटरीकृत, सूचना प्रोसेसिंग, माध्यम, साइबरनेटिक नियंत्रण व्यवस्था और समाज को संगठित करने वाले कोड्स और मॉडलों के तत्व को समाज को संगठित करने वाला प्रमुख कारक माना है। उन्होंने समग्रता, इतिहास, सामाजिक यथार्थ और भावबोध को अस्वीकार किया है। मौलिक परिस्थितियों के नाम पर यथार्थ परिस्थितियों की अनदेखी की है।

उत्तर-आधुनिकतावादी चिंतन की समीक्षा करते हुए जॉन फिस्क ने लिखा कि इसकी व्याख्या प्रभुत्वशाली सामाजिक वर्ग को संतोष देती है। यह न तो आलोचनात्मक सिद्धांत है और न ही भौतिकवादी ही है।

उत्तर-आधुनिकतावादी सिद्धांतकार 'अंतःस्फोट' की धारणा के नाम पर भिन्नताओं को नजरअंदाज करते हैं। उन्हें अस्वीकार करते हैं। भिन्नताओं की प्रामाणिकता, ज्ञान एवं सामाजिक जीवन में प्रत्यक्ष उपस्थिति को अस्वीकार करते हैं। यह आत्मसंरक्षणवाद है।

उत्तर-आधुनिकतावाद या किसी भी वाद की आलोचना के लिए जरूरी है उस सिद्धांत के प्रति वस्तुगत दृष्टिकोण। वस्तुगत दृष्टिकोण का अर्थ है संबंधित सिद्धांत के दायरे से बाहर निकलकर आलोचना की जाए। यही वजह है कि उत्तर-आधुनिकतावाद की आलोचना उत्तर-आधुनिकतावादी मानदंडों से संभव नहीं है। उसके लिए भिन्न ज्ञानमीमांसात्मक धरातल पर जाना होगा। परवर्ती पूंजीवाद के उदय के साथ न तो इतिहास और न समाजवाद का अंत हुआ। अपितु यह भी कह सकते हैं कि समाज एवं ज्ञान के प्रति भौतिकवादी दृष्टिकोण आज भी बरकरार है। इसकी प्रामाणिकता

आज भी बरकरार है जबकि उत्तर-आधुनिकतावादी उसे अप्रासंगिक और खारिज करने में लगे हैं।

बौद्रिलार्द ने भौतिक परिस्थितियों को अस्वीकार किया है। भौतिक परिस्थितियों का अस्वीकार उन वर्गों के लिए प्रासंगिक एवं अर्थवान है जो दमन एवं उत्पीड़न के स्रोत हैं।

लोकप्रिय संस्कृति के युग में संस्कृति का नहीं बल्कि तयशुदा सांस्कृतिक व्यवहारों एवं दैनिक जीवन की रूढ़ियों का रूढ़िगत प्रयोग करते हुए उपभोक्ताओं की मातहतवर्गी के रूप में व्याख्या होती रही है। वे संस्कृतिहीनता से दूर मजबूर जनसमूह हैं। उत्तर-आधुनिकतावादी लोगों को सक्रिय उत्पादक मनुष्य के रूप में पेश नहीं करते और संस्कृति के सघन अनुभवकर्ता के रूप में भी पेश नहीं करते। ये दोनों ही रूप दैनिक जीवन में महत्वपूर्ण स्थान रखते हैं। लोगों की भौतिक परिस्थितियां जीवन को असीमित बनाती हैं। बौद्रिलार्द और उनके अनुयायी इन सबकी उपेक्षा करते हैं। इस दृष्टिकोण से देखें तो पाएंगे कि लोकप्रिय संस्कृति को संस्कृति की तुलना में कमतर कलावस्तु और इमेज का सृजन करना होता है। उत्तर-आधुनिकतावादियों के दृष्टिकोण का एक अन्य पहलू यह है कि वे टी.वी. इमेज को संदर्भयुक्त मानते हैं। हमारा मानना है कि टेलीविजन इमेज संदर्भयुक्त नहीं होती हैं बल्कि इन इमेजों के माध्यम से सामाजिक अस्तित्व की परिस्थितियां व्यक्त होती हैं। ये ग्रहण की परिस्थितियां हैं जिसे भौतिकवादी दृष्टिकोण के आधार पर ही समझा जा सकता है।

इसी तरह उत्तर-आधुनिकतावादियों का मुख्य जोर ऐंद्रिकता पर है। वे संवेदनात्मक आनंद को महत्वपूर्ण मानते हैं। हमारा मानना है कि लोकप्रिय दर्शक की चेतना को मात्र इसी आधार पर नहीं समझा जा सकता है। लोकप्रिय दृष्टि जनता की शिरकत के बगैर अधूरी है। नव्य मार्क्सवादी फ्रेडरिक जैम्सन मानते हैं कि उत्तर-आधुनिकतावाद परवर्ती पूंजीवाद की उपज है। किंतु परवर्ती पूंजीवाद में भी यह सांस्कृतिक आभिजात्य का आंदोलन है जिसमें पेशेवर संस्कृतिकर्मी एवं अकादमिक जगत के लोग शामिल हैं। कुछ इस तरह के संकेत भी हैं कि वंचितों एवं मातहत लोगों में उत्तर-आधुनिक जीवन-शैली एवं उत्तर-आधुनिक चेतना मिलती है। इसके बावजूद यह सार्वभौम आंदोलन नहीं है और न ही पूरी तरह ऐतिहासिक परिस्थितियों पर ही निर्भर है। वह प्रतीकों की व्यवस्था भी नहीं है और न संकेत है जो अर्थ को अस्वीकार या स्थानांतरित करे।

उत्पत्तिमूलक या सांगठनिक रूपों की प्रामाणिकता को अस्वीकार करना परवर्ती

पूंजीवाद की प्रतीक व्यवस्था का लक्षण नहीं है। संकेत व्यवस्था की ऐतिहासिक-सामाजिक अवस्थिति का सामाजिक संस्थाएं या एजेसियां किस हद तक अपने सामाजिक हितों को संगठित करने में इस्तेमाल करती हैं? संकेत व्यवस्था के माध्यम से वे एजेंसियां जहां एक ओर सामाजिक हितों को संप्रेषित करती हैं, वहीं दूसरी ओर संस्थाओं को भी संशोधित करती हैं। ये संस्थाएं व्यक्तिवाद की उपज नहीं होतीं बल्कि सामाजिक प्रक्रिया की देन होती हैं।

सांस्कृतिक आभिजात्य की एजेंसियां चाहें तो अपने हितों का बिना किसी बंधन के विकास कर सकती हैं। बंधन से मेरा तात्पर्य है अर्थ का बंधन, विचारधारा का बंधन, अनुशासन का बंधन आदि। इन समस्त बंधनों को तोड़कर सांस्कृतिक आभिजात्य की एजेंसियां और संस्थाएं अपना विकास कर सकती हैं। चाहे ये उत्पादन के क्षेत्र में हों, उपयोग के क्षेत्र में हों, पुनरुपयोग के क्षेत्र में हों अथवा उत्तर-आधुनिक पाठ की व्याख्या के क्षेत्र में हों। इन सभी क्षेत्रों में रचनात्मक स्वतंत्रता का अर्थ है संस्कृति का अराजनीतिकरण। अराजनीतिकरण का अर्थ है आभिजात्य अपनी स्वतंत्रता के चक्कर में समाज की आर्थिक एवं सामाजिक राजनीतिक आवश्यकताओं को अस्वीकार करता है। वह उन वर्गों की भूमिका को अस्वीकार करता है जो सांस्कृतिक आभिजात्य के लिए चुनौती हैं और उसका अतिक्रमण कर सकते हैं। ऐसे लोगों के लिए उत्तर-आधुनिकता विकल्प नहीं है।

बौद्रिलार्द की उत्तर-आधुनिकतावादी धारणाएं दो मुख्य क्षेत्रों में असफल हुई हैं :

1. सामाजिक तौर पर मातहत वर्गों या वंचित-समूहों या वर्गों की पहचान स्थापित करने में वे असफल हुए हैं। इन वर्गों की सामाजिक कार्य-व्यापार में क्या भूमिका हो सकती है, उनके संसाधनों का सामाजिक विकास की प्रक्रिया में क्या उपभोग हो सकता है, इन सबकी पहचान करने में असमर्थ रहे हैं।

2. प्रभुत्वशाली संकेत व्यवस्था क्या है? यह संकेत व्यवस्था अभी तक प्रभुत्वशाली वर्ग के बोध से शून्य नहीं है। इसी संकेत व्यवस्था के जरिये ही छोटे-बड़े, ऊंच-नीच, गरीब-अमीर आदि का ऊपर से नीचे की ओर प्रसार होता रहता है। इस क्रम में मातहत वर्गों या वंचितों की एजेंसियों की गतिविधियों को हमेशा सीमित करने की कोशिश की गई है अथवा उनका दमन किया गया है। अर्थ के अपदस्थीकरण की रणनीति का उत्तर-आधुनिकतावाद एवं उत्तर-संरचनावाद में व्यापक व्यवहार हुआ है। यह सांस्कृतिक आभिजात्य की रणनीति है। स्वयं इसके लिए इस रणनीति के क्या परिणाम होंगे? अन्य वर्गों में इसे लागू करने के क्या

परिणाम होंगे, इन सब प्रश्नों के हल खोजने में उत्तर-आधुनिकतावादी असमर्थ रहे हैं। उत्तर-आधुनिकतावाद पर विचार करते समय यह ध्यान रखें कि उसका किस तरह और कहां प्रयोग हो रहा है। उसे न तो पूरी तरह खारिज किया जा सकता है और न ही पूरी तरह स्वीकार किया जा सकता है। किंतु उन पक्षों को पूरी तरह अस्वीकार कर देना चाहिए जो दैनिक जीवन में निहित राजनीति से अलग करें। जैसा कि मैंने अन्यत्र लिखा है कि टेलीविजन की व्याख्या उसकी माध्यमगत प्रकृति की पहचान से जुड़ी है। हिंदी में माध्यमगत चरित्र के बजाय राजनीतिक, आर्थिक, सामाजिक चरित्र के पहलुओं की चर्चा खूब होती रही है। इन चर्चाओं के आधार पर टेलीविजन के चरित्र पर समग्रता में समझ नहीं बन पाती। टेलीविजन वर्तमान काल का माध्यम है। फ्रांसीसी माध्यम विशेषज्ञ वी. थोसफ आयशा ने लिखा कि यह माध्यम हमारी संवेदनाओं को गैर-संवेदनाओं में बदल देता है। यथार्थ के सभी रूपों को दमित अयथार्थ में बदल देता है। वह वस्तु के अर्थ प्राप्त करने की संभावनाएं नष्ट कर देता है। वह रोजमर्रा की जिंदगी पर बल देता है। उसमें तालमेल बिठाता है पर परंपरा को वर्तमान में ले जाता है। वर्तमान की प्रत्येक वस्तु पर हावी कर देता है। इसके कार्यक्रम सामाजिकता की बाढ़ पैदा करते हैं। टेलीविजन की खूबी है कि वह सामंजस्य की तकनीक को पैदा करता है। सामंजस्य की तकनीक से गंभीरता प्रवाहित होती है। इसके कार्यक्रमों में उपजी सामाजिकता की बाढ़ या निरंतर प्रवाह से समग्रताबोध अपदस्थ हो जाता है।

ऐतिहासिक तौर पर देखें तो पाएंगे कि टेलीविजन का द्वितीय विश्वयुद्ध के बाद तेजी से विस्तार हुआ। 1950 के बाद उपजी संचार क्रांति, सूचना क्रांति या तकनीकी क्रांति की वैचारिक प्रकृति के साथ टेलीविजन का गहरा संबंध है। इस क्रांति को कुछ माध्यम विशेषज्ञों ने विवेकवादी व्यवहारवादी कहा, इसे विचारधारा से उच्चस्तरीय चेतना माना।

ए.बी. गोल्डनर ने टेलीविजन तकनीकी के वैचारिक एवं सांस्कृतिक आधारों की खोज की है। उन्होंने लिखा कि 1950 में उपजी सूचना क्रांति जो तकनीक लेकर आई वह अपने साथ अतिप्राकृतिक और रूढ़िवादी प्राचीन धार्मिक विश्वासों को भी लेकर आई। वह पिछड़ी दृष्टि और अविवेकवाद भी लेकर आई। गोल्डनर ने लिखा कि पश्चिम के जिन देशों में यह सूचना क्रांति हुई थी वहां पर समाज में पिछड़ापन गहरी जड़ें जमाए था, इसका तकनीकी क्रांति पर भी प्रभाव पड़ा।

भारत जैसे देश में जो सूचना क्रांति आ रही है वह अतिप्राकृतिक एवं धार्मिक

कट्टरता के विचारों के साथ आ रही है। इसका औद्योगिक क्रांति के युग से साम्य बिठाना ठीक नहीं होगा। औद्योगिक क्रांति के गर्भ से नवजागरण पैदा हुआ था। उसने विचारधारात्मक तौर पर प्राचीन संस्कृति के रूढ़िगत रूपों, सामंती जीवन-मूल्यों के खिलाफ संघर्ष किया था जबकि सूचना क्रांति ने इसके विपरीत प्रतिगामी जीवन-मूल्यों को विस्तार दिया। इसी अर्थ में टेलीविजन को मात्र तकनीक मानना भूल होगी। तकनीकी के इस रूप का जन्म नई सामाजिक अंतर्वस्तु के दबाव से हुआ। साथ ही, इस तकनीकी ने अपने सामाजिक आधार को भी निर्मित किया।

जैसा कि रेमंड विलियम्स ने लिखा कि संचार के उपकरणों एवं उत्पादन के उपकरणों का उदय ऐतिहासिक विकास की प्रक्रिया में हुआ। संचार के उपकरणों के इतिहास का संबंध निर्माण और तकनीकी की क्षमताओं के इतिहास से जुड़ा है। संचार के उपकरणों में लगातार परिवर्तन होता रहा है। उत्पादन की शक्तियों एवं जटिल आम सामाजिक संबंधों के उत्पादन और पुनरुत्पादन में घटित परिवर्तनों से इस परिवर्तन का गहरा संबंध है। इस परिप्रेक्ष्य में विचार करें तो हमारे यहां टेलीविजन का विस्तार ऐसे समय में हुआ जब शासक वर्ग सबसे गंभीर संकट से गुजर रहे थे। एशियाड के आयोजन के मौके पर यह विस्तार कार्यक्रम शुरू हुआ जो आज अपने अधिकतम विकास की अवस्था तक पहुंच चुका है। सातवीं पंचवर्षीय योजना से यह विस्तार प्रक्रिया शुरू हुई जो आज नए आयामों पर पहुंच चुकी है। टेलीविजन के विकास एवं नीति संबंधी विभिन्न मुद्दों से जुड़े शोधकार्यों पर केंद्रित मेरी पुस्तक *दूरदर्शन और सामाजिक विकास* को देखें।

ए.बी. गोल्डनर ने लिखा कि टेलीविजन का बौद्धिक अनुभव नाटकीय आलोचना को जन्म देता है। इस आलोचना का लक्ष्य है अनुभवों को हजम करना। इससे दर्शक में कुछ करने या परिवर्तन करने की इच्छा का जन्म नहीं होता बल्कि निष्क्रियता पैदा होती है। वह श्रोता की परवाह न करके उसकी प्रशंसा पर निर्भर करता है। टेलीविजन ने अल्पकालिकता, विषयांतरता या सांयोगिक, निर्दिष्ट, ठोस नाटकीयता को पैदा किया। इसके अर्थों की उत्पत्ति अंतर्विरोधों से होती है। यह ऐसा माध्यम है जो बहुत ज्यादा मांग करता है। इसकी सूचनाएं क्षणिक होती हैं। दर्शक के लिए यह असंभव है कि वह दृश्य सामग्री का पुनरावलोकन कर सके। टेलीविजन इमेज के जरिये अपने दर्शक पर प्रति सेकेंड तीस लाख बिंदु तरंगों को प्रक्षेपित करता है। मैकलुहान मानते हैं कि यह ठंडा माध्यम है जो दर्शकों की शिरकत को बढ़ाता है। परंतु जब यही माध्यम नाटकीयतापूर्ण एवं उत्तेजक की भूमिका अदा करने लगे तो

दर्शकों की शिरकत को सुनिश्चित नहीं कर पाता। दूरदर्शन इमेजों की दर्शक से करीबी एवं आंतरिक घनिष्ठता होती है। इसके अभिनेता की अभिनय शैली अनौपचारिक एवं स्वतःस्फूर्त होती है। वह अभिनेता की आंतरिक जिदंगी में पूरी तरह शिरकत करता है। यही कारण है कि दर्शकगण अभिनेता को वैसा ही देखना पसंद करते हैं जैसा अभिनय के क्षण में देखा होता है।

टेलीविजन की खूबी है कि इसके लेख को हम कम जानते हैं या जानते ही नहीं हैं। परिणामतः लेखक की पहचान के लोप का खतरा पैदा हो जाता है। मार्शल मैकलुहान ने इसे एक्शन के जरिये रि-एक्शन का माध्यम माना है। यह निष्क्रिय दर्शक का सृजेता है और प्रत्येक जनमाध्यम से श्रेष्ठ है। प्रसिद्ध फ्रांसीसी माध्यम विशेषज्ञ रूडोल्फ अर्नहाइम ने लिखा है कि टेलीविजन में यथार्थ की मौलिक कलात्मक प्रस्तुति के तत्व नहीं हैं बल्कि यह यथार्थ से हमारा संबंध पुनर्निर्धारित करता है। वह हमें बेहतर ढंग से शिक्षा देता है कि बहुआयामी एवं बहुस्तरीय घटनाओं की उत्पत्ति एक ही साथ हो रही है, वह ऐसी स्थिति की ओर ले जाता है जिसमें हमारी शारीरिक संरचना की धीमी गति और आंखों की कमी उजागर होती है। हम इस प्रक्रिया में ज्यादा भद और कम आत्मकेंद्रित बनते जाते हैं। यह हमारे अनुभवों को व्यापक बनाने का औजार है। इस माध्यम ने हमारी संवेदनाओं पर, समय और देश की सीमाओं पर अतिक्रमण करके विजय प्राप्त की है। यह हमारी संवेदनाओं को अतिरिक्त तौर पर समृद्ध बनाता है। साथ ही, हमारी ग्रहण-क्षमता को विस्तार देता है। अगर हम इस पर महारत हासिल कर लें तो निश्चित रूप से समृद्धिकारक होगा। रूडोल्फ अर्नहाइम ने लिखा है कि यह भी संभावना है कि यह माध्यम मस्तिष्क को आलसी तथा निष्क्रिय बनाए। इस स्थिति से बचने का एकमात्र उपाय है इस माध्यम पर कौशलपूर्ण मास्टरी।

कौशलपूर्ण मास्टरी के लिए दो बातें जरूरी हैं : 1. इस माध्यम पर राज्य का स्वामित्व, 2. रचनात्मक प्रयोग की स्वतंत्रता एवं राजनीतिक दबाव पर पाबंदी। इन दो तत्वों के बगैर टेलीविजन के कौशलपूर्ण प्रयोग की संभावना नहीं है। इसके अलावा पूंजीवादी समाज में शासक वर्गों की माध्यमों के कौशलपूर्ण प्रयोग एवं परिवर्तनकामी उपयोग में बहुत कम रुचि होती।

रूडोल्फ अर्नहाइम ने लिखा कि इस माध्यम से संवेदनात्मक शिक्षा तब ही प्रभावी होगी जब हम यह जानें कि इससे कैसे लाभ प्राप्त करें। किंतु शैक्षणिक फिल्म को शिक्षक का विकल्प नहीं बनाया जा सकता और न ही इसे प्रत्यक्ष अनुभव का

विकल्प बना सकते हैं। यह विसरण का माध्यम है जिसकी आर्थिक एवं सामाजिक परिणतियां भी हैं। सामाजिक परिणति यह है कि टेलीविजन से दिखाई जाने वाली वस्तु अपने मूल से स्वायत्त नजर आती है। इस अर्थ में वह जनता के लिए बेकार हो जाती है। वह जनता को एक जगह एकत्र करने की आवश्यकता खत्म कर देता है। आर्थिक परिणति यह है कि यह माध्यम दूसरे माध्यमों को अपदस्थ कर देता है।

टेलीविजन की यह विशिष्टता है कि इसमें एक ही संदेश, एक ही घटना को राष्ट्रीय घटना में तब्दील होते देखते हैं। इसके कुछ कार्यक्रम होते हैं जिसे समूचा राष्ट्र देखते हुए एक ही साथ निष्क्रिय हो जाता है। इसका प्रभाव 'शॉक' की तरह होता है। तात्कालिक और सर्वव्यापी तौर पर लगता है देश को किसी ने बिजली के करंट का झटका दे दिया। पर ऐसे झटके नियमतः कोई कार्यक्रम शृंखलाबद्ध ढंग से देता है तो वह दीर्घकालिक प्रभाव भी छोड़ता है। तज्जनित मूल्यबोध और राजनीतिबोध भी पैदा होता है। इसी प्रभावी क्षण में हम टेलीविजन की राष्ट्रव्यापी इमेज की शक्ति को देख सकते हैं।

मैं यहां किसी खास संदेश या कार्यक्रम का मसला नहीं उठा रहा बल्कि यह बात उठा रहा हूं कि टेलीविजन के माध्यम से लगातार सिलसिलेवार ढंग से संदेश संप्रेषित और प्रक्षेपित होते रहते हैं जिसे संबंद्ध क्षेत्र, महाद्वीप या देश की जनता ग्रहण करती रहती है। इससे खास तरह का माहौल पैदा होता है और उसके कारण सक्रिय माहौल क्षतिग्रस्त होता है। ध्वनि और इमेज का छोटे पर्दे से प्रक्षेपण हमारे भूमंडल पर संहारक और रचनात्मक प्रभावों का सृजन एक ही साथ करता रहता है। इससे मनुष्य की दशा और माहौल में परिवर्तन होता है और उसकी संवेदनाओं और मूल्यों के आयामों में भी परिवर्तन होता है।

माध्यम अध्येता की यह जिम्मेदारी और चुनौती है कि वह मनुष्य की कल्पनाशीलता, रोजमर्रा की जिंदगी और सोचने के ढंग से घट रहे इन परिवर्तनों का रेखांकन करे। परिवर्तनों का इमेज से क्या संबंध है? मनुष्य की क्या इमेज है? क्या वे काल्पनिक जगत की प्रतिच्छाया हैं? इन प्रश्नों पर सोचें। इस प्रसंग में मैं कहना चाहता हूं कि टेलीविजन इमेज हमेशा काल्पनिकता को ही अभिव्यक्त नहीं करती, बल्कि वह दूसरी ओर यथार्थ का लक्षण भी है, वहां यथार्थ और कल्पना का अंतर्ग्रंथित रूप ही यथार्थ में अभिव्यक्ति पाता है, वह मनुष्य की संवेदना का हिस्सा बनकर आता है। यह भी संभव है कि जिस तरह की इमेज पेश की जा रही हो वह कृत्रिम

हो किंतु वास्तविक से भी ज्यादा सुंदर हो। फिलहाल इस तरह की इमेजों का ही वर्चस्व है।

टेलीविजन इमेज तीन चरणों से होकर गुजरती है। पहले चरण में इमेज हमारा ध्यान खींचती है, दूसरे चरण में वह हमारे घरेलू वातावरण में प्रवेश करती है और तीसरे चरण में इमेज दर्शक के दृष्टिकोण का हिस्सा बन जाती है। यह प्रक्रिया अदृश्य रूप से घटित होती है। इस प्रक्रिया का बहुत कुछ दारोमदार दर्शक की आकांक्षा और अवस्थिति पर निर्भर करता है। उल्लेखनीय है कि दर्शक की अभीसिप्त आकांक्षाएं बहुआयामी तथा उम्मीदों से ज्यादा व्यापक होती हैं।

इमेज सृजन में दर्शक को आराम मिलता है। वह सुविधाजनक महसूस करता है, भावों के धरातल पर सहज और भावुक होता है। यह उसकी चिर-परिचित सुरक्षित अवस्था को दर्शाती है। दर्शक टेलीविजन का कार्यक्रम देखते हुए ज्यादा सुरक्षित और आरामदायक महसूस करता है। ध्यान रहे, टेली-दर्शक की अवस्था और सिने-दर्शक की अवस्था एक जैसी नहीं होती।

सिनेमा थियेटर में दर्शक और इमेज में व्यापक फासला होता है। इमेज की स्वायत्त स्थिति होती है जबकि टेलीविजन में यह स्थिति यकायक खत्म हो जाती है। टेली इमेज दर्शक में स्थित होती है। टेलीविजन को खोलते ही वह जब इमेज को नियंत्रित और दुरुस्त करने की कोशिश करता है तो उसकी यह क्रिया और उसे अंतर्मुक्त करना, दर्शक की विकसित अवस्था का द्योतक है। इसका एक अर्थ यह भी है कि वह इमेज को किसी भी क्षण खत्म भी कर सकता है। दूसरी बात यह कि टेलीविजन का घरेलू भाव होता है, वह जहां दर्शक को हिस्सेदार बना लेता है वहीं हिस्सेदारी के प्रति हतोत्साहित भी करता है। वह वस्तुओं को सक्रिय सुसंगतता और निरंतरता की दृष्टि से पेश करता है। भाषिक शैली में टेलीविजन एक घटना है। वह अर्थ संप्रेषण और विस्तार का माध्यम है। वह वास्तव की कला के बजाय वास्तव की तकनीक है। टेलीविजन पर विचार करते समय यह बात ध्यान रहे कि प्रसारण हो जाने मात्र से संप्रेषण नहीं हो जाता। संप्रेषण का संचार स्वतः संप्रेषण मात्र से नहीं होता इसलिए टेलीविजन में हिस्सेदारी अनिश्चित और उतार-चढ़ाव भरी होती है। टेलीविजन का दर्शक दर्शक न होकर तमाशबीन होता है। वह इमेज को हजम करता है तकरीबन उसी तरह जैसे वह कोई भोज्य पदार्थ खाता है। उसकी एकाग्रता आज्ञापरायण शिष्य जैसी होती है। वह देखने के क्रम में विनीत हो जाता है। वह आंतरिक अवस्था को प्राप्त कर लेता है जिसमें वह सिर्फ हजम करता है, इमेज को

वह यांत्रिक रूप से खाता है, जैसे वह भोजन कर रहा हो। इस कारण इमेज और दर्शक की जागरूकता के बोझ के संबंध में मूलगामी परिवर्तन घटित होते हैं। इसके संवाद, कार्यक्रम चुनने की आजादी, उनके बारे में निर्णय, रंगों के प्रति उसकी आकांक्षाएं, उसकी मानसिक स्थिति आदि उसे एक उपभोक्ता में बदल देती है। अब वह नागरिक के बजाय सिर्फ उपभोक्ता होता है। व्यक्ति और नागरिक की छवि का इस तरह वह उपभोक्ता की छवि में रूपांतरण कर देता है।

कुछ माध्यम विशेषज्ञ यह भी मानते हैं कि रेडियो, सिनेमा और टेलीविजन की कॉमन जमीन की पहचान की जानी चाहिए, बजाय इसके कि हम हमेशा इन माध्यमों के बीच में मौजूद अंतर्विरोधों की बात करें, कॉमन जमीन को भी ध्यान में रखना चाहिए। इन तीनों में कॉमन क्या है? इस पर जुलिस ग्रीति ने लिखा है कि ये तीनों माध्यम जनता के साथ इमेज का प्रसारण करके संबंध स्थापित करते हैं। इमेज को पढ़े जाने वाले अर्थ के साथ संयुक्त करते हैं। साथ ही, भाषण कला की ध्वनि और व्यंजनाओं में भी परिवर्तन करते हैं। इमेज का पठनीय अर्थ से जोड़ा जाना संवाद की नई संरचना को जन्म देता है। एक नई प्रक्रिया को सामने लाता है। आज स्थिति यह है कि सिनेमा और टेलीविजन में एक कॉमन क्षेत्र तेजी से विकसित हो रहा है। आज टेलीविजन को बड़े पर्दे पर और सिनेमा को छोटे पर्दे पर देख रहे हैं। हमारी जिम्मेदारी है कि हम इन दोनों माध्यमों की समानताओं के दायरों को खोजें और उसके प्रति भिन्न दृष्टिकोण भी विकसित करें। टेलीविजन का पर्दा सिनेमा के पर्दे से छोटा होता है। दर्शक जब छोटे पर्दे पर फिल्म देखता है तो इमेज छोटी हो जाती है। इमेज की छोटे कोण से प्रस्तुति के कारण ही दर्शक के देखने का ढंग भी बदल जाता है। विचारणीय बात यह है कि क्या इससे उसके सोचने और करने के ढंग पर भी प्रभाव पड़ता है या नहीं। मेरा मानना है कि प्रभाव पड़ता है।

छोटे और बड़े पर्दे के अंतर के कारण ही इमेज और संबंधित सूचना या संदेश के प्रति दृष्टि में भी अंतर आ जाता है। बड़े पर्दे पर चीजें विस्तार से देखी जा सकती हैं। दर्शक को पर्दे पर एक छोर से दूसरे छोर तक यात्रा करनी होती है। इस क्रम में दर्शक इमेज के बहुत से पक्षों को आत्मसात कर लेता है, जबकि छोटे पर्दे पर वैसा विस्तार नहीं होता और न ही एक छोर से दूसरे छोर तक ही यात्रा का वैसा आनंद ही होता है। इसमें इमेज को केंद्रीकृत और संपूर्ण रूप में और विवरणहीन रूप में देखते हैं, इसीलिए फिल्म इमेज छोटे पर्दे पर दरिद्र नजर आती है इसलिए टेलीविजन पर फिल्म देखते हुए दर्शक को असंतोष होता है।

सिनेमा में रचनाकार की इच्छा के अनुरूप इमेज को समग्रता में कौशलपूर्ण ढंग से पुनर्निर्मित किया जाता है। टेलीविजन में ऐसा नहीं होता। यहां यथार्थ का जानबूझकर मनमाना रूपायन होता है। वह कुछ बातें बताता है जो प्रसारण के समय होती हैं, कुछ प्रक्रिया में घटित होती हैं, इस क्रम में वह संपूर्णता को इमेज की संकुचित अवस्था का पर्याय बना देता है। टेलीविजन का फ्रेम उसके चरित्र को निर्धारित करने में प्रमुख कारक भी है।

मोरिस कार्जेनेक ने टेलीविजन पर फिल्म के प्रसारण के प्रश्न पर विचार करते समय इस बात को रेखांकित किया है कि कथाओं में इमेज सबसे प्रधान तत्व होता है। उसे किस संरचना, किस माध्यम और किस कथ्य के रूप में तैयार किया जाता है, इसका तुलनात्मक मूल्य होता है। टेलीविजन का फ्रेम प्रसारण की गति का सबसे प्रभावी हिस्सा है, दूसरा चरण है प्रसारण के समय का, तीसरा चरण है ग्रहण के समय का। ये सब कुछ उसकी इमेज और संरचना पर निर्भर करते हैं। इनसे प्रभाव का भी अंदाज लगाया जा सकता है।

टेलीविजन अपने निर्देशक को यह अवसर देता है कि वह अपने निज की अभिव्यक्ति करे। पर, वह ऐसा कर नहीं पाता। असल में, इस प्रक्रिया में कई कारण हैं जो हस्तक्षेप करते हैं जिसके कारण वह किसी एक की अभिव्यक्ति होने से बच जाता है। टेलीविजन की यह विशेषता है कि निर्देशक श्रेष्ठतम ढंग से अपने को व्यक्त नहीं कर पाता, दूसरी तरफ कलाकार ज्यादा स्वाभाविक अभिनय करते हैं पर सबसे ज्यादा अनिश्चिंत जीवन भी जीते हैं। इस माध्यम की यह विशिष्टता है कि वह प्रथम क्षण में ही दर्शक की समग्रता से अपने को मुक्त कर लेता है। वह सूचित करता है, विकसित करता है और संपर्क बनाता है। अगर हम इसके ये तीन कार्य स्वीकार कर लेते हैं तो इसे प्रसारण के उपकरण के बजाय अभिव्यक्ति के उपकरण के रूप में देखें। इसका परिणाम यह हुआ कि टेलीविजन के शुद्ध सूचना के माध्यम के रूप से अपने को अलगाया है। इसका सूचना परिणाम मनुष्य की अपनी इच्छा का परिणाम है।

टेलीविजन की विशिष्टता है कि यह रिकॉर्ड किए कार्यक्रमों को वर्तमान काल में पेश करता है जबकि वे हमारा ऐतिहासिक अतीत होते हैं। क्या इससे हमारे कालबोध, इतिहासबोध पर दुष्प्रभाव पड़ता है? इस पर सोचा जाना चाहिए। साथ ही, इस प्रश्न पर सोचें कि छोटे पर्दे की अपकेंद्री और समर्पणकर्ता चरित्र की इमेज की बार-बार प्रस्तुति कहीं दर्शक में भी तो समर्पण और आज्ञापरायणता का भाव पैदा नहीं करती?

टेलीविजन की यह सीमा है कि इसमें एक जैसी प्रकाश व्यवस्था, जल्दी से पैदा हुई प्रवृत्तियां और उपेक्षावृत्ति से इमेज का स्पष्ट विकास नहीं हो पाता। यहां तक कि प्रत्यक्ष प्रसारण की रिपोर्टिंग, रिकॉर्ड किए कार्यक्रमों, टेलीफिल्म आदि से भी इमेज की सीमाएं उजागर होती हैं। टेलीविजन दृश्यों की इमेज अपकेंद्री होती है। उसे दर्शक के सामने कुछ इस तरह पेश किया जाता है कि उसके सामने संवेदनात्मक आनंद पैदा करे। क्लोज-अप और संबोधन से आत्मीयता को उभारने में मदद मिलती है। इससे वह इमेज की अपूर्णता को कम नहीं कर पाता। इमेज की अपूर्णता को हम संवाद, गतिशीलता आदि के समय ज्यादा स्पष्ट रूप में देख सकते हैं। इसी अर्थ में यह माध्यम सिनेमा की तुलना में अपूर्ण और गैर-एकाधिकारवादी भी है।

टेलीविजन ने वाचन की कला, उसकी प्रस्तुति का विकास किया पर, निर्देशक ने वाचनकला और इमेज के बीच में अपनी उंगली फंसा दी है। वह उसे व्याख्या से घेरता है, वह हमें देखने को तैयार करता है। अगर उसके केंद्र में उपन्यास हो तो वह न तो लिखा जाएगा और न पढ़ा जाएगा बल्कि वर्णनात्मक रूप में, टिप्पणी के साथ दर्शक की पहुंच के दायरे में पेश किया जाएगा। वह उपन्यास के बजाय वक्तृता पर बल देता है। वह भाषण के निर्माण को सामने लाता है। वह व्यक्त करता है। उसकी संभावनाओं को उजागर करता है। इमेज और तुलनाओं के माध्यम से वार्तालाप को पेश करता है। वह इमेजों में संवाद बनाता है। सत्याभास का सृजन करता है। निर्माता इसकी इमेज और क्रमबद्धता की अपूर्णता को लेकर स्पष्ट होता है इसीलिए वह रोजमर्रा की भाषा का प्रयोग करता है।

सिनेमा में बोलचाल की भाषा और दृश्यों को अंतर्ग्रंथित किया जाता है। यहां यह द्वंद्वात्मक क्रिया है। इसमें एक-दूसरे के सामंजस्यपूर्ण और अनिवार्य तत्वों का प्रयोग होता है जबकि टेलीविजन में दृश्य और वाचन का अतिरेक दिखाई देता है। परंपरागत सिनेमा बात करता है, वह कभी संबोधित नहीं करता, इसके विपरीत टेलीविजन के पास रेडियो के प्रभाववश एक प्रस्तोता, उद्‌घोषक, संयोजक, वक्ता होता है। वह इसकी सेवाओं का उपयोग और दुरुपयोग करता है। इस क्रम में वक्ता की ऐसी परंपरा का प्रारंभ होता है जिसके पास तथ्य कम और बकबक ज्यादा होती है। वह ऐसी अभिव्यक्ति शैली को जन्म देता है जो फोटोजेनिक के बजाय टेलीजेनिक होती है। फोटोजेनिक भाषा कृत्रिम होती है जबकि टेलीजेनिक भाषा स्वाभाविक होती है। वह चरित्र के बजाय लावण्य पर बल देता है, गतिशील के बजाय स्थिर चरित्र पर बल देता है। टेलीविजन आलोचना को रंगों के प्रयोग पर भी

सोचना चाहिए। किसी रंग-विशेष का प्रयोग क्यों होता है? उसके पीछे मंशा क्या है? उसका प्रभाव क्या होगा? वह किस तरह की संस्कृति का सृजन करेगा? ये महत्वपूर्ण प्रश्न है। काला-सफेद रंग के कारण प्रस्तुति की सीमाएं रही हैं, इससे इमेज की सीमाएं भी पैदा हुई हैं। एक जमाना था प्रस्तुति के लिए निर्माता जब दो ही रंगों पर निर्भर था। आज स्थिति बदल गई है। रंगीन टेलीविजन ने रंगों के इतिहास, भाषा का कौशल और रंगों की भाषा में मूलगामी परिवर्तनों को तेज किया है।

टेलीविजन को इस बात का श्रेय जाता है कि वह यथार्थवाद का सबसे बड़ा सृजेता है तो कभी यह माध्यम विपरीत दिशा में भी जा सकता है। वह यथार्थ सृजन के नाम पर यथार्थ का भ्रम भी खड़ा कर सकता है। कुछ का कहना है कि टेलीविजन पुनर्प्रसारण की मात्र तकनीक है, कुछ कहते हैं कि यह प्रसारण का जादुई रूप है। इन दोनों ही अवस्थाओं में झिझक, भ्रम और उपेक्षावृत्ति बनी रहती है। एक सीमा तक ही वह तार्किक यथार्थवाद को प्रसारित करता है। प्रत्यक्ष प्रसारण को वहां तक रखा जाता है, जहां तक निर्माता चाहता है। इसकी यह भी क्षमता है कि वह असंभव इमेज की कमी को वाचन के द्वारा पूरा कर देता है। रिकॉर्ड किए कार्यक्रम या प्रत्यक्ष प्रसारण देखें तो पाएंगे कि टेलीविजन यथार्थ की मात्र तकनीक नहीं है। निर्माता की तात्कालिक चयन शक्ति पर इसकी निर्भरता और टेलीलेंस का प्रयोग संभव को असंभव और असंभव को संभव बना देता है। ध्यान रहे, जब मानवीय चयन क्षमता हस्तक्षेप करती है तब वर्णन की कला की स्थापना होती है। पर, यह वर्णन कहानी कला के वर्णन से मूलतः भिन्न होता है। टेलीविजन निर्माता के पास अबाध और मनमाने अधिकार होते हैं। वह उन्हीं पक्षों को पेश करता है जो उसके विजन की संगति में हों। भिन्न-भिन्न वर्ग के दर्शकों को विविधतापूर्ण कार्यक्रम देने के कारण वह विविधतापूर्ण पक्षों का उद्घाटन करता है। इस क्रम में कभी-कभी वह प्रकृतवाद को भी पेश करता है जिससे वस्तुगतता का उल्लंघन हो जाता है। टेलीविजन का यथार्थवाद सुनिश्चित, सफल और पूर्व निर्धारित होता है। इस प्रक्रिया में यह माध्यम प्रस्तुति की कला न होकर प्रतिनिधित्व की कला में बदल जाता है। वह प्रस्तुतिकर्ता के बजाय प्रतिनिधि होकर उभरता है। इस माध्यम की खूबी यह है कि इसमें प्रत्येक चीज मनोरंजन है और वस्तु है। दर्शकों में 'विशिष्ट' कार्यक्रमों की मांग एक ही साथ सुविधा और आनंद दोनों चाहती है जिसके कारण इसके फिक्शन का समग्रता में विकास नहीं हो पाता। आनंद और सुविधा को बनाए रखने के लिए इमेज और शब्द के अतिरेक का सहारा लिया जाता है और इस क्रम में यह यथार्थवाद की हत्या कर

देता है। सीधे संबोधन की प्रवृत्ति ने सुनिर्दिष्ट भाषण की गरिमा को अपदस्थ कर दिया। इस क्रम में प्रामाणिकता का आधार भी बदल गया। दर्शक छोटे पर्दे पर दिखाए हुए को प्रामाणिक मानने लगता है। टेलीविजन की यह विशेषता है कि कभी-कभी जिज्ञासापरक उत्तेजना पैदा कर देता है, यह काम वह ज्वलंत और तात्कालिक का प्रसारण करके करता है। इस क्रम में वह दर्शक को संतुष्ट करता है। माध्यम तकनीकी के विकास के क्रम में सिनेमा में वर्णनात्मकता की तकनीक का उदय हुआ, बाद में टेलीविजन ने यथार्थ को पेश करने की तकनीकी का विकास किया। पर उसने सिनेमा की वर्णनात्मकता ग्रहण नहीं की। सिनेमा ने उपन्यास से वर्णनात्मकता को ग्रहण किया था। टी.वी. ने इसे छोड़ दिया है।

कुछ लोग यह मानते हैं कि टेलीविजन के उदय ने कथा और कथाकार को खत्म कर दिया है। हकीकत में, टेलीविजन ने फिक्शन के सभी दावों को छोड़ा नहीं है, अपितु लोकप्रिय धारावाहिकों की जान तो फिक्शन ही है। यह फिक्शन का वह रूप है जो दर्शक मांग करते हैं। यह फिक्शन परंपरागत सिनेमा के फिक्शन और साहित्य रूपी कहानी के चरित्र से मूलतः भिन्न है। फिल्म मूलतः एक कहानी है जबकि टेलीविजन कभी न खत्म होने वाली कहानी है, वह अनिश्चित कहानी है, यह खंडों में विभक्त कहानी है, वह मनोरंजन देती है, पर बिना किसी उत्सुकता के मनोरंजन। आप स्विच ऑन कीजिए और उसके हो जाइए? प्रत्येक गीत, प्रश्नमंच, वार्तालाप, परिचर्चा सबका स्वत्व खत्म हो जाता है। वह इन्हें अपना लेता है, अपनी संरचना में एकाकार कर लेता है।

सिनेमा ने उपन्यास से वर्णनात्मकता ग्रहण की है जबकि टेलीविजन की वर्णनात्मकता भिन्न किस्म की है। फिजूल की बातचीत, सीमित तथ्यों का असीमित उपयोग, सौंदर्य के नियमों से पूरी तरह स्वतंत्रता और दर्शक की गतिशीलता से पूरी तरह मुक्ति से वह अपनी वर्णनात्मकता का निर्माण करता है।

सीरियल में टेलीविजन ने परंपरागत कथा-शैली के कुछ प्रमुख तत्वों का जरूर प्रयोग किया है, पर यह विधा ऐसी है जिससे महाकाव्य या पौराणिक कथावाचक की परंपरा के बजाय पत्र-पत्रिकाओं और मासकल्चर ने ज्यादा इस्तेमाल किया है। मासकल्चर की वर्णनात्मकता खंडों में बंटी होती है। टेलीविजन ने इस परंपरा से अपने को जोड़ा, साथ ही, वह पुरानी कथा कहने की परंपरा के प्रति भी आज्ञाकारी भाव बनाए हुए है। धारावाहिकों ने यह स्थिति पैदा की है कि अब प्रत्येक एपिसोड कहानी है, दर्शक पिछले एपिसोड में आनंद ले सकता है। विगत एपिसोड उसे याद

नहीं आता, उसकी जरूरत महसूस नहीं करता। एपिसोड की सुनिश्चित चरित्रात्मकता, कुछ चरित्रों का बार-बार नियमित ढंग से आना दर्शक को अभ्यस्त बना देता है।

टेलीविजन की यह विशिष्टता है कि इसके कार्यक्रम धार्मिक कर्मकांड या मंदिर में ईश्वर की झांकी के समय की तरह सुनिश्चित समय पर पेश किए जाते हैं। कोई भी कार्यक्रम अचानक पेश करने की उसकी प्रवृत्ति नहीं है। वह हमें लक्ष्य पर नहीं ले जाता बल्कि कभी खत्म न होने वाली यात्रा पर ले जाता है। आज हम वर्णनात्मकता का संकट झेल रहे हैं। उसका बहुत कुछ संबंध टेलीविजन से है। अनिश्चित समय तक चलने वाली वर्णनात्मकता अपने विकास के क्रम में एक अर्थहीन बकबक के रूप में केंद्रीय प्रवृत्ति बन जाती है। अब कहानी को एक पत्रकार की रिपोर्ट की शैली में स्टीरियोटाइप चरित्रों और परिस्थितियों के साथ पेश किया जाता है। इस क्रम में एक ऐसी दुनिया का निर्माण किया जाता है जो काल्पनिक होती है, पर लगता है जिंदगी के करीब है।

टेलीविजन के कार्यक्रमों को दिखाने के बाद उन्हें संग्रहालय में सुरक्षित रखा जाता है। उनको दोबारा भी दिखाया जा सकता है, पर जनता के लिए एक बार देखने के बाद उनका महत्व खत्म हो जाता है, वह दोबारा देखना पसंद नहीं करती, अगर दोबारा दिखाया जाता है तो उसे न्यूनतम दर्शकों को जुटाना भी मुश्किल होता है। अब उनका संग्रहालय में सिर्फ शोधार्थी के लिए महत्व होता है जबकि फिल्म के साथ ऐसा नहीं होता। वह तीस वर्ष बाद भी लोकप्रिय होती है और ज्यादा लोकप्रिय होती है।

टेलीविजन की संरचना, इमेज की कमजोरी और वर्णनात्मकता में मासकल्चर के प्रभाववश दर्शक की यह स्थिति होती है कि वह टेलीविजन कार्यक्रमों को धीरे-धीरे भूल जाता है, वे उसके मन से गायब हो जाते हैं। और कुछ समय बाद हमारे मन में कुछ भी नहीं बचता है, मनोरंजन के बाद भी दर्शक मनोरंजनहीन होता है। अपने खाली समय को भरने के लिए वह जिस तरह इस माध्यम का आदी हो जाता है, उसके बाद भी वह खाली होता है। टेलीविजन के दिखाए एक संगीत, साहित्य, चित्रकला, धारावाहिक, नाटक इत्यादि कार्यक्रमों को देखकर हम जो आनंद लेते हैं वे लंबी दूरी से दोहराए गए प्रयत्न का परिणाम हैं जिसे हम बिना किसी परिश्रम के ग्रहण कर लेते हैं, प्रशंसा करने लगते हैं। असल में, टेलीविजन का आनंद एक बीता हुआ क्षण होता है। इसमें हम जो कुछ देखते हैं एक ही बार देखते हैं, दोबारा के लिए हमें वीडियो का इंतजार है। टेलीविजन मूलतः ऐसी तकनीकी है जिसमें

कला नहीं है। वह हमारी सोचने की आदत में समा जाता है। वह मॉडल के तौर पर स्वीकृत हो जाता है। हम उसे अपनी जरूरत या आवश्यकता के आधार पर आत्मसात नहीं करते। टेलीविजन पर विचार करें तो यह प्रश्न भी उठता है कि कौन सा टेलीविजन देखते है? टेलीविजन एक नहीं अनेक हैं। मिशेल तार्दी ने टेलीविजन रूपों की चर्चा करते हुए लिखा है कि इसके चार रूप होते हैं : 1. सिनेमा की फिल्म का प्रदर्शन, 2. प्रत्यक्ष प्रसारण, 3. जो इन दोनों के सहमेल से बनता है, जिसे धारावाहिक कह सकते हैं, 4. विभिन्न घटनाक्रमों की खिचड़ी।

प्रत्यक्ष प्रसारण में लंबे समय के शॉट होते हैं। दीर्घ प्रसारण में लांग शॉर्ट होते हैं। इसकी समय-सीमा 2 सेकेंड से 15 मिनट तक हो सकती है। इसकी संरचना अस्थायी और यथार्थपरक होती है। वह एक तरह आधा तैयार माल है। इसी तरह टेली दर्शक सिने-दर्शक से भिन्न मानसिकता का होता है। मसलन, टेलीविजन पर जब दर्शक मैच देख रहा होता है उस समय कैमरा मैदान के बजाय दर्शकदीर्घा में स्थिर हो जाए तो दर्शक के मन में यह उत्सुकता होती है कि कहीं कुछ महत्वपूर्ण घटित न हो जाए। अगर कुछ हो गया तो वह हमेशा के लिए उसे देखने से वंचित हो जाएगा। जबकि सिनेमा का दर्शक ऐसी अवस्था में अनुमान करता है कि अब कुछ दूसरा दिखाया जाएगा। वह कुछ खो जाने की धारणा के बजाय कुछ पाने की अभिरुचि को व्यक्त करता है। प्रत्यक्ष-प्रसारण के कारण स्वतःस्फूर्त इमेज का भी निर्माण होता है, वह उसे शिरोधार्य करता है। वह सिनेमा से इस मायने में भिन्न है कि इसमें गैर-जिम्मेदार आभिजात्य व्यक्ति का जन्म होता है, जो राजनीतिक और लोकतांत्रिक तौर पर चुना हुआ नहीं है, पर उसका समाज पर व्यापक प्रभाव है। मसलन, हम किसी मॉडल या खिलाड़ी को लें। वह हमारे व्यवहार और गतिविधि का मॉडल बन जाता है, इसका अर्थ यह भी है कि यह अलोकतांत्रिक-आभिजात्य हमारे मन में, जीवन में कैसे गहरे तक प्रवेश कर जाता है, हम उसके बारे में अभी बिलकुल बेखबर हैं।

टेलीविजन का यह विशेष गुण है कि वह दर्शक से आत्मीयता बना लेता है। उसके लिए वह अनात्मीय तत्वों का प्रयोग करता है। इसमें कैमरा मुक्त भाव से खेलता है, टेलीविजन का आत्मीयता में प्रवेश करना ही प्रत्येक वस्तु में आत्मीयता का प्रवेश करा देता है। अब आत्मीयता भी वस्तु हो जाती है। इसके कैमरे से अब कुछ भी छिपाया नहीं जा सकता, यहां तक कि बाथरूम, शयनघर को भी इससे छिपाया नहीं जा सकता, जबकि रेडियो में सब कुछ छिपा सकते हैं। रेडियो अंधा

माध्यम है। वह देखता नहीं है। वह भाषा की कल्पनात्मकता से श्रोता को बांध लेता है। उसकी आवाज में विवेचनात्मक सम्मति होती है। वह भाषा को प्रतीकात्मक व्यवस्था के रूप में इस्तेमाल करता है। श्रवण प्रक्रिया में आत्मीय संवेदनाओं को अदृश्य हाथों से साथ जोड़ देता है। रेडियो से विपरीत टेलीविजन हमारी संवेदनाओं के साथ रेफ्रिजरेटर की तरह व्यवहार करता है, वह संवेदनाओं को ठंडा करने के साथ-साथ उनका विभाजन भी करता है। वह ठंडा है, अभद्र है, उसकी प्रकाश-व्यवस्था वस्तुओं को उनके संदर्भ से अलग कर देती है। वह वस्तुओं को निरंतरता की अवधारणा से जोड़कर पेश करता है और सामयिकता की बाढ़ पैदा करता है। इसमें सभी संवेदनाएं गैर-संवेदना बन जाती हैं। वह सभी अंतस्संबंधों को बंदी बना लेता है। वह चीजों को जैसी हैं वैसी ही पेश करता है। जो कमेंट्री से दबी होती है। इस प्रक्रिया में वह चीजों को एक-दूसरे से जोड़कर देखने की स्थिति और दृष्टि को नष्ट कर देता है। वह व्यवहार में कुछ परिस्थितियों को लिपिबद्ध करता है, पर यथार्थ को पकड़ने या उस तक पहुंचने की संभावनाएं खत्म कर देता है। इस बीच कमेंट्री बिना किसी व्यवधान के जारी रहती है जिससे यह लगे कि इसका कोई अर्थ है। यह लगे कि यथार्थ मौजूद है। इस तरह शून्य के सामने हमारी सभी संवेदनाएं फिजूल हो जाती हैं। सभी किस्म का यथार्थ उत्पीड़ित अयथार्थ में बदल जाता है।

टेलीविजन वस्तु के अर्थ हासिल करने की संभावनाएं खत्म कर देता है। हम एक गहरी चुप्पी के घेरे में पहुंच जाते हैं, रोजमर्रा की चीजों में पहुंच जाते हैं। वह हमारे आत्मीय अनुभव को रोजमर्रा की जिंदगी में बदल देता है। वह रोजमर्रा की चीजों में तालमेल पैदा करता है। करीबी या आत्मीयतापरक अनुभव को स्वीकृति प्रदान करता है। रोजमर्रा का दिन अब फैसलेकुन दिन में बदल जाता है।

टेलीविजन के चरित्र पर टी.वी. गपोर ने लिखा कि वह हमारे अतीत और भविष्य को नष्ट कर देता है। अस्थायी अति-आनंद को वर्तमान में पेश करता है। वह निरंतरता को प्रवाह की तरह बनाए रखता है। प्रत्येक इमेज एक-दूसरे का पीछा करती नजर आती है। इसमें भी वर्तमान हमेशा मौजूद रहता है। वह जिस अस्मिता को पेश करता है वह भी प्रवाह के रूप में ही आती है।

वह दिन को मात्र प्रतिदिन में बदल देता है। इस प्रक्रिया का प्रसारण उपकरणों और ग्रहण क्षमता दोनों पर ही असर पड़ता है। वह सब कुछ एक ही धरातल पर पेश करता है। पर्दे पर सब कुछ मौजूद होता है और कुछ भी मौजूद नहीं होता। इसीलिए इसे 'घटना' कहते हैं। वह झाड़कर सब साफ कर देता है और वर्तमान में

गायब हो जाता है। लगता है, वह कभी मौजूद ही नहीं था। इस तरह वह 'कल्पना' और 'याददाश्त' के विध्वंस को सुनिश्चित बनाता है। परंपरागत जीवन के जितने भी रूप हैं उन्हें वर्तमान में ले जाता है, वर्तमान का क्षेत्र विस्तार प्रत्येक वस्तु पर हावी है। वह प्रत्येक की आबरू और निजी जिदंगी को ध्वंस कर देता है। वह उस जलते चूल्हे की तरह है जिस पर सभी खाद्य वस्तुओं को एक साथ मिलाकर पकाया जाता है। वह पंचमेल खिचड़ी की तरह है। वह वस्तु की आभ्यंतरिकता का अस्तित्व ही नहीं रहने देता। वह बुर्जुआजी को नहीं लाता। अपितु, ऐसे अज्ञात व्यक्तियों को लाता है जिन्हें हम नहीं जानते। वह प्रत्येक बात का निजीकरण कर देता है। प्रतिदिन का प्रत्येक वस्तु पर अति-वर्चस्व स्थापित कर देता है। टेलीविजन प्रत्येक वस्तु की घर में सप्लाई करता है और उस सप्लाई से ही प्रत्येक चीज का उदय और विकास भी होता है। यही कारण है कि वह आलस्य, विरूपता और अगतिशीलता को जन्म देता है। वह शांत जनता को, उसकी दुनिया को निराश और उदास दुनिया में बदल देता है। वह यह मांग पैदा करता है कि प्रत्येक चीज को उसकी शर्तों के अनुरूप होना चाहिए। प्रत्येक चीज को समान होना चाहिए, समान रूप से उसकी प्रस्तुति होनी चाहिए। पर ऐसी न तो वे थीं और न ही हो सकती हैं। टेलीविजन के निरंतर प्रवाह ने अभी तक समग्रता की शक्ल प्राप्त नहीं की अथवा यों कहें समग्रता को निरंतर प्रवाह ने अपदस्थ कर दिया है। वह समग्रता की जटिलता को प्रवाहित नहीं कर पाता। इसकी एकमात्र शक्ति है इसकी दृढ़ता का दावा। यहां तक कि वह यथार्थ की गारंटी देता है। सामंजस्य की तकनीक होने के कारण वह 'गंभीरता' को पाताल लोक में फेंक देता है। वह यथार्थ के प्रमाणों को नष्ट कर देता है। जब यथार्थ गायब हो जाता है तो इमेज यह दावा पेश करती है कि वह मौजूद है। यह इमेज पुनरुत्थान का ही उत्पादन है। इसी बृहत्तर फलक को केंद्र में रखकर हमें टेलीविजन के यथार्थवाद पर विचार करना चाहिए।

टेलीविजन का यथार्थ क्या वास्तविक यथार्थ है? क्या माध्यम के रूप में वह यथार्थ को उभार पाता है? अगर वह यथार्थ पेश नहीं करता तो क्या पेश करता है? किसी भी धारावाहिक, समाचार, नाटक आदि को देखते समय हममें 'यथार्थ सदृश' बोध जगाने में यह सफल हो जाता है। उसके कार्यक्रम लोकप्रिय भी होते हैं। लोकप्रियता में यथार्थ प्रमुख कारण है? अथवा 'यथार्थ सदृश' प्रस्तुति प्रमुख कारण है? मेरा मानना है कि टेलीविजन का यथार्थवाद न होकर 'यथार्थ सदृश' होता है, इसी कारण लोकप्रिय भी होता है। यह यथार्थ न होकर बनाया हुआ यथार्थ होता है।

इसमें प्रभाव और स्वाभाविकता पैदा करने के लिए यथार्थ में इतर तत्वों का प्रभावी ढंग से निर्माता प्रयोग करता है, जिसके कारण वह यथार्थ जाना-पहचाना लगता है, रोजमर्रा का यथार्थ लगता है। इसमें भाषा की प्रभावी भूमिका होती है। वह यथार्थ के एजेंट की तरह है जो यथार्थ के स्वाभाविकता प्रदान करने में मदद करता है, साथ ही, दूसरी श्रेणी के यथार्थ का सृजन भी कर रहा होता है। इसमें प्रस्तुति की तकनीकी की भी महत्वपूर्ण भूमिका होती है। ये तकनीकी रूप जानी-पहचानी पद्धति का प्रयोग करते हैं, यथार्थ को संपादित करते हैं और उसे स्वाभाविक बनाते हैं जबकि वह मूलतः कृत्रिम यथार्थ होता है।

टेलीविजन का यथार्थ हमसे यह मांग करता है कि प्रस्तुत काल्पनिक कहानी हम हमें प्रस्तुति मानें, न कि निर्मिति। वस्तुओं का, वे जैसी हैं, स्वाभाविक प्रस्तुतीकरण करने पर उसका बल होता है। मूलतः टेलीविजन यथार्थ की प्रस्तुति के लिए 'परंपरागत' तरीके का प्रयोग करता है। उसी से प्रस्तुत यथार्थ स्वाभाविक लगता है। 'परंपरागत शैली' और यथार्थ में घालमेल होने के कारण वह दर्शक को वैकल्पिक ढंग से देखने की क्षमता से वंचित कर देता है।

इस तरह चाहे या अनचाहे हम 'यथार्थ सदृश' यथार्थ को स्वीकार कर लेते हैं। जॉन फिस्क ने लिखा है कि इसमें उपभोक्तावादी, अनालोचनात्मक अभिरुचि का दर्शक में उदय होता है। व्यक्ति वहां सिर्फ 'सब्जेक्ट' होता है। टेलीविजन यथार्थवाद में अशिक्षितों की मौखिक परंपरा और शिक्षितों की चरित्रपरक विचारशैली का सहमेल दिखाई देता है।

यथार्थवाद का उदय मूलतः बुर्जुआजी के उदय से जुड़ा हुआ है। इसके चरित्रों की अभिव्यक्ति का माध्यम उपन्यास विधा थी। इस विधा में चरित्रों का संपूर्णता में विकास भी हुआ। उसका चरित्र मूलतः व्यक्तिवादी है। वह बुर्जुआ की प्रस्तुति की शैली भी है। पर, यथार्थवाद एक ही तरह से देखना नहीं है बल्कि देखने की शैली है। यथार्थवाद बुर्जुआजी के विचार की शैली न होकर स्वयं एक विचार है। यथार्थवाद का प्रकार बुर्जुआ की सीमाओं में नहीं होता अपितु उसकी सीमाएं तोड़कर होता है। इसलिए यथार्थवाद कितनी गहराई तक जाएगा इसका फैसला बुर्जुआ विचारधारा के प्रभाव पर ही निर्भर करता है। यथार्थवाद की शक्ति इस बात में है कि विचारधारा कहां तक जड़ें जमाए है। यथार्थवाद पर टेलीविजन के संदर्भ में बात करें तो यह ध्यान रहे कि उपन्यास का यथार्थवाद मूल्यांकन के उस मानदंड पर लागू नहीं होता। टेलीविजन की अभिव्यक्ति शैली, देखने की शैली अशिक्षितों की परंपरा से ली गई

है जबकि उपन्यास का यथार्थवाद शिक्षितों की उपज है। इन दोनों में सतह पर विरोध भाव है। पर हकीकत में इन दोनों शैलियों को टेलीविजन छोड़ नहीं सकता। वह इनमें किसी एक को प्राथमिक स्थान देता है दूसरी को उसके मातहत रखता है। यही टेलीविजन यथार्थवाद है। टेलीविजन यथार्थवाद के संदर्भ में विचारणीय प्रश्न यह है कि वह यथार्थ को किस तरह पेश करता है और क्यों पेश करता है।

टेलीविजन ने जो घटित हो रहा है उसका प्रसारण किया है। वह धारावाहिकों के माध्यम से सुनहरे सपनों का संसार रचता है। इस स्वप्न के बुनने में बहुआयामी कैमरे का प्रयोग किया जाता है। इसकी खूबी यह है कि अमूमन इसमें 'पोस्ट एडीटिंग' नहीं होती। इसका अर्थ यह है कि टेलीविजन में प्रस्तुति के लिए जितना समय लिया, उतना ही वास्तविक जीवन में प्रस्तुति में भी लिया। इसमें संपादकीय हस्तक्षेप नहीं होता। इसके कारण भी 'यथार्थ सदृश' चित्र उभरता दिखाई देता है। इसी अर्थ में वह जीवंत है। जो अभी हो रहा है उसकी प्रस्तुति भी है। इसीलिए 'टेलीविजन काल' और जीवंत यथार्थ काल में साम्य भी होता है। खेल प्रसारणों में वह साम्य मुखर रूप में व्यक्त होता है।

टेलीविजन यथार्थवाद की यह मांग है कि जीवन की प्रस्तुति को व्यक्तिगत घटनाओं की शक्ल में पेश किया जाए। प्रत्येक का प्रारंभ, मध्य और अंत हो। इसमें मूल केंद्रीय चरित्रों पर बल हो और अन्य चरित्रों को छू भर लिया जाए। दर्शाई गई घटनाएं, सामाजिक समस्याओं को उभारें जिनका मूल लक्ष्य इनका समाधान करना हो, यह समाधान व्यक्तिगत हस्तक्षेप को उभारे और प्रभावित करे। उसका जो चरित्र हस्तक्षेप करे वह मजदूर हो, उसके जैसा और उसके बाद की श्रेणी का हो, अथवा आम आदमी हो, जिसकी परिवार, घर, मित्रों आदि में प्रामाणिकता की पुष्टि हो। संभव हो सके तो वह शहरी/औद्योगिक क्षेत्र अथवा 'कॉमन प्लेस' पर रहता हो। इस क्रम में जाने-पहचाने स्थानों को दर्शाया जाता है। मसलन, कारखाना, गली, घर, रसोई, ड्राइंगरूम आदि। इसकी प्रस्तुति 'वर्तमान काल' में होती है। उसकी शैली ऐसी होती है जिसकी तुलना नहीं करनी पड़ती। वह पूर्वग्रह रहित, यथार्थ की समग्र समझ लिए तथा यथार्थ को संक्षेप में ही पेश करता है। हमारे टेलीविजन में जिस यथार्थ के दर्शन होते हैं उसे हम सामाजिक यथार्थवाद कह सकते हैं। इसमें एक अन्य प्रवृत्ति भी है जिसे 'प्रभुत्वशाली यथार्थवाद' कहा जा सकता है। सामाजिक यथार्थवाद और प्रभुत्वशाली यथार्थवाद में गहरा अंतस्संबंध भी दिखाई देता है। इस माध्यम के अधिकतर दर्शक मध्य वर्ग में आते हैं, इसका उसके कथ्य की प्रकृति पर भी प्रभाव

पड़ा है। उसके कथ्य की विशिष्टता के कारण दर्शकों की स्थिति को भी निर्धारित करने, प्रभावित करने में मदद मिलती है।

टेलीविजन के यथार्थवाद पर जब बात करें तो उसके कथ्य पर ही न सोचें अपितु उसके 'फॉर्म' पर भी सोचें। 'फॉर्म' उसके अर्थ को व्यक्त करता है जबकि 'कथ्य' उसकी संस्कृति और विचारधारा को व्यक्त करता है। टेलीविजन का 'फॉर्म' उसके 'कांटेट' से ज्यादा प्रभावी होता है। ऐसा कुछ माध्यम विशेषज्ञ मानते हैं। स्वीकृत संरचना में यथार्थ को हम किस तरह समायोजित करते हैं, इससे उसके राजनीतिक पक्ष का ज्ञान होता है। अतः उसकी राजनीति भी होती है। अतः टेलीविजन का 'फॉर्म' सिर्फ फॉर्म नहीं है बल्कि उसकी संस्कृति, राजनीति और विचारधारा भी है। माध्यम के आत्मीयतापरक चरित्र के कारण दर्शक में 'मेरा' अनुभव और 'मेरी' संवेदना का भाव पैदा करने में वह सफल हो जाता है। इसे हम टेलीविजन का प्रभाववाद भी कह सकते हैं। चूंकि वह यथार्थ की हूब-हू नकल को यथार्थवाद की शक्ल में पेश करता है अतः निर्माता को यथार्थ में से चुनने की जरूरत महसूस नहीं होती, या यों कहें कि उसमें चुनने की क्षमता नहीं होती, वह सभी चीजों को, चाहे वे जो भी हों, समान रूप में पेश करता है और समान रूप से महत्वपूर्ण मानता है। परिस्थितियों का यह फोटोग्राफिक फिल्मांकन सिनेमा की मूल प्रकृति से भिन्न है। इस अर्थ में वह प्रकृतवाद के ज्यादा करीब है, न कि यथार्थवाद के। जॉन फिस्क ने लिखा है कि फोटोग्राफिक टेलीविजुअल अर्थहीनता की भावना पैदा करते हैं। इससे जड़ असहनीय और निरुत्साहित करने वाले वातावरण का जन्म होता है। इस तरह माहौल में पहले से ही मौजूद अमानवता के समाने और भी ज्यादा अमानवीय बनाने का मार्ग प्रशस्त करता है। हमें वस्तुओं के आगे आत्मसमर्पण के लिए तैयार करता है। पूंजीवादी विकास के कारण जो समाज उपजा है वह गुणों से रहित व्यक्तियों के समाज को सामने लाता है। पहले व्यक्ति बन जाने पर मनुष्य खुश होता था, आज क्षुब्ध होता है। आज उतरदायित्व का बोध मनुष्य के बजाय वस्तुओं का है। व्यक्ति के बजाय उपभोक्ता की, एक आंकड़े की शक्ल रह गई है, उसकी आदमी की पहचान धीरे-धीरे लुप्त हो रही है। इसी मायने में टेलीविजन यथार्थ को अयथार्थ में और मनुष्य को अमानुषिकता में तब्दील कर रहा है। अब वह हमें यथार्थ के रूपायन के जरिये 'चीज' के लिए तैयार करता है और 'चीज' के लिए तैयार करने का काम वह बहुत धीमे और ठंडे मन से करता है। हम अब यथार्थ को नहीं धारावाहिकों में चीजों को देखने के आदी हो जाते हैं। हम चीजों और यथार्थ के

अंतस्संबंध को देखना बंद कर देते हैं। सामाजिक यथार्थ हमसे इस तरह अपना संबंध भी तोड़ लेता है।

इस समूची प्रक्रिया को पूंजी के यांत्रिक पुनरुत्पादन के साथ जोड़कर देखें तो पाएंगे कि संस्कृति के नाम पर मनोरंजन का विशालकाय उद्योग धड़ाधड़ घटिया सामग्री का उत्पादन-पुनरुत्पादन यथार्थवाद के, कलाओं के अमानवीयकरण और असमाजीकरण को सामने लाता है।

टेलीविजन के यथार्थवाद के प्रभुत्वपूर्ण चरित्रों के सतही रूप की संरचना हमेशा पदानुक्रम संवाद के रूप में आती है। इसका अर्थ यह भी है कि यथार्थपरक कहानी में भिन्न-भिन्न किस्म के अंतर्विरोधी संवाद भी शामिल होते हैं। वे भी अप्रत्यक्ष ढंग से पदानुक्रम संवाद के रूप में ही आते हैं। इस क्रम में 'अलिखित' और 'अनजाना' संवाद भी सत्य हो जाता है जिसके कारण दर्शक यह सोचने लगता है कि हम सब कुछ जानते हैं। हम कहानी के सभी तर्कों को जानने का दावा भी करने लगते हैं। कहानी में लेखक समाहित होता है जबकि सिनेमा/टी.वी. में वह कैमरा और माइक्रोफोन पर निर्भर करता है कि वह इसे कैसे पेश करे। संपादक इन सब परिणामों को संयुक्त करके पेश करता है। इसलिए 'टेलीविजुअल डिस्कोर्स' में प्रकाश, डायलॉग, संगीत, बैठने की शैली आदि को चरित्रों के साथ मिलाकर देखना चाहिए। इससे इनके अंतस्संबंधों को पहचानने में मदद मिलती है। इसे ही 'मीडिया डिस्कोर्स' कहते हैं।

'मीडिया डिस्कोर्स' में दुनिया की यथार्थ अनुभूतियों को जगाने का कार्य किया जाता है इससे कौतूहल का वर्चस्व बना रहता है। इसीलिए विचारधारा और अनुभूतियों के संबंध की व्याख्या की भी जरूरत पड़ती है। टेलीविजन यथार्थ में अनुभूति और विचारधारा के अंतस्संबंध का प्रयोग निर्माता द्वारा दर्शक को सामाजिक पक्ष ग्रहण कराने के लिए किया जाता है। सामाजिक पक्ष ही उसकी सामाजिक अस्मिता का निर्माण भी करता है।

टेलीविजन के यथार्थवाद में विभिन्न दृष्टिकोणों के अंबार का संबंध अखबार में व्यक्त विभिन्न दृष्टिकोणों के अंबार के साथ है। अर्न्स्ट फिशर ने विभिन्न दृष्टिकोणों के अंबार को 'दिमागों की घृणित एकरूपता' कहा है। इसमें प्रश्नों के उत्तर नहीं मिलते बल्कि स्वयं प्रश्नों के उपदेष्टा हो जाते हैं। दर्जन भर मुहावरे, जिनमें से कुछ पहले कभी यथार्थ को प्रतिबिंबित करते थे, आज बार-बार परोसे जाते हैं। यथार्थ से उनकी समरूपता इतनी ही है, जितनी किसी तेल व्यापारी और धार्मिक

चित्र में हो सकती है। अर्न्स्ट फिशर ने आस्ट्रियाई व्यंग्यकार कार्ल क्रोस को उद्धृत करते हुए लिखा है कि 'मुझे विश्वास हो गया है कि घटनाएं अब घटित नहीं होतीं, उनके बदले पिष्टोक्तियां स्वतःस्फूर्त ढंग से अपना काम करती रहती हैं। चीजें लोगों से बड़ी हो गई हैं, साधना साध्यों से बड़े हो गए हैं, उपकरण उत्पादक से बड़े हो गए हैं। कार्ल क्रोस ने प्रेस के बारे में लिखा था :

'एक बार फिर....एक उपकरण हमारे हाथ से निकल गया है। जिस आदमी को हमने आग की सूचना देने के लिए बिठाया है—जिसे समूची राजसत्ता में सबसे निचले दरजे की भूमिका निभानी चाहिए—उसे हमने राजसत्ता के ऊपर, आग के ऊपर, जलते हुए मकान के ऊपर, तथ्य के ऊपर और अपनी कल्पना के ऊपर बिठा दिया है।' ये बातें टेलीविजन पर भी अक्षरशः लागू होती हैं।

कहानी पहले हल हो चुके अंतर्विरोधों का समाधान नहीं करती बल्कि वह अनसुलझे अंतर्विरोधों को उठाती है और समाधान को दर्शकों पर छोड़ देती है। कुछ लोग 'कथ्य' में सिर्फ अंतर्विरोधों की खोज करते हैं पर प्रश्न यह है कि इन्हें पेश कैसे किया जाता है? 'टेलीविजुअल मीडिया डिस्कोर्स' में संपादन और कैमरे की महत्वपूर्ण भूमिका होती है। उससे यथार्थ की दशा और दिशा का निर्धारण होता है। संपादन और कैमरे का प्रयोग कैसे किया जाता है इसका अध्ययन किया जाना चाहिए। हिंदी में 'संपादन' और 'कैमरे' के उपयोग की खूबियों पर अज्ञानता का धुंध छाया हुआ है, इसे हटना चाहिए।

टेलीविजन के यथार्थवाद पर विचार करें तो एक अन्य प्रवृत्ति पर भी सोचें। वह है 'रेडिकल यथार्थ' की प्रवृत्ति। इसे परिवर्तनवादी यथार्थ की प्रवृत्ति भी कह सकते हैं। यह परिवर्तनवाद 'प्रभुत्वशाली विचारधारा' के बारे में प्रश्न उठता है पूंजीवादी विषमता और मनमानेपन के खिलाफ जागरूकता पैदा करने की कोशिश करता है। इस क्रम में ही सामाजिक परिवर्तन की आकांक्षा भी व्यक्त करता है। रेडिकल यथार्थवाद अंतर्विरोधों का समाधान करता है, वह उन्हें अनसुलझा नहीं रहने देता। अनसुलझे अंतर्विरोध दर्शक के मन में सामंजस्यपूर्ण ढंग से स्थित प्रभुत्वशाली कौतूहल को नष्ट कर देते हैं और अंततः उनके प्रति स्वीकृति का भाव पैदा कर देते हैं जिससे अनिश्चितता और असुविधाजनक स्थिति पैदा होती है। अतः अंतर्विरोधों के बारे में सिर्फ 'कथ्य' के धरातल पर ही न सोचें। अपितु दर्शक के सामाजिक अनुभव के रूप में भी विचार करें। वही वास्तविक मानसिक परिवर्तनवादी संरचना भी है, जहां परिवर्तन की इच्छा पैदा होती है। इन दोनों में महत्वपूर्ण अंतर है। एक

अंतर्विरोध तो 'कथ्य' में है जिसे लेखक आसानी से सुलझा लेता है और दूसरा अंतर्विरोध ही 'रेडिकलिज्म' की मूल शक्ति है जिसे टी.वी. यथार्थ का फॉर्म कभी पेश नहीं करता। वह दर्शक को हमेशा मानसिक रूप से प्रतिक्रियात्मक अवस्था में छोड़ देता है। उसका 'फॉर्म' उसे 'प्रभुत्वशाली विचारधारा' के मुकाबले रेडिकल विचारधारा का वर्चस्व स्थापित करने की पद्धति की ओर ले जाने में असमर्थ होता है। इसी मायने में टेलीविजन यथार्थवाद प्रस्तुति का प्रतिक्रियात्मक रूप है जो प्रभुत्वशाली विचारधारा को स्वाभाविक रूप में पेश करता है। वह प्रत्येक वस्तु को 'यथार्थ सदृश' पेश करता है। इस क्रम में हम विचारधारा को विशिष्ट समाज और संस्कृति की उपज समझने के बजाय यथार्थ और स्वाभाविक की उपज समझने लगते हैं। इसका एक अर्थ यह भी है कि तकनीकी प्रगति की तुलना में मानवीय चेतना बहुत पिछड़ गई है।

टेलीविजन के यथार्थवाद और विचारधारा के अंतस्संबंध को समझने के लिए यह तथ्य महत्वपूर्ण है कि यह सांस्कृतिक माध्यम है। इसकी उत्पादन और वितरण की मांग को अर्थनीति तय करती है। सांस्कृतिक वैविध्य से भरे हमारे समाज में वैविध्यपूर्ण सामाजिक संबंध भी हैं। इस वैविध्य के कारण बातचीत और संवाद के रूपों में वैविध्य है। टेलीविजन ने एकरूपता के निर्माण के लिए इस वैविध्यपूर्ण का कौशलपूर्ण प्रयोग किया है। वह वैविध्य को वैविध्य के नाम पर पेश करता है। इससे अंतर्विरोधों के सरलीकरण में मदद मिलती है और दर्शक के साथ आत्मीयता बनाने में वह सफल हो जाता है। यही वैविध्य दर्शक को मनोरंजन देता है। पर मूलतः टेलीविजन वैविध्य की प्रस्तुति के माध्यम से अनेकताओं में एकरूपता पैदा कर रहा होता है। इसी एकरूपता के कारण भिन्न-भिन्न वर्ग या समुदाय के लोग आनंद भी ले पाते हैं। वह भिन्न-भिन्न समुदायों में जो 'कॉमन' होता है उसकी प्रस्तुति करता है। साथ ही, वह भिन्नताओं की भी जगह छोड़ता है। पर समग्रता में कार्यक्रमों को इस तरह पेश करता है कि दर्शकों की भिन्नताओं, उनके निहितार्थों को कार्यक्रम से बाहर कर देता है। इसके परिणामस्वरूप सांस्कृतिक प्रभुत्व की एकरूपता और निरंतर तनाव को जन्म होता है। सांस्कृतिक प्रभुत्व की एकरूपता की मांग और निरंतर तनाव की प्रक्रिया साथ ही साथ घटित होती है। इसका मनोरंजन की मांग के साथ नाभिनालबद्ध संबंध है। मनोरंजन की मांग मुनाफा कमाने की अभिलाषा से जुड़ी है। यह पूंजीवादी जगत के कलात्मक स्वापकों का सहजिया भी है। अन्स्र्ट फिशर ने लिखा है कि इन स्वापकों का उत्पादक यह मानकर चलता है कि ज्यादातर

उपभोक्ता एकांतवासी हैं, जिनकी बर्बर वृत्तियों को मुझे संतुष्ट करना चाहिए। लेनिक इस मान्यता के आधार पर वह वस्तुतः उन बर्बर वृत्तियों को उभारने का काम करता है। वह उन वृत्तियों को जगाए रखता है और व्यवस्थित ढंग से उत्तेजित करता है। तब स्वप्न बिंब बिकने लगते हैं।

टेलीविजन यथार्थ आदमी की सरल और सीधे-सादे आदमी की छवि पेश करता है। वह ऐसा आदमी है जो काल्पनिक है, पर सरलीकरण के कारण हम उसे वास्तविक समझने की भूल करते हैं।

फिशर के शब्दों में, चरित्रों का सरलीकरण सामाजिक भिन्नताओं को मिटाने का कार्य करता है। दर्शकों की भिन्नता 'कॉमन ग्राउंड' पर टिकी होती है। यह 'कॉमन ग्राउंड' पहले चरण में प्रभुत्वशाली विचारधारा को पेश करता है, और दूसरे चरण में सुनिश्चित 'कथ्य' संरचना की परंपरा को पेश करता है। इसमें निर्माता और दर्शक दोनों ही शामिल होते हैं। इसमें 'कॉमन' का इतिहास और अनुभव भी शामिल होता है। जॉन फिस्क ने लिखा है कि टेलीविजन रूढ़िगत माध्यम है, इसकी 'रूढ़ियां' भिन्न-भिन्न किस्म के दर्शकों की जरूरतों, आदतों और पद्धतियों की पहचान कराती हैं, उनका प्रयोग करती हैं। स्थापित 'रूढ़ि' को अपनाने के कारण टेलीविजन यथार्थवाद का रूढ़िगत फॉर्म का आयाम मूलतः आर्थिक आयाम की उपज है। आर्थिक आयाम ही 'रूढ़िगत' फॉर्म के उपयोग पर बल देता है। रूढ़िगत फॉर्म के कारण ही वह परिवर्तनवाद को भी रोकने में सफल हो जाता है। अतः परिवर्तनकामी यथार्थ अगर रूढ़िगत फॉर्म में आएगा तो प्रभाव के स्तर पर निष्क्रिय भूमिका अदा करेगा।

टेलीविजन यथार्थवाद में उल्लिखित तर्क पदानुक्रम में सबसे ऊपर होता है। माध्यम संवाद (डिस्कोर्स) उसे सुसंगत और आरामदायक दृश्यों की शक्ल में पेश करता है। इसका दर्शक की मानसिक संरचना से गहरा संबंध होता है। पर, वह दर्शक के मन में प्रश्नाकूलता पैदा नहीं करता, उसे सक्रिय नहीं बनाता। वह सर्वज्ञ के रूप में सामने आता है। वह सामाजिक तहकीकात की अनावश्यक ही नहीं, असंभव बना देता है। धारावाहिकों में प्रभुत्वशाली विचारधारा और परिवर्तनवादी विचारधारा का सहमेल मिलेगा। औरतों की रेडिकल इमेज का पितृसत्तात्मक विचारधारा से सहमेल आम प्रवृत्ति हो गई है। औरत की रेडिकल इमेज का पितृसत्तात्मक संरचना से सहमेल अनिवार्यतः रेडिकल इमेज को हजम कर जाता है। इसे प्रभुत्वशाली विचारधारा का सुरक्षा कवच भी कह सकते हैं। टेलीविजन के

यथार्थवाद की विशिष्टता यह है कि परिवर्तनवादी और पिछड़े हुए संवादों को एक ही साथ पेश करता है। पर, यह काम वह प्रभुत्वशाली विचारधारा को सर्वोत्तम स्थान देकर करता है। इसी परिप्रेक्ष्य में वह सतह पर रेडिकल दृष्टिकोण को प्रभुत्वशाली विचारधारा के खिलाफ खुलकर बोलने की अनुमति भी देता है। इसका परिणाम यह होता है कि प्रभुत्वशाली विचारधारा की शक्ति का विकास होता है। उसकी प्रतिरोध शक्ति बढ़ती है, वह 'रेडिकल' की बीमारी को नियंत्रित दवा की खुराक के तौर पर इस्तेमाल करता है। टेलीविजन समाचारों में अनेक बार उन व्यक्तियों और संगठनों की मौजूदगी दिखाई देती है जिन्हें परिवर्तनवादी कहा जाता है पर इनका चयन प्रभुत्वशाली विचारधारा के एजेंट के रूप में किया जाता है।

टेलीविजन यथार्थ में 'कॉमन ग्राउंड' के कारण प्रभुत्वशाली विचारधारा की सेवा बेहतर ढंग से करने की संभावनाएं बढ़ जाती हैं। वह निर्माता और दर्शक को 'कॉमन ग्राउंड' प्रदान करता है, साथ ही, भिन्न-भिन्न संस्कृतियों के दर्शकों के अंतरों को कम करके पेश करता है। लोकप्रिय कलारूपों को 'रूढ़' रूप में पेश करता है। यह परिवर्तनवादी कथ्य को रूढ़िगत रूप के कारण अप्रभावी बना देता है। इस संदर्भ में यह प्रश्न पैदा होता है कि 'देखने की प्रक्रिया' क्या है? इस प्रक्रिया में ही दर्शक और दृश्य दोनों का ही निर्माण होता है। अनेक अर्थ होते हैं। ये अर्थ सामाजिक धरातल पर तय होते हैं, पर कुछ आलोचक उसे 'कथ्य' के धरातल पर तय करते हैं। कथ्य के अनेकार्थी होने के कारण प्रत्येक दर्शक के लिए भिन्न अर्थ हो सकता है। यह अंतर पुरुष-औरत के दृष्टिकोण में भी पाया जाता है। पुरुष के आनंद और महिला के आनंद में भी यह अंतर हो सकता है। इसी अर्थ में टेलीविजन का कथ्य खुला होता है। उसमें अनेकार्थी होने की संभावनाएं होती हैं। उसकी अर्थ सत्ता का आधार 'कथ्य' आधारित न होकर, सामाजिक होता है।

टेलीविजन 'कथ्य' किस अर्थ में अपना संदेश दर्शक पर आरोपित करने में सफल होता है यह इसकी वैचारिक शक्ति और प्रकृति पर निर्भर करता है।

कथ्य में व्यक्ति का संयोजन विषय के रूप में, विचारधारा के रूप में होता है। इससे दर्शक की प्रतिरोध क्षमता की संभावनाओं को खत्म करने में सफलता मिलती है। विचारधारा का प्रतिरोध किए बगैर 'कथ्य' का विरोध करते हैं, वे उसके 'फॉर्म' की शक्ति को भूल जाते हैं। टेलीविजन का रूढ़िगत फॉर्म समग्रता में प्रतिरोध को पूरी तरह असंभव बना देता है। फॉर्म का वर्चस्व मूलतः विचारधारा का वर्चस्व है। अतः यह 'वर्चस्व' परिणामतः किसी भी तरह के प्रतिरोध को असंभव बना देता है।

प्रतिरोध को प्रभावी बनाने के लिए वर्चस्वशाली विचारधारा को पहचानने की जरूरत है। वर्चस्व की विचारधारा अपने विकास के लिए, स्वीकृति के लिए मातहत वर्गों की विचारधारा की स्वीकृति हासिल करने की कोशिश करती है। यह स्वीकृति विरोधाभासपूर्ण होती है। वर्चस्व की विचारधारा की स्वीकृति की विरोधाभासपूर्ण स्थिति जहां एक ओर प्रभुत्वशाली संस्कृति को जबरिया संप्रेषित करती है वहीं पर स्वीकृति के लिए कानूनी तौर पर सुनिश्चित व्यक्ति की छवि को उदारवादी दृष्टि से पेश करती है। इस विरोधाभासपूर्ण स्थिति में ही वर्चस्वशील विचारधारा अपनी स्वीकृति कराती है। यह स्वीकृति भावशून्य और बुजदिली को जन्म देती है। इस स्वीकृति को व्यक्तिगत राय और प्राथमिकता के आधार पर अर्जित किया जाता है। 'वर्चस्व' (हेजेमनी) के प्रति 'स्वीकृति' का भाव पैदा करने के लिए सरलीकृत रूपों का प्रयोग किया जाता है। 'स्वीकृति' के बारे में एक बात ध्यान रखें कि भिन्न समाज और ऐतिहासिक क्षणों में उसका रूप अलग-अलग होता है। 'स्वीकृति' की जरूरत हमेशा वर्चस्वशाली संरचना में होती है। इसी में हम मातहत प्रतिरोध की संरचना को भी सक्रिय पाते हैं।

केप्लान ने लिखा है कि प्रत्येक क्रांतिकारी को यथार्थ के रूपायन को चुनौती देनी चाहिए पर यही काफी नहीं है। हमें कथ्य की भाषा पर भी सोचना होगा जिससे 'कथ्य' और 'विचारधारा' के अंतर को भी विश्लेषित करने में मदद मिलेगी।

उसने लिखा कि 'माध्यम डिस्कोर्स' भाषा के सामाजिक स्रोत को नहीं बताता बल्कि वह 'मीडिया डिस्कोर्स' के लिए वस्तुगत स्थिति पैदा करता है। वह 'सत्य' पैदा करता है इसलिए तकनीक ज्यादा महत्वपूर्ण भी होती है। परिवर्तनवादी 'कथ्य' स्थिर दर्शक के निर्माण का निषेध करता है। दर्शक की स्थिति ऐसी होती है कि वह फिल्म की प्रक्रिया में शामिल हो जाता है। इस तरह वह निष्क्रिय भाव से नियंत्रण कर लेता है। केप्लान ने रेखांकित किया है कि अंतर की विशिष्ट तकनीकी दर्शक का कथ्य से संबंध-विच्छेद कर देती है।

परिवर्तनवादी नियोजित मनोरंजन का निषेध करते हैं। नियोजित मनोरंजन हमेशा जोड़-तोड़ या भावुकता के आधार पर ही संप्रेषित होता है। परिवर्तनवादी आनंद की धारणा पर बल देता है। वह मनोरंजन के बजाय 'मनोरंजन से शिक्षा' की अवधारणा पर बल देता है। वह भावुकता का निषेध करता है। इसी तरह परिवर्तनवादी 'कथ्य' में सभी तरह के मिश्रित वृत्तचित्र और कहानी को फिल्मी संरचना में पृथक नहीं किया जा सकता। इसमें खास तरह का तनाव होता है जो

सामाजिक निर्माण, आत्मगतता और प्रस्तुति में मौजूद रहता है।

केप्लान की धारणा का अंतनिर्हित अर्थ यह है कि निर्माता के पास यह विश्वास होता है कि 'कथ्य' की शक्ति से दर्शक के दिमाग में परिवर्तन किया जा सकता है। वे 'कथ्य' की शक्ति को अतिरंजित करके देखते हैं। इस तरह परिवर्तन का मूलाधार ही बदल जाता है। सामाजिक परिवर्तन का मूलाधार समाज है, न कि टेलीविजन 'कथ्य'।

टेलीविजन के यथार्थवाद की दो प्रमुख प्रवृत्तियां हैं। पहली प्रवृत्ति है उसका परिवर्तनकारी 'कथ्य' और दूसरी प्रवृत्ति है विरोधी चरित्रों के प्रतिक्रियात्मक यथार्थपरक कथ्य की मौजूदगी। इसी के कारण टेलीविजन पूरी तरह प्रतिक्रियावादी न होकर लोकप्रिय होता है। 'परिवर्तनकारी कथ्य' की धारणा पर बल देने वाले उसके प्रभुत्वशाली यथार्थ रूप की उपेक्षा करते हैं, वे प्रभुत्वशाली विचारधारा के कथ्य और तज्जनित अर्थ की भूमिका की भी उपेक्षा भी करते हैं।

औद्योगिक समाज में, जहां हमारे सांस्कृतिक जीवन में औद्योगिक वस्तु के सांस्कृतिक उत्पादन और वितरण का वर्चस्व होता है, सांस्कृतिक-उद्योग की परंपराएं और उसका प्रभुत्वशाली विचारधारा से संबंध एजेंट की भूमिका अदा करता है। वह उसे लोकप्रिय, हर व्यक्ति की जद में, सबकी समझ में आने लायक बनाता है, साथ ही, लोकप्रिय संस्कृति और लोकप्रिय अर्थ भी प्रदान करता है।

प्रभुत्वशाली विचारधारा की मौजूदगी और यथार्थ के रूढ़ रूपों के कारण ही दूरदर्शन कार्यक्रम लोकप्रिय होते हैं। पर प्रगतिशील डिस्कोर्स की इसमें कोई जगह ही नहीं होगी, यह निष्कर्ष निकालना भूल होगी। प्रतिरोधी डिस्कोर्स किस संरचना में मीडिया डिस्कोर्स में आता है इसे जानने की जरूरत है। टेलीविजन के यथार्थपरक फॉर्म की यह क्षमता होती है कि वह दो विरोधी 'डिस्कोर्स' को एक ही साथ समाहित किए होता है। वह किसी को भी खत्म या नजरअंदाज नहीं करता। दर्शक की भी उसे देखने की इच्छा बनी रहती है। वह उस परिवर्तनकारी डिस्कोर्स को वर्चस्वशाली विचारधारा की संरचना के मुकाबले प्रतीकात्मक प्राथमिकता भी देता है। इसी अर्थ में यथार्थ सदृश टेलीविजन अनिवार्यतः प्रतिक्रियात्मक होता है। टेलीविजन में वैचारिक 'वर्चस्व' (हेजेमनी) निरंतर संघर्ष है, बाहुल्य के खिलाफ वैचारिक प्रभुत्व जमाने का संघर्ष है। इस क्रम में शक्ति संतुलन हमेशा पराधीनता को जन्म देने वाला होता है, उसकी हमेशा पुनर्रुपलब्धि करनी होती है। 'वर्चस्व' की विचारधारा तात्कालिक तौर पर विजयी तो होती है पर अंततः विजयी नहीं होती। प्रत्येक समाज

में इस बात के प्रमाण मिलते हैं कि मातहत समुदायों ने संपूर्ण प्रभुत्व और वर्चस्व का विरोध किया है। वर्चस्वशाली विचारधारा को स्वीकृति नहीं दी है।

जिस तरह सामाजिक संबंधों में निरंतर चलने वाले संघर्षों में 'वर्चस्व' की विचारधारा संघर्ष करती दिखाई देती है उसी तरह 'कथ्य' में भी अर्थों के धरातल पर निरंतर चल रहे संघर्षों को देखना चाहिए। प्रभुत्वशाली विचारधारा अधिकतर 'कथ्य' के फॉर्म के जरिये सक्रिय होती है। उसका प्रतिरोध संभव है, उसे परास्त करना संभव है। यह सब कुछ दर्शक की सामाजिक अवस्था और चेतना के स्तर पर निर्भर करता है।

टेलीविजन के यथार्थवाद के संदर्भ में यह प्रश्न उठता है कि यथार्थ क्या है? इस माध्यम में यथार्थ किसे कहते हैं? इस माध्यम में यथार्थ वह है जिसे हम 'निरेटिव' और 'विजन' के अंतस्संबंध के रूप में देखते हैं। इसकी खूबी यह है कि सामाजिक मुद्दे से इसका उदय होता है और धीरे-धीरे राष्ट्र की 'कॉमनसेंस' चेतना की ओर ले जाता है। 'कॉमनसेंस' की राष्ट्रीय चेतना के परिप्रेक्ष्य में ही मातहत वर्गों की अभिव्यक्ति, अभिरुचि, आदतों आदि को भी अभिव्यक्ति देता है। इसके यहां उत्पीड़ित का अपना कोई अर्थ नहीं होता। उसकी वह 'आजादी' की भाषा में अभिव्यक्ति करता है। वही उसका एकमात्र साधन भी है जबकि उत्पीड़क के पास सब कुछ होता है। उसकी भाषा समृद्ध, बहुरूपी और आत्मसम्मान को व्यक्त करने वाले सभी रूप उसके पास होते हैं। इसके विपरीत उत्पीड़ित के पास सिर्फ 'आजादी' की भाषा होती है। इस परिप्रेक्ष्य में देखें तो पाएंगे कि उत्पीड़ित विश्व का निर्माता होता है और वही एकमात्र सक्रिय होता है। साथ ही, उसके पास परिवर्तन की गंध होती है जबकि उत्पीड़क के पास सब कुछ हजम कर लेने वाली गंध होती है। उसमें निम्न पूंजीवादी निराश आदमी का रोना-धोना, टूटे हुए आदमी को रिरियाहट, रूमानी चीख-पुकार, आत्मसंतुष्ट मूर्खता होती है। भावुकतापूर्ण दृश्य होते हैं जिनसे वह मनुष्य को सुलाने का काम लेता है। वह यथार्थ को नकारने और फिर उसी नकारे हुए यथार्थ में लीन है। उसका लक्ष्य चेतनाहीनता है। वह चेतना के सर्वोत्तम शिखर तक नहीं पहुंचाता।

जब सामाजिक परिवर्तन होता है तो वैचारिक मूल्यों में परिवर्तन आता है, टेलीविजन इस परिवर्तन का अंग भर होता है। यह कहना गलत होगा कि टेलीविजन सामाजिक परिवर्तन का मूल प्रेरक होता है। टेलीविजन सामाजिक परिवर्तन कर सकता है, ऐसा दावा भी गलत होगा। सामाजिक परिवर्तन की जड़ें सामाजिक

अस्तित्व में होती हैं। संभव है टेलीविजन इस परिवर्तन का अंग हो अथवा यह भी संभव है कि वह सामाजिक परिवर्तन को बाधित भी कर सकता है अथवा परिवर्तन को विलंबित भी कर सकता है। इसके बावजूद निराशा का कोई कारण नहीं है। परिवर्तनवादी दृष्टिकोण टेलीविजन यथार्थ को पलट भी सकता है, उसकी 'हेजेमनी' को परास्त भी कर सकता है। प्रभुत्वशाली वर्गों की वैचारिक 'हेजेमनी' से भयभीत और निराशा होने की जरूरत नहीं है और न ही यह निष्कर्ष निकालने की ही जरूरत है कि टेलीविजन का यथार्थवाद साहित्य या कलाओं को दरिद्र कर देगा।

14. वर्चुअल रियलिटी की चुनौतियां

आभासी संसार यानी वर्चुअल जगत, यह असल में वर्चुअल रियलिटी है। यह तकनीकी है, अवधारणा नहीं है, यह वातावरण है, एनवायरमेंट है। 7 जून 1989 को कंप्यूटर सॉफ्टवेयर कंपनी ऑटोडेक्स और कंप्यूटर कंपनी वीपीएल ने इसकी घोषणा की। इसका जन्म 1984 में एक विज्ञान कथा के गर्भ के जरिये हुआ। विलियम गिब्सन के उपन्यास *न्यूरोमेंसर* से इसका सिलसिला शुरू होता है। इसका राजनीतिक आयाम भी है, यह 'स्टारवार' कार्यक्रम के गर्भ से निकली तकनीक है। यह समाजवाद के पराभव के साथ आई तकनीक है। जो लोग पूंजीवाद के प्रति आलोचनात्मक रवैया रखते थे, समाज को बदलना चाहते थे, जिनमें युद्ध के खिलाफ और शांति के पक्ष में भावनाएं थीं उन्हीं को वर्चुअल रियलिटी ने निशाना बनाया। नई जीवन-शैली दी। वर्चुअल रियलिटी के सिद्धांतकार जेरोन लेनियर ने वर्चुअल रियलिटी को पेश करते हुए नारा दिया—जनता को कल्पनाशीलता से मुक्त करो, लोगों को संप्रेषित करने में मदद करो। आरंभ में वर्चुअल रियलिटी में सामाजिक आलोचना का भाव था, बाद में सिर्फ तकनीकी रह गई। जो आलोचक थे वे व्यवसायी हो गए।

जेरोन लेनियर ने लिखा है, 'वर्चुअल रियलिटी हमारे बाहरी जगत पर असर डालती है। हमारे आंतरिक जगत पर असर नहीं डालती। नया वस्तुगत यथार्थ पैदा करती है। तुम इसमें रमण कर सकते हो, यह संक्रमणशील है, तुम इसकी चीजों का दुरुप्रयोग नहीं कर सकते, यह कृत्रिम वातावरण की खुली तकनीकी है। इसने व्यक्ति, निजता, समुदाय, समय और आकार आदि के बारे में हमारी अब तक की समस्त धारणाओं को बदला है।'

वर्चुअल रियलिटी का काम है कार्रवाई, शिरकत और नियंत्रण स्थापित करना।

यह दुनिया को वर्चस्ववादी दृष्टिकोण से देखने का विमर्श तैयार करती है। इसीलिए वर्चस्ववादी ताकतों को सबसे प्रिय है। इसका मुख्य काम है व्यस्त रखना। लक्ष्य है वर्चस्व स्थापित करना। इसका लक्ष्य सत्य या विवेक नहीं है बल्कि निजी दृष्टिकोण है। यह समस्त विमर्शों को अपने मातहत बना लेना चाहती है।

उल्लेखनीय है सॉफ्टवेयर में संगीत की लय की तरह हर चीज को व्यक्त करने की क्षमता है। यहां संगीत से लेकर व्यक्ति तक हर चीज को व्यक्त कर सकते हैं। मौजूदा दौर में मनुष्य की हर गतिविधि सॉफ्टवेयर से जुड़ी है या उसके जरिये संचालित हो रही है। तरह-तरह के डिजाइन और सॉफ्टवेयर इस्तेमाल किए जा रहे हैं। इसे वेब 2.0 (मई 2.0) की विचारधारा कहते हैं और सतह पर यह स्वतंत्रता का वायदा करती है लेकिन असलियत में यहां मनुष्य से ज्यादा मशीनों को स्वतंत्रता है। वे इसे 'ओपेन कल्चर' या खुली संस्कृति कहते हैं। ब्लाग, सोशल मीडिया, वीडियो, यू-ट्यूब, हल्की टिप्पणियां यहां नाटकीय और हार्मलेस नजर आती हैं लेकिन बृहत्तर स्तर पर यह विखंडित (फ्रेगमेंट) संस्कृति का लगावरहित संचार है। इससे निजी मेल-मुलाकात की परंपरा या आदत की क्षति होती है। कम्युनिकेशन इन दिनों कभी-कभी अतिमानवीय फिनोमिना नजर आता है। मनुष्य से परे का फिनोमिना नजर आता है। मौजूदा दौर में व्यक्ति से हमारी आकांक्षाएं बहुत कम हो गई हैं, न्यूनतम आकांक्षाओं के साथ जीना, रहना सामान्य बात हो गई है। तकनीक की सबसे बड़ी विशेषता है कि वह बताती है कि आदमी कितनी जल्दी बदलता है। डिजिटल डिजाइन में छोटा सा परिवर्तन व्यापक स्तर पर समाज को प्रभावित करता है। खासकार वे लोग जो इसका इस्तेमाल करते हैं वे तेजी से प्रभावित होते हैं। वर्चुअल रियलिटी की खूबी है कि निज की शक्ति और सामाजिक दृष्टि को रूपांतरित करती है। इसी अर्थ में तकनीक को मनुष्य या निज का एक्सटेंशन कहा गया।

हमारी अस्मिता तुरंत गेजेट्स बदलते ही रूपांतरित हो जाती है। सूचना तकनीक के साथ सोशल इंजीनियरिंग के बिना काम करना संभव नहीं है। हमें सवाल करना चाहिए ब्लॉगिंग, ट्विटिंग, फेसबुक आदि से व्यक्ति कितना बदलता है? मैं क्या हूं? मेरी पहचान क्या है? जिन लोगों ने इसके प्रोग्राम बनाए वे तो सिर्फ यही मांग करते हैं कि आप कंप्यूटर से संपर्क-संबंध रखें यानी अपने दिमाग के किसी कोने के साथ कंप्यूटर का संबंध बनाकर रखें। कंप्यूटर में अनजान वैज्ञानिकों की भीड़ के बनाए प्रोग्राम हैं जिनके साथ हम संपर्क रखते हैं। यह एक तरह

अल्लम-गल्लम लोगों के समूह हैं, जो मनुष्य कहलाते हैं। ये ही लोग हैं जो आभासी-भाव से जुड़े हैं। इनकी राय ही वैध राय है। यहां रीयल व्यक्ति की नहीं, कृत्रिम व्यक्ति की राय मिलती है। यह व्यक्ति भी फॉर्मूलाबद्ध ढंग से बोलता है। रूढ़िबद्ध भाषा, तयशुदा भाषा उसकी विशेषता है और यह सब काम मशीन करती है। यह कृत्रिम मनुष्य है जो कंप्यूटर में बैठा हुआ है। लेकिन मनुष्य तो फॉर्मूला नहीं है। मनुष्य फ्रेगमेंट नहीं है। लेनियर ने लिखा फ्रेगमेंट आर नॉट पीपुल्स, मनुष्य तो परिवर्तनशील है। वह तो रहस्यमय विश्वासों में डूबा व्यक्ति है। लेनियर ने लिखा, क्या कोई तकनीकीविद विश्वास करेगा कि अतीत से बेहतर भविष्य हो सकता है। तकनीकीविदों को आदर्शवादी होना चाहिए, उनके पास आदर्श विचार होने चाहिए। तकनीकी विकास की प्रक्रिया निरंतर विभ्रम पैदा करती रही है। यह एक तरह का तकनीकी पागलपन भी है। इसके कारण वास्तव और आदर्श कंप्यूटर में निरंतर विभ्रम बना रहता है। तकनीक यह मानकर चलती है कि प्रत्येक तकनीक नए के ब्रांड रूप में काम करे या जानी जाए। समूची रणनीति यह है कि हम कंप्यूटर के बारे में यथार्थवादी ढंग से न सोचें। कंप्यूटर के प्रोग्राम जिस गति से आ रहे हैं उसके कारण एक दिन हम बंद गली में जाकर कैद हो सकते हैं।

नई तकनीक आने के साथ जो चीजें आई हैं वे मनुष्य के अंगों से जुड़ी हैं, मसलन् हमारी आंखों और कान से वेबकॉम्स और मोबाइल फोन जुड़े हैं, ये हमारी स्मृति की विस्तारित मेमोरी या स्मृति का अंग हैं। ये वे स्ट्रक्चर हैं जो दुनिया और अन्य लोगों से जोड़ सकते हैं और ये संरचनाएं पलटकर यह भी सोचने का मौका देती हैं कि व्यक्ति चाहे तो स्वयं के बारे में सोच सकता है।

लेनियर ने लिखा है कि तकनीक की नई उप-संस्कृति आज सबसे ज्यादा प्रभावशाली है और असर पैदा करने वाली है। मजेदार बात यह है कि इस उप-संस्कृति का कोई नाम नहीं है। लेकिन साइबर वैज्ञानिक इसे डिजिटल माओवादी कहते हैं। इसमें आदिवासियों जैसा सांस्कृतिक खुलापन और साझा सर्जनात्मक तत्व है। यह कंप्यूटर साइंस के कृत्रिम विवेक से जुड़ी है। इसकी विशेषता है संदर्भ विरोध या एंटीकंटेस्ट, इसमें फाइलें एक-दूसरे के साथ बिना संदर्भ के साझा की जा सकती हैं। समाहित की जा सकती हैं। इसकी राजधानी सिलिकॉनवेली है लेकिन इसकी शक्ति सारी दुनिया में फैली हुई है। इसने साइबर समग्रतावाद को जन्म दिया है। इस प्रसंग में लोग सबसे बड़ी गलती यह कर रहे हैं कि वे निजी नेटवर्क को ध्वस्त करने में लगे हैं। इससे अराजकता और बढ़ेगी। नेटवर्क में अराजकता न बढ़े इसके

लिए जरूरी है कि ज्यादा से ज्यादा रीयल लोग नेटवर्क में शिरकत करें। यदि नेटवर्क में अमूर्त लोग रहते हैं तो यह अर्थहीन हो जाएगा। नेटवर्क अर्थहीन न बने इसके लिए जरूरी है कि रीयल लोग नेटवर्क में सक्रिय हों। रीयल लोग रहेंगे तो नेटवर्क अर्थवान रहेगा। क्योंकि अर्थवत्ता नेटवर्क में नहीं, रीयल लोगों में है।

आभासी संसार में शब्द सर्जना का रीयल सुख तब ही संभव है जब हम इसके मसलों पर खुलकर बहस करें। हमें इसके मसलों को जानना होगा और उन पर बौद्धिकों के बीच बहस चलानी होगी। हमारे वैज्ञानिकों से लेकर मीडिया तक, राजनेताओं से लेकर सामाजिक कार्यकर्ताओं तक आभासी संसार का उपयोग बड़े पैमाने पर हो रहा है, लेकिन उसके बुनियादी संरचना से जुड़े सवालों पर कोई गंभीर विचार-विमर्श अभी नहीं हो रहा है। राजीव गांधी कंप्यूटर मिशन से लेकर नरेंद्र मोदी के डिजिटल इंडिया के मिशन तक सूचना तकनीक के प्रचार-प्रसार का एक ही लक्ष्य है, सूचना उपभोक्ता तैयार करना, सूचना तकनीक के उपभोक्ता तैयार करना, यहां तक कि हमारी तथाकथित बड़ी सूचना-संचार कंपनियां भी सेवाक्षेत्र तक ही सीमित हैं और उन्हीं कामों पर जोर दे रही हैं जहां उपभोक्ता है और मुनाफा है।

आभासी संसार का सपना डिजिटल बुद्धिजीवी से जुड़ा है। आम जनता के दैनंदिन जीवन में डिजिटल कम्युनिकेशन का दखल बढ़ा है। हमें डिजिटल गुरु बनना है तो हमारे देश के बौद्धिकों को डिजिटल आदतों और संस्कारों को अपनाना होगा। अभी अधिकांश बौद्धिक-लेखन आदि प्रिंट संचार और तद्जनित मसलों तक सीमित हैं। पूरा देश अब भी 19वीं सदी के सवालों से जूझ रहा है। देश इन सवालों से मुक्त हो इसके लिए जरूरी है कि 'डिजिटल छलांग' लगाई जाए। 'डिजिटल छलांग' बौद्धिकों को डिजिटली एक्टिव किए बिना संभव नहीं है। विश्व में बौद्धिक वर्चस्व की प्रक्रियाओं में दखल देने के लिए यह जरूरी है, वरना हमारे देश की डिजिटल प्रतिभाओं का अमेरिका-ब्रिटेन आदि देशों की ओर पलायन होता रहेगा। आभासी संसार में शब्द-सर्जना के लिए डिजिटल प्रतिभाओं को रोकना, उनके लिए यहां पर्याप्त संसाधन जुटाना और प्रभावशाली संरचनाओं का निर्माण करना बेहद जरूरी है। हम पहले से देश के प्रति बेगानेपन के शिकार थे, आभासी संसार ने हमारे बेगानेपन को और बढ़ाया है, कंप्यूटर आने के बाद हमारे देश में प्रतिभा पलायन तेज हुआ है, इसे किसी भी कीमत पर रोकने की जरूरत है। सवाल यह है कि संचार क्रांति को ज्ञानक्रांति में कैसे बदलें? सूचना समाज को ज्ञान समाज कैसे बनाएं? हमारे यहां ज्ञान समाज और सूचना समाज की समस्याओं को लेकर कोई बहस नहीं

है, बौद्धिकों से लेकर मीडिया तक में इसके सवालों पर एक सिरे से चुप्पी छाई हुई है, यह चुप्पी क्यों है? मजेदार बात है सूचना तकनीक और आभासी संसार के बारे में अधिकांश खबरें कानून-व्यवस्था की समस्या से जुड़ी हैं या फिर उपभोक्ता के नजरिये से आती हैं यानी प्रोडक्ट की बिक्री के प्रसंग में सूचना तकनीकी की खबरें आ रही हैं।

आभासी संसार में शब्द सर्जना के लिए आंतरिक प्रतिबंधों, पुराने संस्कारों, खासकर कम्युनिकेशन की पुरानी आदतों और झिझक से लड़ने की जरूरत है। लेखक के नाते हमारे अंदर अनेक किस्म के आंतरिक प्रतिबंध काम करते रहते हैं, इनसे लड़ने की जरूरत है। आभासी संसार में दखल बढ़ाने के लिए विश्वविद्यालयों और शोध संस्थानों के स्तर पर कंप्यूटर और डिजिटल तकनीक के अविष्कार और नए सॉफ्टवेयर निर्माण पर ध्यान देने की जरूरत है। अभी हमारे यहां सभी कंप्यूटर पाठ्यक्रम प्रयोजनमूलक हैं और सेवाक्षेत्र केंद्रित हैं। उनमें रिसर्च और नए अनुसंधान के लिए कोई स्थान नहीं है।

आभासी संसार और भारतीय पूंजीवाद के रिश्ते को भी हमें खोलकर देखना चाहिए। हमारे देश का पूंजीपति वर्ग तो कंप्यूटर को सेवा और मुनाफे से अधिक मानकर नहीं चलता। हमें विचार करना चाहिए कि हमारे देश के पूंजीपति वर्ग की प्रकृति क्या है? इससे तय होगा कि हमारे देश के आभासी संसार की प्रकृति क्या होगी?

हमारे देश में पूंजीपति वर्ग की चारित्रिक विशेषता है मुनाफा-मुनाफा और सिर्फ मुनाफा कमाना। उसके पास मुनाफा कमाने का विवेक तो है लेकिन ज्ञान, खोज, अनुसंधान और नए के निर्माण की बुद्धि नहीं है। वह व्यापार में रिस्क लेता है लेकिन ज्ञान और खोज के क्षेत्र में उसने कभी कोई जोखिम नहीं उठाया। 'खोज' के बिना आधुनिकता का नजरिया नहीं बनता। यही वजह है कि भारत के पूंजीपति के पास दौलत है, मुनाफा करने की तकनीक है लेकिन खोज की संरचनाएं नहीं हैं। खोज के लिए वह निवेश नहीं करता। इससे भी भयानक स्थिति अकादमिक जगत में है, वहां पर विभिन्न विषयों के पाठ्यक्रम तो हैं लेकिन 'खोज' का नजरिया गायब है। ये पाठ्यक्रम सिर्फ नौकरी पाने की कला सिखाते हैं। इसका दुष्परिणाम यह निकला है कि हमारे देश से प्रतिभा पलायन बड़े पैमाने पर हुआ। प्रतिभा पलायन से बचने का एक ही तरीका है प्रतिभा संरक्षण की संरचनाओं का निर्माण और संसाधनों का विकास। प्रतिभा को शत्रु या प्रतिस्पर्धी के रूप में देखने के बजाय मित्र-नागरिक

के रूप में देखा जाए। प्रतिभाशाली व्यक्ति लोकतंत्र की शक्ति होता है। प्रतिभाशाली व्यक्ति को डिजिटल युग में दाखिल कर पाते हैं तो हमारे सामाजिक, राजनीतिक, आर्थिक विमर्श के बुनियादी आधार में परिवर्तन हो जाएगा। हम देखेंगे कि हठात हम जिन मसलों पर उलझते थे वे एक सिरे से अप्रासंगिक हो गए हैं। डिजिटल इंडिया में जाने के लिए हम यह सोचें कि डिजिटल संसार में डिजिटल उपभोक्ता समाज के साथ जाना चाहते हैं या फिर डिजिटल बौद्धिकों को भी साथ में लेकर जाना चाहते हैं। केंद्र सरकार की संचार नीति का मुख्य जोर डिजिटल उपभोक्तावाद पर है। इन नीतियों के केंद्र में सेवाक्षेत्र और सेवकक्षेत्र हैं, बौद्धिकों का क्षेत्र इसके लक्ष्य से बाहर है।

आभासी संसार का कोई भी परिप्रेक्ष्य स्थानीय संरचनाओं और तकनीकी सचेतनता पर आधारित है। भारत की लेखकीय दुनिया किस तरह की तकनीकी चेतना की अवस्था में है इस पर बहुत कुछ निर्भर करता है कि आभासी संसार किस तरह की समस्याओं से मुखातिब है। स्थिति यह है कि कम्युनिकेशन के कंप्यूटर जनित रूपों के इस्तेमाल के मामले में लेखक-शिक्षक सबसे पीछे हैं, कायदे से इनको आगे होना चाहिए। हमारे यहां यह विलक्षण स्थिति है कि जो जितना ज्ञानी है, वह उतना ही कंप्यूटर और डिजिटल सर्जना से दूर है। सचेतन लोगों का दूर रहना अपने आप में बड़ी चुनौती है। वे दूर क्यों हैं? इसके पीछे क्या कारण हैं? सबसे पहले उसकी खोज करने की जरूरत है। भारतीय लेखक का मनोजगत और उसके दैनंदिन अभ्यास में पुरानी लेखकीय आदतें रूढ़िबद्ध हैं। इनके प्रति वह संरचना के स्तर पर संघर्ष नहीं करता। उसमें परिवर्तन की इच्छा का अभाव है।

आभासी संसार के आने के बाद भाषाओं के साथ सबसे बड़ी दुर्घटना घटी है। भाषा का पहले कोई मालिक नहीं होता था लेकिन अब भाषाओं के मालिक संगठन का उदय हो गया है। इसे 'यूनीकोड कंस्टोरियम' कहते हैं। इसमें Adobe system, Apple, Google, IBM, Microsoft, Oracle Corporation, Yahoo! and Oman's Ministry of endowments and Religious Affairs सदस्य हैं। इसमें कोई भारतीय कंपनी नहीं है और न कोई भारतीय वैज्ञानिक इसके बोर्ड का सदस्य है लेकिन संस्थान के रूप में भारत इसका सदस्य है लेकिन भारत का कोई प्रतिनिधि उसकी सूची में नहीं है।

हिंदी में वेबसाइट कल्चर का क्रमशः विकास हो रहा है, प्रयोजनमूलक कंप्यूटर शिक्षा का भी विकास हो रहा है, लेकिन बाधाएं भी अनेक हैं। ब्लॉगिंग और वेबसाइट

की मदद करने वाली संस्थाओं का अभाव है। हिंदी वेबसाइट के प्रमोशन में व्यापार-जगत की कोई दिलचस्पी नहीं है जबकि स्थानीय स्तर पर इस तरह के मददगार बनाए जा सकते हैं। आर्थिक संसाधनों के अभाव में वेबसाइट को बनाए रखना अपने आप में बड़ी चुनौती है। दूसरी बड़ी चुनौती है वैविध्यपूर्ण सामग्री के धारावाहिक फ्लो की। कायदे से भारत सरकार और विभिन्न राज्य सरकारों, खासकर छत्तीसगढ़ की सरकार, को अपने सभी विश्वविद्यालयों और कॉलेजों में सभी के लिए वाई-फाई की सुविधा देनी चाहिए, साथ ही, विभिन्न विषयों के विभागों के वेबसाइट निर्माण के लिए नियमित आर्थिक मदद देनी चाहिए। साथ ही, वेब प्रकोष्ठ भी बनाया जाए। सभी विभागों की शोध पत्रिकाओं को नेट पर होना चाहिए।

विश्वविद्यालय अनुदान आयोग के द्वारा पहल करके विभिन्न विषयों पर नई-पुरानी सामग्री के अपलोड करने की नियमित स्कीम बनाकर लागू की जानी चाहिए। हम यदि डिजिटल इंडिया में जाना चाहते हैं तो यह अनिवार्य करें कि विभिन्न विश्वविद्यालयों की वेबसाइट पर विभिन्न विषयों की भारत के लेखकों, समाज विज्ञानियों, वैज्ञानिकों आदि की किताबें, निबंध और पाठ्यसामग्री उपलब्ध हों। फिलहाल दशा यह है कि जेएनयू जैसे विश्वविद्यालय की वेबसाइट तक दरिद्रतम रूप में है। कायदे से सभी विश्वविद्यालयों और कॉलेजों में वाई-फाई की सुविधा हो, प्राइमरी से लेकर विश्वविद्यालय तक के सभी शिक्षकों को मुफ्त नेट कनेक्शन दिया जाए। साथ ही, प्रत्येक स्कूल, कॉलेज, विश्वविद्यालय की वेबसाइट हो, वहां शिक्षकों-छात्रों के मुफ्त लेखन के वॉल हों।

प्राचीन रचनाओं को नेट लूट से बचाने के लिए भारत सरकार, लेखक संगठन और प्रकाशक संगठन मिलकर प्रयास करें वरना हमारी समस्त रचनाएं अमेरिकी दूरसंचार कंपनियों खासकर गूगल के स्वामित्व में चली जाएंगी। यह दुर्भाग्यजनक है कि हमने इस दिशा में कोई कदम नहीं उठाया है। इस प्रसंग में सबसे पहला कदम यही हो सकता है कि भारत अपना सर्च इंजन तैयार करके उपलब्ध कराए। साथ ही, साइबर कानूनों का जनहित में पुनर्मूल्यांकन किया जाए। इसी प्रसंग में बौद्धिक संपदा अधिकार कानून की नए सिरे से समीक्षा की जानी चाहिए।

गूगल ने 16 दिसंबर 2014 से स्पेनिश गूगल न्यूज सेवा को स्थायी तौर पर बंद करने की घोषणा की है। यह घोषणा स्पेनिश बौद्धिक संपदा कानून में लाए गए परिवर्तन के कारण करनी पड़ी। स्पेन ने किसी लिंक और समाचार लेख से जुड़ी सामग्री के प्रकाशन को एकदम फ्री करने का फैसला किया है। जबकि गूगल इसके

लिए पैसे लेता था। खासकर न्यूजलाइन एग्रीगेटर में मुफ्त इस्तेमाल करने का प्रावधान कर दिया है। उल्लेखनीय है गूगल लिंक शेयर करने और न्यूजलेख शेयर करने का चार्ज वसूल करता है। उल्लेखनीय है जर्मनी ने 2013 में इसी तरह का कानून बनाया था लेकिन गूगल के दबाव के कारण वे मुफ्त शेयर करने वाले प्रावधान को लागू नहीं कर पाए और गूगल को भुगतान करते रहे। हमें भारत के संदर्भ में इस पहलू की जांच करने की जरूरत है कि क्या न्यूजसेवा के जरिये लिंक और न्यूज लेख शेयर करने पर गूगल को भुगतान करना पड़ता है?

आभासी संसार में शब्द सर्जना का नया दौर डिजिटल बुक के साथ आरंभ होगा। हमें देखना चाहिए कि इसका क्या असर होगा? क्या इससे किताब पढ़ने की आदत कम होगी? क्या इससे पाठक की रीडिंग आदत का सार्वजनिक उद्घाटन हो जाएगा तो पाठक पर कोई बुरा असर पड़ेगा? क्या इससे पाठक को संकलित की गई सूचना पर वर्चस्व स्थापित करने का मौका मिलता है? डिजिटल बुक पढ़ने की सूचना सार्वजनिक होने से क्या रीडिंग आदत पर कोई बुरा असर होता है? अभी तक विचार की प्राइवेसी हुआ करती थी लेकिन डिजिटल बुक आने के बाद उसकी प्राइवेसी खत्म हो गई है, यह प्राइवेसी हमारी अभिव्यक्ति की आजादी, विचार और खोज का हिस्सा थी। विचार की प्राइवेसी यदि नहीं होगी तो विचारों का विकास संभव नहीं है। यह हम सब जानते हैं कि मार्क्स, लेनिन, माओ, स्टालिन आदि के विचारों का पढ़ने के कारण पाठक के घरों पर छापे पड़े हैं, सजाएं तक हुई हैं, खासकर अमेरिका से लेकर भारत तक यह स्थिति देखने में आती है। यदि किसी के घर माओवादी सामग्री मिल जाए या किसी प्रतिबंधित संगठन की सामग्री मिल जाए तो पुलिस परेशान करना आरंभ कर देती है। अमेरिका-ब्रिटेन आदि में तो हालात यहां तक खराब हैं कि लाइब्रेरी आने-जाने वालों का रिकॉर्ड मंगाकर देखा जा रहा है कि लाइब्रेरी में कौन सा पाठक किस तरह की किताबें पढ़ता है या लेता है। इसके आधार पर उसके खिलाफ कार्रवाई हो रही हैं। पिछले दिनों एक भारतीय को बम से संबंधित किताबें पढ़ने, वेबसाइट देखने के कारण 25 साल की सजा ब्रिटेन की अदालत ने सुना दी थी, जबकि उस लड़के का किसी आतंकी संगठन से कोई संबंध नहीं था।

अभी हालात यह हैं कि आप दुकान पर जाइए, चुपचाप किताब खरीदो और चलते बनो लेकिन इंटरनेट पर यह मुसीबत है कि आपके पीछे लोग लगे रहते हैं, क्या पढ़ रहे हो, कहां से पढ़ रहे हो। फालो करते रहते हैं। इसके कारण यूजर को अनेक मुसीबतों का सामना करना पड़ रहा है, अनेक देशों में प्रतिबंधित साहित्य

को पढ़ने वालों पर सख्त कार्रवाई हुई है। डिजिटल बुक में पाठक की पढ़ने की आदत गुप्त नहीं रहती, आप किसी भी पाठक की रीडिंग आदत का विश्लेषण कर सकते हैं, पता कर सकते हैं कि वह कहां क्या पढ़ रहा है। जबकि पुराने ढांचे में पढ़ने की आदत गुप्त रहती थी। आप एक बार डिजिटल बुक की दुनिया में दाखिल हुए तो फिर दूरसंचार कंपनियां आपका पीछा करती रहती हैं कि कहां और क्या पढ़ रहे हो, कहां से किताब ले रहे हो आदि।

डिजिटल बुक खोजते समय अपनी पढ़ने की प्राइवेसी का ख्याल रखें ऐसी किसी भी वेबसाइट पर डिजिटल बुक न पढ़ें जो आपसे रजिस्ट्रेशन की मांग करती हो या आपकी कोई निजी जानकारी मांगती हो। ऐसी वेबसाइट पर जाएं जो पाठक की पहचान को जानने की कोशिश न करे, गुमनाम ढंग से किताब पढ़ना जरूरी है, इससे आपको अपनी प्राइवेसी बचाने में मदद मिल सकती है। आपकी निजी सूचनाएं सुरक्षित रह सकती हैं। अनेक वेबसाइट हैं जहां डिजिटल बुक के साथ अनेक फीचर जुड़े होते हैं जिनकी हम उपेक्षा करते हैं और नहीं जानते कि इन फीचर का मतलब क्या है। मसलन किंडल के जरिये सन् 2009 में अमेजॉन की किताब डाउनलोड करते समय यह पाया गया कि वहां एक ऐसा ही फीचर था जिसके जरिये अमेजॉन ने यूजर की सूचनाएं एकत्रित कर ली थीं, यह हाल सोनी 2005 में सोनी ने किया था वह अपनी साइट से डाउनलोड करने वालों की सूचनाएं एकत्रित करता रहा और इसके जरिये उसने यूजर की संगीत सुनने की आदतों और संगीत की प्राथमिकताओं को पता कर लिया।

मुख्य बिंदु—अमेरिका विदेश नीति के अंतर्ग्रंथित अंश के तौर पर इंटरनेट स्वाधीनता की मांग अमेरिका कर रहा है। चीन-ईरान आदि देशों के संदर्भ में। साथ ही, सोशल मीडिया की आजादी की मांग की जा रही है। आज फेसबुक और ट्विटर को अमेरिका राजनीतिक औजार की तरह इस्तेमाल कर रहा है।

इंटरनेट पर एक खास किस्म का अधिनायकवाद चल रहा है। मसलन, राज्य बनाम राज्य-विरोधी, पश्चिमपरस्त बनाम पश्चिम विरोधी। इस तरह का ध्रुवीकरण आम जनता के वैविध्य और विभिन्न स्तरों की अनदेखी करता है। मसलन रूस, चीन और भारत में जनता का बहुत बड़ा वर्ग है जो नव्य उदारीकरण का विरोधी है।

इंटरनेट पर राष्ट्रवाद, अतिवाद और धार्मिक फंडामेंटलिज्म की आंधी चल रही है। इंटरनेट पर हिजबुल्ला, मुस्लिम ब्रदरहुड या संघ परिवार की अतिसक्रियता बताती

है कि इंटरनेट सभी को इमपावर करता है। खासकर उन ताकतों को ज्यादा ताकतवर बनाता है जो राज्य को कमजोर करना चाहते हैं। उनको शक्ति देता है जो लोकतांत्रीकरण के पक्ष में है।

इसी तरह फेसबुक और ट्विटर सबको शक्तिशाली बनाते हैं। यह भी नहीं कह सकते कि इंटरनेट का सारा उत्पादन अच्छा है, यहां पर बुरी चीजें भी हैं।

डिजिटल असमानता

डिजिटल समानता का आधार है डिजिटल तकनीक की उपलब्धता और अनुपलब्धता। जिनके पास डिजिटल तकनीक है, कंप्यूटर है या मोबाइल है। इसमें भी यह देखना होगा कि ब्राडबैंड या इंटरनेट कनेक्शन है या नहीं? कितने के पास इनमें से क्या है और क्या नहीं है। खासकर इंटरनेट यूजर और इंटरनेट के बिना। जो इंटरनेट यूजर हैं, वे संचार समृद्ध हैं और जो इंटरनेट यूजर नहीं हैं वे संचार दरिद्र हैं। अब इनमें भी देखें कि किस जाति के लोगों में इंटरनेट की खपत ज्यादा है? पश्चिम में काले-गोरे का भेद इस प्रसंग में आया है। भारत में यह भेद नहीं है लेकिन जो सामाजिक, धार्मिक जनसंख्या है उसके आधार पर हमें देखना चाहिए। इससे डिजिटल के सामाजिक विभाजन को बेहतर ढंग से समझ सकते हैं। गांव और शहर, कस्बे या छोटे शहर और महानगर, महानगर के मध्यवर्गीय और कच्ची बस्तियों या स्लम में रहने वालों के बीच का डिजिटल भेद समझने में मदद मिलेगी। जातियों में भी किन जातियों में इंटरनेट का उपयोग ज्यादा है और किनमें कम है यह भी देखने की जरूरत है।

कहने का तात्पर्य यह है कि भेद के जितने मौजूदा रूप हैं उनको इंटरनेट के साथ जोड़ें तो डिजिटल भेद का संसार खुल जाएगा। यह संभव है सवर्ण हो और सामाजिक भेदभाव का शिकार न हो लेकिन इंटरनेट कनेक्शन न रखता हो। असवर्ण हो और इंटरनेट कनेक्शन रखता हो तो उसे डिजिटल समृद्ध ही कहेंगे। भले ही सामाजिक जीवन में विभिन्न किस्म के भेदभाव का शिकार हो लेकिन वैसे नेट कनेक्शन रखता हो तो उसे कनेक्टेड कहेंगे। यह कनेक्टिविटी सुपरफीशियल है। नेट की दौड़ में वे ही लोग शामिल हो सकते हैं जो पहले से आर्थिक समर्थ हैं और नए कम्युनिकेशन की जिनको जरूरत है। मसलन, ऐसे करोड़ों लोग हैं जो निजी कम्युनिकेशन में विश्वास करते हैं और जिनको लोकल कम्युनिकेशन में ही रहना है तो वे क्यों लें नेट कनेक्शन या मोबाइल फोन?

डिजिटल भेदभाव को कम करने का एक बड़ा साधन है सामुदायिक कॉल सेंटर और सामुदायिक कंप्यूटर सेवा। इसके अलावा इंटरनेट पर मुफ्त और ओपन सोर्स सॉफ्टवेयर की उपलब्धता और नेट संसाधनों के रूप में मुफ्त ज्ञान सामग्री और लाइब्रेरी के जरिये डाउनलोड सुविधा।

डिजिटल भेदभाव न हो इसके लिए जरूरी है कि ब्राडबैंड को आम जनता तक पहुंचाया जाए। कंप्यूटर तकनीक मुफ्त में प्रदान की जाए।

विकसित देशों का डिजिटल परिदृश्य और अनुभव

डिजिटल भेदभाव का आलम यह है कि पांच में एक अमेरिकी वयस्क इंटरनेट का इस्तेमाल नहीं करता। 'पेव इंटरनेट प्रोजेक्ट' के अनुसार सन् 2011 में 94 फीसदी कॉलेज शिक्षित अमेरिकन इंटरनेट का इस्तेमाल करते थे, किंतु इनमें 43 फीसदी हाई स्कूल तक पास नहीं थे। ऑनलाइन रहने वालों में 62 फीसदी लोग ऐसे थे जिनकी सालाना आमदनी 30 हजार डॉलर थी जबकि ऑनलाइन रहने वालों में 97 फीसदी की आमदनी 70 हजार डॉलर सालाना थी। इसमें भी नस्ल, वर्ग और जातीयता का भेद बहुत बड़ी भूमिका अदा करता है।

'पेव' के सर्वे के अनुसार अमेरिका की 88 फीसदी आबादी के पास सेलफोन है, 57 फीसदी के पास लेपटॉप है, 19 फीसदी के पास ई बुक रीडर है और 19 फीसदी के पास टेबलेट कंप्यूटर है। 63 फीसदी अपने वायरलेस के जरिये ऑन-लाइन रहते हैं। जो नौजवान इंटरनेट पर नहीं जाते उनमें से आधों ने कहा है कि इंटरनेट उनके लिए प्रासंगिक नहीं है इसीलिए वे इंटरनेट पर नहीं जाते। इनमें से ज्यादातर ने कभी इंटरनेट का इस्तेमाल नहीं किया। यहां तक कि इनमें से अधिकांश के घर में भी इंटरनेट नहीं है। औसतन पांच में से एक युवक ने कहा कि वे नहीं जानते कि इंटरनेट तकनीक का प्रयोग कैसे करते हैं। दस में से एक युवक ने कहा कि वह भविष्य में ई-मेल या इंटरनेट का प्रयोग करेगा।

अमेरिका में 27 फीसदी युवा किसी न किसी रूप में अपाहिज हैं। जिन युवाओं में अपंगता नहीं है उनमें से मात्र 54 फीसदी ही इंटरनेट पर जाते हैं जबकि अपाहिज युवाओं में 81 फीसदी जाते हैं। अपाहिज युवाओं में दो फीसदी युवा ऐसे हैं जो इंटरनेट का किसी भी तरह इस्तेमाल नहीं कर सकते।

'पेव' के सर्वे के अनुसार सन् 1995 में अमेरिका में दस में से एक वयस्क ऑनलाइन था। जबकि अगस्त 2011 में कराए सर्वे के अनुसार 78 फीसदी वयस्क

और 95 फीसदी तरुण या अवयस्क ऑनलाइन पाए गए। एक जमाना था जब इंटरनेट यूजर के डाटा विश्लेषण में नस्ल, पैसा, लिंग, अल्पसंख्यक और उम्र या शिक्षा को बुनियादी पैमाना मानकर देखा जाता था। लेकिन 'पेव' के नए सर्वे से पता चलता है कि अब ये पैमाने बेमानी हो गए हैं।

सर्वे में उन कारणों की जांच की गई जिसके कारण सन् 2000 में पांच में से एक अमेरिकी वयस्क इंटरनेट का इस्तेमाल नहीं करता था। तकरीबन 54 फीसदी मानते थे कि इंटरनेट खतरनाक है, खासकर उम्रदराज लोग यह मानते थे। इनकी हाई स्कूल से भी कम शिक्षा थी। तकरीबन 39 फीसदी मानते थे कि इंटरनेट बड़ा खर्चीला है। खासकर 30 साल से कम उम्र के हिस्पेनिक वयस्क मानते थे। इनकी शिक्षा हाई स्कूल से कम थी। लेकिन हाल में 2011 में कराए सर्वे से पता चला कि जो लोग इंटरनेट पर नहीं जाते उनमें से 49 फीसदी मानते हैं कि इंटरनेट उनके लिए प्रासंगिक नहीं है। वे इंटरनेट का किसी भी रूप में इस्तेमाल नहीं करना चाहते थे। इसके अलावा इंटरनेट का इस्तेमाल न करने वाले 21 फीसदी ने कहा कि इंटरनेट खर्चीला है अतः वे नहीं जाते। तकरीबन इतने ही लोगों ने कहा कि वे इस्तेमाल करना नहीं जानते इसलिए नहीं जाते।

'पेव' के सन् 2011 के सर्वे में खोज की गई कि इंटरनेट का इस्तेमाल न करने के पीछे क्या कारण है? पता चला 31 फीसदी की कोई दिलचस्पी नहीं है। 12 फीसदी ने कहा कंप्यूटर नहीं है, 10 फीसदी ने कहा बहुत खर्चीला है, 9 फीसदी ने कहा मुश्किल है, 7 फीसदी मानते हैं कि यह समय की बर्बादी है, 6 फीसदी मानते हैं इंटरनेट उनके पास नहीं है 6 फीसदी ने कहा कि उनके पास सीखने का समय नहीं है, 4 फीसदी ने कहा कि वे सीखने के लिहाज से अब काफी बूढ़े हो गए हैं 4 फीसदी ने कहा कोई जरूरत नहीं है। 2 फीसदी ने कहा कि नहीं जानते कैसे सीखें। 2 फीसदी अपंगता के कारण इस्तेमाल नहीं कर पा रहे हैं। 1 फीसदी वायरस आदि के डर के कारण इंटरनेट का इस्तेमाल नहीं करते हैं।

अमेरिका के बारे में यह मिथ है कि वहां पर सबके पास फोन है, इंटरनेट है या मोबाइल है। सच यह नहीं है। यह सच है कि अमेरिका में आम लोगों में फोन कनेक्टिविटी बेहतर है लेकिन गांवों या छोटे शहरों में रहने वाले कम आय वर्ग के सभी लोगों में अभी तक फोन नहीं पहुंचा है। सेंट्रल सिटी और ग्रामीण इलाकों में फोन अभी तक 79.8 फीसदी लोगों तक पहुंचा है। गांवों में 81.6 फीसदी और शहरों में 81.7 फीसदी लोगों तक पहुंचा है। गांव के लोगों में मात्र 4.5 फीसदी आबादी

तक कंप्यूटर पहुंचा है। इनमें मात्र 23.6 फीसदी घरों में कंप्यूटर है, जबकि सेंट्रल सिटी में मात्र 7.6 फीसदी आबादी तक पहुंच है और इनमें मात्र 43.9 फीसदी के पास कंप्यूटर है। जबकि शहरी इलाकों में मात्र 8.1 फीसदी जनता के पास कंप्यूटर पहुंचा है और इसमें भी 44.1 फीसदी के पास निजी कंप्यूटर है।

ग्रामीण अमेरिकी घरों में (जिनमें अमेरिकन इंडियन आदि आते हैं) मात्र 75. 5 फीसदी के पास फोन है। ग्रामीण काले लोगों में मात्र 6.4 फीसदी के पास कंप्यूटर है। सेंट्रल सिटी के मात्र 10.4 काले लोगों के पास कंप्यूटर है। सेंट्रल सिटीवासी हिस्पेनिकों में मात्र 10.5 के पास कंप्यूटर है। शहरी काले लोगों में मात्र 11.8 फीसदी के पास कंप्यूटर है। एशियाई और पेसीफिक बाशिंदों में मात्र 26. 7 फीसदी के पास कंप्यूटर है। ग्रामीण नेटिव अमेरिकन के पास सबसे कम निजी कंप्यूटर हैं।

सर्वोच्च 10 इंटरनेट पहुंच वाले देशों में अमेरिका सबसे ऊपर है और उसके बाद स्वीडन, डेनमार्क, स्विट्जरलैंड, नॉर्वे, नीदरलैंड, कनाडा, आस्ट्रेलिया, सिंगापुर, दक्षिण कोरिया का नाम आता है। ये सभी समृद्ध देश हैं, कोरिया को छोड़कर।

इसी तरह ब्रिटेन में चार में से एक वयस्क कभी भी इंटरनेट का इस्तेमाल नहीं करता। एक-तिहाई घरों में इंटरनेट कनेक्शन नहीं है। ब्रिटेन में 65 साल उम्र से ऊपर के 39 फीसदी लोगों के पास इंटरनेट नहीं है। सामाजिक-आर्थिक तौर पर कमजोर तबके के 49 फीसदी लोगों के पास इंटरनेट नहीं है। सोशल हाउसिंग में रहने वाले 70 फीसदी लोगों के पास इंटरनेट नहीं या वे ऑनलाइन नहीं हैं। निचले स्तर पर रहने वाले मात्र 25 फीसदी को ही सरकारी तंत्र संपर्क कर पाता है। यदि सबके साथ नेट संपर्क करे तो आर्थिक बोझ ही नहीं उठा सकती सरकार। फलतः 75 फीसदी से ज्यादा गरीब लोग ऑनलाइन सरकारी संपर्क के बाहर हैं। ब्रिटेन के जो लोग ऑनलाइन नहीं हैं उनमें 38 फीसदी लोग हैं जो बेरोजगार हैं।

एक जमाना था जब भारत और चीन में 50-50 मिलियन टेलीफोन उपभोक्ता थे। देखते ही देखते चीन का आंकड़ा बदल गया और भारत का आंकड़ा जस-का-तस बना रहा। चीन ने सलाना 25 मिलियन का इजाफा किया है लेकिन उस गति से भारत अपना विकास नहीं कर पाया है। इस प्रसंग में बार-बार अमेरिका का उदाहरण दिया जाता है लेकिन अब भी वहां पर मात्र 65 फीसद जनता ही इंटरनेट की यूजर है। वहां पर सन् 2020 तक शत-प्रतिशत का लक्ष्य रखा गया है। दूसरी बात यह है कि अमेरिका में 35 डॉलर प्रति माह इंटरनेट भाड़ा खर्च करने की स्थिति

में ग्रामीण जन हैं। हमारे यहां तो महानगरीय मध्यवर्ग भी इतना पैसा खर्च करने की स्थिति में नहीं है।

सारी दुनिया में कंप्यूटर-इंटरनेट का विकास तेजी से हुआ है और यह देखा गया है कि सन् 1990 में विश्व के 100 मे से 2.5 के पास पर्सनल कंप्यूटर था, सन् 2001 में 100 में 9 के पास कंप्यूटर आ गया। जबकि इंटरनेट का उपयोग करने वालों की संख्या 1990 में शून्य थी जो 2001 में बढ़कर 8.1 प्रतिशात हो गई। आंकड़े बताते हैं कि सन् 2001 में उत्तरी अमेरिका में 100 में 61.1 कंप्यूटर था।

जबकि उस समय दक्षिण एशियाई देशों में 100 में 0.5 के पास कंप्यूटर था। इसी तरह अफ्रीकी देशों में 100 में से 1 की कंप्यूटर तक पहुंच थी। यूरोप और सेंट्रल एशियाई देशों में 100 में 18.1 के पास कंप्यूटर था।

नेट लाइब्रेरी और ओपनसोर्स

पहले इंटरनेट सामग्री के संरक्षण को लेकर अनेक असुविधाएं थीं लेकिन फिलहाल ऐसा नहीं है। Wayback Machine आने के बाद से एक बड़ा परिवर्तन आया है कि इंटरनेट पर जो भी चीज इंटरनेट लाइब्रेरी में लिखी जाती है वह स्वतः संरक्षित हो जाती है। ब्रेवस्टार ने इंटरनेट आर्काइव नामक संस्था का गठन किया और इस पर वेबैक मशीन का प्रयोग आरंभ किया। इस पर लाइब्रेरी है जिसमें हजारों किताबें हैं। इंटरनेट आर्काइव में इस समय 150 बिलियम आइटम हैं। यह गुटेनबर्ग प्रकल्प से भिन्न लाइब्रेरी है। प्रोजेक्ट गुटेनबर्ग में चालीस हजार ई बुक हैं। इनको मुफ्त में डाउनलोड किया जा सकता है और किसी को भी पॉपुलर ई बुक रूप में पढ़ा जा सकता है।

ओपन लाइब्रेरी की खूबी है कि यह दुनिया की अनेक लाइब्रेरी के साथ काम कर रही है और उनके केटालॉग को इंटरनेट पर लाए हैं। अभी तक ये 20 मिलियन टाइटल्स को स्कैन करके इंटरनेट पर दे चुके हैं। इसके अलावा 1.7 मिलियन किताबों को सार्वजनिक कर चुके हैं। यहां से मुफ्त में किताबें डाउनलोड की जा सकती हैं।

इंटरनेट प्रकाशन के तीन तत्व हैं। ये हैं स्पीड, कॉस्ट और एक्सिस। स्पीड में नकारात्मक ध्वनि भी निकलती है, फास्ट फूड जैसी। यहां 'फास्ट' नकारात्मक है। इसी तरह 'फ्री' का अर्थ है अगंभीर या चीप। इसी प्रकार एक्सिस का मतलब है जनता का सहज पहुंच के दायरे में। अकादमिक ज्ञानदाता मानते रहे हैं कि ज्ञान

को जनता में नहीं, समझदार या बुद्धिमान लोगों को ही देना चाहिए। जो ज्ञान सामान्य जनता को दिया जाता है वह सस्ता और गैर-अकादमिक होता है।

भारत का अनुभव

भारत में इन दिनों लैपटॉप बांटकर डिजिटल भेद को कम करने की कोशिश की जा रही है लेकिन इससे डिजिटल भेद कम नहीं होगा। डिजिटल भेदभाव कम करने के लिए जरूरी है कि युवा इंटरनेट का नियमित इस्तेमाल करें। नियमित इस्तेमाल ही है जो उनको भेद खत्म करने में मदद करेगा। डिजिटल भेद को खत्म करने के लिए ऑनलाइन रहें और कंटेंट पैदा करें। उनकी डिजिटल सार्वजनिक मंचों पर आवाज सुनाई दे।

डिजिटल स्पेस में दो तरह के लोग हैं—एक वे जो ऑनलाइन हैं और दूसरे वे जो ऑफलाइन हैं। जो ऑफलाइन हैं वे डिजिटल असमान हैं। डिजिटल समानता के लिए ऑनलाइन होना जरूरी है। नीति निर्माताओं और पत्रकारों के लिए ऑनलाइन कंटेंट महत्वपूर्ण और जरूरी है। किसी के पास डिजिटल गैजेट्स हैं लेकिन वह ऑनलाइन नहीं रहता तो ऐसे व्यक्ति को डिजिटल असमान की कोटि में ही रखेंगे।

डिजिटल विभाजन अमेरिका से लेकर भारत तक वैसे ही फैला है जैसे अभाव और बेकारी फैली हुई है। मसलन, यूरोपीय देशों में 77 फीसदी लोग नेट से जुड़े हैं जबकि अफ्रीका में मात्र 7 फीसदी लोग ही नेट से जुड़े हैं। यही हाल भारत का है। अमेरिका का सारी दुनिया में ब्रॉडबैंड की प्रति व्यक्ति में चौदहवां स्थान है। यह डिजिटल अंतराल अविकसित मुल्कों में और भी ज्यादा है। भारत में डिजिटल असमानता को देखने का तरीका यह भी हो सकता है कि कितने फीसदी एसीएसटी हैं जिनके पास डिजिटल गैजेट्स हैं और नेट का नियमित प्रयोग करते हैं? इसी तरह अल्पसंख्यकों और औरतों में कितने हैं जो नियमित नेट पर लिखते हैं। एक बड़ा हिस्सा है जो ऑनलाइन तो रहता है लेकिन कंटेंट निर्माण में उसकी कोई भूमिका नहीं है। हाशिये के जागरूक लोगों का कंटेंट निर्माण न करना उनको डिजिटल असमान में बनाए रखता है। स्मार्ट फोन की हाल में खपत बढ़ी है लेकिन स्मार्ट फोन से आप 10 पेज का लेख नहीं लिख सकते। डिजिटल असमानता को खत्म करने के लिए डिजिटल कंटेंट बनाएं और डिजिटल उत्पादन पर नियंत्रण रखें और डिजिटल सक्रियता बनाए रखें। भारत में दो तरह के डिजिटल लोग हैं एक वे हैं

जो स्पीड वाले नेट का इस्तेमाल करते हैं और एक वे हैं जो धीमी गति के नेट का इस्तेमाल करते हैं या जिनके शहरों में नेट बेहद धीमी गति से चलता है। जो डिजिटल समर्थ हैं वे राकेट की गति में रहते हैं और डिजिटल असमर्थ हैं वे चींटी की गति से चलते हैं। हमें देखना चाहिए कि हाइस्पीड नेट के कितने यूजर हैं? यह भी देखें कि भारत में नेट कनेक्टेड सक्रिय मध्यवर्गीय कितना है?

अमेरिका और भारत में कंप्यूटर के उपयोग को लेकर जो अंतर है उसे भी देखें, मसलन, भारत में 1000 मे 6 लोगों के पास निजी कंप्यूटर है जबकि अमेरिका में 10 में से 6 के पास निजी कंप्यूटर है। इस अंतराल का सूचना, ज्ञान, शिक्षा और विकास पर व्यापक असर देखा जा सकता है। डिजिटल भेदभाव का सीधा संबंध व्यक्ति की आय और बिजली की उपलब्धता से है। हमें देखना चाहिए कि प्रति व्यक्ति आमदनी क्या और वो किस-किस मद में खर्च कितना पैसा खर्चा करता है। इस नजरिये से देखने पर पाएंगे कि भारत में डिजिटल असमानता सभी असमानताओं से बड़ी असमानता है। मसलन, प्रति व्यक्ति आय और उस आय का नियमित खर्चा किन-किन मदों में होता है, इसे देखना चाहिए। शहर और गांव में किस रूप में विभिन्न मदों में खर्चा होता है और किस तरह उसका पूरे आर्थिक तंत्र पर असर हो रहा है इसे देखने की जरूरत है।

डिजिटल असमानता को आय, व्यय, बिजली, शहर, गांव, जाति, शिक्षा और भाषा के आधार पर देखा जाना चाहिए। यह भी देखें कि कंप्यूटर है तो उसकी मेंटीनेंस भी है या नहीं। दफ्तरों में एक बड़ा हिस्सा मेंटीनेंस के बिना सड़ रहा है। दूसरा यह कि कंप्यूटर है तो इंटरनेट है या नहीं? एक कंप्यूटर या एक इंटरनेट कनेक्शन को कितने लोग इस्तेमाल करते हैं?

भारत में स्थिति एकदम विलक्षण है। यहां पर टेलीफोन कनेक्शन का खास कुछ महानगरों या राज्यों में ही सबसे ज्यादा विकास हुआ है। यूएनडीसी रिपोर्ट 2001 के अनुसार 1.4 मिलियन टेलीफोन कनेक्शन में से 1.3 मिलियन कनेक्शन दिल्ली, बंगलौर, तमिलनाडु, दक्षिण कर्नाटक और महाराष्ट्र में ही हैं।

ताजा आंकड़े बताते हैं कि दिसंबर 2012 तक इंटरनेट उपभोक्ताओं की संख्या 15 करोड़ हो जाने का अनुमान है। शहरी भारत में 10.5 करोड़ तथा ग्रामीण भारत गें साढ़े चार करोड़ इंटरनेट यूजर हैं। वर्तमान यूजरों में 9.7 करोड़ एक्टिव यूजर हैं। यूजरों में 48 फीसदी यूजर इंटरनेट का हर हफ्ते कम से कम 5 या 6 बार इस्तेमाल करते हैं। जबकि 28 फीसदी रोज इस्तेमाल करते हैं। ग्रामीण क्षेत्रों में इंटरनेट यूजरों

की संख्या में तेजी से इजाफा हुआ है। सन् 2010 में गांवों में 50 लाख इंटरनेट यूजर थे वहीं जून 2012 में यह संख्या बढ़कर 3.8 करोड़ हो गई है। आई क्यूब की रिपोर्ट के अनुसार ग्रामीण भारत में रहने वाले 83.3 करोड़ लोगों में 7 करोड़ लोग कंप्यूटर साक्षर हैं। इसमें से 3.8 करोड़ यूजर हैं और 3.1 करोड़ सक्रिय यूजर हैं।

ग्रामीण भारत में 32.3 करोड़ मोबाइल धारकों में 36 लाख ग्रामीण इंटरनेट का मोबाइल पर इस्तेमाल करते हैं। इसके अलावा भारतीय भाषाओं का प्रयोग बढ़ रहा है। अभी 79 फीसदी लोग अंगरेजी भाषा का इस्तेमाल करते हैं जबकि हिंदी इस्तेमाल करने वालों की संख्या 32 फीसद हो गई है। आज भी लोग इंटरनेट सेवाओं को हासिल करने के लिए अपने घर से दस किलोमीटर दूर जाकर ही साइबर कैफे आदि की सेवाओं का उपयोग कर पाते हैं।

इंटरनेट और विकास

इंटरनेट का हमारी अर्थव्यवस्था के विकास में बहुत बड़ा योगदान है। भारत के सकल घरेलू उत्पाद में इंटरनेट का 30 बिलियन डॉलर का योगदान है। आगामी तीन सालों में यह बढ़कर 100 बिलियन डॉलर हो जाएगा यानी कुल जीडीपी का 1.6 फीसद है जो सन् 2015 तक विकसित होकर 3.3 फीसद हो जाएगा। इसके कारण इंटरनेट जनित अर्थव्यवस्था शिक्षा और स्वास्थ्य से भी बड़ी अर्थव्यवस्था हो जाएगी।

सन् 2015 तक इंटरनेट जनित उद्योग में 22 मिलियन लोगों को नौकरी मिलेगी। मैकेंजी की रिपोर्ट के अनुसार भारत में पीसी की पहुंच अभी 1,000 लोगों में मात्र 48 के बीच है। यह अर्जेंटीना, मैक्सिको और वियतनाम से भी नीचे है यानी सारी दुनिया में 57वें नंबर पर है।

डिजिटल असमानता को परखने के पैमाने

डिजिटल असमानता के तीन बड़े रूप हैं पहला, विकसित और अविकसित देशों के बीच डिजिटल असमानता, दूसरा, एक ही देश में असमानता और तीसरा, डिजिटल यूजरों के बीच असमानता। डिजिटल असमानता को देखने के लिए हम देखें कि प्रथम, क्या यूजर आर्थिक तौर पर सक्षम है और इंटरनेट आदि का खर्चा उठा सकता है? दूसरा, क्या यूजर ज्ञानात्मक तौर पर सक्षम है? क्या कंप्यूटर और इंटरनेट के उपयोग के तरीकों को बेहतर ढंग से जानता है? तीसरा, क्या यूजर के इस्तेमाल के लिए पर्याप्त इंटरनेट सामग्री है? चौथा, क्या यूजर जानता है कि अपने पास

राजनीतिक संरचनाओं और सत्ता की संरचनाओं का वह इंटरनेट पर किस तरह इस्तेमाल करे? किस तरह कम्युनिकेट करे? पांचवां, यूजर की शिक्षा और ज्ञान का स्तर किस तरह का है और वह इसका सही उपयोग जानता है कि नहीं? छठा, किसी समुदाय विशेष को ई-ज्ञान को जानने के लिए उसकी भाषा, शिक्षा, साक्षरता और संस्थान संरचनाओं और सूचना और तकनीक के इस्तेमाल के स्तर का ज्ञान होना चाहिए। यानी डिजिटल असमानता को समझने के लिए समग्र नजरिये की जरूरत है। किसी एक पहलू पर केंद्रित होकर देखने से डिजिटल असमानता को देख ही नहीं सकते। इसके अलावा यूजर की तकनीकी कौशल की भी बड़ी भूमिका होती है। मसलन, जो तकनीक उपयोग में लाई जा रही है उसका तकनीकी स्तर क्या है? तकनीक के उपयोग की कितनी स्वतंत्रता और स्वायत्तता है? सामाजिक तौर पर किस तरह की मदद मिल सकती है और किस तरह के नेटवर्क मदद के लिए उपलब्ध हैं? तकनीक के इस्तेमाल का स्तर क्या? ये चार बड़े कारक हैं जिनके आधार पर तकनीकी क्षमता का अनुमान किया जा सकता है।

औरतों के संदर्भ में

यह सच है कि बाजार में सबसे बड़ी क्रेता औरतें हैं लेकिन कंप्यूटर की सबसे बड़ी यूजर अभी औरतें नहीं हैं। अधिकांश औरतें अब भी इंटरनेट और कंप्यूटर के दायरे के बाहर हैं। तीन-चौथाई औरतों ने तो अभी बटन तक नहीं पकड़ा है। हाल ही में अमेरिका में पहली बार ऐसा हुआ है कि पुरुषों की तुलना में औरतों की संख्या में औसतन इजाफा हुआ है। एशिया में भी पुरुष समुदाय बड़ा यूजर है इंटरनेट का। मसलन औरतें बहुत कम ई-मेल रखती हैं। औरतें जितनी मोबाइल फोन और इंटरनेट सेवाओं को जानेंगी या इनका उपयोग करेंगी उतना ही वे अभिव्यक्ति और गतिशीलता के मामले में सक्रिय होंगी। औरत की सक्रियता और पहचान को निर्मित करने और उसे सूचना संपन्न बनाने में यह माध्यम बहुत बड़ी भूमिका अदा कर सकता है। यहां तक कि उसकी बाजार संबंधी समझ बनाने और अच्छा क्रेता बनाने में भी मददगार हो सकता है। स्त्री के सबलीकरण में संचार की बड़ी भूमिका रही है। स्त्री को अपनी बात संप्रेषित करने के अत्याधुनिक उपकरण और परिवेश मुहैया कराना समाज का दायित्व है और इसमें सरकारों की बड़ी भूमिका हो सकती है।

ब्लॉग के फायदे

ब्लॉग ने सहभागिता और सामााजिक लेखन को बढ़ावा दिया है और एक नए किस्म की संस्कृति पैदा की है। कम्युनिकेशन के रूप में लेखक और पाठक का नया संबंध बना है जो पाठक है वह लेखक भी है और अपने विचार रीयल टाइम में दे सकता है। ब्लॉग लेखन में गद्य या पद्य के अलावा या यों कहें कि शब्दों के अलावा अनेक मीडिया रूपों का भी उपयोग किया जा सकता है। कृति के इस्तेमाल के प्रति पुराना नजरिया बदला है। आप मेरे लेखन का इस्तेमाल करें मैं आपके लेखन का इस्तेमाल करूं। यह लेखन में खुले, पारदर्शी और सहभागी लेखन युग के आगमन की सूचना है।

ब्लॉग ने शोध कार्यों के लिए भी इस्तेमाल की अनंत संभावनाएं हैं। शोधार्थी अपना ब्लॉग बनाएं और इसमें सहपाठी मित्रों को शामिल करें। साहित्य का शिक्षक होने के नाते मैं नए मीडिया की उपेक्षा नहीं कर सकता। नया मीडिया नई संवेदनशीलता और नए दृष्टिकोण की मांग करता है। पुराने नजरिये से नया मीडिया बहुत कम समझ में आएगा। यह मीडिया शेयरिंग पर निर्भर है। शेयरिंग और अनौपचारिकता के बिना नया मीडिया अर्जित करना संभव नहीं है। पुरानी लेखकीय आदतें इस माध्यम में मदद नहीं करतीं।

डिजिटल युग में आलोचना

नए युग में निजी अनुभव और व्यक्तित्व केंद्रित लेखन आ रहा है। सवाल यह है कि इसे आलोचना में रूपांतरित कैसे करें? यह एक तरह का अनौपचारिक लेखन भी है, निजी अनुभव और निजी नजरिये को महान बताया जा रहा है, जबकि बेहतर लेखन वह है जो अन्य के नजरिये की कसौटी पर खरा उतरे। इंटरनेट के आने के बाद लेखक-पाठक का नया संबंध पैदा हुआ है। नए संबंध की रीयल टाइम कम्युनिकेशन ने प्रकृति तय की है। पहले लेखक का पाठक से लिखने के बाद संबंध खत्म हो जाता था। लेकिन नए दौर में पाठक कभी भी लेखक से संपर्क कर सकता है और अपनी राय दे सकता है।

15. माध्यम साम्राज्यवाद का वैकल्पिक परिप्रेक्ष्य

1

भूमंडलीकरण एक संवृत्ति है। इसका साम्राज्यवाद से गहरा संबंध है। यह नव-औपनिवेशिक शोषण और प्रभुत्व का प्रभावी अस्त्र है। इसके प्रचारक-प्रसारक हैं भूमंडलीय जनमाध्यम और बहुराष्ट्रीय शस्त्र निर्माता कंपनियां एवं बहुराष्ट्रीय वित्तीय कंपनियां। द्वितीय विश्वयुद्ध के बाद समूची दुनिया पर साम्राज्यवाद की पकड़ ढीली पड़ी थी। अधिकांश गुलाम देश आजाद हुए। साम्राज्यवाद के शोषण एवं उत्पीड़न का दायरा सिकुड़ा। समाजवादी शिविर का जन्म हुआ। सोवियत संघ के नेतृत्व में उभरे समाजवादी शिविर ने नवोदित राष्ट्रों को आत्मनिर्भर विकास का रास्ता अख्तियार करने, बुनियादी उद्योग-धंधों का निर्माण करने में महत्वपूर्ण भूमिका अदा की। इस सबका विरोध और समाजवादी सत्ता का विरोध करने के लिए शीतयुद्ध की राजनीति शुरू की गई और शस्त्रास्त्रों की अंधी प्रतिस्पर्धा शुरू की गई। 'समाजवाद के खतरे' और 'मार्क्सवाद के भूत' के जरिये सारी दुनिया, खासकर तीसरी दुनिया और पूर्वी यूरोप, में वैचारिक हमला बोला गया। इसी संदर्भ में माध्यम साम्राज्यवाद का विकास हुआ।

साम्राज्यवादी हितों के विस्तार के लिए हथियारों के उत्पादन, सूचना तकनीकी के उत्पादन एवं माध्यम कार्यक्रमों के उत्पादन पर विशेष जोर दिया गया। इन तीन क्षेत्रों के जरिये अमेरिका साम्राज्यवाद ने विश्व भर में अपनी प्रभुता स्थापित की और अपनी शक्ति का विस्तार किया। विगत पचास वर्षों में इन क्षेत्रों में बहुराष्ट्रीय कंपनियों की परिसंपत्तियों में बेशुमार वृद्धि हुई। वहीं दूसरी ओर, समाजवादी व्यवस्था

को गहरा आघात लगा। तीसरी दुनिया के देशों को नए सिरे से नव-औपनिवेशिक शोषण की चक्की में पिसना पड़ रहा है। गरीबी, भुखमरी, बेकारी, सामाजिक विखंडन और कर्जों के दबाव से गुजरना पड़ रहा है। द्वितीय विश्वयुद्ध के बाद साम्राज्यवादी देशों की समस्या थी कि संपत्ति, सत्ता और ताकत का कैसे विस्तार किया जाए। जाहिरा तौर पर यह विस्तार शांतिपूर्ण विकास कार्यों से संभव नहीं था। सिर्फ युद्धों का माहौल बनाए रखकर ही साम्राज्यवादी हितों का विकास संभव था। युद्धों के लिए शस्त्रों की जरूरत थी और यही एकमात्र क्षेत्र था जो साम्राज्यवाद के विकास की गारंटी कर सकता था। यही वजह है कि शस्त्र उद्योग का बड़े पैमाने पर विकास किया गया। यही एकमात्र उद्योग था जहां बेशुमार मुनाफा था।

1978 में संयुक्त राष्ट्र संघ के विशेषज्ञों की 'हथियारों की होड़ और सैन्य खर्च के आर्थिक-सामाजिक परिणाम, महासचिव की अधुनातन रिपोर्ट' में बताया गया कि 'लड़ाइयां दूसरे विश्वयुद्ध के बाद के दौर का एक स्थायी लक्षण रही हैं। हथियारों का प्रयोग बहुत बड़े पैमाने पर वास्तव में निरंतर, अकसर एक ही समय अनेक स्थानों पर किया जा रहा है। हताहतों की संख्या बढ़ती रही है। दूसरे विश्वयुद्ध के बाद कई करोड़ तक पहुंच गई है। बड़ी हद तक ये लड़ाई-झगड़े दुनिया के मुख्य औद्योगिक क्षेत्रों के बाहर हुए हैं, यद्यपि कुछ स्थितियों में कुछ मुख्य शक्तियां इनमें प्रत्यक्ष रूप से शामिल रही हैं और युद्ध का साजो-सामान तो बिना अपवाद इन्हीं शक्तियों ने मुहैया किया है। इन लड़ाइयों के हिंसात्मक स्वरूप, उनकी व्यापकता तथा अत्यंत विनाशकारिता का कारण यह है कि अंतर्राष्ट्रीय शक्तियां दो हिस्सों में बंटी हुई हैं तथा आधुनिक शस्त्रास्त्र तत्काल सुलभ हैं। ये दोनों बातें अस्त्रों की होड़ का मुख्य लक्षण हैं।'

सैन्य-औद्योगिक क्षेत्र में छह प्रमुख देश आते हैं जिनके खाते में संसार भर के सैन्य व्यय, सैनिक शोध एवं विकास व्यय का बहुत बड़ा हिस्सा आता है। ये देश हैं—अमेरिका, सोवियत संघ, चीन, फ्रांस, ब्रिटेन और जर्मनी। विश्व में शस्त्रों का 90 फीसदी निर्यात यही देश करते हैं। अन्य देशों को जाने वाले मुख्य प्रकार के हथियारों की कुल मात्रा का 95 फीसदी इन्हीं देशों से जाता है। आज शस्त्रास्त्र प्रतिस्पर्धा से कोई देश बचा नहीं है। हथियारों के सौदागर अपने माल की बिक्री बढ़ाने के लिए यह प्रचार करते रहते हैं कि यदि इन हथियारों को प्राप्त कर लिया तो उनके देश की प्रतिष्ठा बढ़ेगी, बड़ी-बड़ी शक्तियों के दबाव और आदेश का मुकाबला करने की क्षमता बढ़ेगी। लेकिन हथियार किसे बेचे जाएं यह एक राजनीतिक फैसला होता

है। सैनिक सलाहकारों एवं प्रशिक्षकों को कहां भेजा जाए, किसे गोला-बारूद की सप्लाई की जाए इत्यादि फैसले राजनीतिक हितों को ध्यान में रखकर लिए जाते हैं। इस संदर्भ में साम्राज्यवादी मुल्कों के हितों को सर्वोच्च प्राथमिकता दी जाती है और छोटे अविकसित देशों के हितों की अनदेखी की जाती है।

संयुक्त राष्ट्र संघ के विशेषज्ञों की रिपोर्ट में यह भी बताया गया है कि 'हथियारों की होड़ दिनोदिन विश्वव्यापी परिघटना बनती जा रही है। यद्यपि इसकी तीव्रता विभिन्न क्षेत्रों में घटती-बढ़ती रहती है, मगर शायद ही कोई देश और बड़ा क्षेत्र इससे बचा हो।' विशेषज्ञों ने इसके आर्थिक दुष्परिणामों की ओर ध्यान खींचते हुए लिखा कि 'यह मामला अत्यंत असमान विनिमय का होता है जिससे गरीब और धनी देशों के बीच दूरी को पाटने के प्रयासों पर विशेष चोट पड़ती है। शस्त्रों के आयातकर्ता के लिए यह अपव्यय मात्र है जिसे लाभप्रद ढंग से उपयोग में लाया जा सकता है। शस्त्र यदि दान में मिलें तब भी देखरेख, संचालन तथा अवसंरचना का खर्च घाटे के मद में ही जोड़ना पड़ेगा। स्टाकहोम अंतर्राष्ट्रीय शांति शोध संस्थान एक विश्लेषण के आधार पर ठोस निष्कर्ष पर पहुंचा कि 'आखिरकार हथियारों का इस्तेमाल यदि युद्ध में नहीं किया जाता तो भी वे संतुलित आहार, स्वास्थ्य, सेवा, आवास, और शिक्षा जैसी बुनियादी विकास आवश्यकताओं से आर्थिक संसाधन दूसरी ओर खींचकर अप्रत्यक्ष रूप से 'हत्या' करते हैं। वस्तुतः शस्त्रों की दौड़ में शामिल होकर कोई भी देश ताकतवर नहीं बनता अपितु कमजोर बनता है।

आंद्रेई कोजीरेव ने *शस्त्र व्यापार : नए-नए खतरे* कृति में लिखा है कि 'शिकार और खेल को अलग कर दीजिए तो किसी अस्त्र का एकमात्र प्रयोग एवं एकमात्र सामाजिक आवश्यकता उत्पीड़कों की संस्थाबद्ध हिंसा है, जो अन्यायपूर्ण इस्तेमाल है। इसके विपरीत उत्पीड़ितों की हिंसा, जो जवाबी इस्तेमाल है और न्यायपूर्ण होती है।' कुछ पूंजीवादी समाजशास्त्रियों का कहना है कि हिंसा मनुष्य की एक स्वाभाविक, मनोवैज्ञानिक प्रवृत्ति है, उसके अस्तित्व का एक अनिवार्य पक्ष है। यह एक निराशावादी मानव-विरोधी निष्कर्ष है। फ्रेडरिक एंगेल्स के शब्दों में, 'बल केवल साधन है, उद्देश्य आर्थिक लाभ है।'

हिंसा की जरूरत उसी समाज को पड़ती है जहां इसका इस्तेमाल निजी संपत्ति की रक्षा के लिए किया जाता है जो मानव द्वारा मानव के उत्पीड़न का स्रोत है। पूंजीवादी जगत का लगभग सारा अनुसंधान और विकास कार्य औद्योगिक राष्ट्रों में संकेंद्रित है। इस पर बहुराष्ट्रीय कंपनियों का एकाधिकार है। तकनीकी डिजाइनों का

80 फीसदी अंश उन्हीं के नियंत्रण में है। ये कंपनियां संपत्ति का संचय उपभोग बढ़ाने के लिए नहीं करतीं अपितु संपदा का ज्यादा से ज्यादा संचय ही इनकी मूल प्रकृति है। संचय को विनिवेश में लगाने की कोशिश की जाती है और उससे हुई प्राप्तियों को बचत खातों में डाल दिया जाता है। साम्राज्यवादी भूमंडलीकरण के कारण विषमता, असमानता एवं अलोकतांत्रिक मानसिकता का तेजी से विकास हुआ है। बहुराष्ट्रीय कंपनियों की जीवन के प्रत्येक क्षेत्र में घुसपैठ बढ़ी है। विश्व की 200 सबसे बड़ी बहुराष्ट्रीय कंपनियों का 1960 में विश्व के सकल घरेलू उत्पादन के 17 प्रतिशत हिस्से पर कब्जा था जो 1982 में बढ़कर 24 फीसदी हो गया और 1995 में 32 प्रतिशत हो गया।

अ. ग्राचीव और नि. येर्मोश्किन ने *नई सूचना व्यवस्था अथवा मनोवैज्ञानिक युद्ध?* कृति में सैन्य, सूचना और संचार के अंतस्संबंधों को विश्लेषित करते हुए लिखा कि 'राष्ट्रीय मुक्ति आंदोलन में निरंतर चढ़ाव आने और पूंजीवादी व्यवस्था में गंभीर संकटों के आने के साथ-साथ संघर्ष विचारधारा के क्षेत्र में भी अंतरित होता जा रहा है। आधुनिक साम्राज्यवाद अपनी विचारधारात्मक सेवाओं के संकेंद्रण की तरफ विशेष ध्यान दे रहा है ताकि एक ऐसे सशक्त अगुवा का निर्माण किया जा सके जो स्थानीय और विश्व के पैमाने पर सामाजिक परिवर्तनों का प्रतिरोध करने की क्षमता रखता हो। आर्थिक, सैनिक और विचारधारात्मक प्रसार एकाकार हो गया है।' पचास और साठ के दशक में उपजे पूंजीवादी संकट के कारण शस्त्र उद्योग में पूंजी निवेश ज्यादा हुआ। 1947 से 1970 के दौरान 1,100 बिलियन डॉलर का सैन्य उद्देश्यों पर निवेश किया गया। अमेरिकी सैन्य उद्योग पर किए गए शोध कार्यों से इस तथ्य की पुष्टि होती है कि जब-जब युद्ध की शुरुआत हुई है तब-तब अमेरिकी उद्योगों में हल्की सी विकास दर दर्ज की गई है। आमतौर पर विकसित राष्ट्रों में सूचना तकनीकी के विकास की बढ़-चढ़कर प्रशंसा की जाती है। किंतु हकीकत यह है कि उन समाजों में असमानता बढ़ी है। 'मानव विकास रिपोर्ट 1996' के अनुसार, 'ओईसीडी' देशों में 100 मिलियन से ज्यादा लोग गरीबी की रेखा के नीचे जिंदगी बिता रहे थे। पांच मिलियन लोग गृहहीन थे। आस्ट्रेलिया और ब्रिटेन में 20 फीसदी समृद्धों ने इन देशों के 20 फीसदी सबसे गरीब लोगों की तुलना में दस गुना ज्यादा कमाई की। इसी तरह अमेरिका की कुल आबादी के एक फीसदी समृद्धों की संपत्ति में 20 से 36 प्रतिशत तक की वृद्धि हुई। दूसरी ओर बेकारों की संख्या में बेशुमार वृद्धि हुई। विश्वस्तर पर भूमंडलीकरण के नियमों एवं मांगों को

लागू करने का यह दुष्परिणाम निकला है कि बड़े पैमाने पर दरिद्रता, बेकारी एवं असमानता का विकास हुआ है। आज दुनिया में 1.3 बिलियन लोगों के साफ पीने का पास पानी नहीं है। प्राइमरी स्कूल जाने योग्य सात बच्चों में से एक बच्चा स्कूल के बाहर ही रह जाता है। 840 मिलियन लोग कुपोषण के शिकार हैं। तकरीबन 1.3 बिलियन लोग ऐसे हैं जिनकी आय प्रतिदिन एक डॉलर से भी कम है। इन आंकड़ों में हो रही वृद्धि की ओर कायदे से भूमंडलीकरण समर्थकों को ध्यान देना चाहिए कि आखिरकार ऐसा क्यों हो रहा है?

असल में, भूमंडलीकरण में अंतर्विरोध निहित है। इसका संबंध पूंजीवाद के अंतर्विरोध से है। पूंजीवाद ने विश्वव्यवस्था के रूप में जब अपना विकास शुरू किया तो उसने सीमित रूप में सामंतशाहों के खिलाफ संघर्ष किया। पूंजीवादी सत्ता और औपनिवेशिक शासन-व्यवस्था की स्थापना की। पुराने संबंधों को बरकरार रखा। इसके खिलाफ दुनिया के गुलाम मुल्कों में आजादी के लिए संघर्षों का सिलसिला चल निकला। आजादी के संघर्ष पूंजीवादी भूमंडलीकरण के खिलाफ पहली सबसे बड़ी जंग है। तात्पर्य यह है कि भूमंडलीकरण मूलतः आजादी और आत्मनिर्भरता को छीनता है। यह पर-निर्भरता और सैन्य निर्भरता पैदा करता है। लोकतंत्र को कमजोर बनाता है या उसे खत्म करता है। यह कार्य वह भूमंडलीय माध्यमों, भूमंडलीय संचार प्रणाली, भूमंडलीय नियमों और निर्बाध प्रवेश के जरिये करता है। साम्राज्यवादी भूमंडलीकरण की विशेषता है पर-निर्भरता, सैन्य सहयोग और उपभोक्तावादी संस्कृति का प्रचार-प्रसार। इच्छा और आकांक्षाएं सामाजिक सरोकारों से जुड़ने के बजाय वस्तु प्राप्ति से जुड़ने लगती हैं। फलतः इच्छाओं का वस्तुकरण होने लगता है। जीवन-शैली, खान-पान, प्रतीकों एवं चिह्नों के जरिये साम्राज्यवादी संस्कृति को जनप्रिय बनाने की कोशिशें तेज हो जाती हैं। इस क्रम में जहां एक ओर बहुराष्ट्रीय निगमों का विस्तार होता है, वहीं दूसरी ओर आम लोगों में भ्रम की सृष्टि होती है। यही वजह है कि किससे लड़ना है और कैसे लड़ना है, इन सवालों पर नए किस्म के चिंतन की जरूरत महसूस की जा रही है। नई समझ के अभाव में संघर्ष के पुराने अस्त्र बेकार हो गए हैं।

नई परिस्थितियों के अनुरूप नई कतारबंदी शुरू हुई है। समाज, संस्कृति, राजनीति, अर्थनीति, साहित्य आदि क्षेत्रों में नए सवाल उठे हैं। ये ऐसे सवाल हैं जो नए उत्तरों की मांग कर रहे हैं। साम्राज्यवादी भूमंडलीकरण का एकमात्र प्रत्युत्तर यही हो सकता है कि उत्पादक शक्तियों के पक्ष में खड़े हों और चीजों, घटनाओं, संवृतियों,

प्रवृत्तियों और व्यक्तियों को आलोचनात्मक दृष्टिकोण से देखें। जनमाध्यमों से परिचालित होना बंद कर दें। तर्क और सही समझ के आधार पर निर्णय लें।

दिशाहीनता, अनालोचनात्मकता और उत्पादक शक्तियों के प्रति घृणाभाव अंततः साम्राज्यवादी ताकतों की मदद करता है। यदि उपरोक्त सुझावों पर अमल करें तो पाएंगे कि साम्राज्यवादी संस्कृति धीरे-धीरे अपने असली चरित्र में सामने आ जाएगी। ध्यान रहे जनमाध्यम और विज्ञापन आम लोगों को अपने दृष्टिकोण में ढालते हैं। अपने अनुरूप माहौल बनाते हैं। इस तिलिस्म को तोड़ने की जरूरत है। आज पूंजीवाद हमारे अंदर से हमला कर रहा है। ह्रासशील और सहजात वृत्तियों के जरिये हमला कर रहा है। इस हमले के खिलाफ संघर्ष ज्यादा कठिन है। विश्व पूंजीवाद के खिलाफ संघर्ष को मन के अंदर और बाहर दो स्तरों पर चलाना होगा। मन में संघर्ष का अर्थ है, काल्पनिक जीवन-शैली या अमेरिकी जीवन-शैली के प्रति अनाकर्षक भावबोध की सृष्टि या देशी जीवन-शैली के प्रति गहरी आस्थाएं पैदा करना। बाह्य जीवन में उन नीतियों के लिए लड़ना जो सार्वभौम संप्रभु राष्ट्र, आत्मनिर्भर, आर्थिक व्यवस्था, सादगीपूर्ण जीवन-शैली और सामाजिक एकता बनाए, पर-निर्भरता, शानो-शौकत और खोखली जीवन-शैली के प्रति घृणा पैदा करे। कारण यह है कि पूंजीवाद को कृत्रिमता पसंद है। तड़क-भड़क पसंद है। यदि किसी भी कारण से ये दोनों तत्व जीवन-शैली में बने रहते हैं तो पराई संस्कृति के प्रति रुझान पैदा होता है। सादगी के बजाय चमक-दमकपूर्ण जीवन-शैली, कृत्रिम भाषा और औपचारिकता के जरिये प्रभुत्वशाली संस्कृति अपना आधार निर्मित करती है। यहीं से यथार्थ और अनुभव में अंतर शुरू हो जाता है। वास्तविकता से दूरी बढ़ती जाती है। जीवन में यह दूरी अलगाव की शक्ल में आती है। पूंजीवाद की सारी लीलाएं इसी अलगाव को भरने के नाम पर शुरू होती हैं। वह इसके लिए आभासी यथार्थ की सृष्टि करता है। आभासी यथार्थ से भरने की कोशिश करता है, रंगीन सपनों, एवं वस्तुओं से भरने की कोशिश करता है।

साम्राज्यवादी भूमंडलीकरण का सामाजिक स्तर पर यही प्रत्युत्तर हो सकता है कि ज्यादा से ज्यादा सामाजिक, राजनीतिक एवं सामूहिक गतिविधियों में हिस्सा लें। जो ताकतें साम्राज्यवाद के खिलाफ संघर्षरत हैं उनकी गतिविधियों में शामिल हों। जनमाध्यमों के कार्यक्रमों के बारे में आपस में निरंतर गोष्ठियां करें। क्योंकि माध्यमों के बारे में जागरूकता ही दबाव पैदा करती है। ऐसी स्थिति के अभाव में जनमाध्यम दबाव पैदा करते हैं। इसके अलावा मातृभाषाओं के जरिये शिक्षा एवं प्रशासनिक

कार्रवाई के संचालन की व्यवस्था की जानी चाहिए।

देशी भाषा, देशी संस्कृति, देशी जनमाध्यमों का स्वायत विकास और वैज्ञानिक दृष्टिकोण का प्रचार एवं वैज्ञानिक चेतना का निर्माण ही भूमंडलीकरण का विकल्प निर्मित करेगा।

ध्यान रहे, भूमंडलीकरण मुद्रा और माल के प्रवाह के अतिरिक्त कुछ और भी है। यह विश्व के लोगों में अंतर्निर्भरता बढ़ाने वाली प्रवृत्ति है। भूमंडलीकरण के कारण प्रत्येक क्षेत्र में केंद्रीकरण और विश्व बाजार से जुड़ने के नाम पर बहुराष्ट्रीय कंपनियों से जुड़ने की प्रवृत्ति बढ़ी है। इससे बाजार और राजनीति में इन ताकतों का प्रभुत्व बढ़ा है। आर्थिक, सामाजिक एवं सांस्कृतिक असंतुलन बढ़ा है। कानून के शासन की अवहेलना बढ़ी है। इसके विकल्प के तौर पर कानून के शासन, विकेंद्रीकरण, जनतांत्रिक शासन-व्यवस्था और मानवाधिकारों के अनुपालन पर जोर देना होगा। आज स्थिति यह है कि 'आईसीडी' के सदस्य राष्ट्रों में विश्व जनसंख्या का मात्र 19 प्रतिशत हिस्सा रहता है। किंतु माल और सेवा क्षेत्र में इनका 71 प्रतिशत बाजार पर कब्जा है। 58 प्रतिशत प्रत्यक्ष विदेशी निवेश इनके पास है। 91 प्रतिशत इंटरनेट उपभोक्ता इन देशों में हैं। दुनिया में सबसे समृद्ध दो सौ लोगों ने 1984 से लेकर 1998 के बीच अपनी आमदनी दुगुनी कर ली। 1998 में इनकी कुल संपत्ति 1,000 अरब डॉलर आंकी गई। तीन सबसे बड़े खरबपतियों के पास इतनी संपत्ति है जो समस्त अविकसित राष्ट्रों और उनकी 6 करोड़ आबादी के पास भी नहीं है। 262 अरब डॉलर के दूरसंचार व्यापार के 86 फीसदी हिस्से पर दस बहुराष्ट्रीय कंपनियों का कब्जा है। 1993 में विश्व में होने वाले अनुसंधान और विकास का चार फीसदी हिस्सा 10 देशों से आया। विकासशील देशों के स्वीकृत किए गए 80 फीसदी पेटेंट औद्योगिक देशों के बाशिंदों के नाम हैं। दुनिया के 90 फीसदी पेटेंटों को अमेरिका नियंत्रित करता है। हॉलीवुड उद्योग ने 1997 तक विश्व में 30 अरब डॉलर का व्यापार किया। इस सबके कारण विश्व में असंतुलन बढ़ा है।

उपग्रह संचार प्रणाली और कंप्यूटर व्यवस्था के विकास ने बहुराष्ट्रीय कंपनियों के हमलों को तेज किया है। संस्कृति उद्योग के माध्यम से सांस्कृतिक मालों की खरीद-फरोख्त बढ़ी है। सांस्कृतिक वैविध्य और जातीय पहचान के रूपों पर खतरा बढ़ा है। नशीले पदार्थों की तस्करी, औरतों की बिक्री एवं जिस्मफरोशी, हथियारों की अवैध बिक्री, अपराध और हिंसा एवं विभाजनकारी ताकतों की गतिविधियों में इजाफा हुआ है। आज विश्व में 20 करोड़ लोग हैं जो विभिन्न किस्म के नशीले पदार्थों का

सेवन करते हैं। विगत एक दशक में अफीम का उत्पादन दुगुना हो गया। कोका के पत्तों का उत्पादन दुगुने से भी ज्यादा हो गया। 1995 में नशीले पदार्थों की बिक्री 400 अरब डॉलर आंकी गई। यह सकल विश्व व्यापार का आठ प्रतिशत है। अकेले पूर्वी यूरोप से पांच लाख औरतों की बिक्री दर्ज की गई। अपराध जगत ने 1,500 अरब डॉलर का कारोबार किया। काले धंधे में इतनी तेजी का प्रधान कारण है बहुराष्ट्रीय कंपनियों और सिंडीकेटों-माफिया गिरोहों की सक्रिय भागीदारी।

2

माध्यम साम्राज्यवाद की अर्थ संरचनाओं का अध्ययन करते समय बहुराष्ट्रीय माध्यम कंपनियों और सैन्य औद्योगिक समूह के अंतस्संबंध का सब समय ध्यान रखना चाहिए।

हर्बर्ट शिलर और अर्मांड मेतलार्द ने इस पहलू पर महत्वपूर्ण काम किया है।

शिलर की मान्यता है कि विश्व व्यवस्था भूमंडलीय आर्थिक बाजार व्यवस्था की निर्मित है जिसकी धुरी पश्चिमी औद्योगिक राष्ट्र हैं। इनके प्रमुत्व के हितों के अनुरूप ही मानवीय और प्राकृतिक संसाधनों का निर्धारण होता है। इन देशों की विकसित तकनीकी और पूंजी पर इजारेदारी है जिसके कारण तीसरी दुनिया के राष्ट्र अपने विकास के लिए इन पर निर्भर हैं तीसरी दुनिया के देशों की इन देशों से आर्थिक, तकनीकी, रणनीतिक और राजनीतिक शक्ति के लिहाज से बड़ा फासला है। तीसरी दुनिया के देशों का आर्थिक विकास पर नियंत्रण नहीं है। तर्क के लिहाज से राजनीति पर भी नियंत्रण नहीं है। शिलर ने 'केंद्र' और 'हाशिये' के मॉडल का इस्तेमाल किया है। इस क्रम में भूमंडलीय राजनीति और अर्थनीति की व्याख्या की है। इसके लिए 'निर्भरता सिद्धांत' का प्रयोग किया है। 'निर्भरता सिद्धांत' मानता है कि भूतपूर्व उपनिवेशों की पश्चिमी राष्ट्रों पर निर्भरता है। बहुराष्ट्रीय निगमों पर निर्भरता है। इनके पास बेशुमार पूंजी दोहन क्षमता और अत्याधुनिक तकनीक है। कारपोरेट मार्केटिंग, ऑडिएंस मेनीपुलेशन, उपभोक्ता और विचारधारात्मक प्रकृति का विस्तार से अध्ययन करने के बाद शिलर ने लिखा कि विज्ञापनों के जरिये सतह पर जो पूर्णता दिखाई देती है, जो संदेश होता है, उसका लक्ष्य ऐसी ऑडिएंस पैदा करना है जो ब्रांड के प्रति वफादार बने। उसकी सामाजिक यथार्थ को लेकर जो समझ है उसे माल से प्राप्त संतुष्टि के बहाने निर्मित किया जाए। भूमंडलीय माध्यमों के बारे में शिलर ने लिखा है कि इनके दुरुप्रयोग की प्रबल संभावनाएं हैं। विश्वव्यापी

शोषण और अमेरिकी गुप्तचर संस्था सीआईए के साथ इनका गहरा रिश्ता है। विश्व-स्तर पर अस्थिरता पैदा में इस संस्था की बड़ी भूमिका है। पराराष्ट्रीय माध्यमों का विश्व पूंजीवाद से गहरा संबंध है। इस व्यवस्था के लिए ऑडिएंस पैदा करने और पूंजीवादी रवैया पैदा करने करने में इन माध्यमों की केंद्रीय भूमिका है। ये माध्यम अमेरिकी जीवन-शैली थोपते हैं। शिलर ने *मास कम्युनिकेशन एंड अमेरिकिन एंपायर, माइंड मैनेजर्स, कम्युनिकेशन एंड कल्चरल डोमीनेशन, हू नोज : इन्फोर्मेशन इन दि ऑफ दि फार्चून 500, इन्फॉर्मेशन एंड दि क्राइसिस इकोनॉमी* और *कल्चर* आदि पुस्तकों में माध्यम साम्राज्यवाद की अर्थ संरचनाओं का विस्तार से विश्लेषण किया है। *मास कम्युनिकेशन एंड अमेरिकिन एंपायर* जब पहली बार प्रकाशित हुई तो पूरी दुनिया में हंगामा मच गया। खासकर पुस्तकों में अमेरिका के वियतनाम विरोधी रवैये को अमेरिकी सत्ता ने नापसंद किया। शिलर को नौकरी से हाथ धोना पड़ा। बाद में 1973 में प्रकाशित *माइंड मैनेजर्स* में सूचना समाज की विभिन्न समस्याओं पर विस्तार से प्रकाश डाला। इसी पहलू पर रोशनी डालते हुए *इंटरनेशनल सॉवरेनिटी एंड इंटरनेशनल कम्युनिकेशन एंड कल्चरल डोमीनेशन* का 1976 में प्रकाशन हुआ। इसमें संस्कृति उद्योग और सूचना उद्योग के बीच में विकसित हो रहे अंतस्संबंध की विस्तार से मीमांसा प्रस्तुत की। यह पुस्तक सह-संपादन में आई। इस पुस्तक ने चिली में एलेंदें के नेतृत्व में विकसित होने वाली वैकल्पिक व्यवस्था का मूल्यांकन किया और सांस्कृतिक साम्राज्यवाद के रूप में उभर कर आ रहे खतरों की ओर ध्यान खींचा। 1989 में प्रकाशित *कल्चर* नामक पुस्तक में संस्कृति उद्योग की विस्तृत मीमांसा की और अपने पहले वाले कार्य से अलगाने की कोशिश की। इसी वर्ष अंतर्राष्ट्रीय संचार के विभिन्न पहलुओं पर विलियम प्रिस्टान जूनियर और एडवर्ड हिरमेन के साथ मिलकर *होप एंड पुली* नामक पुस्तक लिखी। इस पुस्तक में यूनेस्कों में सक्रिय अमेरिकी अनुदारवादी ताकतों की गतिविधियों का विस्तार से खुलासा किया है। अमेरिका और ब्रिटेन को सदस्यता देने के चक्कर में इस पुस्तक को यूनेस्को ने प्रकाशित करने से मना कर दिया। आरंभ में इस पुस्तक को लिखने की यूनेस्को ने अनुमति दी थी। बाद में यह पुस्तक मिनीसोटा यूनीवर्सिटी से छपी। यूनेस्को ने इस पुस्तक से अपने को अलग रखा। इसी तरह शिलर ने हामिद गोवलाना और जार्ज गवर्नर के साथ मिलकर मध्य-पूर्व के युद्ध का भूमंडलीय परिप्रेक्ष्य में मूल्यांकन किया जिसे *ट्रंफ ऑफ दि इमेज : दि मीडिया वार इन दि परशियन गल्फ-ए ग्लोबल पर्सपेक्टिव* शीर्षक से 1992 में प्रकाशित हुई।

शिलर ने अपनी विभिन्न पुस्तकों में जिन बातों पर जोर दिया उन्हें सिलसिलेवार ढंग से समझने की जरूरत है। पहली बात यह है कि इन माध्यमों के 'अंतर्राष्ट्रीय संदर्भ' को गंभीरता से लेना चाहिए। विश्व स्तर पर माध्यम प्रवाह की दो धाराएं हैं। एक धारा वह है जो अमेरिका से गैर-अमेरिकी देशों, खासकर एशियाई देशों की तरफ तीव्र गति से प्रवाहित हो रही है और दूसरी धारा वह है जो अमेरिका से ब्रिटेन, फ्रांस, जर्मनी, जापान एवं इटली की तरफ प्रवाहित हो रही है। इन दोनों का नियंत्रण बहुराष्ट्रीय कंपनियों के हाथों में है। शिलर ने स्वामित्व, संरचना, वितरण, संरचनाओं खासकर आर्थिक एवं राजनीतिक संरचनाओं और अंतर्वस्तु के मूल्यांकन पर ध्यान दिया है। साथ ही, माध्यमों की क्रिया-प्रतिक्रिया का भी विश्लेषण किया। माध्यम साम्राज्यवाद का अध्ययन करते समय इन सब पक्षों का अध्ययन किया जाना चाहिए। साथ ही 'दबाव' ग्रुपों का भी ख्याल रखें। किसका दबाव है? कितना दबाव है? और प्रभाव के बाद क्या निर्मित हो रहा है? इन सब पक्षों का समग्रता में मूल्यांकन किया जाना चाहिए। यह संभव है कि कुछ खास परिस्थितियों में बाहरी दबाव ज्यादा दिखाई न दे, किंतु राष्ट्रीय स्तर पर उसे लेकर गंभीर चिंताएं व्यक्त की जा रही हों, यह भी संभव है कि वस्तुगत तौर पर माध्यमों का व्यापक प्रभाव हो, किंतु उसके प्रति गंभीर चिंता का अभाव हो। जैसा इन दिनों हमारे देश में हो रहा है। खासकर संसद और न्यायपालिका में माध्यमों के सांस्कृतिक प्रभावों को लेकर किसी भी किस्म की जागरूकता दिखाई नहीं देती। सामान्य तौर पर जनहित के नाम पर सक्रिय हो जाने वाली न्यायपालिका एकदम निष्क्रिय है। वे लोग भी निष्क्रिय हैं जो आए दिन जनहित के नाम पर दौड़कर न्यायालय चले जाते हैं। संसद ने कभी गंभीरता से माध्यमों से जुड़े पहलुओं पर विचार तक करना जरूरी नहीं समझा और न कभी किसी दल ने संसद की कार्रवाई में इस मसले को लेकर व्यवधान डाला। गोया भूमंडलीय माध्यमों या देशी माध्यमों का समाज पर कोई प्रभाव ही नहीं पड़ता। इस उदासीनता का प्रधान कारण है माध्यमों के प्रति जागरूकता का अभाव, दूसरा बड़ा कारण है बहुराष्ट्रीय कंपनियों का प्रभाव और तीसरा बड़ा कारण है कि जिस तरह के सांस्कृतिक मूल्य बहुराष्ट्रीय माध्यम पेश कर रहे हैं वैसे ही मूल्यों को देशी माध्यमों के जरिये प्रस्तुत किया जा रहा हो? ये तीन प्रमुख कारण हैं जिनकी वजह से माध्यम जागरूकता का अभाव दिखाई देता है।

हकीकत में देशी माध्यमों और भूमंडलीय माध्यमों के प्रभाव में बुनियादी अंतर है। भूमंडलीय माध्यम वस्तुतः हमलावर की शक्ल में आते हैं और स्थानीय को

अप्रासंगिक बनाते हैं। वे असंतुलन, अतिक्रमण और विखंडन पैदा करते हैं। इसी क्रम में यह सवाल पैदा होता है कि 'माध्यम साम्राज्यवाद' क्या है? इसमें दो पद हैं 'माध्यम' और 'साम्राज्यवाद'। 'साम्राज्यवाद' पद में प्रभुत्व, निर्भरता, बड़े-धनी राष्ट्रों पर निर्भरता का भाव निहित है जबकि माध्यम यहां भ्रम की सृष्टि करता है। माध्यम में परंपरागत और इलेक्ट्रॉनिक माध्यम दोनों आते हैं। जबकि 'माध्यम साम्राज्यवाद' का मूलाधार आधुनिक माध्यम है। कुछ विशेषज्ञ समानार्थी के रूप में 'मास कम्युनिकेशन' पदबंध का प्रयोग करते हैं या 'मास मीडिया' पदबंध का प्रयोग करते हैं। ये सभी प्रयोग भ्रम की सृष्टि करते हैं। इसी तरह 'जनसंचार', जनमाध्यम', पदबंध भ्रम की सृष्टि करता है। प्रश्न उठता है कि क्या इसे संप्रेषण कहा जा सकता है? जी नहीं। संप्रेषण के लिए संवाद जरूरी है। विनिमय जरूरी है। जबकि जनमाध्यम ऐसा नहीं करते। वे इकतरफा संचार करते हैं। वे विनिमय का मौका ही नहीं देते। वे सिर्फ संचार करते हैं, संप्रेषण नहीं करते। संप्रेषण दुतरफा होता है। अतः 'संचार के रूप' या 'मीस ऑफ कम्युनिकेशन' पदबंध का प्रयोग करना समीचीन होगा। इसमें संप्रेषण के सभी रूपों का समाहार संभव है। संचार तब होता है जब किसी सूचना का संप्रसारण किया जाए, किन्हीं विचारों, व्यवहारों एवं भावनाओं का एक व्यक्ति से अथवा एक समुदाय से दूसरे व्यक्ति या समुदाय के संकेतों के माध्यम से संप्रेषण किया जाए। 'संचार' में सामान्य अर्थों में एक व्यवस्था होती है। वहां संचार होता है। इ. ओसगोड एवं अन्य द्वारा संपादित कृति *दि मेजरमेंट ऑफ मीनिंग* में लिखा है कि स्रोत, अन्य पर प्रभाव और भविष्य का वैकल्पिक प्रतीकों के माध्यम से 'मेनीपुलेशन' और संबंधित चैनल द्वारा संप्रसारण ही संचार है। जी. गवर्नर ने *मास मीडिया एंड ह्यूमन कम्युनिकेशन थ्योरी* में लिखा है कि संदेश के जरिये किए गए सामाजिक संपर्क का नाम संचार है। आम अर्थ में संचार का मतलब है प्रेषक, चैनल, संदेश, ग्रहणकर्ता, संप्रेषक और ग्रहणकर्ता के बीच का संबंध प्रभाव, संचार का संदर्भ, मंशा आदि। रेमंड विलियम्स ने संचार को संप्रेषण और ग्रहण की संज्ञा दी। सामाजिक संस्थानों और रूपों के जरिये, विचारों, सूचनाओं और दृष्टिकोण का व्यक्ति से व्यक्ति को संप्रेषण ही संचार है। कालांतर में इसका 'लाइन' या 'चैनल' के संदर्भ में विकास किया गया। एक स्थान से दूसरे स्थान तक के चैनल या लाइन को संचार की संज्ञा दी गई। संचार और परिवहन के अंतर को भी ध्यान में रखना चाहिए। संचार का विकास मनुष्य की सीखने की लड़ाई की प्रक्रिया में हुआ। कोलिन चेरी ने *ऑन ह्यूमन कम्युनिकेशन* कृति में संचार को मूलतः

सामाजिक क्रियाकलाप की संज्ञा दी है। इसमें भाषिक संरचनाओं और सामाजिक मूल्यों को जोड़ा। चेरी का मानना है कि संचार में कोड, प्रतीक आदि को भी शामिल करना चाहिए। संचार को शिरकत वाली भूमिका के संदर्भ में देखना चाहिए। और अपना ध्यान सांस्कृतिक परंपराओं पर केंद्रित करना चाहिए। कोलिन चेरी ने लिखा है कि कुछ लोग दो मित्रों के बीच की बातचीत को संचार कहते हैं। कुछ लोग हजारों पाठकों के लिए समाचार पत्र प्रकाशन को संचार कहते हैं। कुछ लोग ब्रॉडकास्टिंग को, कुछ लोग टेलीफोन को, जिसमें एक वक्ता होता है। दूसरा श्रोता होता है। सदस्यों या तत्वों का एक-दूसरे से संवाद होता है। तो वे एक-दूसरे से जुड़ते हैं, सहयोग करते हैं, संगठन बनाते हैं। कभी-कभी आवयविक संबंध भी दिखाई देता है। इसी संदर्भ में संचार की सामाजिक भूमिका का अध्ययन करना चाहिए। संचार का अर्थ है, व्यवहार की अनुभूति या जीवन-शैली की अनुभूति। मैकब्राइट कमीशन ने समाचार और संचार के विनिमय के साथ-साथ विचारों, तथ्यों और आंकड़ों के व्यक्तिगत और सामूहिक संप्रसारण और सहभागिता को संचार माना। जनता की भौतिक और गैर- भौतिक जरूरतों की पूर्ति करना लक्ष्य है। संचार की देशज परंपराएं होती हैं। इस वैशिष्ट्य को सब समय ध्यान में रखना चाहिए। संचार और जीवन के वैविध्य का सम्मान करना चाहिए। संचार को संयोगजनित सेवा नहीं मानना चाहिए और संचार को संयोग के भरोसे विकसित नहीं करना चाहिए। संचार व्यापक स्तर पर तथ्यों और दृष्टियों का विनिमय है। यह प्रतीकों के जरिये 'इंटरेक्शन' है।

1973 में लंदन में 'संचार अध्ययन का भविष्य' विषय पर एक संगोष्ठी हुई जिसमें विश्व भर के माध्यम विशेषज्ञों ने हिस्सा लिया। इसमें 'जनसंचार' और 'संचार' पदबंध की व्याख्या को लेकर जबर्दस्त बहस हुई। इसमें मार्क्सवादी द्वय रेमंड विलियम्स और एस. हॉल ने तमाम बुर्जुआ सिद्धांतकारों के विचारों का खंडन करते हुए इन पदबंधों से जुड़ी जटिलताओं का विवेचन किया। साथ ही, इन दोनों पदबंधों के प्रयोग पर आपत्ति प्रकट की। रेमंड विलियम्स का तर्क था कि 'जनसंचार' पदबंध का प्रयोग क्षतिकारक है। इसके तीन कारक हैं। पहला, यह कुछ निश्चित एवं विशिष्ट क्षेत्रों तक सीमित कर देता है। मसलन, रेडियो, टेलीविजन, फिल्म आदि। कायदे से भाषण और लेखन के समूचे क्षेत्र को इसमें शामिल किया जाना चाहिए। दूसरा कारण यह है कि 'मास' का हमारी भाषा में कमजोर अर्थों में इस्तेमाल होता है। इस तरह का प्रयोग व्यापक 'मास ऑडिएंस' को विशेष आधुनिक संचार परिस्थितियों और विशिष्ट आधुनिक संचार की परंपराओं और रूपों के संदर्भ में

विश्लेषण से वंचित करता है। तीसरा, चूंकि 'ऑडिएंस' को 'मास' के रूप में देखा जाता है। प्रश्न उठता है कि 'मास' किसे कहते हैं? किस प्रकार पुस्तकें, सिनेमा और टेलीविजन उसे भ्रष्ट बनाते हैं? इस पदबंध के प्रयोग से अस्वीकार्य सीमाएं पैदा होती हैं। साथ ही, यह अंधविश्वास पैदा करता है। 'अंधता' का ही परिणाम है कि संचार के उदय, निश्चित व्यवहारों, परंपराओं और रूपों की 'मास सिचुएशन' को मानकर चलता है। भाषण और लेखन के रूपों, परंपराओं और अभ्यासों के प्रति संकुचित और सीमित दृष्टि से सोचता है। उनमें अलगाव पैदा करता है। अलगाव और सीमाओं के कारण मास मीडिया के प्रति भ्रम पैदा होता है। परिणामतः हमारी समझ विखंडित होती है। एस. हॉल की राय थी कि ये पदबंध माध्यमों के अध्ययन को सारतः पद्धतिगत रूप में संकुचित कर देता है। संचार पदबंध ज्यादा अस्पष्ट है। यह माध्यमों के अध्ययन का दायरा प्रस्तुतियों तक सीमित कर देता है। हमें व्याख्यात्मक, तुलनात्मक और आलोचनात्मक पद्धति से अलग कर देता है। बेहतर हो संचार के बजाय संस्कृति पदबंध का प्रयोग करें।

प्रसिद्ध मार्क्सवादी अर्मांड मेतलार्द ने इस संदर्भ में *कम्युनिकेशन एंड क्लास स्ट्रगल* सीरिज के प्रथम खंड *कैपीटलिज्म इंपीरियलिज्म* में लिखा है कि 'मास मीडिया', 'मीडिया कल्चर', और 'मींस ऑफ कम्युनिकेशन' ये तीनों पदबंध एक-दूसरे के पर्यायवाची नहीं हैं। 'मीन्स ऑफ कम्युनिकेशन' में साधारण 'मास' को जोड़ लिया जाता है। इसमें भ्रम बढ़ता है। बुर्जुआ समाजशास्त्री इसका यदा-कदा प्रयोग करते हैं। वे 'कम्युनिकेशन मीडिया,' 'मास कम्युनिकेशन मीडिया' या 'मास मीडिया' पदबंध का प्रयोग करते हैं। वे यह दर्शाने की चेष्टा करते हैं कि ये पदबंध राजनीतिक और आर्थिक तौर पर तटस्थ हैं। इस तरह वे 'मींस ऑफ कम्युनिकेशन' में निहित भौतिकता को छिपाने की कोशिश करते हैं। उसके गैर-भौतिक पहलुओं पर ज्यादा जोर देते हैं।

माध्यम उत्पादन को संचार उत्पादन की प्रक्रिया के रूप में पेश करते हैं। पहली बार जब इस पदबंध का प्रयोग शुरू हुआ तो इससे संस्कृति की भौतिकवादी व्याख्या की उर्वर भूमि तैयार हुई। विगत 19वीं शताब्दी के अंत से इसका उपयोग चला आ रहा है। उत्तरी अमेरिका के समाज विज्ञान के पितामह हर्टन कुली ने विभिन्न तकनीकी विकासों, रेल एवं टेलीग्राफ में प्रयुक्त धारणाओं को मिलाकर एक कॉमन अवधारणा के तौर पर 'मींस ऑफ कम्युनिकेशंस' की धारणा बनाई। बाद में उत्तरी अमेरिकी समाजविज्ञान ने इसे भुला दिया और उन्होंने व्यवहारवाद को आत्मसात कर

लिया। इस अवधारणा में निहित वास्तविक अर्थ को भुला दिया और व्यवहारवाद की 'संस्कृतिवादी' व्याख्या को अपना लिया। व्यक्तियों में सांस्कृतिक संबंध बनाने में आधारभूत ढांचे की भूमिका को सभी स्वीकार करते हैं। जैसे लोकोमोटिव इंजन को ही लें, यह वस्तुओं एवं माल के आवागमन एवं विनिमय का तकनीकी रूप है। साथ ही संदेश की भी प्रतीकात्मक अभिव्यक्ति करता है। वह इस युग में पैदा हुए सामाजिक संबंधों को व्यक्त करता है। अन्य संचार के रूपों के भविष्य का लक्ष्य तय करता है जो मास-कल्चर के गर्भ से पैदा हो रहे हैं। उन्नीसवीं सदी में निर्मित तकनीकी रूपों की चारित्रिक विशेषता है 'आक्रमण' और 'विनिमय'। इसी तकनीकी विकास की कड़ी हैं—टेलीविजन, रेडियो, फिल्म, उपग्रह, चैनल आदि। जब अफ्रीका, सेंट्रल अमेरिका एवं एशिया में लोग अपने अधिकारों के लिए लड़ रहे थे तब रेल के जरिये इन देशों में बड़े पैमाने पर कच्चे माल की ढुलाई हो रही थी। आम जनता के विद्रोह को कुचलने के लिए सेना की टुकड़ियां एक जगह से दूसरी जगह भेजी जा रही थीं। उस समय रेल बड़ी पूंजी का सबसे बड़ा अस्त्र था। लेनिन ने *साम्राज्यवाद पूंजीवाद की चरम अवस्था* कृति में रेल के उदय का अपरिहार्य एवं अनिवार्य स्थिति का मूल्यांकन करते हुए लिखा, 'वित्तीय पूंजी तथा ट्रस्ट विश्व-व्यवस्था के विभिन्न भागों के विकास की गति के अंतर को कम नहीं करते बल्कि बढ़ा देते हैं। एक बार शक्तियों का संतुलन बदल जाने पर पूंजीवाद के अंतर्गत इन अंतर्विरोधों को हल करने के लिए बल प्रयोग के अतिरिक्त और क्या उपाय हो सकता है। रेल संबंधी आंकड़ों के अंदर विश्व-अर्थव्यवस्था में पूंजीवाद तथा वित्तीय पूंजी के विकास की अलग-अलग रफ्तारों के बारे में बहुत ही सही-सही तथ्य-सामग्री मिलती है।' '...इस प्रकार हम देखते हैं कि रेलों का विकास अधिक तीव्र गति से उपनिवेशों और एशिया तथा अमेरिका के स्वाधीन तथा अर्द्धसामंती राज्यों में हुआ। जैसा कि हम जानते हैं, यहां चार या पांच सबसे बड़े पूंजीवादी राज्यों की वित्तीय पूंजी का एकच्छत्र प्रभुत्व है। उपनिवेशों में और एशिया तथा अमेरिका के अन्य देशों में दो लाख किलोमीटर लंबी नई रेल लाइनें 40 अरब मार्क की द्योतक हैं। जो विशेषतः लाभप्रद शर्तों पर और इस बात की विशेष गारंटी हासिल कर लेने के बाद लगाई गई हैं कि उस पर अच्छा मुनाफा होगा और इस्पात के कारखानों को लाभप्रद ऑर्डर दिए जाएंगे आदि आदि। पूंजीवाद का विकास सबसे अधिक तेजी के साथ उपनिवेशों में तथा समुद्र के पार के देशों में हो रहा है।' '...इस प्रकार हम देखते हैं कि इस समय कुल जितनी रेल लाइनें हैं, उनका लगभग 80 प्रतिशत पांच बड़ी ताकतों के हाथों में

केंद्रित है, परंतु इन रेलों के स्वामित्व का संकेंद्रण, वित्तीय पूंजी का संकेद्रण इससे भी कहीं ज्यादा है, क्योंकि उदाहरण के लिए अंगरेज तथा फ्रांसीसी करोड़पतियों के पास अमेरिकी, रूसी तथा अन्य रेलों के बहुत बड़ी-बड़ी रकमों के शेयर और बॉण्ड हैं।' अपने उपनिवेशों की बदौलत ब्रिटेन ने 'अपनी रेलों की लंबाई में 1,00,000 किलोमीटर की वृद्धि कर ली है अर्थात जर्मनी की तुलना में चार गुनी। फिर भी यह बात सर्वविदित है कि जर्मनी में उत्पादन शक्तियों का विकास, विशेष रूप से कोयले तथा लोहे के उद्योगों का विकास, इस अवधि में—फ्रांस और रूस की बात तो जाने दीजिए—ब्रिटेन की तुलना में भी बहुत ही ज्यादा तीव्र गति से हुआ है। 1892 में कच्चे लोहे का उत्पादन जर्मनी में 49,00,000 टन और ब्रिटेन में 68,00,000 टन था। 1912 में जर्मनी का उत्पादन 1,76,00,000 टन हो गया और ब्रिटेन का 90,00,000 टन। इस प्रकार इस मामले में जर्मनी की श्रेष्ठता ब्रिटेन के मुकाबले में कहीं अधिक थी।' लेनिन ने इस पुस्तक के फ्रांसीसी एवं जर्मन संस्करणों की भूमिका में इस पहलू पर पुनः रोशनी डालते हुए लिखा, 'रेलों का बनना एक सीधा-सादा, स्वाभाविक, जनवादी, सांस्कृतिक तथा सभ्यकारी उद्यम जान पड़ता है; पूंजीवादी गुलामी का शोख रंगों में चित्रण करने के लिए पैसा पाने वाले पूंजीवादी प्रोफेसरों और निम्न पूंजीवादी दकियानूसियों की नजरों में वह है भी ऐसा ही। लेकिन असलियत यह है कि पूंजीवादी सूत्रों ने, जो इन उद्यमों को हजारों विभिन्न गांठों के जरिये उत्पादन के साधनों पर निजी स्वामित्व की आम व्यवस्था से बांधे हुए हैं, रेलों के बनाने के इस काम को एक अरब लोगों—उपनिवेशों एवं अर्द्ध-उपनिवेशों में—के उत्पीड़न का अर्थात पराधीन देशों में रहने वाली पृथ्वी की आधी से ज्यादा आबादी और सभ्य देशों में रहने वाले पूंजी के उजरती गुलामों के उत्पीड़न का हथियार बना दिया है।' आज हमारे बीच में जितनी तकनीकी एवं माध्यम संबंधी घोषणाएं की जा रही हैं उन्हें 'सिंपल, नेचुरल, डेमोक्रेटिक, कल्चरल और सिविलाइजिंग,' उद्यम कहा जा रहा है। लेनिन के विस्तृत उद्धरण में रेल के बारे में इसी तरह के तर्कों की तीखी आलोचना की गई है। असल में बात यह नहीं है बल्कि ये शोषण के अस्त्र हैं। पूंजी के संचय और मुनाफों के स्रोत हैं। रेल की तरह जनमाध्यम या सूचना तकनीकी के रूपों के पीछे राजनीतिक और आर्थिक कारण होते हैं। आर्थिक हित साधन मुख्य लक्ष्य होता है। जिस तरह साम्राज्यवाद की बुनियाद इजारेदारी पर टिकी है उसी तरह माध्यम साम्राज्यवाद का मूलाधार इजारेदारी है। इसका परवर्ती पूंजीवाद के विकास से गहरा संबंध है। पण्य उत्पादन और प्रतिस्पर्धा से इसका गहरा संबंध है। इसमें

ह्रास और गतिरोध की प्रवृत्तियां भी शामिल हैं।

ध्यान रहे जब तक कोई माध्यम अपने देश तक सीमित रहता है वह राष्ट्रीय माध्यम होता है, किंतु ज्योंही वह अपने देश की सीमा का अतिक्रमण कर, दूसरे देशों पर छा जाता है, साम्राज्यवादी शक्ल ले लेता है। भूमंडलीय माध्यमों को देखकर यह भ्रम होता है कि ये स्वतंत्र और तटस्थ हैं। सच में ऐसा नहीं है। इन माध्यमों की बुनियादी प्रकृति स्वतंत्रता-विरोधी है। इनके द्वारा स्वतंत्रता की मांग मुनाफे और बाजार की आजादी की मांग है। अभिव्यक्ति की स्वतंत्रता से उसका कोई संबंध नहीं हैं। ये स्वतंत्रता के नाम पर 'प्रभुत्व' का विस्तार करते हैं। समानता का निषेध करते हैं। इसके जवाब में प्रतिक्रिया पैदा होती है। अंतर्विरोध पैदा होते हैं। प्रतिरोधी भाव जन्म लेने लगते हैं। ऐसी स्थिति में माध्यम संघर्ष राजनीतिक संघर्ष की शक्ल ले लेता है। इस संघर्ष को सुसंगत ढंग से चलाने के लिए अंतर्राष्ट्रीय परिप्रेक्ष्य जरूरी है। माध्यम साम्राज्यवाद का परवर्ती पूंजीवाद के विकास से गहरा संबंध है। यह शेयर बाजार और चंचल पूंजी के मायालोक पर टिका है। सस्ते कार्यक्रम की बिक्री और विज्ञापनों की आय पर इसका समूचा दारोमदार टिका है। माध्यम साम्राज्यवाद अपनी इजारेदारी बढ़ाने के लिए सबसे पहले कच्चे माल पर कब्जा करता है। कलाकारों को खरीदता है। कार्यक्रम निर्माण एवं वितरण के तंत्र पर अधिकार करता है। स्थानीय कलाकारों एवं प्रसारण केंद्रों पर कब्जा जमाता है। कच्चे माल पर इजारेदारी के कारण ही वह प्रभुत्व का विस्तार करने में सफल हो जाता है। जनतंत्र विरोधी ताकतों को गोलबंद करता है। स्वतंत्रता के बजाय प्रभुत्व के प्रयासों को हवा देता है। इसकी आय के दो प्रमुख क्षेत्र हैं : सदस्यता शुल्क और विज्ञापन। ज्यादा से ज्यादा सदस्य बनाता और ज्यादा से ज्यादा विज्ञापन जुटाने के लिए सभी नियमों का उल्लंघन तक करता है। असमानता को बढ़ावा देता है। ऐसी नीतियों का महिमामंडन करता है जिनसे उपभोक्तावाद को बढ़ावा मिले। सत्ता के केंद्रीयकरण और आर्थिक केंद्रीकरण को बल मिले। मैकब्राइट कमीशन के मुताबिक केंद्रीकरण का विकास राष्ट्रीय और विश्व-बाजार की मुनाफा दरों, पूंजी प्रवाह एवं तकनीकी विकास से होता है। केंद्रीकरण विश्वव्यापी संवृत्ति है। यह किसी भी व्यवस्था में संभव है। किंतु इसका रूप और प्रक्रिया प्रत्येक देश में अलग-अलग हो सकती है। आमतौर पर निजी क्षेत्र में इस प्रवृत्ति को सहज देखा जा सकता है। इससे सार्वजनिक क्षेत्र को खतरा पैदा हुआ है। संचार और माध्यम क्षेत्र में बड़ी पूंजी के बगैर प्रवेश असंभव हो गया है। यही वजह है कि इन क्षेत्रों में बहुराष्ट्रीय निगमों के अलावा और कोई प्रवेश नहीं कर

सकता। मैकब्राइट कमीशन ने रेखांकित किया कि अमेरिका में 1945 में 60 समाचार-पत्र समूह थे, लिखे जाने तक यह संख्या बढ़कर 165 हो गई। ये समूह 812 दैनिक पत्रों के 60 प्रतिशत से ज्यादा के मालिक थे। इसी तरह 1963 में ब्रिटेन में 51 शहरों में प्रतिस्पर्धी समाचार फर्में थीं, जिनकी संख्या 1968 में घटकर 43 और 1973 में घटकर 37 हो गई।

अर्मांड मेतलार्द ने विज्ञापन एजेंसियों के भूमंडलीय चरित्र की व्याख्या करते हुए तीन मॉडलों की चर्चा की है। ये हैं—1. साम्राज्य विस्तार, 2. राष्ट्रीयकरण, और 3. परा-राष्ट्रीयकरण। साम्राज्य विस्तार मॉडल के तहत पुरानी अंतर्राष्ट्रीय एजेंसियों के उदय और विस्तार की चर्चा की है। मसलन, जे. वाल्टर थांपसन कंपनी का गठन 1864 में हुआ। लंदन में उसने सेल्स ऑफिस 1899 में खोला और अपने अमेरिकी ग्राहकों के अनुरोध पर 1923 में सब्सिडी पर काम शुरू किया। उसके बाद जनरल मोटर्स के अनुरोध पर इसने उन देशों में अपने दफ्तर खोले जहां जनरल मोटर्स के दफ्तर थे। पहले यूरोप और बाद में ब्रिटिश साम्राज्य—आस्ट्रेलिया, भारत, कनाडा, दक्षिण अफ्रीका—और बाद में लैटिन अमेरिका में दफ्तर खोले। ये सारे दफ्तर 1930 से पहले खोले। इसके अलावा इस एजेंसी ने फोर्ड, जिलेट, एसी एक्रॉफ्ट, केलॉग, जे.वी. विलियम्स और प्रोक्टर एवं गेंबल कंपनी की भी सेवा की। 1940 और 1950 के दशक में लैटिन अमेरिका और यूरोपीय देशों में दफ्तर खोले। इस कंपनी की रणनीति थी 'कॉमन एकाउंट' और लोकल मार्केट'। इसके 40 देशों में 130 दफ्तर थे। इसी तरह मेसर्स मेकनन्न और इरिक्सन ने रॉकफेलर्स स्टैंडर्ड ऑयल कंपनी के प्रचार विभाग के तौर पर 1902 से काम शुरू किया। बाद में यह कंपनी स्वायत्त हो गई। 1920 से यह एजेंसी लैटिन अमेरिका में महत्वपूर्ण स्थान बनाए हुए है। साथ ही एक्सॉन और एस्सो के साथ साझा व्यापारी के तौर पर 34 देशों में सक्रिय हैं। इसके अलावा जनरल मोटर्स, जिलेट, नैस्ले का 1942 से एकाउंट संभाले हुए हैं।

मेकनन्न-इरिक्सन को ही अमेरिका साम्राज्यवाद का कोकाकोला को पर्याय बनाने का श्रेय जाता है। इसके 65 देशों में 75 दफ्तर हैं। इनमें से 31 राष्ट्रों में 5 सबसे बड़ी कंपनियों में से एक है।

इसी तरह एक अन्य अंतर्राष्ट्रीय एजेंसी है। एसएससी एंड बी. लिटांस, इसने एक घरेलू कंपनी के तौर पर शुरुआत की। 1974 से 79 के बीच इस कंपनी ने विदेशों में अपनी आमदनी में 70 से 78 फीसदी की वृद्धि की। 1983 में इस कंपनी का 39 देशों में कारोबार फैला हुआ था। इन देशों की 59 एजेंसियों का अधिकांश

हथिया लिया। लिंटास ने ब्रिटेन और आस्ट्रेलिया ने अपनी आक्रामक रणनीति के कारण आतंक पैदा कर दिया। विज्ञापन के सभी नियमों को ताक पर रख दिया। इस शैली के कारण यह कंपनी लंबे समय तक अमेरिका में काम शुरू नहीं कर पाई। बाद में एसएससी एंड बी. ने लिंटास के लिए अमेरिकी बाजार में विकास की संभावनाएं खोल दीं।

मेतलार्द ने दूसरे मॉडल 'नेशनलाइजेशन' के जरिये बताया कि अमेरिका या अन्य विदेशी एजेंसियों ने राष्ट्रीय या स्थानीय स्तर की एजेंसी के थोड़े शेयर खरीदकर या साझीदार बनकर काम शुरू किया। इस रणनीति की खूबी यह है कि इसमें विदेशी निवेश कम होता है और स्थानीय बाजार की ज्यादा जानकारी होती है। स्थानीय बाजार में ज्यादा पहुंच होती है। इस रणनीति का भारत में इन दिनों खूब प्रयोग हो रहा है। इस रणनीति के जरिये बहुराष्ट्रीय विज्ञापन कंपनियों ने राष्ट्रीय सीमाओं का अतिक्रमण करके यूरोप, लैटिन अमेरिका एवं एशिया में विस्तार किया।

तीसरे मॉडल 'ट्रांस-नेशनलाइजेशन' के तहत उन कंपनियों का वर्णन है जिन्होंने '80 के दशक में बहुराष्ट्रीय कंपनी के रूप में अन्य बहुराष्ट्रीय कंपनियों के साथ मिलकर काम शुरू किया। बड़े पैमाने पर छोटी कंपनियों को खरीदा गया। अमेरिका में सबसे पहले यह काम शुरू हुआ। 1984 में यह तीव्रतम रूप में व्यक्त हुआ। इस दौर में अमेरिका की विज्ञापन आय की विकास दर विदेशों से होने वाली विज्ञापन आय की विकास दर से ज्यादा रही। यह प्रवृत्ति दो वर्षों तक रही।

1999 में प्रकाशित *मानव विकास रिपोर्ट* में सांस्कृतिक मालों—मुद्रित सामग्री, साहित्य संगीत, दृश्य कलाओं, सिनेमा, फोटोग्राफिक, रेडियो, और टेलीविजन उपकरण—की बिक्री 1980 में 67 बिलियन डॉलर आंकी गई। 1991 में यह बढ़कर 200 बिलियन डॉलर हो गई यानी 1980 से 1991 के बीच में तीन गुना वृद्धि हुई। आज अमेरिका में सबसे बड़ा उद्योग यही है। इसमें भी टीवी. एवं फिल्म के कार्यक्रमों की बिक्री से उसे ज्यादा लाभ हुआ। हॉलीवुड की फिल्मों ने 1997 में विश्वस्तर पर 30 बिलियन डॉलर कमाए। अकेले *टाइटेनिक* फिल्म ने 1.8 बिलियन डॉलर से ज्यादा कमाकर दिए। इसी तरह टेलीविजन धारकों की संख्या में दुगुनी वृद्धि हुई। 1980 में प्रति एक हजार पर 121 टीवी सेट थे जबकि 1995 में 235 सेट थे। विगत दशक के मल्टीमीडिया के उभार के दशक के रूप में जाना जाता है। विश्व की सबसे बड़ी 50 मल्टीमीडिया फर्मों—दक्षिण कोरिया 3, चीन 3, स्वीडन 2, बेल्जियम, नीदरलैंड, वेनेजुएला, ब्राजील, मैक्सिको, स्पेन की एक-एक बहुराष्ट्रीय कंपनी की

बिक्री 1993 में 110 बिलियन डॉलर दर्ज की गई। 1997 में रॉबर्ट डब्ल्यू. मैकेंजी की *कारपोरेट मीडिया थ्रेट टु डेमोक्रेसी* शीर्षक से एक पुस्तिका प्रकाशित हुई थी, जिसमें बहुराष्ट्रीय माध्यम फर्मों को सबसे बड़ी चुनौती माना गया। ये कंपनियां विश्व बाजार पर जबर्दस्त दबाव बनाए हुए हैं और बेशुमार मुनाफा कमा रही हैं। आज समूचे माध्यम समूह पर दो दर्जन अमेरिकी कंपनियों की इजारेदारी है।

आज दुनिया में 40 हजार बहुराष्ट्रीय कंपनियां हैं जिनकी ढाई लाख शाखाएं हैं। इनका सकल कारोबार 5 ट्रिलियन डॉलर से ज्यादा है। इसमें सर्वोच्च 100 कंपनियों की संपत्ति विश्व भर में 3.5 ट्रिलियन डॉलर आंकी गई। इसमें 1.3 ट्रिलियन डॉलर की संपत्ति विदेशों में है। वहीं पर इनका समूचा कारोबार है। बहुराष्ट्रीय कंपनियों में सबसे ज्यादा परिसंपत्तियां इलेक्ट्रॉनिक्स क्षेत्र की कंपनियां हैं। इसमें 23 बहुराष्ट्रीय कंपनियां विश्व बाजार के अस्सी फीसदी कारोबार को नियंत्रित करती हैं। इलेक्ट्रॉनिक्स क्षेत्र की 100 कंपनियों में 40 फीसदी कंपनियां सकल कारोबार का 50 फीसदी कारोबार विदेशों में करती हैं। बहुराष्ट्रीय कंपनियों में अमेरिका सर्वोच्च स्थान पर है।

सर्वोच्च 200 कंपनियों में अमेरिका 74, जापान 41, जर्मनी 23, फ्रांस 19, ब्रिटेन 13, स्विट्जरलैंड 6, इटली 5, नीदरलैंड 4, ब्रिटेन/नीदरलैंड 2, हैं। इनमें से छह प्रमुख देशों की 176 कंपनियां 88 फीसदी पर नियंत्रण रखती हैं। ये देश हैं—अमेरिका, जापान, जर्मनी, फ्रांस, ब्रिटेन और स्विट्जरलैंड। 1982 से 1998 के बीच में सर्वोच्च 200 कंपनियों की आय 3 ट्रिलियन डॉलर से बढ़कर 7 ट्रिलियन डॉलर हो गई। किंतु यह बढ़ोत्तरी असमान ढंग से हुई। इस दौर में अमेरिकी बहुराष्ट्रीय कंपनियों की संख्या बढ़ी और जापान की बहुराष्ट्रीय कंपनियों की संख्या घटी। 1982 में अमेरिकी कंपनियों की संख्या 60 थी जो 1998 में बढ़कर 74 हो गई जबकि जापान की कंपनियों की संख्या 60 से घटकर 41 रह गई। ये 200 कंपनियां विश्व के सकल घरेलू उत्पाद के 26 फीसद अंश की मालिक हैं। इसी तरह दुनिया के 200 सबसे ज्यादा धनी व्यक्तियों के पास 1 ट्रिलियन डॉलर की पूंजी है। इनमें सर्वोच्च 12 व्यक्तियों के पास एक-तिहाई पूंजी है। इनकी परिसंपत्तियों में 1996 से 1999 के बीच तिगुनी वृद्धि हुई। सबसे धनी व्यक्तियों में एक नबंर पर बिल गेट का स्थान है। इसके पास 90 ट्रिलियन डॉलर की संपत्ति है। इसकी संपत्ति में मात्र चार वर्षों में पांच गुना वृद्धि हुई। दुनिया के सबसे धनी 7 व्यक्ति अमेरिकी हैं।

3

माध्यम साम्राज्यवाद पर विचार करते समय संचार माध्यम के आकार, माध्यम उत्पादन की स्थिति, व्यवहार में किन मूल्यों का प्रयोग हो रहा है और माध्यम की अंतर्वस्तु, इन चार पहलुओं पर विशेष ध्यान देना चाहिए। माध्यम साम्राज्यवाद में जो कंपनियां शामिल हैं वे आकार, प्रभाव, तकनीकी क्षमता एवं राजनीतिक क्षमता के लिहाज से विशालकाय हैं। वे अपने कार्यक्रमों का इस तरह प्रक्षेपण एवं निर्यात करती हैं जिससे उसे आत्मसात या हजम करने में असुविधा न हो।

माध्यम साम्राज्यवाद की यह विशेषता है कि भौतिक जीवन की वास्तविक समस्याओं से ध्यान हटाता है। गरीबी, भुखमरी, निरक्षरता, पिछड़ेपन, निरुद्योगीकरण, बेकारी, चिकित्सा सुविधाओं के अभाव, घर के अभाव, पीने के पानी के अभाव, खेती के लिए पानी का अभाव, अकाल, सूखा, पर्यावरण क्षय, मानवाधिकारों के हनन, जनतंत्र के क्षय आदि समस्याओं से माध्यम साम्राज्यवाद किनाराकशी करता है। उसके लिए 'समाचार, मनोरंजन और विज्ञापन' ये तीन तत्व महत्वपूर्ण हैं, बाकी सब बेकार है। माध्यम साम्राज्यवाद का लक्ष्य है अमेरिकी साम्राज्यवाद और बहुराष्ट्रीय निगमों के हितों की हिमायत करना और उनके अनुकूल परिवेश तैयार करना। मुनाफों के विस्तार के लिए सांस्कृतिक मालों की निर्बाध सप्लाई बनाए रखना। समाचार और मनोरंजन का अहर्निश प्रवाह बनाए रखना जिससे इन कंपनियों और अमेरिका का वैचारिक प्रभुत्व बना रहे। अ. ग्राचीव एवं येमोश्किन ने लिखा कि 'असल में सारा संसार ही अमेरिकी साम्राज्यवाद के राजनीतिक–वैचारिक प्रयास का लक्ष्य है। साम्राज्यवादी प्रचार के लिए विविधता के जिस बिंब का जान-बूझकर निर्माण किया जाता है, उसका लक्ष्य सिर्फ एक है और वह है लोगों की चेतना को पूंजीवाद के हितों में ज्यादा कारगर ढंग से ढालना।' भूमंडलीय माध्यमों की रणनीति का विश्लेषण करते हुए शिलर ने लिखा कि 'ये आक्रामक व्यावसायिक साम्राज्य विश्व बाजार को निस्संदेह, राष्ट्रीय विनिमय के असमान सिद्धांत और न्यूनतम आंशिक निरोधों और जिन क्षेत्रों में वे सक्रिय होते हैं, उनमें आर्थिक विकास के विभिन्न स्तरों के अनुसार अपने लिए अच्छे से अच्छे ढंग से संगठित करते हैं। विश्वव्यापी बाजार और निर्बाध मुनाफे सुनिश्चित करने के अपने लक्ष्यों के संवर्धनार्थ उन्हें उस प्रत्येक सांस्कृतिक तथा सूचना अंतराल को प्रभावित, और हो सके तो शासित करना पड़ता है जो उन्हें अपने विश्वव्यापी परिवेश के पूर्ण नियंत्रण से अलग

करता है। यह कोई अल्पकालिक आवश्यकता नहीं है। यह बाजार-व्यवस्था से और यह व्यवस्था अपनी प्रायिकताओं और फलतः अपने पुरस्कारों और अपनी शक्तियों को जिस ढंग से स्थापित करती है, उससे उत्पन्न होने वाली स्थायी एक व्यवस्था है।'

भूमंडलीय माध्यमों का तर्क है कि उसका सूचना के मुक्त प्रवाह और अभिव्यक्ति की स्वतंत्रता में विश्वास है। फलतः इन दोनों को बाधित करने वाले किसी भी नियम-कानून को वे नहीं मानेंगे। असल में, मुक्त सूचना प्रवाह के नाम पर वस्तुतः इकतरफा सूचना प्रवाह हो रहा है जिसके कारण तीसरी दुनिया के देशों और समाजवादी देशों को विशेषकर सूचना असंतुलन का सामना करना पड़ा है। 'मुक्त सूचना प्रवाह' अच्छी बात है बशर्ते इसमें विकसित और विकासशील देशों की खबरों, सूचनाओं एवं कार्यक्रमों को लेकर संतुलन का भाव हो, समानता का भाव हो, एक-दूसरे की सार्वभौम संप्रभुता को बरकरार रखने का भाव हो। हकीकत यह है कि 'मुक्त सूचना प्रवाह' में ऐसा कुछ भी नहीं है। बहुराष्ट्रीय माध्यम कंपनियां 'मुक्त सूचना प्रवाह' के नाम पर अपने सांस्कृतिक मालों, विचारों-खबरों और दृष्टिकोण को अविकसित राष्ट्रों पर थोपने का काम करती हैं। अविकसित देशों और समाजवादी देशों के जीवन में हस्तक्षेप करती हैं। आए दिन राष्ट्रीय एवं अंतर्राष्ट्रीय कानूनों का उल्लंघन करती हैं। इस तरह के रवैए का अमेरिकी विदेश नीति से गहरा संबंध है। 'मुक्त सूचना प्रवाह' के जरिये असल में, अमेरिकी साम्राज्यवाद के हितों का विस्तार किया जाता है। उसके प्रभुत्व को स्थापित करने की कोशिश की जाती है।

'मुक्त सूचना प्रवाह' के नाम पर भूमंडलीय माध्यम भिन्न-भिन्न किस्म की सामाजिक व्यवस्थाओं में विखंडन, तनाव और टकराव पैदा करने का काम करते हैं। चूंकि अंतर्राष्ट्रीय स्तर पर अमेरिका तर्क के जरिये व्यक्तियों एवं राष्ट्रों का दिल जीतने में सफल नहीं हो पाता इसलिए वह भूमंडलीय माध्यमों का ज्यादा से ज्यादा कूटनीतिक विजय हासिल करने के लिए इस्तेमाल करता है। भूमंडलीय माध्यम अमेरिकी राजनीति के लिए बारूद का काम करते हैं। वे अमेरिकी प्रभुत्व और संकट का विश्वव्यापी सातत्य बनाए रखते हैं। व्यवस्था भंजन, संप्रभुता विखंडन और अनुकूलन इनकी योजना का प्रमुख लक्ष्य है। इसके लिए झूठ का सहारा लिया जाता है। झूठ का निरंतर प्रचार-प्रसार अंततः भ्रमों की सृष्टि करता है। यह इस बात का प्रतीक है कि बुर्जुआजी संकटग्रस्त है। अश्लील है। लेनिन ने लिखा था कि 'जब बुर्जुआजी का मजदूरों पर असर घटता है, क्षय होता है या कमजोर होता है तो

बुर्जुआजी हर जगह और हमेशा सबसे घृणित झूठों का सहारा लेता है।'

माध्यम साम्राज्यवाद के 'मुक्त सूचना प्रवाह' का एक ओर अमेरिकी विदेशी नीति से गहरा संबंध है वहीं दूसरी ओर, सी.आई.ए. और पेंटागन से भी गहरा संबंध है। फ्रैड लैंडिस ने लिखा है कि 'मिथ्या सूचना सी.आई.ए. और जनसूचना माध्यमों के संबंध की कुंजी है और इतिहास...यही सी.आई.ए. का सबसे अधिक प्रायिक प्रच्छन्न कार्य रहा है।' आमतौर पर माध्यम साम्राज्यवाद की जब भी चर्चा होती है तो सी.आई.ए. की भूमिका की अनदेखी की जाती है। असल में, बहुराष्ट्रीय माध्यम कंपनियां, सी.आई.ए. पेंटागन और अमेरिकी विदेश नीति ये चार प्रमुख तत्व हैं जिनकी माध्यम साम्राज्यवाद के संदर्भ में एकदम उपेक्षा नहीं की जानी चाहिए। सी. आई.ए. उन तमाम देशों एवं राजनीतिक दलों के खिलाफ सक्रिय भूमिका अदा करता है जो वाशिंगटन को नापसंद करते हैं या उसका विरोध करते हैं। अ. ग्राचीव एवं येमोश्किन ने *नई सूचना व्यवस्था अथवा मनोवैज्ञानिक युद्ध* पुस्तक में लिखा कि व्यवस्था भंजक प्रचार के लिए एजेंसी में दो हजार नियमित कर्मचारी हैं, इसके अलावा कोई एक हजार प्रचारक सी.आई.ए. के लिए करार के अधीन काम करते हैं। व्यवस्था भंजक प्रचार के लिए सी.आई.ए. 2 अरब डॉलर प्रतिवर्ष से अधिक खर्च करता है। इस क्षेत्र में युसिआ और पेंटागन भी सक्रिय हैं जो इस प्रयोजन पर सालाना एक अरब डॉलर खर्च करते हैं। सी.आई.ए. यह कार्य 1947 से कर रहा है। एक सीनेट समिति की रिपोर्ट के अनुसार राष्ट्रपति ट्रूमैन के प्रशासन में 81, राष्ट्रपति आइजनहावर के प्रशासन में 170, राष्ट्रपति कैनेडी के शासन में 163 और राष्ट्रपति जॉनसन के शासन में 142 ऐसी मनोवैज्ञानिक युद्ध कार्रवाइयां की गई थीं जिन्हें सरकारी तौर पर स्वीकार किया जाता है। उल्लेखनीय है कि सी.आई.ए. की ये कार्रवाइयां राष्ट्रपति द्वारा स्वीकृत हैं। इसके अलावा सैकड़ों ऐसी कार्रवाइयां भी हैं जिनकी अनुमति राष्ट्रपति से नहीं ली गई। तीसरी दुनिया के देशों एवं समाजवादी देशों का आत्मिक वशीकरण करने के लिए सी.आई.ए. विभिन्न जनमाध्यमों का इस्तेमाल करता है। जासूसी एवं प्रचार के इस कार्य में तकरीबन 800 संगठन शामिल हैं। इस प्रसंग में *न्यूयॉर्क टाइम्स* ने लिखा कि 'धन ही वह सूत्र है, जो अमेरिकी गुप्तचर्या को अपने 'प्रचार साम्राज्य' के साथ जोड़ता है और साम्राज्य के कार्यों पर आंशिक और कभी-कभी पूर्ण नियंत्रण को सुनिश्चित करता है।' इसका एक विस्तृत चित्र स्पेनी पत्रिका *आर्गूमेंतोस* ने प्रस्तुत किया था। जिसने 1981 के अंत में सी.आई.ए. और जनसंपर्क माध्यमों के बारे में एक विस्तृत रिपोर्ट प्रकाशित

की थी। पत्रिका का कहना है कि सी.आई.ए. ऐसी राजनीतिक प्रक्रियाओं के लिए, जैसी इस समय निकारागुआ में विकसित हो रही हैं, हानिकार अवस्थाएं पैदा करने के उद्देश्य से जानबूझकर झूठी खबरें और रिपोर्टें गढ़ती और प्रसारित करती है। सी. आई.ए. ऐसे लेख गढ़ती है जो अपने वास्तविक स्रोतों का उल्लेख किए बगैर बड़े-बड़े पत्र-पत्रिकाओं में प्रकाशित होते हैं और विभिन्न देशों में काम करने वाले पत्रकारों को अपने एजेंटों के रूप में इस्तेमाल करता है। वह जनमत को मिथ्या सूचना देने के उद्देश्य से प्रचार अभियानों, सिने चित्रों और रंगमंच कार्यक्रमों के लिए धन उपलब्ध कराता है। अमेरिकी अर्थशास्त्री और लेखक शेन जेर्वासी के अनुसार कोई 3 हजार सी.आई.ए. कर्मी 'काले प्रचार' की तैयारी में लगे हुए हैं। *कावर्ट एक्शन* पत्रिका के अनुसार, ओर्बे, कोपली न्यूज-सर्विस, फोरम वर्ल्ड फीचर्स और लैटिन न्यूज एजेंसी उन लातिन अमेरिकी समाचार एजेंसियों में से हैं, जिनके सी.आई.ए. से नियमित संपर्क हैं। इन एजेंसियों में फोरम वर्ल्ड फीचर्स सबसे प्रमुख है। 1970 के चुनाव अभियान के समय इसने छह सप्ताह के भीतर चिलीआई प्रेस और विश्व प्रेस मेंए लेंदे के राष्ट्रपति पद पर चुने जाने को रोकने के लिए सैकड़ों लेख प्रकाशित करवाए थे। कोप्ली न्यूज सर्विस, जिसे *न्यूयॉर्क टाइम्स* ने एक बार लातिन अमेरिका की आंख और कान कहा था। लैंग्ली के साथ पिछले 25 सालों से सहयोग करती आई है। ओर्वे को, जो कई लातिन अमेरिकी देशों में प्रेस भांति-भांति के लेख उपलबध कराती है। *वाशिंगटन पोस्ट* ने लैटिन न्यूजए जेंसी को 'सी.आई.ए. की समाचारए जेंसी' की संज्ञा दी है। अमेरिकी गुप्त सेवाएं अंततः अमेरिकी प्रेस संघ को भी नियंत्रित करती हैं, जो लातिन अमेरिका में कोई एक हजार अखबारों को सूचना प्रदान करती हैं। सी.आई.ए. ने एशिया के विकासशील देशों में साम्राज्यवादी प्रचार का निदेशन और समन्वयन करने के लिए कितने ही दिखावटी संगठन स्थापित किए हैं। एशिया फाउंडेशन ऐसे ही संगठनों में से एक है। यह 20 एशियाई देशों में अपने स्थानीय कार्यालयों के जरिये जासूसी और व्यवस्थाभंजक कार्यों में संलग्न है। भारत में एशिया फाउंडेशन स्थानीय प्रेस का प्रभावी तौर पर इस्तेमाल करता रहा है। इसका मुख्य कार्य है एशियाई देशों में कम्युनिज्म विरोध को संगठित करना एवं सहायता देना। इसी तरह मिस्र में 'अंतर्राष्ट्रीय प्रेस' एवं 'सूचना स्वतंत्रता समस्या' संगठन का लक्ष्य कम्युनिस्ट विरोधी प्रचार अभियान को संगठित करना है।

इसी तरह पेंटागन संचालित जनमाध्यमों एवं प्रचार अभियानों को कम करके नहीं देखना चाहिए। उसके पास अमेरिकियों और अन्य देशों के करोड़ों लोगों पर

विचारधारात्मक प्रभाव डालने के लिए एक व्यापक और बहुशाखी तंत्र मौजूद है। अमेरिकी इतिहासकार थियोडोर व्हाइट ने पेंटागन को 'शक्तिशाली मनोमार्जन तंत्र' की संज्ञा दी है। इसके पूरे नेटवर्क को देखें तो पाएंगे कि *स्टार्ज एंड स्ट्राइप्स* नामक अमेरिकी अखबार का सिर्फ प्रशांत संस्करण ही अमेरिकी सैन्यकर्मियों के अलावा कोरिया, थाईलैंड, मलेशिया, फिलीपीन द्वीपसमूह और 40 देशों से अधिक देशों, ग्वाम और आस्ट्रेलिया में कम से कम 10 लाख लोगों द्वारा हर दिन पढ़ा जाता है। कितने ही एशियाई देशों में *स्टार्ज एंड स्ट्राइप्स* के अखबारों का व्यापक जाल है और कोई 100 पुस्तक भंडार हैं, जो हर साल 500 विभिन्न अमेरिकी पत्र-पत्रिकाएं और 12 हजार शीर्षकों की पुस्तकें बेचते हैं। इसके अलावा 'सशस्त्र सेना रेडियो-टेलीविजन सेवा' की भी महत्वपूर्ण भूमिका हैं। जिसके 400 रेडियो और टेलीविजन केंद्र हैं। इसके अलावा 60 से अधिक प्रसारण केंद्र एशिया, अफ्रीका और लातिन अमेरिका के तटों के पास घूमते अमेरिकी नौ सैनिक पोतों पर स्थित हैं। पेंटागन के आदेश पर हर साल तीन-साढ़े तीन हजार टेलीविजन फिल्मों और इतने ही रेडियो कार्यक्रमों को तैयार किया जाता है। हर्बर्ट आई. शिलर ने *माइंड मैनेजर्स* में लिखा कि 'विदेशों में अमेरिकी सरकार के आधिकारिक सूचना अभिकरण के रूप में युसिआ की स्थापना ठीक उस समय की गई, जब अमेरिकी विदेश नीति में आक्रामक प्रवृत्तियां चढ़ाव पर थीं। अमेरिकी विदेश नीति ने अमेरिकी व्यवसाय के लिए पूंजी निवेश की संभावनाओं की रक्षा करने के निमित्त दूसरे राष्ट्रों में सामाजिक परिवर्तन में बाधा डालने या नियंत्रण में रखने को अपना मुख्य कार्यभार मानकर ग्रहण किया।' 1963 के राष्ट्रपतीय ज्ञापन में इस अभिकरण के कार्यभारों के बारे में शक की गुंजाइश नहीं रहने दी गई थी। उसमें कहा गया था कि 'युसिआ को अन्य राष्ट्रों में सार्वजनिक रुझानों को प्रभावित करके संयुक्त राज्य अमेरिका के लक्ष्यों की सिद्धि में सहायता देनी चाहिए।' 'युसिआ' में लगभग 9 हजार नियमित कर्मचारी हैं, उसके 126 देशों में नियमित प्रचार केंद्र हैं और 20 भाषाओं में पत्र-पत्रिकाएं प्रकाशित करता है। हजारों पत्रों पर निःशुल्क रेडियो और टी.वी. सामग्री प्रेषित करता है और 200 से अधिक सिनेमाघर उसके नियंत्रण में हैं। माध्यम साम्राज्यवाद मूलतः वर्चस्व का निरंतर प्रवाह है। विभिन्न चैनलों के जरिये सूचना और मनोरंजन का प्रवाह अनेक प्रश्न पैदा करता है। पहला प्रश्न यह है कि क्या उपग्रह चैनलों का लक्ष्य आम दर्शकों का मनोरंजन करना है? जी नहीं, ये चैनल 'मनोरंजन के लिए मनोरंजन' की धारणा से परिचालित हैं। यह बाजार की सेवा है। बाजार का संगीत है। जनप्रियता हासिल

करना और ज्यादा से ज्यादा दर्शक जुटाना इनका प्रमुख लक्ष्य है। उपग्रह चैनलों की मनोरंजन रणनीति का बुनियादी लक्ष्य है बहुराष्ट्रीय कंपनियों के लिए बाजार और खरीदार पैदा करना। इसके लिए सिनेमा, संगीत, फिल्म, धारावाहिक, खेलों के प्रसारण का इस्तेमाल किया जाता है। भूमंडलीय माध्यमों के द्वारा आरोपित मनोरंजन का मूल मकसद है 'खाली समय' को भरना। बाजारू कला रूपों में 'खाली समय' को जब भी भरा जाएगा उससे अंततः सांस्कृतिक शून्य पैदा होगा। फिल्म वगैरह के जरिये जो मनोरंजन प्रक्षेपित होता है वह मूलतः बाजार की शर्तों के अनुरूप होता है। सामाजिक जीवन में इसके बाहुल्य के कारण आम लोग इसे ही मनोरंजन मानने लगते हैं, इससे मनोरंजन की धारणा का विकृतीकरण हुआ है।

मनोरंजन की गलत समझ बनी है।

इस तरह का मनोरंजन स्टीरियोटाइप प्रस्तुतियों पर टिका है। सृजनात्मकता और यथार्थ का यह विरोधी है। वैविध्य इसकी प्रकृति में नहीं है। मनोरंजन वीडियो के रूपों को देखें तो पाएंगे कि कामुकता और काम-क्रीड़ाओं का वर्चस्व है। इसमें बेताला शारीरिक चेष्टाओं, अंतर्विरोधी चित्रों और बेसुरे गीत की बेमेल खिचड़ी दिखाई देती है। इसी को मनोरंजन के तौर पर पेश किया जा रहा है। कुछ के लिए यह उत्तर-आधुनिक स्थिति है। इस तरह की प्रस्तुतियां पूंजीवादी संस्कृति के प्रति नरम रवैया पैदा करती हैं। इनमें न तो संगीत मुख्य है और न उत्तेजना मुख्य है बल्कि लालसा मुख्य है, वैसे रवैये को जल्दी से जल्दी आत्मसात करने की उत्कंठा ही प्रमुख है।

इस तरह की प्रस्तुतियां दूसरी ओर वस्तुकरण और उपभोक्तावाद का विस्तार करती हैं। यह मनोरंजन जिस परिवेश में दिखाया जाता है उसमें न तो आनंद संभव है और न मनोरंजन संभव है। नतीजतन ऑडिएंस को कुछ नहीं मिलता। बदले में उसकी जेब जरूर खाली हो जाती है। इस तरह का मनोरंजन वस्तुतः मनोरंजन का बाजार बनाता है, संस्कृति उद्योग का विकास करता है और आभासी आनंद पैदा करता है। साथ ही, ऐसी दुनिया निर्मित करता है जो अवास्तविक होती है। नियमहीनता के नियमों का सृजन करता है। वास्तव में जीवन में प्रचलित अनैतिक एवं अप्रासंगिक मूल्यों को बहस एवं व्यवहार के केंद्र में ले आता है। इस तरह के मूल्यों का बार-बार प्रक्षेपण आकर्षण पैदा करता है और उन्हें सहज स्वीकृत बनाता है। अवैध विवाह, अतिरिक्त विवाह, हिंसा, बर्बरता, अपराध चेतना, अमेरिकी जीवन-शैली, अराजनीति, कानून एवं न्यायालय की अवमानना, श्रम और श्रमिक वर्ग से घृणा, सत्ता और प्रभुत्ता के प्रति समर्पण या उसके प्रति अनुकूलन का भाव निर्मित

करता है। इसके लिए प्रकृतिवादी नियमों का सहारा लेता है।

भूमंडलीय माध्यमों के मनोरंजन का मूल लक्ष्य है संकट या विध्वंस से ध्यान हटाना। इसके लिए हलका-फुलका मजाक, फूहड़, हास्य, ग्लैमर और कामुकता के उपकरणों का व्यापक रूप में इस्तेमाल किया जाता है। साहित्यिक कृतियों पर बने कार्यक्रमों में बड़े पैमाने पर 'मेनीपुलेशन' के तत्व का इस्तेमाल किया जाता है। यहां तक कि कृति के मर्म को ही बदल दिया जाता है। यह स्थिति कविता, कहानी, उपन्यास आदि विधाओं में साफतौर पर देखी जा सकती है। इसका प्रधान कारण है विज्ञापन कंपनियों का दबाव। व्यंग्य धारावाहिकों में ज्यादातर समय स्त्रियों और पिछड़े हुए क्षेत्रों के लोगों का जमकर मजाक उड़ाया जाता है। कार्यक्षेत्रों के रूपायन में अधिकार, पैसा, प्रतिष्ठा, प्रतिस्पर्धा और सामाजिक हैसियत पर जोर दिया जाता है। इस तरह की प्रस्तुतियों से प्रतिस्पर्धा, तनाव, असंतोष और ईर्ष्या का जन्म होता है। 'प्रभुत्वशाली' वर्गों की ताकत में इजाफा होता है। राज्य की शक्ति में इजाफा होता है।

धारावाहिकों और अन्य मनोरंजन कार्यक्रमों में जज, वकील, पुलिस अधिकारी, पैसे वाले, शक्ति संपन्न चरित्रों की बार-बार प्रस्तुति आम दर्शकों में इनके प्रति अनुकरणबोध पैदा करती है। जबकि हकीकत में इस वर्ग के लोग सबसे ज्यादा कानून का उल्लंघन करते है। कानून-व्यवस्था के कर्ताधर्ता बहुसंख्यक समाज के हिंदू चरित्रों को दिखाया जाता है। अधिकतर कार्यक्रमों में अल्पसंख्यक धार्मिक समुदाय के चरित्रों को अपराधकर्म में लिप्त दिखाया जाता है। कानून-व्यवस्था की मशीनरी में इन समूहों की अनुपस्थिति यह अर्थ संप्रेषित करती है कि देश की कानून-व्यवस्था बनाए रखने की क्षमता सिर्फ और सिर्फ हिंदुओं में है। अप्रत्यक्ष रूप में इससे सांप्रदायिक ताकतों को मदद मिलती है।

इसी तरह एक व्यक्ति की तरह स्त्री की इमेज अनुपस्थित मिलेगी। उत्पादक स्त्री की छवि एक सिरे से गायब मिलेगी। ज्यादातर कार्यक्रमों में स्त्री को उपभोक्ता एवं वस्तु के रूप में पेश किया जाता है। स्त्री-चरित्रों में अल्पसंख्यक, दलित, आदिवासी समूह की स्त्रियों की एक सिरे से अनुपस्थिति और मध्य वर्ग के चरित्रों का बाहुल्य मिलेगा। मध्य वर्ग में भी कामगार स्त्रियों की जानबूझकर अनदेखी की जाती है। इससे जहां एक ओर सामाजिक विभाजन और वर्चस्व में वृद्धि होती है वहीं दूसरी ओर जनमाध्यमों में निहित पूर्वग्रहों का भी उद्घाटन होता है। गैर-मध्यवर्गीय विषयों पर बने कार्यक्रमों में भी बहुसंख्यकों का बोलबाला मिलेगा। ऐसे कार्यक्रमों

में दलित, आदिवासी एवं अल्पसंख्यक चरित्रों को बहुसंख्यकों की तुलना में हीन दिखाया जाता है। इस दृष्टिकोण से मनोरंजन सामाजिक विभाजन बढ़ाने का काम करता है।

टेलीविजन के कार्यक्रमों में स्त्री-चरित्रों में पुंसवादी दृष्टिकोण का बार-बार रूपायन किया जा रहा है। उल्लेखनीय है कि पहले मनोरंजन का नारीकरण किया गया, मनोरंजन की जिम्मेदारी औरत को सौंप दी गई और गंभीर कार्यों की पुरुषों ने जिम्मेदारी ले ली। सार्वजनिक जीवन को पुरुषों के हवाले कर दिया। विज्ञापनों में औरत का हावी होना इसी वर्गीकरण को पुष्ट करता है। एफ.टी.वी. और संगीत वीडियो के सभी मॉडलों में एक कॉमन तत्व है वह यह कि 'इनका अपनी इमेज पर नियंत्रण है। अपने शरीर पर नियंत्रण है।' साथ ही, आम औरत में यह संदेश संप्रेषित होता है कि वे सभी ऐसी हो सकती हैं। यह ऐसी औरत है जो कामुकता के पितृसत्तात्मक दृष्टिकोण पर अपने नियंत्रण को पेश करती है। उसका सेक्स संबंधी संवाद और कामुकता पर भी नियंत्रण है। यही वजह है कि हाल के वर्षों में आए वीडियो संगीत में 'स्वच्छंदता' एवं 'प्रदर्शनप्रियता' पर ज्यादा जोर है। यह युवतियों को आकर्षित करता है।

इन मॉडलों की कामुक छवि एक तरह निजी चेतना के प्रति आत्मविश्वास को भी व्यक्त करती है। ऐसी प्रस्तुतियों में मॉडल शर्म को जब तार-तार कर रही होती है तो दूसरी ओर पितृसत्ता को क्षतिग्रस्त कर रही होती है। पितृसत्ता ने स्त्री को बंधक बनाने के लिए सबसे पहले शायद इसी हथियार का प्रयोग किया था। शर्मिंदगी से मुक्त होते ही स्त्री अपने व्यक्तित्व के विकास की सबसे बड़ी बाधा पार कर जाती है। शर्म को अमूमन स्त्री के आभूषण के तौर पर महिमामंडित किया गया है। तात्पर्य यह कि भूमंडलीय माध्यम स्त्री को जहां एक ओर वस्तु बनाते हैं वहीं दूसरी ओर, स्त्री के सिर पर लादा हुआ शर्म का घूंघट या बुर्का हटा देते हैं। इससे सामाजिक विकास में मदद मिलती है। शर्म का पर्दा हट जाने के बाद स्त्री नए रूपों को अपना लेती है, नई भंगिमाओं का अनुसरण करने लगती है, नए फैशन, रूप-सज्जा, देखने की शैली आदि का प्रयोग शुरू कर देती है और पुराने फैशन, भाव-भंगिमा, दृष्टिकोण आदि से धीरे-धीरे मुक्त होना शुरू कर देती है।

विज्ञापन मॉडलों को जो मनोरंजन प्राप्त होता है वह उनकी इमेज या कथन में नहीं होता अपितु वह रवैये में होता है। उनकी शक्ति एवं अधिकार इसको पुष्ट करते हैं। मॉडलों का जोर 'स्टाइल' पर होता है। वे 'स्टाइल' के द्वारा निषेध की अभिव्यक्ति

करती हैं। यह निषेध है उस विचारधारा का जिसे वे व्यक्त करती हैं। वे 'शक्ति' और 'मनोरंजन' की निजीकृत इमेज को अस्मिता के साथ पेश करती हैं। इस तरह व्यंजित अर्थ को स्वयं ही नष्ट कर देती हैं। वे जिस 'स्वच्छंदता' और 'प्रदर्शनप्रियता' को व्यक्त करती हैं वस्तुतः वह समाज से गायब है। वे जिस औरत का मिथ बनाती हैं वह वास्तव जीवन से गायब है। यह स्त्री की छद्म इमेज है जो वस्तुकरण की प्रक्रिया को तेज करती है। यह प्रक्रिया रिवाज की तरह गतिशील होती है। कोई भी रिवाज जब तक घनीभूत न हो जाए तब तक वह एक आदत नहीं बनता। आदत और अभिरुचि का निर्माण बहुत हद तक ऑडिएंस के सामाजिक संदर्भ पर निर्भर करता है।

इसी तरह खेल के प्रसारणों पर गौर करें तो पाएंगे यहां 'नियम' और 'स्वतंत्रता' के आंतरिक संबंध पर जोर रहता है। 'नियम' पर जोर का अर्थ है सामाजिक नियमों का कड़ाई से पालन करना। खेल प्रसारण से जहां खेल के नियमों के पालन की भावना संप्रेषित होती है, वहीं दूसरी ओर, इससे सामाजिक नियंत्रण बरकरार रखने में मदद मिलती है। विध्वंसक और अराजक शक्तियों को नियंत्रित करने में मदद मिलती है। खेल और खेल भावना का सांस्कृतिक तौर पर महत्व है। खेल के नियम स्वैच्छिक होते हैं। ये स्वैच्छिक तौर पर आदतों को स्वीकार करने की मानकिसता पैदा करते हैं। खेल में जब नियम भंग होता है तब उस समय जोर से कोलाहल सुनाई देता है। ऐसी स्थिति में एनाउंसर कमेंट्री के जरिये संतुलन बनाने की कोशिश करता है। इस क्रम में दर्शकों की संभावित प्रतिक्रियाओं को भी शामिल कर लेता है। नियम भंग की स्थिति में, चेतावनी देता है, ऐसा करके वह नियम की सामाजिक वैधता को पुष्ट करता है। खेल के नियमों की प्रकृति प्रभुत्ववादी होती है। परंपरा, पुनरावृत्ति और सृजन एक ही प्रक्रिया में जन्म लेते हैं। दूसरी ओर खिलाड़ी अपनी क्रियाएं सीमित जगह में ही संपन्न करता है। इस तरह वह अर्थ या घटना पर अपने नियंत्रण का प्रदर्शन करता है।

विपन्न समुदायों में खेल सक्रियता, रचनात्मकता एवं प्रतिरोध भाव पैदा करता है। खेल विपन्नों के मन में प्रभुत्वशाली विचारधारा के आत्मसातीकरण की प्रक्रिया के विरुद्ध उप-सांस्कृतिक रूपों को बनाए रखता है। इसीलिए 'मनोरंजन' की तुलना में 'खेलना' ज्यादा उत्पादक होता है। इसमें गतिविधि को उभारने, रचनात्मकता को दर्शाने का अवसर होता है। इसी अर्थ में खेल एक सक्रिय आंदोलन है। खेल की खूबी है कि वह नियमों को उनकी सीमा तक ठेलता है और फिर उनके तोड़े जाने

के परिणामों तक ले जाता है, वहीं दूसरी ओर माल की बिक्री बढ़ाता है। ब्रांड की इमेज बनाता है।

रेमंड विलियम्स ने लिखा है कि टेलीविजन 'दर्शकीय खेल' का माध्यम है। जिन खेलों का टी.वी. प्रसारण होता है उनमें हिस्सेदारी के लिए खिलाड़ी ज्यादा पारिश्रमिक की मांग करते हैं। फलतः 'प्रेक्षक खेलों' और व्यावसायिकता का समानांतर विकास होता है। 'प्रेक्षक खेल' वे हैं जिनमें दर्शकों का अभाव होता है। खेल प्रसारण में प्रयोजन महत्वपूर्ण होता है। किस प्रयोजन से कोई कंपनी किसी खेल को प्रायोजित कर रही है, यह बात सबसे महत्व की है। खेलों का ज्यादा से ज्यादा आयोजन हो इससे किसी को एतराज नहीं हो सकता है। साथ ही, यह भी ध्यान रहे कि इससे टकराव भी पैदा हो सकता है। मसलन, सिगरेट या तंबाकू या शराब के विज्ञापनों के टी.वी. प्रसारण पर पाबंदी हो ऐसी स्थिति में शराब, सिगरेट बनाने वाली कंपनियां प्रायोजक के रूप में सरकारी नीतियों को चुनौती दे सकती हैं अथवा मैदान में लगे हुए होर्डिंग का टी.वी. के जरिये बार-बार प्रसारण सरकारी नीतियों को चुनौती दे सकता है। ध्यान रहे नियमित खेल प्रसारण रुचियों का निर्माण करता है। साथ ही, खेल से हमारी दूरी बढ़ा देता है। आज हम खेल देखते ज्यादा हैं, खेलते कम हैं। इसका प्रधान कारण है टेलीवजिन की निजी प्रकृति। माध्यम के तौर पर टेलीविजन, यथार्थ से अलगाव बढ़ाता है। यथार्थ से अलगाव के कारण सामुदायिक सक्रियता प्रभावित होती है। इस माध्यम से दिखाई जाने वाली वस्तु अपने मूल से स्वायत्त नजर आती है, फलतः वह जनता के लिए बेकार हो जाती है। टेलीविजन से सीधा-प्रसारण अर्थ विस्तार की सीमाएं लिए होता है।

प्रत्यक्ष प्रसारण में जहां एक ओर यथार्थ होता है, वहीं पर दूसरी ओर अनुपस्थित यथार्थ को उपस्थित करने का काम एनाउंसर करता है। इसके अलावा प्रत्यक्ष प्रसारण में लंबे शॉट भी होते हैं जिनकी समय सीमा 2 सेकेंड से 15 मिनट तक हो सकती हैं। इसकी संरचना अस्थायी और यथार्थपरक होती है। टेलीविजन में दर्शक जब मैच देखता है तो उस समय कैमरा मैदान के बजाय दर्शक दीर्घा में स्थित हो जाए तो दर्शक के मन में उत्सुकता होती है कि कहीं कुछ महत्वपूर्ण घटित न हो जाए। प्रत्यक्ष प्रसारण में स्वतःस्फूर्त इमेज का भी निर्माण होता है। टी.वी. उसे शिरोधार्य करता है। टेलीविजन में जब रिकॉर्ड किए गए कार्यक्रम दिखाए जाते हैं तब उन्हें वर्तमान काल में पेश किया जाता है।

6

भूमंडलीय माध्यमों से प्रसारित होने वाले धारावाहिकों एवं फिल्मों में अमेरिकी जीवन-शैली पर खासतौर पर जोर रहता है। इसके प्रति आम दर्शकों में आकर्षण भी है। यही वजह है कि अमेरिकी कार्यक्रमों की दर्शक संख्या 650 लाख से भी ज्यादा हो गई है। अपने कार्यक्रमों को ज्यादा से ज्यादा दर्शकों तक पहुंचाने के लिए बहुराष्ट्रीय कंपनियां उन्हें सस्ते दामों में बेचती हैं। इस कार्य में आर्थिक सब्सिडी सैन्य उद्योग-समूह की कंपनियों से मिलती है। ये कार्यक्रम युवा पीढ़ी को खासतौर पर संबोधित होते हैं। बच्चों के कार्यक्रमों के एक निर्माता ई. डेली ने बड़े तीखेपन से लिखा है कि टेलीविजन पर हिंसा और अपराध का चरमोत्कर्ष नई पीढ़ी को भविष्य में विश्वास से वंचित करता है। किशोर वास्तविक और काल्पनिक हिंसा के प्रचंड प्रवाह से इस हद तक अभिभूत हो जाते हैं कि उनके लिए वास्तविकता एवं कल्पना में अंतर कर पाना मुश्किल हो जाता है।

अ. ग्राचीव और नि. येर्मोश्किन ने लिखा है कि 'अधिकांश पश्चिमी टेलीविजन कार्यक्रमों और फिल्मों की मुख्य विषय-वस्तु अपराध, अपराधियों के कारनामे, आत्महत्याएं, भांति-भांति की मनोविकृतियां, डकैती, मादक द्रव्य-व्यापार, गिरोह-युद्ध, लोगों की मारपीट, हत्याएं, पुलिस-विषयक कथाएं आदि ही होती हैं।' 'कितने ही अफ्रीकी और एशियाई देशों में हिंसा, निर्दयता और पर-पीड़न के दृश्यों से परिपूर्ण टेलीविजन फिल्म-मालाओं को व्यापक पैमाने पर विज्ञापित किया जाता है। यह कोई सांयोगिक बात नहीं है कि टेलीविजन के विकास की समस्याओं के लिए स्थापित एक संसदीय समिति ने अपनी एक रिपोर्ट में कहा है कि विदेशों से निर्यात किए जाने वाले अमेरिकी टेलीविजन कार्यक्रमों में कामुकता और हिंसा का विशेषकर खुला प्रचार किया जाता है। विदेशों में खपत के लिए उद्दिष्ट अधिकांश अमेरिकी फिल्मों को बिना किसी हिचक के कामुकतापूर्ण अथवा अपराधी गिरोह की फिल्में कहा जा सकता है।' इस तरह के कार्यक्रम हिंसा और अपराध कर्म के लिए प्रेरित करते हैं। हिंसा का पुनरुत्पादन करते हैं। इन दिनों हमारे देश में उपग्रह चैनलों के माध्यम से ऐसे ही कार्यक्रमों की बाढ़ आई हुई है। इसके अलावा धार्मिक पौराणिक धारावाहिकों की बाढ़ आई हुई है। इस तरह के कार्यक्रम वास्तव जीवन की समस्याओं से ध्यान हटाने का काम करते हैं।

इसके अलावा जातीय, सांप्रदायिक, जात-पांत के भेदभाव, क्षेत्रीय घृणा पैदा करने

वाले कार्यक्रमों की प्रस्तुतियां बढ़ी हैं। आर्थिक पिछड़ेपन, निर्धनता, निरक्षता आदि को तीसरी दुनिया के देशों की जनता के अंतर्भूत लक्षण के तौर पर पेश किया जाता है। देशज इतिहास, संस्कृति, परंपरा आदि के बारे में औपनिवेशिक दृष्टिकोण को प्रस्तुत किया जाता है। तीसरी दुनिया पर केंद्रित कार्यक्रमों में औपनिवेशिक दौर के शोषण और इतिहास को छिपाया जाता है। इस तरह के कार्यक्रम 'डिस्कवरी चैनल' और 'नेशनल ज्यॉग्राफी' चैनल पर सहज ही देखे जा सकते हैं। साम्राज्यवादी देशों और नव-साम्राज्यवाद के सरगना राष्ट्रों की वर्तमान युग में जो भूमिका है, उससे जुड़े सवालों की उपेक्षा की जाती है। आमतौर पर तीसरी दुनिया के देशों की समस्याओं के लिए साम्राज्यवादी मुल्क जिम्मेदार हैं। किंतु कार्यक्रमों में इस पहलू को छिपाया जाता है। गरीबी, बेकारी, निर्धनता आदि के लिए तीसरी दुनिया के देशों को निजी तौर पर जिम्मेदार ठराया जाता है। उन्हें यह भी बताया जाता है कि साम्राज्यवादी मुल्कों से ही सभ्यता, संस्कृति, विज्ञान, प्रौद्योगिकी प्राप्त हो सकती है। वे ही आधुनिक सभ्यता के स्रोत हैं।

यह विडंबना ही है कि तीसरी दुनिया के बच्चे अपने शैशव काल से अपनी राष्ट्रीय संस्कृति, इतिहास, परंपरा आदि से वाकिफ नहीं होते और समकालीन घटनाचक्र से भी वाकिफ नहीं होते। बल्कि उन देशों की सभ्यता, संस्कृति, इतिहास एवं जीवन-शैली से वाकिफ होते हैं जिनके द्वारा गुलाम बनाए गए थे। ऐसे देशों को 'सभ्य' देशों की कोटि में पेश किया जाता है। ये वे 'सभ्य' देश हैं जिन्होंने लंबे समय तक उनके देशवासियों को लूटा और अपमानित किया था। अफ्रीकियों और एशियाइयों को लगातार यही विश्वास दिलाया जाता है कि वे अगर किसी वजह से नहीं, तो सिर्फ इसीलिए कि उनकी चमड़ी का रंग दूसरा है, पश्चिमी यूरोपियों के स्तर तक कभी नहीं पहुंच सकते। यह प्रत्यक्ष विरोध या तो 'सांस्कृतिक शत्रु' की आज्ञाकारिता या उससे घृणा उत्पन्न करता है। लेकिन जब किसी देश में पश्चिमी मानकों और जीवन प्रणाली को अपनाए जाने पर जोर दिया जाता है तब हीनताबोध को यूरोपियों से भी अधिक यूरोपीय बनने की इच्छा को पोषित किया जाता हैं और अपनी संस्कृति, इतिहास, भाषा और जनता के प्रति तिरस्कारबोध पैदा किया जाता है।

उल्लेखनीय है कि केवल टेलीविजन ने अमेरिकी समाज में नस्लभेद और रंगभेद के आधार पर सामाजिक विभाजन को व्यापक बनाया है। वहां पर गोरी नस्ल के पूंजीपतियों का इस माध्यम पर पूरा नियंत्रण है। अमेरिका में केबल टेलीविजन कार्यक्रम निर्माता दस सर्वोच्च कंपनियां गोरों की हैं। ये कुल कार्यक्रमों का 53

प्रतिशत हिस्सा तैयार करती हैं। ये हैं—टेली प्रमोटर, कॉक्स केबल, अमेरिकन टेलीविजन एंड कम्युनिकेशन, टेली कम्युनिकेशंस, फ्री प्रेस कम्युनिकेशन, वाय कॉय, केबल कम-जनरल, टाइम-लाइफ, ब्रॉडकास्टिंग, टेलीविजन कम्युनिकेशंस और नेशनल ट्रांस वीडियो।

एडवर्ड एस हिरमैन और नॉम चोम्स्की ने *मैन्यूफैक्चरिंग कंसेंट : दि पॉलिटिकल इकोनॉमी ऑफ दि मास मीडिया* में भूमंडलीय माध्यमों की प्रकृति के अध्ययन के लिए प्रौपेगैंडा मॉडल के तहत पांच क्षेत्रों का विस्तृत विश्लेषण किया है। ये हैं—1. आकार, केंद्रीकृत स्वामित्व, मालिकों की संपदा, प्रभुत्व और मुनाफे की दर; 2. विज्ञापन जनमाध्यमों की आय का प्राथमिक स्रोत है; 3. सरकार, व्यावसायी एवं विशेषज्ञों जैसे सत्ता के प्रतिनिधियों द्वारा स्वीकृत एवं प्रदत्त सूचनाओं पर निर्भरता; 4. जनमाध्यमों को अनुशासित करने की कोशिश; 5. 'साम्यवाद विरोध'—यह राष्ट्रीय धर्म है और नियंत्रण की पद्धति है। ये पांचों क्षेत्र एक-दूसरे से संपर्क करते हैं और प्रभाव डालते हैं। समाचार इन पांचों क्षेत्रों से छनकर आते हैं। इनके ही आधार पर किसी खबर ही महत्ता तय होती है। इन पांच तत्त्वों के अलावा घरेलू राजनीति के हितों के आधार पर खबर के प्रसारण का निर्णय लिया जाता है। समग्रता में इस मॉडल के तहत अभिजन के हितों की रक्षा की जाती है। यह माध्यम इजारेदारियों के विकास की धुरी है।

तालिका 1 : सर्वोच्च्च पचास कंपनियों का मूल्यबाजार, 1999

देश	*फर्म संख्या*	*प्रतिशत*	*बाजार पूंजी*	*प्रतिशत*	*प्रतिफर्म का बाजार मूल्य (मिलियन डॉलर)*
अमेरिका	33	66	4901.2	71.8	148.5
ब्रिटेन	5	10	591.6	8.7	118.3
स्विट्जरलैंड	3	7	249.0	3.6	83.0
जापान	3	6	478.0	7.0	159.0
जर्मनी	2	4	199.2	2.9	99.6
फ्रांस	1	2	73.6	1.2	73.6
अन्य	3	6	329.9	4.8	110.0
कुल	50	100	6,822.5	100	136.5

स्रोत : ई.पी.डब्ल्यू, जनवरी 8, 2000.

तालिका 2 : सर्वोच्च 200 बहुराष्ट्रीय कंपनियों की आय और मुनाफा, 1998, मिलियन डॉलर में

देश	फर्म संख्या	आय	प्रतिशत	मुनाफा	प्रतिशत
अमेरिका	74	2776942	36.5	183463	52.7
जापान	41	1830613	24.1	39018	11.2
जर्मनी	23	958379	12.6	29407	8.4
फ्रांस	19	610317	8.0	20072	5.8
ब्रिटेन	13	399808	5.3	28389	8.2
स्विट्जरलैंड	6	217728	2.8	13457	3.9
इटली	5	179789	2.4	8951	2.6
नीदरलैंड	4	158029	2.1	12095	3.5
ब्रिटेन/नीदरलैंड	2	138600	1.8	3620	1.0
दक्षिण कोरिया	3	82020	1.1	64	0.0
चीन	3	76998	1.0	1294	0.4
स्वीडन	2	49963	0.7	2725	0.8
बेल्जियम/नीदरलैंड	1	31325	0.4	1521	0.4
वेनेजुएला	1	25659	0.3	663	0.2
ब्राजील	1	25073	0.3	749	0.2
मैक्सिको	1	20981	0.3	1108	0.3
स्पेन	1	19456	0.3	1456	0.4
कुल	200	7601680	100.0	348056	100.0
छह प्रमुख देशों की कंपनियां	176	6793787	89.4	348056	90.2
विश्व जी.डी.पी.	28854043				

सर्वोच्च 200 कंपनियों का विश्व जी.डी.पी.-26.3 प्रतिशत

स्रोत : ई.पी.डब्ल्यू. जनवरी 8, 2000

16. भूमंडलीय मीडया और मासकल्चर

मीडिया ने हमें सनसनीखेज सुर्खियों का आदी बना दिया है। इतिहास, कला, संस्कृति, राजनीति, घटना आदि सभी क्षेत्र में सनसनीखेज तत्व हावी हैं। सनसनीखेज सुर्खियां जनता के दिमाग पर निरंतर बमबारी कर रही हैं। इस हमले में ज्यादा से ज्यादा सूचनाएं होती हैं किंतु इन सूचनाओं की व्याख्या करने और आत्मसात करने में लगातार गिरावट आ रही है। आज मीडिया जनता को संप्रेषित ही नहीं कर रहा बल्कि भ्रमित भी कर रहा है। यह कार्य वह अप्रासंगिक को प्रासंगिक बनाकर, पुनरावृत्ति और शोर के साथ कर रहा है। हम बराबर मीडिया से 'किलिचें' सुन रहे हैं। इस सबके कारण जहां मीडिया ज्यादा से ज्यादा सूचनाएं दे रहा है, वहीं दूसरी ओर, संप्रेषित कर रहा है। खासतौर पर टेलीविजन कम से कम सूचना संप्रेषित कर रहा है। स्मृति और घटना के इतिहास से इसका संबंध पूरी तरह टूट चुका है। यह ग्लोबल मीडिया का सामान्य फिनोमिना है।

ग्लोबल मीडिया मुगल अपने साम्राज्य विस्तार के लिए मीडिया में ज्यादा से ज्यादा निवेश कर रहे हैं। नई मीडिया एवं सूचना तकनीक का पूरा लाभ उठा रहे हैं। पसंदीदा सरकार के गठन में गहरी दिलचस्पी ले रहे हैं। राजनीतिक तनाव और टकराव के क्षेत्र में शासक वर्गों के साथ मिलकर हस्तक्षेप कर रहे हैं। उन सरकारों के खिलाफ जनता को गोलबंद कर रहे हैं जिन्हें वे पसंद नहीं करते। वेनेजुएला में सत्तारूढ़ राष्ट्रपति के खिलाफ चल रहा संघर्ष नवीनतम उदाहरण है। ग्लोबलाइजेशन और मीडिया मुगल की जुगलबंदी स्थानीय, क्षेत्रीय और ग्लोबल अभिरुचियों, संस्कारों और संस्कृति के बीच सामंजस्य बैठा का काम कर रही है। ग्लोबजाइजेशन के संदर्भ में सबसे पहली समस्या है इसकी परिभाषा की। इसकी अनेक परिभाषाएं प्रचलन में हैं। इनमें सर्वसम्मत बातें हैं—1. भूमंडलीय स्तर पर अंतरनिर्भरता, 2. समय और

स्थान का एक हो जाना, 3. स्पीड, 4. पूंजीवाद की विजय और समाजवाद का पराभव। ग्लोबलाइजेशन को प्रभावी बनाने में परिवहन, संचार और साइबरस्पेस की आधुनिक तकनीक की केंद्रीय भूमिका रही है इसके अलावा पर्यटन का तेजी से विकास हुआ है। जनसमूहों का स्थानांतरण हुआ है। मीडिया में इससे संबंधित इमेजों, प्रतीकों, मॉलों और लोगों का प्रसारण बढ़ा है। पावर का खेल फैला है। नव्य साम्राज्यवाद का विस्तार हुआ है। पूंजी का विनियमन हुआ है। संस्कृति और इच्छाओं की अभिव्यक्ति केंद्र में आ गई है। ग्लोबलाइजशेन के संदर्भ में यह सवाल विचारणीय है कि यह पुराने साम्राज्य से किस अर्थ से भिन्न है? इसमें पुराने साम्राज्यवााद की तरह यूरोप की खोज और उपनिवेश नहीं है। किंतु यह पुराने साम्राज्यवाद की तरह विस्तार, समग्रता, स्वैच्छिक मार्केट के संबंधों पर टिका है। यह बेहद जटिल फिनोमिना है। इसमें साम्राज्य के रूप में सांस्कृतिक साम्राज्यवाद, मीडिया साम्राज्यवाद जैसे तत्व हैं। पुराने की तरह ही यहां इकसार चीजों की बाढ़ है। ग्लोबलाइजेशन की प्रक्रिया में ग्लोबल का लोकल पर प्रभाव पड़ रहा है। इस प्रभाव के प्रतीक हैं ग्लोबल ब्रांड जैसे मैकडोनाल्ड, बर्गर किंग, पीजाहट, पेप्सी कोकाकोला, लेवीस्त्रास, बेनटोन, निकी, रीबॉक कोका उपनिवेशीकरण, अमेरिका फिल्में, बहुराष्ट्रीय चैनल, संगीत उद्योग और ग्लोबल विज्ञापन। ग्लोबलाइजेशन ने सारी दुनिया को एक जैसे मालों के विश्व बाजार में बांध दिया है। जिस वस्तु का इस्तेमाल सिंगापुर के लोग कर रहे हैं, उसी माल का हिसार के लोग इस्तेमाल कर रहे हैं। यही है ग्लोबल का लोकल पर प्रभाव। इसी तरह लोकल का भी ग्लोबल पर प्रभाव दिखाई देता है। जैसे स्थानीय मालों की ग्लोबल बिक्री। इनमें अनेक किस्म की शराब और अन्य पेय पदार्थ, खाद्य पदार्थ, इत्र वगैरह आते हैं। मसलन, माल्ट व्हिस्की, आयरिश पव, पीजा करी, फ्रेंच, कैलिफोर्नियन और आस्ट्रेलियन वाइन। संगीत में अफ्रीकी, भारतीय सांगीत। इसके अलावा स्थानीय पर्यटन केंद्रों और देशज मॉल और सेवाओं की उपलब्धता बढ़ी है। ग्लोबलाइजेशन का अतिवाद है पश्चिमी समाजों और संस्कृतियों का सीधे अस्वीकार। जैसे, इस्लामिक फंडामेंटलिज्म इनकी देन है। यह अंशतः अस्मिता के अंश से उपजा तत्व है। यह सिर्फ परंपरागत मूल्यों और पूर्ण ग्लोबल पहचान की रक्षा का प्रतीक नहीं है।

रोलांद राबर्टसन ने *ग्लोबलाइजेशन : सोशल थ्योरी एंड ग्लोब कल्चर* (1992) में ग्लोबलाइजेशन के लिए 'ग्लोबलाइजेशन' पदबंध का इस्तेमाल किया है। इसमें ग्लोबल और लोकल के द्वंद्व और अंतर्विरोधों की चर्चा की गई है। साथ ही बताया

है कि कैसे ग्लोबल और लोकल संपर्क करते हैं—जैसे स्थानीय वैविध्य के साथ सोनी, कोकाकोला और एमटीवी के मालों पर बिक्री और कार्यक्रमों के प्रसारण को देखा जाना चाहिए। इसी तरह नेशनल ज्यॉग्राफी चैनल में स्थानीय, जातीय या कबीलाई जनजीवन की प्रामाणिक इमेजों और जीवन-शैली के प्रसारणों में सांस्कृतिक साम्राज्यवाद के नजरिये से लोकल के ग्लोबल स्तर पर जनप्रिय बनाए जाने की प्रक्रिया को देखा जा सकता है। इससे लोकल के प्रति संवेदनाएं पैदा करने में मदद मिलती है। इसी क्रम में प्रत्येक चैनल इन दिनों पर्यटन केंद्रों के विकास एवं महत्ता से संबंधित कार्यक्रमों को पेश कर रहा है पर्यटन कार्यक्रमों का तेजी से प्रसार ग्लोबलाइजेशन के वैचारि पैकेज का हिस्सा है। इसी तरह ग्लोबल प्रोडक्ट के तौर पर टेलीविजन की स्थानीय रीडिंग और स्थानीय को समाहित करने पर जोर दिया जा रहा है। इसी क्रम में बहुराष्ट्रीय कंपनियों के ब्रांडों में कभी-कभी लोकल और बह रूपी अस्मिता को सहज ही देखा जा सकता है।

ग्लोबलाइजेशन और मीडिया के अंतस्संबंध के कारण वर्णसंकर संस्कृति और वर्णसंकर अस्मिता के सवाल केंद्र में आ गए हैं। बहुराष्ट्रीय कंपनियां जहां इकसार संस्कृति निर्मित कर रही हैं, वहीं दूसरी ओर, वर्णसंकर संस्कृति और वर्णसंकर अस्मिताओं को पेश कर रही हैं। जातीय बहुलतावाद और सांस्कृतिक वैविध्य पर भी जोर दे रही हैं। ग्लोबलाइजेशन के कारण मुद्रा, मॉल, व्यक्ति को निरंतर क्षेत्रीय सीमा का अतिक्रमण करने के लिए मजबूर किया जा रहा है। ग्लोबल सांस्कृतिक वैविध्य के माध्यम से तीसरी दुनिया की संस्कृतियों के साथ मिलकर वर्णसंकर संस्कृति निर्मित की जा रही है। सच्चाई यह है कि ग्लोबलाइजेशन जिस वर्णसंकर संस्कृति को पैदा कर रहा है वह संस्कृति का सतही और क्षणिक रूप है। इसकी आड़ में इकसार संस्कृति की रचना की जा रही है। आज ग्लोबलाइजेशन के कारण पलायन का तत्व सामाजिक जीवन की धुरी बन चुका है। आज मूलतः हम जातीय पलायन के रूप में जनता के एक जगह से दूसरी जगह निर्वासन, रूपांतरण शरणार्थी समस्या और घूमंतु पर्यटकों को जगह-जगह देख सकते हैं। इसी तरह स्थानीय मीडिया के बजाय ग्लोबल मीडिया के बढ़ते हुए बाजार और उपभोक्ता संसार को हम मीडिया पलायन कह सकते हैं। इसी तरह तकनीकी पलायन के अत्याधुनिक रूपों के तौर पर साइबर स्पेस, इंटरनेट को देखा जा सकता है। पूंजी पलायन के रूप में ग्लोबल पूंजी के फ्लो पर सबकी नजर है। सब इसे ललचाई नजरों से देख रहे हैं। इसी प्रकार विचारधारात्मक पलायन के तौर पर विचारधारा के नए रूपों में नागरिकता, स्वतंत्रता,

जनतंत्र, मानवाधिकार, विवेकवाद आदि का जन्म हुआ है। पलायन का अंतिम तत्व है धार्मिक पलायन। आज सभी परंपरागत धर्मों की जगह समाज में नए किस्म के संतों-महंतों और धार्मिक संस्थानों ने ले ली है। यह मूलतः कारपोरेट धर्म है। यदि इस दृष्टिकोण से पलायन तत्व की बढ़ती हुई महिमा को देखें तो शायद नए ढंग से ग्लोबलाइजेशन को समझ पाएं। जेम्स करन और एम.जे. पार्क ने *डि-वेस्टर्नाइजिंग मीडिया स्टडीज* (2000) कृति में विस्तार से बताया है कि मीडिया में ऐसी बेशुमार सामग्री प्रसारित की जा रही है जो ग्लोबलाइजेशन, संस्कृति और मीडिया के बारे में प्रचलित तमाम किस्म की सैद्धांतिकी को खारिज करती है। ग्लोबलाइजेशन के अधिकांश सिद्धांतकार बता रहे हैं कि ग्लोबल पूंजी के दबाव में राष्ट्र अपनी शक्ति और स्वतंत्रता खो रहे हैं। साथ ही, काल्पनिक अस्मिता अप्रासंगिक होती जा रही है। आज काल्पनिक अस्मिता की ग्लोबल और लोकल दोनों ही इमेज फीकी नजर आ रही हैं। बहुराष्ट्रीय निगमों के लिए राष्ट्रीय अर्थव्यवस्था और भी ज्यादा समस्या पैदा कर रही है। अध्ययन बताते हैं कि राष्ट्र की मौत की अफवाहों को अतिरंजित ढंग से पेश किया गया। विभिन्न किस्म के अध्ययनों से पता चला है कि ज्यादा देशों में टेलीविजन कार्यक्रमों में राष्ट्र स्तर पर निर्मित कार्यक्रमों का इस्तेमाल हो रहा है। प्रेस मूलतः राष्ट्रीय बना हुआ है। ज्यादातर राष्ट्र अपनी रेडियो टी. वी. क्षमताओं का इस्तेमाल कर रहे हैं। राष्ट्र अब भी सांस्थानिक और सांस्कृतिक तौर पर प्रभुत्वशाली ताकत है। संस्कृति अब भी जमीन से जुड़ी है। विदेशी जनमाध्यमों के ग्लोबल स्वामित्व और अंतर्वस्तु को कभी चुनौती मिलती है तो कभी वह लोकल पर हावी हो जाता है।

माध्यम बाजार पर गौर करें तो पाएंगे कि अधिकांश बहुराष्ट्रीय कंपनियों का अपने देश में मजबूत आधार है और सबसे ज्यादा बड़े शहरों में आधार है। इसमें विकासशील देशों में मैक्सिको शहर, साओ पोलो, शंघाई, बीजिंग, रिओ, बंबई, कलकत्ता, सिओल, वेनिस, आयरस, जकार्ता, कायरो, बोगोटा प्रमुख हैं। यदि सबसे समृद्ध 10 शहरों को देखें तो उनमें न्यूयॉर्क, टोक्यो, लॉस एजेंल्स, ओसाका—कोवा, पेरिस, शिकागो, रिने रुहेर, मैक्सिको सिटी, लंदन एवं साओ पोलो का इलाका आता है। इनमें पहले नौ शहरी क्षेत्रों में पांच शहरी क्षेत्र विकसित देशों में हैं, तीन अमेरिका में, दो-दो जापान एवं फ्रांस में ब्रिटेन और जर्मनी में एक-एक शहर है। यदि भाषायी आधार पर गौर करें तो प्रथम दस भाषाओं में चीनी पहले नंबर पर है। इसके बाद हिंदी, रूसी, अरबी, बंगाली, मलय आदि का नाम आता है। यदि हम प्रमुख देशों

के सकल घरेलू उत्पाद यानी जी.डी.पी. पर गौर करें तो पाएंगे कि अमेरिका और कनाडा का एक हिस्सा, ब्रिटेन और आयरलैंड, आस्ट्रेलिया और न्यूजीलैंड का सकल घरेलू उत्पाद कुल मिलाकर 8,417 बिलियन डॉलर बैठता है। जर्मनी, आस्ट्रिया एवं स्विट्जरलैंड के एक हिस्से का सकल घरेलू उत्पाद 2,065 बिलियन डॉलर बैठता है। फ्रांस एवं कनाडा का एक हिस्सा, स्विस और बेल्जियम का जी.डी.पी., 1.562 बिलियन डॉलर, स्पेन एवं स्पेनिश भाषी लैटिन अमेरिकी देशों का जी.डी., पी. 1,275 बिलियन डॉलर, पुर्तगाल और ब्राजील का 495 बिलियन डॉलर जी.डी.पी. अरब भाषी राष्ट्रों का 421 बिलियन डॉलर जी.डी.पी. बैठता है। इन आंकड़ों से तुलनात्मक तौर पर माध्यम बाजार की भाक्ति का अंदाजा लगाया जा सकता है।

हकीकत यह है कि माध्यम प्रवाह पर सात बड़े औद्योगिक राष्ट्रों की सात बहुराष्ट्रीय कंपनियों का साम्राज्य है। इनमें से अधिकांश अमेरिका की हैं। इन सात बड़े देशों में अमेरिका, कनाडा, ब्रिटेन, फ्रांस, जर्मनी, इटली और जापान आते हैं। यदि इसमें 'ओईसीडी' देशों को शामिल कर लें तो समूची दुनिया पर इनका वर्चस्व दिखाई देगा। जबकि सात बड़े देशों में समूची दुनिया की जनसंख्या का मात्र 10 फीसदी ही रहता है। ये लोग बाकी 90 फीसदी जनसंख्या पर प्रभुत्व जमाए हुए हैं। आज विश्व माध्यम विमर्श में केंद्रीकरण और विकेंद्रीकरण के प्रश्न केंद्र में हैं। इस विमर्श में चार बातों पर आम सहमति दिखाई देती है। प्रथम, विकेंद्रीकरण के लिए विकेंद्रित जनतंत्र और बहुलतावाद जरूरी है। दूसरी, विविध माध्यमों की आवाज सुनी जानी चाहिए। तीसरी, माध्यम जगत में वैविध्यपूर्ण अभिव्यक्ति का दायरा सिकुड़ता जा रहा है। चौथी, माध्यम प्रौद्योगिकी के उच्चतम रूप बेहद खर्चीले हैं। माध्यमों में विकेंद्रीकरण की प्रक्रिया को तकनीकी प्रोन्नति ने संभव बनाया है। पर्सनल कंप्यूटर, वर्ड प्रोसेसर ग्राफिक डिजाइन, इलेक्ट्रॉनिक प्रिंटर, फैक्स, जीरोक्स, डिजिटल टेप और रिकॉर्डर, इंटरनेट, केबल प्रसारण आदि ने संभव बना दिया है। किंतु इसका लाभ वे ही लोग उठा सकते हैं जिसके पास पूंजी है। जो जितनी पूंजी निवेश कर सकता है उसके सामने संप्रेषण की उतनी ही बड़ी संभावनाओं के द्वार खुले हैं। बेंजामिन एम. कॉम्पेनी संपादित *हू ऑन द मीडिया? कंसंट्रेशन ऑफ ऑनरशिप इन दि मास कम्युनिकेशन इंडस्ट्री* कृति में 35,000 से 40,000 अमेरिकी माध्यम दुकानों का सर्वे किया है। सर्वे में बताया गया है। 16 का ब्रॉडकास्टिंग, 16 का पत्रिकाओं, 14 का पुस्तक प्रकाशन, 9 का केबल और 10 का फिल्म उद्योग पर कब्जा है। कुल 58 कंपनियों का माध्यम उत्पादों पर कब्जा है। इसमें माध्यम और गैर-माध्यम जगत की

कंपनियों का बोलबाला है। बिन एच. बागदिकीन ने *दि मीडिया मोनोपोली* (1983) में लिखा है कि अमेरिकी माध्यमों का अधिकांश हिस्सा चंद कंपनियों के स्वामित्व में है। इस क्षेत्र में केंद्रीकरण बढ़ा है। ये सब बहुराष्ट्रीय कंपनियां हैं जिनके इलेक्ट्रॉनिक्स, हथियार निर्माण, परमाणु अस्त्र निर्माण के साथ-साथ माध्यम उद्योग से भी हित जुड़े हैं। इनकी अमेरिका की राष्ट्रीय नीतियों के निर्माण में महत्वपूर्ण भूमिका है। अपने हितों के विस्तार के लिए ये कंपनियां संपादकीय नीति में हस्तक्षेप करती हैं। अपने हस्तक्षेप से ध्यान हटाने के लिए सरकार के हस्तक्षेप को बढ़ा-चढ़ाकर पेश करती हैं। सरकारी हस्तक्षेप की अतिरंजित प्रस्तुति उनका मुख्य लक्ष्य नहीं है अपितु यह तो इनके माध्यम हितों के विस्तार का प्रच्छन्न तरीका है। बागदिकीन का मानना है कि इन माध्यमों की कमजोरी है कि माध्यमों की संख्या एवं उत्पाद, उससे होने वाली बेशुमार आय को कथ्य की विविधता एवं समृद्धि से जोड़कर देखते हैं। जबकि हकीकत यह है कि अमेरिकी माध्यमों में वैविध्य कम होता है। सीमित विषयों पर ही कार्यक्रम बनाए जाते हैं। सीमित क्षेत्रों की खबरें होती हैं। साथ ही, ये सीमित लोगों तक पहुंचती हैं। इनकी इकसार और स्टीरियोटाइप अंतर्वस्तु होती है और इस क्षेत्र में चंद कंपनियों की ही इजारेदारी है।

भूमंडलीकरण मूलतः आजादी और आत्मनिर्भरता को छीनता है। यह पर-निर्भरता और सैन्य-निर्भरता पैदा करता है, लोकतंत्र को कमजोर बनाता है या उसे खत्म करता है। यह कार्य वह भूमंडलीय माध्यमों, भूमंडलीय संचार प्रणाली, भूमंडलीय नियमों और माध्यमों के निर्बाध प्रवेश के जरिये करता है। साम्राज्यवादी भूमंडलीकरण की विशेषता है पर-निर्भरता, सैन्य सहयोग और उपभोक्तावादी संस्कृति का प्रचार-प्रसार। इच्छा और आकांक्षाएं सामाजिक सरोकारों से जुड़ने की बजाय वस्तु प्राप्ति से जुड़ने के लगती हैं। फलतः इच्छाओं का वस्तुकरण होने लगता है। जीवन-शैली, खान-पान, प्रतीकों एवं चिह्नों के जरिये साम्राज्यवादी संस्कृति को जनप्रिय बनाने की कोशिशें तेज हो जाती हैं। इस क्रम में जहां एक ओर बहुराष्ट्रीय निगमों का विस्तार होता है वहीं दूसरी ओर आम लोगों में भ्रम की सृष्टि होती है।

असल में, विश्व पूंजीवाद के खिलाफ संघर्ष को मन के अंदर और बाहर दोनों स्तरों पर चलना होगा। मन में संघर्ष का अर्थ है काल्पनिक जीवन-शैली के प्रति अनाकर्षक भावबोध की सृष्टि या देशी जीवन-शैली के प्रति गहरी आस्थाएं पैदा करना। बाह्य जीवन में उन नीतियों के लिए लड़ना, जो सार्वभौम संप्रभु राष्ट्र, आत्मनिर्भर आर्थिक व्यवस्था, सादगीपूर्ण जीवन-शैली और सामाजिक एकता बनाए,

पर-निर्भरता, शानो-शौकत और खोखली जीवनशैली के प्रति घृणा पैदा करे। पूंजीवाद को कृत्रिमता पसंद है। तड़क-भड़क पसंद है। यदि किसी भी कारण से ये दोनों तत्व जीवन-शैली में बने रहते हैं तो पराई संस्कृति के प्रति रुझान पैदा होता है। प्रभुत्वशाली संस्कृति अपना आधार निर्मित करती है। यहीं से यथार्थ और अनुभव में अंतर शुरू हो जाता है। वास्तविकता से दूरी बढ़ जाती है। जीवन में यह दूरी अलगाव की शक्ल में आती है। पूंजीवाद की सारी लीलाएं इसी अलगाव को भरने के नाम पर शुरू होती हैं। वह इसके लिए आभासी यथार्थ की सृष्टि करता है। रंगीन सपनों एवं वस्तुओं से भरने की कोशिश करता है।

चैनल संस्कृति ने तर्क के मुहावरे, भाषा का मर्म और बाजार के विकास के नियम बदल दिए हैं। बौद्धिकों में भ्रम पैदा किया है। बोगस, खोखले, सतही और कृत्रिम को महत्ता दिलाई है। आदर्श बनाया है। चैनलों में सब ग्लोबल और इकसार नहीं है बल्कि प्रतिरोधी और क्षेत्रीय भी है। चैनल संस्कृति वस्तुतः अस्मिता संस्कृति है। मासकल्चर है। लैटिन अमेरिका, मध्यपूर्व, यूरोपीय यूनियन और भारत का अनुभव बताता है कि चैनलों के प्रसार ने स्वतंत्र राष्ट्रों की संप्रभुता, क्षेत्रीय एकजुटता को मजबूत बनाया है। चैनलों के माध्यम से साझा भाषा और सभ्यता का निर्माण हो रहा है। जहां-जहां चैनल संस्कृति अपने पैर पसार रही है वहां पर जनता में संपर्क, एकजुटता और करीबीपन बढ़ा है। यह स्थिति आज से दस बरस पहले नहीं थी। भाषायी एकता मजबूत हुई है। ज्ञान, खबरों, मनोरजन, शिक्षा आदि में इजाफा हुआ है। सूचना पाने का अधिकार और मनोरंजन प्राप्ति का अधिकार के रूप में दो नए अधिकारों का जन्म हुआ है। क्षेत्रीय जरूरतों के कारण क्षेत्रीय खबरों का भी जन्म हुआ है। टेलीविजन ने खबरों को देशज सीमाओं के बाहर ले जाकर अपने लिए नया स्पेस बनाया है। इस प्रक्रिया में दर्शक भी देशज सीमाओं के बाहर जा रहे हैं। इसके कारण दर्शकों के एक काल्पनिक समुदाय का जन्म हुआ है। नवजागरण के साथ प्रेस क्रांति ने जातीय भाषा, जातीय व्यापार और जातीय चेतना का निर्माण किया था। इसके परिणामस्वरूप साधारण लोगों में जातीय भाषा के प्रति आकर्षण पैदा हुआ। ऐसा सामाजिक समूह उभरकर आया जो अपनी भाषा में लिखता, बोलता था किंतु अपने क्षेत्र के बाहर अन्य भाषा का इस्तेमाल करता था। भारत में जब प्रेस आया तो उसने संस्कृति की तमाम दीवारों को गिरा दिया। सांस्कृतिक संकीर्णता के बंधनों से मुक्त किया और राष्ट्रीय अस्मिता को बढ़ावा दिया। बहुराष्ट्रीय उपग्रह चैनलों ने मूलतः इस स्थिति को बल पहुंचाया। प्रेस की नई तकनीकों, सैटेलाइट और इंटरनेट

ने दूर से स्वतंत्र सूचना के संप्रसारण की अनंत संभावनाओं के द्वार खोले हैं। चैनल संस्कृति के आने के पहले तक प्रत्येक देश की सरकार का अपने देश की सूचना बाजार पर नियंत्रण था किंतु चैनल संस्कृति ने एक ही झटके में इस इजारेदारी को तोड़ दिया। आज सूचना देशज संपति न होकर, सार्वभौम संपत्ति का रूप ले चुकी है। राष्ट्रीय सीमाओं से परे एक व्यापक बाजार जन्म ले चुका है। तमाम किस्म के भाषायी अंतरों के बावजूद क्षेत्रीय एकीकरण बढ़ा है। यूरोप में एकीकरण की प्रक्रिया चल रही है, साझा संविधान बनाने की प्रक्रिया चल रही है। दूसरा बदलाव यह हुआ है कि तकनीकी प्रोन्नति के कारण राष्ट्र-राज्य की प्रकृति में भी बदलाव आ रहा है। इसके कारण परंपरागत राष्ट्रवाद और राष्ट्र की धारणा में भी अंतर आएगा। यह परिवर्तन कैसा होगा? किस दिशा में ले जाएगा? इसके बारे में कोई नहीं जानता। पूंजीवादी उत्पादन संबंधों में तेजी से परिवर्तन आ रहा है। इसके कारण राष्ट्र की भूमिका सीमित होकर रह गई है। इस क्रम में सत्ता को चुनौती देने वालों की नई जमात पैदा हो गई है। जिन्हें हम भारत में कठमुल्ले या सांप्रदायिक, मध्य-पूर्व में फंडामेंटलिस्ट और लैटिन अमेरिका में ड्रग माफिया के नाम से जानते हैं। इन्हें समाचार चैनलों ने हवा दी है। आज हमारे सामने परा-राष्ट्रवाद और नई माध्यम तकनीकी द्वारा खड़ी की गई चुनौतियां गंभीर संकट पैदा कर रही हैं। चैनलों के द्वारा भूमंडलीय सांस्कृतिक रूपों के अबाधित प्रसार ने महानगरीय संस्कृति के लिए गंभीर संकट पैदा किया है। इसके परिणामस्वरूप महानगरों में ग्लोबल और महानगरीय दोनों ही सांस्कृतिक रूप और एटीट्यूट्स प्रतिस्पर्धा कर रहे हैं। इस प्रक्रिया में सांस्कृतिक वैविध्य को स्वीकार करने या उसकी प्रशंसा करने वालों की तादाद में इजाफा हुआ है। चैनल संस्कृति के आने से पहले तक हमारे संस्कृति चिंतकों ने महानगरीय संस्कृति को तरजीह दी और क्षेत्रीय या स्थानीय संस्कृति को दोयम दर्जे का स्थान दिया। इस समूची प्रक्रिया को चैनलों ने एक सिरे से पलट दिया है। बहुराष्ट्रीय समाचार चैनलों ने स्थानीय संस्कृति, स्थानीय खबरों, स्थानीय सामाजिक एवं राजनीतिक संगठनों, स्थानीय सोच और स्थानीय नेताओं को तरजीह दी है। महानगरीयबोध के बजाय, स्थानीयबोध, स्थानीय संस्कृति को बढ़ावा दिया है। इसे भाषायी चैनलों में सहज ही देख सकते हैं। यह नए किस्म का क्षेत्रीयतावाद है। समाचार चैनलों में स्थानीय विवादों और झगड़ों को पेश किया जा रहा है। समाचार चैनलों का स्थानीयतावाद, क्षेत्रीयतावाद और बहुभाषिकता अंततः जनतांत्रीकरण की अपार संभावनाओं के द्वार खोल रहा है। समाचार चैनलों में स्थानीय संगठनों की

विभिन्न मामलों पर होने वाली बहसों में हिस्सेदारी बढ़ी है। मौजूदा शासन-व्यवस्था इससे मजबूत हुई है। महानगर और छोटे शहरों या कस्बों के बीच संबंध मजबूत हुआ है। सभी चैनलों के मुख्यालय महानगरों में हैं। आरंभ में इन चैनलों पर महानगर हावी था किंतु आज भाषायी वैविध्य और स्थानीयतावाद एवं क्षेत्रीयतावाद हावी है। यह टेलीविजन पर प्रेस का प्रभाव है।

अस्मिता के नए रूप जन्म ले रहे हैं। पहचान के नए सवाल सामने आ रहे हैं। नए काल्पनिक समुदाय का जन्म हो चुका है। सामुदायिक एवं सांप्रदायिक-बोध में तेजी से इजाफा हो रहा है। इसका असर राजनीति पर भी होगा। नए ध्रुवीकरण और नए मसले राजनीति के केंद्र में आएंगे। यह भी संभावना है कि भाषायी आधार पर गठित राज्यों का ताना-बाना टूट जाए। यह प्रक्रिया शुरू हो चुकी है। चैनल संस्कृति आने के बाद सबसे ज्यादा क्षेत्रीय और राष्ट्रीय विभाजन हुए हैं। भारत में हिंदीभाषी प्रांतों के गर्भ से तीन नए राज्यों का गठन हुआ। उपग्रह संस्कृति का सबसे पुराना देश सोवियत संघ कई राष्ट्रों में बिखर गया। यूगोस्लाविया और चेकोस्लोवाकिया कई हिस्सों में विखंडित हो गए।

चैनल संस्कृति आने के कारण सरकार की कार्य प्रणाली भी बदली है। किंतु यह परिवर्तन मौजूदा व्यवस्था के तहत ही हुए हैं। इन्हें व्यवस्था परिवर्तन नहीं समझना चाहिए। इस दृष्टि में नया मीडिया 'सेफ्टी वॉल्व' की भूमिका अदा कर रहा है। चैनलों के स्वामित्व की प्रकृति देखें तो पाएंगे कि ज्यादातर चैनल बहुराष्ट्रीय कंपनियों, सरकार या नवोदित देशी अभिजन के स्वामित्व में हैं। चैनल संस्कृति निरंतरता की सूचक है, न कि परिवर्तन की। भारतीय कुछ समाचार चैनलों, पत्रकारिता पेशेवर गुणों को तरजीह दे रहे हैं। ज्यादातर का ध्यान कमनीय एनाउंसर पर है। समाचार चैनलों के अमूमन विवादास्पद विषयों को उठाया जाता है। यह किसी ग्रुप या क्षेत्र विशेष की मानसिकता को संबोधित नहीं करते बल्कि हिंदुस्तानी मानसिकता को संबोधित करते हैं। इसी से समाचार मूल्यों का निर्धारण होता है। देखने वाला कौन है? इससे खबरों की प्रकृति तय की जाती है। चैनल संस्कृति भारतीय संस्कृति के मानकों, मान्यताओं, संस्कारों और मूल्यों का पूरी तरह सम्मान करती है। यही वजह है कि भारतीय संस्कृति की रूढ़ियों और संस्कारों का विभिन्न धारावाहिकों में प्रयोग बढ़ा है। यह अनिवार्य प्रक्रिया है। इससे बचना संभव नहीं है। समाचार चैनलों में ग्लोबल संस्कृति और विश्व की खबरें हाशिये पर होती हैं। मुख्य खबरें स्थानीय, क्षेत्रीय और राष्ट्रीय होती हैं। यही फिनोमिना विशेष कार्यक्रमों

या फीचर कार्यक्रमों में भी दिखाई देता है। बंद समाज के विषयों पर चर्चाएं ज्यादा हो रही हैं। इसमें जिम्मेदारी और जवाबदेही का तत्व गायब होता जा रहा है। मनोरंजन चैनलों में मनोरंजन, स्त्री और संगीत का बोलबाला है। 19वीं शताब्दी के पूंजीवाद ने पुरुष का 'सार्वजनिक राजनीतिक विश्व' और स्त्री के 'निजी घरेलू जगत' के रूप में विभाजन किया था। इसी क्रम में मनोरंजन का नारीकरण किया। उसे प्राइवेट या निजी जीवन तक सीमित किया और गंभीर बातों की जिम्मेदारी मर्दों को सौंप दी गई। मनोरंजन को बंधनमुक्त बनाया गया। आज विभिन्न संगीत चैनलों से जो वीडियो संगीत आ रहा है, उसमें जिस तरह की नग्नता दिखाई जा रही है, उसके बारे में ज्यादातर आलोचनाएं नैतिकतावादी दृष्टिकोण से आ रही हैं। इस तरह की प्रस्तुतियों को कायदे से भिन्न नजरिये से देखने की जरूरत है। संगीत वीडियो और विज्ञापनों में जो मॉडल दिखाई दे रही हैं, खासकर जो नग्न या अर्द्धनग्न मॉडल दिखाई दे रही हैं, वे सभी एक साझा अर्थ संप्रेषित कर रही हैं कि हमारा अपनी इमेज पर नियंत्रण है अथवा निज अर्थ पर नियंत्रण है इन मॉडलों को देखते हुए ज्यादातर लड़कियां यह सोचती हैं कि 'शायद वे ऐसी हो जाएं'। नग्न कामुक मुद्राओं का इमेजों के माध्यम से प्रसारण पुरुषों के बजाय स्त्रियों में ज्यादा जनप्रिय है। यह तथ्य मैडोना के वीडियो की जनप्रियता के संदर्भ में किए गए सर्वेक्षणों से साफतौर पर उभर कर सामने आया है। मैडोना अपनी इमेजों के साथ मर्दानगी भरे संवाद, प्रतीक, हाव-भाव और इमेजों का इस्तेमाल करती है जिससे वह पुरुषों से स्वतंत्र दिखाई देती है। उसकी यह इमेज युवा लड़कियों और पुरुषों को आकर्षित करती है। चैनलों में दिखाई जा रही मॉडलों में पुरुषत्व व्यंजक तत्वों का समावेश रहता है और उसी का वे प्रदर्शन करती हैं। मसलन, पुरुषों जैसी 'स्वच्छंदता' और प्रदर्शनप्रियता ये दो तत्व युवा लड़कियों के अल्पवयस्क जीवन में भी प्रयोग देखा जा सकता है। किंतु ज्योंही लड़की बड़ी होने लगती है घर वाले इन दोनों तत्वों पर सेंसर लगा देते हैं। परिणामतः 'स्वच्छंदता और प्रदर्शनप्रियता' को वयस्क होने पर गुपचुप ढंग से, बंद कमरे में जीने लगती हैं। विज्ञापन और वीडियो संगीत के कैसेटों में 'स्वच्छंदता' और 'प्रदर्शनप्रियता' को देखकर युवा लड़कियां बड़े पैमाने पर ऊर्जा महसूस करती हैं। यह एक सकारात्मक पहलू है। सामाजिक जीवन में 'स्वच्छंदता' और 'प्रदर्शनप्रियता' को बुरी नजर से देखने के कारण ही वह छोटे पर्दे पर दिख रही 'स्वच्छंदता और प्रदर्शनप्रियता' में आनंद लेने लगती हैं। इसी अर्थ में विडियो संगीत ऊर्जा देता है, मनोरंजन करता है। इसका अन्य प्रभाव यह होता है कि युवा लड़कियां मॉडल की हाव भंगिमा, देखने

की शैली, फैशन आदि का अनुसरण करने लगती हैं। परंपरागत औरत के फैशन, भाव-भंगिमा, दृष्टिकोण आदि से अपने को मुक्त करने का प्रयास करती हैं। साथ ही, स्त्री के मौलिक अर्थ से भी मुक्त कर लेती हैं। मॉडल की दृष्टि और शैली के प्रभाव के सुनिश्चित अर्थ को बताना मुश्किल है फिर भी मॉडल को देखते हुए जो मनोरंज़न प्राप्त होता है वह उसकी छवि में, कथन में नहीं होती अपितु उसकी शक्ति उनके 'अधिकार' एवं उसमें निहित 'बयान' में होता है। उसका अपना अर्थ भी होता है, जिसको मौजूदा समाज व्यक्त नहीं होने देता। ऐसा करके वह लड़कियों में यह चेतना पैदा करता है कि अगर उसके जैसा व्यवहार, भाव-भंगिमा, दृष्टिकोण आदि दिखाएं तो अपने संबंधों पर नियंत्रण पा सकती है। अपनी अस्मिता पर अधिकार प्राप्त कर सकती हैं। मॉडल का मुख्य जोर 'स्टाइल' पर होता है। वह 'स्टाइल' के माध्यम से निषेध की अभिव्यक्ति देता है। यही उसकी विचारधारात्मक शक्ति है। इस तरह वे व्यंजित अर्थ को ही नष्ट कर देती है। इसलिए जो शक्तिहीन हैं वे उससे खेल सकते हैं। वे 'माल' 'पावर' और 'मनोरंजन' को अस्मिता और वस्तुकरण से जोड़ती हैं।

चैनलों से प्रसारित धारावाहिकों में अनैतिकता, कानून-भंजन, हिंसा, युद्धजनित हिंसा, प्रेम, अवैध प्रेम, बर्बरता, राष्ट्रवाद, जासूसी, रहस्य, रोमांच आदि प्रवृत्तियों का बोलबाला है। सबसे ज्यादा बिकाऊ कहानियां वे हैं जो परंपरागत मूल्यों और मान्यताओं को उभारती हैं अथवा पौराणिक, धार्मिक एवं ऐतिहासिक हैं। अनैतिकता का रूपायन करने वाले धारावाहिकों में अनैतिकता आकर्षक और अपरिहार्य रूप में पेश की जाती है। जबकि हिंसा, अपराध, कानून-व्यवस्था, जासूसी आदि विषयों में केंद्रित धारावाहिकों में कानून-व्यवस्था को संचालित करने वाली एजेंसियों को नकारा, अक्षम या असफल दिखाया जाता है और कानून-भंजकों, माफिया, असंवैधानिक सत्ता केंद्रों, गैर-कानूनी, लोगों की ताकत के प्रति भरोसा पैदा करने वालों को उभारा जाता है। इसी तरह हिंसा या युद्धजनित हिंसा केंद्रित धारावाहिकों में हिंसा को स्वाभाविक और सहज रूप में पेश किया जाता है। इसके कारण दर्शक में हिंसा के प्रति निर्वैयक्तिक भावबोध का निर्माण करने में मदद मिलती है। मजेदार बात यह है कि यह सभी प्रवृत्तियां एक ऐसे समाज का माहौल तैयार करती हैं जिसका नागरिक समाज की धारणा से टकराव है। फलतः धारावाहिक संस्कृति नए किस्म के सामाजिक तनावों की सृष्टि करने लगती हैं। इन तनावों के समाधान सामाजिक स्तर पर असंभव हो जाता है। चैनल संस्कृति जहां एक ओर धारावाहिकों के जरिये

नागरिक समाज के लिए असुविधाओं को सृष्टि करती है, वहीं दूसरी ओर, खेल के प्रसारण से सामाजिक अनुशासन और नियमन का काम करती है। खेल प्रसारणों पर वैचारिक दृष्टिकोण से विचार करें तो पाएंगे कि खेल में बुनियादी तौर पर नियम और स्वतंत्रता के तत्वों पर जोर दिया जाता है, इन दो के बगैर खेल संभव नहीं है। खेल का प्रसारण सामाजिक नियमों के कड़ाई से पालन और सामाजिक नियंत्रण को सुनिश्चित बनाने का भाव पैदा करता है। खेल प्रसारण विध्वंसक और अराजक प्रवृत्तियों के विरुद्ध सामाजिक नियंत्रण को पुख्ता बनाता है। खेल और खेल भावना का सभी सांस्कृतिक रूपों में महत्व होता है। खेल के नियम स्वैच्छिक होते हैं। इसलिए खेल मुक्त होता है। वह स्वैच्छिक रूप से आदतों को स्वीकार करने की मानसिकता पैदा करता है। खेल में नियम-भंग होने पर रेफरी या एनाउंसर बार-बार नियम के पालन पर जोर देता है। ऐसा करके वह नियम की सामाजिक वैधता को पुष्ट करता है। खेल के नियमों की खूबी यह है कि इनमें परंपरा, पुनरावृत्ति, आविष्कार या सृजन का एक ही प्रक्रिया में जन्म होता है। खेल के माध्यम से विपन्न सामाजिक समूहों में सक्रियता, रचनात्मकता और प्रतिरोध भावना का सृजन होता है। खेल में वही जीतता है जो ताकतवर होता है। इसलिए वैचारिक तौर पर खेल के नियमों की प्रवृत्ति प्रभुत्ववादी होती है। कुछ लोग खेल को पावर और उदारता का एजेंट भी मानते हैं। खेल विभिन्नों के मन में प्रभुत्वशाली विचारधारा के विरुद्ध उप-सांस्कृतिक रूपों के सृजन एवं संरक्षण पर जोर देता है। यही वजह है कि मनोरंजन की तुलना में खेल खेलना ज्यादा उत्पादक होता है। इसमें गतिविधि और रचनात्मकता को उभारने का मौका मिलता है। खेल नियमों को सीमा तक ठेलता है और फिर तोड़े जाने की हद तक ले जाता है। इसी अर्थ में खेल प्रसारण शक्ति के स्रोत का काम करता है, वहीं दूसरी ओर माल की बिक्री बढ़ाने में मदद करता है। समग्रता में चैनल संस्कृति वैविध्यपूर्ण, अंतर्विरोधी और बाजार की संचालक शक्ति है।

आम तौर पर बुद्धिजीवियों में यह भाव देखा गया है कि राजनीतिक गुलामी से देश आजाद है तो सब ठीक है। कुछ लोग इससे आगे बढ़कर सोचते हैं कि देश आर्थिक गुलामी से आजाद है तो सब ठीक है। यह दोनों दृष्टिकोण अधूरे हैं। यह दोनों दृष्टिकोण जनसंचार माध्यमों के द्वारा सांस्कृतिक गुलाम बनाए जाने की प्रक्रिया की उपेक्षा करते हैं। स्वतंत्र सार्वभौम राष्ट्र वही है जो राजनीतिक, आर्थिक एवं माध्यम गुलामी से मुक्त हो। जो देश आजाद हैं वे माध्यम साम्राज्यवाद के जरिये

सांस्कृतिक गुलामी में कैद हैं। सांस्कृतिक गुलामी आर्थिक एवं राजनीतिक गुलामी से भी ज्यादा खतरनाक होती है। यह स्व-आरोपित दासता है। स्वाधीनता संग्राम ने राजनीतिक और आर्थिक गुलामी से मुक्ति का रास्ता दिखाया किंतु सांस्कृतिक गुलामी को बरकरार रखा। सांस्कृतिक गुलामी से मुक्ति के लिए जरूरी है कि जनमाध्यमों का स्वतंत्र रूप से विकास हो, संस्कृति और संस्कृति-कर्मियों को राज्य संरक्षण दे, देशी भाषाओं में शिक्षा और रोजगार व्यवस्था हो। दुर्भाग्य से इन सब क्षेत्रों में हमने कुछ नहीं किया। आज राष्ट्रीय और अंतर्राष्ट्रीय संबंधों को सुधारने और बिगाड़ने में जनमाध्यम सबसे प्रभावी भूमिका अदा कर रहे हैं। आज पूरा समाज इन पर निर्भर है। जनमाध्यमों पर ऐसी निर्भरता पहले कभी नहीं देखी गई। कायदे से देखें तो पाएंगे कि अंतर्निर्भरता प्रत्येक क्षेत्र में बढ़ी है। यह वस्तुतः पूंजीवादी अंतर्निर्भरता है। इससे पूंजी और सत्ता का केंद्रीयकरण बढ़ा है। साथ ही, शोषण भी बढ़ा है। कायदे से अंतर्निर्भरता के जरिये शोषण के रूपों का खात्मा होना चाहिए था किंतु घटनाओं का उल्टी दिशा में विकास हुआ।

इसी तरह संचार जगत में निर्भरता के कारण असमान संचार व्यवस्था का जन्म हुआ है। संचार की दुनिया में बहुराष्ट्रीय कंपनियों का बोलबाला है। आज अधिकांश देश यह महसूस करते हैं कि संचार जगत में व्याप्त असमानता को खत्म किया जाए। आज कोई भी देश माध्यम साम्राज्यवाद की जद से बाहर नहीं है। समूची दुनिया में जीवन-शैली और संस्कृति की उपग्रह चैनलों के जरिये वर्षा हो रही है, पूंजीवादी मूल्यों के प्रति आकर्षण पैदा किया जा रहा है। आज राष्ट्रों की अस्मिता और विकास के लिए गंभीर संकट पैदा हो गया है।

सन् 1970 के आस-पास समूची दुनिया में यह प्रश्न उठा था कि चंद विकसित राष्ट्र संचार तकनीकी क्षेत्र में विकसित होने के कारण संचार तकनीकी का अविकसित राष्ट्रों पर सांस्कृतिक प्रभुत्व जमाने के लिए दुरुपयोग कर रहे हैं। अविकसित राष्ट्रों की पहचान नष्ट कर रहे हैं। अपना राजनीतिक और आर्थिक प्रभुत्व बनाए रखने के लिए मुक्त-सूचना प्रवाह बनाए हुए हैं। 'रिशेपिंग दि इंटरनेशनल ऑडर, ए रिपोर्ट टू दि क्लब ऑफ रोम' (1988) नामक रिपोर्ट में बताया गया कि 'यह स्वीकार किया जाना चाहिए कि अंतर्राष्ट्रीय सूचना प्रभुत्व लंबे समय में भेदभावपूर्ण रवैये को व्यक्त करता रहा है, औद्योगिक देशों की आम जनता के पास तीसरी दुनिया की खबरें नहीं होतीं, उसकी मांगें, आकांक्षाओं एवं जरूरतों का उसे पता नहीं होता। यह तब तक संभव नहीं है जब तक सूचना और संचार के मौजूदा

ढांचे को बाजार केंद्रित सनसनीखेज खबरों की प्रस्तुति के चंगुल से मुक्त न कर लिया जाए क्योंकि इसके पीछे सचेत रूप से आर्थिक पूर्वाग्रह काम कर रहे हैं।'

इंटरनेट के आने के बाद से सूचना प्रवाह में तब्दीली आई है। आज किसी भी देश की प्रमुख पत्र-पत्रिका को इंटरनेट पर पढ़ सकते हैं। किंतु खबरों के समाचार एजेंसियों के जरिये संप्रसार पर आज भी प्रमुख औद्योगिक राष्ट्र हावी हैं। इंटरनेट ने एक सीमा तक सूचना की इजारेदारी तोड़ी है। किंतु वास्तविक अर्थों में बहुराष्ट्रीय एवं राष्ट्रीय एजेंसियों, अखबारों, पत्रिकाओं, उपग्रह समाचार चैनलों में विकसित पूंजीवादी राष्ट्रों का बोलबाला है। कहने का तात्पर्य यह है कि इंटरनेट के आने के बाद सूचना दरिद्र और सूचना समृद्ध के बीच की दूरी घटी नहीं है बल्कि यह अंतराल और भी बढ़ा है। भूमंडलीय समाचार एजेंसियां किस कदर वर्चस्व बनाए हुए हैं, इसे कुछ आंकड़ों के जरिये समझा जा सकता है। *रायटर* में 1991 में 1,312 पत्रकार और 10,720 कर्मचारी कार्यरत थे। इसकी ग्राहक संख्या 30,000 थी। सन् 1993 में इसने कुल 1.78 बिलियन डॉलर की आमदनी की। एसोसिएट प्रेस (ए.पी.) में 3,157 कर्मचारी कार्यरत थे। 1,800 समाचार-पत्र एवं 7,000 प्रसारण संस्थाएं अमेरिका में इसके ग्राहक थे। विदेशों में 15,000 ग्राहक थे, इसका 1994 का बजट 383 मिलियन डॉलर का था। फ्रांस प्रेस एजेंसी में 1,000 पूरा-वक्ति और 2,000 पार्ट टाइम पत्रकार कार्यरत थे। इसके सात हजार समाचार-पत्र, 2,500 रेडियो, 400 टी.वी. केंद्र एवं 2,000 अन्य ग्राहक थे। इसकी 1993 में 1,067 मिलियन फ्रांक की आय हुई और 27 मिलियन फ्रांक का घाटा हुआ।

आज माध्यम कंपनियों के अंदर तेज प्रतिस्पर्धा चल रही है जिसके कारण अनेक बड़ी कंपनियां विलय कर रही हैं या बिक रही हैं। इसके परिणामस्वरूप बड़ी माध्यम कंपनियों की संख्या घटकर 7 रह गई है। केंद्रीकरण का ही परिणाम है कि यूरोपीय समूह के चार देशों में चंद कंपनियों का ही वर्चस्व है। आस्ट्रेलियाई मूल के अमेरिकी नागरिक रूपर्ट मर्डोक का ब्रिटेन में वर्चस्व है।

इसके अलावा कनाडा निवासी राय थॉम्सन और कॉनराड ब्लैक और कुख्यात रॉबर्ट मैक्सवेल के नाम उल्लेखनीय हैं। फ्रांस में पिता-पुत्र बोयगुईस, हेर्सेंट, लगार्दे एवं सेयडॉक्स ब्रदर्स का वर्चस्व है। जर्मनी में बुइर, किर्च, बेर्तिल्समान एवं स्पिंगर परिवार का वर्चस्व है। इटली में एग्नीलि, बेनेदेत्ती, बारलूसकोनी एवं गार्दिनी परिवार का वर्चस्व है। ये सभी माध्यम सम्राट मोटे तौर पर अराजनीतिक हैं। किंतु कुछ ऐसे भी हैं जो अपनी माध्यम शक्ति का राजनीतिक हित साधन के एिल दुरुपयोग करते

रहे हैं। कुछ भयानक कर्ज में डूबे हुए हैं। कुछ जबर्दस्त मुनाफा कमा रहे हैं। जापान में भी इसी तरह की प्रवृत्ति देखने को मिलती है। चंद बड़ी कंपनियां हैं जो हार्डवेयर तैयार कर रही हैं। कुछ मीडिया सॉफ्टवेयर बनाती है। किंतु सच यह है कि अधिकांश माध्यम सॉफ्टवेयर बनाने वाली कंपनियां अमेरिकी हैं या ओईसीडी देशों या जी—7 देशों की हैं। ऐसी बहुत कम कंपनियां हैं जो गैर-पश्चिमी देशों की हैं। यही वजह है कि बहुराष्ट्रीय माध्यम सामग्री पर अमेरिकी दृष्टिकोण छाया रहता है। बड़ी माध्यम कंपनियों की आय के अनेक स्रोत हैं। सरकारों की तरफ से उन्हें अनेक रियायतें मिलती हैं। अनेक सामाजिक संस्थान एवं औद्योगिक समूह रियायतें देते हैं। सदस्यता शुल्क, बिक्री एवं विज्ञापनों में बेशुमार मुनाफा होता है। आमतौर पर माध्यमों को सदस्यता शुल्क और बिक्री के जरिये आमदनी होती है। इनसे भी खासकर वित्तीय और व्यापारिक जगत से आय होती है जिसका आमतौर पर माध्यम साहित्य में जिक्र ही नहीं मिलता। निवेशक और व्यापारी को अपने हित साधन के लिए शीघ्र और विश्वसनीय सूचना की जरूरत होती है। यही वजह है कि विश्व के सबसे अच्छे माध्यम संगठन वे हैं जो व्यापार जगत के माध्यम हैं। इनके पास वित्त और बाजार से संबंधित श्रेष्ठतम सामग्री होती है। यही वजह है कि वित्तीय एवं व्यापारिक माध्यम समूचे परिदृश्य पर छाए हुए हैं। कुछ नमूनों से इनकी ताकत का अंदाजा लग सकता है।

मसलन, अमेरिका अखबार *वाल स्ट्रीट जनरल* की अकेले अमेरिका में 20 लाख प्रतियां बिकती हैं। हाल के वर्षों में इस अखबार का सर्कुलेशन एशिया और यूरोप में भी बढ़ा है। इसी तरह ब्रिटिश पत्र *फाइनेंशियल टाइम्स*, फ्रांसीसी *लिस इकोंज*, पत्रिकाओं में अमेरिका की *बिजनेस वीक*, ब्रिटेन की *इकोनॉमिस्ट*, हांगकांग की *फॉर ईस्टर्न इकोनॉमिक रिव्यू* का नाम विशेष रूप से उल्लेखनीय हैं। इसके अलावा अमेरिका का *फॉरविस एवं फारचून*, जर्मन की *कैपिटल*, *फ्रांसीसी एक्सपेंशन* की व्यापक प्रसार संख्या है। इनकी आभिजात्य ऑडिएंस हैं। ये अपने को गुणवत्ता प्रधान माध्यमों से जोड़ते हैं। माध्यम ऑडिएंस में दूसरी श्रेणी में आम भद्र लोग आते हैं जो आमतौर पर माध्यमों का सबसे बड़ा उपभोक्ता है। इसके लिए भद्रप्रेस, टी.वी., रेडियो, फिल्म आदि के साफ-सुथरे कार्यक्रमों की व्यवस्था है। तीसरी श्रेणी में घटिया या वल्गर मीडिया आता है जिसका खुले तौर पर लक्ष्य सनसनीखेज खबरें या सामग्री छापकर सही सूचना को पीछे धकेलना होता है। छद्म सेक्स, हिंसा, अंधराष्ट्रवाद, उन्माद और अमेरिकी संस्कृति की खबरें छापना इसका प्रधान लक्ष्य है।

बहुराष्ट्रीय माध्यम कंपनियों की आय का प्रमुख स्रोत विज्ञापन हैं। विज्ञापन का पूंजीवाद बाजार के विकास से अविभाज्य संबंध है। विज्ञापन को पूंजीवाद की संजीवनी भी कह सकते हैं। विश्व की एक प्रमुख विज्ञापन कंपनी ने 1995 में विश्व-व्यापी विज्ञापन खर्च का अनुमान 261 बिलियन डॉलर लगाया। विश्व में सबसे ज्यादा विज्ञापनों पर खर्च 'प्रोक्टर एवं गैंबल' एवं 'यूनी लीवर' नामक कंपनियां करती हैं। एक अनुमान के अनुसार विज्ञापन पर आने वाले दिनों में सात गुना खर्चा बढ़ जाएगा। ज्यादातर खर्चा पूर्वी एशियाई देशों में बढ़ने की संभावना है।

मेकरान के वरिष्ठ उपाध्यक्ष के अनुसार सन् 2020 तक उत्तर अमेरिका के प्रति व्यक्ति 2,200 डॉलर खर्चा होने की संभावना है। इसी तरह यूरोप में प्रति व्यक्ति 1,100 डॉलर और पूर्वी यूरोप में 600 डॉलर खर्चा होने की संभावना है। इसका अर्थ यह है कि आने वाले दिनों में उपभोक्तावादी संस्कृति का तेजी से प्रसार होगा। साथ ही, इजारेदारी में भी वृद्धि होगी। सूचना दरिद्र और सूचना समृद्ध के बीच का अंतराल बढ़ेगा। माध्यम साम्राज्यवाद के विकास के फलस्वरूप सूचना वैषम्य बढ़ा है। संसार की आबादी को लगभग 150 बड़ी समाचार एजेंसियों, 30,000 रेडियो और टेलीविजन केंद्रों और 4,400 लाख प्रतियों में मुद्रित 8,200 दैनिकों से सूचनाएं प्राप्त हो रही हैं। इनमें से एशिया, अफ्रीका और लैटिन अमेरिका में टेलीविजन साधनों का सिर्फ 5 प्रतिशत, टेलीविजन सेटों का 15 प्रतिशत और समाचार-पत्रों का 12. 5 प्रतिशत हिस्सा ही आता है। इसी तरह रेडियो, टेलीविजन, मुद्रण सामग्री, अखबार आदि प्रति व्यक्ति आंकड़े देखें तो पाएंगे कि इस क्षेत्र में विषमता और भी बढ़ी है। इस विषमता का प्रधान कारण है अमेरिका की माध्यम नीति। इस नीति से हमारा माध्यम परिदृश्य तेजी से प्रभावित हो रहा है। हमारे देश में बुद्धिजीवी समुदाय को इस दिशा में सक्रिय हस्तक्षेप करना चाहिए वरना साधारण जनता बुद्धिजीवियों को कभी क्षमा नहीं कर पाएगी। बहुराष्ट्रीय माध्यम कंपनियों के सांस्कृतिक मालों और बहुराष्ट्रीय माध्यमों ने सारी दुनिया में सांस्कृतिक साम्राज्यवाद की अवधारणा पर बहस पैदा कर दी है। अतः संक्षेप में इसे समझना समीचीन होगा।

सांस्कृतिक साम्राज्यवाद का अर्थ है एक देश की संस्कृति, भाषा और विचार को अन्य देश के ऊपर थोपना या विस्तारित करना या प्रसारित करना। आमतौर पर यह कार्य ताकतवर देश अपनी संस्कृति और भाषा को गरीब देशों पर थोपते हैं। यह उनकी सार्वभौम नीति का सक्रिय अंश है। सांस्कृतिक साम्राज्यवाद का श्रीगणेश ईसाई मत की धार्मिक कृति *बाइबिल के 1549 ई. में अंगरेजी प्रशासन* से होता है।

अंगरेजीभाषी राज्यों द्वारा गैर-अंगरेजी भाषी राज्यों को दबाने के लिए सर्वप्रथम कॉमन पुस्तक के रूप में यह कृति आई। इसने लैटिन भाषा को अपदस्थ करके अंगरेजी भाषा के प्रभुत्व की स्थापना की। कैथोलिकों का दमन किया। उन्हें अंगरेजी भाषा के वर्चस्व को मानने को बाध्य किया। इस समूचे प्रपंच की शुरुआत चर्च से हुई। उस समय कार्नवाल क्षेत्रों के बांशिदे अंग्रेजी लिखना और बोलना नहीं जानते थे। इसके कारण कोर्निस भाषा के सामने जीवन-मरण का सवाल उठ खड़ा हुआ। सन् 1549 में कोर्निस लोगों ने इसका विरोध किया। वे विरोध कर रहे थे कि प्रार्थना की भाषा न बनाई जाए। इस विरोध के परिणामस्वरूप बड़ी संख्या में कोर्निस लोगों का जनसंहार हुआ। समूची अठारहवीं और उन्नीसवीं शताब्दी में वेल्स, आयरिश और स्कॉटिश भाषाओं का दमन अभियान चला। इसमें पूरी सफलता नहीं मिली। किंतु इसके कारण ब्रिटिश क्षेत्र की गैर-अंगरेजीभाषी जनता को हाशिये पर ठेलने में सफलता जरूर मिल गई। इसी तरह 18वीं, 19वीं और 20वीं शताब्दी में स्वीडिश सरकार से सामी संस्कृति का निरंतर दमन किया। यह दमन अनेक रूपों में व्यक्त हुआ जैसे सामी भाषा पर पाबंदी, बल प्रयोग करके सामी कला रूपों को हटाया गया। जैसे मैजिक ड्रम आदि को हटाया गया। इनमें से अनेक ड्रमों को आज तक वापस नहीं लिया गया। 20वीं शताब्दी के आरंभ में टोर्नी दलेन के स्वीडिश-फिनिश लोगों की टोर्नीदिल भाषा पर स्कूल, कॉलेज और सरकारी काम-काज में इस्तेमाल करने पर पाबंदी लगा दी गई। इसी तरह तुर्की सरकार ने कुर्दिश भाषा के शिक्षा और माध्यमों में इस्तेमाल पर पाबंदी लगा दी। अब यदि तुर्की यूरोपीय यूनियन का सदस्य बनना चाहेगा तो उसे यह पाबंदी ढीली करनी पड़ सकती है। यह स्थिति तब है जबकि तुर्की जीवन और राष्ट्रीय असेंबली में कुर्द लोगों का महत्वपूर्ण स्थान रहा है। कुछ लोगों का मानना है कि सांस्कृतिक साम्राज्यवाद पदबंध का 20वीं सदी के शीतयुद्ध के वैचारिक संघर्ष से गहरा संबंध है। खासकर भू.पू. सोवियत संघ और अमेरिका के बीच चले वैचारिक संघर्ष से संबंध है। अन्य देशों से कम संबंध है। कुछ लोग यह भी मानते हैं कि ताकतवर देश अपने पड़ोसी कमजोर देशों पर हावी होने के लिए अपनी संस्कृति थोपते हैं। इस क्रम में सांस्कृतिक साम्राज्यवाद का विकास होता है। कुछ विचारक यह मानते हैं कि बहुराष्ट्रीय कंपनियों के सांस्कृतिक मालों के निर्यात एवं पॉपुलर कल्चर के कारण विभिन्न देशों के विशिष्ट सांस्कृतिक रूपों के लिए गंभीर खतरा पैदा हो गया है। इस प्रवृत्ति का विरोध करने वालों में फ्रांस सबसे आगे है। यहां तक कि अलकायदा जैसे कठमुल्ला संगठन भी यह कह रहे हैं कि उसके

द्वारा किए जा रहे मामलों का लक्ष्य है अमेरिकी हितों और सांस्कृतिक विस्तार को रोकना।

'सांस्कृतिक साम्राज्यवाद' सहज स्वीकार्य बने इसके लिए जरूरी है कि उसकी स्थानीय जड़ें हों। स्थानीय लोगों की मदद के बिना यह कार्य संभव नहीं है। संस्कृति स्थानीय लोगों के बिना निर्मित नहीं होती। संस्कृति कभी भी शाश्वत नहीं रही है, बदलती रही है। संस्कृति पर कभी कमजोर लोगों का वर्चस्व नहीं रहा। संस्कृति का सारा प्रपंच ताकतवर का प्रपंच है। यही वजह है कि संस्कृति के वर्चस्वशील रूपों के साथ 'सांस्कृतिक साम्राज्यवाद' अपना गहरा संबंध बनाता है। स्थानीय स्तर पर जिन वर्गों का संस्कृति के क्षेत्र में वर्चस्व रहा है वे ही कालांतर में सांस्कृतिक साम्राज्यवाद के स्थानीय एजेंट के रूप में उभर कर आए हैं अथवा उन्हीं सामाजिक समूहों को सबसे पहले निशाना बनाया गया है। जो व्यक्ति संस्कृति के मूल्यों को स्वीकार नहीं करता उसे व्यवहार में इसके परिणाम भोगने पड़ते हैं। व्यक्ति के प्रत्येक कार्य-व्यवहार को प्रचलित सांस्कृतिक मूल्यों के आधार पर देखा जाता है। व्यवहार में जो लोग प्रचलित और वर्चस्वशाली सांस्कृतिक मूल्यों को अस्वीकार करते हैं उन्हें गंभीर संकटों का सामना करना होता है। उन्हें अंततः हाशिये पर फेंक दिया जाता है।

सांस्कृतिक साम्राज्यवाद स्टीरियोटाइप चरित्रों को उभारता है। खासकर दबे-कुचले या दमित सामाजिक समूहों के चरित्रों का जब भी रूपायन किया जाता है तो उनकी प्रवृत्ति अमूमन शरीर से जुड़ी होती है। इन्हें सहज ही अस्वीकार नहीं किया जा सकता। इस तरह के स्टीरियोटाइप चरित्रों को चुनौती देना संभव नहीं होता। प्रभुत्वशाली ग्रुप के द्वारा हाशिये पर फेंक दिए गए लोगों की इमेज और भावनाएं हीनताबोध से ग्रस्त होती हैं। दबा-कुचला आदमी जानता है कि उसकी जो इमेज पेश की जा रही है वह वास्तव में इमेज नहीं है। उसे अस्वीकार किया जाना चाहिए। किंतु जब यह इमेज प्रभुत्वशाली संस्कृति पेश करती है तो उसे अस्वीकार करना संभव नहीं होता। क्योंकि वह भिन्न है, चिह्नांकित है, हीन है।

मसलन, यदि कोई अविवाहित महिला बच्चा पैदा करती है तो उसे प्रचलित सांस्कृतिक मूल्यों के आधार पर तोला जाएगा। उसके न चाहने पर भी उस पर सांस्कृतिक मूल्य थोपे जाएंगे। उसे सामाजिक मर्यादाओं और मूल्यों के अनुसार जीने की हिदायत दी जाएगी। यदि वह इनका पालन नहीं करती तो उसे कठोर दंड तक दिया जा सकता है। अपमानित किया जा सकता है। इस तरह की औरत पर दोहरी पहचान थोपी जाती है। उसकी पहली पहचान यह है कि उसने अवैध बच्चे को जन्म

दिया। वह मां है, इसे छिपाए, जिससे उसे समाज के पथभ्रष्ट लोगों की जमात में शामिल होने से रोका जा सके। दूसरी पहचान उसे यह दी जाती है कि वह मां है यह बात किसी से न कहे। अपने दुःख या तकलीफ को किसी को न बतलाए। जो कुछ हुआ है उसे भूल जाए। अपनी स्मृति से उसे धो-पोंछकर साफ कर दे। यदि वह सब कर लेती है तो पुरस्कारस्वरूप उसे प्रभुत्वशाली संस्कृति में शामिल कर लिया जाएगा। अविवाहित माता जब ऐसा करने से मना कर देती है तो उसे यह सब गुप्त रखने के लिए मजबूर होना होता है। वर्षों दुविधा में जीती है। यह एक तरह आत्म का खंडित रूप है। सभी अविवाहित माताएं अपनी खोई हुई पहचान लेकर जिंदगी भर दुखी रहती हैं और छद्म पहचान में जीती हैं। वह ज्योंही अपनी असली पहचान में लौटती है, पूरी नारी दिखने लगती है, प्रामाणिक लगने लगती है। अविवाहित मां का अपनी पहचान खोना, असल में उसके निज के और अन्य के दुख, पीड़ा, गुस्सा, क्षमा आदि की शुरुआत है जिसे हम भूल चुके हैं। यह अंधेरी दुनिया की शुरुआत है जिसे हम भूल चुके हैं। अविवाहित मां के साथ जो सहानुभूति रखते हैं उन्हें दमन, सामाजिक बहिष्कार आदि का सामना करना पड़ता है। हाशिये पर फेंक दिया जाता है। हमारा समाज हो या पश्चिमी समाज हो, वह मातृत्व को ऊंचा दर्जा तब ही देता है जब वह समाज के स्वीकृत नियमों के तहत हो। अविवाहित मां की दुर्दशा की कल्पना इसी बात से की जा सकती है कि वह अपना दुःख समाज के सामने रख नहीं सकती, समाज के सामने रो नहीं सकती। वह अपने बच्चे को अपने पास रख नहीं सकती, उसे प्यार नहीं कर सकती।

कहने का तात्पर्य यह है कि 'सांस्कृतिक साम्राज्यवाद' संस्कृति और मास-कल्चर के बिना अपना विस्तार नहीं कर पाता। मासकल्चर में आलोचनात्मक दृष्टिकोण और पूर्वग्रहों का साम्राज्य होता है। आम जनता के पास कम सूचनाएं होती हैं, किंतु वह राय जाहिर करना चाहती है। आम लोग सामान्य तौर पर सोचना छोड़ देते हैं। इस तरह की मनोदशा शिक्षा प्राप्त करते समय पैदा होती है। आम लोग अनुमान से काम चलाने लगते हैं, तथ्यों और आंकड़ों के प्रति आकर्षण बढ़ जाता है। हिंसा, अंध घृणा और लक्ष्यहीन बगावत आम बात हो जाती है। इसके कारण सभी किस्म के बागी भावों और विचारों की निंदा करने का भाव प्रबल हो जाता है। सभी बागियों को यह मान लिया जाता है कि वे जमीन से कटे हुए हैं। समाज की शांतिपूर्ण प्रगति के शत्रु हैं। इस क्रम में लोकतांत्रिक शक्तियों और सच्चे क्रांतिकारियों के खिलाफ घृणा पैदा की जाती है। सामान्य नागरिक बोध का ह्रास होने लगता है।

इस सारी प्रक्रिया से बच्चे भी प्रभावित होते हैं। किंतु इस प्रभाव को अमूमन अवैज्ञानिक और इकहरे ढंग से देखा जाता है।

मीडिया में हिंसा सबसे ज्यादा बिकाऊ माल है। आमतौर पर बच्चों के हिंसक कार्यकलापों के लिए मीडिया को दोष देते हुए लोग मिल जाएंगे। हम इस सवाल पर तो सोचते हैं कि मीडिया के साथ बच्चे क्या व्यवहार कर रहे हैं किंतु यह नहीं सोचते की मीडिया बच्चों के साथ क्या व्यवहार कर रहा है। बच्चों में बढ़ते हुए हिंसक रुझानों को लेकर अनेक किस्म के अनुसंधान हुए हैं जो बताते हैं कि कैसे वीडियो गेम, हिंसा प्रधान फिल्में, धारावाहिक, पॉपुलर संगीत, कॉमिक पुस्तकें, वेबसाइट, युवा संस्कृति और फैशन किस तरह युवाओं को हिंसक बना रही है। डॉन रेप्सकॉट ने *ग्रोइंग अप डिजिटल : दि राइट्स ऑफ दि नेट जेनरेशन* में बताया है कि विश्व में कंप्यूटर का प्रयोग करने वाले 11 फीसदी लोग पंद्रह साल से कम उम्र के हैं। तीन फीसद तरुण अमेरिकी घरों पर ऑनलाइन सुविधा का इस्तेमाल करते हैं। उनचास फीसद स्कूलों में करते हैं। उनहत्तर फीसद ऐसे लोग भी हैं जिन्होंने अपने जीवन में कभी एक बार ऑनलाइन का इस्तेमाल किया है। तकरीबन 40 फीसद अमेरिकी जनसंख्या ऑनलाइन सेवा का इस्तेमाल करती रही है। एक अन्य सूचना शास्त्री जॉन कीट्ज के अनुसार अकेले अमेरिका में 15-20 मिलियन लोग हैं जो ऑनलाइन खेल खेलते रहते हैं। किंतु इन खेलों का बच्चों पर नकारात्मक प्रभाव ही होता है इसके बारे में दावे के साथ कहना मुश्किल है। मीडिया के इंपीरियल अनुसंधान हमें माध्यम प्रभाव के बारे में सही ढंग से कुछ नहीं बताते। इस तरह के अनुसंधान व्यक्तियों के नीति जरूरतों, अभिरुचियों आदि का खयाल नहीं करते। यह भी ध्यान रखना चाहिए कि हम सब समय मीडिया में प्रसारित मूल्यों को नहीं अपनाते। चाहे हमें कोई कार्यक्रम कितना ही अच्छा क्यों न लगे। आनंद या वीडियो खेल में भाग लेने वालों में दो तत्वों का सम्मिश्रण मिलता है। इसका एक आयाम कुंठा है तो दूसरा आयाम आकर्षण है। इन दोनों तत्वों के सहमेल के कारण ही हम वीडियो गेम की ओर आकर्षित होते हैं। इसी तरह 'फन' वेबसाइट हमारे फ्रस्टेशन और फैंटेसी की प्रतिस्पर्धा के गर्भ से उत्पन्न भावों का दोहन करती हैं। मीडिया प्रभाव के बारे में झाड़ू मार आलोचना हिंसा के रूपायन को हिंसा का प्रचार मानकर चलती है। जबकि यह सच नहीं है। हिंसा की प्रस्तुति को लेकर हमें सही ढंग से अंतर करना चाहिए। बच्चे जब खबरों में हिंसा देखते हैं तो ज्यादा प्रभावित होते हैं। बनिस्पत फिल्मों या धारावाहिक या वीडियोगेम के। हिंसा को देखते समय उसके

संदर्भ का बड़ा महत्व होता है। राम-रावण युद्ध की हिंसा या महाभारत की हिंसा और अपराधी गिरोहों की हिंसा को एकमेक नहीं किया जा सकता। हिंसा के कुछ रूपए ऐसे होते हैं जो हिंसा की संस्कृति को चुनौती देते हैं। कुछ रूपए से होते हैं जहां सामाजिक अपमान का बदला लिया जाता है। यह भी संभव है। हिंसा के कुछ रूप सामाजिक अव्यवस्था और अशांति पैदा करने वाले हों, किंतु यह भी संभव है कि शांति और व्यवस्था स्थापित करने वाले हों। हिंसा के कुछ रूप राष्ट्रीय जागरण को व्यक्त करते हैं। यह भी संभव है कि आत्मरक्षा के लिए हिंसा का सहारा लिया गया हो। कहने का तात्पर्य यह है कि हिंसा को अच्छे या बुरे या नैतिक मानकों के आधार पर नहीं देखा जाना चाहिए। असल में हम हिंसा इमेजों, कहानियों के उपभोक्ता हैं। हिंसा के उपभोग और प्रस्तुति से हम बच नहीं सकते। कायदे से हमें हिंसा प्रधान कहानी और हिंसक इमेजरी के बीच के संबंध को भिन्न नजरिये से देखना चाहिए। माध्यम प्रभाव अध्ययन की सैद्धांतिकी भिन्न नजरिये से देखने के लिए तैयार नहीं है। यही वजह है कि इसके आलोक में जितने अनुसंधान हुए हैं वे सतही समझ देते हैं। दूसरी बात यह कि माध्यम प्रभाव की सैद्धांतिकी विभिन्न कला रूपों में फर्क नहीं करती। यहां तक की हिंसक कार्टून और वीडियोगेम में फर्क नहीं करती। अनुसंधान बताते हैं कि बच्चे छोटी उम्र से ही मीडिया इमेजों और अपने जीवन के वास्तव अनुभवों में फर्क करने लगते हैं। बच्चे फैंटेसी, अति-काल्पनिक स्टाइलिस्ट हिंसा या संवेदनात्मक स्तर पर परेशान करने वाली हिंसा को खारिज कर देते हैं। इसके विपरीत हिंसा के यथार्थवादी रूपों से परेशान होते हैं। ये उन्हें वृतचित्रों या युद्ध फिल्मों में देखने को मिलते हैं अथवा बच्चे उन दृश्यों से परेशान होते हैं जिन्हें सामाजिक यथार्थ से काटकर देखा नहीं जा सकता। धारावाहिक कथानकों की बनिस्पत बच्चे रात की खबरों में हिंसा अपराध की खबरों और नाटक से ज्यादा परेशान होते हैं। इसी तरह नाटकीय युद्ध और वास्तव युद्ध में बच्चे फर्क करते हैं। नकली और असली कुश्ती में फर्क करना जानते हैं। असल में हिंसा का फैंटेसीमय रूपायन बच्चों को आनंद देता है। फैंटेसी में हम उन चीजों का आनंद लेते हैं जिनकी वास्तव जीवन में पाने की संभावना नहीं होती। इसी तरह वीडियो गेम के प्रति आकर्षण का प्रधान कारण है बार-बार होने वाला आक्रमक रवैया, कष्ट देने वाले तत्वों के विरुद्ध ताकत का एहसास। सामान्य तौर पर बच्चे दैनंदिन जीवन में शिक्षकों और अभिभावकों के द्वारा किए जाने वाले व्यवहार से बड़े परेशान और हताश होते हैं। अपमानित और असहाय महसूस करते हैं। यहां तक कि खेल के मैदान

में भी वे अपने लिए पर्याप्त जगह का अभाव महसूस करते हैं। उन्हें बार-बार यह महसूस कराया जाता है कि उनमें सीमित क्षमताएं हैं। वीडियो गेम इन सबसे बच्चों को मुक्ति दिलाते हैं। वीडियो गेम खेलते समय बच्चे पावर महसूस करते हैं। वे पावर के साथ खेलते हैं। यथार्थ को मेनीपुलेट करते हैं। वे ऐसे विश्व की रचना करते हैं जो उनकी फैंटेसी का हिस्सा है। वीडियो गेम के माध्यम से वे बताना चाहते हैं कि वे कितने ताकतवर हैं। वे अपनी इच्छा और जरूरतों के अनुसार यथार्थ निर्मित कर सकते हैं। नियंत्रण कर सकते हैं। बच्चों को आनंद की अनुभूति तब होती है जब वे मीडिया प्रस्तुति या वास्तव यथार्थ के बीच फर्क देखते हैं। यह कहना सही नहीं होगा कि मीडिया हिंसा बच्चों को शिक्षित करती है और वास्तव जगत की हिंसा का उन पर कोई असर नहीं होता। हकीकत यह है कि वीडियो गेम में पावर के साथ खेलते हुए बच्चे इसलिए आनंद पाते हैं क्योंकि उनके फैंटेसी जगत को वह घेरे रहता है। इस जगत का उनके भावों, संवेदनाओं और दैनंदिन परिवेश से कोई लेना-देना नहीं होता। फैंटेसी की विशेषता है कि वह बच्चों के उन भावों को व्यक्त करने का मौका देती है जो वास्तव जगत में सेंसर कर दिए जाते हैं या दबे रहते हैं। इस तरह का अनुभव बच्चों को तनावों से मुक्त होने का अवसर देता है। इस क्रम में बच्चा अपने फ्रस्टेशन से सामंजस्य बिठाने की कोशिश करता है। सामयिक मनोरंजन ने शैलीबद्ध, रूढ़िबद्ध और आभासी रूपों में कब्जा किया हुआ है। इसके कारण बच्चे यथार्थवादी और खेलने योग्य प्रस्तुतियों में फर्क करने लगे हैं। इन बातों को कहने का यह अर्थ नहीं है कि मीडिया का बच्चों पर बुरा असर नहीं होता। यह भी कहना नहीं चाहते कि हमारी संस्कृति और परंपरा का बच्चों पर कोई असर नहीं होता बल्कि इसके विपरीत हम अपनी अंतर्वस्तु को लेकर गंभीर हैं। हम चिंतित हैं कि हिंसक इमेजों के कारण अन्य इमेजों को जगह नहीं मिल पा रही है। हमें उस सामग्री की आलोचनात्मक दृष्टि से पड़ताल करनी चाहिए जो बच्चों को दी जा रही है। यह काम बच्चों को भी करना चाहिए।

मीडिया हिंसा पर चर्चा का यह मकसद नहीं है कि टी.वी. देखना बंद कर दें। वीडियो गेम बंद कर दें। यदि हमें लगता है कि कुछ खराब या नुकसानदेह दिखाया जा रहा है तो उसके लिए जागरूकता पैदा करने की जरूरत है। टेलीविजन कार्यक्रम देखते समय बच्चों को अकेला कभी न छोड़ें। कार्यक्रम पर उनसे बातचीत करें। अकेलापन और बातचीत का अभाव टेलीविजन के कार्यक्रमों के प्रभाव की संभावनाएं बढ़ा देता है।

टेलीविजन का कोई पाठ्यक्रम नहीं होता और न पाठ ही होता है। टेलीविजन में मनोरंजन कार्यक्रम को पाठ की तरह तैयार नहीं किया जाता। टेलीविजन कार्यक्रम तमाम व्यवधानों के बीच देखे जाते हैं। टीवी के सामने उपभोक्ता पाठ सीखने के लिए नहीं बैठता। उसका ध्यान बंटा रहता है। उसने क्या सीखा है इसे लेकर कोई परीक्षा भी नहीं होती। इसी तरह वीडियो गेम और तज्जनित हिंसा के बारे में भी सोचना चाहिए। वीडियो गेम का सैन्य प्रशिक्षण के लिए इस्तेमाल किया जाता है। सैन्य प्रशिक्षण में निश्चित पाठ और निश्चित लक्ष्य होता है। यहां छात्र स्पष्ट संदर्भ में सीखता है। सूचना और क्षमता का रूपांतरण करता है। किंतु यह पद्धति घरेलू मनोरंजन और वीडियो गेम जनित आनंद पर लागू नहीं होती। यह संभव है कि मीडिया इमेजों से किसी को अपनी कुंठाओं और गुस्से को व्यक्त करने का मौका मिले। किंतु मीडिया उनके अंदर गुस्सा, घृणा या अलगाव पैदा नहीं करता। वे जिस हिंसा से सीखते हैं उसका संबंध वास्तव जगत से है, मीडिया जगत से नहीं।

मासकल्चर वस्तुओं के स्वामित्व के भावबोध को उभारती है, समृद्ध करती है एवं पुनरुत्पादन करती है। यह ऐसे सांस्कृतिक मालों के निर्माण पर जोर देती है जिन्हें पाकर असंतोष भड़कता है और भी ज्यादा पाने की लालसा पैदा होती है। इसलिए डी.एच. लॉरेंस ने इसे जीवन-विरोधी संस्कृति कहा है। यह ऐसे मनोरंजन की भूख को जन्म देती है जिससे तृप्ति नहीं मिलती। अतृप्ति इसका स्थायी भाव है। यह मूलतः असहिष्णु संस्कृति है जो वस्तुओं, मूल्यों, विचारों और जीवन-शैली को इकसार बनाती है। इसी अर्थ में यह वर्गहीन संस्कृति है। इसकी विशेषता है चीजों को हजम करना या समाहित करना, प्रत्येक को माल में बदलना और ऐसी सहिष्णुता पर बल देना जो डरपोक और कमजोर व्यक्तित्व का निर्माण करे। परिणामतः व्यक्ति के अंदर सब कुछ स्वीकार कर लेने की भावना पैदा होती है। इसका दार्शनिक दृष्टिकोण है— 'विवादों की उपेक्षा या घृणा।' परंपरा के नाम पर लक्ष्यहीन परंपरा का रूपायन। अब परंपराएं भी माल की शक्ल ग्रहण कर लेती हैं। वे मुनाफे का स्रोत बन जाती हैं। इसकी चारित्रिक विशेषता है युवाओं को उभारना, असंबद्ध सूचनाओं को ज्ञान के आदर्श मानक के तौर पर स्वीकृति दिलाना, अतीत को उपेक्षणीय और निंदनीय बनाना, तत्क्षण नवीन को सर्वश्रेष्ठ बनाना। इन्हीं आधारों पर भविष्य को देखना। यह ऐसे युवाबोध को पेश करती है जो 'फॉरवर्ड फॉर फॉरवर्डनेस' में विश्वास करता है। अब व्यक्ति की राय के बजाय जनसंख्या की राय का महत्व हो जाता है। किसी वस्तु या व्यक्ति की लोकप्रियता, श्रेष्ठता एवं गुणवत्ता का आधार इस बात से तय

होने लगा है कि उसे कितने लाख या करोड़ लोग उपयोग में लाते हैं या उसके बारे में राय देते हैं। चूंकि किसी माल का लाखों लोग उपयोग करते हैं तो आप भी करें। उपयोग नहीं करेंगे तो पिछड़े माने जाएंगे। अब सिर्फ सिरों की गिनती महत्वपूर्ण हो जाती है। इस परिप्रेक्ष्य में युवाओं पर मासकल्चर के पड़ने वाले प्रभावों के बारे में सोचना चाहिए। ज्यादातर विज्ञापन युवाओं को ध्यान में रखकर तैयार किए जाते हैं। यहां तक कि अधेड़ों को संबोधित विज्ञापन में भी 'युवापन', 'युवामन' के मुहावरों का इस्तेमाल किया जाता है। युवाओं को केंद्र में रखकर विज्ञापन तैयार करने का प्रधान कारण यह है कि वे जल्दी अनुकरण करते हैं। जो भी नया है उसकी ओर आकर्षित होते हैं। युवाओं को संबोधित विज्ञापन सजेस्टिव होते हैं। आज युवाओं में मासकल्चर के उन रूपों को प्रक्षेपित किया जा रहा है जो अंधेरी दुनिया है, पराई दुनिया है। उन प्रतीकों और इमेजों का इस्तेमाल किया जा रहा है जो सबसे ज्यादा बर्बर हैं। इन इमेजों को युवाओं ने अपने जीवन का आधार बना लिया है। अपनी असामाजिक संवेदनाओं का आधार बना लिया है। अब उनकी इच्छाएं उन्हें कष्ट देने लगी हैं। असल में युवाओं की संस्कृति को बदलने की जरूरत है। हमें उन्हें ऐसे प्रतीक और इमेज पेश करनी चाहिए जो उनमें अर्थपूर्ण जीवन जीने की ललक पैदा करें। वे इन प्रतीकों के साथ संबंध महसूस करें। युवाओं में हिंसाचार अधिकारहीनता और अलगाव से पैदा होता है। मासकल्चर का आस्वाद करने से इनके अंदर हत्यारे का जन्म नहीं होता। माल के साथ युवा इमेज का बार-बार किया गया प्रयोग चौतरफा बाजार का निर्माण करता है। युवाओं में उप-संस्कृति का जन्म होता है। युवापन के साथ इमेज को पेश करने का अर्थ है ऐसी वस्तुओं को पुरानी घोषित कर देना जो अब भी उपयोगी हैं। नए के लिए बाजार खोलने के लिए वह अधीरता का संवेदनात्मक धरातल पर प्रयोग करता है। 'अधीरता' और 'युवापन' का मिला-जुला प्रयोग मासकल्चर की सामान्य विशेषताएं हैं। युवा का कामुक आकर्षण इमजे के साथ इस्तेमाल किया जाता है। इसे खुशी और सफलता के साथ पेश किया जाता है। कोई वस्तु जब युवापन को पेश करती है तो युवापन का नया स्टैंडर्ड तय करती है। पर युवापन के नए रूप की संस्कृति तब तक संभव नहीं है जब तक कि वह युवापन के पुराने रूप का कोई न कोई हिस्सा खारिज न कर दे। कमाऊ युवाओं की फौज में अब कामुक युवा आकर्षण के केंद्र में आ जाता है। यह आकर्षण उनके लिए मानदंड का कार्य करने लगता है जो युवापन की नई धारणाके कारण खारिज कर दिए गए हैं। अब युवा कामुक आकर्षण का पर्याय बन जाता है। वह ऐसे लोगों

को आकर्षित करता है जो कामुक वृदावस्था के कारण खतरा और अलगाव महसूस करते हैं। इस क्रम में प्रसाधन सामग्री को उनके परिवार का अनिवार्य हिस्सा बना देता है। वह एक सेक्स ऑब्जेक्ट की तरह ग्राहक के लिए स्वयं को पेश करता है।

मासकल्चर में प्रतीकों के अनिवार्य, सुनिश्चित और सार्वभौम अर्थ व्यक्त नहीं होते। प्रतीकों के अर्थ उनके सर्कुलेशन, उपयोग और संदर्भ पर निर्भर करते हैं। इनमें अनेक अर्थ साझा होते हैं। इनमें कुछ अर्थ निजी और कुछ सार्वजनिक होते हैं। कुछ पावर के प्रतीक होते हैं जैसे स्वस्तिक पावर का प्रतीक है। यह हजारों वर्षों से पावर का प्रतीक है। किंतु इसका अर्थ बदलता रहा है। उल्लेखनीय है प्रतीकों की उम्र बहुत कम होती है। आज से कुछ अर्सा पहले *रामायण* धारावाहिक के प्रसारण के बाद अनेक माध्यम विशेषज्ञों ने बार-बार कहा कि *रामायण* धारावाहिक ने भाजपा को सत्ता में प्रतिष्ठित करने और राम मंदिर आंदोलन के लिए जनता को आंदोलित करने में मदद की है। ऐसे आलोचकों से पूछा जाना चाहिए कि इन दिनों विभिन्न चैनलों से रामकथा और रामायण का धारावाहिक के तौर पर प्रसारण लंबं समय से आ रहा है इसके बावजूद राम मंदिर आंदोलन के साथ जनता खड़ी होने को तैयार नहीं है। भाजपा की लगातार विगत विधानसभा-लोकसभा चुनावों से दुर्गत होती रही है। ऐसा क्यों हो रहा है? जबकि चैनलों पर *रामायण* ही नहीं, संतों-महंतों के प्रतिगामी प्रवचन भी जारी हैं। इसके बावजूद भाजपा जनाधार खो रही है। कहने का तात्पर्य यह है कि प्रतीकों को तात्कालिक राजनीतिक ध्रुवीकरण से जोड़कर नहीं देखना चाहिए। प्रतीक और उसका अर्थ एक नहीं होता। एक ही प्रतीक के कई अर्थ हो सकते हैं। ज्यादातर मीडिया विशेषज्ञ ऐसे प्रतीकों के बारे में चर्चा करते रहते हैं जिनकी कोई व्यावसायिक या राजनीतिक अपील नहीं होती। वयस्कों में तरुणों की संस्कृति को लेकर भय रहता है। तरुण के वयस्क होने के बीच के संक्रमणकाल में तरह-तरह की भावनाएं काम करती हैं। तरुणों के सामने अपनी स्वायत्तता का मामला प्रमुख होता है। वे इसके लिए संघर्ष करते हैं जबकि वयस्कों के लिए नैतिकता का मामला प्रमुख होता है। तरुणों में अभिभावकों से मुक्ति का भाव प्रबल होता है। मासकल्चर आयु-सीमा के इस परिवर्तन पर ध्यान देती है। वह तरुणों को अपनी तरह खींचती है। उनकी अस्मिता को व्यक्त करने, परिभाषित करने का मौका देती है। मासकल्चर तरुणों के संदर्भ में उन प्रतीकों का प्रयोग करती है जो व्यक्तिकरण को व्यक्त करें। युवाओं में साझे अनुभव, अभिरुचि, मूल्य, हितों और भावों को व्यक्त करें। तरुण उन वस्त्रों को पहनने से इनकार करते हैं। उनके अभिभावक सुझाते हैं। वे उन वस्त्रों

को पहनना पसंद करते हैं जिसे तरुणों की भीड़ पहनती है। इस तरह वे वैकल्पिक सामाजिक समुदाय का सदस्य होने की घोषणा करते हैं जिनको इसके बावजूद वे अपने को छोटे ग्रुप में या अलग-अलग महसूस करते हैं। वे ऐसे प्रतीकों का चयन करते हैं जिससे उनका पहले की पीढ़ी के बीच फर्क किया जा सके। वे अपने को हमेशा ऐसी इमेज से जोड़ते हैं जो अभिभावकों को चौंकाए, आक्रामक लगे। हम जब ऐसे प्रतीकों को देखते हैं तो यही महसूस करते हैं कि वे वयस्कों की अभिरुचि को ठुकरा रहे हैं। सत्तर के दशक में पंककल्चर के युवा स्वस्तिक का इस्तेमाल करते थे। वे स्वस्तिक का इस्तेमाल इसलिए नहीं करते थे कि वे नाजी समर्थक थे बल्कि इसलिए करते थे कि वह प्रतीक वयस्कों को आक्रामक लगता था। चोट पहुंचाता था। क्योंकि द्वितीय विश्वयुद्ध में वयस्कों ने नाजी के हाथों बेइंतहा कष्ट उठाए थे। मासकल्चर के प्रभाववश तरुणों में असामान्यत्व के लक्षण भी देखे गए हैं। ये ऐसे लक्षण हैं तो तयशुदा पैमाने से अलग हैं। तरुणों का प्रतीक चयन में वैविध्य होता है। वे अमूमन ऐसे प्रतीकों का चयन करते हैं जो उनके अभिभावकों को पसंद नहीं होते या उनकी पसंद के विपरीत होते हैं। तरुणों की इस तरह का व्यवहार स्वाभाविक और अपरिहार्य है। यह अच्छे सांस्कृतिक स्वास्थ्य का लक्षण है। ज्यादातर बच्चे अपनी तरह अभिभावकों के पास जाना चाहते हैं। वे चाहते हैं कि वयस्कों की दुनिया में उन्हें समुचित स्थान मिले। बराबरी का स्थान मिले। वयस्कों में नई तकनीक को लेकर भय रहता है। अमेरिका में जब कुछ बच्चों ने अपने स्कूल में गोली चला दी थी तब *वाशिंगटन पोस्ट* ने एक सर्वे किया जिससे पता चला कि बयासी फीसद अमेरिका यह मानते हैं कि गोली चलाने के पीछे इंटरनेट का मुख्य हाथ था। अब तक के सभी सर्वेक्षणों में यह पाया गया है कि वयस्कों में नई तकनीकी को लेकर भय और संशय का भाव रहता है। जबकि तरुणों में आकर्षण रहता है, खासकर इंटरनेट के संदर्भ में। सूचना क्रांति का मुख्य सामाजिक केंद्र बच्चे हैं। डिजिटल क्रांति में वे अग्रणी हैं। वे अपने लिए नई जगह बना रहे हैं। वे इंटरनेट और डिजिटल जगत में मुक्त और आरामदायक भाव से विचरण कर रहे हैं। जबकि वयस्कों में यह भाव नहीं है। बच्चे उन जगहों पर भी चले जाते हैं जहां वयस्क जाने में संकोच करते हैं। मीडिया जगत को लेकर तरुणों और वयस्कों की अनुभूतियों में भी फर्क है। यही हाल कंप्यूटर के प्रति रवैये को लेकर है। वयस्कों की नजर में कंप्यूटर काम के लिए है, कक्षा के लिए है। जबकि तरुणों के लिए यह सामाजिक जीवन के पुनर्सृजन का रूप है। अनेक लोग चाहते हैं कि बच्चे कंप्यूटर पर काम करें। कंप्यूटर पर पढ़े।

किंतु इस स्थिति ने कई किस्म की समस्या को जन्म दिया। बच्चे अब ज्यादा से ज्यादा कंप्यूटर पर व्यस्त रहते हैं। परिवारीजनों से अलग-अलग रहते हैं। सामाजिक और पारिवारिक कार्यकलापों से कटने लगे हैं। वे अपने सुख के लिए ऑन लाइन कम्युनिटी में शामिल हो जाते हैं। वैकल्पिक सामाजिक समर्थन हासिल करने के लिए नेटवर्क में जाते हैं। यह भी संभव है कि ऑनलाइन कम्युनिटी में बच्चे गलत सोहबत में पड़ जाएं किंतु यह हादसा तो वास्तव जीवन में भी हो सकता है। हमें कोशिश करनी चाहिए कि बच्चा अच्छी सोहबत में पड़े। बच्चे जब ऑन लाइन पर जाते हैं तो करीबी परिवेश की सीमाओं से मुक्त हो जाते हैं, उन्हें ज्यादा से ज्यादा विचार एवं सूचनाएं हासिल करने की आजादी मिल जाती यह स्थिति पहले नहीं थी। वे संस्कृति और सरकार के कार्यकलापों में शिरकत करने लगते हैं। बड़े अधिकारियों से सवाल पूछने की शक्ति हासिल कर लेते हैं। इस समूची प्रक्रिया में बच्चों पर व्यापक असर हो रहा है। दूसरी ओर युवाओं की जनसंख्या में तेजी से इजाफा हुआ है। यही वजह है कि युवा समुदाय को मासकल्चर और मासमीडिया लक्ष्य बनाए हुए हैं। इन परिवर्तनों पर विचार करते हुए हम रवींद्रनाथ टैगोर के मासकल्चर के बारे में कहे गए शब्दों को याद रखें। टैगोर ने लिखा है कि 'यह मूर्ख और पेटू की संस्कृति है। यह लोगों के मन को निर्जीव और जड़ समझती है। यह मशीनमैन की संस्कृति है, अहं की संस्कृति है। इस संस्कृति के कारण हम आज बाजार की भीड़ और शोरगुल का हिस्सा बनकर रह गए हैं। इतने ओछे और नीचे उतर आए हैं कि बड़े-बड़े अक्षरों और ऊंचे स्वर में बड़े विज्ञापनों के जरिये अपने को औरों से बड़ा घोषित करने में संकोच नहीं करते। मजेदार बात यह है कि हम जो कुछ कर रहे हैं वह सब नकल है। इसमें सत्य की मात्रा नहीं के बराबर है। इसमें शांति नहीं, संयम नहीं, गांभीर्य नहीं, शालीनता नहीं। इस नकल युग के आने के पहले हममें एक स्वाभाविक मर्यादा थी। इस मर्यादा से हम निर्धनता से भी धनी थे। उस समय मोटा खाने या मोटा पहनने से हमारा गौरव घटता नहीं था। आज हमारी भद्रता सस्ते कपड़ों से अपमानित होती है। घर में विलायती ढंग से सजावट न हो तो उस पर आंच आती है। बैंक में हमारे नाम पर जो अंक लिखे हैं वे कम हों तो हमारी भद्रता कलंकित होती है। हम यह भूल बैठे हैं कि ऐसी प्रतिष्ठा को सिर पर ढोकर उसका आदर करना वास्तव में अत्यंत लज्जा का विषय है। जिसे बेकार उत्तेजनाओं और उन्माद को हमने सुख मानकर चुना है उनसे हमारे समाज का अंतःकरण दासता के पाश में जकड़ा जा रहा है। मासकल्चर की खूबी है कि वह आंतरिक और बाह्य प्रभेदों

को जन्म देती है। प्रभेद वहां पैदा होते हैं जहां अविश्वास और भय होता है। जहां एक-दूसरे को धोखा देकर हराने का प्रयास किया जाता है। जहां व्यवहार में सहजता खत्म हो जाती है। मासकल्चर की विशेषता है कि वह उपभोग की स्वाधीनता पर बल देती है। इसके कारण विनिमय और उपभोग के सवाल प्रमुखता हासिल कर लेते हैं। उपभोग की स्वाधीनता बाजार की शक्तियों को ज्यादा से ज्यादा स्वतंत्रता देती है किंतु राजनीतिक, आर्थिक और सामाजिक स्वाधीनता को पंगु बनाती है।

17. भूमंडलीकरण और इंटरनेट तकनीकी

भूमंडलीकरण आज एक ठोस वास्तविकता है। टेलीविजन के उदय ने विश्व बाजार का एक नया परिदृश्य बनाया। सन् 70 के बाद विज्ञापन, उपग्रह तकनीकी, कंप्यूटर और अब इंटरनेट ने भूमंडलीकरण की प्रक्रिया को नई ऊंचाइयों पर पहुंचाया है। आज डिजिटल क्रांति ने सूचना और संचार तकनीकी को विश्वव्यापी परिवर्तनों की एक ऐसी संभावनापूर्ण दुनिया में धकेल दिया है जहां सूचना एवं संचार तकनीकी के अनेक रूप पुराने पड़ गए हैं। इनकी परंपरागत भूमिका बदल गई है। तकनीकी रूपों का तेजी से विलय हो रहा है इसके परिणामस्वरूप परंपरागत माध्यमों के बीच की सीमाएं खत्म हो चुकी हैं, साथ ही, परंपरागत माध्यम उद्योग की सीमाएं भी टूट चुकी हैं।

आज समाचार-पत्र, रेडियो, टेलीविजन, केबल टेलीविजन, फिल्म आदि एक ही साथ इंटरनेट पर देख सकते हैं। टेलीफोन एवं कंप्यूटर का इंटरनेट पर इस्तेमाल कर सकते हैं यहां तक कि चिट्ठी-पत्री, सलाह-मशविरा एवं व्यापार भी कर सकते हैं। व्यापारिक लेन-देन के अब तक के सभी तरीकों को इंटरनेट ने एकदम बदल दिया है। यह एक तरह पुराने माध्यमों की अस्मिता के लोप का युग है। इंटरनेट और डिजिटल क्रांति के साथ उपग्रह तकनीकी के कारण ये परिवर्तन संभव हो सके। इन परिवर्तनों के कारण कैसा समाज जन्म लेगा? कैसी संस्कृति, आचार-व्यवहार और एटीट्यूडस पैदा होंगे, इस तरफ गंभीरता से ध्यान देने की जरूरत है। इस सबके कारण 'इन्फो-कम्युनिकेशन' का परिदृश्य और परिप्रेक्ष्य बदला है। 'इंटरनेशनल टेली कम्युनिकेशन यूनियन' की कार्यप्रणाली और नियमों में भी बदलाव आया है। इस सबके कारण अस्थिरता पैदा हुई है।

उपग्रह, डिजिटल और उपग्रह तकनीकी के उद्भव और विकास के पीछे

बहुराष्ट्रीय संचार एवं माध्यम कंपनियों की बेशुमार पूंजी लगी हुई है। यह वस्तुतः बड़ी पूंजी की उपज है। बड़ी पूंजी पूरी तरह मुनाफाखोरी पर टिकी है। सामाजिक वैषम्य को दूर करने के पवित्र लक्ष्य से इन परिवर्तनों का कोई संबंध नहीं है, उलटे सामाजिक वैषम्य में इन परिवर्तनों से वृद्धि हो रही है।

इन परिवर्तनों का भाषा पर गहर असर होगा। कंप्यूटर की भाषा बदल रही है। जनमाध्यमों का उत्पादन और वितरण सीधे-सीधे प्रभावित हुआ है। आज सभी किस्म की सूचनाएं 'डिजिटल बाइट्स' में संकलित, संरक्षित और संप्रेषित होने की अवस्था में हैं। उपग्रह संचार प्रणाली को 'फाइबर ऑप्टिक वायर कम्युनिकेशन' नेटवर्क से जोड़ा जा रहा है। डिजिटल कम्युनिकेशन को 'इन्फॉर्मेशन सुपर हाईवे' या 'ग्लोबल इन्फॉर्मेशन इन्फ्रास्ट्रक्चर' में बदला जा रहा है। इन परिवर्तनों में 'डिजिटल' और 'इंटरनेट' की केंद्रीय भूमिका है। अमेरिका के 'फेडरल कम्युनिकेशन कमीशन' के अध्यक्ष रीड हॉष्ट की राय है कि 'ये परिवर्तन इतने बड़े पैमाने पर होंगे कि लोगों के लिए समझना मुश्किल होगा।'

कुछ विशेषज्ञ यह भी मानते हैं कि कंप्यूटर संचार प्रणाली माध्यम मुगलों की इजारेदारी को सीधे-सीधे चुनौती दे रही है। यह एक तरह बहुलतावादी-जनतांत्रिक संचार का द्वार खोल रही है। निकोलस निग्रोपाष्टी ने दृश्य के संप्रेषण पर नियंत्रण कायम करना है। संक्षेप में, इंटरनेट और डिजिटल संचार नेटवर्क, भूमंडलीय संचार अल्पतंत्र के विकास को कमजोर नहीं कर पाएगा बल्कि वे इसके समेकित पक्ष होंगे। बाजार संचालित व्यवस्था के रूप में, यह व्यवसाय और समृद्ध उपभोक्ताओं की जरूरतों को पूरा करने के अनुसार निर्मित होगा। यह वहां होगा, जहां आसानी से मुनाफा मिलेगा।

वास्तव में बाजार पर छोड़ दिए जाने पर इंटरनेट द्वारा भी विकसित देशों (और खासकर अमेरिका) और शेष दुनिया के बीच गैर-बराबरी के बढ़ाए जाने की आशंका होगी। 1996 में विकासशील देशों में सिर्फ चार फीसदी लोग इंटरनेट का प्रयोग कर रहे थे जबकि अमेरिका में वेब का प्रयोग करने वालों का प्रतिशत 75 था (रॉबिन फ्रास्ट, वेब'स हेवी यू एस एक्सेंट ग्रेटस ऑन ओवरसीज इअर्स' *दि वाल स्ट्रीट जर्नल,* 26 सितंबर, 1996, पृ. बी4)। संभवतः असंगति कम हो जाएगी लेकिन यह मानने की बहुत कम वजह है कि यह एक अहम समस्या नहीं बनी रहेगी। अंगरेजी इंटरनेट की अधिकृत वेब भाषा है। उसके संबंध में यह अमेरिकी कंपनियों और प्रयोक्ताओं के हाथों में खेलना है और इसलिए इंटरनेट विकासशील विश्व में भी उसी रूप में

बेचा जा रहा है, जिस रूप में अमेरिका में—सर्वप्रथम और सर्वाधिक, व्यवसाय, और समृद्धशाली लोगों के उपकरण के रूप में। इस अर्थ में इंटरनेट संभवतः राष्ट्रों के अंदर और उनके बीच असमानता को बढ़ाएगा। इसी दिशा में जब पेरू की एक सहकारी संस्था ने किसानों को इंटरनेट उपलब्ध कराने की कोशिश की तो हाल ही में निजीकृत हुई पेरू की दूरसंचार सेवा ने जरूरी उपकरण उपलब्ध कराने से इनकार कर दिया। उसने खुद अपनी व्यावसायिक इंटरनेट सेवा मुहैया कराने की योजना बना ली थी (केवलिन सिम्स, 'ए बेव एंट्री फॉर पेरूवियन विदआउट पीसीज्म', *न्यूयॉर्क टाइम्स*, 27 मई 1996, पृ. 25)।

बहुत पहले, इंटरनेट के प्राचीन इतिहास में, जैसे 1994 और 1995 में कुछ इंटरनेट के उत्साही समर्थक इस प्रौद्योगिकी की शक्ति से इतने प्रभावित थे कि वे 'साइबरस्पेस को, लाभकारी निगम संचार के अंत के रूप में देखने लगे थे क्योंकि इसके जरिये लोग निगम क्षेत्र से बाहर निकल सकने में सक्षम हो सकते हैं और भूमंडलीय स्तर पर एक-दूसरे के साथ प्रत्यक्ष संप्रेषण कर सकते हैं। यह तब की बात थी। 1990 के दशक के उत्तरार्द्ध में जो सबसे अहम परिवर्तन हुआ वह यह था कि जो यह समझ रहे थे कि इंटरनेट गुणात्मक रूप से भिन्न और समतावादी किस्म की पत्रकारिता, राजनीति, मीडिया और संस्कृति को मुहैया कराएगा, ऐसे सुखद सपने का जल्दी ही लोप हो गया। लक्षण यही बताते हैं कि इंटरनेट या अन्य अनुवर्ती डिजिटल संचार प्रणाली में, इस व्यावसायिक मीडिया की अंतर्वस्तु वैसी ही दिखाई देगी जैसी कि वह आज है। वास्तव में विज्ञापनदाताओं और व्यावसायिकता का इंटरनेट की अंतर्वस्तु पर दूसरों की तुलना में कहीं ज्यादा प्रभाव है। विज्ञापन-दाताओं और मीडिया फर्मों दोनों की एक अभिलाषा है कि इंटरनेट ज्यादा से ज्यादा व्यावसायिक टेलीविजन की तरह दिखाई दे क्योंकि तभी उस पर व्यावसायिक रूप से विजय प्रमाणित होगी। 1996 के दिसंबर माह में माइक्रोसॉफ्ट ने अपने विशाल ऑनलाइन माइक्रोसॉफ्ट नेटवर्क को टेलीविजन फार्मेट के सदृश रूप में बदला (डॉन क्लार्क, 'माइक्रोसॉफ्ट'स ऑनलाइन सर्विस गोज टूए टीवी फार्मेट', *दि वाल स्ट्रीट जर्नल*, 9 दिसंबर 1996, पृ. बी8)। एटीएंडटी की इंटरनेट सेवाओं के निदेशक ने कहा कि हो सकता है कि इंटरनेट विज्ञापन-संचालन का चरम माध्यम बने : 'यदि यह अच्छी तरह काम करता है तो आप उपभोक्तावाद और मनोरंजन के बीच किसी तरह का तनाव महसूस नहीं करेंगे।' फ्रेंक बीकाम जो 1995 में इंटरनेट को निगम या सरकारी नियंत्रण के बाहर सार्वजनिक क्षेत्र के रूप में उत्सुकता से देख रहे थे,

एक साल बाद इस बात पर विलाप करने लगे कि इंटरनेट 'जनता के हितों की सेवा करने वाले भागीदारी माध्यम से ऐसे प्रसारण माध्यम में बदल गया है 'जहां निगम उपभोक्ता केंद्रित सूचना प्रदान करते हैं। अंतर्क्रियाशीलता घटकर बस विक्रय सौदे और ई-मेल से कुछ ज्यादा नहीं रह गई है।'

भूमंडलीय संचार किस ओर?

यह बहुत दिलचस्प प्रतीत होता है कि कुछ दर्जन विशाल निगमों के वर्चस्व वाले भूमंडलीय व्यावसायिक मीडिया और संचार बाजार की स्थापना अपरिहार्य है, बिलकुल उसी तरह, जैसा कि भूमंडलीय पूंजीवाद के बारे में कहना आसान है। फिर भी, बाजार अर्थव्यवस्था की तरह विकासमान संचार व्यवस्था भी, समस्याओं और तनावों से ग्रस्त है। व्यवसाय या उच्च मध्य वर्गीय उपभोक्ता के नजरिये से देखने के बजाय, अलग नजरिये से देखें तो इस विकासमान व्यवस्था की सीमाएं चौंका देने वाली हैं। हाल के वर्षों में शायद ही कोई क्षेत्र ऐसा हो जिसमें इतनी सक्रियता दिखाई देती है, जितनी कि मीडिया सुधार को संगठित करने के क्षेत्र में दिखाई देती है। कि 'यू.एस. फेयरनेस एंड एक्यूरेसी इन रिपोर्टिंग' और 'ब्रिटिश केंपेन फॉर प्रेस एंड ब्रॉडकास्टिंग फ्रीडम' जैसे ग्रुप लगभग सभी देशों में व्यावसायिक मीडिया की समस्याओं के प्रति लोगों को शिक्षित करने में लगे है और उन्हें सामाजिक परिवर्तनों के लिए संगठित कर रहे हैं। ये ग्रुप व्यावसायिक मीडिया की आलोचना ही नहीं करते हैं बल्कि वे व्यावसायिक और नौकरशाही अतिक्रमण से सार्वजनिक सेवा प्रसारण को बचाने का भी संगठित प्रयास करते हैं। इस तरह के संगठन हर कहीं बन रहे हैं। हाल ही में स्थापित सांस्कृतिक पर्यावरण आंदोलन जैसे कुछ संगठन तो अंतर्राष्ट्रीय स्तर पर संगठित हो रहे हैं। सारी दुनिया के स्तर पर संगठित मजदूर वर्ग भी, सार्वजनिक सेवा मीडिया और संचार जैसे मसलों के प्रति सक्रिय हैं। जापाटिस्थाज जैसे प्रगतिशील सामाजिक आंदोलन अपने कार्यक्रमों में भूमंडलीय व्यावसायिक मीडिया व्यवस्था को प्राथमिकता देते हैं। चुनाव लड़ने वाले लोकतांत्रिक वामपंथी दलों ने भी अपने मंचों से मीडिया सुधार को केंद्रीय मुद्दा बनाया है। दिन-ब-दिन संदेश साफ होता जा रहा है—बिना लोकतांत्रिक मीडिया के, लोकतंत्र नहीं हो सकता।

यहां तक कि ज्यादा सक्रियता गैर-लाभकारी और गैर-व्यावसायिक मीडिया की स्थापना में दिखाई दे रही है। नई डिजिटल प्रौद्योगिकी, कार्यकर्ताओं के संचार उद्यमों

को आरंभ करने के अवसरों में, व्यापक विस्तार की अनुमति प्रदान कर रही है। वास्तव में, कुछ साल पहले तक जिसके बारे में सोचा भी नहीं जा सकता था, उस लोकतांत्रिक मीडिया की स्थापना के लिए अब प्रौद्योगिकी का आधार मौजूद है। सारी दुनिया में सामुदायिक और गैर-कानूनी रेडियो, जन-सुलभ टेलीविजन, वीडियो और इंटरनेट साइटों का विस्फोट आया हुआ है। लेकिन जब तक अधिकारों और संसाधनों की मांग करने वाली संगठित राजनीतिक ताकत इसके पीछे नहीं हैं, तब तक यह सोचना निरर्थक है कि ये वैकल्पिक मीडिया उद्यम, भूमंडलीय मीडिया प्रणाली में हाशिये से ज्यादा भूमिका निभा सकते हैं। लोकतांत्रिक मीडिया कार्यकर्ताओं के लिए यह फौरी संघर्ष है। लोकतांत्रिक संचार के लिए संघर्ष में भूमंडलीय लिखा है कि 'मासमीडिया का इजारेदाराना राज्य ध्वस्त होकर कुटीर उद्योग में बदल रहा है। आज इंटरनेट वास्तव में क्रांति का प्रतिनिधि है।' पर एडवर्ड एस. हिरमेन और आर.डब्ल्यू. मैकेंजी ने *दि ग्लोबल मीडिया* में लिखा है कि 'प्रमाण यह गवाही देते हैं कि इंटरनेट या डिजिटल क्रांति से तत्काल या निकट भविष्य में माध्यम सम्राटों की बाजार शक्ति पर कोई खास प्रभाव पड़ने वाला नहीं है।'

पिछले दिनों संयुक्त राष्ट्र संघ की तरफ से 'मानव विकास रिपोर्ट 99' जारी हुई है। इस रिपोर्ट में रेखांकित किया गया है कि हाल के वर्षों में तकनीकी जगत में आए परिवर्तनों ने विकास की अनंत संभावनाएं पैदा कर दी हैं। तकनीकी परिवर्तनों की क्षमताओं का लाभ इस बात पर निर्भर करता है कि हम इसका कैसे इस्तेमाल करते हैं? यहां यह भी जोड़ लें कि कौन इस्तेमाल करता है और किस मकसद से इस्तेमाल करता है? तकनीकी परिवर्तनों का भूमंडलीकरण पर क्या असर होगा? ये कुछ प्रश्न हैं जिन पर समग्रता में विचार करने की जरूरत है। सबसे पहला प्रश्न यह उठता है कि इंटरनेट क्या है? यह कंप्यूटर नेटवर्क की अगणित तरंग व्यवस्था है।

'मानव विकास रिपोर्ट' ने इस युग को 'ज्ञान की भूमंडलीय प्रतिस्पर्धा' के युग के नाम से व्याख्यायित किया है। 'ज्ञान की प्रतिस्पर्धा' को गति प्रदान करने में सूचना एवं संचार तकनीकी के क्षेत्र में आई नई प्रविधियों की ओर ज्यादा से ज्यादा ध्यान दिया जा रहा है। साथ ही, बायो-टेक्नोलॉजी पर भी ध्यान दिया जा रहा है। खास कर कंप्यूटर, संचार और इंटरनेट तकनीकी के सम्मिश्रण से ऐसी अवस्था पैदा हुई है जो हमारी परिकल्पना के सभी दायरे तोड़ रही है। इससे समय, दूरी और खर्च की सभी बाधाओं को तोड़ दिया है। इसी तरह बायो-टेक्नोलॉजी के विकास ने

क्रांतिकारी परिवर्तनों को जन्म दिया है। इस समूची प्रक्रिया ने भूमंडलीय बाजार के निर्माण में अग्रणी भूमिका अदा की है। नए-नए बाजार और नए-नए व्यापारी बाजार में आए हैं। इससे आर्थिक प्रतिस्पर्धा, संस्कृति एवं सत्ता की क्षमता और भूमंडलीय रूपातंरण को नई ऊंचाइयों पर पहुंचाया है। इसके क्या परिणाम होंगे इससे हम अनभिज्ञ हैं। किंतु यह सच है कि इन नए तकनीकी रूपों (इंटरनेट, एवं बायो-टेक्नोलॉजी) की शक्ल भूमंडलीकरण के कारण ही बनी है। फलतः आज 'ज्ञान' संपदा बन चुका है।

नई तकनीकी हमारी उम्मीदों से ज्यादा तीव्रगामी है। इसके परिणामस्वरूप गरीब-अमीर की खाई तेजी से बढ़ी है। ज्ञानी-अज्ञानी का अंतराल बढ़ा है। सन 1995 के आसपास भूमंडलीय कंप्यूटर नेटवर्क के साथ इंटरनेट का उदय हुआ। इससे एकदम नई संचार प्रणाली सामने आई। आरंभ में यह सीमित क्षेत्र तक सक्रिय थी। बाद में 1995-96 में इसे इंटरनेट से जोड़ दिया गया। इससे अंतहीन संपर्क और असंख्य सूचनाओं का खजाना सहज ही हाथ लग गया।

सन् 1960 के आसपास अमेरिकी रक्षा विभाग ने प्रोटोकॉल और परमाणु हमले के दौरान संप्रेषणके लिए इंटरनेट का श्रीगणेश किया। बाद में इसका प्रयोग आम हो गया। जब व्यापक प्रयोग शुरू हुआ तो सबसे पहले व्यावसायिक इस्तेमाल हुआ। यह सिलसिला अब भी जारी है। फॉरेस्टर अनुसंधान का अनुमान है कि सन् 2003 तक सकल विश्व व्यापार का 5 फीसदी कारोबार इंटरनेट से होगा यानी तकरीबन 3,700 अरब डॉलर का कारोबार होगा।

आज 'विश्व तरंग व्यवस्था' (वर्ल्ड वेबसाइट) में कोई भी अपनी तरंग चौकी (वेबसाइट) स्थापित कर सकता है। इसके माध्यम से सूचना संदेश, व्यापार, चिकित्सा, पत्राचार, प्रसारण, फिल्म, समाचार-पत्र, रेडियो, पत्रिका आदि किसी भी क्षेत्र में संप्रेषण एवं प्रसारण संभव है।

'विश्व तरंग व्यवस्था' वस्तुतः भूमंडलीय चौपाल है। यह ऐसी चौपाल है जो 24 घंटे सक्रिय है। इसके आगमन के बाद 'ग्लोबल विलेज' का सपना पूरी तरह साकार हो चुका है। आज इंटरनेट के माध्यम से कहीं पर भी क्षण भर में, कम लागत में, सामग्री संप्रेषित की जा सकती है। इसकी गति एवं लाभ का अंदाजा इसी बात से लगा सकते हैं कि 40 पृष्ठों को कूरियर से मेडागास्कर से कोस्टआयवरी भेजने में 5 दिन लगते थे और 75 डॉलर खर्च होते थे। फैक्स से इतने ही पृष्ठ भेजने में 30

मिनट लगते थे। और 45 डॉलर का खर्च आता था किंतु इंटरनेट से 40 पृष्ठों को प्रक्षेपित करने में मात्र दो मिनट लगते हैं और मात्र 20 सेंट का खर्च आता है। जबकि 'ईमेल' के जरिये सैकड़ों लोगों को यह सामग्री बगैर किसी लागत के भेजी जा सकती है बशर्ते उसके पास इंटरनेट की सुविधा हो।

इस तरह इंटरनेट ने अंतर्विरोधपूर्ण परिवर्तनों को जन्म दिया है। इन परिवर्तनों की तरफ 'मानव विकास रिपोर्ट 99' में विस्तृत चर्चा की गई है। रिपोर्ट में बताया गया है कि इससे नेटवर्क समाज का जन्म हुआ है। (1) विकेंद्रीकरण बनाम पुनः केंद्रीकरण की समस्या पैदा हुई है (2) विखंडन बनाम एकीकरण पैदा हुआ है (3) एकसारता बनाम विविधता का विवाद पैदा हुआ है। ये तीनों किस्म के परिवर्तन अभी आरंभिक अवस्था में हैं।

विकेंद्रीकरण बनाम पुनर्केंद्रीकरण के पहलू पर गौर करें तो पाएंगे कि राष्ट्रों की पुरानी आर्थिक सीमाओ को नई दिशा देते हुए, निजी क्षेत्र को नई शक्ति मिली है। बहुराष्ट्रीय कंपनियों की गतिविधियां तेजी से फैली हैं। इसमें सस्ती एवं तीव्रगामी संचार प्रणाली की केंद्रीय भूमिका है। कंप्यूटर निर्मित डिजाइन एवं मानवीकरण ने नियोजन, संपर्क एवं नियंत्रण को सहज बना दिया। आज इसके जरिये बहुराष्ट्रीय कंपनियां अपनी विश्व भर में फैली इकाइयों के बीच संपर्क एवं नियंत्रण बनाए हुए हैं। आज इस तरह की संचार प्रणाली के कारण ये कंपनियां किसी भी देश की सीमा या जवाबदेही से पूरी तरह मुक्त होकर अपने कार्य-व्यापार का संचालन कर सकती हैं। साथ ही, इंटरनेट जैसे संचार माध्यम के जरिये छोटे-छोटे व्यापारी बड़ी तादाद में बाजार में अपनी जगह भी बना सकते हैं। आज कोई भी छोटा सा व्यापारी इंटरनेट के जरिये बहुराष्ट्रीय कंपनी से भी प्रतिस्पर्धा कर सकता है। आरंभ में इंटरनेट सिर्फ वैज्ञानिकों के बीच इस्तेमाल होता था किंतु आज यह सामाजिक संपर्क, कारोबार, मनोरंजन, सूचना आदि संबद्ध प्रभावी उपकरण है। सन् 1988 में इंटरनेट के ग्राहकों की संख्या मात्र एक लाख थी किंतु 1998 में यह बढ़कर 360 लाख हो गई है। 1998 के मध्य तक इंटरनेट का मानव विकास रिपोर्ट में अनुमान लगाया गया है कि सन् 2001 तक उसके उपभोक्ताओं की संख्या 7,000 लाख हो जाएगी।

इंटरनेट के आने के बाद दूसरा मुद्दा विखंडन बनाम एकीकरण का उठा है। आज इंटरनेट के कारण 'राष्ट्रीय समूह' की सीमाएं टूट चुकी हैं और उसकी जगह 'ऑन लाइन समुदाय' पैदा हुआ है। इसमें राजनीति, जातीय, लिंग एवं सामाजिक मुद्दों पर काम करने वाले लोग शामिल हैं। आज ये समूह अपने वैचारिक वाद-विवाद, विमर्श

या प्रचार के लिए इंटरनेट का बड़े पैमाने पर इस्तेमाल कर रहे हैं। इस विमर्श के जरिये वे इन तमाम सोए हुए लोगों को भी जाग्रत कर रहे हैं, जो पहले कभी किसी बहस में शामिल नहीं होते थे। इसके अलावा संचार की इस प्रणाली में, स्थानीय समुदायों के बीच में निकटता पैदा करने की क्षमता है। इसके जरिये स्थानीय प्रशासन को और भी ज्यादा पारदर्शी बनाया जा सकता है।

इसी तरह इकसारता बनाम विविधता की बहस केंद्र में आ गई है। अभी तक विश्वव्यापी माध्यम कंपनियों पर चंद व्यक्तियों एवं चंद परिवारों की इजारेदारी थी। ये ही लोग कार्यक्रम बनाते एवं वितरण को नियंत्रित करते थे। इनके नियंत्रण से मनोरंजन एवं सूचना के समस्त केंद्र एवं चैनल थे, जिन्हें वे केबल अथवा उपग्रह चैनलों के जरिये प्रक्षेपित करते थे। इसके साथ ही सस्ती नई तकनीकी के आने के कारण, विभिन्न संस्कृतियों के लोगों ने अपनी अभिव्यक्ति के लिए इसका इस्तेमाल शुरू कर दिया। इससे वैविध्य के प्रचार-प्रसार को मदद मिली। विभिन्न भाषाओं में इंटरनेट पर तरंग चौकियां (वेबसाइट) स्थापित हुई हैं। विभिन्न भाषाओं के रेडियो सुने जा सकते हैं। छोटी-छोटी भाषाओं के कार्यक्रम छोटे-छोटे सामाजिक समूहों तक पहुंच रहे हैं। उपग्रह चैनलों के कार्यक्रम एक ही साथ दसियों भाषाओं में आ रहे हैं और एक ही साथ दसियों राष्ट्रों के लिए प्रसारित हो रहे हैं।

कंप्यूटर नेटवर्क और इंटरनेट के कारण जहां सूचनाओं की अपार संभावनाएं पैदा हुई हैं, वहीं पर यह प्रश्न उठता है कि देश के विकास के लिए सबसे पहले सूचना जरूरी है या रोटी जरूरी है? कंप्यूटर जरूरी है या शिक्षक जरूरी है? यंत्र जरूरी है किंतु यंत्र बगैर मनुष्य की मदद के अपनी सकारात्मक भूमिका अदा नहीं कर सकता, चाहे वह स्वचालित ही क्यों न हो। दूसरी ओर समृद्ध देशों एवं गरीब देशों में सूचना तकनीकी ने अकल्पनीय वैषम्य पैदा किया है।

मसलन, अमेरिका की मेडिकल लाइब्रेरी 5 हजार पत्रिकाएं मंगाती है जबकि नैरोबी विश्वविद्यालय मेडिकल स्कूल लाइब्रेरी, जो पूर्वी अफ्रीका का सबसे बड़ा केंद्र है, में मात्र 20 पत्रिकाएं मंगाई जाती हैं। दस वर्ष पहले इसी लाइब्रेरी में 300 पत्रिकाएं मंगाई जाती थीं। कांगो के ब्राजाविले विश्वविद्यालय में मेडिकल की मात्र 40 पुस्तकें हैं और चंद पत्रिकाएं हैं। यह स्थिति 1993 से पहले की है। सबसे बुरी अवस्था जिला अस्पतालों से जुड़ी लाइब्रेरियों की है जहां मेडिकल पुस्तकों के बजाय उपन्यास भरे पड़े हैं।

दरिद्र स्कूलों और अस्पतालों की अवस्था इतनी दयनीय है कि वे सूचना तकनीक से कोसों दूर हैं। अफ्रीकी देशों में सबसे बेहतर एवं संपर्क जोड़ने वाले साधनों में सर्वोपरि दक्षिण अफ्रीका माना जाता है। दक्षिण अफ्रीका के 75 फीसदी स्कूलों के पास टेलीफोन कनेक्शन की सुविधा तक नहीं है। अनेक अस्पताल हैं जहां टेलीफोन तक नहीं है। यहां तक कि विश्वविद्यालय स्तर पर 1,000 लोगों के लिए एक ही टर्मिनल है वहां एक कंप्यूटर की ही जरूरत नहीं है अपितु दूर संचार के पूरे के पूरे ढांचे की जरूरत है।

इसी तरह शिक्षा के लिए उपकरण अनिवार्य हैं। किंतु 'दूर से शिक्षा' के लिए संस्थान, कौशल एवं कुशल प्रबंधन जरूरी है। 'दूर से शिक्षा' की तकनीकी के लिए जरूरी है प्रासंगिक पाठ्यक्रम एवं इसे लागू करने वाला मजबूत कार्यदल। जांबिया ने 1986 से 1990 के बीच 7,000 शिक्षकों को नौकरी से निकाल दिया क्योंकि शिक्षा मद में खर्च करने के लिए पैसा नहीं था। ध्यान रहे कि तकनीकी बगैर सहयोगी कार्यदल के अपनी भूमिका अदा नहीं कर सकती। सूचना हमारी अनेक जरूरतों में से एक जरूरत है। 'ई-मेल' इंजेक्शन का विकल्प नहीं है। उपग्रह में हमें स्वच्छ पीने का पानी नहीं मिल सकता। उच्च तकनीकी के प्रकल्पों के जरिये बुनियादी प्राथमिकताओं के दरकिनार हो जाने का खतरा है।

इसी तरह दूरसंचार तकनीकी ने ये संभावनाएं पैदा की हैं कि छोटे पूंजीपति विश्व बाजार में दाखिल हो सकें, प्रतिस्पर्धा कर सकें। इसका राजनीतिक एवं स्वैच्छिक संगठन भी तेजी से इस्तेमाल कर सकते हैं। खास कर स्वैच्छिक संगठनों की हस्तक्षेप एवं संप्रेषण क्षमता को नई दूर संचार तकनीकी ने गुणात्मक रूप से बढ़ा दिया है।

इंटरनेट पर इन दिनों तेजी से व्यापार हो रहा है। अन्य क्षेत्रों में इसके इस्तेमाल की प्रक्रिया धीमी गति से चल रही है। यहां 24 घंटे दुकानें खुली हुई हैं और किसी भी वस्तु की खरीद-फरोख्त की जा सकती है। इस बाजार में बहुराष्ट्रीय निगमों का वर्चस्व है। आरंभ में सोचा गया था कि 'तरंग चौकी' (वेबसाइट) स्थापित करना सस्ता पड़ेगा किंतु आज स्थिति यह है कि 'तरंग चौकी' को बनाए रखना बेहद खर्चीला हो गया है। इंटरनेट के ऊपर शोध करने वाली विश्व की सबसे बड़ी शोध संस्था 'फॉरेस्टर रिसर्च ग्रुप' ने रेखांकित किया है कि 'तकनीकी सलाह-मशविरा देने वाली कंपनियों को अपनी 'तरंग चौकी' बनाने एवं नियमित रखने में सालाना 31 लाख डॉलर का खर्चा करना होता है। इसके खर्चीले स्वरूप के कारण 1998 में

इंटरनेट की पहली *वेब मैगजीन* (तरंग पत्रिका) को बंद करना पड़ा। इसे इंटरनेट की गीता माना जाता था। वायर डिजिटल ने अपने 20 फीसदी कर्मचारियों को नौकरी से निकाल दिया। ये वे लोग थे जो 'ऑन लाइन' सर्विस में काम करते थे।

यह सच है कि इंटरनेट पर कोई भी अपनी 'तरंग चौकी' स्थापित कर सकता है। किंतु तथ्य गवाह हैं कि कोई भी नया व्यक्ति जब इंटरनेट का इस्तेमाल करता है तो बहुराष्ट्रीय निगमों की 'तरंग चौकी' पर पहले जाता है, नए या छोटे व्यापारी की 'तरंग चौकी' को वह जानता नहीं है या जाना ही नहीं चाहता है।

आज इंटरनेट पर सोनी, डिज्नी, टाइम वारनर, ईएसपीएन एवं सीएनएन की 'तरंग चौकी' ज्यादा लोकप्रिय हैं। इंटरनेट की तरंग चौकियों में 'जियोसिटीज कॉम' नामक तरंग चौकी सबसे ज्यादा लोकप्रिय है। यह इंटरनेट का सामूहिक तरंग संकलन पन्ना है, जिसमें एकाकी व्यक्तियों के तरंग पन्नों को संकलित किया गया है। इसमें तकरीबन साढ़े दस लाख तरंग पृष्ठ हैं तथा प्रतिदिन आठ हजार लोग अपने तरंग पृष्ठ बना रहे हैं।

जनवरी 1998 में प्रकाशित एक सर्वेक्षण से पता चलता है कि पंद्रह सर्वोच्च तरंग चौकियां हैं जिनका सबसे ज्यादा उपयोग हो रहा है। इनके कब्जे में इंटरनेट के उपभोक्ताओं का सबसे बड़ा हिस्सा आता है। 1. 'जियोसिटीज कॉम' सामुदायिक तरंग स्थल है, जिसका 23.9 फीसदी इंटरनेट उपभोक्ताओं ने इस्तेमाल किया। 2. 'त्रिपोद कॉम' सामुदायिक तरंग स्थल है, जिसका 10.1 फीसदी उपभोक्ताओं ने इस्तेमाल किया। 3. 'जेड डी नेट कॉम' कंप्यूटर सूचना की तरंग चौकी है, इसका 8.7 फीसदी उपभोक्ताओं ने इस्तेमाल किया। 4. 'सोनी कॉम' मनोरंजन तरंग चौकी है, इसका 8.5 फीसदी उपभोक्ताओं ने इस्तेमाल किया। 5. 'रीयल कॉम' वीडियो एवं ऑडियो तरंग चौकी है, जिसका 7.2 फीसदी उपभोक्ताओं ने इस्तेमाल किया। 6. 'डिज्नी कॉम' मनोरंजन तरंग चौकी है, जिसका 6.8 फीसदी ग्राहकों ने इस्तेमाल किया। 7. 'अमेजॉन कॉम' पुस्तक विक्रेता की तरंग चौकी है, जिसका 6.8 फीसदी लोगों ने इस्तेमाल किया। 8. 'पाथ फाइंडर कॉम' टाइम वारनर की मनोरंजन तरंग चौकी है, जिसका 6.5 फीसदी लोगों ने इस्तेमाल किया। 9. 'वेदर कॉम' मानसून की पूर्व सूचना देने वाली तरंग चौकी है, जिसका 5.9 फीसदी लोगों ने इस्तेमाल किया। 10. 'सीनेट कॉम' कंप्यूटर संबंधी सूचनाओं की तरंग चौकी है, जिसका 5.5 फीसदी लोगों ने इस्तेमाल किया। 11. ''ब्लू माउंटेन आर्ट्स कॉम' ऑनलाइन बधाई कार्ड तरंग स्थल है, जिसे 5.1 फीसदी लोगों ने इस्तेमाल किया।

12. 'एमएसएनबीसी कॉम' समाचार तरंग चौकी है, जिसका 4.8 फीसदी लोगों ने इस्तेमाल किया। 13. 'यू एस ट्रांस गवर्नमेंट' सरकार का तरंग स्थल है, जिसका 4.7 फीसदी लोगों ने उपयोग किया। 14. 'ईएसपीएन कॉम' खेल की तरंग चौकी है जिसका 4.1 फीसदी लोगों ने इस्तेमाल किया। 15. 'सीएनएन कॉम' समाचार तरंग चौकी है जिसका 3.9 फीसदी लोगों ने इस्तेमाल किया है।

उल्लेखनीय है कि आरंभ में अमेरिका ने इंटरनेट की स्थापना में जबर्दस्त दिलचस्पी ली किंतु बाद में बहुराष्ट्रीय संचार एवं सूचना कंपनियों के दबाव में आकर अमेरिकी सरकार ने अपनी जिम्मेदारी से हाथ खींच लिया और सात बड़ी बहुराष्ट्रीय कंपनियों को इंटरनेट पूरी तरह सौंप दिया। तब से इंटरनेट का तेजी से व्यावसायिक इस्तेमाल बढ़ा है।

संचार तकनीकी की प्रासंगिकता और शक्ति ज्यों-ज्यों बढ़ती जा रही है उसी के समानांतर भूमंडलीकरण या संचार के क्षेत्र में ध्रुवीकरण भी बढ़ रहा है। विश्व स्तर पर सूचना क्रांति अभी शैशवावस्था में है। इसका प्रतिदिन विस्तार एवं विकास हो रहा है किंतु आज भी यह तकनीकी चंद राष्ट्रों तक ही सीमित है। मसलन, कंबोडिया में 1996 में 100 लोगों के पास 1 टेलीफोन से भी कम की व्यवस्था थी जबकि मोनाको में इसके विपरीत प्रत्येक 100 व्यक्तियों पर 99 टेलीफोन थे। यह विश्व स्वीकृत मान्यता है कि संचार के बुनियादी आधार को अर्जित करने के लिए, कम से कम 100 व्यक्तियों पर एक टेलीफोन जरूर होना चाहिए किंतु उस शताब्दी के अंत और नई शताब्दी के शुरू में भी, दुनिया के तकरीबन एक-चौथाई देश, इस न्यूनतम लक्ष्य को भी प्राप्त नहीं कर पाएंगे। जर्मनी एवं सिंगापुर में दूर संचार तकनीकी का औसत रूप में जिस तरह का ढांचा उपलब्ध है, उसे भूटान जैसे देश सन् 2050 तक भी अर्जित नहीं कर पाएंगे।

दूर संचार के क्षेत्र में सिर्फ टेलीफोन की दुनिया में ही वैषम्य नहीं है अपितु इंटरनेट की दुनिया में भी वैषम्य है। सन् 1998 के मध्य के आंकड़े बताते हैं कि औद्योगिक राष्ट्रों में विश्व के इंटरनेट के सकल उपभोक्ताओं का 88 फीसदी हिस्सा रहता है अकेले उत्तरी अमेरिका में इंटरनेट के 50 फीसदी उपभोक्ता हैं।

संयुक्त राष्ट्र संघ की 'मानव विकास रिपोर्ट 99' के मुताबिक अमेरिका में विश्व जनसंख्या के 4.7 फीसदी हिस्से के पास, समूचे विश्व के इंटरनेट उपभोक्ताओं का 26.3 फीसदी हिस्सा है। ओईसीडी देशों (अमेरिका को छोड़कर) में समूचे विश्व की

14.1 फीसदी जनसंख्या है पर समूचे विश्व के इंटरनेट उपभोक्ताओं का 6.9 फीसदी हिस्सा है। दक्षिण एशिया और पैसिफिक के देशों में दुनिया की आबादी का 8.6 फीसदी अंश रहता है जबकि इंटरनेट उपभोक्ता मात्र 0.5 फीसदी हैं। लैटिन अमेरिका एवं कैरेबियन राष्ट्रों में विश्व की 6.8 आबादी रहती है, जबकि इंटरनेट के सकल उपभोक्ताओं का मात्र 0.8 फीसदी अंश है। पूर्वी एशिया में विश्व की 22.2 फीसदी आबादी रहती है जबकि इंटरनेट के सकल उपभोक्ताओं में मात्र 0. 4 फीसदी लोग हैं। पूर्वी यूरोप और भू. यू. सोवियत संघ के राष्ट्रकुल में विश्व की 5.8 फीसदी आबादी में इंटरनेट के मात्र 0.4 फीसदी उपभोक्ता हैं। अरब देशों में विश्व की 4.5 फीसदी आबादी रहती है जिसमें मात्र 0.2 फीसदी इंटरनेट उपभोक्ता हैं। अफ्रीका में विश्व की 9.7 फीसदी आबादी रहती है किंतु मात्र 0.1 फीसदी इंटरनेट उपभोक्ता हैं। दक्षिण एशिया में विश्व की 23.5 फीसदी आबादी रहती है किंतु इंटरनेट के 0.04 फीसदी उपभोक्ता हैं। कुल मिलाकर विश्व की पूरी आबादी में मात्र 2.4 फीसदी इंटरनेट उपभोक्ता हैं। इससे इंटरनेट की वैषम्यपूर्ण छवि स्पष्ट रूप में सामने आती है।

इसी तरह इंटरनेट से 1996 तक 400 टेलीविजन और 1,200 रेडियो स्टेशन जुड़ चुके थे। आज इंटरनेट पर 24 घंटे मनोरंजन, समाचार, फिल्म आदि उपलब्ध हैं। इसकी असीमित व्यावसायिक संभावनाएं हैं अतः इंटरनेट से तेजी से व्यापार भी शुरू हो चुका है। सन् 2000 तक 'पुश टेक्नोलॉजी' के माध्यम से 3.7 अरब डॉलर का कारोबार होने की संभावना है। माइक्रोसॉफ्ट का अनुमान है कि सन् 2000 तक इंटरनेट 13-15 अरब डॉलर की वसूली करके देगा। साथ ही, 10 फीसदी बाजार भी हासिल कर पाएगा। आईबीएम ने सन् 1998 में इंटरनेट व्यापार की सकल आय 3.3 अरब डॉलर आंकी जबकि इंटरनेट से 1.8 अरब डॉलर की खरीदारी दर्ज की गई। इंटरनेट से व्यापार करके आईबीएम ने 1999 के अंत तक 24 करोड़ डॉलर की बचत होने का अनुमान लगाया है।

वर्ल्ड कॉम/एमसीआई के अनुसार विश्व में इंटरनेट उपभोक्ताओं की संख्या में प्रति दो माह में 2.5 गुना वृद्धि हो रही है। तरंग स्थलों, माल के नामों और विक्रेता के नामों में प्रति सैकेंड बढ़ोतरी हो रही है। अमेरिका के व्यापार विभाग, अमेरिका के व्यापार से व्यापार विभाग (बी 2बी), और 'व्यापार से उपभोक्ता विभाग' (बी 2सी) का इंटरनेट से 1999 के अंत तक 310 अरब डॉलर का व्यापार होने का अनुमान है। सन् 2003 तक यह आंकड़ा, 1500 अरब डॉलर पार कर जाएगा। इसी वर्ष यूरोप

में 80 करोड़ डॉलर और एशियाई देशों में 9 अरब डॉलर का इंटरनेट व्यापार होने का अनुमान लगाया गया है।

इंटरनेट की व्यापार तरंग चौकियों पर नजर डालें तो काफी दिलचस्प सूचनाएं मिलेंगी। मसलन 'ई बाय' नामक तरंग को ही लें। इसकी स्थापना 1995 में हुई। यह विश्व का सबसे बड़ा ऑन लाइन खरीद केंद्र है। यह 24 घंटे खुला रहता है। इसके 38 लाख से ज्यादा रजिस्टर्ड उपभोक्ता हैं, साथ ही, 80 लाख विशेष आगंतुक या अतिथि उपभोक्ता हैं। ये आंकड़े मार्च 1999 के हैं। इस तरंग स्थल पर दो मिलियन से ज्यादा का, 500 श्रेणियों का माल सूचीबद्ध है। इसमें दुर्लभ वस्तुएं, पुस्तकें, फिल्म, सिक्के, डाक-टिकट, कंप्यूटर, मूर्तियां, गुड़िया, गहने, हीरे-जवाहरात, फोटो, इलेक्ट्रॉनिक्स वस्तुएं, कांच के बर्तन, खेल का सामान और खिलौने शामिल हैं।

फरवरी 1999 में प्रकाशित *मीडिया मेट्रिक्स* नामक वेब रिपोर्ट के अनुसार 'ई बाय' तीसरे नंबर का सबसे लोकप्रिय तरंग स्थल है। इस तरंग स्थल का प्रतिमाह 80 करोड़ मिनट उपभोक्ताओं ने इस्तेमाल किया।

इसी तरह 'याहू इंक' भी बेहद जनप्रिय तरंग स्थल है। इसकी, स्टैंफर्ड यूनिवर्सिटी के दो युवा इलेक्ट्रिकल इंजीनियरों एवं जीएचडी के शोधार्थी, डेविड फिलो और जेरी यंग ने 1994 में स्थापना की थी। यह तरंग स्थल बेशुमार विज्ञापन जुटाने में सफल रहा। इस तरंग स्थल पर अभिरुचियों और विचारों का सूचीबद्ध संसार उपलब्ध है। 31 मार्च, 1999 तक 'याहू' ने 860 लाख डॉलर का लाभ कमाया जबकि 1998 में मात्र 306 अरब डॉलर का लाभ हुआ था यानी एक साल में मुनाफे में तिगुनी वृद्धि हुई। दिसंबर 1998 में 16.7 करोड़ तरंग पृष्ठों का लोग प्रतिदिन इस्तेमाल करते थे। किंतु 31 मार्च 1999 तक दूसरे नेटवर्क के 23.5 करोड़ तरंग पृष्ठों का प्रतिदिन उपयोग किया गया। 'ट्रेवलोसिटी' तरंग स्थल के जरिये दुनिया के किसी भी देश में यात्रा, ठहरने एवं पर्यटन की बुकिंग चंद सेकेंड में हो सकती है। इस तरंग स्थल में 700 : एयरलाइन, 400 अनुबंधित ऑन लाइन, 40 कार एजेंसियों और 40 हजार होटलों का खजाना है, जहां मात्र क्रेडिट कार्ड नंबर बताते ही बुकिंग हो जाती है।

इंटरनेट की बढ़ती हुई उपयोगिता ने, बड़ी कंपनियों को विज्ञापन हेतु अपनी तरफ आकर्षित किया है। आज तेजी से इंटरनेट की विज्ञापन आमदनी बढ़ रही है। परंपरागत माध्यमों की तुलना में इंटरनेट पर विज्ञापन ज्यादा सस्ता, ज्यादा दर्शकों

तक पहुंचने वाला और ज्यादा प्रभाव छोड़ने वाला साबित हो रहा है। 'इंटरनेट एडवरटाइजिंग ब्यूरो' ने 1997 में किए एक सर्वे में पाया कि इंटरनेट के विज्ञापन, टेलीविजन के विज्ञापनों की तुलना में ज्यादा दर्शकों द्वारा देखे जाते हैं। साथ ही टेलीविजन के दर्शकों की तुलना में इंटरनेट का उपभोक्ता ज्यादा एकाग्रता के साथ विज्ञापन देखता है।

'इंटरनेट एडवरटाइजिंग ब्यूरो' के अनुसार सन् 1996 में इंटरनेट को विज्ञापनों से 26.7 करोड़ डॉलर की आय हुई जो 1997 में बढ़कर 90.85 करोड़ डॉलर हो गई और 1998 में 2 अरब डॉलर से ज्यादा हुई।

जीनिथ मीडिया के सर्वे के अनुसार इंटरनेट पर विज्ञापनों के प्रसारण से 1999 में 3.4 अरब डॉलर की आय हो सकती है। सन् 2000 में यह बढ़कर 5.4 अरब डॉलर और 2001 में बढ़कर 8.1 अरब डॉलर हो जाएगी। दुनिया में प्रमुख जनमाध्यमों प्रेस, टेलीविजन, रेडियो, सिनेमा एवं आउटडोर विज्ञापनों पर इस वर्ष 303.822 अरब डॉलर खर्च किए जाएंगे। सन् 2000 में 322.553 अरब डॉलर और सन् 2001 में 341.692 अरब डॉलर खर्च होने का अनुमान है।

इंटरनेट पर चल रहे शोध कार्य से पता चलता है कि इसके उपभोक्ताओं में महिलाओं की संख्या तेजी से बढ़ रही है। मसलन ब्रिटेन के खुदरा 'ऑन लाइन' ग्राहकों में 40 फीसदी औरतें हैं जबकि 1998 के दिसंबर में इनकी संख्या 33 फीसदी थी। ब्रिटिश शोध संस्था 'फ्लेक्चर' की राय है कि पुराने ग्राहकों में 81 फीसदी पुरुष जिनकी उम्र 55 वर्ष से ज्यादा थी जबकि 61 फीसदी उपभोक्ता औरतों की उम्र 18 वर्ष से नीचे थी। ये लड़कियां गप्पबाजी या प्रेमवार्ता के लिए इंटरनेट का प्रयोग करती थीं। 'फ्लेक्चर' का अनुमान है कि सन् 2003 तक 1.8 करोड़ युवा नियमित ढंग से इंटरनेट का इस्तेमाल करने लगेंगे। सर्वे से यह भी पता चला है कि 89 फीसदी उपभोक्ता 'ऑन लाइन' सेवा एवं माल का इस्तेमाल करते हैं जबकि वास्तव में मात्र 39 फीसदी ही इंटरनेट से माल खरीदते हैं। मानव विकास रिपोर्ट के अनुसार अमेरिका में 38 फीसदी उपभोक्ता औरतें हैं। ब्राजील में 25 प्रतिशत, दक्षिण अफ्रीका में 17 प्रतिशत और रूस में 16 प्रतिशत और चीन में मात्र 7 फीसदी औरतें इंटरनेट उपभोक्ता हैं जबकि अरब राष्ट्रों में 4 फीसदी हैं।

अमेरिका के बड़े व्यापारिक केंद्रों के उच्चपदस्थ अधिकारियों में किए गए सर्वे से पता चलता है कि 79 फीसदी कंपनियां सूचनाओं के लिए इंटरनेट का इस्तेमाल करती हैं। 78 फीसदी सामान्य सूचनाओं के लिए, 76 फीसदी पत्र-व्यवहार एवं

संदेश के लिए, 72 फीसदी निवेशक संसाधन के लिए, 71 फीसदी अपने दोस्तों एवं परिवारी जनों को पत्र भेजने के लिए, 69 फीसदी पर्यटन सूचनाओं के लिए इंटरनेट का इस्तेमाल करती हैं। यह सर्वेक्षण 24 देशों के 1,784 एक्जीक्यूटिवों के बीच किया गया था। एक अन्य सर्वे में बताया गया है कि अमेरिका ने इंटरनेट के कारोबार के जरिये 1998 में 300 अरब डॉलर कमाए। सन् 1995-96 के दौरान इंटरनेट उद्योग की विकास दर 175 फीसदी दर्ज की गई। आज इंटरनेट उद्योग में 12 लाख लोग काम कर रहे हैं।

इसी तरह इंटरनेट के जरिये चिकित्सा का सिलसिला चल निकला है। इंटरनेट पर डॉक्टर से मिलें। बीमारी बताएं। पर्चा लें। फीस दें। और इंटरनेट पर ही दवा की दुकान से दवा मांगें और दवा घर पर हाजिर यानी घर बैठे-बैठे इलाज कराएं और दवा पाएं। एक अनुमान के अनुसार आगामी सन् 2005 तक 'ऑन लाइन' के जरिये 11 अरब डॉलर की दवा की बिक्री हो सकती है। अभी तक यह पता नहीं चला है कि इंटरनेट चिकित्सा से कोई मरीज ठीक हो पाया है या नहीं किंतु अगर चिकित्सा के क्षेत्र में इसका प्रयोग होता है तो इसके दूरगामी परिणाम होंगे। इंटरनेट पर इस समय 16 हजार स्वास्थ्य तरंग चौकियां हैं। आज तकरीबन 43 फीसदी अमेरिकी नागरिक स्वास्थ्य संबंधी समस्याओं के लिए इंटरनेट की मदद ले रहे हैं। अमेरिका में स्वास्थ्य इंटरनेट की बढ़ती लोकप्रियता का कारण यह है कि अमेरिका में आम जनता का स्वास्थ्य संस्थानों पर से विश्वास उठ चुका है। आधी से ज्यादा जनसंख्या इस बात से परेशान है कि समय पर डॉक्टर नहीं मिलता। डॉक्टर से मिलने के लिए बहुत सारा समय इंतजार में ही नष्ट करना पड़ता है।

स्वास्थ्य इंटरनेट में मच रही प्रतिस्पर्धा को देखकर लगता है कि इसमें कुछ बड़ी कंपनियां ही टिकी रह जाएंगी बाकी खत्म हो जाएंगी। ध्यान रहे कि चिकित्सा सूचना संसाधन का छोटा सा अंश है, बीमारी का समाधान नहीं है। संसाधन से जानकारी ले सकते हैं, इलाज नहीं करा सकते। इसके लिए डॉक्टर से प्रत्यक्ष भेंट, परीक्षण और प्रत्यक्ष चिकित्सा करानी अनिवार्य है, इसका कोई विकल्प नहीं है और न ही भविष्य में होगा। आज इंटरनेट की नजर दुनिया के 10 खरब डॉलर के स्वास्थ्य बाजार पर लगी है। किंतु समूचे स्वास्थ्य कारोबार को संभालने पर 200 अरब डॉलर का खर्चा आता है। तकनीकी के श्रेष्ठतम रूपों का इस्तेमाल करते हुए, आगामी तीन वर्षों में इस पर 22 अरब डॉलर खर्चा आएगा। इस दृष्टि से इंटरनेट के जरिये स्वास्थ्य लाभ का कारोबार बेहद खर्चीला एवं सीमित हद तक ही मदद करने वाला होगा।

मानव विकास रिपोर्ट में रेखांकित किया गया है कि अफ्रीकी देशों में इंटरनेट के उपभोक्ताओं से ज्यादा कीमत वसूली जाती है। मसलन, अमेरिका में इंटरनेट उपभोक्ता से 10 डॉलर मासिक लिया जाता है। वहीं पर अफ्रीका में 100 डॉलर मासिक लिया जाता है। दक्षिण अफ्रीका में इंटरनेट का उपयोग करने वाले लोगों की आमदनी औसत राष्ट्रीय आय से सात गुना ज्यादा है जब कि लैटिन अमेरिका में, 90 फीसदी इंटरनेट उपभोक्ता उच्च आय वर्ग में आते हैं।

भारत में इंटरनेट अभी प्रारंभिक अवस्था में है। दूर संचार विभाग ने नवंबर 1998 में इस क्षेत्र को निजी क्षेत्र के लिए खोला। इसके लिए राष्ट्रीय स्तर के 'ए' वर्ग के 16 लाइसेंस दिए गए। 'बी' वर्ग में राज्यों एवं महानगरों के लिए 33 लाइसेंस दिए और 'सी' वर्ग में छोटे शहरों के लिए 47 लाइसेंस जारी किए गए हैं।

सन् 1995-99 के बीच इंटरनेट कनेक्शन की मांग में 400 फीसदी की वृद्धि हुई है। विदेश संचार निगम में 1995-96 में इसके उपभोक्ताओं की संख्या मात्र 4,151 थी जो 1998-99 में बढ़कर 2,13,048 हो गई है। अनुमान है कि इस वर्ष के अंत तक यह बढ़कर 2,54,000 हो जाएगी। 'इन्फेक' के अनुमान के मुताबिक, सन् 2002-2003 तक इंटरनेट के उपभोक्ताओं की संख्या 17.5 लाख हो जाएगी।

ओईडीसी के हाल ही में प्रकाशित सर्वेक्षण के अनुसार घरेलू कंप्यूटर के क्षेत्र के इंटरनेट की तेजी से मांग बढ़ सकती है। घरेलू कंप्यूटरों में मात्र 9 फीसदी के पास इंटरनेट है। निकट भविष्य में 37 फीसदी ऐसे नए सदस्य आ सकते हैं जो इंटरनेट लेने का मन बना चुके हैं। ऐसे भी ग्राहक आने वाले हैं जिनके पास पर्सनल कंप्यूटर नहीं है। इसमें से आधे लोग इंटरनेट कनेक्शन लेंगे। 23 फीसदी की योजना है जो 6 से 12 महीने बाद इंटरनेट कनेक्शन लेंगे।

ओईडीसी सर्वे में यह भी पता चलता है कि जो लोग इंटरनेट का इस्तेमाल कर रहे हैं, उनमें अल्पवयस्क बच्चे 9 फीसदी हैं। वयस्क 40 फीसदी, घर के मुखिया 40 फीसदी इंटरनेट का इस्तेमाल कर रहे हैं। आज जहां इंटरनेट लगा है उसमें से 97 फीसदी परिवारों में इंटरनेट संचार का प्रमुख माध्यम है। साथ ही, मनोरंजन और प्रतिक्रिया का सबसे बड़ा माध्यम है जबकि 'ऑन लाइन' खरीदारी के लिए बहुत कम इस्तेमाल हो रहा है। इसके विपरीत समूची दुनिया में 6.57 लाख पर्सनल कंप्यूटर इंटरनेट से जुड़े हुए हैं।

भारत में इंटरनेट के जरिये व्यापार की संभावनाएं भी खुली हैं। 'नासो कॉम'

के सर्वेक्षण के अनुसार भारत में इंटरनेट के जरिये इस वर्ष मात्र 50 करोड़ रुपये तक का खुदा व्यापार हो पाएगा। बहरहाल, 1,000 करोड़ रुपये तक व्यापार होने की संभावनाएं बताई हैं। 'प्राइस वाटर हाउस कूपर्स' नामक शोध संस्था ने इंटरनेट के जरिये व्यापार की संभावनाओं पर रोशनी डालते हुए एक विस्तृत रिपोर्ट हाल ही में जारी की है। इस रिपोर्ट में सन् 2003 तक इंटरनेट से भारत में 40 हजार करोड़ रुपये के व्यापार का अनुमान लगाया गया है। 89 फीसदी भारतीय कंपनियां अभी इंटरनेट के जरिये व्यापार नहीं करती हैं जबकि 35 फीसदी कंपनियां ऐसी हैं जिनका विश्व व्यापार जगत में कोई कारोबार इंटरनेट के जरिये नहीं होता। 30 फीसदी कंपनियां सोचती हैं कि पांच वर्ष बाद इंटरनेट से व्यापार करेंगी। भारत की 100 सबसे बड़ी कंपनियों में से 55 फीसदी कंपनियों के बेवसाइट (तरंग स्थल) हैं। इनमें से 33 कंपनियां अपनी वार्षिक रिपोर्ट तरंग स्थल पर प्रकाशित करती हैं। 35 फीसदी कंपनियां अपनी ताजा खबरें देती हैं। 31 कंपनियों के द्वारा तरंग स्थल पर निवेशकर्ताओं के लिए सूचनाएं दी जाती हैं। इसी तरह 100 बहुराष्ट्रीय कंपनियों में से 29 कंपनियों के तरंग स्थल पर गौर करें तो मात्र दो कंपनियों ने भारत में अपने कार्य-व्यापार की सूचना दी है। 29 में से मात्र एक कंपनी ने अपनी वार्षिक रिपोर्ट पेश की है।

आज बहुराष्ट्रीय माध्यम कंपनियां तेजी से इंटरनेट का इस्तेमाल कर रही हैं। इसके कारण इसकी अंतर्वस्तु में बदलाव आ रहा है। सीबीएस और डिज्नी के खेल और व्यापारिक खबरों को 'ऑन लाइन' के तहत प्रक्षेपित करना शुरू कर दिया है। जनरल इलेक्ट्रिक और माइक्रोसॉफ्ट ने संयुक्त रूप से 'एमएसएनबीसी' नाम से उपक्रम शुरू किया है। यह संस्था जनरल इलेक्ट्रिक कंपनी की विश्वव्यापी विस्तार योजना की धुरी है। एमएसएनबीसीसी, एनएन, न्यूज कारपोरेशन आदि के इंटरनेट पर 24 घंटे कार्यक्रम उपलब्ध हैं। भारतीय दूरदर्शन भी उसी दिशा में जा रहा है।

इंटरनेट पर विचार करते समय हमें उपग्रह प्रणाली पर भी नजर रखनी होगी। 'इंटेल सैट सैटेलाइट सिस्टम' के इस समय 105 सदस्य हैं। यह अपने 300 एंटीनाओं के जरिये 145 देशों और क्षेत्रों की सेवाएं देता है। वर्तमान में घरेलू उपयोग के लिए 16 देशों को पट्टे पर सेवाएं दी हुई हैं। इसके अलावा 'इंटर स्पूतनिक सैटेलाइट सिस्टम' नामक संस्था भी है जिसके बुल्गारिया, क्यूबा, चेकोस्लोवाकिया, हंगरी, पोलैंड, रोमानिया और पूर्वी सोवियत संघ सदस्य हैं। कई क्षेत्रीय स्तर की

उपग्रह संचार व्यवस्थाएं भी हैं। घरेलू उपग्रह संचार व्यवस्थाएं भी हैं। इसके अलावा 21 से ज्यादा लंबी दूरी की केबल व्यवस्थाएं भी हैं।

हाल के वर्षों में माध्यम सम्राटों ने कौशल, तकनीकी क्षमता और पूंजी के बल पर इंटरनेट एवं तत्संबंधित कार्य-व्यापार में तेजी से प्रवेश किया है। फलतः 'इन्फो-कम्युनिकेशन' का समूचा कारोबार नई ऊंचाइयों पर पहुंच जाएगा। 1994 में 'इन्फो कम्युनिकेशन' का सकल कारोबार 1.5 खरब डॉलर तक पहुंच गया। इसमें दूर संचार में 46 फीसदी, कंप्यूटर 33 फीसदी, और माध्यमों का 22 फीसदी व्यापार शामिल है। इस क्षेत्र की विश्व क्षमता का अंदाजा इसी तथ्य से लगाया जा सकता है कि विश्व की 60 सर्वप्रथम कंपनियों में से 16 कंपनियां ऐसी हैं, जो इसी क्षेत्र की हैं। विश्व की सर्वाधिक मुनाफा कमाने वाली 50 कंपनियों में ग्यारह कंपनियां इसी क्षेत्र की हैं। अगर इस क्षेत्र में उपभोक्ता इलेक्ट्रॉनिक फर्मों को शामिल कर लिया जाए तो यह आंकड़ा और भी बड़ा हो जाएगा।

इसी क्रम में भूमंडलीय स्तर पर बड़ी-बड़ी कंपनियों के तेजी से विलय की प्रक्रिया चल रही है। इससे कंप्यूटर, दूर संचार और माध्यम जगत में अस्थिरता पैदा हो गई है। इस अस्थिरता से कंपनियों के विलय एवं खरीदारी को बढ़ा दिया है। तेजी से संयुक्त उद्यम खुल रहे हैं, रणनीतिक समझौते हो रहे हैं। आज बड़ी कंपनियां एक ही साथ कई विकल्पों पर काम कर रही हैं। विलय और खरीदारी के जरिये यूरोप के 'इन्फो कम्युनिकेशन' के कारोबार का आंकड़ा 72 अरब डॉलर पार कर गया है इससे बड़ी-बड़ी कंपनियों में साझेदारी बढ़ी है। जो साझेदारी नहीं कर रहा, उसका बाजार में टिकना असंभव है।

इंटरनेट और उपग्रह प्रणाली का विश्वव्यापी उदारीकरण एवं नियमों में ढील दिए जाने की प्रक्रिया से भी गहरा संबंध है। इससे ज्यादा से ज्यादा मुनाफा कमाने, सर्वोच्चता हासिल करने और प्रतिस्पर्धा को तेज करने में मदद मिली है। अर्थव्यवस्था पूरी तरह बाजार की शक्तियों पर निर्भर होकर रह गई है। संयुक्त राष्ट्र संघ की 'पुटिंग दि पब्लिक ऑन होल्ड' (1996) शीर्षक रिपोर्ट में बताया गया है कि दूर संचार के निजीकरण और आर्थिक उदारीकरण ने राष्ट्रों की संप्रभुता के ऊपर सवालिया निशान लगा दिया है। इस रिपोर्ट पर 78 देशों के हस्ताक्षर हैं। रिपोर्ट कहती हैं कि राष्ट्र की संप्रभुता अब सपने की चीज हो गई है। अकेले ब्रिटेन में 1984 से 1994 के बीच दूर संचार के निजीकरण का मूल्य 105 अरब डॉलर आंका गया। विश्व स्तर पर 1995 एवं 1996 में विलय एवं निवेश के सौदे 135 अरब

डॉलर तक पहुंच गए। 'मानव विकास रिपोर्ट' में बताया गया है कि विलय और खरीदारी का कंप्यूटर, बायो'टेक्नोलॉजी एवं दूर संचार के क्षेत्र में सबसे ज्यादा प्रभाव पड़ा है। सन् 1988 में कंप्यूटर जगत में 21.4 अरब डॉलर के विलय एवं कंपनियों की खरीद-फरोख्त के सौदे हुए हैं, जो 1998 में बढ़कर 246.7 अरब डॉलर तक पहुंच गए। बायो-टेक्नोलॉजी में 9.3 अरब डॉलर के सौदे हुए थे जो 1998 में 172.4 अरब डॉलर तक पहुंच गए। दूर संचार के क्षेत्र में 1988 में 6.8 अरब डॉलर का समझौता हुआ था जो 1998 में बढ़कर 65.8 अरब डॉलर हो गया। कहने का तात्पर्य यह है कि नई सूचना प्रणाली ने भूमंडलीकरण को तेज किया है। आर्थिक विपन्न और आर्थिक संपन्न के बीच की दूरी और बढ़ा दी है।

आज विभिन्न राष्ट्रों में आर्थिक संपर्क, संबंध पहले की तुलना में ज्यादा गहरे हैं। विश्व स्तर पर 70 के दशक में निर्यात 17 फीसद था जो 90 के दशक में बढ़कर 21 फीसदी हो गया। सत्तर के दशक में प्रत्यक्ष विदेशी पूंजी निवेश जितना था, उससे सात गुना ज्यादा 1997 में हो गया। पोर्ट फोलियो एवं अल्पावधि का पूंजी निवेश अस्सी के दशक में तिगुना हो गया। यानी आज विश्व निर्यात 70 खरब डॉलर तक पहुंच गया है। सन् 1997 तक प्रत्यक्ष विदेशी पूंजी निवेश 400 अरब डॉलर तक पहुंच गया था। अंतर्राष्ट्रीय स्तर पर बैंकों में सन् 1975 में 265 अरब डॉलर का ऋण दिया गया था जो 1994 में बढ़कर 42 खरब डॉलर हो गया। सन् 1980 में 26 करोड़ लोगों ने यात्रा की जबकि 1996 में 59 करोड़ लोगों ने यात्राएं कीं। विश्व स्तर पर विस्थापितों की समस्या उग्र हुई, विस्थापित मजदूरों के ऊपर खर्चा 1996 में 58 अरब डॉलर पर पहुंच गया।

तमाम बंदिशों के बावजूद, अंतर्राष्ट्रीय टेलीफोन समय 1990 में 33 अरब मिनट था जो 1996 में 70 अरब मिनट तक पहुंच गया। विगत 15 वर्षों में टीवी देखने वालों, टेलीफोन का इस्तेमाल करने वालों एवं इंटरनेट का इस्तेमाल करने वालों की संख्या में तेजी से वृद्धि हुई है। वहीं दूसरी ओर आज से 20, 50 या 100 वर्ष पहले जो संभावनाएं थीं, उससे ज्यादा संभावनाएं पैदा हुई हैं। सन् 1965 के बाद से बाल मृत्यु-दर में एक फीसदी की कमी आई है। विकासशील देशों में प्राथमिक एवं उच्च माध्यमिक की कक्षाओं में कुल मिलाकर दुगुने दाखिल हुए हैं। खासकर प्राथमिक स्कूलों में बच्चों के दाखिले आधे से एक-चौथाई बढ़े हैं। वयस्कों में साक्षरता दर में इजाफा हुआ है। सन् 1970 में 48 फीसदी दर थी जो 1997 में बढ़कर 72 फीसदी दर्ज हो गई। अधिकांश राष्ट्र आज स्वतंत्र हैं। 70 फीसदी से

ज्यादा विश्व की जनसंख्या, सामान्यता, जनप्रिय जनतंत्रात्मक शासन-व्यवस्था में जी रही है।

आज दुनिया में समृद्धि बढ़ी है। आज औसत प्रतिव्यक्ति आय तिगुनी से ज्यादा हो गई है। सकल घरेलू उत्पाद में नौ गुना से ज्यादा वृद्धि हुई है। पिछले 50 वर्षों में सकल घरेलू पैदावार 30 खरब डॉलर से बढ़कर 300 खरब डॉलर हो गई है। इसके बावजूद गरीबी घटी नहीं है। बेकारी खत्म नहीं हुई है। असमानता बढ़ी है। 20वीं शताब्दी में समृद्धि, पूंजी एवं वैभव का जिस गति से विकास हुआ है। मानव सभ्यता के इतिहास में इतनी तीव्रगति से विकास नहीं हुआ इसके बावजूद विकासशील देशों के 4.5 अरब लोगों के पास जीवन की बुनियादी सुविधाओं का अभाव है। 40 साल से ज्यादा जी नहीं पाते। सरकारी एवं निजी क्षेत्र से ज्ञान प्राप्त करने का भयानक अभाव है। आज तकरीबन 1.3 अरब लोगों के पास स्वच्छ पानी नहीं है। प्राथमिक स्कूल जाने की उम्र वाले 7 में से 1 बच्चा भी स्कूल नहीं जा पाता। तकरीबन 84 करोड़ लोग कुपोषण के शिकार हैं। तकरीबन 1.3 अरब लोग 1 डॉलर प्रतिदिन से भी कम की आमदनी पर जी रहे है।

औद्योगिक राष्ट्रों में मानवीय दरिद्रता के आंकड़े छिपाए जा रहे हैं। सिर्फ सफलता के आंकड़े बताए जाते हैं। जबकि इन राष्ट्रों में भयानक विषमताएं हैं। इन देशों में आठ में से एक व्यक्ति मानवीय दरिद्रता के किसी न किसी पक्ष से प्रभावित है। मसलन, दीर्घकालिक बेकारी, 60 वर्ष से कम जीवनकाल, राष्ट्रीय गरीबी रेखा के नीचे आय अथवा समाज में निर्वाह योग्य साक्षरता का अभाव आदि में से किसी न किसी समस्या से औद्योगिक राष्ट्रों के नागरिक परेशान हैं। इसी तरह लिंगाधारित वैषम्य में वृद्धि हुई है। विकासशील देशों में 60 फीसद से ज्यादा औरत पुरुषों की तुलना में निरक्षर हैं। लड़कियों की प्राइमरी स्कूलों में दाखिले की दर 6 फीसदी से भी कम दर्ज की गई है। यह वैषम्य राजनीति और आर्थिक जगत में तो और भी भयानक रूप में दिखाई देता है। मात्र 5 देशों में 30 फीसदी सांसद औरतें हैं जबकि 31 देशों में, मात्रा 5 फीसदी से भी कम सीटों पर महिलाओं का कब्जा है।

दूसरी ओर सांस्कृतिक तौर पर समृद्ध देशों से, गरीब देशों की तरफ संस्कृति और सांस्कृतिक मालों का तेजी से निर्यात हुआ है। आज संस्कृति एक आर्थिक माल बन चुकी है। कशीदाकारी, पर्यटन, संगीत, पुस्तकें, फिल्म आदि की माल की तरह खरीद-फरोख्त हो रही है। इसके परिणामस्वरूप ज्यादा से ज्यादा सांस्कृतिक माल

बनाने और बेचने पर नजर लगी हुई है और समुदाय, संस्कार और परंपराओं की घनघोर उपेक्षा हो रही है। यूनेस्को की एक रिपोर्ट के अनुसार सांस्कृतिक मालों का कारोबार, 1980 में 67 अरब डॉलर था, सन् 1991 में यह बढ़कर 200 अरब डॉलर हो गया। इस क्षेत्र में अभी तेजी से वृद्धि हो रही है। आज मनोरंजन के मालों का अमेरिका अकेला सबसे बड़ा निर्यातक देश है। हॉलीवुड का 1997 में विश्व व्यापार 30 अरब डॉलर दर्ज किया गया। 1998 में अकेले *टाइटनिक* फिल्म ने 1.8 अरब डॉलर का कारोबार किया। सांस्कृतिक मालों के व्यापार को सर्वोच्च स्तर तक ले जाने में उपग्रह संचार प्रणाली की महत्वपूर्ण भूमिका है। इसी बीच टेलीविजन सैटों की खपत भी बढ़ी है। मसलन, 1985 में 1,000 लोगों पर 121 टीवी सेट थे। यह संख्या 1995 में बढ़कर 235 हो गई। 1990 के बाद के वर्षों में मल्टी मीडिया की बाढ़ आई है। दुनिया की 50 सबसे बड़ी मल्टी मीडिया कंपनियों की 1993 में आमदनी, 110 अरब डॉलर दर्ज की गई। इस सबके कारण, इस क्षेत्र में स्थानीय एवं छोटी कंपनियां बाजार से उखड़ती जा रही हैं।

आज हॉलीवुड की फिल्में प्रत्येक देश में दिखाई जा रही हैं। इसकी 50 फीसदी से ज्यादा आमदनी अमेरिका के बाहर से आती है। जबकि 1980 तक मात्र 30 फीसदी आय ही विदेशों से होती थी। हॉलीवुड का 1996 तक यूरोप के 70 फीसदी सिनेमा बाजार पर अधिकार हो चुका था जबकि 1987 में मात्र 56 फीसदी फिल्म बाजार पर कब्जा था। लैटिन अमेरिका का 83 फीसद और जापान का दस फीसद बाजार हॉलीवुड के कब्जे में है। इसके विपरीत विदेशी फिल्में मुश्किल से अमेरिका में घुस पाती हैं। अमेरिका में मात्र 3 फीसदी विदेशी फिल्में दिखाई जाती हैं।

एक जमाना था फिल्म उद्योग अपने विकास के चरमोत्कर्ष पर था किंतु 70 एवं 80 के बाद के वर्षों में टेलीविजन के प्रसार ने फिल्म उद्योग को सिकुड़ने के लिए मजबूर कर दिया। फिल्मों के दर्शक घटे। स्थानीय फिल्म निर्माण घटा। मसलन, मैक्सिको में एक जमाने में सलाना 100 फिल्में बनती थीं तो 1995 में घटकर 40 फिल्में प्रतिवर्ष बनने लगीं और 1998 में एक वर्ष में मात्र 10 फिल्में बनीं। दर्शकों की घटती संख्या और फिल्म निर्माण के अभाव से जो अंतराल पैदा हुआ, उसे हॉलीवुड सिनेमा ने भरा। फलतः देशी सिनेमा उद्योग मृत्युशय्या पर पड़ा है।

इस सबके कारण, धनी एवं गरीब की खाई बढ़ी है। गरीब एवं धनी देशों का अंतराल बढ़ा है। नौकरी के अवसर तेजी से कम हुए हैं। आर्थिक उदारीकरण के बहाने विभिन्न राष्ट्रों को अपने बाजार बहुराष्ट्रीय कंपनियों के अबाध प्रवेश के लिए

खोलने पड़े हैं। खास कर उपभोक्ता वस्तुओं, संचार एवं सूचना उपकरणों एवं सांस्कृतिक मालों की बिक्री पर बहुराष्ट्रीय कंपनियां सबसे ज्याादा जोर दे रही हैं। इस समूची प्रक्रिया में सामाजिक वैषम्य और अंतर्विरोध तेजी से गहरे हुए हैं। अविश्वास, संदेह, असुरक्षा और अनैतिकता का दबाव बढ़ा है। यह स्थिति कैसे बदले और इसका क्या विकल्प होगा, सभी जागरूक लोगों एवं संगठनों के बीच इसे लेकर गंभीर मंथन चल रहा है।

18. विज्ञापन में भाषा और आधुनिकता का खेल

विज्ञापन के बारे में बातें करना सबसे आसान है और विज्ञापन को व्याख्यायित करना सबसे मुश्किल है। विज्ञापन देखने में जितना सरल होता है, प्रभाव के लिहाज से जितना सक्रिय होता है, किंतु उसकी संरचनाएं अनेकार्थी, जटिल और संशिलष्ट होती हैं। विज्ञापन का लक्ष्य है मुनाफा कमाना। संबंधित माल की बिक्री के लिए बाजार तैयार करना। विज्ञापन कभी भी सिर्फ एक लक्ष्य को पूरा नहीं करता, अपितु विज्ञापन का लक्ष्य वे तमाम चीजें भी हैं जिनसे उसका प्रत्यक्ष संबंध नहीं होता। विज्ञापन का विमर्श आधुनिकता का विमर्श है। आधुनिकता के बिना विज्ञापन पर बातें करना संभव नहीं है। आधुनिकता के विमर्श के विषयों, रूपकों, भाषा, मूल्यों आदि को विज्ञापन व्यापक कम्युनिकेशन में ले जाता है। विज्ञापन और आधुनिकता नाभिलालबद्ध हैं।

विज्ञापन भाषा–आप लोग सोच रहे होंगे कि विज्ञापन की भाषा का कोई तयशुदा ढांचा होता होगा, भाषिक संरचनाएं होती होंगी, भाषिक संरचनाओं की व्याख्या से ही उसकी भाषा को खोल लेंगे। जी नहीं, विज्ञापन की भाषा शब्दों के जरिये व्यक्त नहीं होती, विज्ञापन की भाषा का आधार शब्द नहीं होते, विज्ञापन की भाषा शब्द तो बहुत छोटा तत्व है। शब्दों के जरिये वह सिर्फ माल की सूचना देता है। असल अर्थ में तो शब्देतर चीजों में होता है। विज्ञापन की भाषा रवैये में होती है। व्यापक परिवेश में होती है। विज्ञापन में शब्द कम और रवैया ज्यादा व्यापक रूप में व्यक्त होता है। विज्ञापन भाषा इमेजों के जरिये व्यक्त होती है। इमेजों का संसार और उसकी भाषा को आप साहित्य के नजरिये से नहीं पढ़ सकते। विज्ञापन की भाषा में भाषिक अथवा अंतर्वस्तुवादी व्याख्याएं अंततः कहीं भी नहीं ले जातीं। विज्ञापन में भाषा का खेल इमेजों और संस्कारों के जरिये व्यक्त होता है।

विज्ञापन मूलतः खेल के नियमों को अपना आधार बनाता है। खेल में जिस तरह कोई स्वामी नहीं होता, सब बराबर होते हैं। खेल में नियम होता है तो नियमभंग भी होता है। उसी तरह विज्ञापन के भाषायी खेल में भाषा के नियम और नियमभंग की जुगलबंदी चलती रहती है। भाषा के खेल का मजा नियमों से ज्यादा नियमभंग करने में आता है। विज्ञापन स्वभावतः सबवर्सिव होता है। उसकी भाषा सबवर्सिव होती है। उसमें नियम की नहीं, नियम भंग की महत्ता है। उसमें अभिधा से ज्यादा व्यंजना महत्वपूर्ण होती है। विज्ञापन में जो बातें भाषा में कही जाती हैं उससे भी ज्यादा महत्वपूर्ण वे बातें ध्यान खींचती हैं जो अनकही हैं, सिर्फ नजर आती हैं। विज्ञापन कभी एक वस्तु का प्रचार नहीं करता।

विज्ञापन में एक विलक्षण अंतर्विरोध है, वह जिस चीज की हिमायत करता है उसका विलोम और विकल्प भी पेश करता है। विज्ञापन मूलतः 'स्व' के अस्वीकार पर टिका है। विज्ञापन जो नियम और संस्कार बनाता है उन्हीं का विरोध करता है। विज्ञापन में जो दिखाया जाता है वही वह किसी के लिए वैध है तो किसी के लिए अवैध है, किसी के लिए प्रामाणिक है, तो किसी के लिए अप्रामाणिक। विज्ञापन में जिस तरह के फैशन की हिमायत रहती है, उस तरह के फैशन को बाजार मानता है, किंतु कॉलेज-विश्वविद्यालय नहीं मानते। टीवी पर फैशन की परेड राष्ट्रीय आय और उद्योग की आय का स्रोत है, किंतु वही फैशन यदि कोई लड़की कॉलेज तक ले आए तो कानून टूट जाता है। विज्ञापन में व्यक्त सच किसी के लिए मनोरंजन है, फैशन है, तो किसी के लिए दंडनीय अपराध।

विज्ञापनों में इतिहास, परंपरा, फैशन, चित्रकला, शास्त्रीय संगीत आदि का व्यापक प्रयोग हो रहा है। इसके अलावा जिस चीज का व्यापक इस्तेमाल हो रहा है वह है स्थानीय भाषा। विज्ञापन की धुरी है स्थानीय भाषा अथवा वर्नाकुलर भाषा। विज्ञापन की भाषा संक्षिप्त किंतु धारदार होती है। तुरंत असर पैदा करती है। विज्ञापन में स्थानीय भाषा का प्रयोग भाषा को मरने नहीं देता बल्कि भाषा का एक नया संसार रचता है। भाषा को ज्यादा प्रभावशाली बनाता है। भाषा के अंतर्विरोधों को खत्म कर देता है। हम अपने देश में इसे साफतौर पर देख सकते हैं कि विज्ञापन उद्योग के विकास के साथ-साथ भाषा संबंधी विवाद और तनाव हाशिये पर चले गए, भाषा विरोध खत्म हो गया। विज्ञापन का विकास जातीय विज्ञापन, ग्लोबल विज्ञापन को जन्म देता है। इसका भाषायी परिणाम जातीय भाषा के संसार और तज्जनित अंतर्विरोधों को खत्म कर देता है। जातीय भाषा के बजाय स्थानीय भाषा का विकास

विज्ञापन का लक्ष्य है। विज्ञापन का विकास ऐसा वातावरण बनाता है जिससे भाषायी सामंजस्य तैयार होता है। भाषायी तनाव खत्म होता है। भाषा के प्रति अंधभक्ति खत्म हो जाती है। इस अर्थ में विज्ञापन की भाषा समर्पण कर भाषा है, स्वीकार कर लेने, आत्मसात करने की भाषा है। आज हमारे बीच में अंगरेजी भाषा की व्यापक स्वीकृति का बड़ा कारण है विज्ञापन में लंबे समय तक अंगरेजी भाषा के प्रयोग का बने रहना। हमने ध्यान ही नहीं दिया कि विज्ञापन में भाषा का प्रयोग कैसे भाषा को जिंदा रखता है। जैसे-जैसे स्थानीय भाषाओं का विज्ञापन में प्रयोग बढ़ा है, स्थानीय भाषा के विज्ञापन आने शुरू हुए हैं, इससे स्थानीय भाषाओं की स्वीकृति बढ़ी है। विज्ञापन की भाषा सामंजस्य और सहिष्णुता की भाषा है, जबकि जातीय भाषा वर्चस्व की भाषा है। इसमें सहिष्णुता का अभाव है। अन्य भाषाओं के साथ संपर्क और विनिमय की न्यूनतम संभावनाएं हैं। स्थानीय भाषाओं के वैविध्यपूर्ण संसार को विज्ञापन के अलावा रेडियो भी निर्मित करता है। हम यह भी कह सकते हैं कि जातीय भाषा के तथाकथित गौरवपूर्ण संसार को सामंजस्य और सहिष्णुता के रास्ते पर लाने का काम रेडियो और विज्ञापन करते हैं।

भाषा विरोध को विज्ञापन भाषिक सामंजस्य में बदल देता है। भाषा की स्वीकृति और उपभोग में इजाफा करता है। भाषा के प्रति अपरिचय खत्म करता है। भाषा को चाक्षुष बनाता है, भाषा अब बोलने की ही नहीं बल्कि देखने, महसूस करने, आनंद लेने की चीज बन जाती है। भाषा को मनोविनोद के मुहावरे, चुटीले वाक्यों में बदलना, भाषा संबंधी वैमनस्य और टकराहटों को नष्ट कर देता है। विज्ञापन का युग इसी अर्थ में भाषायी सामंजस्य का युग है। विज्ञापन से भाषा भ्रष्ट नहीं होती बल्कि भाषायी आदान-प्रदान बढ़ता है। विज्ञापन भाषा में अन्य भाषा के प्रयोग हो रहे हैं, अन्य भाषाएं हिंदी के शब्दों को अपना रही हैं, ऐसी सुखद स्थिति में भाषा समृद्ध होती है। किंतु हम लोग बेवजह नाराज हैं और भाषा के भ्रष्ट हो जाने अथवा भाषा को भ्रष्ट करने का आरोप लगा रहे हैं।

भाषायी सामंजस्य जितना बढ़ेगा, हम लोग अन्य भाषाओं की संस्कृति के जितना करीब आएंगे हमारी भाषा में अन्य भाषा के प्रयोग भी उतने ही आएंगे। भाषा में भेद और शुद्धता की जो लोग मांग करते हैं अथवा उसकी हिमायत करते हैं वह यह भूल जाते हैं कि भाषा शुद्धता से निर्मित नहीं होती। भाषा के सामाजिक प्रसार में उसकी प्रकृति बदलती है, सामाजिक संचार के लिए जब भी भाषा का इस्तेमाल किया जाएगा, भाषा की शुद्धता नष्ट होगी, भाषा में अन्य भाषा के प्रभाव आएंगे।

आज हिंदी का सौंदर्य वह नहीं है जिसे भारतेंदु ने रचा था, भारतेंदु की भाषा उस समय के लिए सही थी, प्रेमचंद की भाषा उनके युग के लिए सही थी, कहानी के लिए सही है। किंतु विज्ञापन के लिए प्रेमचंद अथवा भारतेंदु आदर्श नहीं हो सकते। विज्ञापन को इसी अर्थ में मानक भाषा पसंद नहीं है। जनता की भाषा मानकों के आधार पर विकसित नहीं हुई है बल्कि मानकों को नष्ट करके, विद्रूप करते हुए विकसित हुई है। हम हमेशा भाषा के मानकों के जरिये चर्चा करते हैं। मानक भाषा सीमित दायरे में इस्तेमाल की जाती है। बृहत्तर दायरे में मानक भाषा का प्रयोग कभी भी नहीं हुआ है। साधारण संचार के लिए गैर-मानक भाषा का ही प्रयोग होता रहा है।

भाषा का खेल मानक भाषा के बाहर चलता है और बनता है। भाषा के लिए नियमों और मानकों की हिमायत छापे की मशीन की संस्कृति की देन है। छापे की मशीन ने भाषा का मानकीकरण किया। किंतु मीडिया को स्वभावतः मानकीकरण से चिढ़ है। मीडिया भाषा के मानक बनाता कम है, तोड़ता ज्यादा है। यह बात स्वयं पत्रकारिता पर भी लागू होती है। पत्रकारिता ने भाषायी प्रयोग के जितने मानक बनाए और तोड़े हैं, उससे ज्यादा फिल्मों ने तोड़े हैं, फिल्मों ने जितने भाषा मानक बनाए और तोड़े हैं, उससे ज्यादा विज्ञापन ने भाषा मानक बनाए और तोड़े हैं। मीडिया का काम मानक बनाना नहीं है बल्कि मानकों को तोड़ना है। आदर्श बनाना उसका लक्ष्य नहीं है बल्कि आदर्श नष्ट करना उसका लक्ष्य है। इस परिप्रेक्ष्य में यदि विज्ञापन की भाषा के सवालों पर गौर करें तो कई चौंकाने वाले तथ्यों का सामना करना पड़ेगा। पहला तथ्य यह है कि विज्ञापन, भाषा को सरल बना देता है, भाषा की जटिलता खत्म कर देता है। दूसरा तथ्य यह है कि हम ऐसी भाषा के अभ्यस्त हो जाते हैं जिसमें तर्क कम और तर्कहीनता ज्यादा होती है। यह भी कह सकते हैं कि हमारे सामने तर्क का संकट पैदा हो जाता है। भाषा और तर्क का संबंध टूट जाता है अथवा किसी अन्य चीज के जरिये तर्क को अपदस्थ कर दिया जाता है। जैसे 'ठंडा मतलब कोकाकोला' भाषा के स्तर पर इस तरह के प्रयोग भाषा और तर्क के बीच तीसरे की मौजूदगी, अतार्किक की मौजूदगी को व्यक्त करते हैं। विज्ञापन और मीडिया ने चारों ओर ऐसा माहौल बनाया है जिससे आपको यही महसूस होगा कि अब हम तर्क के जरिये दुनिया की व्याख्या नहीं कर सकते। हग जिस संसार में रह रहे हैं, जिस संसार पर निर्भर हैं, जिस संसार पर हमारे सभी उपकरण निर्भर हैं, उसे तर्क के जरिये नहीं जान सकते, उसकी व्याख्या नहीं कर सकते।

मीडिया और विज्ञापन अपने दर्शकों को एक रहस्यमय चुप्पी के संसार में ले जाता है। यह ऐसा संसार है जिसमें दर्शक इच्छित भाव से कल्पना करने के लिए स्वतंत्र है, इच्छित अनुभूतियों को महसूस करने के लिए स्वतंत्र है। यह ऐसी दुनिया है जिसमें दर्शक छलांगें मारता रहता है। दर्शक की रहस्यात्मक कल्पनाशीलता और छलांगें ही हैं जो तर्क का विलोम रचती हैं। यह भी एक तरह का तर्क है। प्रत्येक विलोम तर्क अलग परिभाषा लेकर आता है। मसलन, हमारे बीच में जब मुद्रित किताब आई तो उसने तर्क की शास्त्रीय धारणा को बदल दिया। तर्क और तार्किकता के मध्यकालीन मानक बदल गए अथवा उनको हमने अप्रासंगिक घोषित कर दिया। आज समस्या यह नहीं है कि तर्क की हत्या कर दी गई है बल्कि समस्या यह है कि हम बुरे तर्क देने लगे हैं, क्षतिरहित तर्क देने लगे हैं। हमने तर्क को सत्य से अलग कर दिया है। पहले तर्क का सत्य से संबंध था, आज नहीं है। यही 'तर्क का संकट' है। जब 'संकट' की बात की जा रही है तो इसमें संकट को परिभाषित करने के झंझट में न जाकर हमें सीधे इस तथ्य को ध्यान में रखना होगा कि 'संकट' बिकता ज्यादा है। विगत कई दशकों में अगर कोई चीज सबसे ज्यादा बिकी है तो वह है 'संकट'।

संकट सबसे बिकाऊ चीज है। सबसे बिकाऊ शब्द है। मसलन, हमने धर्म के संकट, मार्क्सवाद के संकट, प्रस्तुति के संकट, भाषा के संकट, दर्शन के संकट, विषय के संकट, उपस्थिति के संकट, घर का संकट, पानी का संकट, संस्थानों के संकट, तेल का संकट, मध्य-पूर्व संकट आदि की खूब चर्चा की है। इसी तरह इन दिनों हिंदी के घनघोर विद्वान हिंगलिश के संकट को लेकर पागल हैं। आए दिन हिंदी के नष्ट होने का राग अलापा जा रहा है। इसे भाषा संकट के नाम पर व्याख्यायित किया जा रहा है। असल में 'संकट' पदबंध लगाकर जब किसी तथ्य, बात, विचार या भाषा पर लागू किया जाता है तो हम 'एंपटी' अवधारणा का इस्तेमाल कर रहे होते हैं। 'संकट' वस्तुतः एंम्पटी अवधारणा है। जब हम तर्क के संकट की बात करते हैं तो हमें जानना होगा कि आखिरकार तर्क क्या है?

1. तर्क मनुष्य के स्वाभाविक ज्ञान का रूप है, यह सहजात प्रतिक्रियाओं का विरोध करता है और आस्थावादी ज्ञान पर जोर देता है, जैसे आस्था, शब्दरहित अनुभव, रहस्यात्मक अनुभूतियां, आत्मगत अनुभव आदि पर जोर देता है। तर्क का अर्थ है अमूर्त के जरिये अभिव्यक्ति करना, अमूर्त के प्रति अभिव्यक्त करना। तर्क की इस धारणा के लिए कोई संकट नहीं

है क्योंकि आदमी का निर्माण ही इसी तरह हुआ है। अन्य किस्म की पद्धतियों की तुलना में अमूर्तन में बातें सोचना ज्यादा सही है। जिन लोगों का रहस्यात्मक विजन होता है वे भी सोचते हैं। किंतु जब आप संकट की बात करते हैं तो आपको उसे अमूर्त में ही लिपिबद्ध करना होता है।

2. तर्क ज्ञान का विशिष्ट रूप है। फैकल्टी है। परम के प्रति प्रत्यक्ष नजरिया है, आदर्श ईगो का स्व-ज्ञान है।
3. मनुष्य की अमूर्त सार्वभौम क्षमता की व्यवस्था का नाम तर्क है।
4. तर्क के जरिये ही आप निर्णय लेते हैं और त्यागते हैं। वह हमारे कॉमनसेंस को काटता है। असल में आज हमारे सामने इस बिंदु पर संकट के बादल छाए हुए हैं। तर्क का काम था कॉमनसेंस को काटना, किंतु हम इस कॉमनसेंस को काट नहीं पा रहे हैं। निष्कलुष स्वाभाविकता का रूपातंरण तर्क के बजाय इच्छा में हो चुका है। इच्छा के लिए इंस्टिक्ट की जरूरत होती है। विज्ञापन की दुनिया इच्छा के संकट में इजाफा कर रही है। इच्छाओं को हवा दे रही है। इच्छाएं अनिश्चित होती हैं, बहुत जल्दी बदलती हैं। इससे निबटने का तरीका है कि इच्छाओं को टिकाऊ बनाया जाए, स्थायित्व की बात की जाए। कॉनमसेंस को जब तर्क के जरिये अपदस्थ करते थे। तो मामला कुछ और बनता था किंतु आज जब हम कॉमनसेंस को इच्छाओं के जरिये अपदस्थ करेंगे तो अतार्किक अथवा इरेशनल नजर आते हैं।
5. तर्क के लिए संकट की सबसे खराब अवस्था यह है कि हमारे पास तर्क के संकट के तर्क ही नहीं हैं। इसे क्रिटिकल अथवा आलोचनात्मक विवेक का संकट भी कह सकते हैं। हमें यह भी मानना ही होगा कि अन्य लोग भी संसार को समझ रहे हैं। यह मानना कि सिर्फ हम ही समझ रहे हैं, यह बात की संकट का संकेत है। आलोचनात्मक विवेक के अभाव का संकेत है। अन्य समझें इसके लिए हमें भाषा के साझा नियग बनाने होंगे। साझा वक्तृता के नियम बनाने होंगे। तार्किक नियम बनाने होंगे। यह ही नियम भाषा के भी नियम होंगे। ये नियम ऐसे नहीं होने चाहिए जिनसे सिर्फ एक ही अर्थ निकले बल्कि ये ऐसे नियम हों जो स्पष्ट और अनेकार्थी हों।

ग्लोबल मीडिया वातावरण बनाने में विज्ञापन का महत्वपूर्ण अवदान है। विज्ञापन का समूचा ढांचा झूठ पर टिका है। विज्ञापन का आनंद लेते समय अथवा देखते समय हम सब समय झूठ के दायरे में घिरे होते हैं। झूठ के माहौल में सत्य का पक्षधर बने रहना, सत्य की अभिव्यक्ति करना दुर्लभ हो जाता है। झूठ हमारे मानसिक माहौल को बनाने में लगता है, मनदशा को प्रभावित करता है। अब हम झूठ में ही सोचते और भूमिका अदा करने लगते हैं। अब हम झूठ को अनिवार्य जरूरत के रूप में अपना लेते हैं। वह हमारी जीवन-शैली का अपरिहार्य हिस्सा बन जाता है। हममें से ज्यादातर लोग इसे स्ट्रेंज चीज नहीं समझते किंतु यह स्ट्रेंज चीज है। यह हमारे लिए कोई अच्छी चीज नहीं है। हम अपनी अर्थव्यवस्था को बेचने के लिए झूठ के तूफान से भर लेते हैं, क्या यह चीज हमें भयभीत नहीं करती? सच यह है कि हमारी राजनीतिक जिंदगी झूठ के नियमों में ही संचालित है। यदि यह झूठ हमें छल नहीं रहा है तो कम से कम संशयवादी जरूर बनाता है। एक तरफ हम सत्य को पहचान नहीं पाते, वहीं दूसरी ओर जब हम सत्य को देखते हैं तो भ्रमित हो जाते हैं। सत्य को स्वीकार ही नहीं कर पाते।

विज्ञापन की भाषा में भाषिक संरचनाओं से ज्यादा महत्वपूर्ण अन्य चीजें हैं, वे ही वस्तुतः उसका संदेश संप्रेषित करती हैं, मसलन विज्ञापन ने जनता की 'स्व-निर्भर' इमेज निर्मित की है। कल्याणकारी रूप को वेश्यावृत्ति माना है। ग्लैमर और एंद्रिय सुख को जीवन का प्रमुख तत्व बनाया है। 'स्व-निर्भर' छवि मूलतः निहितस्वार्थी चेतना निर्मित करती है। विज्ञापन की विशेषता है कि वह वस्तु के होने पर बल देता है। वस्तु है तो सब कुछ है यानी 'होना' ही सब कुछ है। 'करना' कुछ भी नहीं। इस तरह वह 'करने' का निषेध करता है। किसी भी वस्तु के होने से जब मनुष्य के अस्तित्व की गारंटी की धारणा दी जाने लगती है तो इससे कर्मशीलता का निषेध होता है। विज्ञापन में 'कर्ममयता' के बजाय 'होना' की धारणा पर जोर दिया जाता है। विज्ञापन का व्यक्तिवाद ऐसे व्यक्ति की मनोसंरचना तैयार करता है जो समाज में किसी का नहीं होता, उसकी कोई विशिष्ट पहचान नहीं होती। विज्ञापन में 'विशिष्ट' और 'सामाजिक हैसियत' पर खासतौर पर जोर दिया जाता है।

विज्ञापन कलाकारों का जीवन छोटा होता है। किंतु उनकी कला के कद्रदान ज्यादा होते हैं। विज्ञापन की उम्र छोटी होती है किंतु उन्हें ज्यादा संख्या में जनता देखती है। विज्ञापन आते और जाते हैं, किंतु विज्ञापन के कद्रदान बढ़ते जाते हैं। यह विज्ञापन में निहित गंभीरता और कलात्मकता की शक्ति को दर्शाता है। विज्ञापन

हमेशा कलात्मक खोखलेपन के साथ संघर्ष करता है। कला को गंभीर बनाता है। विज्ञापन ने सौंदर्यबोध को किताबों और कलाओं के सीमित भोक्ता के दायरे से बाहर ले जाकर जनता में जनप्रियता दिलाई है। दैनंदिन जीवन को सौंदर्यबोधीय बनाया है। पहले कलाकार जनप्रिय था, उसकी कला जनप्रिय नहीं थी। सौंदर्यबोध अभिजन की क्रिया का क्षेत्र था। विज्ञापन ने इसे जनसुलभ बनाया है। सौंदर्यबोध पर अभिजन की बपौती खत्म की है। पहले सौंदर्यबोधीय शैली को जनप्रिय में शास्त्रीय और लोक-संस्कृति दोनों का प्रयोग हो रहा है। दोनों के दायरे टूट रहे हैं। पर्यटन विज्ञापनों में इसे साफतौर पर देखा जा सकता है।

विज्ञापन और आधुनिकता–विज्ञापन कभी संस्कृति की उपेक्षा करके तैयार नहीं किया जा सकता। यही बुनियादी तत्व आधुनिकता में है, आधुनिकता भी संस्कृति की उपेक्षा नहीं करती। दोनों ही रूपक का व्यापक इस्तेमाल करते हैं, रूपक को व्यापक भौगोलिक जमीन प्रदान करते हैं। रूपक यह आभास देते हैं कि आप उन्हें सही ढंग से पढ़ भी नहीं सकते। ये दोनों कम्युनिकेशन की अनंत संभावनाएं पैदा करते हैं। अब व्यक्ति महत्वपूर्ण नहीं रह जाता बल्कि उसका शेयरिंग का भाव महत्वपूर्ण होता है। विज्ञापन 'ईगो' को कमजोर करता है। अब व्यक्ति की हैसियत बहुस्तरीय रूपों से तय होती है। पहले सिर्फ 'हैसियत' के प्रदर्शन का एक ही तरीका था संपदा और पावर। अब इन सबकी जगह अन्य चीजें ले लेती हैं। छोटी-छोटी वस्तुएं ले लेती हैं। विज्ञापन का प्रसार जितना बढ़ता जाता है समाज की नई जनप्रिय समझ भी तैयार होती जाती है।

विज्ञापन के द्वारा आधुनिकता का जो आख्यान तैयार हो रहा है उसमें 'एथिक्स' को निजी बना दिया गया है। साथ ही 'एथिक्स' की स्वतंत्रता का भी आख्यान प्रसारित किया जा रहा है। जैसे परिवार, कॉरपोरेशन आदि के एथिक्स बताए जा रहे हैं। विज्ञापन निरंत प्रचार के जरिये 'अदर' यानी 'अन्य' को आकर्षित करता है। उसे 'स्व' का हिस्सा बनाता है यानी जो उपभोक्ता नहीं है उसे उपभोक्ता बनाता है। विज्ञापन का सबसे बड़ा सामाजिक असर यह होता है कि अब बच्चे अभिभावकों की संपत्ति नहीं रह जाते है बल्कि वे अब कंपनियों के खाते में आ जाते हैं। अब हम 'मैं' के बारे में बातें नहीं करते बल्कि वस्तुओं और उपभोग के बारे में बातें करते हैं। विज्ञापन सांस्कृतिक अभ्यासों को पैदा करता है। ये अभ्यास सुनिश्चित सांस्कृतिक स्पेस में होते हैं। अब संस्कृति स्थान विशेष का प्रतिनिधित्व करने लगती है।

विज्ञापन और आधुनिकता में एक अन्य साझा तत्व यह है कि इन दोनों के लिए मूल्य देना पड़ता है। आधुनिकता के लिए कीमत अदा करनी पड़ती है वहीं दूसरी ओर विज्ञापन के लिए भी कीमत अदा करनी पड़ती है। आधुनिकता में 'रिस्क' या जोखिम का तत्व व्यक्तिगत स्तर पर सबसे ज्यादा होता है। विज्ञापन और आधुनिकता में पुराने किस्म की अंतर्निर्भरता की अवहेलना करते हैं। आधुनिकता के दौर में कोई आदर्श मॉडल नहीं होता। अभिभावकों की भूमिका नए सिरे से तय की जाती है। आधुनिकता का यही मुक्तिकामी प्रकल्प है। आधुनिकता का विज्ञापन से संबंध होगा, यह बात अनिवार्यतः नहीं कही जा सकती। अनेक बड़े वैज्ञानिक अंदर से धार्मिक रहे हैं। यह संभव है कि आधुनिक व्यक्ति अंदर तक धार्मिक हो। जीवन में उसकी गहरी आस्था हो, किंतु विज्ञान को नहीं मानता हो। किंतु उसमें इंटर-सब्जेक्टिविटी (अंतर-आत्मगतता) का भाव हो। आधुनिकता का यह अर्थ नहीं है कि अतीत में जो कुछ है उसे अस्वीकार करें। आधुनिकता परंपरा विरोधी नहीं है बल्कि आधुनिकता अपनी परंपरा स्वयं बनाती है। मीडिया और विज्ञापन उसके दो प्रमुख औजार हैं। इस परिप्रेक्ष्य में देखें तो परंपरा बनाम आधुनिकता की बहस बेमानी और बोगस है।

विज्ञापन की उपलब्धि है कि उसने परंपरा बनाम आधुनिकता के विवाद को नष्ट किया है। आधुनिकता अंततः व्यक्तियों के संबंधों से जुड़ी है, व्यक्ति कैसे हैं? इससे उसका संबंध नहीं है। हम यह भी कह सकते हैं कि अतीत में वैज्ञानिक हुए हैं उसी तरह वर्तमान में मिथ निर्माता भी हुए हैं। भविष्य के सभी प्रकल्प अतीत के स्वर्णयुग पर निर्भर हैं तो वे असफल होंगे। यूरोपीय रैनेसां का पराभव इसका गवाह है। जिस तरह रैनेसां के लोग अतीत के पास गए और उसे ही फैशन बना दिया इससे भविष्य को कोई मदद नहीं मिली। अतीत को हम जब फैशन बनाते हैं तो इससे भविष्य के लिए कोई मदद नहीं मिलती। हमें इसी प्रसंग में इस सवाल पर भी विचार करना चाहिए कि इतिहास की क्या भूमिका है? इतिहास स्मृति की तरह काम करता है। यहां पर हमें इतिहास से सीखने और अतीत स्मरण के बीच अंतर करना चाहिए। कोई व्यक्ति इतिहास से तब नहीं सीखता जब घटना घट रही होती है। समस्या तब आती है जब तुलनात्मक परिप्रेक्ष्य में चीजें पेश की जाती हैं। जब तथ्य तुलनात्मक तौर पर पेश किए जाते हैं तो घटना को यूनिकनेस या विलक्षणता खत्म हो जाती है। स्मृति हमें संचालित करना बंद कर देती है। इतिहास को देखने के दो नजरिये प्रचलन में हैं। पहला इतिहासकार का है, दूसरा क्रोनिकलर (कालक्रम

निर्धारक) का है। तीसरा नजरिया विज्ञापन का है। विज्ञापन में इतिहास या अतीत को दर्शन के नजरिये से पेश किया जाता है। यही बात दृश्य मीडिया पर भी लागू होती है। यहां आप इतिहास का दृश्यात्मक आनंद प्राप्त करते हैं। यह निर्मित आनंद है। सतही आनंद है। इतिहास उनके लिए पर्यटन का हिस्सा है। एक झलक पा लेना ही उसका लक्ष्य है। विज्ञापन के लिए इतिहास झलक है, नजारा है।

विज्ञापन की लाक्षणिक विशेषता है कि आप इसे याद नहीं रख सकते। यही वजह है कि आपके पास भूलने के लिए भी कुछ नहीं होता। यदि आप स्मरण करें, याद करें, सीखें तो भूलेंगे भी। नया आएगा, पुराना जाएगा। विज्ञापन की भाषा में 'घर' का दृश्य अमूमन तनाव भरा होता है। अथवा चिर-परिचित वातावरण में विभिन्न पृष्ठभूमियों में सामने आ रहा है। 'घर' का तनावपूर्ण होना और 'काम करने की जगह ज्यादा शांत और आरामदायक' नजर आती है। यह भी कह सकते हैं कि 'घर' और 'काम करने की जगह' ने एक-दूसरे के साथ विनिमय कर लिया है। अब नया नारा है 'घर में काम और काम की जगह घर।'

विज्ञापन में 'च्वॉयस' या चयन को प्रमुख बना दिया है। अब च्वॉयस बड़ी चीज है। पूरे समाज में 'च्वॉयस' का इंजेक्शन लग चुका है। च्वॉयस अब निजी कार्य-व्यापार है। किंतु इसे निजी कार्य-व्यापार तक सीमित रखना संभव नहीं है। अब च्वॉयस का कारपोरेट हाउस से लेकर राजनीतिक स्तर तक विस्तार हो चुका है। संस्थानों, अस्पतालों, विश्वविद्यालयों आदि तक विस्तार हो चुका है। ये सारे क्षेत्र सार्वजनिक क्षेत्र हैं। आज हम खुले में वे काम करते हैं जो पहले बंद कमरे में करते थे। कहने का अर्थ यह है कि प्राइवेट के भी कई स्तर हैं जो विज्ञापन में आते हैं। विज्ञापन में सतह पर प्राइवेट और पब्लिक का विवाद दिखाई देगा। किंतु विज्ञापन के संदर्भ में यह विवाद महत्वपूर्ण नहीं है, महत्वपूर्ण यह है कि आखिरकार किस तरह की जनता रची जा रही है। जनता हमेशा क्रिटिकल होती है। विज्ञापन की सबसे बड़ी कमजोरी यह है कि वह क्रिटिकल जनता निर्मित नहीं कर पाता। इधर के कुछ विज्ञापनों में क्रिटिकल जनता नजर आने लगी है, खासकर विकासमूलक विज्ञापनों में। मसलन कंडोम, जीवन बीमा, चुनाव आयोग आदि के विज्ञापनों में इसे देख सकते हैं। विज्ञापनों में जनता का अमूमन अनुकरणात्मक रूप ही पेश किया जाता है। विज्ञापन की धुरी है पर्सुएशन और मेनीपुलेशन। इन दोनों तत्वों का व्यापक तौर पर इस्तेमाल किया जाता है। विज्ञापन का नारा है 'फारवॉर्ड फॉर फारवर्डनेस'। विज्ञापन पढ़ते समय हमें सूचना और पर्सुएशन में अंतर समझना होगा। विज्ञापन

कभी भी सूचना को मेनीपुलेट किए बिना नहीं देता। विज्ञापन में दी गई सूचनाओं को मीडिया कभी चुनौती नहीं देते, सूचनाओं की प्रामाणिकता के बारे में कभी सवाल तक नहीं उठाते। पहले यह बीमारी सिर्फ विज्ञापन में थी, आज इसने पूरे समाज को अपनी गिरफ्त में ले लिया है। विज्ञापन में भविष्य का विचारधारात्मक सोच अभिव्यक्त होता है। विज्ञापन में भविष्य का विचारधरात्मक सोच अभिव्यक्त होता है। विज्ञापन में भव्यि का संसार छिपा होता है। विज्ञापन वर्तमान में मुनाफा देता है, संस्कार देता है। भविष्य के लिए विचारधारात्मक आधार तैयार करता है। विज्ञापन हमारे समाज की धुरी है। समस्त विचारधारात्मक विमर्शों की धुरी है। विज्ञापन की विचारधारात्मक मार बड़ी गहरी और व्यापक होती है।

19. भूमंडलीकरण और दरिद्रता

भूमंडलीकरण को लेकर जो लोग मगन हैं और इसे सभी बीमारियों की रामबाण दवा मानते रहे हैं, ऐसे लोग कभी भी दरिद्रता और वैषम्य के संदर्भ में भूमंडलीकरण का विश्लेषण नहीं करते। भूमंडलीकरण की पूंजीवादी प्रक्रिया एक अनिवार्य और अपरिहार्य प्रक्रिया है। हम चाहें या न चाहें, हमें इसमें से गुजरना होगा। कुछ लोग भूमंडलीकरण को मानवीय शक्ल देकर इस प्रक्रिया से गुजरना चाहते हैं तो कुछ इसके अमानवीय चेहरे के साथ मिलकर गुजरना चाहते हैं। हकीकत में भूमंडलीकरण कोई नई चीज नहीं है बल्कि यह तो पूंजीवादी व्यवस्था के चरित्र का अनिवार्य पहलू है। पूंजीवाद के उदय के बाद, समूची दुनिया में पूंजीवादी व्यवस्था ने अपने वैभव एवं आधार का विस्तार किया। एक विश्व व्यवस्था के रूप में अपने को स्थापित किया। इस विकास की प्रक्रिया में पूंजीवाद ने जहां आरंभ के वर्षों की सामंतशाही को ध्वस्त किया वहीं कालांतर में उपनिवेशों के रूप में राष्ट्रों को गुलाम बनाकर साम्राज्यवाद की शक्ल भी ग्रहण की। जिन देशों को गुलाम बनाया वहां पर कमोबेश सामंती तत्वों एवं मूल्यों के साथ गठबंधन किया। इसके कारण कालांतर में विभिन्न देशों में आजादी के संघर्ष शुरू हुए। बड़े राष्ट्रों में ज्यादा से ज्यादा बाजार हथियाने और जनता का दमन करके गुलाम बनाने की प्रवृत्ति तेज हुई, साथ ही, बड़े साम्राज्यवादी राष्ट्रों में बाजार पर कब्जा जमाने के लिए दो विश्वयुद्ध हुए। इन दोनों युद्धों से विश्व पूंजीवाद कमजोर हुआ। नवोदित स्वतंत्र राष्ट्रों का उदय हुआ। समाजवादी राष्ट्रों का जन्म हुआ। फासीवाद हारा।

फासीवाद की पराजय, पूंजीवादी शिविर का कमजोर पड़ना और समाजवादी शिविर का उदय बड़े पूंजीवादी राष्ट्रों को रास नहीं आया। यही वजह थी कि युद्धोत्तर दौर में शीतयुद्ध की राजनीति शुरू हुई। विश्व बैंक और अंतर्राष्ट्रीय मुद्राकोष का

जन्म हुआ। बहुराष्ट्रीय कंपनियों की आक्रामक व्यापार नीति का विश्व स्तर पर विस्तार हुआ। नए सिरे से नवोदित स्वतंत्र राष्ट्रों को तकनीकी एवं आर्थिक सहायता के बहाने, विश्व पूंजीवादी शिविर में बांधे रखने की कोशिशें शुरू हुईं। वहीं दूसरी ओर, समाजवादी शिविर के खिलाफ वैचारिक हमले तेज किए गए। इन देशों की आर्थिक नाकेबंदी की गई, हथियारों के निर्माण की होड़ शुरू हो गई, चौतरफा असुरक्षा एवं उपभोक्तावाद का माहौल बनाया गया। इस सबके प्रचार-प्रसार में टेलीविजन एवं विज्ञापनों का बड़े पैमाने पर इस्तेमाल किया गया। विश्व पूंजीवादी शिविर को इन दो माध्यमों के जरिये अनुकूल परिणाम प्राप्त हुए। वैचारिक संघर्ष में शीतयुद्धीय राजनीति जीत गई। बगैर युद्ध के समाजवादी शिविर धराशायी हो गया। टेलीविजन, रेडियो और विज्ञापनों की बाढ़ ने वैचारिक तौर पर वह कार्य कर दिखाया जो सेना के हमलों से भी संभव नहीं था। यही वह विशेष संदर्भ है जिसमें भूमंडलीकरण की नई प्रवृत्ति सामने आई है। भूमंडलीकरण की केंद्रीय वैचारिक विशेषता है, पर-निर्भरता और आर्थिक गुलामी। अगर आप ताकत वर हैं तो इन दोनों प्रवृत्तियों को अपने पक्ष में बदल सकते हैं और यदि कमजोर हैं तो आपका ताकतवर के द्वारा शोषण किया जाएगा।

विचारणीय तथ्य यह है कि भूमंडलीकरण ऐसे दौर में सामने आया है कि जब 75 फीसदी राष्ट्रों में जनतांत्रिक व्यवस्था अपनी जड़ें जमा चुकी है। स्वाधीनता इस दौर का गुरुमंत्र बन चुका है। स्वाधीनता की आकांक्षा को वस्तुओं की प्राप्ति की आकांक्षा में बदलना, नई से नई वस्तुओं की प्राप्ति की लालसा पैदा करना, यही मुख्य ध्येय होकर रह गया है। वस्तुओं को इच्छाओं का पर्याय बना दिया गया है। इच्छाओं-आकांक्षाओं का वस्तुकरण और उनका मुनाफे में रूपांतरण, यही भूमंडलीय संस्कृति की केंद्रीय विशेषता है। आज समूचा कार्य-व्यवहार, वैचारिक संघर्ष और वर्चस्व स्थापित करने की कोशिशें, पूर्णतः प्रतीकात्मक होकर रह गई हैं। प्रतीकों और चिह्नों के जरिये भूमंडलीकरण अपनी इजारेदारी का विस्तार कर रहा है। इस प्रक्रिया में वास्तव को काल्पनिक या फैंटेसी की शक्ल दी जा रही है और जो फैंटेसी है, उसे वस्तु की शक्ल दी जा रही है। इस तरह मानवीय फैंटेसी का वस्तुकरण हो रहा है। जो ठोस है उसे वायवीय बनाया जा रहा है और जो वायवीय है उसे माध्यमों के निरंतर प्रचार एवं विज्ञापनों के जरिये मन में उतारा जा रहा है। पहले आम तौर पर लोग सामाजिक परिवर्तन के सपने देखते थे, परिवर्तन के सपनों का प्रचार-प्रसार करते थे। किंतु आज यह संभव नहीं हो पा रहा है क्योंकि सपनों की दुनिया पर विज्ञापनों

ने कब्जा जमा लिया है। पहले सपनों का संसार हमारा था, आज जनमाध्यमों एवं विज्ञापनों का है। यही वजह है कि हमारे खाली समय को जनमाध्यमों के विमर्श एवं चर्चाओं ने घेर लिया है। जब खाली समय को जनमाध्यम घेर लेते हैं, तब विचारों एवं जीवन परिवर्तन की लड़ाई बेहद जटिल हो उठती है। पहले हमें मालूम था किससे लड़ना है। आज हमें मालूम ही नहीं है किससे लड़ना है। आज जिससे लड़ना है वही सबसे प्यारा है। पहले जिससे लड़ना था, उसके खिलाफ मन में घृणा पैदा होती थी, उसको पराजित करने के लिए कुर्बानी देने का जज्बा पैदा होता था। कुर्बानी को सम्मान की नजर से देखा जाता था। किंतु आज वह अनुभूति एक सिरे से गायब होती जा रही है। यही भूमंडलीकरण की वैचारिक प्रगति का लक्षण है। जिन प्रवृत्तियों को पराजित करना चाहिए, जिन मूल्यों के खिलाफ घृणा होनी चाहिए, वे ही मूल्य किसी न किसी बहाने हमारे जीवन में वर्चस्व बनाए हुए हैं। कहने का तात्पर्य है कि साम्राज्यवाद के दौर में, जब पूंजीवाद ने सीधे एवं बाहर से हमला किया था, हम उससे लड़ने में समर्थ थे। किंतु द्वितीय विश्व-युद्धोत्तर दौर में, यह हमला अंदर से हुआ है। आज पूंजीवाद बाहर के बजाय अंदर से हमला करने में मशगूल है। परिणामतः विश्व पूंजीवादी ताकतों को हम संघर्ष में पछाड़ ही नहीं पा रहे बल्कि दिनोदिन उनके सामने असमर्थ महसूस कर रहे हैं। विश्व पूंजीवाद के खिलाफ संघर्ष दो तरफा है, मन में और मन के बाहर। जब तक मन में पूंजीवाद से नहीं लड़ते, अपने अंदर नहीं लड़ते, तब तक बाह्य परिवेश में उससे लड़ना संभव नहीं है।

आज का भूमंडलीकरण 16वीं शताब्दी और 19वीं शताब्दी के भूमंडलीकरण से भिन्न है। आज नया बाजार पैदा हुआ है जिसमें 24 घंटे विदेशी पूंजी का विनिमय चलता रहता है। आप दुनिया के किसी भी कोने में हों आपको पूंजी हासिल करने में समय की बाधा नहीं होगी। नए उपकरण के रूप में इंटरनेट संपर्क है, सेलुलर फोन एवं मीडिया नेटवर्क है। नए संस्थान के रूप में विश्व व्यापार संगठन है। यह ऐसा संगठन है जिसका राष्ट्रीय सरकारों पर भी वर्चस्व है। राष्ट्रीय सरकारें वस्तुतः इसकी मातहत हैं। आज बहुराष्ट्रीय कंपनियां इतनी ताकतवर हैं कि अनेक राष्ट्र मिलकर भी इनकी शक्ति एवं संपदा का मुकाबला नहीं कर सकते। इसी तरह अंतर्राष्ट्रीय स्तर पर गैर-सरकारी स्वयंसेवी संगठनों के नेटवर्क का भी उदय हुआ है। व्यापार सेवा और बौद्धिक संपदाओं के बारे में बहुराष्ट्रीय समझौते हो रहे हैं, जिनको लागू करने के लिए मजबूत संस्थान एवं कठोर व्यवस्थाएं निर्मित की जा रही हैं।

आज स्थिति यह है कि प्रतिदिन विश्व मुद्रा बाजार में 1,500 अरब डॉलर की मुद्रा का विनिमय हो रहा है।

ध्यान रहे कि भूमंडलीकरण, मुद्रा और माल के प्रवाह के अतिरिक्त कुछ और भी है। यह विश्व के लोगों में अंतर्निभर्रता बढ़ाने वाली प्रवृत्ति है। भूमंडलीकरण से अर्थव्यवस्था का ही एकीकरण नहीं होता अपितु संस्कृति, तकनीकी एवं प्रशासन, सभी का एकीकरण हो रहा है। आज दुनिया का प्रत्येक इलाका एक-दूसरे से जुड़ चुका है। आज बाजार का राजनीतिक एवं सामाजिक जीवन पर जिस तरह का प्रभुत्व है वैसा पहले कभी देखा नहीं गया। इसके कारण बाजार की शक्तियां राजनीतिक एवं सामाजिक शक्तियों की तुलना में ज्यादा ताकतवर हो उठी हैं। इसके कारण आर्थिक, सामाजिक एवं सांस्कृतिक असंतुलन बढ़ा है। इस पूरी प्रक्रिया को मद्देनजर रखते हुए हमें ज्यादा जागरूक रहना होगा। नई परिस्थितियों का मुकाबला करने के लिए अपने संस्थानों एवं सांस्कृतिक उपकरणों को, नए सिरे से सजाना-संवारना होगा। भूमंडलीकरण का अर्थ सिर्फ मुनाफा कमाना नहीं है बल्कि भूमंडलीकरण के दौर में हमें यह भी सुनिश्चित करना होगा कि कम से कम मानवाधिकारों का उल्लंघन हो। विभिन्न राष्ट्रों के बीच कम से कम वैषम्य हो। एक देश से दूसरे देश की ओर कम से कम लोगों का स्थानांतरण हो। समाज में कम से कम अस्थिरता हो और आम लोगों की जिंदगी में कम से कम खतरे हों। कम से कम पर्यावरण की क्षति हो। कम से कम दरिद्रता एवं अभाव हो। तभ सही अर्थों में भूमंडलीकरण का मानवीयकरण संभव है।

भूमंडलीकरण के कारण विश्व स्तर पर समय का अभाव, स्थान की कमी और सीमाओं का लोप हुआ है, जिसके कारण मानव सभ्यता नई चुनौतियों से दो-चार हो रही है। तेजी से दैनंदिन जीवन अस्त-व्यस्त हो रहा है। मानवीय सुरक्षा खतरे में पड़ चुकी है। काम और आय के क्षेत्र में असुरक्षा बढ़ी है। स्वास्थ्य के क्षेत्र में असुरक्षा बढ़ी है। सांस्कृतिक असुरक्षा बढ़ी है। मसलन, दुनिया में 1998 में 3 करोड़ 30 लाख लोग एचाआईवी एवं एड्स के शिकार थे। अकेले 1998 में 60 लाख नए बीमार तैयार हुए। आज तरह-तरह की संक्रामक बीमारियां ग्रामीण भारत, पूर्वी यूरोप और सीआईएस देशों में फैल रही हैं। प्रतिदिन 16,000 व्यक्ति संक्रामक बीमारियों के शिकार हो रहे हैं। इसमें 95 फीसदी लोग विकासशील देशों में हैं। इसी तरह सांस्कृतिक असुरक्षा बढ़ रही है। भूमंडलीकरण के कारण जहां एक ओर आम लोगों के सामने संस्कृति और उसकी समस्त रचनात्मकता, विचारों और ज्ञान के प्रवाह के

द्वार खुले हैं, वहीं दूसरी ओर यह सांस्कृतिक प्रवाह असंतुलित ढंग से एक ही दिशा में झुक चुका है। यह सांस्कृतिक प्रवाह समृद्ध राष्ट्रों से गरीब देशों की ओर उन्मुख है। अकेले हॉलीवुड उद्योग ने 1997 में विश्व स्तर पर 30 अरब डॉलर का व्यापार किया। इसके अलावा उपग्रह संचार प्रणाली के द्वारा राष्ट्रातीत संचार की असीमित संभावनाओं के द्वार खुले हैं। बहुराष्ट्रीय कंपनियों के सांस्कृतिक मालों एवं संचार प्रवाह ने सांस्कृतिक वैविध्य के सामने गंभीर खतरे पैदा कर दिए हैं। आम लोगों की सांस्कृतिक अस्मिता के लोप का खतरा पैदा हो गया है। आज देशी एवं राष्ट्रीय संस्कृतियों की रक्षा का दायित्व सबसे प्रमुख स्थान अर्जित कर चुका है। इसी तरह व्यक्तिगत जीवन असुरक्षित होकर रह गया है। नशीले पदार्थों की तस्करी, औरतों का धंधा और हथियारों की अवैध बिक्री ने अपराध एवं हिंसा का ऐसा परिवेश निर्मित किया है जिसे देखकर दिल दहल जाता है।

साथ ही, औरतों एवं लड़कियों की खरीद-फरोख्त एवं जिस्म की तिजारत का तेजी से विस्तार हुआ है। अकेले पूर्वी यूरोप से 5 लाख औरतों एवं लड़कियों की अवैध ढंग से बिक्री की गई है। यह एक तरह गुलामों की बिक्री जैसा मामला भी है। स्त्रियों के मामले में फर्क यह है कि इससे स्त्री जहां अपनी स्वतंत्रता खोती है, वहीं दूसरी ओर अपना सम्मान एवं स्वास्थ्य भी खो देती है। अगर वह अपने घर लौट भी आए तो घर वाले सहज ही उसे अपनाते नहीं हैं। परिणामस्वरूप उसे उसी धंधे में बने रहना होता है। इस सबके परिणामस्वरूप, संगठित माफिया गिरोहों और अपराधी सिंडीकेट संगठनों का सघन तंत्र उभरकर सामने आया है। आज अपराध जगत 1,500 अरब डॉलर का कारोबार करता है। अपराध जगत के कारोबार के परिदृश्य एवं शक्ति के मद्देनजर ही बहुराष्ट्रीय निगमों की इस क्षेत्र पर भी गिद्ध दृष्टि लगी हुई है। आज ये कंपनियां अपनी शक्ति और सत्ता के वर्चस्व को बढ़ाने के लिए, अपराध जगत की भी मदद ले रही हैं। इनके जरिये सरकारों पर भी दबाव डालने का काम लेती हैं।

भूमंडलीकरण ने विश्व अपराधियों को नए रोमांचकारी अवसर प्रदान किए हैं। इन अवसरों के जरिये अपराधी तत्व तेजी से फल-फूल रहे हैं। विश्व अपराध जगत के विकास में पूंजी का मुक्त आवागमन बहुत बड़ी मदद कर रहा है। साथ ही, मुद्रा पर से नियंत्रण की समाप्ति या ढील से भी अपराधीकरण बढ़ रहा है। एक देश से दूसरे देश में अंतर्राष्ट्रीय व्यापार के लिए जरूरी है कि लगाई गई बाधाओं को कम से कम रखा जाए, इससे भी अपराध जगत को लाभ पहुंचा है। इस क्रम में अपराधी

बहुराष्ट्रीय निगमों का उदय हुआ है। ये अपराध सिंडीकेट हैं। इन सिंडीकेटों के राष्ट्रातीत अड्डे हैं, नेटवर्क हैं। अपराधियों को अपने गिरोहों में भर्ती करने में बेकार युवाओं से सबसे ज्यादा युवा मिलते हैं। इस अपराध जगत को नई सूचना एवं संचार प्रणाली ने असीमित अधिकार एवं अवसर प्रदान किए हैं। इंटरनेट, कंप्यूटर, फैक्स मशीन ने अपराध जगत की धंधेखोरी को नई ऊंचाइयों पर पहुंचा दिया है। फिल्म, संगीत एवं सॉफ्टवेयर की चोरी-छिपे बिक्री ने समूचे अपराध जगत के कारोबार में जबर्दस्त इजाफा किया हैं। इस तरह की अपराधी गतिविधियां, निजी पहलकदमी से पैदा होने वाले रोजगार के अवसरों को खत्म करती हैं या उनकी उपेक्षा करती हैं। ऐसे देश में कौन साझे का व्यापार करना चाहेगा, जहां साझीदार गुंडा हो जो बंदूक के बल पर व्यापार के फैसले करे। विश्व में कौन ऐसा संगठन या राष्ट्र है जो भ्रष्ट सरकार को समर्थन देना पसंद करेगा, ऐसी सरकार को कौन समर्थन देना पसंद करेगा जो अपराध रोकने में असमर्थ हो? तात्पर्य यह है कि संगठित अपराध को सख्ती से कुचलने को हमें सर्वोच्च प्राथमिकता देनी होगी। इसे राष्ट्रीय एवं अंतर्राष्ट्रीय स्तर पर प्रमुख मुद्दा बनाना होगा।

भूमंडलीकरण के मौजूदा दौर में पर्यावरण असुरक्षा का मुद्दा केंद्र में आया है। पर्यावरण का निरतंर क्षय, वस्तुतः मौन आपातकाल है। इससे विश्व भर की जनता के लिए खतरा पैदा हो गया है। कम से कम आधा अरब लोगों की जिदंगी को हमने सीधे-सीधे खतरा पैदा कर दिया है। आज गरीब के पास बहुत कम विकल्प बचे हैं। गरीबों की कीमत पर समृद्ध मलाई खा रहे हैं।

वैज्ञानिकों ने अनुमान लगाया है कि क्रमशः विश्व का तापमान एवं समुद्र का जल स्तर ऊपर उठा रहा है। इसके कारण बांग्लादेश की 17.7 फीसद जमीन, मिस्र की 12 फीसदी जमीन और समूचा मालदीव प्रभावित होगा। पर्यावरणजनित क्षय से 1997 एवं 1998 में बाढ़ और तूफान के कारण जबर्दस्त तापमान बढ़ गया और भयानक वर्षा हुई। अलनीनो से तकरीबन 50 लाख लोग बेघर हुए हैं। 11 करोड़ 80 लाख लोग घायल हुए हैं, जबकि 22 हजार लोग मारे गए हैं। अलनीनो से हुए विध्वंस की विश्व भर में क्षति 33 अरब डॉलर आंकी गई है। अनेक वैज्ञानिक यह मानते हैं कि अलनीनो तूफान भूमंडलीय तापमान परिवर्तन के कारण आए। इसके कारण इंडोनेशिया से लेकर ब्राजील तक की फसलें जल गईं, जब कि बाढ़ एवं समुद्री तूफान से अकेले निकारागुआ में 9 हजार लोग मारे गए और लाखों बेघर हो गए।

प्रश्न उठता है कि हम क्या करें? यह सच है कि भूमंडलीकरण के विकास ने

मानवीय उत्थान की जबर्दस्त संभावनाएं पैदा की हैं किंतु ये संभावनाएं अभी चंद हाथों तक ही सीमित हैं, जिसके कारण बहुसंख्यक जनता इसके लाभों से वंचित है, फलतः मानवीय सुरक्षा सुनिश्चित नहीं की जा सकी है। भूमंडलीकरण से अर्थव्यवस्था, संस्कृति और सरकार एकीकृत हुए हैं, किंतु इस प्रक्रिया में हम समाज को भूल गए हैं। बाजार की शक्तियों के लिए भूमंडलीकरण आर्थिक क्षमता पैदा कर रहा है जिससे वे विकास कर रही हैं, मुनाफे बटोर रही हैं। किंतु इस चक्कर में हम समानता, गरीबी निवारण और मानवीय सुरक्षा में वृद्धि के लक्ष्य को भूल गए हैं। इसके लिए जरूरी है :

1. सबसे पहले सामाजिक सुरक्षा सुनिश्चित करने वाली नीतियां अपनाई जाएं।
2. अनेक ऐसी मानवीय समस्याएं हैं, जो देश की सीमाओं के बाहर से अंतर्राष्ट्रीय मदद के बगैर दूर नहीं हो सकतीं, अतः ऐसी समस्याओं के निवारण के लिए अंतर्राष्ट्रीय मदद दी जाए।
3. मानवीय विकास को सुनिश्चित करने के लिए सरकारी एवं गैर-सरकारी संस्थाओं एवं संगठनों की सक्रिय शिरकत को सुनिश्चित किया जाए।

आज के दौर में भूमंडलीकरण का अर्थ है—कम से कम मानवाधिकारों का—उल्लंघन हो, मानवीय मूल्यों के प्रति कम से कम तिरस्कार भाव हो। यही आज के युग की नैतिकता है। देशों एवं जनता में कम से कम गरीबी फैले, यही विकास है। देशों एवं पीढ़ियों के बीच में वैषम्य कम से कम हो। आम आदमी के जीवन के लिए कम से कम खतरे हों और पर्यावरण के क्षय को रोका जाए। यही आज के केंद्रीय दायित्व हैं।

20. डिजिटल युग में पत्रकारिता और साहित्य

ऑन लाइन पत्रकारिता के उदय के साथ पत्रकारिता के स्वरूप और सामाजिक भूमिका में तेजी से बदलाव आने शुरू हो गए हैं। ऑन लाइन पत्रकारिता संचार की भावी संस्कृति के मुख्य नियामक तत्वों में से एक है। प्रत्येक जनमाध्यम की किसी न किसी घटना या फिनोमिना के साथ पहुचान जुड़ी होती है। प्रत्येक जनमाध्यम अपने हिसाब से बहस अथवा चर्चा का एजेंडा भी तय करता है और उसके पास खबरों के संदर्भ में व्यापक ऑडिएंस होते हैं। इंटरनेट अथवा वर्ल्ड वाइड वेब की स्थिति इसके विपरीत है। यह एजेंडा तय नहीं कर सकता। इसकी किसी खबर या घटना या फिनोमिना के साथ सुनिश्चित पहचान जुड़ी हुई नहीं है। पत्रकारिता में संपादक और संवाददाता के हाथ में शक्ति है। किंतु ऑन लाइन पत्रकारिता में 'यूजर' महत्वपूर्ण है। वह प्रकाशन की परंपरागत सामाजिक भूमिका को चुनौती दे रहा है। समाचार और सूचना के द्वारपाल की भूमिका को चुनौती दे रहा है। प्रेस के युग में पाठक पूरी तरह अखबार में प्रकाशित सामग्री पर निर्भर था। किंतु ऑन लाइन पत्रकारिता में पाठक अन्य जगह उपलब्ध सामग्री या मूल दस्तावेज हासिल कर सकता है। अन्य जगह प्राप्त सूचनाओं से तुलना कर सकता है। अन्य प्रकाशनों के संग्रहालय या आर्काइव में जाकर देख सकता है। प्रेस के पास किसी घटना की एक ही तरह की कहानी थी। किंतु ऑन लाइन पत्रकारिता ने नए माध्यमों के तकनीकी तत्वों को साथ लेकर कहानी का विकास किया है। इसमें ऑडियो, वीडियो और फोटोग्राफ आदि को शामिल कर सकते हैं। डाटा की सचित्र जानकारी दे सकते हैं। अन्य माध्यमों में यह संभव नहीं है। ऑन लाइन पत्रकारिता की यह भी खूबी है कि वह खबरों और सूचनाओं को उपलब्ध कराने के लिए गैर-परंपरागत रूपों को उपलब्ध कराता है। यह सच है कि ऑन लाइन पत्रकारिता का इस्तेमाल अन्य

माध्यमों की तुलना में कम लोग करते हैं। किसी भी माध्यम की ताकत का अंदाजा उसके उपभोक्ता के आधार पर लगाया जा सकता है। माध्यम का जितना व्यापक सामाजिक आधार होगा उसका प्रकाशन और विज्ञापन-शुल्क उतना ही ज्यादा होगा। ज्यादातर सर्वे बताते हैं कि ऑन लाइन पत्रकारिता के उपभोक्ताओं में इजाफा हो रहा है। इसके बावजूद खबर और सूचना देखने वाले 'यूजरों' की संख्या में तेजी से वृद्धि नहीं हो रही है। अब भी समाज में प्रेस, टेलीविजन, रेडियो आदि की खबरों के लिहाज से वर्चस्व बना हुआ है। मसलन, अमेरिका में साधारण लोगों की खबरों का मुख्य स्रोत टेलीविजन है। जबकि अमेरिकी समाज में इंटरनेट का सबसे मजबूत तंत्र है। व्यापक पैमाने पर इंटरनेट यूजर हैं।

ऑन लाइन पत्रकारिता की सैद्धांतिकी अभी निर्मित नहीं हो पाई है। फिर भी तात्कालिक तौर पर यह कहा जा सकता है कि जो घटना धीरे-धीरे विकसित हो, महत्वपूर्ण हो या ब्रेकिंग न्यूज हो, उसके बारे में ज्यादा-से-ज्यादा सूचनाएं दी जाएं। ऐसी खबर जिसकी उम्मीद ही न हो, उसे रोचक सामग्री के साथ पेश किया जाए। ऑन लाइन पत्रकारिता के लिए वह खबर भी महत्वपूर्ण है जिसका सामाजिक-सांस्कृतिक मूल्य हो। जब कोई खबर एक बार दे दी जाए तो उसका अंत तक अनुसरण किया जाए। उपभोक्ता के लिए कौन सी खबर महत्व की है इसका खयाल रखा जाए। ऑन लाइन पत्रकारिता में नियमित अपडेट की जरूरत होती है। समया का इसमें महत्वपूर्ण स्थान है।

ऑन लाइन पत्रकारिता का कंप्यूटर तकनीक और इंटरनेट के साथ गहरा संबंध है। प्रिंट मीडिया में टेक्स्ट या पाठ है। ऑन लाइन पत्रकारिता में 'हाइपर टेक्स्ट' है। हाइपर टेक्स्ट को समझे बगैर ऑन लाइन पत्रकारिता की सही समझ संभव नहीं है। मीडिया के परंपरापंथियों ने कंप्यूटर तकनीक की आलोचना करते हुए इससे अच्छे लेखन की समाप्ति की घोषणा की है। वे इस हद तक चले गए हैं कि कहने लगे हैं कि मुद्रित शब्द की मौत हो गई है। सतह पर इस तरह की बातें अच्छी लगती हैं। उत्तेजित करती हैं। संतुष्ट करती हैं। किंतु हमने अभी तक 'हाइपर टेक्स्ट' के बारे में गंभीरता से विचार नहीं किया है। संवाददाता, संपादक, लेखक, पाठक आदि के संदर्भ में इसकी समस्याओं पर विचार नहीं किया गया है।

पहला सवाल यह है कि हाइपर टेक्स्ट क्या है? वन्नेवर बुश ने सबसे पहले इस अवधारणा का प्रयोग किया है। बुश को ही इस धारणा का आविष्कर्ता माना जाता है। बुश ने 1945 में *अटलांटिक मंथली* पत्रिका में हाइपर टेक्स्ट के बारे में सबसे

पहले लेख लिखा। इस लेख में उसने तकनीक आधारित सूचना देने वाली मशीन की चर्चा की। उसने लिखा कि यह मशीन सूचना विस्फोट के युग में स्कॉलरों और फैसले लेने वालों के लिए विशेष रूप से मददगार साबित हो सकती है। प्रत्येक क्षेत्र में जिस तरह के व्यापक अनुसंधान हो रहे हैं, शोधार्थियों को जिस तरह की जटिल समस्याओं से जूझना पड़ रहा है, उनसे निबटने में यह मशीन खासतौर पर मददगार साबित होगी। बुश ने लिखा कि आज अनेक प्रकाशन हैं। ये हमारी पहुंच के परे हैं। तमाम ऐसे दस्तावेज हैं जो हमारे लिए जरूरी हैं, किंतु उन तक पहुंचना मुश्किल है। वे हमारी क्षमता के बाहर हैं। आज जितने विराट पैमाने पर मानवीय अनुभवों और ज्ञान के साथ हम जी रहे हैं उन सब तक पहुंचना मुश्किल हो गया है। बुश ने लिखा कि आज मुख्य समस्या चयन की है। सूचना को खोजने की है। जो सूचना खोजना चाहते हैं, जिन्हें सूचना की जरूरत है, उन्हें सूचना खोजने, संचय करने, क्रमबद्ध करने आदि के काम में दिक्कतें आ रही हैं।

हम इंडेक्स व्यवस्था में जी रहे हैं। डाटा को स्टोरेज में अकारादि क्रम में रखते हैं। नंबर से रखते हैं। सूचनाएं उपवर्ग-दर-उपवर्ग में वर्गीकृत करके रखते हैं। वहीं से हासिल करते हैं। सारी सूचनाएं एक ही जगह होती हैं। जब तक कि कोई उन्हें डुप्लीकेट रूप में अन्यत्र ले जाना न चाहे। इसके नियम भी खुले हैं। यदि आप एक आइटम खोज लेते हैं तो इसे सिस्टम से ही आना होगा। नए पाथ पर जाना होगा। बुश के श्रेष्ठ अनुयायी टेड नेल्सन ने लिखा कि वर्गीकरण में कुछ भी गलत नहीं है क्योंकि उसकी प्रकृति रूपांतरणकारी है। वर्गीकरण सिस्टम की आधी जिदंगी है। कुछ वर्षों के बाद यह वर्गीकरण भी मूर्खतापूर्ण लगने लगेगा, क्योंकि सार्वभौम रूपों का जन्म हो जाएगा।

'हाइपर टेक्स्ट' वर्गीकरण की अधूरी व्यवस्था के सीमित दायरे को तोड़ देता है। सीमित दायरे से मुक्त करता है। एसोसिएशन के आधार पर संबंध बनाने पर जोर देता है, न कि इंडेक्सिंग पर। इन्हीं सब बातों को मद्देनजर रखते हुए बुश ने मिमिक्स की धारणा का प्रतिपादन किया। मिमिक्स तकनीकी तौर पर ज्यादा प्रभावी है। ज्यादा मानवीय ढंग से तथ्यों को मेनुपुलेट कर सकता है। कल्पना को मेनुपुलेट कर सकता है। मिमिक्स वह है जिसमें व्यक्ति अपनी पुस्तक, रिकॉर्ड आदि के संप्रेषण का तकनीकी तौर पर संचय कर सकता है। इसका संवाद और सलाह के लिए तीव ग्रति और उदारता के साथ इस्तेमाल कर सकता है। अपनी याददाश्त को विस्तार दे सकता है। उल्लेखनीय है कि वन्नेवर बुश के दिमाग में मिमिक्स के बारे में पहली बार

चालीस के दशक में विचार आया। बुश के अनुसार एक डेस्क, जिसमें पारदर्शी स्क्रीन हो, लीवर्स और मोटर्स हों, जिससे जल्दी से सूक्ष्म स्तर पर 'सर्च' किया जा सके। बुश के साथ मिमिक्स पर पॉल कान्ह, और एलनए डलमैन ने काम किया। इसमें उन्होंने ऐसे गतिशील डायग्राम और विकसित एनीमेशन तकनीकी की खोज की जिसके जरिये आप अन्य साइट से डाउनलोड कर सकते हैं। सर्च और सूचना की खोज के काम के अलावा मिमिक्स ने पाठक को यह मौका भी दिया कि वह चाहे तो पाठ में छोटी टिप्पणी लिख सके, नोट्स ले सके। उसके लिए यह संभव है कि शुष्क किस्म की फोटोग्राफी का इस्तेमाल करे। बुश की मिमिक्स की अवधारणा के दो प्रमुख बिंदु हैं। पहला बिंदु रीडिंग से जुड़ा है। यह ऐसी खुली और विराट प्रक्रिया है जिसमें व्यक्ति अकेला दाखिल होता है। विचारों और प्रतिक्रियाओं को पारदर्शी पाठ में देखता है। बुश का यहां पर मुख्य जोर ग्रहणशील पठन या रीडिंग पर है। ग्रहणशील पठन सक्रिय प्रक्रिया है जिसमें लेखन शामिल है। इस धारणा का दूसरा मुख्य बिंदु है कि पाठक सक्रिय होता है। हस्तक्षेप कर सकता है। पाठ पर टिप्पणी लिख सकता है। क्योंकि कायिक रूप से पृष्ठ उसके सामने मौजूद है। यह वस्तुतः कायिक के बजाय वर्चुअल पाठ की आवश्यकता को स्वीकार करना है। यह पाठ की एकदम नई धारणा है। मिमिक्स का बुनियादी तत्व खोज और टिप्पणी पर ही निर्भर नहीं है बल्कि इसमें इंडेक्सिंग भी शामिल है।

'हाइपर टेक्स्ट' में जिसे लिंक कहते हैं, उसमें यह विचार भी शामिल है कि आप जो भी चीज चुनना चाहते हैं उसे तुरंत स्वचालित रूप में दूसरे भी चुन सकते हैं। इस स्थिति को ध्यान में रखकर बुश ने उस परिदृश्य की परिकल्पना पेश की, जिसमें लिंक के जरिये अंतहीन प्रयास किए जा सकते हों। बुश ने लिखा कि 'जब यूजर अभ्यास करने जा रहा हो, उसे नाम बताना होगा, उस नाम को कोड बुक में भर्ती करना होगा और की-बोर्ड में लाना होगा। अब उसके पास एक साथ अनेक आइटम होंगे। प्रत्येक के नीचे खाली जगह होगी। पाइंटर के जरिये इन खाली स्थानों को रेखांकित कर सकते हैं। यूजर टेप में एक ही चाभी होगी। उसमें जो आइटम होंगे उनमें हमेशा के लिए चीजों को शामिल कर सकते हैं। प्रत्येक कोड स्पेस, कोड वर्ड में चिह्नित होगा। दृश्य के बाहर होगा। किंतु कोड की जगह होगा। इसमें फोटो सेल व्यूइंग को इंसर्ट करके संचित किया जाएगा। प्रत्येक आइटम की स्थिति, इंडेक्स नंबर आदि दिया होगा। अब इन अदृश्य चीजों को आप जब कभी देखना चाहेंगे, तुरंत देख पाएंगे, खोज पाएंगे। बटन दबाते ही उससे जुड़े कोड स्पेस पर संकेत आ

जाएगा और अदृश्य खुल जाएगा। बुश ने इस तरह विस्तार से मिमिक्स का विवरण पेश करके यूजर के द्वारा निर्मित और अनुसरण किए जाने वाले लिंक को स्वीकार किया। उसका स्वयं अभ्यास किया। नए किस्म की पाठात्मकता एवं लेखन को निर्मित किया। बुश ने लिखा कि ज्योंही अनेक अदृश्य एक साथ मिलकर शामिल होते हैं, अनेको पदचिह्नों का अनुकरण करते हैं। यही वजह है कि किसी भी पाठ का ब्लॉक, इमेज या अन्य सूचना अनेक पुस्तकों में शिरकत करती है। यह नई मिमिक्स पुस्तक स्वयं में स्पष्ट है। यह नए किस्म की पुस्तक है। इसका ट्रायल तय कर सकते हैं, बेव को शेयर कर सकते हैं। आप चाहें तो इसे त्याग भी सकते हैं। साथ ही, यह भी महत्वपूर्ण है कि व्यक्तिगत तौर पर पाठक-लेखन दोनों ही दस्तावेज को नए सिरे से हासिल कर सकते हैं, नई समस्या पर सोच सकते हैं।

रोलां बार्थ ने *एस/जेड* कृति में जिस आदर्श पाठ की परिकल्पना की है वह हाइपर टेक्स्ट ही है, जिसमें शब्दों के ब्लॉक या छवियों का अनेक मार्गों और शृंखलाओं में खुला प्रस्तुतीकरण मिलता है। बार्थ का मानना है कि यह वस्तुतः अपूर्ण पाठात्मकता है। इस पाठात्मकता को लिंक, नॉड, नेटवर्क, वेब और पाथ पदबंधों के जरिये वर्णित किया गया है। इस आदर्श पाठ में बार्थ के मुताबिक अनेक नेटवर्क अंतःक्रिया करते हैं। वे किसी का भी अतिक्रमण नहीं करते। यह संकेतकों की आकाशगंगा है। यह संकेतित की संरचना नहीं है क्योंकि इसका कोई आरंभ बिंदु नहीं है। इसे पलटा जा सकता है। हम इसमें अनेक रास्तों से प्रवेश कर सकते हैं। इनमें से किसी को भी प्रामाणिक मानकर मुख्य द्वार नहीं कहा जा सकता। कोड्स के जरिये आप इसके पीछे अपनी आंखों को दौड़ाते हैं और इसमें जो पाठ की व्यवस्था है वह मूलतः बहुलतामूलक है। इसे अनेक नंबरों में पेश किया जा सकता है या यों कहें कि उसके नंबर कभी बंद नहीं होते। इसका पाठ कभी बंद नहीं होता। पाठ की कोई सीमा नहीं है। इसकी भाषा अनंत है।

रोलां बार्थ का मानना था कि पाठ की बहुलार्थकता रही है। वह अर्थ के एकत्व को अस्वीकार करता है। उसने रेखांकित किया कि पाठ के एक अर्थ के बजाय अनेक अर्थ भी हो सकते हैं। पाठ में अर्थ की नहीं, प्रक्रिया की खोज की जानी चाहिए। संकेतक को संकेतित का सहभागी समझना चाहिए, ताकि उसकी सहायता से निर्विरोध अर्थ उत्पन्न हो सकें। बार्थ का मानना था कि मानव का एकत्व एक प्रकार की भ्रांति है। यदि ध्यान से देखा जाए तो हममें से प्रत्येक वस्तुतः अनेक है। वह उस प्रत्येक वस्तु का समर्थक था जो बहुलतापरक और केंद्रापसारी हो और प्रत्येक

उस वस्तु का विरोधी था, जो केंद्राभिसारी हो अथवा एकाकी हो। हाइपर टेक्स्ट के मसलों को बार्थ ने *एस/जेड* (1970) में नई बुलंदियों पर पहुंचाया। यह कृति यथार्थवादी साहित्यालोचना के मानकों को पूरी तरह खंडित करती है। यह यथार्थ के प्रचलित मानकों के आदर्श लेखक बाल्जाक की गंभीर समीक्षा भी पेश करती है। यह कृति उत्तर-संरचनावाद की आदर्श कृति मानी जाती है।

बार्थ ने कथा-साहित्य के उन आलोचकों की तीखी आलोचना की है जो संसार भर की कहानियों को एक आंतरिक संरचना के अंतर्गत लाकर देखते हैं। बार्थ ने रेखांकित किया है कि प्रत्येक कृति भिन्न होती है। विभेद कलाकृति के अद्वितीय होने में नहीं, अपितु प्रायः कलाकृति की पाठात्मकता का हिस्सा होता है। प्रत्येक कलाकृति पूर्व-लिखित साहित्य के निसीम तरंगायित उदधि से अपना संबंध सुदृढ़ बनाती है। कुछ कलाकृतियां पाठ को स्वतंत्र तौर पर पढ़ने के प्रति निरुत्साहित करती हैं और केवल विशेष अर्थों एवं संदर्भों का आग्रह करती हैं। एक यथार्थवादी उपन्यास एक प्रकार का बंद पाठ प्रस्तुत करता है। बंद पाठ की धारणा पर प्रहार करते हुए बार्थ ने लिखा कि इसके समर्थक, पाठक को पाठ का उपभोक्ता समझते हैं, जबकि पाठ और पाठक का संबंध मात्र उपभोक्ता का नहीं वरन अर्थोत्पादन करने वाले उत्पादक का है। पहले वाले पाठ को बार्थ पढ़ा जाने वाला और दूसरे प्रकार के पाठ को लिखा जाने वाला यानी सृजन किया जाने वाला कहता है। पहले प्रकार का पाठ केवल पढ़ने के लिए है, जबकि दूसरे प्रकार का पाठ मानो लिखने का औचित्य प्रस्तुत करता है। वह सृजन-धर्म निभाता और प्रहर्षता एवं आनंद को जाग्रत करता है। गोया, दूसरे प्रकार का पाठ आदर्श पाठ है। इस आदर्श पाठ में संकेतक आकाशगंगा की तरह अविर्भूत होते हैं और अर्थ का नूतन संसार उभरता है। उसका कोई निश्चित द्वार नहीं, उसमें एकाधिकार दरवाजों में प्रविष्ट हो सकते हैं। कोई अधिनायक यह निर्णय नहीं दे सकता कि केवल यही द्वार विशेष द्वार है। पाठ जिन कोडों से कार्य लेता है वे दृष्टि की अंतिम सीमा तक फैले जाते हैं।

बार्थ के यहां कोड का अर्थ शब्दकोश के प्रचलित अर्थ से भिन्न है। ये संरचनावादी कोड नहीं है बल्कि यह हाइपर टेक्स्ट का कोड है। यह कोड पाठ से असंख्य स्वर पैदा करता है। बार्थ का मानना है कि पाठक जब भिन्न दृष्टिकोण से अध्ययन करता है तो भिन्न अर्थ पैदा होता है और अर्थ का तथाकथित अद्वितीय विलीन हो जाता है अर्थात अर्थ का एकत्व कपोल कल्पना है। *एस/जेड* नामक कृति में बार्थ ने क्रमागत पांच कोड रेखांकित किए हैं। व्याख्यात्मक अर्थगत, प्रतीकात्मक,

क्रियात्मक और सांस्कृतिक। सुधीश पचौरी ने *उत्तर-आधुनिकता और उत्तर-संरचनावाद* (1994) में लिखा कि बार्थ पाठ के अर्थ निर्माण के लिए पाठ को सघन नहीं करते बल्कि फैलाते-बिखेरते हैं। पढ़ने के दौरान पाठक द्वारा चुने गए किसी पद, वाक्य, मुहावरे से पाठ की संरचना संभव है। इसी से अर्थ की बहुलता मिलती है। बार्थ बताते हैं कि साहित्य के निर्माण में पांच संहिताएं कोड काम करती हैं। इन संहिताओं में अर्थ बहुमुखी होता है। इन संहिताओं के भीतर ही पाठ अपने अर्थ का निर्माण करता है। ये संहिताएं लेखक और पाठक दोनों की समान थाती होती हैं। रोला बार्थ कहते हैं कि ये पांचों संहिताएं एक ऐसा संजाल बनाती हैं, जिसमें से होकर सारा पाठ गुजरता है। इस संहिता में यथार्थ स्वयं एक पाठ बन जाता है। इस तरह यथार्थ के बारे में लिखना किसी शब्द को किसी चीज से जोड़ना नहीं है, एक पाठ को दूसरे पाठ से जोड़ना भर है।

यहीं से बार्थ अंतर्पातठीयता पैदा करते हैं। यथार्थ, सत्य, लेखक, पाठक में कौन, कब पाठ बन रहा है, यह दुविधा साहित्य से उसका प्रतिनिधित्वा का अधिकार छीन लेती है। बार्थ के लिए यथार्थवाद यथार्थ की नकल नहीं है, बल्कि नकल की नकल है। साहित्य का सत्य एक छलना भर है। वह संहिताओं के द्वारा पैदा किए जाने वाले प्रभाव के औजार होते हैं। ये यथार्थ नहीं होते। न लेखक लेखक होता है। वह संहिताओं का संग्रह भर करता है। पुराने क्लासिक साहित्य में झांकती एक निश्चित, संदेश का वहन करती लेखक की तस्वीर बहुलतावादी पाठ में खत्म हो जाती है। पाठ जितना बहुवाची है, उतना ही पाठक को वह अपने स्रोतों तक पहुंचने से रोकता है।

रोलां बार्थ ने *फार्म वर्क टु टेक्स्ट* में लिखा कि पाठ निस्संदेह शब्दों का समुच्चय है। किंतु यह उस प्रकार अर्थ नहीं रखता, जिस प्रकार शब्द से अर्थगत अभिप्राय लिए जाते हैं। सामान्यतया पाठ अर्थ को अनंत स्थगन में रखता है। इसका अर्थ यह नहीं कि पाठ जो कुछ कहना चाहता है, वह अनिवर्चनीय है। अपितु यह कि पाठ संकेतक की फुलझड़ी है। यह भाषा का वह टुकड़ा है जो संरचना रखता है, किंतु बिना केंद्र के जिसका कोई अंत नहीं है।

बार्थ कहता है कि पाठ का 'अर्थ-बाहुल्य' अलघुकरणीय है। और इसका कारण उसकी संदर्भपरकता, लाक्षणिक प्रयोग एवं पद-मैत्रियां हैं, जो पाठ में दूसरे पाठों के साथ पाई जाती हैं। बार्थ इस संबंध को अंतर्पाठ कहते हैं, जिसमें कोई भी पाठ स्थित होता है। यह संदर्भों से गुंथा हुआ होता है, बिना उद्धरण चिह्नों के जिनकी प्रतिध्वनि पंक्तियों में गूंजती रहती है। यही कारण है कि पाठ के दो अध्ययन एक जैसे नहीं

होते, क्योंकि पाठ कई दूसरे पाठों के साथ घुला-मिला रहता है। बार्थ यह भी कहता है कि कृतिकार अथवा उसके अभिप्राय का अर्थोत्पत्ति की प्रक्रिया में कोई हस्तक्षेप नहीं। बार्थ की प्रसिद्ध उक्ति है कि पाठ अपने पिता के हस्ताक्षर के बिना पढ़ा जाता है।

मिशेल फूको ने भी बार्थ की तरह पाठ को नेटवर्क और लिंक्स के संदर्भ में व्याख्यातित किया है। फूको के लिए 'ऑर्डर' या 'व्यवस्था' छिपे नेटवर्क का आंतरिक नियम है। फूको के अनुसार नेटवर्क ऐसा फिनोमिना है जो चीजों को एक-दूसरे से जोड़ता है। इसमें व्यापक पैमाने पर अंतर्विरोधी दृष्टियां, व्याख्याएं, नियम आदि शामिल हैं।

इसी प्रकार देरिदा ने *दि आर्कोलॉजी ऑफ नॉलेज* में लिखा है कि 'पुस्तक का मोर्चा आज भी स्पष्ट नहीं है क्योंकि यह अन्य पुस्तकों के संदर्भों की व्यवस्था से घिरा हुआ है। अन्य पाठ, अन्य वाक्य-विन्यास और नेटवर्क के अंदर ही इसकी गांठें हैं। नेटवर्क में इसके संदर्भ हैं।' देरिदा के 'डिकंसट्रक्शन' यानी विरचनावाद का आधार हाइपर टेक्स्ट यानी इलेक्ट्रॉनिक पाठ है। विरचनावाद की समूची सैद्धांतिकी विकसित सूचना-तंत्र के संदर्भ, खासकर कंप्यूटर प्रणाली के संदर्भ में विकसित की गई है। कंप्यूटर पाठ की प्रकृति के साथ विरचनावाद की धारणाओं का गहरा संबंध है। कंप्यूटर पाठ में आप किसी भी पाठ को विस्थापित कर सकते हैं। उलट-पुलट सकते हैं। उसका अर्थ बदल सकते हैं। ठीक यही कार्य विरचनावाद करता है। विरचनावाद से अभिप्राय पाठ के अध्ययन की वह पद्धति है, जिसके माध्यम से न केवल पाठ के निर्धारित अर्थ को विस्थापित किया जा सकता है, अपितु उसके अर्थगत अद्वितीय को विखंडित किया जा सकता है। पाठ में अर्थ बाहुल्य और अनिश्चयात्मकता इन दो प्रमुख तत्वों को देरिदा के चिंतन में प्रमुख स्थान दिया गया है। ये दोनों अन्योन्याश्रित हैं। विचरनावादी चिंतन युक्तियुक्त सिद्ध करता है कि 'ज्ञान' या 'अर्थ' वे संकल्पनाएं हैं जो भाषा के विभेदपूर्ण एवं विरोधावलंबित प्रकृति तथा स्वरूप से पोषित हैं। एतदर्थ केंद्रहीन हैं और अनिश्चयात्मकता का शिकार हैं। विरचनावाद अपने सूक्ष्म अध्ययन से यह व्यक्त करता है कि ज्ञान एवं भाषा की अवधारणाओं के पीछे वस्तुतः शक्ति और सत्ता का खेल है।

देरिदा ने पाठ के खुलेपन, अंतर्पाठात्मकता की चर्चा करते हुए इसके आंतरिक और बाह्य के बीच के भेद को अप्रासंगिक माना है। देरिदा का मानना है कि आप इसमें हर किसी के पाठ को शामिल नहीं कर सकते। मसलन प्लेटो के ग्रीक भाषा

के उद्धरण को शामिल नहीं कर सकते। देरिदा के अनुसार पाठक की 'हाइपर टेक्स्ट' में खोजी की भूमिका होती है। इसी संदर्भ में देरिदा समृद्ध पाठ की परिकल्पना पेश करते हैं जिसका पहले अनुभव ही नहीं था। यह अनुभव संबंधित यूनिट के अध्ययन पर निर्भर है। जैसा कि कंप्यूटर विजनरी टेड नेल्सन ने 'हाइपर टेक्स्ट' के बारे में कहा था कि यह क्रमबद्धताविहीन लेखन है। इसके लिंक को पाठक नियंत्रित करता है। इसी धारणा को बाद में विभिन्न सूचनाशास्त्रियों ने विश्लेषित किया है और सैद्धांतिकी बनाई है।

देरिदा, मैकलुहान, बौद्रिलार्द, ल्योतार आदि ने इलेक्ट्रॉनिक मीडिया जैसे रेडियो, टेलीविजन और फिल्म पर जोर देते हुए मुद्रण की महता को भी रेखांकित किया। इनमें अकेले देरिदा ऐसे विचारक हैं जो आगे जाकर डिजिटल सूचना तकनीक की महत्ता को स्वीकार करते हैं। देरिदा ने लिखा कि आज सूचना खोजने की व्यापक संभावनाओं का जन्म हो चुका है। संदेश के संचार की व्यापक संभावनाएं सामने आ चुकी हैं। यहां तक कि आज किसी भी भाषा के लिखित अनुवाद की भी जरूर नहीं है। आप पूरे पाठ को सीधे संप्रेषित कर सकते हैं। कंप्यूटर में सीधे अनुवाद की संभावनाएं सामने आ गई हैं। इस सबने पुस्तक की विदाई कर दी है। एकरेखीय लेखन की समाप्ति कर दी है। पुस्तक का युग भयानक उथल-पुथल से गुजर रहा है। देखने में यह स्वाभाविक नहीं लगता। इतिहास कम पारदर्शी नजर आ रहा है। आज यह अकेले पुस्तक के साथ नहीं हो रहा बल्कि व्यवहार में सभी किस्म के रूपों के सामने सवाल उठ खड़े हुए हैं। सभी प्रक्रियाओं के सामने सवालिया निशान लग गया है। यह प्रक्रिया तमाम रूपों को नष्ट कर रही है। देरिदा कहते हैं कि आप इसे नष्ट नहीं कर सकते। खासकर अन्य को परेशान किए बगैर पुस्तक को नष्ट नहीं कर सकते।

कंप्यूटर आधारित सूचना इलेक्ट्रॉनिक्स कोड्स में बनाई गई है। पहले सूचना को कायिक रूप में देख सकते थे। यह कायिक रूप में स्थिर और अपरिवर्तनीय थी। इसके स्थिर रूप को देखकर ही इसके अध्ययन की जरूरत महसूस की गई। पहले भाषा का रिकॉर्ड अपरिवर्तनीय था। छापे की मशीन ने अनेक प्रतियों में मुद्रण की संभावनाओं को पैदा करके भाषा को समय और स्थान के दायरे से बाहर निकाल दिया। अब किसी भी मुद्रित पाठ को अन्य भी पढ़ सकता था। प्रेस के कारण किसी भी पाठ की अनेक प्रतियां बनाई जा सकती थीं। इसमें व्यक्तिगत प्रति के लोप होने की संभावना को नष्ट कर दिया। उसे सुरक्षित किया। अब पाठक किसी भी सूचना

को समय और स्थान से अलग करके पढ़ सकता था। किताब या पाठ की अनेक प्रतियों में प्रस्तुति ने साहित्य, शोध, शिक्षा आदि पर व्यापक असर डाला।

इलेक्ट्रॉनिक पाठ की प्रोसेसिंग को सूचना तकनीकी युग में मुद्रित पुस्तक के बाद का सबसे बड़ा परिवर्तन माना जाता है। इसने हमारी संस्कृति को गंभीरता से प्रभावित किया है। उसके लिए खतरे पैदा किए हैं। मुद्रित पाठ के इलेक्ट्रॉनिक पाठ के रूपांतरण को बौद्रिलार्द ने 'टेक्टाइल' से डिजिटल में रूपांतरण कहा है। अब सूचना तकनीक हमें जो सूचनाएं देती है वह स्थिर हैं, साथ ही लोचदार भी है। इसमें व्यवस्था है। साथ ही, आप इसे पकड़ भी सकते हैं। किंतु इसकी आपको कीमत देनी होगी। कंप्यूटर की इलेक्ट्रॉनिक पाठ प्रक्रिया मेनीपुलेटेड कोड का इस्तेमाल करती है। यहां 'ऑप्टिक' की तुलनाओं का इस्तेमाल होता है। कंप्यूटर वैज्ञानिक वर्चुअल मशीन से बातें करते हैं। कंप्यूटर व्यवस्था व्यक्ति को उसके अनुभव और अभ्यास के आधार पर सिखाती है। कंप्यूटर का मूल पाठ उसकी मेमोरी में सुरक्षित रहता है। इसका आप अपनी सुविधा से किसी भी तरह इस्तेमाल कर सकते हैं। इस पूरे क्रम में पाठक सुरक्षित वर्चुअल इमेजों से टकराता है। वह मूल पाठ से नहीं टकराता है। इलेक्ट्रॉनिक पाठ की विशेषता है कि इसके पास लेखक या पाठक प्रत्यक्षतः नहीं पहुंच सकता। टेक्स्ट या पाठ का दायरा मानवीय परिधि से बाहर है। इलेक्ट्रॉनिक तकनीक पाठ को लेखक और पाठक से अलग कर देती है। इलेक्ट्रॉनिक माध्यम में परिष्कृत तकनीक के अनेक रूप पाठक, लेखक और कोडेड पाठ के बीच दाखिल होते हैं।

हाइपर मीडिया सामान्यतः पाठ की धारणा को 'हाइपर टेक्स्ट' के रूप में ही पेश करता है। इसमें दृश्य, सूचनाएं, साउंड, एनीमेशन और अन्य रूपों में डाटा भी शामिल है। चूंकि इसमें छवियों को मौखिक विमर्श, नक्शे, डायाग्राम्स और साउंड सरीखे अन्य मौखिक रूपों के साथ आसानी से विस्तार दे सकते हैं। इससे जो पाठ बनेगा वह मौखिक पाठ से पूरी तरह परे होगा। सूचना माध्यमों के जरिये जो हाइपर टेक्स्ट आता है उसका मौखिक और गैर-मौखिक सूचनाओं से भी संबंध होता है।

हाइपर टेक्स्ट और मुद्रित पाठ या पुस्तक में अंतर होता है। मुद्रित पुस्तक को हम पुस्तक के रूप में देखते हैं, पढ़ते हैं। चाहे जहां बैठकर, लेटे हुए, बाथरूम आदि में भी पढ़ सकते हैं। किंतु हाइपर टेक्स्ट के बारे में ऐसा नहीं है। इसे सिर्फ कंप्यूटर स्क्रीन पर ही पढ़ सकते हैं अथवा समसामयिक स्क्रीन पर पढ़ सकते हैं। यह ऐसी स्क्रीन है जिसे आप एक जगह से दूसरी जगह उठाकर नहीं ले जा सकते और न

यह मुद्रित पुस्तक ही है। पुस्तक की तुलना में स्क्रीन पर पढ़ना ज्यादा मुश्किल है। खासकर उन लोगों को असुविधा हो सकती है जो लेटे हुए पढ़ते हैं। इस अर्थ में पुस्तक ज्यादा सुविधाजनक है। स्क्रीन कम सुविधाजनक है। किसी पुस्तक का इंटरमीडिया पाठ पढ़ते समय आप चाहें तो फॉण्ट का साइज छोटा या बड़ा कर सकते हैं क्योंकि इसे अन्य लोग भी पढ़ेंगे। आप जब भी जरूरी लगे फॉण्ट बदल सकते हैं।

हाइपर टेक्स्ट ऐसा पाठ है जिसे अन्य पाठ के साथ पेश किया जा सकता है। किसी भी लेखक को पाठ के उद्धरण करके यहां ला सकते हैं। चाहे तो पूरा अभ्यास उद्धृत कर सकते हैं। चाहे तो पूरी पुस्तक ला सकते हैं। हाइपर टेक्स्ट बहुरूपी है। इसके अनेक लिंक हैं। यह सक्रिय पाठक की मांग करता है। लेखक और पाठक को एक समान वातावरण देता है। आप जब किसी हाइपर टेक्स्ट को खोलते हैं। तो चाहे तो पढ़ सकते हैं, नोट्स ले सकते हैं, व्याख्या कर सकते हैं, जवाब दे सकते हैं, किंतु पाठ नहीं बदल सकते। यह भी संभव है कि पाठ को पाठक अनेक तरीकों से पढ़ सके। पाठ को कैसे पढ़ेंगे, यह स्वयं तय करते हैं। चाहे तो पुस्तक बना लें, चाहे उद्धरण पढ़ लें, चाहे प्रत्युतर दें, चाहे खंडन करें, चाहे व्याख्या करें।

मुद्रित पाठ और हाइपर टेक्स्ट की रीडिंग या पठन में फर्क है। हाइपर टेक्स्ट को पाठक उत्पादक की तरह पढ़ता है। गतिशील ढंग से पढ़ता है। अपने गतिशील पठन के कारण ही वह अनेक नए लिंक, टिप्पणियां अपनी बेवसाइट से जोड़ लेता है। हाइपर टेक्स्ट को समृद्ध बनाता है। अपने पाठ का विस्तार करता है। जबकि ऐसी सुविधा मुद्रित पाठ के पाठक के पास नहीं है। हाइपर टेक्स्ट के बारे में जे. हिलिस मिलर ने लिखा है कि इसका संबंध बहुआयामी, गैर-रेखीय, गैर-तदर्थपरक, गैर-द्वंद्ववादी है। यह संबंधों को परिभाषित करने वाले ज्यादातर पैराडाइम में फिट ही नहीं बैठता।

हाइपर टेक्स्ट ऐसा नैरेटिव फार्म है जो तब तक उपलब्ध नहीं होता जब तक पाठक उसे पेश न करे। पाठक उसे अपने हित, इच्छा, पसंद के आधार पर पेश करता है। परंपरागत पत्रकारिता और आधुनिक नैरेटिव लेखन में एकता प्रमुख तत्व है। इसमें एक स्वर, एक ही क्रम, सुनियोजित स्वर में अभिव्यक्त होता है। इसमें घटनाओं का क्रम तय है। इसके अनुरूप कहानी कैसे विकसित होगी, यह भी तय है। इसके विपरीत हाइपर टेक्स्ट पूरी तरह खुला है। यहां कुछ भी निश्चित नहीं है। इसका डिजाइन इस तरह का होता है कि आप उसे बदल सकते हैं, जबकि टेक्स्ट

में सब कुछ तय है। क्रम से पढ़ना होता है। इसके विपरीत हाइपर टेक्स्ट नेटवर्क में होता है। इसमें पाठ ही नहीं संभावित पाठ भी होता है। यह लेखक की एकरेखीय आवाज में ही अभिव्यक्त नहीं होता बल्कि इसमें अनेक परिप्रेक्ष्य होते हैं। अनेक किस्म के अनुभव होते हैं, जिनमें आप एक ही किस्म की स्टोरी बना सकते हैं। हाइपर टेक्स्ट के कारण आज एक ही घटना के अनेक किस्म के विवरण एक ही समूह में मिल जाएंगे। ये सारे विवरण अलग-अलग स्थानों पर तैयार किए गए हैं। इस तरह की वैविध्यपूर्ण रिपोर्टिंग घटना का किसी भी किस्म का अंतिम समाधान पेश नहीं करती, और न किसी समाधान को अस्वीकार करती है। बल्कि इसके विपरीत क्या हुआ, इसके बारे में पाठक की समझ को निरंतर गहरा बनाती है। यह भी कह सकते हैं कि हाइपर टेक्स्ट, 'अंतर्विरोध', 'विखंडन', 'बहुलता' आदि को सामने लाता है। इसका लक्ष्य सत्य को सामने लाना नहीं है। परंपरागत पत्रकारिता का लक्ष्य यही था कि वह सत्य को सामने लाए। हाइपर टेक्स्ट इस बात में विश्वास करता है कि किसी एक यथार्थ में विश्वास मत करो। एक ही नजर से दुनिया को मत देखो। इसी बुनियादी समझ के आधार पर हाइपर टेक्स्ट की आधारशिला रखी गई है। हाइपर टेक्स्ट ने लेखक और पाठक के संबंध को भी बदला है। नई संचार तकनीक आंतरिक तौर पर लेखक और पाठक दोनों के लिए शिरकत का अवसर देती है। इसका अर्थ यह भी है कि पाठक सक्रिय उत्पादक के रूप में इसमें हिस्सा ले सकता है।

पत्रकारिता के क्षेत्र में हाइपर टेक्स्ट ने सत्य और सटीक रिपोर्टिंग की विदाई कर दी है। अब ऐसा समाचार जगत सामने आता है, जिनके अनेक स्वर हैं, जो परिवर्तनीय है। ऑन लाइन परिवेश में काम करते हुए संवाददाता या लेखक अपने लिखे को लेकर, खासकर उसकी डिजाइन या काम के स्वरूप को लेकर लगाव महसूस करता है। वह डिजाइन इस तरह तैयार करता है जिससे लेखक और पाठक अंतस्संबंध को नए रूप में परिभाषित किया जा सके।

ज्यादातर पत्रकार हाइपर टेक्स्ट को लेकर गंभीर नहीं हैं। उनमें संचार की नई तकनीकी को येन-केन-प्रकोरण स्वीकार कर लेने, उसके साथ सामंजस्य बिठाने का भाव पाया जाता है। वे मौजूदा अभ्यासों, नियमों के तहत नई तकनीक के प्रति सिर्फ उपयोगी रिश्ता बनाने तक ही सोचते हैं। ऑन लाइन पत्रकारिता के बारे में अभी तक जितने भी अध्ययन हैं उनमें ज्यादातर का लक्ष्य प्रचलित पत्रकारिता को ही पुष्ट करना है। वे उसके भावों, विचारों और धारणाओं को ही पुष्ट करते हैं। वे पत्रकारिता

के क्षेत्र में यथास्थितिवाद के पोषक हैं। वे पत्रकारिता के क्षेत्र में यथास्थितिवाद को चुनौती नहीं देते। हममें से अधिकांश अभी तक यह समझने के लिए तैयार ही नहीं हैं कि हाइपर टेक्स्ट ने साहित्य और पत्रकारिता की भूमिका ही बदल दी है।

21. अव्यवस्थित लोकतंत्र और साहित्यिक पत्रकारिता

आजादी के बाद साहित्यिक पत्रकारिता का परिदृश्य तकरीबन इकसार रहा है। पहले भी पत्रिकाओं का प्रकाशन निजी पहल पर निर्भर करता था, आज भी यही दिशा है, पहले भी साहित्यिक पत्रिकाएं निकलती और बंद होती थीं, यही सिलसिला आज भी जारी है। अनियतकालीन प्रकाशन इनकी नियति है। अधिकतर साहित्यिक पत्रिकाएं निजी अर्थव्यवस्था यानी संपादक के निजी निवेश पर निर्भर हैं। ये पत्रिकाएं संपादकी-जुनून का परिणाम हैं। साहित्यिक पत्रिकाएं साहित्य का माहौल बनाती हैं। हिंदी में पत्रिकाएं मूलतः गुट विशेष का प्रकाशन हैं, वे गुट विशेष के लेखकों को छापती हैं।

खासकर बुद्धिजीवी वर्ग में सन् 1970-71 के बाद सत्ता सुख का जो मोह पैदा हुआ उसने अधिकांश बड़े लेखकों को सत्ता के करीब पहुंचा दिया और इसका परिणाम यह निकला कि साहित्य और साहित्यकार की नई भूमिका का उदय हुआ। साहित्य अब परिवर्तनकामी कम और सत्ताकामी ज्यादा हो गया। आपातकाल इसका क्लासिक नग्नतम उदाहरण है। आपातकाल के बाद तो स्थितियां लगातार खराब ही हुई हैं। सत्ता के प्रतिष्ठानों के इर्द-गिर्द साहित्यकारों को गोलबंद किया गया। कई व्यक्ति और संस्थान सत्ता के केंद्र बनकर उभरे। इनके हस्तक्षेप के कारण साहित्य का स्वतंत्र विकास बाधित हुआ। साहित्यिक पत्रिकाएं मेनीपुलेशन और प्रमोशन का अस्त्र बन गईं। चंद व्यक्ति महान बन गए, वे ही तय करने लगे कि कौन लेखक है और लेखक नहीं। इस अर्थ में 1970 के बाद क्रमशः साहित्य की अवनति हुई।

साहित्यिक विवेकवाद : आज हमारे बीच में साहित्यिक पत्रिकाएं हैं, साहित्य भी है लेकिन संपादकीय विवेक नदारद है। विचारधारा है और उसके आधार पर धड़ेबंदी है लेकिन साहित्यिक विवेकवाद गायब है। साहित्यिक पत्रिकाओं से

संपादकीय विवेकवाद का नदारद होना बहुत बड़ी त्रासदी है। नियोजित बहसें हैं, प्रमोशन के लिए आलोचनाएं हैं, मांग-पूर्ति के आधार पर लिखा गया साहित्य है, किताबें हैं। स्वयं नामवर सिंह कह चुके हैं कि 'मैं फरमाइशी लेखक हूं', वे यह भी रहस्य खोल चुके हैं कि उन्होंने *कविता के नए प्रतिमान* किताब को भारत भूषण अग्रवाल के कहने से साहित्य अकादमी पुरस्कार के लिए लिखा था।

साहित्य में इन दिनों लेखन के आधार पर छोटे-बड़े लेखक का फैसला नहीं हो रहा बल्कि रुतबा, ओहदा और सरकारी रसूख के आधार पर फैसले हो रहे हैं। लेखक की स्वतंत्रता महत्वपूर्ण मूल्य नहीं है, लेखक के सत्ता संबंध बड़ा मूल्य हो गया है, इसने साहित्यिक पत्रिकाओं के नए किस्म के नियोजित साहित्य विमर्श को प्रतिष्ठित किया है। जिसकी सत्ता में साख है, वही बड़ा लेखक है। इसका परिणाम यह निकला कि लेखकों में सत्ता से जुड़ने की अंधी दौड़ शुरू हुई है। इसका सबसे बढ़िया केंद्र बने अकादमिक संस्थान और लेखक संघ। इसमें लेखक के कर्म और विचार में गहरी दरार पैदा हुई। लेखक का यथार्थ से संबंध खत्म हो गया। लेखन यानी शब्दों का उत्पादन इसका लक्ष्य है। आज लेखक है, साहित्यिक पत्रिकाएं हैं, संपादक भी हैं, लेकिन साहित्य का सामाजिक असर नहीं है, लेखक की कोई सामाजिक साख नहीं है। लेखक ने अपने सत्तासुख के कारण सभी किस्म के विमर्शों को प्रशंसा और प्रमोशन में संकुचित कर दिया, 'विचार मंथन' को 'साहित्यिक इवेंट' में तब्दील कर दिया।

साहित्य उत्पादक या प्रकाशक : हिंदी में साहित्यिक पत्रकारिता को अनेक लेखक प्रतिवादी पत्रकारिता मानते हैं, इस तरह की धारणा रखने वालों में सामान्य लेखक, दलित लेखक और स्त्री लेखिकाएं भी हैं। सामान्य तौर पर देखें तो हिंदी की साहित्यिक पत्रकारिता का परिदृश्य वैविध्यपूर्ण है और इसमें विधागत समृद्धि भी है। इसका स्वैच्छिक पहलकदमी के आधार पर प्रकाशन होता रहा है। वाल्टर बेंजामिन के अनुसार प्रतिवादी या परिवर्तनकामी पत्रकारिता या साहित्य में अंतर्वस्तु महत्वपूर्ण नहीं है, महत्वपूर्ण है इसके उत्पादन की अवस्था। कई बार यह भी देखा गया है कि बेहतरीन क्रांतिकारी अंतर्वस्तु को श्रेष्ठतम-व्यावसायिक कला रूपों में पिरोकर पेश किया जाता है। इससे क्रांतिकारी कला का स्वरूप प्रभावित होता है। इसलिए यह सवाल नहीं करना चाहिए कि पार्टनर तेरी पॉलिटिक्स क्या है? या साहित्य की राजनीति क्या है, यह सवाल ही गलत है। सवाल यह होना चाहिए कि कला के उत्पादन की राजनीति क्या है? ज्योंही इस सवाल पर विचार करेंगे सही रूप में

प्रतिवादी संस्कृति को परिभाषित कर पाएंगे। बेंजामिन तर्क देते हैं कि सही अर्थ में प्रतिवादी संस्कृति उत्पादन की विशेषतापूर्ण प्रक्रिया का अतिक्रमण करती है। दूसरे शब्दों में, प्रतिवादी संस्कृति कलाकार और दर्शक, निर्माता और उपभोक्ता के बीच की विभाजन रेखा को कम करती है। छोटे-बड़े या ऊंच-नीच, श्रेष्ठ और निकृष्ट के श्रम विभाजन को खत्म करती है। वह सबको सृजन के लिए प्रेरित करती है। हमें इस समूची बहस को प्रोडक्ट केंद्रित न बनाकर, प्रोडक्शन केंद्रित बनाना चाहिए। वस्तुस्थिति यह है कि हिंदी पत्रिका संपादक साहित्य का उत्पादक नहीं बन पाया, लेकिन प्रकाशक बन गया। वह प्रोडक्ट बनाता है।

आधुनिक काल आने के साथ छापे की मशीन आई, लेखक की स्वायत्तता पहली बार नजर आई वह जो उचित समझे लिख सकता है, इस अनुभूति को उसने प्रत्यक्ष वैध रूप में लागू किया। पहली बार दो तथ्य सामने आए, इन दोनों तथ्यों की रोशनी में लेखन की परीक्षा होने लगी। पहला, लेखक का राजनीतिक नजरिया और दूसरा रचना की गुणवत्ता। लेखक के सही राजनीतिक नजरिये और साहित्यिक गुणवत्ता के बीच नए संबंध का जन्म हुआ। यह भी कहा गया है कि जब राजनीति सही होगी तो अन्य चीजें भी दुरुस्त होंगी।

वाल्टर बेंजामिन का मानना है कि सामाजिक परिस्थितियां उत्पादन की अवस्था को तय करती हैं और जब भौतिकवादी नजरिये से देखना आरंभ करते हैं तो विचार करते हैं कि सामाजिक संबंधों का तत्कालीन समय के साथ क्या संबंध था? साहित्य के लिए यह महत्वपूर्ण सवाल है। बेंजामिन ने इसी प्रसंग में दो बहुत ही महत्वपूर्ण सवाल उठाए हैं पहला सवाल, साहित्य का अपने समय के उत्पादन संबंधों के साथ क्या संबंध है? क्या वह उनको स्वीकार करता है? क्या वह प्रतिक्रियावादी है? अथवा उसका नजरिया प्रतिकामी है? या वह क्रांतिकारी है? इन सवालों पर विचार करने से पहले हम इस सवाल पर सोचें कि अपने समय के उत्पादन संबंधों के प्रति क्या एटीट्यूट है? उनका नीतिगत नजरिया क्या है? यह सवाल असल में सामयिक उत्पादन संबंधों के परिप्रेक्ष्य में साहित्य की भूमिका से जुड़ा है। इसका प्रकारांतर से 'तकनीक' के सरोकारों से संबंध है।

बेंजामिन के अनुसार 'साहित्यिक तकनीक' की अवधारणा के आधार पर देखेंगे तो पाएंगे कि साहित्यिक उत्पाद (प्रोडक्ट) सीधे सामाजिक या भौतिक मूल्यांकन के लिए उपलब्ध रहता है। साथ ही साहित्यिक तकनीक की अवधारणा के आधार पर द्वंद्वात्मक ढंग से विवेचन को आरंभ किया जा सकता है। इसके जरिये साहित्य की

रूप और अंतर्वस्तु की निरर्थक बहस से भी बचा जा सकता है। इसके अलावा प्रवृत्ति और गुणवत्ता के निर्धारकों की खोज की जा सकती है। बेंजामिन के अनुसार, कृति की राजनीतिक प्रवृत्ति में साहित्यिक गुणवत्ता और साहित्य प्रवृत्ति शामिल है। साहित्य प्रवृत्ति में साहित्यिक तकनीक की प्रगति या प्रतिगामिता भी समाविष्ट है।

साहित्य के उत्पादन पर विचार करते समय इसकी अनिवार्य अवस्था पर भी सोचें। साहित्य किस तरह की अनिवार्य परिस्थितियों में पैदा हो रहा है, इससे लेखन की ठोस परिस्थितियों का पता चलेगा। यह भी पता चलेगा कि लेखक के पास व्यवहार में कितनी स्वायत्तता है। इस समूची प्रक्रिया पर नजर रखते हुए सही राजनीति और प्रगतिशील साहित्यिक तकनीक के अंतस्संबंध को समझने में मदद मिलेगी। मसलन, साहित्यिक पत्रिकाएं लेखक-पाठक को सूचित कर रही हैं, विवेचन पेश किया जा रहा है। लेखक परिस्थितियों में हस्तक्षेप कर रहा है या दर्शक मात्र है? हिंदी पत्रिकाओं में लिखने वाले अधिकांश लेखक रूढ़िबद्ध शैली के शिकार हैं। सवाल यह है कि क्या रूढ़िबद्ध लेखन के जरिये सामाजिक परिवर्तन संभव है? इस तरह के लेखन का किस पर और कितना असर होता है? इस तरह के लेखन ने लेखक और पाठक के बीच में अलगाव पैदा किया।

'एक्टिविज्म' या प्रतिगामिता : साहित्यिक पत्रकारिता और खासकर वामपंथी साहित्यिक पत्रकारिता पर बुर्जुआ प्रेस के विकास का क्या असर हुआ है इस पर भी विचार करने की जरूरत है। मुश्किल यह है कि वाम पत्रिकाएं हस्तक्षेप के औजार की तरह इस्तेमाल होती रही हैं, यही काम इन दिनों दलित पत्रिकाएं भी कर रही हैं। इन पत्रिकाओं में बुर्जुआ अवस्था के स्वाभाविक रुझानों और प्रवृत्तियों को लेकर कोई गंभीर विवेचन नजर नहीं आता। ये असल में 'एक्टिविज्म' की पत्रिकाएं हैं, इनकी सतह पर दिखने वाली राजनीतिक प्रवृत्ति क्रांतिकारी लगती है लेकिन असल में वह प्रति-क्रांतिकारी भूमिका अदा करती है। मसलन, दलित साहित्य पर हिंदी पत्रिकाओं के अनेक विशेषांक आए हैं, तमाम दलित पत्रिकाएं छप रही हैं। इनकी समग्रता में क्या भूमिका उभरकर सामने आ रही है? इनकी संस्कारगत सहानुभूति दलित के साथ है लेकिन वे इसके आगे उसे देख ही नहीं पा रहे हैं। उनके पास दलित मुक्ति का कोई ब्लू-प्रिंट नहीं है। ये सभी पत्रिकाएं 'एक्टिविज्म' की केटेगरी में आती हैं। इनमें शाब्दिक जनतंत्र के सहारे दलित के प्रति सहानुभूति पैदा करने की कोशिश की जा रही है। इसी शब्द केंद्रिकता (लोगोक्रेसी के सहारे ही बुद्धिजीवियों) का समूचा तंत्र खड़ा है। वे 'एक्टिविज्म' के जरिये साहित्य की

द्वंद्वात्मक प्रक्रिया पर पर्दा डाले रखना चाहते हैं। बेंजामिन के शब्दों में कहें तो इस तरह के लेखन की अंतर्वस्तु सामूहिक है लेकिन रूप प्रतिक्रियावादी है। फलतः ऐसी रचनाओं का असर क्रांतिकारी नहीं हो सकता।

अनेक साहित्यिक पत्रिकाओं और लेखकों में सामूहिकता-बोध बार-बार व्यक्त हुआ है। लेकिन पत्रिकाएं व्यक्तिगत प्रयासों से ही निकल रही हैं, सामूहिक प्रयासों से निकलने वाली पत्रिकाएं नगण्य हैं। राजनीतिक हालात की पार्टी नीति के अनुरूप व्याख्याएं करना या सत्ताधारी वर्गों के द्वारा प्रक्षेपित मसलों पर लिखना क्रांतिकारी काम नहीं है बल्कि प्रति-क्रांतिकारी कार्य है।

कायदे से हमें कल्याणकारी पूंजीवादी राज्य में रूपांतरण की प्रक्रिया और रूपांतरण के क्रांतिकारी उपकरणों का पता होना चाहिए। हमें उत्पादक एपरेटस और रूपांतरण के रूपों का ज्ञान होना चाहिए। हमें इस बात का पता रहना चाहिए कि बुर्जुआ एपरेटस में क्रांतिकारी कलाओं और साहित्य रूपों को आत्मसात करके रूपांतरित करने की अद्भुत क्षमता होती। हम सोचें कि हमारे तमाम किस्म के क्रांतिकारी लेखकों-संगीतकारों आदि को फिल्मी दुनिया ने कैसे हजम कर लिया? वाम लेखक मनोरंजन का साधन कैसे बन गया?

राजनीतिक नजरिया : हिंदी की साहित्यिक पत्रकारिता के प्रसंग में यह सवाल उठाया ही जा सकता है कि साहित्यिक पत्रिका का कोई राजनीतिक नजरिया है या नहीं, पत्रिका की राजनीतिक समझ के साथ उसमें प्रकाशित सामग्री का किस तरह का संबंध है? सही राजनीति के तहत निकलने वाली पत्रिकाओं की गुणवत्ता और खराब राजनीति या राजनीतिविहीन नजरिये से निकलने वाली साहित्यिक पत्रिकाओं के चरित्र में किस तरह का फर्क होता है। हिंदी में तीन तरह की पत्रिकाएं हैं। पहली कोटि में वे पत्रिकाएं आती हैं जिनका राजनीतिक नजरिया है, दूसरी कोटि में वे पत्रिकाएं आती हैं जिनका कोई राजनीतिक नजरिया नहीं है जबकि तीसरी कोटि में वे पत्रिकाएं आती हैं जिनका तदर्थवादी राजनीतिक नजरिया है।

साहित्यिक पत्रिकाओं की कहानी उनके मालिक संपादक के आर्थिक पहलू के बिना पूरी नहीं होती, हमारे यहां कभी यह ध्यान ही नहीं दिया गया कि पत्रिका का आर्थिक बोझ संपादक कैसे उठाता है? पत्रिकाओं के संपादक के आर्थिक संकट के विस्तृत ब्यौरे गायब हैं। हमने स्वतंत्र तौर पर भी कभी संपादक की आर्थिक बर्बादी को पत्रिकाओं के विषय वस्तु नहीं बनाया। पत्रिकाओं की आर्थिक बर्बादी की न तो दलों को चिंता है और न सरकार को।

पत्रिकाओं के सर्कुलेशन का एक आयाम वितरण और डाक व्यवस्था के मूल्य सिस्टम से जुड़ा है। सरकार ने कभी सोचा ही नहीं कि पोस्टल चार्ज ज्यादा रहेगा तो साहित्य का सर्कुलेशन इससे प्रभावित हो सकता है। हमारे सांसदों, लेखकों और प्रशासकों ने कभी इस ओर ध्यान नहीं दिया।

साहित्यिक पत्रिकाओं के प्रकाशन परिदृश्य की बुनियादी समस्या यह है कि संपादकों में अधिकतर पेशेवर नजरिया नहीं रखते। पेशेवर नजरिये के आधार पर पत्रिका का प्रकाशन नहीं करते। वे पूंजीवादी प्रकाशन प्रणाली के आदिम रूपों का इस्तेमाल करते हैं और आदिम वितरण प्रणाली पर निर्भर हैं। इसके कारण वे बड़े पैमाने पर अपना विकास नहीं कर पाए हैं। दुखद यह है कि साहित्यिक पत्रिका प्रकाशन की मददगार संरचनाएं समाज में एक सिरे से गायब हैं।

साहित्यिक पत्रिकाएं ज्यादा से ज्यादा फलें-फूलें इसके लिए जरूरी है कि उनको सरकारी विज्ञापन प्राथमिकता के आधार पर राज्य और केंद्र सरकार दे। साथ ही पत्रिकाओं को मिलने वाले चंदे पर आयकर में राहत दी जाए। डीएवीपी और राज्य सरकारों के सरकारी विज्ञापनों के 25 फीसदी विज्ञापन अनिवार्यतः साहित्यिक पत्रिकाओं को दिए जाएं। इसके अलावा विभिन्न मंत्रालयों से प्राथमिकता के आधार पर 25 फीसदी विज्ञापन साहित्यिक पत्रिकाओं को दिए जाएं। पत्रिकाओं के पोस्टल वितरण के लिए कानूनी व्यवस्था की जाए और पत्रिका वितरण को मुफ्त पोस्टल सुविधा दी जाए।

साहित्यिक पत्रिकाएं हमेशा से बड़े के खिलाफ छोटे की जंग रही हैं। बड़े कम्युनिकेशन या प्रतिष्ठानी कम्युनिकेशन और साहित्यिक कम्युनिकेशन के बीच में अंतर्विरोध रहा है, शासक वर्ग और साहित्यिक पत्रिकाओं के बीच अंतर्विरोध रहा है। अंतर्विरोध को विस्तार देने की जरूरत है।

लेखक : हिंदी की साहित्यिक पत्रिकाओं ने लेखक की किस तरह की इमेज निर्मित की है और लेखक को वे किस रूप में देखती हैं, यह सवाल विचारणीय है। दुखद यह है कि आपातकाल के दौरान लेखक के दायित्व पर अमूर्तन में बातें हो रही थीं, *आलोचना* (जुलाई-दिसंबर 1975) को नमूने के रूप में देख सकते हैं। आपातकाल के दौरान या उसके पहले या बाद में लेखक की सबसे बड़ी भूमिका है कि लेखक मात्र लेखक नहीं रहा बल्कि लेखक अब राजनीतिक कार्यकर्ता बनकर सामने आता है, सत्ता का पुर्जा बनकर सामने आता है, साहित्य में राजनीति छा जाती है। यह सिलसिला 1960-61 के बाद से ही सामने आने लगा था, 'प्रलेस' की

विरासत से इसका गहरा संबंध है।

साहित्य, साहित्यकार और राजनीति में संबंध का होना अच्छी बात है लेकिन इस क्रम में दलीय राजनीति का पक्षधर बन जाना लेखक की सबसे बुरी बात है। लेखक के लिए देश की जनता के हितों और अधिकारों से ज्यादा अपने दलीय आग्रहों से मोह पैदा हो गया, लोकतंत्र से बड़ा दल हो गया, राजनीति हो गई, समाज के कटु-यथार्थ के बजाय उसने दलीय राजनीतिक यथार्थ को प्रमुखता देने का मन बना लिया, न्याय के बजाय उन्होंने सत्ता के हितों के इस या उस पहलू पर केंद्रित होकर लिखना पसंद किया। इसने लेखक को पूरी तरह राजनीति के मातहत बना दिया।

मजेदार बात यह है कि लेखक आया था राजनीति को दिशा देने लेकिन व्यवहार में राजनीति ने लेखक को दिशा देना आरंभ कर दिया। इसमें लेखक का राजनीतिक और नैतिक पतन हुआ। लेखक के इस तरह के पतन में राजनीतिक आग्रहों के अलावा आर्थिक कारणों की बड़ी भूमिका रही है। लेखक ने कभी गंभीरता से अपने आर्थिक कारणों की विवेचना नहीं की। लेखक के संकट का बुनियादी कारण आर्थिक है। यह संकट राजनीति का नहीं है, यह साहित्य या विज्ञान का भी पैदा किया संकट नहीं है। इसके कारण हमारे समाज में लेखक का आकर्षण घटा है। दूसरी ओर तुलनात्मक तौर पर वैज्ञानिक, समाजविज्ञानी आदि के प्रति आकर्षण बढ़ा है।

इस प्रसंग में मुझे उ. रा. अनंतमूर्ति का 'भारतीय लेखक : अस्मिता की खोज' नाम से दिया गया भाषण याद आ रहा है। यह भाषण उन्होंने अरविंद शताब्दी वर्ष के उपलक्ष्य में दिया था और आपातकाल के दौरान ही *आलोचना* पत्रिका ने इसे छापा था। यह भाषण अनेक महत्वपूर्ण बिंदुओं पर रोशनी डालता है। खासकर इस सवाल को बारीकी से उठाता है कि भारतीय लेखक की पहचान क्या है? लेखक की पहचान लोकतंत्र और लोकतांत्रिक मूल्यों से बनती है। जब लोकतंत्र पर हमले हो रहे हों, अभिव्यक्ति की आजादी छीन ली गई हो, ऐसे में लेखक का सबसे पहला सवाल तो अभिव्यक्ति की आजादी के अपहरण से ही जुड़ा होगा, लेकिन अनंतमूर्ति को यह सवाल दिखाई ही नहीं दिया। इसी तरह आपातकाल में *आलोचना* पत्रिका ने कोई संपादकीय नहीं लिखा, संपादक नामवर सिंह ने कोई निबंध इस प्रसंग में नहीं लिखा। मजेदार बात यह है कि *आलोचना* (अप्रैल-जून 1976) में 'लेखक का दायित्व' शीर्षक से लेख छपा है लेकिन आपातकाल का कहीं जिक्र तक नहीं है। मैनेजर पांडेय का लेख छपा है शीर्षक है, 'समकालीन इतिहास-विरोधी साहित्य-चिंतन,'

है और यही द्वंद्व हमारी भाषाओं की प्रतिभा का बीज है।' सवाल नए और पुराने के द्वंद्व का नहीं है, सवाल यह है कि लोकतंत्र में लेखक किस तरह की द्वंद्ववादी प्रक्रियाओं से गुजरता है? द्वंद्ववादी प्रक्रियाएं किस तरह लेखक निर्मित करती हैं? क्या लेखक इस प्रक्रिया से वाकिफ है?

अनंतमूर्ति ने दो साहित्यों के बीच तीन तरह के संबंधों की चर्चा की है। उन्होंने लिखा है कि 'पहला मालिक और नौकर का, दूसरा बराबरी का संबंध, तीसरा एक विकसित देश और विकासमान देश के बीच का संबंध जैसा पहले संबंध का उदाहरण गोरे लोगों का काले लोगों पर अपनी संस्कृति थोपने का तरीका, जैसा कि अमेरिका में हुआ है। फिर भी कोई भी आरोपण पूरी तरह सफल नहीं हो सकता जैसे संगीत में, साहित्य में काले लोगों की अल्पसंख्यक संस्कृति ऐसे किसी रचनात्मक बिंदु को सुरक्षित रख सकती है जिसका कि असर पूरे देश के साहित्य पर हो। अंगरेजी और फ्रांसीसी साहित्य का मिलाप दूसरी तरह के संबंध का उदाहरण है। जब एक फ्रांसीसी इतिहासकार अंगरेजी साहित्य का इतिहास लिखता है तो यह संभव है कि उसको प्रत्येक महत्वपूर्ण अंग्रेजी लेखक के पीछे कोई फ्रांसीसी लेखक नजर आए।' तीसरी तरह का संबंध पहले दो संबंधों से कुछ ज्यादा जटिल है। मैं पूर्व-पश्चिम के संबंध जैसे जुमले का प्रयोग न करके आर्थिक विभाजनों के अंतर्गत ऐसे संबंधों को समझना चाहता हूं क्योंकि उस तरह के जुमलों में जन्मी विचार पद्धतियां बहुधा सीधी-सादी होती हैं। जैसा कि मेरी बात से स्पष्ट है इसका परिणाम या तो सीधी नकल है या कोरा कंजरवेटिज्म। क्योंकि मैं भारत में जन्मा हूं सिर्फ इसीलिए मैं यह सोचने से इनकार करता हूं कि टॉलस्टॉय या कि शेक्सपियर के बारे में सोचना कोई अपराध है अथवा मेरी अपनी भाषा के महाकवि पंप के बारे में सोचने में नहीं। जब मैं यह कहता हूं तो मुझे इस बात का भी ध्यान रखना चाहिए कि मेरी अपनी भाषा के उपन्यासकार कारंथ के उपन्यास हालांकि वे विश्व साहित्य के समकक्ष नहीं रखे जा सकते जिनकी मैं प्रशंसा करता हूं लेकिन फिर भी मेरे लिए उनके उपन्यास ही मेरी संवेदना को निर्मित करने में ज्यादा प्रासांगिक हैं।' साहित्य में जिन संबंधों के बारे में अनंतमूर्ति ने लिखा है वे तीनों संबंध अपनी जगह सही हैं। लेकिन इसमें एक खास किस्म का स्थानीयतावाद भी है। साहित्य कम से कम स्थानीयतावाद नहीं होता। उसमें देशज भाषा की परंपराएं होती हैं और उनसे लेखक बनता है, प्रभाव ग्रहण करता है, यह सच है कि कारंथ का उपन्यासकार के रूप में अनंतमूर्ति पर असर ज्यादा होगा लेकिन आधुनिक काल में साहित्य रूपों से लेकर नजरिये तक

लेखक पर ग्लोबल परंपराएं और ग्लोबल वैचारिक संघर्ष असर डालते हैं। लेखक की संवेदना मात्र स्थानीय साहित्य से निर्मित नहीं होती, यह सही है कि स्थानीय ज्यादा प्रासंगिक होता है। लेकिन लेखक के लिए स्थानीय वह भी है जो उसके युग का नहीं है। मसलन, ऐतिहासिक उपन्यास में लेखक मात्र स्थानीय तक सीमित नहीं रहता। उसे वर्तमान के आलोक में लंबी उड़ान भरनी पड़ती है।

अनंतमूर्ति ने सही कहा कि 'पाश्चात्य साहित्य का प्रभाव या तो वस्तुस्थिति के साथ हमारी शिरकत को और भी मजबूत बना सकता है और या फिर हमारी समस्याओं की ओर से हमारे ध्यान और हमारी प्रासंगिकता को कहीं दूर उड़ा ले जा सकता है। यही समस्या की जड़ है—तब फिर अच्छे संबंध कैसे संभव हैं? क्या कभी दो समान लोगों के प्रगाढ़ संबंध तब तक संभव हैं जबकि ऐसा प्रयास केवल इकतरफा हो? अमेरिका को हमारे गुरुओं की जरूरत है, लेकिन क्या वह कभी हमारे कवियों और उपन्यासकारों की जरूरत महसूस करेगा और उनको उतना महत्व देगा जितना कि हम अमेरिकी लेखकों को देते हैं? उन्हें ऐसा महत्व देना भी जरूरत से ज्यादा है और यह हमारी दूसरी समस्या है कि हम पाश्चात्य देशों की राय के प्रभाव में आकर बिना किसी आलोचनात्मक दृष्टिकोण के अमेरिकी लेखकों को स्वीकार कर लेते हैं।'

भारतीय लेखकों में 'पीछे देखने वाले, इधर-उधर देखने वाले अथवा आगे देखने वाले' लेखक पाए जाते हैं। अनंतमूर्ति ने लिखा, 'पीछे देखने वाले लोग इस भ्रांति को पालते हैं कि समस्याओं के समाधान भूतकाल को लौटाने में ही हैं (लेकिन हमारे भूतकाल का कौन-सा पहलू? ये पुनर्जागरणवादी लोग इस मामले में भी बहुत ही काइयां हैं; ये लोग हमारे भूतकाल के उस संशयवादी और विवेकवादी पहलू को बिलकुल अनदेखा कर देते हैं)। अगर उच्चवर्गीय भारतीयों की यह स्थिति है तो कॉसमोपोलीटन लोग हमेशा इधर-उधर देखते हैं, सोचते हैं, हम अमेरिका जैसे होंगे? रूस जैसे होंगे? ब्रिटेन जैसे? या कि फ्रांस जैसे? वे लोग भारत के विरासती वैभव के बारे में बहुत बढ़-चढ़कर बोलते हैं, फिर भी अपना बौद्धिक भोजन पाश्चात्य देशों से प्राप्त करते हैं। वे लोग वियतनाम में अमेरिकी अत्याचारों को लेकर चिंतित हो सकते हैं लेकिन वे अपने ही प्रांत आंध्र प्रदेश जमींदारों द्वारा गरीब हरिजनों की झोपड़ियां जला देने पर कुछ नहीं बोलते हैं। वे गिसबर्ग के विरोध की सराहना करते हैं, उनके सारे भद्दे तरीकों की सराहना करते हैं, लेकिन जब एक बहुत ही ईमानदार मगर उग्र विधानसभा सदस्य ने एक भ्रष्ट मंत्री को चप्पलों से पीटा तो वे सहसा चौंक

गए, इसलिए कि यह उनको असभ्य तरीका लगा। वे लोग हिप्पियों की पोशाक पहनते हैं मगर कपड़ा वह विदेशी टेरीलीन होता है।'

लेखक को भारत के विकास के लिए क्या करना चाहिए या क्या सोचना चाहिए। अनंतमूर्ति ने लिखा है, 'एक अग्रदर्शी भारतीय को मानवता के मेल-जोल के लिए काम करना होगा जो केवल नई वैज्ञानिक एवं तकनीकी उपलब्धियों और नए राजनीतिक या आर्थिक ढांचे से ही संभव हो सकेगा, जो कि पुनः अंतस्संबंधित है।'

अधीर लेखक और गुमशुदा पाठक : मौजूदा दौर में हम सबके लिए गंभीर समस्याएं लेकर आया है। साहित्यिक पत्रिकाएं छप रही हैं, साहित्य भी छप रहा है, लेकिन साहित्य का कोई असर समाज पर नहीं दिख रहा। हम सोचें साहित्य क्यों प्रभावहीन हो गया? पहले साहित्य या कलाओं में कोई चीज दाखिल होती थी तो अन्य कला रूपों में उसका असर दिखता था। समाज में वैचारिक विमर्श असर नजर आता था। विगत तीन सालों में तेजी से आम लोगों में अधीरता का विकास हुआ है। नया लेखक अधीर है। पाठक सोया हुआ है। दूसरी ओर साहित्य-सृजन और आलोचना, संस्कृति और राजनीति आदि के बीच में संबंध पूरी तरह कट चुका है। अखबारों की अंतर्वस्तु ने एक नए माहौल को जन्म दिया है, अब जो अखबार में छपा है वो सच है, इससे लेखन में यह भाव पैदा हुआ है कि मैंने जो लिखा है वह सच है। लेखक अपने लिखे को लेकर अधीर है, बेचैन है, बहुत जल्दी स्वीकृति चाहता है, यश चाहता है, इसे साहित्य की नई अग्नि कह सकते हैं। इसमें घी डालने का काम किया है पाठक की सुप्तावस्था ने। बेचैन लेखक और सुप्त पाठक का नया संबंध उबरकर सामने आया है। आज के पाठक की सुप्त मानसिक अवस्था को निर्मित करने में मीडिया की बड़ी भूमिका रही है। यह पाठक चाहता है कि अखबारों में उसके हितों का खयाल रखा जाए। मीडिया का पाठक जब मीडिया का उपभोग करता है तो वह और कुछ नहीं करता बल्कि सिर्फ उपभोग करता है। अखबार के पाठक को रोज अपना भोजन चाहिए, उसे रोज अपने हितों की अभिव्यंजना पढ़ने या देखने की आदत हो गई है और यही उसकी अधीरता का मूल स्रोत भी है। पाठक की अधीरता का अखबार के संपादकों ने नए स्तंभों का आरंभ करके खूब दोहन किया है। वे विभिन्न स्तंभों के जरिये पाठक की अधीरता, जिज्ञासाओं और सवालों के समाधान पेश करते रहते हैं। इस क्रम में अबाधित और लक्ष्यहीन ढंग से सूचनाओं की बारिश हुई है और पाठक ने बिना-सोचे विचारे प्रक्षेपित सूचनाओं को हजम भी किया है। इस क्रम में पाठक में सामंजस्य और समझौते की भावना पैदा हुई है।

हलका और सतही लेखन क्रमशः पाठक की रुचि का अंग बन गया। फार्मूलाबद्ध लेखन पाठक का अंग बन गया और इसने गंभीर लेखन की अखबारों में छुट्टी कर दी। नए लेखक सिस्टम में शब्द तय हैं और स्थान तय हैं। अंतर्वस्तु को अब तयशुदा स्थान के लिहाज से पेश करना होता है। वे रचनाएं ज्यादा पढ़ी जा रही हैं जो गंभीर नहीं हैं। गंभीर रचना के पाठक क्रमशः कम होते जा रहे हैं। इसका असर साहित्य पर भी पड़ा है। साहित्यिक पत्रिकाओं के पाठक कम हुए हैं। साहित्यिक पत्रिकाओं में हल्के लेखन की मांग बढ़ी है। साहित्य में हल्के साहित्य की मांग बढ़ी है।

बड़े पैमाने पर बुद्धिजीवी खासकर मीडियाजनित बुद्धिजीवी बेचैन आत्मा की तरह समाज में मंडराते दिखते हैं। आज लेखक की आत्मा, अंतरात्मा, ईमानदारी, निष्ठा, प्रतिबद्धता, साहित्यिकता आदि का कोई मूल्य नहीं है। आज ऐसा लेखक निर्मित हुआ है जो हर किस्म के समझौते करने को तैयार है। हर चीज के साथ समझौता करने के क्या दुष्परिणाम हो सकते हैं इसे वह महसूस ही नहीं करता। इसलिए वह बार-बार अपनी असफलता का रोना रोता रहता है। वह नहीं जानता कि वह असफल क्यों हो रहा है? यह सच है कि हमने साहित्य की महिमा और शक्ति को ठंडे बस्ते में बंद करके विज्ञान, समाजविज्ञान, दर्शन आदि की महिमा मंडन किया है। अब हम साहित्य में एक ही चीज खोजते हैं वह है पैसा, अफसोस यह है कि वह भी मिलता नहीं है। हमने साहित्य की खोज बंद कर दी है।